inux-Server für Einsteiger

Arnold Willemer

Linux-Server für Einsteiger

Mit Debian GNU/Linux und Ubuntu Server

SYBEX
A Wiley Brand

Bibliografische Information der Deutschen Nationalbibliothek

Die Deutsche Nationalbibliothek verzeichnet diese Publikation in der Deutschen Nationalbibliografie; detaillierte bibliografische Daten sind im Internet über http://dnb.d-nb.de abrufbar.

1. Auflage 2014

Wir möchten Sie mit diesem Buch optimal unterstützen und freuen uns daher über Ihre Anregungen und Verbesserungsvorschläge. Notwendige Korrekturen veröffentlichen wir im Interesse aller Leser umgehend unter *www.sybex.de* und berücksichtigen sie bei der nächsten Auflage. Herzlichen Dank für Ihre Unterstützung!

Ihr Sybex-Lektoratsteam
lektorat@sybex.de

FSC www.fsc.org MIX Papier aus verantwortungsvollen Quellen FSC® C006701

ISBN 978-3-527-76046-6

Coverbild © tibbbb / © ammonster – Fotolia.com, Torge Stoffers Grafik-Design, Leipzig
Umschlaggestaltung Torge Stoffers Grafik-Design, Leipzig
Fachkorrektur Frank Agerholm
Sprachkorrektur Petra Heubach-Erdmann und Jürgen Erdmann, Düsseldorf
Satz inmedialo Digital- und Printmedien UG, Plankstadt
Druck und Bindung CPI, Ebner & Spiegel, Ulm

Inhaltsverzeichnis

Über den Autor

Arnold Willemer ist erfahrener Administrator und Programmierer. Seit seinem Informatikstudium mit den Schwerpunkten Betriebssysteme, Netzwerke und systemnahe Programmierung ist er von UNIX und dessen Abkömmlingen fasziniert. 2002 hat er sein erstes Buch zum Thema UNIX veröffentlicht, auf das noch einige Bücher zu C++, Java und – wie in diesem Fall – Linux-Servern folgten. Wenn er nicht gerade an seinem Rechner in Norgaardholz sitzt (das ungefähr so groß ist, wie es klingt), spielt er Gitarre in der bald berühmten Rockband Beatwatt.

Über den Fachkorrektor

Frank Agerholm arbeitet seit vielen Jahren als Linux System Engineer, wobei er Linux-Systeme und -Dienste konzipiert, installiert und betreibt. Auch in seiner Freizeit bleibt der selbsterklärte »Open Source Junkie« seiner Passion treu: Er engagiert sich nämlich nicht nur ehrenamtlich als Jugendwart im Sportverband Flensburg, sondern leitet auch die Linux User Group Flensburg e.V.

Geleitwort des Fachkorrektors

Linux hat in den letzten Jahren unbemerkt von großen Teilen der Öffentlichkeit fast alle Bereiche unseres Lebens erreicht. Es läuft in Armbanduhren, in Kaffeemaschinen, auf einem Großteil aller Smartphones und Tablets und umkreist uns in 400 Kilometern Höhe an Bord der Internationalen Raumstation ISS. Lange Zeit haftete Linux dabei der Ruf an, ein System für Spezialisten zu sein, und es wurde nur von Spezialisten administriert. Heute hat sich Linux in vielen Aufgabenbereichen einen festen Platz erarbeitet und viele Administrationsaufgaben lassen sich ohne Spezialwissen erledigen.

Wo liegt also der Unterschied? Warum sich mit Linux beschäftigen? Dass Sie dieses Buch in Händen halten, ist bereits ein Teil der Antwort auf diese Fragen. Sie möchten sich vielleicht beruflich fortbilden oder haben Spaß an technischen Dingen und möchten erfahren, wie Linux »unter der Motorhaube« funktioniert. Vielleicht möchten Sie auch einfach einmal etwas Neues ausprobieren. All diesen Motivationen gemeinsam ist die Neugier.

Mich trieb vor inzwischen 20 Jahren dieselbe Neugier an, mich intensiver mit Computern zu beschäftigen. Recht schnell musste ich jedoch feststellen, dass ich viele Anwendungen nicht nutzen konnte oder durfte, weil Lizenzverträge oder die Preise für die Software dies verhinderten. Bei Linux und anderen Open-Source-Anwendungen war das anders.

Bereits zu meiner allerersten Linux-Distribution gehörte eine Softwareauswahl, die es ermöglicht hätte, die komplette Infrastruktur einer Firma aufzubauen. Dank der Open-Source-Lizenz kann man die Software aber nicht nur nutzen, sondern man kann auch ihren Quellcode unter die Lupe nehmen. Gehen mir also die Dokumentationen nicht weit genug ins Detail, habe ich jederzeit die Möglichkeit, mir die Quellen anzuschauen und dadurch die Funktion zu verstehen oder die Software sogar an meine Bedürfnisse anzupassen.

In den ersten acht Kapiteln dieses Buches werden Sie sich übrigens mit den gleichen Themen und Inhalten beschäftigen, mit denen ich damals mit Linux begonnen habe. Und mit »gleich« meine ich tatsächlich »gleich«. Es sind auch heute noch dieselben Werkzeuge im Einsatz, mit denen ich vor 20 Jahren gearbeitet habe. Und das nicht, weil jemand vergessen hätte, die alten Sachen wegzuschmeißen, sondern weil diese Werkzeuge gut durchdacht sind und ihren Zweck deswegen heute noch genauso gut wie früher erfüllen. Denn da die Entwickler von Open-Source-Software meist nicht primär die Umsatzzahlen der nächsten Version im Kopf haben, können sie sich mehr um die Stabilität und Performance der Software kümmern.

Wenn Sie gerade den Sprung vom Linux-Einsteiger zum Linux-Administrator angehen wollen, bietet Ihnen dieses Buch in den weiteren Kapiteln einen breiten Überblick über die unterschiedlichen Themengebiete wie Netzwerke, DNS, Mailserver, Dateiserver, Datenbanken oder Webserver und zeigt Ihnen anhand kurzer praktischer Beispiele die Anwendung der verschiedenen Dienste. Sie erhalten einen Überblick über die Möglichkeiten von Linux als Serversystem und können sich danach intensiver mit einem Themengebiet beschäftigen, auf das Sie besonders neugierig sind.

Beim Administrieren Ihres Systems können immer mal spezielle Fragen auftreten, zu deren Beantwortung Sie weiterführende Informationen brauchen. Auch hier erweist sich der quelloffene Charakter von Linux als ausgesprochen nützlich. Denn da keine Informationen über die Funktionsweise geheim gehalten werden, finden Sie im Internet Erfahrungsberichte, Hilfen und Anleitungen zu jedem Linux-Thema, das Sie sich vorstellen können. Eine weitere Anlaufstelle sind die Linux User Groups, in denen sich Linux-Anhängern austauschen und die Ihnen gerne weiterhelfen. Sollten Sie also den Kontakt zu anderen Linux-Nutzern in Ihrer Region suchen, befragen Sie Ihre Suchmaschine nach »Linux User Group« und Ihrem Standort. Nun wünsche ich Ihnen aber viel Spaß beim Lesen dieses Buches und bei Ihrer Reise auf dem Weg zum Linux-Guru! Bleiben Sie neugierig.

Frank Agerholm
Flensburg

Vorwort

Als kleiner Junge habe ich mir manchmal gewünscht, dass ich einen Butler hätte, der mir so lästige Tätigkeiten wie den Besuch der Schule oder das Zähneputzen abnehmen würde. Dazu ist es nicht gekommen und das war sicher auch gut so. Als erwachsener Informatiker habe ich mir einen Server gegönnt. Er steht irgendwo in meiner Wohnung und versorgt meine Arbeitsplatzrechner und Laptops mit Videodateien, mit Webseiten und einer kleinen Cloud. Natürlich ist mein kleiner Server mit Linux ausgestattet. Das kostet nichts, hält sich an Standards, ist extrem stabil und man kann ihm schnell weitere Kunststücke beibringen.

Diese Erkenntnis hat sich auch bei den meisten Firmen durchgesetzt, so werden auch dort meist Linux-Rechner eingesetzt. Und auch die großen Webserver im Internet, die Mailserver der Provider oder die Datenbankrechner großer Unternehmen basieren meist auf Linux.

Als zusammenfassendes Einsatzszenario habe ich im letzten Kapitel dieses Buches einige Möglichkeiten durchgespielt, einen Linux-Server in einer Schule einzusetzen.

Wenn Sie den Umgang mit Linux-Servern kennenlernen möchten, sind Sie hier richtig. Sei es, dass Sie auch einen privaten Daten-Butler für Ihre Wohnung einrichten wollen oder den Beruf des Administrators lernen wollen. Dieses Buch soll Ihnen Anregungen geben, was alles möglich ist, und diese Möglichkeiten praktisch umsetzen.

Dieses Buch behandelt also die Einrichtung eines Linux-Servers. Es verwendet dazu die Distributionen Debian und Ubuntu Server. Beide Distributionen sind keine Spielzeuge, sondern zuverlässige Serversysteme. Da sie frei und kostenlos zur Verfügung stehen, benötigen Sie nur noch irgendeinen PC, den Sie als Server abstellen können, und nichts steht Ihrem ersten eigenen Server im Wege.

Dieses Buch geht davon aus, dass Sie bereits eine gewisse Erfahrung mit Computern haben. Es ist nicht erforderlich, dass Sie sich schon mit Linux auseinandergesetzt haben. Alles, was Sie dazu wissen müssen, wird in den ersten Kapiteln beschrieben. Sie werden mit der Shell und den Konsolenkommandos vertraut gemacht, die Administratoren als Handwerkszeug kennen sollten.

Sie haben einen Fehler im Buch gefunden? Gratuliere! Es wäre nett, wenn Sie mich darüber informieren. Sie erreichen mich über den Verlag oder meine Website *www.willemer.de*. So kommt Ihre Aufmerksamkeit anderen Lesern zugute.

Obwohl ich weiß, dass viele Leser sich darüber diebisch freuen, einen Fehler zu finden, habe ich doch alles Mögliche getan, um sie zu vermeiden. Zum Glück hatte ich dabei Kumpane.

Dieses Buch hat Frau Christine Siedle als Lektorin begleitet. Sie hat mir keine Vorschriften gemacht, aber mich auf den Boden zurückgeholt, wenn ich den Leser in meiner Begeisterung für das Thema aus dem Blick verloren habe. Sie hat ihre Erfahrung mit der Erstellung von Fachbüchern einfließen lassen.

Als Fachgutachter haben wir Frank Agerholm gewinnen können. Er ist Profi als Administrator und sehr engagiert in der Linux User Group Flensburg tätig. Er hat nicht nur meine Fehler aufgespürt, sondern auch Hinweise gegeben, was Stand der Technik ist. Darüber hinaus hat er viele Anregungen gegeben. Vielen Dank für diese Arbeit.

Die Rechtschreibkorrektur haben Petra Heubach-Erdmann und Jürgen Erdmann übernommen und sich sogar darauf eingelassen, direkt in meinen LaTeX-Quelltexten zu korrigieren, was mir viel Tipparbeit ersparte.

Dazu kommen noch unzählige Mitarbeiter von Sybex, die dafür sorgen, dass das Buch schick aussieht, gedruckt wird und seinen Weg in die Regale findet.

Und dann mussten meine Frau, meine Söhne und mein restliches persönliches Umfeld manches Mal Geduld haben, weil ich nicht so entspannt war, wie ich hätte sein sollen.

Arnold Willemer
Norgaardholz

Kapitel 1
Linux und freie Software

Inhalt

- Vorstellungsrunde Linux, GNU, Debian und Ubuntu
- Was freie Software ausmacht
- Sicherheit und Freiheit kann gemeinsam gehen
- Ideologien und was sie nutzen

Linux hat sich im Bereich der Server weitgehend durchgesetzt. Das erscheint auf den ersten Blick ungewöhnlich, weil Linux nicht durch eine kommerzielle Firma vermarktet wird.

1.1 Linux ist nicht Windows

Falls Sie auf Ihrem Arbeitsplatz-Computer Windows verwenden, werden Sie vermutlich automatisch Vergleiche zwischen Windows und Linux ziehen und vielleicht auch hin und wieder über die Unterschiede fluchen: Warum verhält sich Linux anders als Windows? Können die Programmierer das nicht besser?

Das könnten sie sicher. Aber das wollen sie nicht. Die Programmierer, die die Entwicklung von Linux anstießen und fortsetzten, taten dies zu einem großen Teil in ihrer Freizeit und wollten sehr bewusst ein anderes, ein besseres Betriebssystem programmieren als das, was sie auch für wenig Geld im Laden kaufen könnten.

Das Vorbild für Linux war UNIX, das durch klare Konzepte glänzte. Aber die Entwicklung blieb nicht stehen und so wurden die Konzepte immer wieder hinterfragt und durch modernere, noch klarere und performantere Ansätze ersetzt. Um solche Änderungen streiten sich die Entwickler oft sehr engagiert. Das wirkt auf Außenstehende manchmal etwas irritierend, führt aber langfristig zu einem leistungsfähigen Betriebssystem, das auf der Höhe der Zeit bleibt.

Dagegen schleppt Windows immer noch die Altlasten längst vergangener Tage mit sich herum. Ein typisches Beispiel sind die Laufwerksbuchstaben. Warum wird die erste Festplatte immer mit dem Buchstaben C: bezeichnet? Weil A: und B: immer noch für zwei Diskettenlaufwerke reserviert sind, obwohl man heutzutage solche Laufwerke nicht einmal mehr kaufen kann. Und die Bindung an diese Laufwerksbuchstaben führt noch heute dazu, dass der Anwender ein massives Problem hat, wenn sein Laufwerk C: voll ist. Linux verzichtet dagegen ganz auf Laufwerkskennungen. Alle Dateien befinden sich in genau einem Verzeichnisbaum, der sich über mehrere Laufwerke verteilt. Und das Umlagern von Programmen oder Dateien auf ein anderes Laufwerk ist für einen Linux-Administrator eine Kleinigkeit.

Darum sollten Sie sich nicht ärgern. Linux ist einfach anders. Es will anders sein und es ist gut, dass es anders ist. Lassen Sie sich lieber auf diese Andersartigkeit ein. Sie werden sehen, dass es meist sehr logisch strukturiert ist und auf lange Sicht Ihre Probleme einfacher löst, als dies mit Windows möglich wäre.

1.2 Linux? Debian? Ubuntu?

Sie wollen einen Linux-Server betreiben, sonst hätten Sie dieses Buch nicht in der Hand. Aber was ist eigentlich Linux genau? Sie finden nirgends einen Laden, in dem Sie neben den Schachteln von Windows eine Schachtel mit dem Aufdruck »Linux« finden.

Denn obwohl Linux als Bezeichnung für das Betriebssystem verwendet wird, ist es streng genommen nur der Name des Betriebssystemkerns, um den das Betriebssystem gestrickt ist. Zu einem Linux-System bekommen Sie neben dem Kern aber noch reichlich Software dazu. Und da Linux Open Source, also freie Software ist und freie Software auch noch kostenlos ist, ist das Paket großzügig bemessen. Bis hin zur Textverarbeitung, Datenbank und diversen Serverprogrammen ist alles inklusive!

Dieses Gesamtpaket aus Systemkern und Programmen wird als *Distribution* bezeichnet. Eine Distribution umfasst das Installationsmedium und die Software-Pakete. Sie sorgt dafür, dass das System installiert werden kann, aktualisiert wird und alle Bestandteile zusammenpassen. In diesem Buch werden die Distributionen Debian und Ubuntu Server verwendet, um einen Linux-Server zu betreiben.

Warum Debian und Ubuntu?

Debian ist eine der ältesten Distributionen und im Gegensatz zu manch anderer Distribution nicht kommerziell. Sie gilt als außerordentlich stabil und eignet sich darum ideal als Basis für einen Server.

Das Ubuntu-Projekt ist angetreten, um vor allem im Desktop-Bereich die Linux-Welt einem breiten Publikum zugänglich zu machen. Hier hat Ubuntu auch viel erreicht. Heute ist es für jemanden, der beide Systeme kennt, erheblich leichter, auf einem Laptop Ubuntu zu installieren, als eine neue Windows-Version.

Ubuntu ist aber nicht etwa eine vollkommen eigenständige Distribution, sondern setzt auf dem Paketsystem und teils auch auf der Infrastruktur von Debian auf. Darum ist das Verhalten von Ubuntu und Debian an vielen Stellen sehr ähnlich, sodass beide Versionen zusammen betrachtet werden können. Auf gelegentliche Unterschiede werde ich Sie natürlich hinweisen.

Falls Sie nun eine andere Distribution verwenden, aber zufällig dieses Buch geschenkt bekommen haben oder nur noch dieses in der Bibliothek vorrätig war, werden Sie vielleicht überrascht feststellen, dass immer noch erstaunlich viele Beschreibungen auch auf Ihre Distribution passen.

Was ist mit GNU, freier und offener Software?

Die Bezeichnung für Debian lautet vollständig »Debian GNU/Linux«. Das zeigt an, dass Debian und damit auch Ubuntu etwas mit GNU und mit Linux zu tun hat. Und sowohl GNU als auch Linux greifen auf die Ideen von UNIX zurück. Was GNU genau ist und wie es dazu kam, werden die folgenden Abschnitte ausführlicher erläutern.

Das wichtige Thema von GNU ist die Freiheit der Software. Dieses Thema Freiheit hat etwas mit der Geschichte von UNIX zu tun, das plötzlich nicht mehr frei war. Tatsächlich ist der Freiheitsgedanke das treibende Moment im Debian-Projekt. Hieraus erwachsen eine demokratische Organisationsstruktur, der Gesellschaftsvertrag und die oft leidenschaftliche geführte Debatte, welche Software aufgenommen werden soll und welche nicht.

1.3 Software soll frei sein

Wie kaum eine andere Distribution legt Debian besonderen Wert auf die Freiheit von Software. So meldet Debian am 15.12.2010 stolz, dass die Version Squeeze mit einem

Kernel ausgeliefert wird, der vollständig von unfreier Firmware befreit ist.[1] Debian steht damit in der Tradition von GNU, dessen Namen untrennbar mit der Distribution verbunden ist. Lassen Sie sich ein wenig in die Hintergründe dieser Thematik entführen, die in manchen Fällen eben auch Auswirkungen auf die Praxis hat.

Die Abkürzung GNU steht für »GNU is not UNIX«. Diese rekursive Auflösung zieht die Aufmerksamkeit immer sehr auf das »G«, das ja nicht aufgelöst wird. Dabei ist die Bedeutung von »not UNIX« viel interessanter. Warum distanziert sich die GNU-Bewegung so von UNIX, obwohl die von ihr hergestellte Software UNIX fast vollständig imitiert?

Tatsächlich implementiert die GNU-Software funktional die UNIX-Werkzeuge und übertrifft sie an vielen Stellen erheblich. Die Gegensätzlichkeit liegt nicht in der Funktion, sondern in den Lizenzen der Quelltexte. Keine Software, die GNU erstellt, hat mit den lizenzpflichtigen Quelltexten von UNIX etwas zu tun. Es ist alles neu geschrieben worden, ohne eine Zeile von UNIX zu übernehmen. Genau dies meint die Aussage »GNU is not UNIX«. Der Hintergrund findet sich in der Geschichte von UNIX.

1.3.1 Wie UNIX unfrei wurde

Alles fing mit dem Scheitern der Entwicklung von MULTICS an. Es sollte das Superbetriebssystem werden und MIT, General Electric sowie die Bell Labs von AT&T wollten es entwickeln. Es stellte sich aber heraus, dass die Erwartungen nicht mit den technischen Möglichkeiten seiner Zeit in Einklang zu bringen waren. Es war schlicht nicht implementierbar. Und so stiegen die Bell Labs aus. Einige der Entwickler für MULTICS, unter ihnen vor allem Dennis Ritchie und Ken Thompson, entwickelten aus diesen Ideen einen kleinen Abguss, den sie UNICS, später UNIX nannten. Damit das System leicht portierbar wurde, entwickelten sie extra dafür die Programmiersprache C. Da die Firma AT&T davon ausging, dass man damit kein Geld verdienen könnte, stellten sie einigen Universitäten neben UNIX auch dessen Quelltext für Forschung und Ausbildung zur Verfügung.

Dort wurde UNIX ständig erweitert und entwickelte sich so zu einem leistungsfähigen System. Das Internet-Protokoll TCP/IP wurde auf der Basis von UNIX entwickelt, und so wurde das System auch kommerziell interessant. Plötzlich legte AT&T den Rückwärtsgang ein und verkaufte UNIX zu erheblichen Lizenzgebühren. Darüber hinaus entzog man den Universitäten den Zugriff auf die Sourcen. Sogar die an den Universitäten entstandenen UNIX-Versionen wurden mit Lizenzgebühren belegt, und infolgedessen mussten die Universitäten unter dem Erfolg von UNIX leiden, den sie teilweise selbst herbeigeführt hatten.

1 *http://www.debian.de/News/2010/20101215*

1.3.2 GPL: Lizenz für die Freiheit

Der Ärger darüber führte zur GNU-Bewegung. Es sollte wieder ein frei verfügbares Betriebssystem entstehen, das so leistungsfähig war wie UNIX. Aber diesmal sollte es frei bleiben. »GNU is not UNIX« sollte deutlich signalisieren, dass einerseits kein Quellcode von UNIX verwendet wurde und dass diese Software andererseits nicht den gleichen Weg in die Unfreiheit gehen sollte wie UNIX.

Damit die freie Software auch frei blieb, wurde eine Lizenz entwickelt, die eine solche Entwicklung wie die bei UNIX verhindern sollte. Sie wurde »Copyleft« genannt, um deutlich zu machen, dass sie genau die Umkehrung des Copyrights bewirken sollte: Freie Software musste immer frei bleiben. Zentrale Bestandteile der GPL (GNU General Public License) sind folgende Forderungen:

- Die Software kann frei genutzt werden, auch kommerziell.
- Kopien dürfen frei verteilt werden, auch gegen Bezahlung. Dem Empfänger müssen allerdings die Bedingungen der GPL genannt werden.
- Der Source-Code muss mit der Software ausgeliefert oder auf Nachfrage zum Selbstkostenpreis nachgeliefert werden.
- Die Sourcen dürfen beliebig verändert werden. Veränderte Programme unterliegen allerdings wiederum der GPL.

Warum die Lizenz so wichtig ist, erschließt sich vielleicht an einem einfachen Beispiel. Nehmen wir an, Sie entwickeln eine Textverarbeitung und wollen diese allen interessierten Anwendern zur Verfügung stellen. Sie stellen die Software inklusive Quelltexte ohne jede Einschränkung zur Verfügung. Nun kommt eine Firma, die schon immer eine Textverarbeitung auf den Markt bringen wollte, übernimmt Ihren Code, entfernt Ihren Namen und setzt das eigene Logo darauf. Die Firma beseitigt ein paar Fehler und fügt noch ein paar kleine Features hinzu. Anschließend verkauft sie diese Software für teures Geld und behält den gesamten Quelltext für sich. Daraufhin geht die Firma in Insolvenz. Die Software wird eingestellt. Sie könnten zwar theoretisch auf dieser Basis weiterentwickeln, aber da Sie keine Rechte an der Software haben, erhalten Sie nicht einmal Einblick in die Erweiterungen. Sie würden dieses Verhalten für unfair halten, könnten sich aber nicht dagegen wehren. Sie haben ja die Rechte an der Software freigegeben!

Genau dieses Szenario soll die GPL verhindern. Eine Software unter GPL muss immer seinen Quelltext zur Verfügung stellen. Jeder darf den Quelltext verbessern und verändern. Er darf aber das veränderte Programm nur dann weitergeben, wenn er auch den Quelltext veröffentlicht und den Empfänger über seine Rechte aus der GPL aufklärt. Durch die Sicherung des Quelltextes kann jederzeit ein anderer Programmierer den Faden aufgreifen und eine Software weiter verbessern, auch wenn der bisherige Programmierer kein Interesse mehr an dem Projekt hat. Die investierte Arbeit geht nicht verloren.

1.3.3 Die Anwender profitieren

Der Freiheitsgedanke der Software scheint den normalen Linux-Benutzer nur am Rand zu tangieren. Er freut sich über die kostenlose Software, macht sich über die Offenheit der Quelltexte allerdings keine Gedanken. Im Gegenteil, es ärgert manchen Benutzer, wenn ein Treiber nicht in der freien Distribution eingesetzt wird, nur weil der einzig verfügbare Treiber vom Hersteller als »unfreie« Software zur Verfügung steht. Ihn interessieren keine Ideologien, sondern die Lauffähigkeit seines Systems.

Den Nachteil nicht freier Software bemerken Sie, falls Ihr teures Notebook vielleicht schon etwas älter ist, aber dennoch mit der neuesten Windows-Version ausgestattet werden soll. Leistungstechnisch wäre dies kein Problem, aber leider gibt es keine Treiber vom Hersteller. Der interessiert sich nämlich nicht für das Altgerät, sondern möchte Ihnen lieber ein neues Notebook verkaufen.

Stünden die Treiber unter GPL, könnten Sie Glück haben, dass ein Programmierer ebenfalls dieses oder ein vergleichbares Notebook besitzt. Hätte er Zugriff auf die Quelltexte, würde er die Treiber anpassen. Mit etwas Glück würde er die neuen Treiber vielleicht zur Verfügung stellen. Aber der Hersteller behält seine Betriebsgeheimnisse lieber für sich.

Falls Sie meinen, das wäre ein Einzelfall, so werden Sie überrascht sein, wie viele Notebooks beim Umstieg auf eine neuere Windows-Version auf der Strecke bleiben. Das Problem betrifft auch nicht nur Notebooks. Bei jedem Windows-Wechsel wird bei eBay eine ganze Menge Peripherie erstaunlich billig angeboten. Die Besitzer verkaufen sie, weil die Geräte mit den neueren Windows-Versionen nicht mehr laufen. Und aus dem gleichen Grund will niemand diese Geräte haben. Mit etwas Glück finden sie als Käufer einen Linux-Anwender. Die Chance ist nämlich groß, dass auch ältere Peripherie auf Linux-Systemen tadellos funktioniert.

1.3.4 Sicherheitsfragen

Die offenen Quelltexte bieten aber auch einen Sicherheitsgewinn. Haben Sie eigentlich kein schlechtes Gefühl, wenn Sie einer Software Ihre Kontodaten überlassen? Dann wissen Sie vielleicht nicht, dass allein die Kenntnis Ihrer Bankverbindung genügt, um Geld von Ihrem Konto einzuziehen. Erst wenn Sie es rechtzeitig merken und die Lastschrift zurückrufen, behalten Sie Ihr Geld. Wer sagt Ihnen, dass die Software nicht heimlich

Ihre Daten abgreift und diese an Menschen verteilt, die auch gern mal ein wenig Geld einziehen möchten? Ach, Sie haben die Software von Ihrer Hausbank! Und Sie sind sicher, dass die dortigen Angestellten die Software auf Herz und Nieren geprüft haben. Aber was ist mit dem Sniper-Programm, dem Sie Ihr eBay-Passwort anvertrauen, oder mit dem Webdesign-Programm, das das Passwort Ihrer Website zum Hochladen der neuen Seiten verwendet? Jedes dieser Programme kann Ihre Daten missbrauchen und Sie würden es nicht einmal bemerken.

Mehr-Augen-Prinzip

Wenn die entsprechende Software ihre Quellen offenlegt, kann ein Programmierer sehen, wenn das Programm Daten an eine fremde Adresse versendet. Und selbst dann, wenn Sie kein Programmierer sind und eine Manipulation selbst nicht erkennen könnten, würde ein solcher Eingriff bei quelloffener Software eher entdeckt, als wenn die Quelltexte nur dem Auftraggeber gegenüber offenliegen. Die Wahrscheinlichkeit, dass ein Bankangestellter die Hintertür in einer Software entdeckt, ist deutlich geringer, als wenn das gesamte Internet Zugriff auf die Quelltexte hat.

Angriffe von außen

Die Sicherheit von Daten und damit die Rechte der Freiheit müssen inzwischen nicht mehr nur gegen Kriminelle verteidigt werden, sondern auch gegen die staatlichen Geheimdienste. Nach der derzeitigen Rechtslage in den USA kann man nicht ausschließen, dass amerikanische Unternehmen sich dem Druck der Terroristenverfolger nicht entziehen können und so Hintertüren einbauen müssen.[2] Die Aktivitäten gehen bis hin zur Bestechung von Mitgliedern von sicherheitsrelevanten Normungsgremien.[3] So muss man wohl davon ausgehen, dass alle Systeme, deren Source nicht öffentlich einsehbar sind, von vornherein untauglich für sicherheitskritische Anwendungen sind.

Sie sehen also, der Gedanke der freien Software hat durchaus praktische Bedeutung. Letztlich sind die Existenz, die Stabilität und die Sicherheit der Linux-Systeme den Leuten zu verdanken, die Wert darauf legen, dass Software frei ist und frei bleibt.

1.4 Inhaltsstoffe ohne Nebenwirkungen

Was ist das nun, das unter dem Namen Debian oder Ubuntu auf dem Computer installiert wird? Wie schon erwähnt, ist das die GNU-Software. Zum anderen gehört

2 *http://www.heise.de/-1972173.html*
3 *http://www.heise.de/-1953716.html*

der Linux-Kernel dazu, das TCP/IP, grafische Oberflächen, einige Serversysteme und andere Software, die zusammengenommen landläufig als Linux-Distribution angesprochen werden.

Das Allererste, was Sie allerdings zu sehen bekommen, wenn Sie die CD oder DVD starten, ist die Installationssoftware, die ebenfalls frei ist.

Die Installation basiert auf Softwarepaketen. Debian hat eine eigene Paketstruktur mit der dazugehörigen Software entwickelt, die es ermöglicht, die Kompatibilität und Abhängigkeit verschiedener Programme zu berücksichtigen. Auf dieser Basis setzt auch Ubuntu auf.

Die Softwarepakete werden auf Servern bereitgehalten und bei Änderungen aktualisiert. Auf diese Weise ist es möglich, den Systemen ständig den aktuellen Stand zur Verfügung zu stellen und Sicherheitslücken zentral zu bekämpfen.

1.4.1 Was wirklich drin ist

Debian und Ubuntu verwenden zu einem großen Teil die gleiche Software wie die Distributionen openSUSE oder Red Hat. In diesem Abschnitt erfahren Sie, welche Software zu einem Linux-System gehört und woher sie kommt.

GNU-Software

Eine Linux-Distribution enthält zunächst einmal die GNU-Software. Dazu gehören die vielen Kommandozeilenprogramme, die aus dem UNIX-Umfeld bekannt sind und die in Kapitel 4 dargestellt werden. Von besonderer Bedeutung ist der C/C++-Compiler, der von herausragender Qualität ist und mit dessen Hilfe die meiste Software unter Linux entstanden ist. Da der GNU-Compiler auf verschiedene Computersysteme portiert wurde, können Sie damit Software auf beinahe allen Plattformen zum Laufen bringen. Die GNU-Software wurde lange vor dem Erscheinen des Linux-Kernels bereits auf den verschiedenen Plattformen verbreitet. Unter den großen UNIX-Systemen wie Solaris, HP-UX oder AIX sorgte der GNU-Compiler für portable Programme und aktuelle Sprachenstandards. Aber die GNU-Programme finden Sie nicht nur bei UNIX-Derivaten. Auch unter OS/2, Windows oder dem Atari ST wurden sie eingesetzt, auch wenn sie dort oft nicht die gleiche Leistungsfähigkeit entfalten konnten.

Ziel der GNU-Bewegung war die Erstellung eines kompletten Betriebssystems. Es sollte ein Kernel entstehen, über dessen Konzept zum damaligen Zeitpunkt allerdings noch nicht vollständige Klarheit und Einigkeit herrschte.

Linux-Kernel

Linux entstand in den frühen 90er-Jahren, als die GNU-Bewegung bereits seit vielen Jahren ziemlich aktiv war und mittlerweile viele Programme zur Verfügung standen. Als »Linux« wurde ursprünglich nur der Kern des Betriebssystems bezeichnet, der sogenannte Kernel. Die GNU-Bewegung war noch in der Phase des Entwurfs für einen eigenen Kernel, als Linus Torvalds seinen ersten Versuch ins Internet stellte. Er fand sehr viele interessierte Mitentwickler, und der Kernel, der weniger durch elegantes Design als durch effiziente Nutzung der vorhandenen Ressourcen bestach, wurde sehr populär. Der Kernel sorgt für die Verwaltung der Programme, der Ressourcen und den Kontakt zur Hardware mit seinen Treibern.

Durch die bereits existierenden GNU-Werkzeuge, die ja frei zur Verfügung standen, konnte aus dem nackten Kernel schnell ein System erstellt werden, das eigenständig auf einem Computer lief, ohne dass weitere Software benötigt wurde.

Netzwerk von Berkeley

Die Netzwerkkomponente TCP/IP, die die Basis des Internets ist und heute weitgehend konkurrenzlos für Netzwerke steht, war von der Berkeley Universität entwickelt worden und damit freie Software. Sie ergänzte GNU und Linux um die Fähigkeiten eines Netzwerksystems. Damit war Linux nicht nur netzwerktauglich. Es hatte sogar die Originalquellen angezapft, die TCP/IP erfunden hatten.

Grafik vom MIT

Das MIT (Massachusetts Institute of Technology) entwickelte mit dem X Window System die grundlegende Basistechnologie, auf dem bereits die Grafiksysteme der kommerziellen UNIX-Systeme aufsetzten. Das X Window System stand ebenfalls unter freier Lizenz zur Verfügung. Allerdings war die mitgelieferte Oberfläche nicht besonders attraktiv.

Die großen UNIX-Hersteller lieferten darum unterschiedliche kommerzielle Desktops wie beispielsweise CDE/Motif mit dem X Window System aus. Diese Desktops konnte das neu entstandene, freie Betriebssystem natürlich nicht verwenden. Aber dann stellte der UNIX-Hersteller Sun seine Oberfläche OpenView zur freien Verfügung, die unter Linux als erster Desktop diente.

Später wurden für Linux eigene Desktops entwickelt. Die Geschwindigkeit dieser Entwicklungen führte dazu, dass die Oberflächen GNOME und KDE sogar das kommerzielle CDE an Benutzerfreundlichkeit schnell in den Schatten stellten.

Heute gibt es für Linux sehr viele unterschiedliche Desktops. Das hat zwar den Nachteil einer nicht einheitlichen Benutzeroberfläche, aber auch den Vorteil, dass man sich nicht den Vorgaben des Herstellers beugen muss. Wenn einem Windows-Nutzer Vista nicht gefiel, musste er auf Windows 7 oder Windows 8 hoffen. Ein Linux-Besitzer, dem GNOME nicht gefällt, wechselt einfach zu KDE, XFCE oder Mate.

Sammelbecken

Die Begeisterung über ein freies System führte zu einem neuen Boom der freien Software. Das GNU/Linux-System wurde zu einem Sammelbecken und gleichzeitig zu einer Inspiration für wichtige Softwaresysteme wie den Webserver Apache (siehe Kapitel 20), den Dateiserver SAMBA (siehe Abschnitt 18.1), Datenbanken wie MySQL (siehe Abschnitt 19.3) oder PostgreSQL (siehe Abschnitt 19.4) und viele andere freie Softwaresysteme.

Wenn man vom Betriebssystem »Linux« spricht, ist dies also nicht ganz korrekt, weil Linux ja eigentlich nur ein Teil des Betriebssystems ist. Die von der Free Software Foundation bevorzugte Bezeichnung GNU/Linux trägt der Tatsache Rechnung, dass erst aus der Kombination von GNU und Linux erstmals ein eigenständig lauffähiges System entstand. Diese Namensgebung betont, dass Linux selbst unter der GNU-Lizenz steht. Im allgemeinen Sprachgebrauch hat sich allerdings »Linux« als Bezeichnung für das ganze System durchgesetzt, das aus Linux, GNU, TCP/IP, X Window System und anderen Bestandteilen besteht. Das Weglassen des GNU im Namen anderer Distributionen heißt aber nicht, dass ihnen nicht klar wäre, dass es Linux ohne GNU in der heutigen Form nie gegeben hätte. Und in diesem Sinne bitte ich es auch zu verstehen, wenn in diesem Buch einfach von Linux die Rede ist.

1.4.2 Debian-Pakete

Debian war eine der ersten Distributionen und legte von vornherein Wert darauf, dass auch das Installationsprogramm freie Software war. Um Software zu installieren, wird es in Pakete zusammengepackt, die oft voneinander abhängen. Ein solches Paket muss es ermöglichen, die Dateien an die richtigen Orte zu schaffen, aber auch zu prüfen, ob die Abhängigkeiten zu anderen Paketen erfüllt sind. Darüber hinaus muss die Software direkt nach der Installation konfiguriert werden.

Zu Anfang wurde eine Linux-Distribution in komprimierten Tar-Archiven (siehe Abschnitt 7.5) geliefert. Diese hatten zwei Nachteile: Es können keine Programme aus dem Paket gestartet werden, um eine Konfiguration aktiv zu gestalten. Vor allem aber konnte in den Tar-Archiven nicht festgelegt werden, welche Abhängigkeiten oder Unverträglichkeiten zu anderen Paketen bestanden.

Dieses Problem lösen die Debian-Pakete, die an ihrer Dateierweiterung *.deb* erkennbar sind. Auch Ubuntu verwendet diese Pakete.

Auch bei Red Hat wurde dieses Problem erkannt und durch ein eigenes Paket-Management namens RPM gelöst. So gibt es heute zwei Arten von Softwarepaketen: RPM von Red Hat und die Debian-Pakete. Zu den Paketen gehören natürlich auch die passenden Programme, die dafür sorgen, dass die Pakete installiert und die Abhängigkeiten überprüft und gegebenenfalls erfüllt werden.

Bei Sicherheitsproblemen muss es möglich sein, die Pakete zu aktualisieren. Debian und Ubuntu stellen Server zur Verfügung, die die jeweils aktuellen Pakete bereithalten. Nicht nur Updates funktionieren auf dieser Basis, sondern sogar Upgrades im laufenden Betrieb. Lediglich bei der Installation eines neuen Kernels kommt man nicht umhin, den Rechner neu zu starten.

1.5 Debian

In diesem Abschnitt erfahren Sie mehr über die Besonderheiten von Debian als Distribution und auch als Organisation.

1.5.1 Die Debian-Distribution

Debian veröffentlicht neue Releases im Schnitt alle zwei Jahre. Der Release-Zeitpunkt wird immer dann verschoben, wenn das Release noch nicht stabil ist. Der Inhalt eines Release wird recht ausgiebig getestet. Einige Monate vor seiner Veröffentlichung wird der Entwicklungsstand eingefroren. Es werden also keine neuen Versionen von Software-Paketen mehr hinzugenommen, sondern es wird nur noch auf Stabilität der nun festgelegten Komponenten getestet.

Damit es dennoch möglich ist, frei zwischen Stabilität und Aktualität zu wählen, gibt es die verschiedenen Release-Stände: *unstable*, *testing*, *stable* und *oldstable*. Bei erheblichen Umbauten des Systems hat es sogar schon eine Version *experimental* gegeben.

- **unstable:** Stabilität ist ein wichtiges Markenzeichen des Debian-Systems. Soll ein neues Debian-Release entstehen, wird es zunächst als *unstable* bezeichnet. Es werden die neuesten Versionen der Programme gesammelt. Ob die zusammengestellten Programme überhaupt miteinander arbeiten, ist jedoch nicht gewährleistet.

- **testing:** Die nächste Variante wird als *testing* bezeichnet. Hier werden wieder neue Programmupdates eingefügt. Dieses Release ist durchaus stabil und aktualisiert sich ungefähr in der Häufigkeit anderer Linux-Distributionen.
- **stable:** Die Variante *stable* ist ein *testing*-Release, das für etwa zwei Jahre eingefroren wird und nur durch Sicherheits-Updates verändert wird. Diese Variante ist ideal für Serversysteme, weil langfristig ein definierter Stand zur Verfügung steht.
- **oldstable:** Mit dem Erscheinen des neuen *stable*-Release wird das bisherige zum *oldstable*. Es wird noch etwa ein weiteres Jahr mit Sicherheits-Updates unterstützt.

Für einen Server werden Sie vermutlich ein *stable*-Release verwenden. Im Moment ist das Debian 7 namens *Wheezy*.

1.5.2 Wer hinter Debian steht

Für die Entwicklung der Installations- und Update-Software, die Pflege der Server und Zusammenstellung und Auswahl der Komponenten werden Menschen benötigt. Die Mitarbeiter von Debian sind in erster Linie von der Idee der freien Software begeistert. Die Stärke der Organisation ergibt sich aus der Identifizierung seiner Mitglieder mit den Zielen und der Art, wie man sie erreicht. Dazu sind demokratische Strukturen geschaffen worden. Es gibt eine eigene Verfassung und einen Vertrag, der die Zielrichtung der Distribution vorgibt: den Gesellschaftsvertrag.

Wählen und Mitmachen

Der Name »Debian« leitet sich von Ian Murdock her, der das Projekt am 16.8.1993 ins Leben rief. Der Vorname seiner Ex-Frau Debra und sein eigener Vorname ergaben zusammengesetzt den Namen des Projekts. Das Debian-Projekt wird von der Free Software Foundation unterstützt.

Im Gegensatz zu den anderen Distributionen steht hinter Debian keine Firma. Der Leiter des Projekts wird jedes Jahr demokratisch gewählt. Es mag auf den ersten Blick nach Vereinsmeierei aussehen, aber die Frage nach der internen Organisation ist wichtig. Das Projekt lebt vom freiwilligen Einsatz aller Beteiligten. Und da ist es unabdingbar, dass Entscheidungswege transparent sind und dass diejenigen, die die Arbeit machen, auch entscheiden können. Aus diesem Grund gibt es sogar eine Verfassung, die Sie unter der URL *http://www.debian.org/devel/constitution* finden. Wenn Sie selbst mitmachen wollen, finden Sie Informationen dazu unter der URL *http://www.debian.org/devel/join*.

Der Gesellschaftsvertrag

Auch das Ziel des Debian-Projekts wurde demokratisch in einem »Debian-Gesellschaftsvertrag« festgelegt.

- Der Vertrag garantiert, dass Debian zu 100% frei bleiben wird. Das bedeutet insbesondere, dass Debian nicht von unfreien Komponenten abhängig werden darf.
- Ein weiterer Aspekt ist, dass Probleme nicht verborgen werden. Jeder Fehler, der gemeldet wird, wird sofort öffentlich angezeigt. In der Fehlerdatenbank von Debian werden die Fehler öffentlich diskutiert.
- Die Prioritäten werden bewusst auf Anwender und freie Software gelegt. Debian ist also kein Studienobjekt, sondern soll den Anwendern Nutzen bringen. Die Anwenderorientierung geht so weit, dass die Benutzer auch dann unterstützt werden, wenn sie unfreie Software unter Debian verwenden wollen. Debian garantiert sogar, dass das Debian-Projekt keine Gebühren erhebt, auch wenn Debian als Basis für unfreie Software verwendet werden sollte. Unfreie Komponenten werden nicht nur geduldet, sondern es wird sogar die Infrastruktur zur Verfügung gestellt. Allerdings gibt es eine klare Abgrenzung zwischen freien und unfreien Paketen, sodass der Benutzer auch ein Debian einsetzen kann, das ausschließlich auf freier Software basiert.

Der Vertrag erlaubt, dass andere Distributionen Debian enthalten. Dieser Punkt trifft beispielsweise auf Ubuntu zu, das nicht nur das Format der Debian-Pakete verwendet, sondern auch die Debian-Strukturen für die eigene Distribution nutzt. Sie finden den Vertrag unter der folgenden URL im Internet:

http://www.debian.org/social_contract

1.6 Ubuntu

Ubuntu ist eine Distribution, die vor allem vom Desktop her bekannt ist. Für das Aufsetzen eines Servers interessiert uns die Ubuntu-Server-Distribution.

1.6.1 Die Ubuntu-Distribution

Die Distribution basiert auf Debian, geht aber etwas lockerer mit der Frage der freien Software um. Gibt es keinen freien Treiber, wird eben ein weniger freier verwendet. Was für viele Benutzer eine Erleichterung ist, vermindert natürlich den Druck auf die Hersteller, Informationen zur Verfügung zu stellen, um freie Treiber herstellen zu können. Darum wird diese Haltung von einigen Vertretern der Open-Source-Bewegung kritisiert.

Während Debian ein neues Release herausgibt, wenn die Entwickler meinen, dass es nun fertig sei, gibt es bei Ubuntu zwei Releases pro Jahr, eins im April und eins im Oktober. Die Nummerierung der Release bezieht sich zunächst auf das Erscheinungsjahr gefolgt vom Erscheinungsmonat. Damit sind die Releases nur etwa ein Jahr aktuell, was etwas knapp für einen Server ist.

Die Aprilausgabe jeden geraden Jahres ist ein LTS-Release (Long Term Support). Es wird für fünf Jahre unterstützt. In dieser Zeit werden Sicherheits-Updates zur Verfügung gestellt und die Server stellen Software-Pakete zur Nachinstallation zur Verfügung. Das zur Drucklegung dieses Buchs aktuelle Ubuntu-Release 14.04 namens *Trusty Tahr* (»Zuverlässiger Tahr[4]«) wird also bis ins Jahr 2019 unterstützt.

1.6.2 Wer hinter Ubuntu steht

Der Unternehmer Mark Shuttleworth gründete 2004 die Firma Canonical Ltd., die hinter Ubuntu steht. Ziel der Distribution Ubuntu war es, Linux populär und einfach zu machen. Auf diesem Weg hat sich Ubuntu definitiv verdient gemacht.

Nachdem die Firma Canonical lange Zeit Ubuntu gesponsert hat, wurde in der letzten Zeit vermehrt der Fokus darauf gesetzt, wie die Firma profitabel arbeiten kann. Dies soll im Server-Bereich vor allem durch kostenpflichtigen Support erreicht werden.

Die Zielrichtung von Ubuntu betont also eher die einfache Bedienung und den Profit, und weniger die Freiheit der Software.

4 Ein Tahr ist ein ziegenartiges Tier aus Asien.

Kapitel 2
Installation

Inhalt

- Beschaffen der Installationsquellen
- Erstellen der Boot-CDs
- Installation eines eigenen Servers
- Nachinstallation von Software

Nachdem Sie im ersten Kapitel etwas über Debian und Ubuntu erfahren haben, steigen wir jetzt praktisch ein. Und da ist es gut, wenn Sie einen Computer zur Verfügung haben, auf dem Sie einen Linux-Server installieren können. Falls Sie noch nie ein Linux-System installiert haben, sollten Sie nicht in Panik geraten. Heutzutage ist das keine Zauberei mehr.

Verwenden Sie dazu ruhig einen älteren PC. Gut ist es, wenn sich darin eine leere Festplatte befindet oder eine, auf der alle Daten gelöscht werden können. Ältere PCs haben den Vorzug, dass die Hardware bereits bekannt ist und die Treiber längst existieren. Sie sollten es mit dem Alter aber nicht so übertreiben, dass Ihre jüngeren Kollegen staunen, was einst einmal als Computer verkauft wurde. Je alltäglicher die Hardware ist, desto unproblematischer verläuft die Installation.

Sollten Sie keinen PC für Ihre Experimente zur Verfügung haben, können Sie auch eine Virtualisierungssoftware wie VirtualBox (siehe Abschnitt 22.1) einsetzen.

Obwohl es problemlos möglich ist, Linux neben ein bestehendes Windows-System zu installieren, kompliziert dies den ersten Versuch natürlich. Außerdem ist es bei einem Server nicht sinnvoll. Ein Server wird selten heruntergefahren, sondern läuft oft Tag und

Nacht durch. Dann kommt es wohl auch eher selten dazu, dass die parallele Windows-Version jemals gestartet wird.

Da die Installation am einfachsten über das Internet durchgeführt wird, ist ein Breitbandzugang sinnvoll.

Debian oder Ubuntu?

Bevor Sie zur Installation schreiten, werden Sie sich vermutlich die Frage stellen, ob Sie nun besser Ubuntu oder Debian verwenden sollten. Da kann ich Ihnen keine eindeutige Empfehlung geben. Wäre eine der beiden Distributionen eindeutig besser, würde es die andere ja nicht geben. Es gibt ein paar feine Unterschiede, die ich Ihnen hier aufzähle. Danach sollten Sie selbst in der Lage sein, zu entscheiden.

Grundsätzlich sind sich Debian und Ubuntu Server sehr ähnlich. Die folgenden Unterschiede sind also nur leichte Tendenzen und sollten darum nicht überbewertet werden.

- Debian erscheint in etwa im Zweijahresrhythmus. Änderungen und neue Software fließen nur zögerlich in die Distribution. So ist Debian etwas stabiler, Ubuntu ist dagegen mit der etwas aktuelleren Software ausgestattet.
- Bei kritischerer Hardware könnte Ubuntu problemloser funktionieren, da diese Distribution eher Kompromisse eingeht, wenn unfreie Treiber notwendig sind.
- Die LTS-Version von Ubuntu, die immer im April eines geraden Jahres erscheint, wird fünf Jahre lang unterstützt. Eine Debian-Version wird in etwa drei Jahre unterstützt.

Es gibt noch einen feinen Unterschied im Konzept des Administratorkontos. Debian verwendet wie ein klassisches UNIX das Konto root. Dagegen werden bei Ubuntu die Administrationsbefehle über den Befehl `sudo` (siehe Abschnitt 10.4) vom ersten Benutzer abgesetzt. Dies ist aber leicht änderbar. Bei Ubuntu kann ein Passwort für root eingerichtet werden. Und wenn Sie bei der Installation von Debian kein Passwort für root eingeben, verwendet es den Sudo-Mechanismus.

2.1 Einen Debian-Server einrichten

Sie können Debian auf verschiedene Weisen beziehen. Entweder kaufen Sie die Medien oder Sie laden sie aus dem Internet und brennen sie auf einen Rohling.

In jedem Fall ist Ihre Anlaufstelle die Website von Debian: *www.debian.org*. Aber auch sonst finden Sie dort reichlich Hinweise zum Thema Debian und Kontakt zu Leuten, die sich mit Debian wirklich auskennen.

2.1.1 Installationsmedium herunterladen

Es gibt mehrere unterschiedliche Ansätze, wie Sie einen Debian-Server installieren können, die alle Vor- und Nachteile haben. Zunächst zeige ich Ihnen aber, wie Sie auf einfachstem Weg an einen Debian-Server kommen. Dazu verwenden Sie eine sogenannte Netinstall-CD.

Gehen Sie mit dem Firefox oder einem anderen Browser auf die Website *www.debian.de/distrib/netinst*. Dort finden Sie unter der Überschrift »Kleine CDs« einen Link mit der Beschriftung *amd64*. Sollte Ihr PC nur 32 Bit beherrschen, wählen Sie *i386*.

Klicken Sie den Link mit der rechten Maustaste an und wählen Sie ZIEL SPEICHERN UNTER. Nun wird die Datei heruntergeladen, deren Name mit *debian* beginnt und mit *netinst.iso* endet. Merken Sie sich, wohin Ihr Browser diese Datei gespeichert hat.

Sollten Sie die Installation mit einer VirtualBox (siehe Abschnitt 22.1) ausführen wollen, können Sie die Image-Datei direkt als virtuelles CD-Laufwerk angeben. Sie müssen dann kein Medium brennen.

2.1.2 Image brennen

Wenn Sie Debian auf einem echten PC installieren wollen, werden Sie nun aus der Image-Datei eine CD brennen müssen. Je nachdem, was Sie an Systemen zur Verfügung haben, gehen Sie wie folgt vor:

- Linux: Falls Sie bereits ein Linux-System verwenden, klicken Sie die Image-Datei mit der rechten Maustaste an. Dort wird zum Brennen das Programm Brasero oder k3b angeboten, je nachdem, ob Sie GNOME oder KDE als Desktop einsetzen.
- Windows: Auch unter Windows führt ein Rechtsklick mit der Maus zum Ziel. Im Menü erscheint oben DATENTRÄGERABBILD BRENNEN, das Sie zu einem Dialog führt, der die Image-Datei auf einen CD-Rohling bannen kann.
- Mac: Auf dem Mac klicken Sie die Image-Datei an und wählen im Menü ABLAGE den Punkt DEBIAN...ISO AUF CD/DVD BRENNEN.

Der nächste Abschnitt zeigt einige alternative Möglichkeiten, an ein Installationsmedium zu kommen. Wenn Sie jetzt nur schnell installieren wollen, überspringen Sie es und fahren mit Abschnitt 2.1.4 fort.

2.1.3 Installationsmedien anders beschaffen

Sie können auch einen fertigen Satz Debian-DVDs verwenden, um Debian zu installieren. Damit sind Sie bei der Installation unabhängig von einer Breitbandanbindung des Zielrechners. Unter der Adresse *www.debian.org/CD* finden Sie eine Übersicht mit Händlern, bei denen Sie Debian-DVDs kaufen können.

Wenn Sie eine schnelle Internetverbindung haben, können Sie die DVDs natürlich auch herunterladen. Sie müssen nicht unbedingt den kompletten Satz der Debian-DVDs herunterladen. Es ist auch möglich, nur mit einem Teil zu arbeiten. Die DVDs sind so organisiert, dass auf der ersten DVD die meistverwendete Software zu finden ist. Seltener benötigte Software erscheint auf einer späteren DVD. Bei der Installation erhalten Sie die Gelegenheit, dem System alle Medien bekannt zu machen. Installieren Sie später eine Software nach, erkennt Debian, ob sie auf einem der Medien ist, und fordert dieses gegebenenfalls an. Alle anderen Softwarepakete beschafft das System aus dem Debian-Repository im Internet.

Sie bekommen auf der Website *www.debian.org/CD* verschiedene Arten des Herunterladens angeboten.

Jigsaw Download

Statt FTP und HTTP bietet Debian den Download per Jigsaw Download an, der kürzer als »jigdo« bezeichnet wird. Die Grundidee liegt darin, dass sich auf den verschiedenen Installationsmedien viele Dateien ständig wiederholen. Warum sollte also jede Datei mehrfach auf dem Server herumliegen? Stattdessen sammelt der jigdo-Manager die benötigten Dateien des Images vom Server ein, transportiert sie zum Anwender und erzeugt dort aus den Dateien ein Image. Besonders interessant wird der Jigsaw Download, wenn Sie bereits ein Image besitzen und es nur aktualisieren möchten. In diesem Fall werden nur die Dateien ausgetauscht, die sich verändert haben.

Für die Verwaltung dieser Dateien gibt es das Programm `jigdo`. Wenn Sie bereits ein laufendes Debian- oder Ubuntu-System zur Verfügung haben, können Sie jigdo mit dem folgenden Befehl installieren:

```
# apt-get install jigdo-file
```

Für alle anderen Systeme finden Sie Unterstützung auf der Website *www.atterer.net/jigdo*.

Nun wählen Sie auf der Debian-Website die jigdo-Dateien aus, die für Ihre Architektur passen, und laden sie herunter. Für jedes Image gibt es zwei Dateien. Eine endet auf *jigdo*, die andere auf *template*. Nehmen wir an, Sie wollten die erste DVD der nächsten

Testversion von Debian für 64-Bit-Systeme herunterladen. Dann enden die passenden Dateien auf *amd64-DVD-1.jigdo* und *amd64-DVD-1.template.*

Sie starten nun das Programm mit dem Aufruf:

```
$ jigdo-lite debian-x.x-amd64-DVD-1.jigdo
```

Die Rückfrage FILES TO SCAN bestätigen Sie einfach mit [↵]. Das Programm fragt nun nach dem Mirror-Server. Wenn Sie `jigdo` auf einem Ubuntu-Rechner starten, kann es sein, dass das Programm sogar einen Ubuntu-Server vorschlägt. Stattdessen geben Sie allerdings Folgendes ein:

ftp.de.debian.org/debian

Wenn Sie nicht in Deutschland sind, verwenden Sie statt des »de« das Kürzel Ihres Landes. Das Programm sucht automatisch einen Server in Ihrer Nähe. Das Programm lädt nun eigenständig die benötigten Pakete und setzt sie zu einem Image zusammen. Wenn alles heruntergeladen ist, wird das Ergebnis gegen die Prüfsumme getestet, um zu gewährleisten, dass keine Lesefehler aufgetreten sind.

Verteilter Download per Bittorrent

Das Bittorrent-Verfahren ist besonders geeignet, große Dateien zu verteilen. Das Prinzip beruht darauf, dass jeder Client auch gleichzeitig zum Server für die bereits heruntergeladenen Teile der Datei wird. Damit die Verteilung möglichst optimal wird, wird die Datei quasi streifenweise zerteilt, und die Streifen werden in zufälliger Reihenfolge geladen. Es entsteht aus allen Interessierten an einer Datei ein Verbund, der sich gegenseitig Teile der Datei anbietet. Damit wird der Server entlastet, und die Übertragungsgeschwindigkeit steigt.

Aber auch für Teilnehmer mit geringer Bandbreite ist das Verfahren von Vorteil. So kann der Download jederzeit unterbrochen und später wieder aufgenommen werden. Es ist sogar möglich, die Download-Rate während des Tages so weit zu drosseln, dass der parallele Download beim Surfen nicht stört, und nachts die volle Bandbreite anzufordern.

Statt der ISO-Datei wird eine Torrent-Datei heruntergeladen, die von dem Bittorrent-Programm verwendet wird. Bei den gängigen Linux-Varianten ist ein Bittorrent-Programm standardmäßig an Bord. Sie finden aber einen Bittorrent-Client für jede Plattform unter folgender URL:

www.bittorrent.com

Per HTTP oder FTP herunterladen

Die klassische Art des Downloads erreichen Sie über die rechte Maustaste. Aus dem aufklappenden Kontextmenü wählen Sie ZIEL SPEICHERN UNTER. Das funktioniert bei kleineren Dateien wirklich prima. Wenn Sie aber eine DVD herunterladen, kann es sein, dass die Verbindung zwischendurch abreißt und Sie wieder von vorn anfangen müssen.

Architektur

Letztlich müssen Sie bei allen Verfahren angeben, welche Architektur Ihr Rechner hat. Wie erwähnt, steht AMD64 für 64-Bit-Systeme und i386 für 32-Bit-Systeme. Dabei können Sie natürlich ein 32-Bit-Debian auch auf einem 64-Bit-PC installieren, allerdings nicht umgekehrt.

2.1.4 Booten der Installations-CD

Für die Installation müssen Sie von der Installations-CD booten. Bei manchen Computern reicht es, die CD beim Start einzulegen, und er wird automatisch von einer bootbaren CD starten. In vielen Fällen wird der Rechner allerdings vorzugsweise von der Festplatte booten.

Wenn Sie Glück haben, erlaubt Ihr PC die Auswahl des Bootmediums beim Start. Dann taucht meist beim Booten kurz ein Hinweis darauf auf. Häufig muss dazu direkt nach dem Einschalten die Taste [F12] oder [F10] verwendet werden.

> **Hinweis**
>
> Bevor Sie den Anweisungen in diesem Abschnitt folgen, fragen Sie die Suchmaschine Ihres Vertrauens. Geben Sie die Stichworte »Von CD booten« oder »Bootreihenfolge« gefolgt von der Typbezeichnung Ihres PCs ein. Vermutlich finden Sie dann eine verlässliche Anleitung.

Wenn Sie kein Glück haben, müssten Sie im BIOS die Reihenfolge der Bootmedien so ändern, dass die CD bevorzugt wird. Auf den meisten Rechnern gelangen Sie über die Tasten [F2] oder [Entf] ins BIOS. Da es verschiedene BIOS-Hersteller gibt, müssen Sie selbst nach dem Stichwort »Bootreihenfolge« suchen. Die Tasten zur Bedienung sowie kurze Hilfstexte finden Sie entweder unten oder am rechten Rand des Bildschirms.

Berücksichtigen Sie, dass Sie im BIOS noch keinen deutschen Tastaturtreiber geladen haben. Die Tastenbelegung entspricht der amerikanischen Tastatur. Dort sind neben einigen Sonderzeichen auch die Tasten [Z] und [Y] vertauscht. Werden Sie also nach Y oder N gefragt, müssen Sie für die positive Antwort vermutlich die Taste [Z] drücken.

2.1.5 Die Installation beginnt

Wenn das Installationsmedium korrekt gestartet wurde, sollten Sie den Begrüßungsbildschirm von Debian vor sich sehen, der durch ein Menü bestimmt wird.

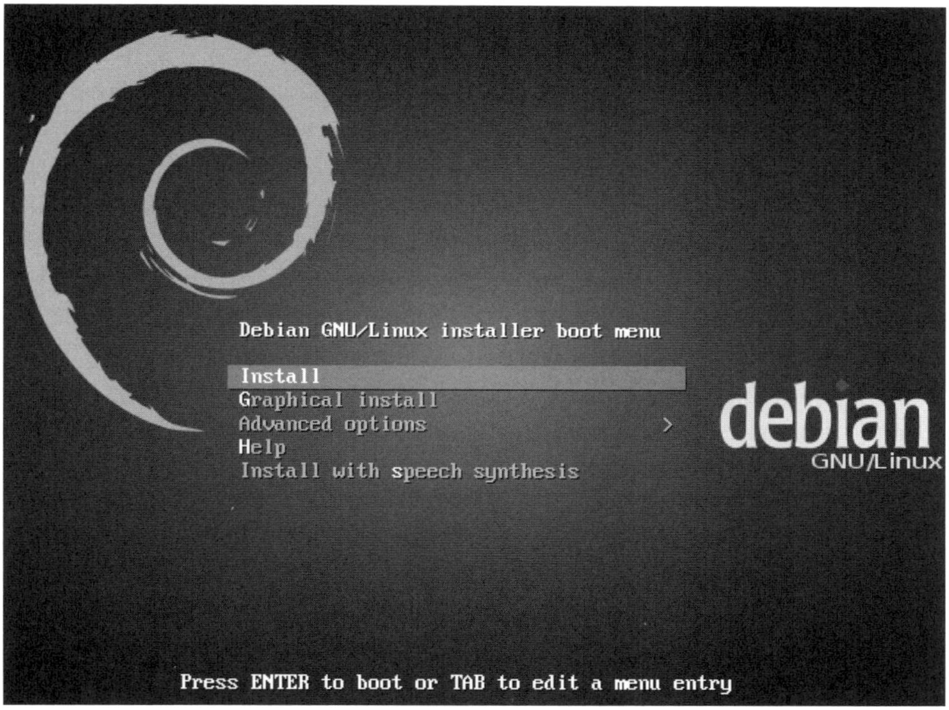

Abbildung 2.1 Startbildschirm der Debian-Installation

Die Bedienung der Menüs ist sehr einheitlich. Mit ↵ wird die Auswahl bestätigt. Die Leertaste aktiviert einen Schalter, wenn sich der Cursor gerade darauf befindet. Die Elemente können mit den Pfeiltasten für oben und unten gewählt werden. Wenn in besonderen Situationen, wie beispielsweise in einer virtuellen Maschine, keine Cursor-Tasten zur Verfügung stehen, können auch die Tastenkombinationen Strg + P für oben und Strg + N für unten verwendet werden. Mit ⇆ wechseln Sie zwischen mehreren Auswahlfeldern oder Eingabemöglichkeiten.

Wenn Sie nun auf ↵ drücken, startet der Installationslauf. Sie könnten allerdings zuvor noch die grafische Oberfläche auswählen.

Wahl der grafischen Oberfläche

Vor dem eigentlichen Start der Installation können Sie die später verwendete grafische Oberfläche auswählen. Falls Sie also eine andere Oberfläche als GNOME verwenden möchten, ist es das Einfachste, diese vor dem eigentlichen Start der Installation auszuwählen. Dazu rufen Sie ADVANCED OPTIONS auf. Hier finden Sie den Punkt ALTERNATIVE DESKTOP ENVIRONMENTS. An dieser Stelle können Sie zwischen KDE, LXDE oder Xfce wählen – in den folgenden Abschnitten erfahren Sie mehr zu den jeweiligen Vor- und Nachteilen.

Wenn Sie Debian als Server einsetzen wollen, benötigen Sie aber nicht unbedingt eine grafische Oberfläche. Sie können alles von der Konsole aus administrieren. Auch eine Fernwartung über `ssh` stellt kein Problem dar. Soll Debian ohne Desktop installiert werden, bekommen Sie im späteren Verlauf der Installation bei der Wahl der Serverpakete die Option, den Desktop abzuwählen.

Auf der anderen Seite sind die Ressourcen für eine grafische Oberfläche nicht mehr so knapp, dass es notwendig wäre, darauf zu verzichten. Einige Bereiche wie die Druckeradministration oder Benutzereinrichtung sind per Mausklick schneller, einfacher und auch übersichtlicher zu machen. Vor allem können Sie bei einer grafischen Oberfläche mehrere Terminalfenster nebeneinander öffnen. Während Sie in dem einen Fenster Ihre Einstellungen vornehmen, können Sie auf dem anderen Fenster die Protokolldateien beobachten.

XFCE

XFCE ist ein schlanker Desktop, der recht einfach gehalten, aber auch sehr zuverlässig ist. Er verwendet ein Menü, in dem man sich auch als Einsteiger leicht zurechtfindet. Hinzu kommt, dass er sowohl GNOME- als auch KDE-Programme sehr gut integrieren kann. Insofern ist dies vermutlich die ideale Wahl für den Desktop eines Servers.

Sie gelangen über die folgenden Schritte zum Wechsel des Desktops:

- Advanced options
- Alternative desktop environments
- Xfce

Dort finden Sie wiederum ein Menü, das dem Hauptmenü ähnelt. Wenn Sie hier INSTALL wählen, startet die Debian-Installation, nur eben mit XFCE als Desktop.

Wenn Sie einen anderen Desktop gewohnt sind, können Sie natürlich auch diesen verwenden.

GNOME

GNOME 3 ist die Standardoberfläche bei Debian. Leider hat sie einige Nachteile. So ist sie reichlich umfangreich, verbraucht also einiges an Ressourcen. Sie erfordert eine beschleunigte Grafikkarte, um tatsächlich zu Form aufzulaufen, die in einem Server typischerweise nicht vorhanden ist. Und schließlich hat man dem Trend der Zeit folgend das Menü entfernt. So ist die Arbeit für jemanden, der GNOME nicht kennt, recht schwierig.

KDE

KDE ist die Alternative im Desktopbereich und überzeugt durch eine Vielfalt an Effekten und Einstellmöglichkeiten. Leider treten in dem aufwendigen Desktop in seltenen Fällen auch mal Fehler auf. Eine schlanke Oberfläche ist KDE allerdings definitiv nicht. Sie können KDE aber auch als Alternative nachinstallieren und bei jedem Einloggen entscheiden, wem Sie heute den Vorzug geben. Der Befehl dazu lautet:

```
# apt-get install kde
```

Sie werden dabei allerdings feststellen, dass KDE komplett auf Englisch eingestellt ist. Um dies zu ändern, installieren Sie die deutsche Lokalisierung.

```
# apt-get install kde-l10n-de
```

LXDE

LXDE ist ein weiterer Ressourcen sparender Desktop, der ideal sein dürfte, wenn die grafische Oberfläche vor allem dazu dienen soll, mehrere Terminalsitzungen in Fenstern nebeneinanderstellen zu können.

Hinweis

Unter Linux sollten Sie sich niemals als root bei einer grafischen Oberfläche anmelden, sondern immer als ein normaler Benutzer. Es gibt reichlich Möglichkeiten, während einer normalen Sitzung die Rechte zu erlangen, die Sie für administrative Arbeiten benötigen.

Expertenbeschreibung

Wenn Sie im Hauptmenü die Experten-Installation wählen, wird Debian Sie öfter nach Ihrer persönlichen Meinung zu Installations-Details fragen. Diese Fragen werden Sie nicht erschüttern können, wenn Sie dieses Buch erst durchgelesen haben. An dieser Stelle bleiben wir aber bei der Standard-Installation.

2.1.6 Alles voreingestellt

Bewegen Sie mit den Cursortasten die Auswahl auf INSTALL und drücken Sie [↵]. Damit wird die Installation gestartet. Als Erstes wird die Sprache abgefragt. Da Sie dieses Buch offensichtlich gut lesen können, wird Deutsch keine schlechte Wahl sein. Die Amerikaner haben mit der Aussprache von »Deutsch« so ihre Schwierigkeiten. Also wählt Debian hier den Begriff »German« in der Hoffnung, dass die Deutschen dies auch finden werden. Im nächsten Schritt wird der Standort geklärt. Hier haben Sie eine reiche Auswahl von Belgien bis zur Schweiz. Suchen Sie die zu Ihnen passende aus. Die Tastaturbelegung kann unabhängig von Sprache und Standort gewählt werden. Wählen Sie nach Ihrem Geschmack!

Netzwerkumgebung

Im nächsten Schritt wird die Netzwerkhardware untersucht und in der Regel auch auf Anhieb erkannt. Anschließend wird das Netzwerk eingerichtet. Sofern im Netzwerk ein DHCP-Server (siehe Abschnitt 9.7) läuft, der Neuzugängen einen Weg ins Internet weist, können Sie diesem getrost die Netzwerkeinrichtung überlassen. Selbst wenn Sie bislang nicht wussten, dass Sie so etwas besitzen, kann es sein, dass ein solcher Server existiert, wenn Sie beispielsweise einen DSL-Router verwenden, um ins Internet zu gelangen.

Hostname und Domainname

Auch bei einer automatischen Erkennung werden Sie gefragt, wie der Name des Rechners lauten soll. Dieser Name wird *Hostname* genannt; er unterscheidet ihn von den anderen Computern in Ihrem Netzwerk. Geben Sie dem Rechner einen markanten Namen. Im nächsten Dialog werden Sie nach dem Domainnamen gefragt. Dies ist etwas vereinfacht der Name des Netzwerks, in dem sich Ihr Server tummelt. Im Buch verwende ich dafür *willemer.edu*. Benutzen Sie einen eigenen Namen Ihrer Wahl. Er sollte möglichst nicht bereits im Internet vorkommen, sofern Sie nicht genau wissen, was Sie tun. Wenn Sie Ihre Domäne beispielsweise *google.de* nennen, wird es Ihnen schwerfallen, die gleichnamige Suchmaschine im Internet zu erreichen.

2.1.7 Benutzer einrichten

Ein Benutzer existiert auf jedem Debian-System, und das ist der Administrator, der immer den Benutzernamen root trägt. Für diesen wird ein Passwort benötigt. Da root alles darf, sollte das Passwort nicht allzu trivial sein. Nach der Eingabe wird das Passwort ein zweites Mal angefordert, damit Tippfehler ausgeschlossen werden.

Hinweis

Wird an dieser Stelle kein Passwort angegeben, verwendet Debian den gleichen Sudo-Mechanismus wie Ubuntu. Statt eines Kontos für root werden die Administrationsbefehle mit vorangestelltem sudo vom ersten Benutzer ausgeführt (siehe Abschnitt 10.1).

Ein gutes Passwort sollte nicht in einem Lexikon stehen, kein Name sein und nicht zu wenig Buchstaben enthalten. Vielfach wird empfohlen, dazwischen eine Zahl oder ein Sonderzeichen einzufügen. Und natürlich dürfen Sie es nicht aufschreiben. Schon gar nicht auf einen dieser gelben Klebezettel, die anschließend am Monitorrand befestigt werden. Das tut nämlich jeder! Ein kleiner Kniff hilft hier. Denken Sie sich einen Satz aus, der Ihnen Freude bereitet und den Sie sich leicht merken können. Beispielsweise: »Ich bin ein toller Hecht und der Stolz der ganzen Firma«. Nun nehmen Sie die Anfangsbuchstaben: IbetHudSdgF. Das sieht schon ganz toll aus. Wenn Sie nun an einem 24. Geburtstag haben, fügen Sie an der vierten Stelle eine 2 ein: Ibe2tHudSdgF. Auf dieses Passwort kommt kein Mensch, und Sie freuen sich jedes Mal, wenn Sie es eintippen.

Das Administrationskonto darf aus Sicherheitsgründen niemals für normale Aktivitäten verwendet werden. Dazu hat der Administrator immer ein zusätzliches, »ziviles« Konto. Für dieses fordert das Installationsprogramm anschließend die Informationen an. Es beginnt mit dem vollen Namen des Benutzers. Anschließend wird aus dem Vornamen ein Benutzername gebildet, den Sie allerdings ändern können. Der Benutzername ist der, mit dem Sie sich am System anmelden. Abschließend wird auch für diesen Benutzer ein Passwort eingegeben und durch erneute Eingabe bestätigt.

2.1.8 Die Festplatte partitionieren

Nun steht die Partitionierung der Festplatte an. Hier werden Optionen mit LVM (Logical Volume Manager) angeboten, die an anderer Stelle in diesem Buch behandelt werden (siehe Abschnitt 6.4.1). Ansonsten besteht die Möglichkeit, die Partitionierung von Hand durchzuführen oder die vollständige Festplatte zu verwenden und sich dabei der Führung von Debian anzuvertrauen. Sie stoßen dabei auf folgende Auswahl:

- Geführt – den grössten freien Speicherbereich verwenden
- Geführt – vollständige Festplatte verwenden
- Geführt – gesamte Platte verwenden und LVM einrichten
- Geführt – gesamte Platte mit verschlüsseltem LVM
- Manuell

Der erste Menüpunkt tritt nur auf, wenn Ihre Festplatte schon einmal verwendet wurde und dabei partitioniert worden ist.

Geführt

Sofern dies Ihre erste Installation ist, empfiehlt sich die geführte Einrichtung, die die vollständige Festplatte verwendet. Im nächsten Schritt dürfen Sie die gewünschte Festplatte auswählen. In den meisten Computern ist nur eine eingebaut. So entstehen immerhin keine nagenden Zweifel, welche gemeint sein könnte. Ansonsten sollten Sie schon darauf achten, welche Festplatte Sie gerade plätten.

Anschließend werden drei Möglichkeiten der Aufteilung angeboten. Am einfachsten ist es, alle Dateien auf einer Partition zu lassen. Dies ist für Anfänger empfehlenswert und wird auch von uns gewählt. Die Installationsroutine richtet zwei Partitionen ein: eine große Datenpartition für System- und Nutzerdateien und eine Swap-Partition, auf die Programme ausgelagert werden, wenn der Hauptspeicher knapp wird (siehe Abschnitt 6.3.6).

Nun müssen Sie noch die PARTITIONIERUNG BEENDEN UND ÄNDERUNGEN ÜBERNEHMEN. Nach einer weiteren Rückfrage wird angezeigt, welche Partitionstabellen welcher Festplatten verändert werden. Darüber hinaus wird die neue Aufteilung der Partitionen angezeigt. Dies müssen Sie noch einmal mit JA bestätigen. Dann erst werden die Partitionen angelegt, und das Grundsystem eingerichtet.

Manuelle Partitionierung

Wenn Sie schon etwas erfahrener sind, können Sie auch eine manuelle Partitionierung vornehmen. Dazu wählen Sie statt der geführten Partitionierung den Punkt MANUELL. Sie gelangen in einen Dialog, in dem Sie neben einigen weiteren Menüpunkten eine Liste der Festplatten und deren Partitionen finden.

Wenn Sie die komplette Festplatte auswählen, erhalten Sie die Möglichkeit, eine neue Partitionstabelle anzulegen und damit alle vorhandenen Partitionen zu löschen.

In der Partitionstabelle kann ein Bereich als freier Speicher angegeben sein. Wenn Sie diesen anwählen, können Sie eine neue Partition anlegen. Sie geben an, welche Größe die Partition haben soll. Der Dialog zeigt Ihnen daraufhin die maximal zur Verfügung stehende Größe an. Sie werden gefragt, ob es sich um eine primäre oder logische Partition handeln soll. Solange Sie nicht mehr als vier Partitionen benötigen, können Sie alle als primäre Partitionen einrichten.

Debian merkt, wenn Sie nicht den gesamten freien Platz verwenden, und fragt, ob Sie die Partition am Anfang oder am Ende der Platte ausrichten wollen. Nachdem Sie hier ANFANG angegeben haben, erreichen Sie einen Dialog, in dem Sie angeben müssen, welchen Dateisystemtyp Sie auf dieser Partition nutzen wollen. Für ein Debian-System empfiehlt sich der Dateisystemtyp »ext4«. Dann müssen Sie den Einhängepunkt angeben, und hier sollten Sie zunächst einen einsamen Schrägstrich verwenden. Über den Punkt ANLEGEN DER PARTITION BEENDEN schreiben Sie diese Partition in die Partitionstabelle.

Wenn Sie eine vorhandene Partition anwählen, können Sie diese »benutzen«. Das bedeutet, dass Sie den Typ des Dateisystems angeben und die Stelle, an der die Partition im Verzeichnisbaum eingehängt wird. Beispielsweise könnten Sie auf der Partition ein ext4-Dateisystem anlegen und diese als Wurzelverzeichnis (/) verwenden. Darüber hinaus geben Sie an, ob die Partition neu formatiert werden soll. Dies sollten Sie nur dann unterlassen, wenn Sie gute Gründe haben, warum Sie die Dateien auf der Partition noch benötigen. Sie können die Partition nachträglich in ihrer Größe verändern oder aber die Partition komplett löschen.

Für die Swap-Partition wiederholen Sie das Anlegen der Partition mit leichten Variationen. Wieder wechseln Sie auf FREIER SPEICHER. Sie erstellen wieder eine neue Partition. Diesmal können Sie bei der Frage nach der Größe alles nehmen. Wieder wird es eine primäre Partition.

Im Folgedialog wählen Sie als Benutzung AUSLAGERUNGSSPEICHER (SWAP). Einen Einhängepunkt brauchen Sie hier nicht anzugeben. Sie wählen ANLEGEN DER PARTITION BEENDEN. Sie schließen die Partitionierung ab und übernehmen die Änderungen. Sie müssen ein weiteres Mal bestätigen, dass die Änderungen auf die Festplatte geschrieben werden sollen. Nun, da die Zielpartition fertig ist, werden die auf dem Installationsmedium vorhandenen Dateien auf die Festplatte kopiert und installiert.

2.1.9 Pakete installieren

Nun geht es an die Installation der Datenpakete und dazu will Debian wissen, in welchem Land der Archiv-Server steht, damit die Pakete nicht unsinnigerweise einmal um den Erdball laufen müssen.

> **Hinweis**
>
> Auch wenn Sie von den vollständigen Installationsmedien installieren, sollten Sie einen Debian-Paket-Server für Ihren Computer einstellen. Hier bekommen Sie Updates und Upgrades her. Das ist vor allem im Falle von Sicherheitslücken wichtig.

Die Debian-Server weisen sich gegenüber Ihrem System mit Zertifikaten aus. Dadurch wird gewährleistet, dass Ihnen nicht schädliche Software untergeschoben wird. Von diesen Servern erhalten Sie auch die Softwarepakete, die Sie später nachinstallieren. Solange Sie Ihre Software von dort beziehen, riskieren Sie nicht, dass Ihnen Fremde böse Software unterschieben.

Nachdem Sie das Land bestimmt haben, können Sie noch den regionalen Server festlegen. Dazu erscheint eine Liste der Spiegelserver aus diesem Land. Wählen Sie einen beliebigen Server aus.

Die Pakete werden über das Protokoll HTTP geladen. Falls der zu installierende Rechner nur über einen Proxy (siehe Abschnitt 14.4) ins Internet kommt, müssen Sie nun die Proxy-Daten eingeben. Die hier einzugebenden Informationen erfahren Sie vom Netzwerkadministrator. Sofern Ihr Netzwerkadministrator nichts vorschreibt, lassen Sie das Feld am besten leer.

Nun holt sich die Installations-Software einige Pakete und Dateien über das Netzwerk. Zum Abschluss werden Sie gefragt, ob Sie an der Paketverwendungserfassung teilnehmen möchten. Damit versucht das Debian-Team zu ermitteln, welche Pakete wie oft installiert werden. Diese Informationen beeinflussen die Verteilung der Pakete auf die DVDs.

Schließlich präsentiert Ihnen Debian die folgende Liste, aus der Sie Komponenten Ihres Servers auswählen können:

- Debian Desktop-Umgebung
- Web-Server
- Druck-Server
- DNS-Server
- Datei-Server
- Mail-Server
- SQL-Datenbank
- SSH-Server
- Laptop
- Standard-Systemwerkzeuge

Vorgewählt sind der erste und der letzte Punkt. Darüber hinaus ist auch der Druck-Server angewählt. Wenn Sie eine grafische Oberfläche wollen, lassen Sie den Punkt angewählt. Wenn Sie ihn abwählen, ist die Installation deutlich schneller. Sie müssen dann allerdings den Server ausschließlich über die Tastatur warten.

Die Entscheidungen sind nicht endgültig. Sie können alle Pakete auch nachträglich installieren. Später können Sie die Pakete sehr viel genauer auswählen. Für den Anfang würde ich Ihnen durchaus zu einer grafischen Desktopumgebung raten. Auf die Standard-Systemwerkzeuge sollten Sie keinesfalls verzichten. Wenn Sie ein Notebook verwenden, sollten Sie auch das Laptop-Paket wählen, und ein SSH-Server sollte eingerichtet werden, wenn Sie Ihren Server über das Netzwerk warten wollen.

Über [Tab] kommen Sie auf den Button WEITER und mit [↵] wird die Installation fortgesetzt. Dies kann nun einige Zeit dauern.

Bootloader

Nach einiger Zeit des Ladens und Installierens wird GRUB, der Bootloader, installiert. Er sorgt dafür, dass nach dem Einschalten des Computers das Betriebssystem von der Festplatte geladen wird. Prinzipiell kann er sowohl in der Partition als auch im MBR (Master Boot Record) installiert werden. Um das System starten zu können, muss GRUB aber in den MBR. Das Thema Bootloader wird in Abschnitt 6.7.1 behandelt.

Nun ist die Installation beendet, und das System will neu gestartet werden. Sie können das Installationsmedium entfernen. Nach einem Reboot erscheint kurz das GRUB-Menü, das Sie entweder mit [↵] bestätigen oder einfach warten, bis es von selbst weiterläuft. Beim Booten sehen Sie die Meldungen der startenden Programme, bevor dann irgendwann die Anmeldeaufforderung erscheint.

Sie können sich nun anmelden, den Rechner erkunden und den Beispielen im Buch folgen. Wenn Sie den Rechner wieder ausschalten wollen, melden Sie sich als root an und fahren dann das System mit dem Befehl `halt` herunter. Sollten Sie eine grafische Oberfläche installiert haben, finden Sie im Menü SYSTEM den Menüpunkt zum Herunterfahren des Systems.

Schiefgelaufen

Wenn ein Installationsschritt nicht funktioniert hat, erscheint ein Dialog, der Ihnen erklärt, was nicht geklappt hat. Insbesondere wird der Schritt genannt, der gescheitert ist. Anschließend landen Sie in einem Menü, in dem alle Schritte der Installation nacheinander aufgeführt sind. Sie können daraus beliebige Schritte auswählen und per [↵] auswählen und so an beliebiger Stelle der Installation wieder aufsetzen.

2.2 Installation eines Ubuntu-Servers

Ubuntu hat ein eigenes Installationsprogramm, das dem von Debian allerdings nicht unähnlich ist.

2.2.1 Beschaffen der CD

Die Installation eines Ubuntu-Servers erfolgt ganz ähnlich wie bei Debian. Sie benötigen eine Imagedatei, die Sie dann auf eine CD brennen. Über diese booten Sie Ihren Computer und folgen den Installationsanweisungen von Ubuntu.

Unter *www.ubuntu.com/download/server* finden Sie im Internet die Seite für den Download der Image-Datei. Wählen Sie die LTS-Version, die fünf Jahre unterstützt wird. Im aktuellen Fall dürfte dies 14.04 sein. Die anderen Versionen erscheinen alle halbe Jahre neu und werden dann nur 18 Monate unterstützt.

Sie wählen über eine Klappbox zwischen 32- und 64-Bit-Version und klicken auf den darunterliegenden Button mit der Aufschrift GET UBUNTU. Daraufhin wird Ihnen angeboten, die ISO-Datei zu speichern. Weiter unten auf der Seite finden Sie einen Link zu alternativen Verfahren, wie Bittorrent, das in Abschnitt 2.1.3 bereits vorgestellt wurde.

Nun können Sie den Anweisungen in Abschnitt 2.1.2 folgen, um aus der Image-Datei eine bootende CD zu erzeugen. In Abschnitt 2.1.4 finden Sie eine Beschreibung, wie Sie die CD booten können.

2.2.2 Start der Installation

Im Gegensatz zur Desktop-Version von Ubuntu erfolgt die Installation ohne grafische Oberfläche. Dennoch ist die Bedienung recht simpel über Cursortasten, ⇆ und ↵.

Nach dem Starten erscheint ein fast bildschirmfüllendes Menü zur Auswahl der Sprache. Hier können Sie »Deutsch« auswählen. Anschließend erscheint das Hauptmenü, aus dem heraus Sie bei Bedarf den Arbeitsspeicher oder das Installationsmedium testen können. Das ist durchaus sinnvoll, wenn eine Installation einmal scheitern sollte. Die Installation starten Sie durch die Auswahl von »Ubuntu Server installieren«.

Abbildung 2.2 Startbildschirme von Ubuntu

Standort und Tastatur

Nun fragt Ubuntu nach dem Standort des Rechners. Hier können Sie zwischen Belgien und der Schweiz Deutschland auswählen. Im nächsten Zug fragt Ubuntu, ob es das Tastatur-Layout erraten soll. Das können Sie verneinen, sofern es Ihnen nicht zu viel ist, selbst anzugeben, welche Tastatur Sie verwenden. Anschließend wird noch einmal die Variante der Tastatur erfragt. Dann lädt die Installation einige Komponenten und ermittelt die Hardware und bestimmt damit automatisch die zu ladenden Treiber.

Hostname

Im nächsten Schritt geben Sie den Namen des Rechners an. Hier wird »ubuntu« vorgeschlagen, es sollte Ihnen aber ein besserer Name einfallen. Unter diesem Namen wird Ihr Server im Netzwerk angesprochen.

Benutzer einrichten

Das System legt einen Benutzer an, dessen vollständiger Name nun erfragt wird. Aus dem Vornamen leitet Ubuntu den Benutzernamen ab. Dieser ist, wie bei UNIX üblich, kleingeschrieben. Sie können ihn natürlich Ihren Ansprüchen gemäß ändern. Sie müssen noch ein Passwort eingeben und wiederholen.

> **Hinweis**
>
> Sie vermissen einen Systemadministrator? Der heißt unter UNIX-ähnlichen Systemen typischerweise root. Unter Ubuntu gibt es diesen aber nicht mit einem eigenen Kennwort. Stattdessen wird dem zuerst angelegten Benutzer das Privileg zugewiesen, über den Befehl sudo (siehe Abschnitt 10.4) administrative Befehle auszuführen.

Die Installation ermöglicht Ihnen hier, den persönlichen Ordner zu verschlüsseln. Dies ist bei einem Notebook sehr sinnvoll. Wird ein Notebook gestohlen, kann der Dieb die persönlichen Daten nicht einfach auslesen. Dieser Schutz greift auch, wenn die Festplatte ausgebaut und gestohlen wird. Allerdings schützt dies nur die lokalen Benutzerdaten. Auf einem Server liegen die meisten Daten an anderer Stelle und sind vor allem durch den netzwerkseitigen Zugang bedroht.

Die Installation schaut sich nach einem Netzwerk-Zeitserver um und fragt nach, ob seine Vermutung mit Europe/Berlin korrekt ist.

Partitionierung

Das Programm meldet sich, falls Ihre Festplatte bereits Partitionen besitzt. Das ist normal, wenn Ihre Festplatte nicht brandneu ist. Ubuntu fragt dann, ob diese Partitionen ausgehängt werden sollen. Beim Start wurden sie automatisch eingehängt. Zur Partitionierung dürfen sie aber nicht eingebunden sein. Darum bestätigen Sie dies.

Bei der Partitionierung der Festplatte gibt es folgende Möglichkeiten:

- Eine der bereits existierenden Partitionen verkleinern und den frei werdenden Platz verwenden
- Geführt – vollständige Festplatte verwenden
- Geführt – gesamte existierende Partition verwenden
- Geführt – gesamte Platte verwenden und LVM einrichten
- Geführt – gesamte Platte mit verschlüsseltem LVM
- Manuell

Für den ersten Versuch empfiehlt es sich, die vollständige Festplatte zu verwenden. Dann richtet die Installation alles von selbst ein. Wenn Sie sich mit der Partitionierung (siehe Abschnitt 6.2) besser auskennen, können Sie auch andere Einrichtungsarten verwenden. Das Programm meldet noch einmal die Festplatte, die es einteilen möchte, und lässt sich bestätigen, dass das seine Richtigkeit hat.

Anschließend stellt die Installation noch einmal eine Rückfrage, ob diese Konstellation wirklich geschrieben werden soll und damit die Festplatte gelöscht werden kann. Hier muss explizit Ja mit Cursortasten und [↵] angewählt werden.

Das Grundsystem wird nun von der CD installiert. Nach einiger Zeit fragt Ubuntu, ob Sie vielleicht einen Proxy verwenden, und möchte die dazu passenden Einstellungen haben. Diese verrät Ihnen Ihr Netzwerkadministrator. Wenn Sie so jemanden nicht haben, spricht vieles dafür, dass Sie keine Proxy-Angaben benötigen. Lassen Sie das Feld einfach frei.

Nun will die Installation wissen, wie die Aktualisierungen erfolgen sollen. Es bietet an:

- Keine automatischen Aktualisierungen
- Sicherheitsaktualisierungen automatisch installieren
- System mit Landscape verwalten

Wenn Sie keine automatischen Aktualisierungen wollen, müssen Sie sich von Zeit zu Zeit selbst darum kümmern, ob Ihr Server Sicherheits-Updates benötigt. Ist Ihr Server aus dem Internet erreichbar, ist eine schnellstmögliche Aktualisierung unbedingt erforderlich. Hat Ihr Rechner dagegen gar keinen Zugang zum Internet, sollte die automatische Aktualisierung abgeschaltet werden.

Dienstauswahl per Tasksel

Nun startet das Programm *Tasksel*, das auch bei Debian diese Aufgabe versieht. Es ermöglicht Ihnen die Vorauswahl der Dienste, für die Ihr Rechner gleich vorbesetzt wird:

- OpenSSH server
- DNS server
- LAMP server
- Mail server
- PostgreSQL database
- Print server
- Samba file server
- Tomcat Java server
- Virtual Machine host
- Manual package selection

Um einen Dienst an- oder abzuwählen, verwenden Sie die Leertaste. Sie wechseln zwischen den Diensten mit der Cursortaste und beenden die Auswahl mit [Tab] oder [Enter].

Es ist durchaus sinnvoll, den SSH-Server (siehe Abschnitt 11.2) einzurichten, wenn Sie darüber Ihren Server fernwarten wollen. Sie können aber alle Dienste auch problemlos nachinstallieren.

Nun werden diverse Pakete installiert, teils auch aus dem Internet nachgeladen. Dann wird aufgeräumt und anschließend GRUB (siehe Abschnitt 6.7.1) als Bootmanager installiert. Dabei wird gefragt, ob dieser im Master Boot Record installiert werden soll. Dies bestätigen Sie.

Nun soll das Installationsmedium entfernt werden, damit ein Neustart durchgeführt werden kann. Tatsächlich ist das aber nicht zwingend erforderlich. Schlimmstenfalls können Sie beim Erscheinen des Menüs auswählen, dass von der ersten Festplatte gebootet werden soll. Der Rechner startet neu und meldet sich mit einem nicht-grafischen Login.

Grafische Oberfläche nachinstallieren

Sie können mit XFCE einen schlanken Desktop hinzuinstallieren. Dazu eignet sich das Paket *xfce4*. Um Probleme mit den Versionen zu vermeiden, ist es klug, zuvor die

Repository-Quellen per `update` zu synchronisieren. Das und die Installation des Pakets erledigen Sie mit den folgenden beiden Befehlen:

```
# apt-get update
# apt-get install xfce4
```

Für den Betrieb benötigen Sie noch einen Display Manager. Dieser startet den Desktop und erledigt die Benutzeranmeldung. Einen sehr schlanken Display Manager finden Sie im Paket *slim*.

```
# apt-get install slim
```

Allerdings ist noch vieles in Englisch. Sie können im Hauptmenü die EINSTELLUNGEN wählen. Dort klicken Sie auf LANGUAGE SUPPORT. Hier wählen Sie INSTALL | REMOVE LANGUAGES und wählen unter den Sprachen GERMAN aus. Anschließend wird XFCE die nötigen Dateien nachinstallieren.

2.3 Softwarepakete nachinstallieren

Wenn Sie dem Buch bis hierher gefolgt sind, ist Ihr Server betriebsbereit. Sie könnten zunächst den Rest des Kapitels überspringen, wenn Sie diesen nun möglichst schnell in Betrieb nehmen wollen. Hier wird beschrieben, auf welchen Wegen Sie nachträglich Software installieren.

Wenn Sie für Debian oder Ubuntu weitere Software benötigen, können Sie diese über die gleichen Server nachinstallieren, von denen Sie auch Ihr Grundsystem bekommen haben. Die gleiche Quelle wird Sie später auch mit Updates versorgen.

Debian hat im Laufe der Jahre ein ausgeklügeltes System geschaffen, um die Installation von Software stabil und sicher zu gestalten. Die herausragenden Fähigkeiten dieses Systems umfassen vor allem folgende Punkte:

- Der Anwender kann sich mit entsprechenden Werkzeugen einen Überblick über die Software verschaffen und nach Programmen suchen, die seine Probleme lösen.
- Abhängigkeiten zwischen Softwarepaketen werden automatisch aufgelöst. Es wird geprüft, ob alle Pakete, die für den Betrieb nötig sind, bereits installiert sind. Was noch fehlt, wird automatisch mitinstalliert. Selbst Versionsabhängigkeiten werden verwaltet.
- Die Pakete können die Grundkonfiguration veranlassen und aktiv werden, um sich in ein System einzupassen.
- Die Softwarepakete können aus verschiedenen Quellen geladen werden. Es können sowohl beliebig viele Server im Internet als auch CDs, DVDs oder lokale Repositories genutzt werden. Dies alles ist für den Anwender unsichtbar. Er erhält einfach die Software, die zusammenpasst und auf dem aktuellsten Stand ist.

- Es ist möglich, einen kompletten Release-Wechsel ohne Eingriff des Anwenders herbeizuführen.
- Die Programmpakete stammen aus gesicherter Quelle. Es wird nur dann von einem Server Software bezogen, wenn er sich mit seiner Signatur ausweist.

2.3.1 Grafisch installieren

Die grafische Oberfläche bringt einige schöne Installationsprogramme mit sich. Sie haben vor allem den Vorteil, dass man einen schnellen Überblick über die angebotenen Pakete bekommt und nach Stichworten suchen kann. So ist es ja nicht unbedingt für jeden naheliegend, dass das Paket für den Webserver *apache2* heißt.

Synaptic

Unter GNOME oder XFCE finden Sie die Paketverwaltung *Synaptic.* die ich Ihnen in diesem Abschnitt kurz vorstelle. Sie werden feststellen, dass andere Paketverwaltungen, wie beispielsweise *muon* unter KDE, ähnlich arbeiten.

Falls Sie Synaptic nicht finden, müssen Sie es vielleicht noch installieren. Der folgende Befehl vom Terminal ermöglicht dies:

```
# apt-get install synaptic
```

Das Programm Synaptic hat ein gegliedertes Hauptfenster, wie in Abbildung 2.3 zu sehen ist. Rechts oben steht eine Liste der Softwarepakete. In dem Feld darunter findet sich eine Beschreibung des angewählten Pakets. Links oben befindet sich eine Reihe von Auswahlfeldern, mit denen beispielsweise bestimmte Themen selektiert werden können. Der Inhalt dieser Liste wird durch die Buttons bestimmt, die nach Sektionen, dem Status und anderen Filtern auswählen können.

In der oberen Leiste befindet sich der Button SUCHE. Wie der Name bereits erahnen lässt, können Sie damit einen Dialog starten, in dem Sie Stichworte eingeben, die das Paket spezifizieren. Nach der Eingabe reduziert sich die Liste auf diejenigen Pakete, die alle angegebenen Stichwörter im Namen oder in der Beschreibung enthalten.

Wenn in der Liste ein Paket erscheint, das Ihren Vorstellungen entspricht, können Sie es anklicken. Im Fensterbereich rechts unten erscheint eine Beschreibung. Wollen Sie das Paket installieren, klicken Sie den Eintrag in der Liste mit der rechten Maustaste an oder klicken in das Kästchen links neben dem Eintrag. Es erscheint ein Menü, das den Punkt ZUM INSTALLIEREN VORMERKEN enthält. Sobald Sie diesen angewählt haben, erscheint gegebenenfalls ein Dialog, der Sie informiert, falls weitere Pakete vorgemerkt werden müssen, um das ausgewählte Paket zu installieren. Wenn Sie diesen Dialog bestätigen, erhält das Kästchen einen kleinen Pfeil, und der Button ANWENDEN in der Hauptleiste

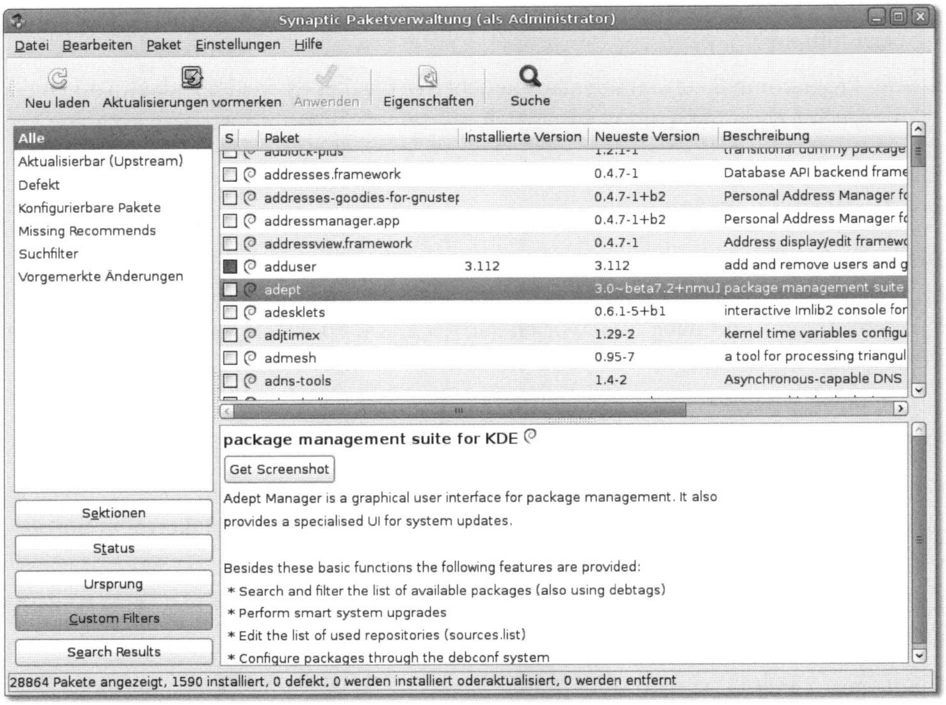

Abbildung 2.3 Synaptic

wird aktivierbar. Sie können nun weitersuchen und weitere Pakete zur Installation vormerken oder beispielsweise installierte Pakete löschen.

Pakete, die ein grünes Kästchen besitzen, sind bereits installiert. Wenn Sie dieses Kästchen anklicken, sind in dem daraufhin erscheinenden Menü Punkte zum Entfernen des Pakets freigeschaltet. Sie können allerdings auch das Paket erneut installieren.

Sobald Sie den Button ANWENDEN anklicken, erscheint ein Dialog, der Sie über den Umfang der gewünschten Installationen oder Deinstallationen aufklärt. Sobald Sie diesen mit ANWENDEN bestätigen, startet die eigentliche Installation. Ein Verlaufsbalken zeigt den Download. Dann wird die Konfiguration gemeldet. In deren Verlauf kann es passieren, dass Sie nach bestimmten für die Installation erforderlichen Informationen gefragt werden. Anschließend erscheint wieder das Hauptfenster von Synaptic.

2.3.2 Aufgabe per Tasksel wählen

Das Programm Tasksel (Abbildung 2.4) kennen Sie bereits von der Installation. Es eignet sich vor allem dazu, mehrere Programmpakete auf einmal zu installieren und damit die Hauptaufgaben des Computers festzulegen.

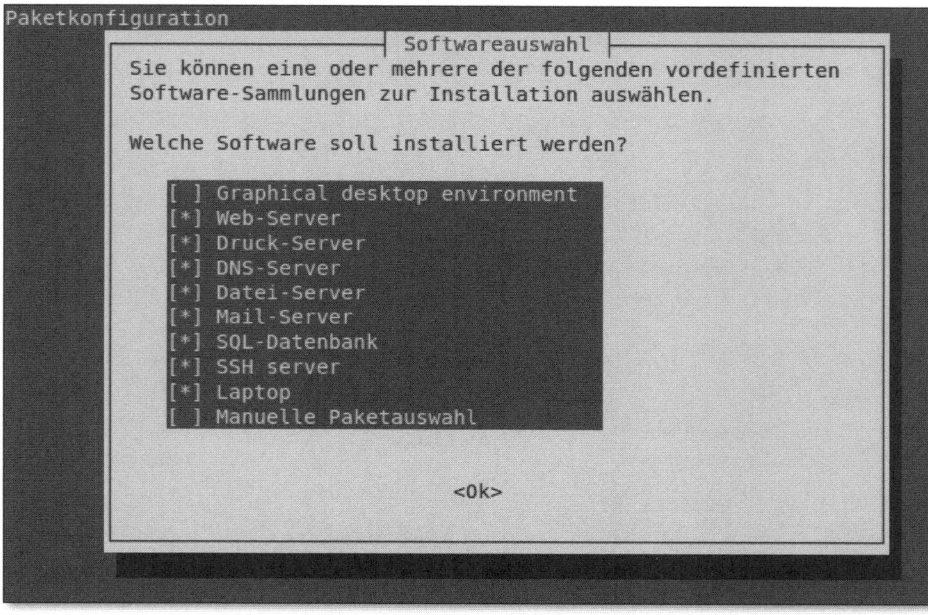

Abbildung 2.4 Tasksel

Sie wählen damit vor, ob der Computer mit einer grafischen Oberfläche versehen ist oder ob es sich um einen Laptop handelt. Ansonsten können Sie verschiedene Serverarten vorgeben. Wenn Sie den Punkt MANUELLE PAKETAUSWAHL auswählen, wird das Programm *Aptitude* aufgerufen.

2.3.3 Programmpakete mit Aptitude installieren

Aptitude ist eine Terminallösung für den Umgang mit den Softwarepaketen. Sie benötigen also keine grafische Oberfläche. Seine besondere Fähigkeit gegenüber dem Aufruf der `apt-get`-Konsolenprogramme (siehe Abschnitt 2.3.4) ist die erleichterte Auswahl von Softwarepaketen, wie es beispielsweise Synaptic beherrscht. Gegenüber Letzterem benötigt es keine grafische Umgebung und kann darum sehr viel einfacher per SSH (siehe Abschnitt 11.2) gestartet werden und auch noch auf sehr schlanken Umgebungen eingesetzt werden.

Der Bildschirm ist zweigeteilt (Abbildung 2.5). In der oberen Liste sehen Sie die Kategorien für die Installationen. Sie können mit dem weiß hinterlegten Balken über eine Kategorie fahren und sie mit [↵] auswählen. Darunter finden Sie weitere Untergliederungen, bis Sie auf die einzelnen Pakete stoßen. Im unteren Bereich des Bildschirms werden die Pakete, Kategorien und Aktivitäten näher beschrieben.

Abbildung 2.5 Aptitude

In der obersten Zeile finden Sie ein Menü, das Sie über die Tastenkombination [Strg]+[T] erreichen. Die wichtigsten Tastenkürzel werden allerdings bereits in der zweiten Zeile angezeigt. Mit dem Kommando `q` können Sie das Programm verlassen.

Das Kommando `u` sorgt dafür, die Paketverzeichnisse zu aktualisieren, und entspricht dem Befehl `apt-get update`. Sie können dies auch über das Menü AKTIONEN | PAKETLISTE AKTUALISIEREN erreichen.

Mit dem Schrägstrich können Sie per Stichwort nach Programmpaketen suchen. Mit der Eingabe jedes Buchstabens wird die Liste der Pakete kleiner.

Die Pakete werden mit bestimmten Kommandos dahin gehend markiert, ob sie installiert +, deinstalliert - oder komplett gelöscht _ werden sollen. Dazu wandern Sie mithilfe der Pfeiltasten und [↵] durch die Kategorien und verwenden die in der Tabelle 2.1 aufgeführten Kommandos, um die Pakete zu markieren. Weitere Befehle finden Sie unter dem Menü PAKET. Auf der rechten Seite jedes Menüpunkts finden Sie auch ein Tastenkürzel für die jeweilige Funktion.

Kommando	Wirkung
+ (Plus)	Paket installieren
- (Minus)	Paket deinstallieren
_ (Unterstrich)	Paket komplett deinstallieren

Tabelle 2.1 Markierungskommandos für Pakete

Wenn Sie mit der Auswahl fertig sind, rufen Sie über das Menü Strg + T den Punkt AKTIONEN | INSTALLIEREN/ENTFERNEN VON PAKETEN auf. Sie können auch das Kommando g verwenden. Achten Sie darauf, dass Sie das kleine »g« verwenden und dass Sie sich dabei in der Hauptebene befinden. Daraufhin wird das Programm kurzzeitig verlassen, und es erscheinen die Meldungen der `apt-get`-Aufrufe, die das Programm generiert hat. Das Programm bittet um das Betätigen von ↵ und kehrt dann wieder zu `aptitude` zurück.

2.3.4 Auf apt-get getippt

Der Befehl `apt-get` eignet sich ideal dazu, einzelne Kommandos abzusetzen, um Programmpakete zu installieren, zu entfernen oder Updates anzustoßen. Direkt auf das Kommando `apt-get` folgt ein Befehl, der angibt, welche Aktion benötigt wird.

Installation: apt-get install

In diesem Buch werden Sie am häufigsten auf die Befehlskombination `apt-get install` stoßen, wenn darauf hingewiesen wird, welche Pakete für welche Aufgaben benötigt werden. Durch den Aufruf von `apt-get` mit dem Parameter `install` und dem Paketnamen wird die Installation ausgelöst. Der Befehl zeigt an, welche Pakete aufgrund von Abhängigkeiten hinzuinstalliert werden müssen. Es wird gemeldet, wie viele Daten heruntergeladen werden müssen und welchen Platz das zu installierende Paket auf der Festplatte einnehmen wird. Anschließend bekommen Sie noch einmal die Möglichkeit, die Installation abzubrechen oder zu bestätigen.

Spicker

`apt-get install` *Paketname* [*Paketname*] *

Die Installation des Apache-Servers gelingt mit dem Aufruf

```
# apt-get install apache2
```

`apt-get` gibt die eigentliche Installation an den Debian-Paket-Manager *dpkg* (siehe Abschnitt 2.3.7) weiter, das die eigentliche Einrichtung der Software übernimmt. Falls dpkg aber Softwarepakete vermisst, sucht apt-get zunächst die Pakete zusammen und lässt dann dpkg die Pakete in der richtigen Reihenfolge installieren.

Mit dem folgenden Befehl werden die Konfigurationen abgebrochener Installationen noch einmal aufgenommen:

```
# dpkg --configure -a
```

Pakete entfernen

Das Programm apt-get kann auch für die Deinstallation eines Softwarepakets sorgen. Dabei prüft es, welche anderen Pakete von dem zu entsorgenden Paket betroffen sind, und schlägt diese ebenfalls zur Deinstallation vor.

Die Entfernung kennt allerdings drei Intensitäten. Der Befehl remove entfernt die Softwaredateien von der Festplatte, belässt aber die Konfiguration. Auf diese Weise bleiben die bisherigen Einstellungen erhalten, sollte die Software später wieder installiert werden.

Spicker ×

apt-get remove *Paketname* [*Paketname*] *

Soll auch die bisherige Konfiguration entfernt werden, weil nicht beabsichtigt ist, das Paket noch einmal zu installieren, oder weil Sie eben bewusst die bisherige Konfiguration loswerden möchten, dann ist der Befehl purge der richtige Befehl.

Spicker ×

apt-get purge *Paketname* [*Paketname*] *

In beiden Fällen liegt allerdings das Softwarepaket, aus dem die Software installiert wurde, noch auf dem Rechner. Es ist jedoch nicht entpackt. Wenn Sie das Paket also erneut installieren, wird kein neuer Download veranlasst, weil aus dem lokalen Archiv-Cache installiert werden kann. Im Verzeichnis */var/cache/apt/archives* findet sich noch die Debian-Paket-Datei.

Soll mit dem Softwarepaket auch der Archiv-Cache aufgeräumt werden, so verwenden Sie den Befehl clean.

Spicker ×

apt-get clean *Paketname* [*Paketname*] *

Sollten Pakete liegen bleiben, die nicht mehr benötigt werden, erkennt das System auch dieses. Bei den Installationsaufrufen werden Sie darauf aufmerksam gemacht, dass Sie sie mit dem Befehl `apt-get autoremove` bereinigen können. Der Befehl benötigt keine Parameter.

Spicker

```
apt-get autoremove
```

Bevor das große Aufräumen stattfindet, werden Sie allerdings noch einmal auf den Umfang der Arbeiten hingewiesen und erhalten eine Chance, alles wieder abzublasen.

```
# apt-get autoremove
Paketlisten werden gelesen... Fertig
Abhängigkeitsbaum wird aufgebaut
Status-Informationen einlesen... Fertig
Die folgenden Pakete werden ENTFERNT:
  dvgrab frei0r-plugins gnome-audio gnome-pilot gnome-pi...
  libasound2-plugins libavahi-core6 libboost-regex1.42.0...
  ...
0 aktualisiert, 0 neu installiert, 54 zu entfernen
und 338 nicht aktualisiert.
Nach dieser Operation werden 79,8MB Plattenplatz freigegeben.
Möchten Sie fortfahren [J/n]?
```

Paketlistenverzeichnis aktualisieren

Die Informationen, welche Softwarepakete zur Verfügung stehen, werden lokal gehalten. Allerdings kann es unter bestimmten Bedingungen passieren, dass diese Informationen nicht mehr synchron mit dem Stand im Internet sind. Sie merken dies beispielsweise daran, dass Sie Fehlermeldungen bekommen, die Datei sei nicht verfügbar. In diesem Fall sollten Sie sich ein neues Verzeichnis aus dem Internet holen. Der Befehl dazu lautet `apt-get update`. Da sich der Befehl auf das gesamte Verzeichnis bezieht, benötigt er keine Parameter.

Spicker

```
apt-get update
```

Hinweis

Der Begriff »Update« bezieht sich hier nicht etwa auf das Update der Programmpakete, sondern auf die Aktualisierung der Paketinformationen.

2.3.5 Software aktualisieren

Um die installierte Software auf den aktuellen Stand zu bringen, brauchen Sie nur den Befehl `apt-get upgrade` einzugeben.

Spicker

```
apt-get upgrade
```

Das Programm ermittelt daraufhin die verfügbaren Aktualisierungen aller installierten Softwarepakete. Vor dem Herunterladen werden die neueren Pakete aufgezählt und ihr Umfang wird angezeigt. Sie haben dann die Wahl, ob Sie fortfahren möchten. Anschließend werden die Pakete heruntergeladen und installiert.

```
# apt-get upgrade
Paketlisten werden gelesen... Fertig
Abhängigkeitsbaum wird aufgebaut
Status-Informationen einlesen... Fertig
Die folgenden Pakete sind zurückgehalten worden:
  bind9 bind9-host bind9utils cpp-4.4 dnsutils festival
  ...
  xserver-xorg-video-chips xserver-xorg-video-sis
293 aktualisiert, 0 neu installiert, 0 zu entfernen
und 60 nicht aktualisiert.
Es müssen 439MB an Archiven heruntergeladen werden.
Nach dieser Operation werden 1.189kB Plattenplatz
zusätzlich benutzt.
Möchten Sie fortfahren [J/n]?
Hole:1 http://ftp...queeze/main base-files 5.9 [68,5kB]
Hole:2 http://ftp.../main perl-modules 5.10.1-14 [3.481kB]
...
0% [2 perl-modules 2.691kB/3.481kB 77%] ... 2S 31Min 35s
```

Der Befehl `dist-upgrade` geht deutlich weiter als der normale `upgrade`-Befehl. Letzterer wird nicht weiterarbeiten, wenn ein Konflikt auftritt. Dagegen wird `dist-upgrade` weniger wichtige Pakete deinstallieren, wenn es damit möglich ist, ein wichtiges Paket zu installieren.

```
# apt-get dist-upgrade
Paketlisten werden gelesen... Fertig
Abhängigkeitsbaum wird aufgebaut
Status-Informationen einlesen... Fertig
Die folgenden Pakete sind zurückgehalten worden:
```

```
  bind9 bind9-host bind9utils cpp-4.4 dnsutils festival ...
  ...
Die folgenden Pakete werden aktualisiert:
  apache2 apache2-mpm-prefork apache2-utils apache2.2-bin...
  ...
  xserver-xorg-video-chips xserver-xorg-video-sis ...
278 aktualisiert, 0 neu installiert, 0 zu entfernen
und 60 nicht aktualisiert.
Es müssen 437MB an Archiven heruntergeladen werden.
Nach dieser Operation werden 1.250kB Plattenplatz zusätzlich
benutzt.
Möchten Sie fortfahren [J/n]?
...
```


2.3.6 Paketquellen anpassen

Es stellt sich natürlich die Frage, woher `apt-get` denn weiß, von wo es die Pakete beziehen soll. Dazu gibt es die Konfigurationsdatei */etc/apt/sources.list*, in der die Paketquellen stehen. Das können CDs, aber auch URLs aus dem Internet sein. Um die Pflege dieser Datei müssen Sie sich zunächst nicht weiter kümmern.

Die Datei *sources.list* ist eine normale Textdatei. Sie können sie mit Ihrem Lieblingseditor bearbeiten. Und wie immer im Leben ist es auch hier gut, wenn Sie wissen, was Sie tun. So finden sich in meiner Konfiguration unter anderem folgende Zeilen:

```
# /etc/apt/sources.list
deb http://ftp2.de.debian.org/debian/ wheezy main
deb-src http://ftp2.de.debian.org/debian/ wheezy main
deb http://security.debian.org/ wheezy/updates main
```

Die Spalten sind durch Leerzeichen getrennt und enthalten folgende Informationen:

- **Pakettyp:** Hier steht typischerweise `deb` oder `deb-src`, je nachdem, ob es sich um ein binäres, also ausführbares Paket oder um die Quelltexte handelt.
- **URI:** In der zweiten Spalte wird angegeben, wo die Daten zu finden sind. Drei Arten von Adressen werden Sie hier normalerweise vorfinden. Mit `cdrom` werden CDs oder DVDs bezeichnet. `http` ist für Server, die die Daten nach dem HTTP-Protokoll verbreiten, und `ftp` für Server, die das FTP-Protokoll (siehe Abschnitt 18.4) verwenden. Wenn Sie ein eigenes, lokales Repository aufbauen wollen, können Sie auch `file` als Adresse verwenden.
- **Distribution:** Hier steht bei Debian in der aktuellen Version `wheezy` oder `wheezy/updates`. Bei Ubuntu ist der Name für 14.04 `trusty`.

- **Komponenten:** Hier können Attribute wie `main`, `non-free`, `contrib` oder andere Begriffe stehen, die die verfügbaren Pakete einschränken. Auch `stable` und `unstable` können hier aufgeführt werden.

Die Änderung der Paketquellen ist erforderlich, wenn Sie eine andere Quelle als Debian selbst verwenden wollen. Als Beispiel gehen wir davon aus, Sie wollten den alten KDE-3-Desktop wieder verwenden, der vom KDE-Team nicht mehr unterstützt wird, allerdings vom Trinity Desktop (*www.trinitydesktop.org*).

Zunächst ergänzen Sie die Datei */etc/apt/sources.list* um folgende Zeilen, die hier allerdings aus satztechnischen Gründen umbrochen sind.

```
deb http://ppa.quickbuild.pearsoncomputing.net/trinity/
  trinity-v3.5.13/debian wheezy main
deb-src http://ppa.quickbuild.pearsoncomputing.net/trinity/
  trinity-v3.5.13/debian wheezy main
deb http://ppa.quickbuild.pearsoncomputing.net/trinity/
  trinity-builddeps-v3.5.13/debian wheezy main
deb-src http://ppa.quickbuild.pearsoncomputing.net/trinity/
  trinity-builddeps-v3.5.13/debian wheezy main
```

Hinweis

Aufgrund der Tatsache, dass Papier in der Horizontalen irgendwann ein Ende hat, musste ich den Pfad umbrechen. In der Datei *sources.list* haben Sie diese lästige Begrenzung nicht. Jede Zeile braucht eine Zeile und an der Stelle des Umbruchs darf kein Leerzeichen stehen.

Damit Sie sicher sein können, dass Sie Ihre Updates auch bestimmt vom gleichen Server bekommen und sich nicht irgendein Bösewicht dazwischenschummelt, müssen Sie den Schlüssel anfordern:

```
# apt-key adv --keyserver \
      keyserver.quickbuild.pearsoncomputing.net \
      --recv-keys 2B8638D0
```

Den Schlüssel finden Sie auf der Website des Anbieters.

Nun muss Ihre Paketliste aktualisiert werden, damit auch die Pakete des neuen Anbieters in die lokale Paketverwaltung integriert werden.

```
# apt-get update
```

Nun können Sie die Pakete installieren. Dabei installieren Sie wie gewohnt durch den Aufruf von `apt-get install` oder Synaptic. Es werden automatisch die Pakete von dem Anbieter geholt, der die aktuellste Version vorrätig hat. Für die Installation des KDE-3-Desktops lautet der Befehl beispielsweise:

```
# apt-get install desktop-base-trinity kde-trinity
```

Bei der Installation wird das Installationsmedium in die Quellen eingetragen. Eine Ausnahme bilden lediglich die Netinstall-Medien, deren Software gerade ausreicht, um die Installation zu starten, und dann alle Pakete aus dem Internet zieht. Bei der Installation geben Sie an, in welchem Land Sie wohnen. Daraus wird ermittelt, welche Server für Sie am günstigsten sind. Auch die werden zu den Installationsquellen hinzugefügt. Weitere CDs oder DVDs können Sie jederzeit mit dem Befehl `apt-cdrom add` zu den Installationsquellen hinzufügen.

2.3.7 Debian-Paket-Manager

Die Basisanwendung für die Installation und Deinstallation von Debian-Paketen heißt `dpkg`. Letztlich ist es dieses Programm, das sowohl von Synaptic als auch von `apt-get` aufgerufen wird. Darum kommen Sie auch eher selten direkt mit diesem in Berührung.

Das Programm ist in der Lage, ein Paket zu entpacken und alle Bestandteile an die richtige Position zu bringen. Es ist später auch in der Lage, das Paket wieder zu deinstallieren. Das Programm weiß ja, wo die Dateien hingekommen sind, und sammelt sie alle wieder auf.

Das Programm `dpkg` kann auch die im Softwarepaket hinterlegten Abhängigkeiten auslesen und wird melden, wenn versucht wird, ein Paket zu installieren, obwohl die Voraussetzungen dafür nicht vorliegen. Andersherum wird es eine Deinstallation verweigern, wenn das Paket noch von anderen Paketen benötigt wird.

`dpkg` ist nicht in der Lage, diese Abhängigkeiten aufzulösen. Es kann nur lokal vorliegende Paketdateien verarbeiten und nicht eigenständig Dateien aus dem Repository nachladen. Damit liegt die Versionsverwaltung in den höheren Werkzeugen wie etwa `apt-get`.

Befehl	Wirkung
`dpkg -i` *Paket*	*Paket* installieren
`dpkg -r` *Paket*	*Paket* deinstallieren
`dpkg -P` *Paket*	*Paket* deinstallieren und löschen

Tabelle 2.2 Aufruf von dpkg

Die Option `-i` bewirkt die Installation des Pakets. Die Option `-r` entfernt die Installation, abgesehen von den Konfigurationsdateien. Bei erneuter Installation wird so die bisherige Konfiguration beibehalten. Ist das nicht gewünscht, kann mit der Option `-P` oder `--purge` auch das Löschen der Konfigurationsdateien veranlasst werden.

Wenn Sie nach bestimmten Paketen suchen, können Sie mit der Option `-l` nach bestimmten Worten suchen. Wenn Sie einen Stern benutzen, kann es sinnvoll sein, das Suchmuster in Anführungszeichen zu setzen.

```
# dpkg -l *ldap*
Status=Nicht/Installiert/Config/U=Entpackt/halb konFiguriert/
         Halb installiert/Trigger erWartet/Trigger anhängig
/ Fehler?=(kein)/R=Neuinstallation notwendig (Status, Fehler:
         GROSS=schlecht)
||/ Name           Version        Beschreibung
+++-==============-==============-=======================...
un  ldap-client    <keine>        (keine Beschreibung vor...
un  ldap-server    <keine>        (keine Beschreibung vor...
ii  ldap-utils     2.4.17-2.1     OpenLDAP utilities
ii  libaprutil1-ld 1.3.9+dfsg-3   The Apache Portable Run...
un  libldap-2.3-0  <keine>        (keine Beschreibung vor...
ii  libldap-2.4-2  2.4.17-2.1     OpenLDAP libraries
un  libldap2       <keine>        (keine Beschreibung vor...
un  libnet-ldap-pe <keine>        (keine Beschreibung vor...
ii  libnss-ldap    264-2.2        NSS module for using LD...
un  libnss-ldapd   <keine>        (keine Beschreibung vor...
ii  libpam-ldap    184-8.5        Pluggable Authenticatio...
un  libsasl2-modul <keine>        (keine Beschreibung vor...
un  openldap-utils <keine>        (keine Beschreibung vor...
un  openldapd      <keine>        (keine Beschreibung vor...
un  proftpd-mod-ld <keine>        (keine Beschreibung vor...
un  smbldap-tools  <keine>        (keine Beschreibung vor...
un  sudo-ldap      <keine>        (keine Beschreibung vor...
un  umich-ldap-uti <keine>        (keine Beschreibung vor...
un  umich-ldapd    <keine>        (keine Beschreibung vor...
```

Sie können auch feststellen, welche Datei durch welches Paket installiert wurde. Dabei hilft Ihnen die Option `-S`. Der folgende Aufruf ermittelt, dass das Programm `testparm` zum SAMBA-Paket gehört.

```
# dpkg -S  testparm
samba-doc: /usr/share/doc/samba-doc/...pages/testparm.1.html
samba-common-bin: /usr/share/man/man1/testparm.samba3.1.gz
samba-common-bin: /usr/bin/testparm.samba3
```

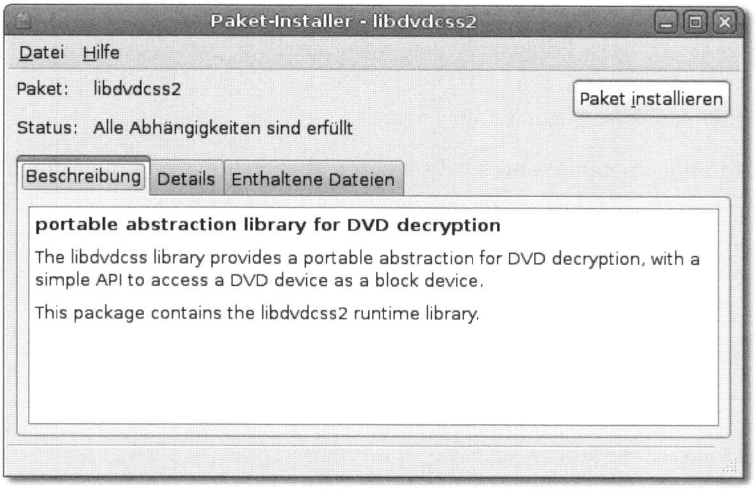

Abbildung 2.6 GDebi: GNOME-GUI für dpkg

Wenn Sie die grafische Oberfläche GNOME verwenden, ist das Programm GDebi installiert, das die Funktionalität von `dpkg` enthält. Wenn eine Paketdatei auf dem Desktop liegt, können Sie sie mit der rechten Maustaste anklicken und aus dem Menü den Punkt MIT GDEBI ÖFFNEN auswählen. Das Programm GDebi wird ein paar Informationen über das Paket ausgeben und eine Installation anbieten.

GDebi wird prüfen, ob die Paketabhängigkeiten erfüllt sind, und abbrechen, wenn dies nicht der Fall ist. GDebi wird die Abhängigkeiten nicht auflösen und keine weiteren Pakete hinzuziehen.

2.4 Source-Pakete manuell installieren

Bei einem Open-Source-Betriebssystem sollte man es nicht für ungewöhnlich halten, dass man auch mal ein Paket nur in Form von Quellcode bekommt und dieses installieren soll. Allerdings gehört dies heutzutage zu den Ausnahmen. Am ehesten kommt man in die Verlegenheit, wenn eine spezielle Hardware eingebunden werden muss, für die der Hersteller den Quellcode zur Verfügung stellt.

Vorarbeiten

Für alle Debian-Pakete können Sie den Quellcode erhalten. Das garantiert Ihnen die GPL (GNU Public Licence). Der Quellcode wird als Debian-Paket geliefert und beispielsweise mit `dpkg` ausgepackt.

Wenn die Quelltexte nicht in einem Debian-Paket kommen, werden sie vermutlich als gepackte Tar-Datei geliefert. Diese können mit dem Bordmittel `tar` (siehe Abschnitt 7.5) ausgepackt werden. Um Speicherplatz und Transferzeit zu sparen, ist das Paket zumeist komprimiert. Sie erkennen dies an der Endung *tgz*.

Sie werden für das Installieren mindestens das Programm `make` benötigen, das Sie durch das Paket gleichen Namens nachinstallieren können. Das Programm `make` organisiert sowohl die Übersetzung als auch die Installation. Außerdem brauchen Sie einen Compiler, um den Quellcode zu übersetzen. Da der Quellcode mit großer Wahrscheinlichkeit in C oder C++ geschrieben ist, ist das der GNU-Compiler, dessen Paket *g++* heißt. Glücklicherweise müssen Sie sich nicht einzeln um alles kümmern, da es das Paket *build-essential* gibt, das alles enthält, was Sie für diese Zwecke benötigen. Sie installieren es über:

```
# apt-get install build-essential
```

Sie sollten zunächst ein Verzeichnis anlegen, in dem Sie das Paket auspacken. Hat der Anbieter die Daten nicht in einem Verzeichnis gebündelt, müssen Sie ansonsten die einzelnen Dateien aus Ihren Dateien heraussuchen.

```
$ mkdir src
$ mv sourcepaket.tgz src
$ cd src
$ tar xvz sourcepaket.tgz
...
```

Die Option `v` im zweiten Argument des `tar`-Befehls bewirkt, dass Sie sehen können, wie die Daten abgelegt worden sind. War der Anbieter ordentlich und hat noch ein Verzeichnis beigefügt, müssen Sie mit dem Befehl `cd` dort hineinwechseln. Hier befindet sich meist das Programm `configure`. Dieses prüft, ob die Umgebung vorhanden ist, um das Programm zu übersetzen und zu installieren. In manchen älteren Paketen wird der gleiche Effekt durch den Aufruf von `make depend` erreicht.

```
$ ./configure
```

Das Programm `configure` ist recht geschwätzig. Es zählt auf, was es alles für die Übersetzung benötigt, und stoppt, wenn etwas wirklich Wichtiges fehlt. Sie müssen dann die fehlenden Bestandteile nachinstallieren, bevor Sie noch einmal `configure` aufrufen. Sobald das Programm problemlos durchgelaufen ist, können Sie die Übersetzung mit dem Befehl `make` starten.

```
$ make
```

Auch dieses Programm wird reichlich Ausgaben produzieren. Die Übersetzung des Pakets kann zwischen ein paar Minuten bis zu mehreren Stunden in Anspruch nehmen, je nachdem, wie umfangreich die Software ist. Irgendwann sollte aber die Übersetzung zu einem erfolgreichen Ende kommen. Dann muss die Software installiert werden. Auch dafür wird das Programm make verwendet. Zuvor müssen Sie aber Administratorrechte erlangen. Das geschieht unter Debian mit dem Befehl su -:

```
$ su -
# make install
```

Unter Ubuntu Server stellen Sie den Befehl sudo voran (siehe Abschnitt 10.1):

```
$ sudo make install
```

Tatsächlich funktioniert diese Form der Einrichtung in vielen Fällen sehr gut. Allerdings gibt es zwei erhebliche Nachteile dieses Verfahrens. Erstens installieren Sie am Debian-Paket-Management vorbei. Automatische Updates und die Überprüfung auf Paketabhängigkeiten können mit Software, die auf diese Weise installiert wurde, nicht gelingen. Zweitens kann es sein, dass diese Übersetzung misslingt. Und sofern Sie nicht selbst programmieren können, müssen Sie es lernen,[1] jemanden fragen, der sich damit auskennt, oder aufgeben.

1 Es gibt bei Wrox das Buch »C++: Der Einstieg« von einem außerordentlich sympathischen und kompetenten Autor, dessen Name mir gerade nicht einfällt.

Kapitel 3
Die Shell und ihre Skriptsprache

Inhalt

- Wie die Shell Eingaben interpretiert und umsetzt
- Datenströme umlenken und auswerten
- Aus Befehlen werden Skripte und eine einfache Programmiersprache

Der Kommandointerpreter von Linux wurde bereits in den Anfangstagen *Shell* genannt. Im Laufe der Jahrzehnte wurden verschiedene Shells entwickelt, immer wieder verbessert und verändert. Unter Linux wurde die Shell zwar stark erweitert, aber in ihrer Syntax wieder auf die ursprünglich von einem Herrn Bourne entwickelten Original-Shell zurückgeführt und trägt daher den Namen *bash* (Bourne Again Shell). Der Kommandointerpreter wird auch als Eingabeaufforderung, Terminalsitzung oder Konsole bezeichnet.

Ist die Kommandozeile nicht völlig veraltet?

Lassen Sie mich gleich die unbequeme Wahrheit auf den Tisch legen: Als Administrator eines Linux-Servers tippt man Kommandos über die Tastatur ein und verwendet nur sehr selten die Maus. Das wird Sie vielleicht grämen, aber für den Autor eines Buches ist es noch bitterer. Anstatt seitenweise bunte Screenshots zu kommentieren, reichen ein paar Zeilen in der Eingabezeile oder eine kurze Textdatei, um die Konfiguration eines Servers zu beschreiben. So ist der Schreiberling tatsächlich gezwungen, die Seiten mit Inhalt zu füllen.

Aber genau das sind auch die Gründe, warum Administratoren durchaus freiwillig zu den Tasten greifen. Die paar Befehle lernen sich schnell und der Umgang mit einem Editor ist auch nicht so schwer. Im Gegenzug erhalten Sie eine Reihe sehr leistungsfähiger Befehle. Die haben dann auch noch den Vorteil, dass sie sich leicht per Mail oder Forum übertragen lassen, um anderen Administratoren zu helfen. Diese können die Befehle und Konfigurationen einfach per Cut and Paste direkt in ihr System übernehmen.

Konsequenterweise verwendet Linux darum auch lieber Konfigurationsdateien als Registry-Einträge. Sie können die Datei ausdrucken und abheften oder kopieren, um im Zweifelsfall die gleiche Konfiguration schnell rekonstruieren zu können.

Geringer Datenverkehr

Wenn Sie grafische Oberflächen aus der Ferne administrieren wollen, müssen Sie viele, viele bunte Pixel über die Datenleitung senden. Das ist bei Terminalsitzungen nicht erforderlich. Selbst wenn Sie ein uraltes Modem verwenden oder sich über eine Handy-GSM-Verbindung verbinden, weil der nächste Breitbandknoten weit ist, können Sie immer noch prima einen Server administrieren.

3.1 Starten der Shell

Wie kommen Sie nun an Ihre Shell? Wenn Sie Linux ohne grafische Oberfläche hochgefahren haben, geben Sie Benutzername und Passwort ein und schon sind Sie im Kommandointerpreter und können Befehle eingeben:

```
server login:
Password:
```

Mehrere Konsolen schon eingebaut

Die meisten Computer sind heutzutage so leistungsfähig, dass eine grafische Oberfläche einfach mitinstalliert wird. Aber auch dann erreichen Sie leicht eine klassische Konsole, indem Sie die Tastenkombination Strg+Alt+F1 verwenden. Dann verschwindet die grafische Oberfläche und Sie sehen eine klassische Anmeldung vor sich. Von diesen virtuellen Terminals besitzt Linux sechs Stück. Die letzte erreichen Sie über Strg+Alt+F6. Mit der Tastenkombination Strg+Alt+F7 kehren Sie zurück zur grafischen Oberfläche – sofern Sie eine installiert haben.

Auch innerhalb einer grafischen Oberfläche können Sie einen Kommandointerpreter in einem Fenster starten, das dann eine Terminalsitzung darstellt. Sie finden sie im Menü DIENSTPROGRAMME oder SYSTEM unter TERMINAL oder KONSOLE, je nachdem, welchen

Desktop Sie eingerichtet haben. Die grafische Oberfläche hat den Charme, dass Sie mehrere Terminalsitzungen nebeneinander starten können. Darüber hinaus können Sie diese durch Farbgebung nach Tätigkeitsgebieten markieren.

Arbeiten auf der Shell

Die Shell nimmt Ihre Anweisungen zeilenweise entgegen. Sie wartet geduldig, bis Sie die Eingabe mit [↵] abschließen. Das erste Wort ist dabei der Befehl, der meist einem Programm entspricht und es folgen, durch Leerzeichen getrennt die Optionen, die typischerweise mit mindestens einem Bindestrich beginnen, und die Argumente, die angeben, welche Objekte der Befehl verändert (siehe Abschnitt 3.2.1).

Manpage als Bedienungsanleitung

Administratoren sitzen normalerweise nicht mit dem Anleitungsbuch unter dem Arm vor dem Computer. Und da ist es gut, dass die Shell eine Hilfestellung zu bieten hat. Diese heißt `man` und steht für Manual oder Bedienungsanleitung. Als Argument geben Sie den Befehl an, für den Sie Hilfe benötigen. Beispielsweise rufen Sie mit dem folgenden Befehl die Manpage, also die Bedienungsanleitung für den Befehl `ls` auf:

```
man ls
```

Sie können mit der Leertaste vorwärtsblättern. Mit der Taste [B] blättern Sie zurück. Und die Taste [Q] führt dazu, dass die Manpage verlassen wird. [⇧]+[B], also das große B, funktioniert übrigens nicht. Sie werden überhaupt feststellen, dass Linux sehr viel genauer zwischen Groß- und Kleinschreibung unterscheidet als beispielsweise Windows. Aber es funktionieren auch die Bild-Tasten an Ihrem PC und die anderen Cursortasten.

Wenn Sie also vergessen haben sollten, mit welchen Parametern ein Befehl aufgerufen wird, fragen Sie `man`! Und falls Ihnen der Befehlsname nicht einfällt, können Sie nach einem Stichwort suchen, indem Sie `-k` angeben:

```
$ man -k Verzeichnis
```

Nun erscheinen alle Befehle, die etwas mit einem Verzeichnis zu tun haben. Das sind eine ganze Menge. Vielleicht finden Sie darunter den Befehl, den Sie suchen.

Shell auf Distanz

Sie können sich auf Ihrem Server auch über das Netzwerk anmelden. Dazu verwenden Sie den Befehl `ssh`, mit dem Sie sich auf einem anderen Rechner einloggen können (siehe Abschnitt 11.2). Auf diesem Weg können Sie Ihren Server administrieren, obwohl Sie sich sehr weit davon entfernt befinden. Auch in diesem Fall arbeiten Sie über eine Kommandoeingabe der Shell.

3.2 Befehlsempfänger

Wenn Sie eine Terminalsitzung eröffnet haben, finden Sie an jedem Zeilenanfang einen sogenannten *Prompt*. Unter Debian und Ubuntu stehen darin standardmäßig der Benutzername, der Hostname und der aktuelle Pfad. Es folgt ein Dollarzeichen bei normalen Benutzern oder ein Doppelkreuz (#), falls Sie als root angemeldet sind. Daneben blinkt der Cursor. Dort geben Sie Ihre Kommandos ein und schließen sie mit ↵ ab.

3.2.1 Befehl, Optionen, Argumente

Eine Kommandozeile beginnt mit dem Befehl. Es folgen die Optionen und Argumente. Diese Bestandteile werden je durch mindestens ein Leerzeichen voneinander getrennt.

- **Befehl:** Der Befehl kann der Aufruf eines Programms sein, wie beispielsweise `grep`. Es gibt aber auch eine Reihe von Befehlen, die die Shell selbst zur Verfügung stellt.
- **Option:** Eine Option beeinflusst die Art, wie der Befehl arbeitet. Sie wird mit einem Minuszeichen eingeleitet und hat einen Buchstaben. Alternativ gibt es auch Optionen, die mit zwei Minuszeichen eingeleitet werden und dann aus einem ganzen Wort bestehen. Der Nachteil ist, dass es länger dauert, es zu tippen. Der Vorteil ist, dass auch Anfänger sofort wissen, was die Optionen tun. Mehrere Optionen, die nur einen Buchstaben verwenden, können hinter einem Minuszeichen zusammengestellt werden. Statt `-l -r -t` können Sie also auch `-lrt` schreiben.

  Eine Ausnahme von diesen Regeln stellt der Befehl `find` (siehe Abschnitt 4.4.1) dar. Seine Optionen beginnen mit einem Minuszeichen, sind aber vollständige Worte.
- **Argumente:** Die Argumente sind die Objekte, auf denen der Befehl arbeitet. Häufig sind das Dateien oder Verzeichnisse.

Um Befehl, Option und Argument etwas anschaulicher darzustellen, greife ich auf den alten Schlager »Und dann hau ich mit dem Hämmerchen mein Sparschwein« von Chris Howland zurück. Auf einer Linux-Konsole würde Chris Howland es vielleicht so formulieren:

```
$ hau --haemmerchen sparschwein
```

Der Befehl `hau` wird aufgerufen. Die Option `--haemmerchen` besagt, auf welche Weise der Befehl ausgeführt wird, und `sparschwein` ist das Argument, auf das der Befehl wirkt.

3.2.2 Befehlspfade

Wenn die Befehle Programme sind, müssen sich diese natürlich irgendwo im Verzeichnisbaum befinden. Es gibt bestimmte Standardverzeichnisse wie */usr/bin*, an denen sie sich befinden. Aber selbst diese Konvention ist konfigurierbar. Dazu wird die Umgebungsvariable (Umgebungsvariablen siehe Abschnitt 3.5.1) `PATH` verwendet. Hier werden die Verzeichnisse durch Doppelpunkte getrennt abgelegt, in denen nach Programmen gesucht werden soll.

Da die Pfade in einer Variablen stehen, können für Anwender und Administrator unterschiedliche Pfadfolgen verwendet werden. Jeder Benutzer kann seinen Pfad individuell ändern, indem er den Inhalt der Variablen im Startskript ändert.

Hinweis

Wenn Sie wissen wollen, aus welchem Verzeichnis ein bestimmter Befehl gezogen wird, können Sie den Befehl `which` verwenden, der der Variablen `PATH` folgt und die Verzeichnisse nach dem Befehl absucht. Das folgende Beispiel sucht den Befehl `bash`:

```
$ which bash
/bin/bash
```


3.2.3 Per Dateimaske auf mehrere Dateien zugreifen

Wenn Sie mit einem Mal mehrere Dateien ansprechen wollen, verwenden Sie dazu Wildcards oder eine Dateimaske. Beispielsweise enden Konfigurationsdateien oft auf *.conf*. So könnten Sie alle Konfigurationsdateien mit `*.conf` ansprechen und beispielsweise auf einen USB-Stick kopieren. Der Stern steht also für beliebig viele beliebige Zeichen.

Die Shell sucht anhand der Dateimaske alle Dateien, die dieser Maske entsprechen, und übergibt die Namen der Dateien nacheinander durch Leerzeichen getrennt an den Befehl. Da die Shell diese Namensauflösung durchführt, funktioniert die Dateimaske für alle Befehle gleich.

Neben dem Stern gibt es noch das Fragezeichen. Es steht für genau einen Buchstaben. Die Maske `ma?s` würde also sowohl *maus* als auch *mais* finden, aber nicht *mas* oder *marlis*.

Wenn der eine Buchstabe auf bestimmte Zeichen eingeschränkt werden soll, verwenden Sie die rechteckigen Klammern. Wenn Sie erlauben wollen, dass die Datei *maus* auch mit einem großen »M« geschrieben werden darf, verwenden Sie das Muster `[Mm]aus`. Bei der Gelegenheit darf ich noch einmal erwähnen, dass Linux ganz klar zwischen Groß-

und Kleinschreibung bei Dateinamen unterscheidet. Sollten Sie bei dem vorigen Beispiel erlauben wollen, dass die Datei *mais* oder *maus*, gern auch mit einem großen »M«, aber keinesfalls etwa *mars* heißen darf, würden Sie die Maske `[Mm]a[ui]s` verwenden.

Die Auswertung der Sonderzeichen verhindern

Was ist, wenn ein Programm tatsächlich den Stern als Parameter verwendet? Beispielsweise könnte ein Programm den Stern als Multiplikationszeichen verwenden wollen. Da wäre es schön fatal, wenn die Shell stattdessen alle Dateinamen des Verzeichnisses liefert. In solchen Fällen muss das Sonderzeichen vor der Interpretation durch die Shell geschützt werden.

Bei einzelnen Zeichen verwenden Sie dazu einfach einen Backslash (\). Der deutsche Begriff dafür heißt wörtlich übersetzt »rückwärtiger Schrägstrich«. Setzen Sie einen Backslash vor den Stern, wird die Shell ihn nicht interpretieren. Auf diese Weise können Sie sogar Dateinamen bearbeiten, die einen Stern, ein Fragezeichen oder eckige Klammern im Namen enthalten. Sie müssen nur einen Backslash davor setzen.

Dasselbe gilt für Leerzeichen. An sich trennen Leerzeichen zwei Dateinamen. Wenn aber der Name einer Datei ein Leerzeichen enthält, müssen Sie den Backslash vor das Leerzeichen stellen. Beispielsweise müssten Sie einen Film mit dem Titel *Is was, Doc?.avi* mit dem Befehl `rm Is\ was\,\ Doc\?.avi` löschen (`rm` siehe Abschnitt 4.1.4).

Alternativ kann das Argument auch in Anführungszeichen (`"`) oder Hochkommata (`'`) gesetzt werden. In diesem Fall interpretiert die Shell nicht die Sonderzeichen, sondern reicht sie direkt an das aufgerufene Programm weiter. Der Unterschied zwischen beiden ist, dass Variablen (siehe Abschnitt 3.5.1) in Anführungszeichen durch ihren Inhalt ersetzt werden, in Hochkommata nicht. Anders ausgedrückt erlauben Anführungszeichen der Shell noch mehr Zugriffe auf den Parameter als Hochkommata.

3.2.4 Bearbeitung mehrerer Objekte mit der for-Schleife

Mit den Wildcards kann ein Befehl ganz viele Dateien auf einmal bearbeiten. Allerdings sind nicht alle Befehle auf eine Massenbearbeitung ausgelegt. In diesen Fällen muss jeder Befehl einzeln angewendet werden. Aber mit der Schleife `for` kann dies für alle Dateien eines Dateimusters erfolgen.

Nehmen wir als Beispiel, dass wir alle Textdateien eines Verzeichnisses, die auf *.txt* enden, umbenennen wollen. Diese Dateien sollen alle zusätzlich die Endung *.bak* erhalten. Der Befehl `mv` (siehe Abschnitt 4.1.3) kann aber nur einzelne Dateien umbenennen und erwartet als ersten Parameter den Originalnamen und als zweiten Parameter den neuen Namen.

Um diesen Befehl auf mehrere Dateien anwenden zu können, baut man eine Schleife darum, die den Befehl `mv` quasi immer wieder mit neuen Parametern füttert. Die folgende Anweisung führt zu einer solchen Massenumtaufe:

```
for variable in *.txt
do
   mv $variable $variable.bak
done
```

Die `for`-Schleife ermittelt zunächst alle Dateinamen, die der angegebenen Dateimaske entsprechen. Im Beispiel sind das die Namen aller Dateien des Verzeichnisses, die auf die Maske `*.txt` passen. Die Maske wird bereits an dieser Stelle von der Shell durch die Liste der passenden Dateinamen ersetzt. Das entspräche beispielsweise der folgenden Schleife, wenn im aktuellen Verzeichnis die Dateien *namen.txt*, *unfug.txt* und *witze.txt* existierten.

```
for variable in namen.txt unfug.txt witze.txt
do
   mv $variable $variable.bak
done
```

Innerhalb der Schleife wird nun der eigentliche Befehl aufgerufen. Als Argument wird die Variable verwendet, die vor dem `in` angegeben wurde. Bei jedem Durchlauf wird ihr Inhalt durch den nächsten Namen, der hinter dem `in` steht, ersetzt. Als Trennzeichen betrachtet die Schleife jedes Leerzeichen. Den Inhalt der Variablen spezifiziert man durch das Voranstellen eines Dollarzeichens.

Bei der Eingabe werden Sie sich vielleicht wundern, dass Sie nach der ersten Zeile plötzlich ein Größerzeichen als Prompt erhalten, den sogenannten PS2-Prompt. Die `for`-Anweisung ist erst beendet, wenn der Befehl `done` erfolgte, weil Sie innerhalb der Schleife ja mehr als einen Befehl ausführen könnten. Darum werden Sie nach jedem Druck auf [↵] einen PS2-Prompt (siehe Abschnitt 3.5.2) bekommen. Der Befehl wird erst dann ausgeführt, wenn das abschließende `done` eingegeben wurde.

Spicker

```
for Variable in Dateimaske
do
      Anweisung
done
```

Verwenden wir ein weiteres Beispiel. Falls Sie zufällig Musik machen und aus dem Studio Ihre selbst aufgenommenen WAV-Dateien mitbringen, möchten Sie diese vielleicht in MP3-Dateien wandeln. Unter Linux verwendet man dazu das Programm `lame`. Natürlich gibt es auch reichlich grafische Tools dafür, aber bei vielen Dateien geht es mit der Shell am schnellsten. Ich gehe weiter davon aus, dass Sie in der Band Beatwatt spielen und die Dateien nach den Titeln der Lieder benannt sind. Der Befehl `lame` fordert als ersten Parameter den Namen der WAV-Datei und als zweiten Parameter den Namen der MP3-Datei.

Bei der Gelegenheit soll auch noch der Bandname (Option `--ta`) und ein Copyright-Vermerk in das Kommentarfeld (Option `--tc`) geschrieben werden, da Beatwatt nur selbst geschriebene Titel spielt.

Wenn wir genauso vorgehen würden wie beim Umbenennen der Dateien, würde sich die Endung *.mp3* zusätzlich an der Endung *.wav* anhängen. Das sieht nicht schön aus und müsste später von Hand wieder geändert werden. Hier hilft der Befehl `basename`, der es ermöglicht, den Grundnamen der Datei ohne *.wav* zu isolieren. Dabei können Sie gleich sehen, wie man das Ergebnis eines Befehls in den neuen Befehl hineinzaubert: Klammern Sie den Befehl ein und setzen ein Dollarzeichen davor, wird der Befehl ausgeführt und das Ergebnis an dieser Stelle weiterverwendet.

```
for i in *.wav
do
  lame --ta Beatwatt --tc "(C)Willemer" "$i"  "$(basename $i .wav).mp3"
done
```

Die Option `--ta` setzt den MP3-Eintrag für den Künstler auf Beatwatt. Entsprechend wenig überraschend ist das Setzen des Copyright-Vermerks durch die Option `--tc`.

Im nächsten Parameter wird die Variable `i` mit dem Namen der WAV-Datei als Eingabeargument verwendet. Und `"$(basename $i .wav).mp3"` bewirkt, dass vom Dateinamen der WAV-Datei nur der Basisname ohne *.wav* verwendet wird. Daran wird dann *.mp3* als neue Endung angehängt.

Da der Titel dem Dateinamen ohne dessen Endung *.wav* entspricht, könnte man den Befehl `basename` noch einmal für die Option `--tt` einsetzen, um so das entsprechende Tag in der MP3-Datei zu hinterlegen:

```
--tt $(basename "$i" .wav)
```

Die Dateien sind fertig. Die Tags sind gefüllt. Nun sollte vielleicht vor jede Datei der Bandname gestellt werden. Dazu verwenden wir wieder die Schleife um `mv` wie oben.

```
for i in *.mp3
do
    mv "$i" "Beatwatt-$i"
done
```

Der Ausdruck `$i` ist hier in Anführungszeichen gesetzt, weil die Dateinamen auch Leerzeichen enthalten könnten. Der Befehl würde solche Dateinamen fälschlich als mehrere Argumente interpretieren.

Hinweis

Anführungszeichen erlauben eine Auswertung der Variablen. Hochkommata reichen ihren Inhalt unverändert an das aufgerufene Programm weiter.

Zu guter Letzt möchten Sie vielleicht noch alle MP3-Dateien in etwa auf gleichem Lautstärkeniveau haben. Diese Anpassung führt das Programm `mp3gain` durch. Auch dies könnten Sie in der Schleife tun:

```
for i in *.mp3
do
    mp3gain -r "$i"
done
```

Das ist aber gar nicht nötig, weil `mp3gain` beliebig viele Dateinamen als Parameter akzeptiert. Hier wäre also der direkte Weg besser:

```
mp3gain -r *.mp3
```

Insgesamt sehen Sie, wie Sie mit wenigen Aufrufen eine beliebige Menge von WAV-Dateien zu MP3 konvertieren, umbenennen und in der Lautstärke anpassen. Mit einem grafischen Desktop würde dies wesentlich länger dauern. Kein Wunder, dass Linux-Benutzer gern mal zur Shell greifen.

3.2.5 Fehler

Die Befehle und Programme geben nach ihrem Durchlauf eine Nummer zurück, die üblicherweise 0 ist, wenn alles gut gegangen ist. Sollte ein Fehler aufgetreten sein, liefern die Programme Fehlernummern, die allerdings keiner Konvention unterliegen, aber natürlich ungleich 0 sein müssen. Auf dieser Basis ist es möglich, Programme in Abhängigkeit davon zu starten, ob andere Programme erfolgreich waren.

Auch bei der Ausgabe haben Fehler eine Besonderheit. Es wirkt zwar so, als würden die Fehlermeldungen genau wie die Programmergebnisse auf dem Terminal erscheinen. Tatsächlich gibt es aber einen eigenen Fehlerausgabekanal, der von der normalen Ausgabe getrennt werden kann. So ist es möglich, die Ergebnisse eines Programmdurchlaufs in eine Datei zu leiten, während die Fehlermeldungen weiterhin auf dem Bildschirm erscheinen. Wie man beide Kanäle trennt, werden Sie im Abschnitt 3.3 sehen.

Wenn Sie sich vertippen oder ein Programm aufrufen, das gar nicht installiert ist, wird die Shell melden, dass ihr der Aufruf nicht gefällt:

```
debian $ grex
-bash: grex: Kommando nicht gefunden.
```

Ubuntu ist da schon geschwätziger. Es macht Vorschläge, wie die Situation doch noch zu retten ist:

```
ubuntu $ grex
Der Befehl »grex« wurde nicht gefunden, meinten Sie vielleicht:
 Befehl »grep« aus dem Paket »grep« (main)
 Befehl »ghex« aus dem Paket »ghex« (universe)
grex: Befehl nicht gefunden.
```

Da es kein Programm namens `grex` gibt, wird die Shell melden, dass sie diesen Befehl nicht ausführen konnte.

Kommt ein korrekt aufgerufenes Programm mit der Eingabe nicht zurecht, meldet es sich. Zum Beispiel erscheint nach der Eingabe `grep suchwas datei` folgende Meldung:

```
$ grep suchwas datei
grep: datei: Datei oder Verzeichnis nicht gefunden
$
```

Der Befehl `grep` (siehe Abschnitt 4.5.4) sucht in der Datei namens *datei* die Zeichenfolge »suchwas«, die es aber offenbar in dieser Datei nicht gibt.

3.3 Datenströme

UNIX betrachtet die Ausgabe von Programmen nicht als einzelne Zeichen, sondern als Datenströme, die man beispielsweise in Dateien umleiten oder als Eingabestrom in andere Programme führen kann.

3.3.1 Ausgabe und Fehlerausgabe umleiten

Nicht nur Linux als direkter Erbe von UNIX hat das Konzept der Datenströme übernommen. Unter vielen Systemen ist es möglich, eine Ausgabe umzuleiten. Selbst das Größerzeichen (>) als Symbol der Umleitung wurde oft übernommen.

```
$ tudochwas > ausgabedatei
```

Alles, was das Programm `tudochwas` normalerweise auf dem Bildschirm ausgeben würde, wird nun in die Datei *ausgabedatei* umgeleitet. Nur die Fehlermeldungen über den separaten Fehlerkanal würden nach wie vor auf dem Bildschirm landen. Das ist prinzipiell auch gar nicht schlecht, weil man die Ausgaben des Programms ja vielleicht weiterverarbeiten will, und da stören Fehlermeldungen doch nur.

Was tut man aber, wenn man die Fehler gern auch sammeln würde, statt den Bildschirm damit zu verschmutzen? Man stellt für den Fehlerkanal vor das Größerzeichen eine 2 und sorgt so dafür, dass dieser zweite Kanal in eine eigene Datei umgeleitet wird:

```
$ tudochwas > ausgabedatei 2> fehlerdatei
```

Sie können auch den Ausgabe- und den Fehlerkanal gemeinsam in eine Datei laufen lassen. Dazu setzen Sie ein Und-Zeichen direkt hinter das Größerzeichen:

```
$ tudochwas >& ausgabeundfehlerdatei
```

Wenn Sie ein Größerzeichen zur Umleitung verwenden, wird die Zieldatei zuerst einmal gelöscht. Tatsächlich können Sie diesen Effekt benutzen, um eine Datei auf 0 zu setzen, also ihren Inhalt zu löschen. Dazu leiten Sie einfach nichts auf eine Datei um:

```
$ > gleichleer
```

Wollen Sie dagegen den bisherigen Inhalt der Datei behalten und nur etwas anhängen, dann verwenden Sie doppelte Größerzeichen:

```
$ tudochwas >> anhaengedatei
```

Manchmal entstehen Ausgaben, die nur stören. Um sie loszuwerden, können Sie sie einfach in die für solche Zwecke vorgesehene Datei */dev/null* umleiten. Alle Daten, die auf diese Pseudodatei umgeleitet werden, verschwinden auf Nimmerwiedersehen.

3.3.2 Eingabe als Datenstrom

So wie es möglich ist, die Ausgabe umzuleiten, können Sie auch die Eingabe umleiten. Dazu verwenden Sie das Kleinerzeichen. Auch dies wird an das Ende des Befehls angehängt, gefolgt von der umzuleitenden Datei. Auf diese Weise können Sie bei Programmen, die mehrere Eingaben nacheinander einfordern, Ablaufszenarien vorbereiten und diese mit einem einzigen Befehl ablaufen lassen.

```
$ navi < TanteAnna
```

Im Beispiel wird dem Navigationsprogramm `navi` der Inhalt der Datei *TanteAnna* zugeführt. In dieser Datei könnte beispielsweise folgender Inhalt stehen:

```
61250
Usingen
Friedrich-Stengel-Str. 1
j
```

Diese vier Zeilen antworten auf die Eingaben, auf die das Programm `navi` wartet: »Postleitzahl«, »Ort«, »Straße und Hausnummer«, »sofort starten«. Wie von Zauberhand geführt, wird das Programm automatisch weiterlaufen.

Sie können sowohl die Eingabe als auch die Ausgabe umleiten, wie das folgende Beispiel zeigt:

```
sort < eingabedatei  > ausgabedatei
```

Auf diese Weise wird die Datei *eingabedatei* als Eingabe für den Sortierbefehl verwendet und die Ergebnisse werden in der Datei *ausgabedatei* abgelegt.

Wenn die Tastatureingaben als Datei interpretiert werden, ist es von Zeit zu Zeit erforderlich, mit der Tastatur ein Ende der Datei zu simulieren. Dafür dient die Tastenkombination Strg+D am Anfang der Zeile. Wenn Sie dies in der Eingabeaufforderung einer Shell tun, geht diese vom Ende der Verarbeitung aus und beendet sich selbst.

Umleitungszeichen	Wirkung
>	Umleitung der Standardausgabe
2>	Umleitung des Fehlerkanals
>&	Umleitung der Standardausgabe und des Fehlerkanals
<	Umleitung der Eingabe

Tabelle 3.1 Umleitungen

3.3.3 Durch die Röhre schicken: die Pipe

Die Umleitung der Dateieingaben und -ausgaben kann auch so gestaltet werden, dass ein Programm die Ausgaben eines anderen Programms als Eingabe verwendet. Eine solche Verknüpfung wird als »Pipe« bezeichnet. Syntaktisch wird ein senkrechter Strich zwischen den Aufruf der Programme gesetzt. Ein typisches Beispiel ist die Anzeige eines längeren Verzeichnisses, das zur leichteren Betrachtung seitenweise ausgegeben werden soll. Der Befehl `ls -l` erzeugt die Ausgabe, die an das Programm `more` weitergeleitet wird. Die Aufgabe von `more` ist es, den Dateneingang seitenweise anzuzeigen und jeweils zum Seitenende auf den Tastendruck des Anwenders zu warten:

```
ls -l | more
```

Die Pipe lenkt nur die Standardausgabe um. Der Fehlerkanal wird auf dem Bildschirm ausgegeben. Sie können aber ähnlich wie bei der Umleitung den Fehlerkanal und die Standardausgabe gebündelt in die Pipe senden, indem Sie hinter den senkrechten Strich ein kaufmännisches Und (&) stellen:

```
verarbeite |& protokolliere
```

Im obigen Beispiel würde das Ergebnis des Skripts `verarbeite` durch das Skript `protokolliere` übernommen werden, und zwar sowohl die Ausgabe als auch der Fehlerkanal. Es kann allerdings sein, dass Fehler und Ausgaben zeitlich nicht ganz synchron sind, da die Ausgabekanäle unabhängig voneinander vom System gepuffert werden.

Wenn Programme ihre Daten standardmäßig nicht über die Standardausgabe darstellen, sondern diese in eine Datei schreiben, können sie dennoch in einer Pipe verwendet werden, wenn Sie als Dateinamen das Minuszeichen verwenden. Ein Beispiel dafür sehen Sie bei der Kopie mit dem Befehl `tar` im Abschnitt 4.7.3.

Datenabzweigung: tee

Die Daten, die per Pipe von einem zum anderen Programm gelangen, sind nach außen nicht sichtbar. Manchmal werden die Daten, die durch die Pipe geleitet werden, jedoch später noch einmal für andere Zwecke benötigt. Hier hilft das Programm `tee`, das zwischen die Pipe gesetzt wird. Es verteilt wie ein T-Stück in einem Rohr eine Kopie des Datenstroms in eine Datei ab, die es als Parameter bekommt:

```
$ ls -l | tee ausgabedatei | more
```

3.3.4 Quoting: Befehle verschachteln

Bei der Pipe werden die Ergebnisse des Programms als Input eines anderen Programms verwendet. In manchen Fällen benötigen Sie aber die Ergebnisse eines Programms nicht als Input, sondern als Bestandteil eines Befehlsaufrufs. Wenn Sie eine Liste mit Dateinamen dem Programm `sort` per Pipe zusenden, erhalten Sie eine sortierte Liste der Dateinamen. Übergeben Sie diese dagegen als Argument, wird `sort` den Inhalt der Dateien sortieren. Sollen die Ergebnisse eines Programms als Argumentliste eines anderen verwendet werden, benutzt man das *Quoting*.

Beispielsweise könnten Sie die Namen aller Dateien, die der Datensicherung zugeführt werden sollen, in einer Datei ablegen. Um den Inhalt einer Datei auf dem Bildschirm anzuzeigen, verwenden Sie den Befehl `cat` (siehe Abschnitt 4.5.1). Ihr Datensicherungsprogramm, das wir einfach mal `dasi` nennen wollen, erwartet die Namen aller Dateien, die es sichern soll, als Parameter.

Um nun die Ausgabe des Befehls `cat` in die Parameterliste von `dasi` zu bekommen, können Sie Ersteren in rückwärtige Hochkommata (backquotes) setzen.[1] Auf amerikanischen Tastaturen finden Sie den Backquote rechts neben dem Apostroph. Auf einer

1 Von manchen Anwendern wird dieses Zeichen auch »Rückwärtsdüdel« genannt. Leider kann ich für die korrekte Schreibweise nicht garantieren.

deutschen Tastatur befindet er sich rechts neben dem [ß]. Diese Taste drücken Sie in Kombination mit der Hochstelltaste, also [⇧]+[´].

```
$ dasi `cat sicherungsliste`
```

Die Backquotes sind aber nicht nur schwer zu tippen, sondern auch schwer in einem Skript zu erkennen. Darum verwendet man gern die alternative Schreibweise. Sie besteht darin, dass man den Befehl einklammert und ein Dollarzeichen vor die Klammer setzt:

```
$ dasi $(cat sicherungsliste)
```

3.3.5 Anweisungen gruppieren

Wenn Sie mehrere Anweisungen nacheinander ausführen wollen, dann können Sie nacheinander in eine Zeile schreiben und sie durch ein Semikolon trennen. Das Semikolon hat die gleiche Wirkung, als hätten Sie zwischen den beiden Kommandos [↵] verwendet. Sie können dies beispielsweise einsetzen, wenn Sie ein länger laufendes Programm aufrufen, aber wissen wollen, wann es fertig ist, ohne die ganze Zeit vor dem Monitor sitzen zu müssen.

```
$ langlaufendesprogramm ; date
```

Erst wenn das Programm `langlaufendesprogramm` fertig ist, wird der Befehl `date` gestartet, der Datum und Uhrzeit ausgibt.

Wenn Sie die Ergebnisse beider Befehle in eine Ausgabedatei umleiten wollen, werden Sie feststellen, dass die Umleitung nur auf den zweiten Befehl wirkt:

```
$ langlaufendesprogramm; date > ausgabedatei
```

Dieses Verhalten ist logisch, wenn Sie das Semikolon als Ersatz für das Beenden des Befehls sehen. Eine Abhilfe wäre, wenn die beiden Programme jeweils eine Umleitung erhielten:

```
$ langlaufendesprogramm > ausgabedatei; date >> ausgabedatei
```

Wichtig ist hier, dass der Befehl `date` zwei Größerzeichen verwendet, sonst würde die Ausgabe von `make` beim Start von `date` wieder gelöscht.

Damit die beiden Kommandos zu einem zusammengefasst werden, können Sie eine Klammer um beide setzen:

```
( kommando1 ; kommando2 ) >ausgabedatei
```

Abhängige Anweisungen

Zwei Kommandos können nicht nur einfach getrennt werden. Es ist auch möglich, ein Kommando in Abhängigkeit davon auszuführen, ob ein anderes Kommando Erfolg hatte.

Wird zwischen zwei Anweisungen ein doppeltes Ampersand, also kaufmännisches Und gesetzt, wird die zweite Anweisung nur ausgeführt, wenn die erste keinen Fehler zurückgegeben hat. So können Sie beispielsweise ein Dokument mit LaTeX generieren und dieses nur dann in PostScript konvertieren, wenn der erste Lauf erfolgreich war:

```
$ latex dokument.tex && dvips dokument
```

Andererseits gibt es auch den Fall, dass ein Kommando nur dann aufgerufen werden soll, wenn der vorherige Befehl erfolglos war. Dann fügen Sie zwischen die Anweisungen einen doppelten senkrechten Strich ein. So können Sie beispielsweise eine Fehlermeldung ausgeben, wenn der Übersetzungslauf unbefriedigend war:

```
$ latex dokument.tex || echo "Schlimmer Fehler"
```

Syntax	Ausführung
`prog1 ; prog2`	Erst `prog1`, dann `prog2` ausführen
`prog1 && prog2`	`prog2` nur bei Erfolg von `prog1` ausführen
`prog1 || prog2`	`prog2` nur bei Misserfolg von `prog1` ausführen

Tabelle 3.2 Start mehrerer Programme

Kapitel 3

3.4 Vereinfachung der Tipperei

Die Shell ist mit einigen Tricks ausgestattet, um die Eingaben etwas einfacher zu gestalten. Sie können Befehle wiederbeleben oder Argumente automatisch vervollständigen lassen.

3.4.1 Alte Befehle hervorholen

Sie können zuvor abgegebene Befehle zur Wiederverwendung in die Kommandozeile zurückholen. Dazu verwenden Sie die Pfeiltasten. Mit [↑] holen Sie Schritt für Schritt die letzten Befehle zurück. Mit [↓] können Sie in die andere Richtung blättern. Innerhalb eines Befehls können Sie [←] und [→] verwenden. Sie können die Korrekturtasten verwenden und Buchstaben einfügen.

Mit der Tastenkombination [Strg]+[R] können Sie sogar mit Stichwörtern in der Befehlsgeschichte suchen. Mit jedem Buchstaben, den Sie eingeben, wird der zuletzt eingegebene Befehl hervorgebracht, der noch auf das Muster passt. Die zuletzt eingegebenen Befehle können selbst nach zwischenzeitlichem Ausschalten des Computers wieder hervorgeholt werden, weil diese in der Datei *.bash_history* gespeichert werden.

3.4.2 Autovervollständigung mit der Tabulatortaste

Mit [Tab] können Sie sich auf der Suche nach dem korrekten Befehl helfen lassen. Sie geben die ersten Buchstaben ein und drücken [Tab]. Sollten die eingegebenen Buchstaben bereits eindeutig sein, vervollständigt die Shell den Befehl. Sollte sie das nicht tun, drücken Sie ein weiteres Mal [Tab] und möglichen Befehle erscheinen. Das Gleiche funktioniert auch bei Dateien, die Sie als Parameter für den Befehl verwenden wollen.

3.5 Variablen

Die Shell kann Texte in Variablen speichern. Dies können Pfad- oder Dateinamen oder andere Inhalte sein. Teilweise werden sie nur kurzfristig benötigt, teilweise kann damit aber auch Einfluss auf das Verhalten des Systems genommen werden. Sie können einer Variablen über ein Gleichheitszeichen schnell selbst einen Wert zuweisen:

```
$ WETTER="Sonnenschein, Windstärke 2, keine Wolken"
```

Der Befehl `echo` tut das, was man von seinem Namen erwartet: Er wiederholt das, was man ihm als Parameter übergibt. Wenn Sie nun `WETTER` übergeben, passiert dies:

```
$ echo WETTER
WETTER
$
```

Das ist zwar nicht überraschend, aber vielleicht hatten Sie geglaubt, dass `echo` in der Lage wäre, den Inhalt der Variablen anzuzeigen. Und das ist er auch, man muss allerdings auch sagen, dass er den Inhalt verwenden soll, und das tut man, indem man einer Variablen ein Dollarzeichen voranstellt:

```
$ echo $WETTER
Sonnenschein, Windstärke 2, keine Wolken
$
```

> **Hinweis**
>
> Übrigens müssen Variablennamen nicht zwingend in Großbuchstaben gesetzt sein. Da aber die vom System vorgegebenen Variablennamen groß sind, halten sich auch die meisten Anwender an diese Vorgabe.

3.5.1 Shell- und Umgebungsvariablen

Normalerweise sind Variablen nur lokal innerhalb einer Shell zugreifbar. Manche Variablen dienen aber zur Konfiguration. Solche Variablen sollen nicht nur für die aktuelle Shell, sondern auch für jedes Programm gelten, das von der Shell gestartet wird. Um dies zu erreichen, exportieren Sie diese Variable mit dem Befehl `export`. Solche Variablen nennt man *Umgebungsvariablen* (engl. *environment variables*):

```
$ WETTER="Sonnenschein, Windstärke 2, keine Wolken"
$ export WETTER
```

Sie können das Setzen und Exportieren der Variablen aber auch in einem Kommandoschritt ausführen:

```
$ export WETTER="Sonnenschein, Windstärke 2, keine Wolken"
```

Damit wird die Shell-Variable `WETTER` zur Umgebungsvariablen, die von jedem Prozess gelesen werden kann, der von dieser Shell aus gestartet wird.

Nicht nur Sie können Umgebungsvariablen erzeugen. Das ganze System ist voll davon. Sie können sich eine Liste der Umgebungsvariablen mithilfe des Befehls `env` anzeigen lassen. Damit Sie überhaupt eine Chance haben, etwas zu finden, sollten Sie die Ausgabe durch `more` (siehe Abschnitt 4.5.1) schicken. Mit dem Befehl `grep` (siehe Abschnitt 4.5.4) können Sie auch nach bestimmten Variablen filtern. Das folgende Beispiel zeigt, wie alle Umgebungsvariablen angezeigt werden, die die Silbe LANG enthalten:

```
$ env | grep LANG
LANG=de_DE.UTF-8
LANGUAGE=
$
```


3.5.2 Vordefinierte Umgebungsvariablen

Spracheinstellungen: LANG

Die Variable `LANG` wird auch als Language-Variable bezeichnet, weil mit ihr eingestellt wird, in welcher Sprache das System mit Ihnen kommuniziert. Durch Umschalten der Sprache gibt beispielsweise der Befehl `date` Datum und Uhrzeit in unterschiedlichen Sprachen und Formaten wieder:

```
$ date
Mo 17. Mai 21:49:25 CEST 2010
$ export LANG=da_DK
$ date
man maj 17 21:51:38 CEST 2010
```

```
$ export LANG=en_US
$ date
Mon May 17 21:52:07 CEST 2010
$
```

Der Befehl `export` bewirkt in diesem Fall, dass die Änderungen an der Umgebungsvariablen `LANG` auch von den gestarteten Programmen übernommen wird.

Programmpfade: PATH

Die Variable `PATH` enthält die Liste aller Verzeichnisse, auf denen die ausführbaren Programme zu finden sind. Die Verzeichnisse sind durch einen Doppelpunkt voneinander getrennt:

```
$ echo $PATH
/usr/local/sbin:/usr/local/bin:/usr/sbin:/usr/bin:/sbin:/bin
```

Wenn Sie auf diesem Computer also ein Programm aufrufen, wird es die Verzeichnisse in dieser Reihenfolge durchsuchen.

Wenn Sie beispielsweise möchten, dass zudem die Programme im Verzeichnis */usr/games* durchsucht werden, können Sie den folgenden Befehl geben:

```
$ export PATH=$PATH:/usr/games
```

Wenn Sie erreichen wollen, dass auch das aktuelle Verzeichnis nach Befehlen durchsucht wird, nehmen Sie den Punkt in den Pfad auf. Standardmäßig ist er dort nämlich nicht mehr, was dazu führt, dass Programmierer beim Test ihrer eigenen Programme immer `./` vor den Programmnamen stellen müssen, damit sie gefunden werden. Wen das stört, kann das wie folgt ändern:

```
$ export PATH=$PATH:.
```

Der Punkt wurde aus dem `PATH` entfernt, weil es damit möglich ist, Programme an ungeschützten Stellen unterzubringen. Die normalen Pfade von `PATH` sind für den normalen Anwender nicht beschreibbar.

Einstellung des Prompts

Was links neben dem Cursor steht, wird als *Prompt* bezeichnet. Beim normalen Benutzer ist dies ein Dollarzeichen. Links daneben sind oft weitere Angaben wie der Benutzername, der Rechnername und der aktuelle Pfad eingeblendet. Diese Informationen stehen in der Umgebungsvariablen PS1, deren Inhalt Sie natürlich jederzeit ändern können.

Wollen Sie in Ihrem Prompt auch solche Informationen wie Hostname, Benutzer oder Pfad unterbringen, setzen Sie dazu `\u` für den Benutzernamen, `\h` für den Rechnernamen und `\w` für den Pfad in Ihren PS1 ein. Falls in Ihrem Prompt plötzlich eine Schlange auftaucht, handelt es sich um eine Tilde (~), die eine Abkürzung für das Heimatverzeichnis des aktuellen Benutzers ist. Um ein Dollarzeichen zu erzeugen, wie es im Prompt bei normalen Benutzern Standard ist, müssen Sie dem einen Backslash voranstellen, weil das Dollarzeichen ansonsten für den Zugriff auf Variableninhalte reserviert ist. Das folgende Beispiel bildet die meistverwendete Kombination des Standardprompts nach:

```
$ PS1="\u@\h:\w\$ "
arnold@server:~/my/texte/tex/buch$
```

Neben dem Prompt `PS1` gibt es noch `PS2` für den Sekundärprompt. Er taucht immer auf, wenn Sie mitten in einem Befehl ↵ drücken, die Shell aber erkennt, dass der Befehl noch nicht abgeschlossen ist. Das passiert, wenn Sie zu einem `for` noch kein `done` eingegeben oder die abschließenden Anführungszeichen oder Klammern vergessen haben. Normalerweise steht in `PS2` schlicht ein Größerzeichen.

Das Benutzerverzeichnis HOME

Jeder Benutzer eines Linux-Systems hat seinen eigenen Bereich, in dem alle seine Daten liegen. Dieses Verzeichnis wird in der Datei */etc/passwd* festgelegt. Den jeweils eigenen Pfad zum home directory, Heimat- oder Benutzerverzeichnis findet jeder Benutzer in der Umgebungsvariablen HOME. Sie können das Benutzerverzeichnis in Pfadangaben aber auch durch die Tilde ~ abkürzen.

Lieblingseditor EDITOR

Die Umgebungsvariable EDITOR steuert, welcher Editor aufgerufen wird, wenn bei Programmabläufen zwischendurch editiert werden muss. Standardmäßig wird Linux in diesen Fällen `nano` (siehe Abschnitt 4.3.1) aufrufen. Da ich den `vi` (siehe Abschnitt 4.3.2) bevorzuge, steht bei mir beispielsweise:

```
export EDITOR=vi
```

Die Terminalemulation TERM

Mit der Umgebungsvariablen `TERM` wird gesteuert, welche Terminalemulation verwendet wird. In früheren Zeiten wurden an UNIX-Systeme Terminals verschiedener Hersteller angeschlossen, die durch unterschiedliche Steuerungssequenzen angesteuert wurden. Doch auch wenn heute nur noch virtuelle Terminals vorherrschen, werden diese auf ähnliche Weise angesteuert.

Solange Sie von einem Linux-Rechner aus auf Ihrem Server arbeiten, werden Sie `xterm` in einem Fenster-Terminal oder `linux` bei den Terminals über Strg + Alt + F1 vorfinden. Falls Sie aber beispielsweise mit Terminal-Programmen unter Windows oder Macs arbeiten, kann es sein, dass die dortige Terminalemualtion andere Steuersequenzen verwendet. In solchen Fällen kann es sein, dass der Bildschirmaufbau besser wird, wenn Sie eine andere Emulation verwenden. Standard ist da `vt100`, das ein Uralt-Terminal emuliert:

```
export TERM=vt100
```

3.5.3 Variablen-Array und Trennzeichen

Hinweis

Das hier beschriebene Array werden Sie bei den normalen Administratoraufgaben eher selten benötigen. Allerdings wird es im Abschnitt 20.10.3 verwendet, weshalb es hier vorgestellt wird, wo es schließlich hingehört.

Variablen können das Ergebnis eines Programms aufnehmen. Wenn ein Befehl aber mehrere Ergebnisse, also beispielsweise mehrere Dateien liefert, dann möchte man diese auch gern wieder einzeln bearbeiten. Sie haben bereits in Abschnitt 3.2.4 gesehen, wie eine `for`-Schleife die einzelnen Namen einer Liste auswerten kann, die in einer normalen Variablen durch Leerzeichen getrennt sind.

Der besondere Variablentyp namens *Array* oder *Feld* ermöglicht den direkten Zugriff auf die einzelnen Elemente über ihre Positionsnummer. In einer solchen Variablen können mehrere Werte gespeichert werden, die über ihre Nummer referenziert werden können.

Bei der Zuweisung von mehreren Werten zu einem Array werden die Werte in einer runden Klammer eingeschlossen:

```
VIELEZAHLEN=( eins zwei drei )
```

Damit enthält die Variable `VIELEZAHLEN` drei Elemente, die die Zeichenketten »eins«, »zwei« und »drei« enthalten. Da die Elemente intern durchnummeriert sind, können Sie über ihre Nummern darauf zugreifen. Beachten Sie, dass die Nummern in rechteckigen Klammern stecken und immer mit 0 beginnen. Damit die Klammer auch zur Variablen dazugenommen wird, muss der gesamte Ausdruck mit geschweiften Klammern umgeben werden. Wenn Sie das zweite Element der Variablen `VIELEZAHLEN` ausgeben möchten, sieht der Befehl wie folgt aus:

```
echo ${VIELEZAHLEN[1]}
zwei
```

Stimmt. Die 1 ist hinter der 0 das zweite Element und das Array enthält zwei. Sie können auch einen Befehl verwenden, um das Array zu füllen:

```
LISTE=($(ls))
echo ${LISTE[0]}
```

Mit dem Dollarzeichen vor der runden Klammer erreichen Sie, dass die Ausgabe des Befehls `ls` in das Array `LISTE` umgeleitet wird. Es befinden sich anschließend also die Dateinamen des aktuellen Verzeichnisses in dem Array `LISTE`. Mit dem Befehl `echo` wird das erste Element ausgegeben. Aber der Weisheit letzter Schluss ist das nicht. Viel interessanter wäre es, die Elemente in einer Schleife nacheinander bearbeiten zu können:

```
for ((i=0; i<${#LISTE[@]}; i+=1))
do
  echo "Meine Datei: " ${LISTE[i]}
done
```

Die `for`-Schleife sieht etwas anders aus, als Sie sie im Abschnitt 3.2.4 kennengelernt haben. Falls Sie C oder Java programmieren, wird sie Ihnen aber bekannt vorkommen. In der Klammer wird die Variable `i` beim ersten Durchlauf auf 0 gesetzt. Anschließend wird in einem Vergleich geprüft, ob sie kleiner als die Anzahl der Elemente des Arrays ist und mit dem Ausdruck `i+=1` wird sie am Ende immer um 1 erhöht. Der Schleifenkörper wird dadurch für jedes Element von LISTE durchlaufen und die enthaltenen Dateien werden ausgegeben. Wenn das letzte Element erreicht ist, wird `i` wie gewohnt um 1 erhöht, sodass `i` gleich der Anzahl der Elemente von `LISTE` ist und die Schleife abbricht.

Der Vergleich sieht etwas wild aus. Das @ in den geschweiften Klammern bezeichnet alle Elemente. Das Doppelkreuz vor `LISTE` ermittelt die Anzahl der Elemente. Aber es gibt leider einen kleinen Haken, sobald eine Datei auch Leerzeichen enthält. In dem Beispielverzeichnis gibt es eine mp3-Datei mit Leerzeichen, die zu der folgenden Ausgabe führt:

```
ls
Beatwatt-Is That All.mp3
for ((i=0; i<${#LISTE[@]}; i+=1))
do
  echo "Meine Datei: " ${LISTE[i]}
done
Meine Datei:  Beatwatt-Is
Meine Datei:  That
Meine Datei:  All.mp3
```

Blöd, nicht wahr? Da merkt doch die Schleife nicht, dass die Leerzeichen kein Trennzeichen sind. Die soll doch lieber auf die Zeilenumbrüche schauen. Da kann man etwas machen! In der Umgebungsvariablen `IFS` werden alle Trennzeichen gespeichert, die das

Kapitel 3

System berücksichtigt. Die kann man so ändern, dass sie nur einen Zeilenvorschub aufnimmt. Dazu wird ihr in Hochkommata das Sonderzeichen \n für den Zeilenvorschub zugewiesen:

```
IFS=$'\n'
LISTE=($(ls))
for ((i=0; i<${#LISTE[@]}; i+=1))
do
  echo "Meine Datei: " ${LISTE[i]}
done
Meine Datei:  Beatwatt-Is That All.mp3
```

Falls Sie gerade darüber nachdenken, ob das je ein Mensch braucht, kann ich Sie auf den Abschnitt 20.10.3 verweisen. Dort werden die Shell-Arrays verwendet, um für einen Webserver nach bestimmten Dateien zu suchen und diese im Browser anzeigen zu können.

3.6 Shell-Startdateien

Sie werden nicht alle Umgebungsvariablen bei jeder Sitzung neu einstellen wollen. Darum gibt es Startdateien. Zunächst ist irritierend, dass es mehrere gibt. Der Unterschied liegt darin, ob die Datei beim Anmelden am System oder jeweils beim Start einer neuen Shell ausgeführt wird.

Nach dem Einloggen werden zunächst die Befehle abgearbeitet, die in der Datei */etc/profile* stehen. Da diese Datei vom Systemadministrator verwaltet wird, werden zunächst also die systemweiten Vorgaben für die Umgebungsvariablen so von allen Benutzern ausgeführt.

Jeder Benutzer kann sich eine eigene Profildatei erstellen. Dazu legt er eine Datei mit dem Namen *.profile* direkt in sein Heimatverzeichnis. Der führende Punkt im Namen sorgt dafür, dass sie für manche Programme unsichtbar ist. Diese Datei wird nach der globalen Datei */etc/profile* ausgeführt, sobald der Benutzer sich anmeldet.

Darüber hinaus können Sie eine Datei namens *.bashrc* erstellen. Diese Datei wird immer dann ausgeführt, wenn eine neue Bash, also eine neue Shell aufgerufen wird. Das passiert also jedes Mal, wenn Sie ein Terminalfenster öffnen für dieses Fenster.

In all diesen Dateien können Sie also Ihre eigenen Umgebungsvariablen festlegen. Natürlich können Sie dort auch Programme aufrufen, die immer beim Einloggen beziehungsweise beim Starten einer neuen Shell ausgeführt werden sollen.

alias

Sie können mit dem Befehl `alias` ein neues Kommando, einen sogenannten Alias, für komplexere Befehle erzeugen. Sehr beliebt ist die Verwendung eines einfachen »l« oder »ll« für das Kommando `ls -l` (siehe Abschnitt 4.1.1), das eine ausführlichere Liste aller Dateinamen liefert. Dazu schreiben Sie in die Datei *.bashrc*:

```
alias ll='ls -l'
```

Den Aufruf von `ll` ersetzt `alias` nun immer durch die Zeichenfolge `ls -l`. So ist es auch möglich, weitere Bestandteile des Befehls anzuhängen. Beispielsweise können weitere Optionen des Befehls `ls` angegeben werden, wie hier, wo die angezeigten Dateien in der zeitlichen Reihenfolge sortiert werden:

```
$ ll -rt *.cpp
```

Dieser Befehl wird vom Aliasmechanismus in folgenden Befehl aufgelöst:

```
ls -l -rt *.cpp
```

Standardmäßig ist der Befehl `ls` bei vielen Linux-Systemen bereits ein Alias auf den Befehl `ls --color=auto`. Dadurch werden die Dateinamen je nach Typ in unterschiedlichen Farben angezeigt. Dies können Sie mit dem Befehl `type` nachprüfen.

```
$ type ls
ls ist ein Alias von `ls --color=auto'.
```

Je nach Hintergrundfarbe der Terminalemulation führt die Farbgebung aber manches Mal dazu, dass man die Ausgabe kaum erkennen kann. Mit dem Befehl `unalias` können Sie die Farbspiele beenden und den »nackten« `ls` verwenden:

```
$ unalias ls
$ type ls
ls ist /bin/ls
$
```

3.7 Shell-Skripte

Für häufigere Abfolgen von Befehlen können Sie sogenannte Batch-Dateien oder Shell-Skripte erstellen. Hier schreiben Sie einfach die Befehle hinein, die Sie ansonsten nacheinander in die Shell tippen würden.

Solche Shell-Skripte werden beispielsweise beim Starten von Server-Prozessen und dem Systemstart eingesetzt oder für die Ausführung regelmäßiger Aufträge. Aber es kommt auch vor, dass sich Administratoren eigene Abläufe programmieren, beispielsweise um Besonderheiten bei der Datensicherung zu berücksichtigen.

Dazu verfügt die Shell über einige Befehle, die man ansonsten eher aus Programmiersprachen kennt, und einige Mechanismen, die beim Einsatz der Skripte hilfreich sind. Sie müssen die Kunst des Skript-Schreibens nicht gleich als Einsteiger beherrschen. Wenn Sie gerade erst mit der Administration anfangen, können Sie sich hier flüchtig über die Möglichkeiten informieren oder zunächst zum nächsten Kapitel wechseln.

Erstellen und Starten eines Shell-Skripts

Ein Skript ist einfach ein normales Textdokument, in dem Sie die Befehle mit einem Editor eingeben. Das kann der standardmäßige `nano` (siehe Abschnitt 4.3.1) oder Ihr Lieblings-Editor wie vielleicht der `vi` (siehe Abschnitt 4.3.2) sein. Was nicht geht, ist eine Office-Textverarbeitung, weil der Text »roh«, also ohne Formatierung sein muss.

Das Skript kann ausgeführt werden, indem Sie eine Shell aufrufen und ihr die Skriptdatei als Parameter übergeben:

```
$ bash meinskript
```

Dadurch wird eine neue Shell `bash` als eigenes Programm gestartet, das das Skript *meinskript* ausführt. Nachdem alle Befehle der Datei abgearbeitet sind, endet auch die Shell und kehrt zur aufrufenden Shell zurück.

Sie können dies auch abkürzen, indem Sie die Skriptdatei ausführbar machen und direkt aufrufen. Dazu müssen Sie ihr Ausführungsrechte zuordnen. Dies erreichen Sie über den Befehl `chmod`, der im Abschnitt 5.2.1 ausführlicher behandelt wird. Derzeit müssen Sie mir einfach glauben, dass der folgende Befehl die Datei *meinskript* ausführbar macht:

```
$ chmod 755 meinskript
```

Nun kann die Datei direkt aufgerufen werden. Sofern Sie allerdings Ihre Umgebungsvariable `PATH` nicht um den Punkt erweitert haben sollten, wie im Abschnitt 3.5.1 beschrieben, müssen Sie dem Dateinamen noch `./` voranstellen.

```
$ ./meinskript
```

Auch hier wird eine weitere Shell aufgerufen.

> **Warnung** ×
>
> Variablen, die in der Skriptdatei gesetzt werden, sind nach dem Aufruf unbekannt, auch wenn sie exportiert wurden, weil exportierte Variablen nur an die Kinder einer Shell und nicht an die Eltern weitergegeben werden.

Es gibt aber eine Möglichkeit, eine Skriptdatei aufzurufen, ohne dass eine Extra-Shell gestartet wird. Dazu verwenden Sie einen Punkt anstelle des Shell-Aufrufs.

```
$ . meinskript
```

Nun wird das Skript *meinskript* von der Shell ausgeführt, in der Sie sich gerade befinden. Falls Sie den Punkt zu mager finden, können Sie aber auch den Befehl `source` verwenden, der das Gleiche tut.

Kommentieren

Das Kommentarzeichen in einer Skriptdatei ist das Doppelkreuz (#). Alles, was in der gleichen Zeile dahinter steht, geht den Interpreter nichts an, hilft Ihnen aber später, wenn Sie sich nicht mehr erinnern können, wozu dieses Skript gut sein sollte und wie es arbeitet.

```
# Alles fertig, nun noch die Ergebnisse anzeigen:
ls -l   # zeige alle Dateien mit allen Details an
```

Den Interpreter festlegen

Die erste Zeile können Sie nutzen, um den Interpreter festzulegen. Bisher war dies immer Bash, die Standard-Shell von Linux. Es gibt da aber auch noch Dash, die extra schlanke Shell. Daneben können Sie sich auch noch beliebige Lieblings-Shells installieren oder gar andere Interpreter verwenden, wie beispielsweise Perl, eine Sprache, die für umfangreichere Projekte vielleicht besser geeignet wäre.

Der Interpreter wird im Kommentar in der ersten Zeile festgelegt. Auf das Kommentarzeichen muss direkt ein Ausrufezeichen und dann der genaue Pfad des Interpreters folgen. Für die Bash wäre dies:

```
#!/bin/bash
```

Woher wissen Sie, dass `bash` im Verzeichnis */bin/bash* liegt? Dazu rufen Sie den Befehl `which` auf. Auf die gleiche Weise können Sie herausfinden, wo sich der Interpreter der Sprache Perl befindet.

```
$ which bash
/bin/bash
$ which perl
/usr/bin/perl
```

Woher wissen Sie, dass das auf anderen Linux-Rechnern auch dort ist? Weil es in diesen Fällen Standards gibt. Solche Programme liegen in */bin* oder */usr/bin*.

Zeilen umbrechen

Wenn ein Shell-Kommando länger als eine Zeile wird, können Sie den Befehl aufspalten, indem Sie einen einzelnen Backslash (\) an das Ende der Zeile setzen. Achten Sie darauf, dass kein Leerzeichen hinter dem Backslash steht. Im folgenden Beispiel hat der Befehl `cat` (siehe Abschnitt 4.5.1) vier Dateien auf dem Bildschirm ausgegeben:

```
cat datei1 datei2 \
    datei3 datei4
```

3.7.1 Auf Parameter zugreifen und Unterscheidungen

Sie können auch ein Shell-Skript mit Parametern aufrufen. Aber wie kann das Skript erfahren, welche Parameter der Aufrufer übergeben hat? Der Inhalt der Pseudovariablen `$#` gibt an, wie viele Parameter es überhaupt gibt. Den ersten Parameter findet das Skript in `$1`, den zweiten in `$2` und so weiter. Es fehlt Ihnen `$0`? Darin befindet sich der Name des Skripts selbst.

Als Beispiel schreiben wir ein Skript *tausche*, das zwei Argumente erwartet und diese umdreht. Das ist schnell erledigt:

```
echo $2 $1
```

Nun soll das Skript noch prüfen, ob wirklich zwei Parameter übergeben werden. Zum Prüfen wird der Befehl `if` verwendet. Es folgt die eckige Klammer, in der eine Bedingung steht. Trifft diese zu, wird der Zweig fortgesetzt, der mit `then` eingeleitet wird. Die Abfrage endet mit dem Befehl `fi`. Mit dem Befehl `else` kann ein Zweig eingebaut werden, der durchlaufen wird, falls die Bedingung nicht zutrifft.

```
# Skript tauscht seine Parameter
if [ $# = 2 ]
then
    echo $2 $1
else
    echo "Falsche Parameterzahl"
fi
```

In Programmiersprachen wie C oder Java wird zum Prüfen auf Gleichheit das doppelte Gleichheitszeichen verwendet. Das geht auch in einem Shell-Skript, allerdings funktioniert das einfache Gleichheitszeichen hier genauso gut. Soll auf Ungleichheit geprüft werden, wird `!=` verwendet. Anders als bei den Programmiersprachen funktionieren die Größer- und Kleinerzeichen nicht. Hier muss `-gt` für > (»greater than«) oder auch `-le` für <= (»less or equal«) verwendet werden.

Alle Parameter mit einer while-Schleife ausgeben

Wenn dem Benutzer nicht vorgegeben ist, wie viele Parameter er übergeben will, muss das Skript in der Lage sein, diese nacheinander abzuarbeiten. Das folgende Skript verwendet die Schleife while, um das zu erledigen. Im Beispiel werden die übergebenen Werte einfach nacheinander auf dem Bildschirm wiedergegeben.

In der rechteckigen Klammer wird der erste Parameter direkt als Bedingung verwendet. Gibt es einen solchen Parameter, ist die Bedingung erfüllt und die Schleife wird die Befehle zwischen do und done ausführen.

Der Befehl echo gibt den Parameter aus. Der Befehl shift schiebt die Parameter einen Parameter weiter. Der erste Parameter ist verarbeitet und wird entfernt. Der zweite Parameter wird zum ersten und der dritte Parameter zum zweiten. Solange es also noch Parameter gibt, wird die Schleife wiederholt.

```
while  [ $1 ]
do
    echo $1
    shift # schiebt die Parameter eine Position weiter
done
```

Interessant ist es in diesem Zusammenhang, wenn das Skript mit einer Dateimaske aufgerufen wird. Es werden daraufhin alle Dateien angezeigt, die auf die Maske passen. Das verdeutlicht, dass nicht das Programm oder das Skript die Auflösung der Dateimaske übernimmt. Stattdessen wertet die Shell die Maske aus und übergibt dem Programm alle Dateinamen, die darauf passen. Das Skript muss sich also nicht darum kümmern.

Fallunterscheidung nach Option oder Argument

Die Schleife, die alle Parameter durchläuft, wollen wir noch um eine Fallunterscheidung erweitern. Das Skript soll prüfen, ob der Parameter eine Option oder ein Argument ist. Eine Option beginnt immer mit einem Minuszeichen. Sie beschreibt, wie ein Befehl auszuführen ist. Alles andere ist ein Argument, also ein Objekt, auf das der Befehl angewendet werden soll. Als Drittes soll das Skript aber auf das Schlüsselwort »stop« reagieren. In diesem Fall soll das Skript beendet werden.

Die Fallunterscheidung wird mit dem Befehl case eingeleitet. Es folgt die auszuwertende Variable und das Schlüsselwort in. Anschließend werden die einzelnen Fälle aufgegliedert. Dabei können Wildcards wie der Stern verwendet werden, wie Sie dies von einer Dateimaske kennen (siehe Abschnitt 3.2.3). Hier steht ein Stern als Platzhalter für eine beliebige Zeichenfolge. Eine runde schließende Klammer schließt das Suchmuster. Es folgen die Befehle, die bei einem Treffer ausgeführt werden sollen. Jeder Fall wird durch ein doppeltes Semikolon abgeschlossen.

```
while  [ $1 ]
do
    case $1 in
        stop) echo "Halt!" ; return 1 ;;
        -*) echo "Option: $1" ;;
        *) echo "Argument: $1" ;;
    esac
    shift # schiebt die Parameter eine Position weiter
done
```

Der Befehl `return` beendet das Skript und liefert eine Fehlernummer, die Sie frei wählen können. Würde dort `break` stehen, würde die Schleife verlassen und das Skript nach dem Befehl `done` fortgesetzt werden. Alternativ könnte dort auch `exit` stehen, was die gesamte Shell beenden würde.

Solche Fallunterscheidungen werden Sie bei den Startskripten des Systems wiederfinden. Diese erhalten die Kommandos `start`, `stop` oder `restart` und werden entsprechend ihre Dienste daraufhin in Betrieb nehmen oder beenden.

3.7.2 Ein- und Ausgaben aus dem Skript

Die Ausgabe aus Skripten kann einfach über den Befehl `echo` erfolgen. Für größere Ausgabetexte kann das allerdings umständlich werden. Hier kann der Befehl `cat` (siehe Abschnitt 4.5.1) verwendet werden, um Zeilen aus dem Skript auszugeben.

```
cat <<!
cat liest das erste Zeichen nach dem doppelten
Kleinerzeichen und merkt es sich als Trennzeichen.
Der darauf folgende Text wird ausgegeben, bis
genau dieses Zeichen als einziges
Zeichen in einer eigenen Zeile erscheint.
!
echo "Danach geht das Skript normal weiter."
```

Wenn Sie mit dem Anwender Ihrer Skripte interagieren möchten, können Sie mit dem Befehl `read` den Ablauf stoppen und der Benutzer kann eine Zeile eingeben. Diese Zeile landet in der Variablen, die der Befehl `read` als Parameter bekommen hat.

```
echo "Gib mal was ein!"
read EINGABE
echo $EINGABE
```

Kapitel 4
Das Schweizer Taschenmesser des Administrators

Inhalt

- Datei- und Verzeichnisbefehle
- Editoren
- Dateien auswerten und filtern
- Dateien zusammenfassen und komprimieren

Linux hat als Erbteil von UNIX eine Reihe sehr mächtiger Programme mitbekommen. Welch zentrale Bedeutung diese Befehle haben, wird schon daran deutlich, dass die GNU-Bewegung zuallererst diese Befehle neu geschrieben hat, um sie frei verfügbar zu machen, nachdem UNIX unfrei wurde (siehe Abschnitt 1.3.1). Heute sind sie ein zentraler Bestandteil eines jeden Linux-Systems.

In diesem Kapitel werde ich Ihnen die wichtigsten dieser Programme und ihren Einsatz vorstellen, sodass Sie hier die Grundlage für Ihre Arbeiten beim Warten und Einrichten eines Servers erhalten.

Als Anfänger müssen Sie nicht alles auf Anhieb verstehen. Aber es ist schon gut, wenn Sie ungefähr den Leistungsumfang dieser Tools ermessen können und wissen, was Sie wozu einsetzen können.

4.1 Dateien und Verzeichnisse anlegen und löschen

Zunächst müssen Sie sich zwischen den Dateien und Verzeichnissen bewegen können. Sie müssen Verzeichnisse anlegen, Dateien löschen, kopieren und umbenennen können.

Dazu bedarf es ein paar einfacher Befehle. Bei der Gelegenheit lernen Sie auch den grundsätzlichen Umgang mit der Shell.

4.1.1 Dateien auflisten: ls

Der Befehl `ls` zeigt die Dateien und Verzeichnisse als Liste an. Damit Sie mehr sehen können als nur die Dateinamen, gibt es diverse Optionen. Optionen beginnen bei Linux mit einem Minuszeichen. Die wohl bekannteste Option des Befehls `ls` heißt `-l` und zeigt weitere Informationen zu jeder Datei. Hinter den Optionen können Sie auch die Dateien angeben, die Sie sehen wollen. Dabei können Sie mit dem Stern und anderen Zeichen Filter für die Namen angeben, die Sie sehen wollen. Abstrakt wird diese Kombination so dargestellt:

Spicker

ls [*Optionen*] [*Dateien*]

Sie finden eine ähnliche Notation auch in der Manpage, also der Bedienungsanleitung von `ls`, die Sie über den Befehl `man ls` erreichen. Die eckigen Klammern bedeuten, dass der Inhalt nicht zwingend angegeben werden muss.

Die folgende Tabelle zeigt zunächst die Übersicht über die Optionen von `ls`, die im Weiteren ausführlicher beschrieben werden.

Option	Bedeutung
-a	Alle Dateien anzeigen, auch die verborgenen
-d	Nicht in die Verzeichnisse hineinsehen
-h	Zahlen mit passenden Einheiten darstellen
-l	Ausführliche Darstellung der Dateiattribute
-t	Nach letzter Änderung sortiert anzeigen
-r	Sortierreihenfolge umdrehen
-R	Rekursiv alle Unterverzeichnisse durchlaufen

Tabelle 4.1 Häufig eingesetzte Optionen von ls

ls -l: Die Langform

Der Befehl `ls` gibt nur die nackten Dateinamen aus. Wird der Befehl `ls -l` abgesetzt, erscheint eine Liste von Dateien, die weitere Informationen enthält. Dazu gehören Eigenschaften, Rechte, Besitzer, Größe, letzter Änderungszeitpunkt und eben der Name der Datei.

```
-rw-rw-r--  1 arnold arnold       6813 Mär  6 20:39 out.txt
-rwxr-xr-x  1 arnold arnold     127014 Apr 12 02:06 control
-rw-rw-r--  1 arnold arnold      21997 Apr  2 23:49 datasync.tex
drwxr-xr-x 11 arnold arnold      20480 Aug 17 06:41 Videos
-rw-------  1 arnold arnold 3656922652 Aug 11  2010 backup.img.gz
lrwxrwxrwx  1 arnold arnold         18 Aug 17 07:05 img.gz -> backup.img.gz
```

Die Spalten sind immer durch Leerzeichen voneinander getrennt.

- Das erste Zeichen der Ausgabezeile von `ls -l` verrät die Art der Datei. Eine normale Datei hat ein Minuszeichen, ein `d` steht für ein Verzeichnis und ein `l` für einen symbolischen Link (symbolische Links siehe Abschnitt 5.2.4). Zum Thema Dateityp siehe Abschnitt 5.2.5.
- Die neun Zeichen dahinter beschreiben die Zugriffsrechte. `r` steht für Lesen (»read«), `w` für Schreiben (»write«) und `x` für Ausführen (»execute«). Die Rechte werden dreimal aufgeführt. Die erste Rechtekombination gilt für den Besitzer, die zweite für die Gruppe und die letzte für den Rest der Anwender. Nähere Informationen zu den Zugriffsrechten finden Sie in Abschnitt 5.2.1.
- Die Spalte danach zeigt die Verweise an, die es für diese Datei gibt. Bei Verzeichnissen sind das die Verzeichnisse, auf die das Verzeichnis verweist. Bei Dateien ist es die Anzahl der harten Links auf die Datei. Was harte Links sind, erfahren Sie in Abschnitt 5.2.4.
- Die nächste Spalte beschreibt den Besitzer der Datei. Es folgt die Gruppe. Debian und Ubuntu legen für jeden Benutzer automatisch eine eigene Gruppe mit gleichem Namen an, sodass beide meist gleich sind. Nähere Informationen zu Gruppen finden Sie in Abschnitt 5.2.3.
- Es folgt die Größe der Datei in Byte. Falls Sie bei großen Dateigrößen das Abzählen der Stellen lästig finden, probieren Sie doch mal zusätzlich die Option `-h` aus. Die verwendet K für Kilobyte, M für Megabyte und G für Gigabyte.
- Datum und Uhrzeit sind zwei Mal durch ein Leerzeichen unterbrochen. Die erste Spalte gibt den Monatsnamen und die zweite den Tag an. Die dritte Spalte enthält das Jahr oder wenn die Datei noch nicht älter als ein Jahr ist, die Uhrzeit. Dieser Zeitpunkt gibt die letzte Änderung der Datei an.
- Zuletzt wird der Dateiname angezeigt. Bei symbolischen Links sehen Sie auch nach dem angedeuteten Pfeil, wohin der Link zeigt.

Verzeichnisse anzeigen: ls –d

Wenn Sie dem Befehl `ls` als Argument einen Verzeichnisnamen geben, zeigt er nicht das Verzeichnis selbst, sondern dessen Inhalt an. Wollen Sie aber beispielsweise wirklich sehen, welche Rechte das Verzeichnis hat, geben Sie zusätzlich zu `-l` die Option `-d` an:

```
$ ls -l -d Videos
drwxr-xr-x 11 arnold arnold 20480 Aug 17 06:41 Videos
```

> **Hinweis**
>
> Zwei Optionen wie hier `-l -d` können Sie auch zusammenfassen, indem Sie `-ld` schreiben.

Versteckte Dateien anzeigen: ls –a

Linux zeigt Dateien, die mit einem Punkt beginnen, nicht an. Solche Dateien werden als »versteckte Dateien« bezeichnet. Bei einem Löschbefehl (`rm`, siehe Abschnitt 4.1.4) werden diese nicht berücksichtigt. Sie können alle Dateien, auch die versteckten Dateien, mit der Option `-a` anzeigen.

Ein Befehl `ls -a` wird in jedem Fall mindestens zwei Verzeichnisse mehr anzeigen. Das erste Verzeichnis hat den Namen . und verweist auf das jeweilige Verzeichnis selbst. Das zweite Verzeichnis heißt .. und verweist auf das Verzeichnis, in dem das aktuelle Verzeichnis liegt.

Zeitlich sortieren: ls –t

Der Befehl `ls` zeigt die Einträge normalerweise alphabetisch nach Dateinamen sortiert an. Oft ist es aber viel spannender, in welcher Reihenfolge die Dateien entstanden sind. Mit der Option `-t` werden die Einträge nach der Zeit der letzten Änderung sortiert. Dabei wird die neueste Datei zuerst angezeigt. Soll die neueste Datei zuletzt erscheinen, fügt man noch `-r` hinzu oder schreibt gleich kurz `-rt`.

Bei Protokolldateien interessiert sich der Administrator dafür, welche Datei zuletzt geändert wurde, wann das war und wie groß sie nun ist. Dazu verwendet er dann den Befehl `ls -lrt`.

Rekursive Auflistung: ls –R

Die Option `-R` unterscheidet sich deutlich von der Option `-r`. Während `-r` die Sortierreihenfolge bei der Anzeige umkehrt, sorgt `-R` für eine rekursive Anzeige aller Unterverzeichnisse. Darunter versteht man, dass bei Anzeige eines Verzeichnisses auch dessen Dateien und Unterverzeichnisse angezeigt werden.

Unsortierte Anzeige: ls -f

In den modernen Systemen reicht die Rechenleistung aus, um die Dateiliste standardmäßig alphabetisch sortiert anzuzeigen. In den allermeisten Fällen ist diese Vorgehensweise ja auch sinnvoll. Natürlich sind die Dateien in Wirklichkeit im Verzeichnis mehr oder weniger in der Reihenfolge ihrer Entstehung abgelegt. Das hat beispielsweise seine Bedeutung, wenn die Dateien in dieser Reihenfolge verarbeitet werden, wie dies etwa in billigen MP3-Abspielgeräten passiert. Um festzustellen, in welcher Reihenfolge die Dateien tatsächlich im Verzeichnis stehen, verwenden Sie die Option `-f`:

```
$ ls -f
```

Optionen mit zwei Minuszeichen

Alternativ zu den Optionen mit einem Minuszeichen und einem Buchstaben gibt es auch Optionen, die als ganze Wörter im Klartext eingesetzt werden. Um einen Konflikt mit den kombinierten Kurzoptionen zu vermeiden, werden sie mit zwei Minuszeichen gekennzeichnet. Tabelle 4.2 zeigt Kurz- und Langformen einiger Optionen.

Kurz	Lang
`-a`	`--all`
`-d`	`--directory`
`-i`	`--inode`
`-r`	`--reverse`

Tabelle 4.2 Optionen in kurz und lang

Die meisten Linux-Befehle besitzen die Optionen `--help`, um eine schnelle Befehlssyntax anzuzeigen. Die Option `--version` zeigt die Version, in der das Programm vorliegt.

Farbe

Die Ausgaben von `ls` sind farbig. Verschiedene Dateitypen werden in unterschiedlichen Farben dargestellt. Dafür zuständig ist die Option `--color`, die über einen Alias in der Datei *.bashrc* gesetzt wird.

Der Befehl `alias` wird in Abschnitt 3.6 näher beschrieben. Wenn Sie `alias ls` aufrufen, zeigt `alias`, was sich hinter `ls` wirklich verbirgt.

```
$ alias ls
alias ls='ls --color=auto'
$
```

Option	Bedeutung
`--color`	wie always
`--color=never`	keine Farbe
`--color=always`	immer Farbe
`--color=auto`	Farbe nur bei Ausgabe auf Terminals

Tabelle 4.3 Farboptionen

Das führt dazu, dass beim Aufruf des Befehls `ls` stattdessen jedes Mal der Befehl `ls --color=auto` ausgeführt wird und damit die farbliche Darstellung erzwungen wird.

Hinweis

Falls Sie die Färbung als lästig empfinden, können Sie sie mit dem Befehl `unalias ls` abschalten. Um den Alias dauerhaft zu entfernen, können Sie den entsprechenden Befehl in der Datei *.bashrc* ändern.

Dies waren bereits die wichtigsten Optionen des Befehls `ls`. Der Befehl hat natürlich erheblich mehr Optionen. Wenn Sie mehr darüber erfahren wollen, brauchen Sie nur mit dem Befehl `man ls` in dessen Manpage nachzuschlagen.

Argument

Als Argumente nimmt der Befehl `ls` beliebig viele Dateinamen entgegen. Beispielsweise könnten Sie sich die Datei *X.ini* und die Datei *wammu.log* mit dem folgenden Befehl näher ansehen:

```
$ ls -l X.ini wammu.log
-rw-r--r-- 1 arnold arnold 36863 Mai 29 11:22 wammu.log
-rw-r--r-- 1 arnold arnold   368 Mai 14 09:42 X.ini
```

Besonders interessant wird diese Fähigkeit dadurch, dass die Shell durch den Einsatz von Wildcards mehrere Dateien ausfiltern kann. Der Stern steht für eine beliebige Folge von Buchstaben. So können Sie mit dem folgenden Befehl alle Dateien anzeigen, die auf *.cpp* enden:

```
$ ls -l *.cpp
```

Wildcards werden in Abschnitt 3.2.3 näher beschrieben.

4.1.2 Dateien kopieren: cp

Der Befehl `cp` kopiert Dateien. Nach dem Befehl geben Sie zunächst die Optionen an und dann die Dateien, die kopiert werden sollen. Dazu können Sie auch Wildcards zuhilfe nehmen, die dann von der Shell durch eine Liste von Dateien ersetzt wird. Der Befehl schließt mit dem Ziel. Das kann eine Datei sein, wenn Sie nur eine Datei unter einem anderen Namen kopieren wollen. Wenn Sie mehrere Dateien kopieren wollen, muss das Ziel ein Verzeichnis sein.

- **Dateirechte übernehmen:** `-p`
  Der Befehl `cp` erzeugt immer eine neue Datei mit dem aktuellen Datum. Der Aufrufer des Befehls wird automatisch zum Besitzer der Datei. Sollen allerdings die Eigenschaften der Originaldatei übernommen werden, geben Sie die Option `-p` an.
- **Rekursive Kopie:** `-r`
  Mit der Option `-r` können komplette Verzeichnisbäume kopiert werden. So wird der folgende Befehl das Verzeichnis *verzeichnis* und alle darunterliegenden Dateien und Verzeichnisse in das Verzeichnis */tmp* kopieren:

  ```
  $ cp -r verzeichnis /tmp
  ```

  Anschließend finden Sie im Verzeichnis */tmp* ein Verzeichnis *verzeichnis*. Dabei werden symbolische Links einwandfrei kopiert, harte Links (Links siehe Abschnitt 5.2.4) werden allerdings aufgelöst. Das bedeutet, dass zwei unabhängige Dateien entstehen. Wollen Sie sichergehen, dass es beim Kopieren keine Veränderungen gibt, verwenden Sie den Befehl `tar`, der durch geschickte Kombination mit einer Pipe auch Verzeichnisbäume sauber umkopieren kann. Wie das geht, wird in Abschnitt 4.7.3 beschrieben.
- **Update:** `-u`
  Mit der Option `-u` können Sie erreichen, dass nur ältere Dateien durch neuere ersetzt werden.

Weitere Optionen finden sich auf der Manpage. Sie rufen sie mit dem Befehl `man cp` auf.

4.1.3 Dateien verschieben oder umbenennen: mv

Mit dem Befehl `mv` können Sie Dateien verschieben. Als Argument erwartet er beliebig viele Dateien. Das letzte Argument muss ein Verzeichnis sein, in das die Dateien verschoben werden. Wird als Argument nur eine Datei oder ein Verzeichnis angegeben und das Ziel ist kein existierendes Verzeichnis, wird der Befehl den Namen ändern.

Spicker

Verschieben: `mv` [*Optionen*] *Quelldateien Zielverzeichnis*
Umbenennen: `mv` [*Optionen*] *Quelldatei Zieldateiname*

Das Verschieben von Dateien geschieht oft erstaunlich schnell. Linux kann erkennen, wenn Quelle und Ziel auf dem gleichen physischen Laufwerk sind, und wird dann einfach die Einträge in den Verzeichnissen umschieben und die dahinterstehenden Daten einfach dort lassen, wo sie sind.

Da die Datei nicht neu angelegt wird, behält eine verschobene Datei auch ihre ursprünglichen Eigenschaften bezüglich Eigentümern, Rechten und dem letzten Änderungsdatum.

4.1.4 Dateien löschen: rm

Mit dem Befehl `rm` können Sie sich aller Dateien entledigen, die Sie als Argument übergeben. Allerdings werden nur Dateien gelöscht, keine Verzeichnisse.

Spicker

`rm` [*Optionen*] *Dateien*

Da das Löschen von Dateien so endgültig ist, gibt es die Möglichkeit, durch die Option `-i` den Anwender bei jeder einzelnen Datei noch einmal zu fragen, ob es wirklich sein Ernst ist. Manche Distributionen verhätscheln ihre Benutzer, indem sie diese Option per Alias (siehe Abschnitt 3.6) zur Regel machen. Standardmäßig fragt `rm` nicht nach.

Die Option `-r` ermöglicht es, rekursiv durch die Unterverzeichnisse zu gehen und dort alles zu löschen. In diesem Fall werden nicht nur die Dateien, sondern auch die Verzeichnisse entsorgt.

Gerade wenn Sie rekursiv löschen, kann es Ihnen passieren, dass sich ein Dateirecht querstellt. Mit der Option `-f` oder `--force` zwingen Sie `rm` dazu, keine Rückfragen zu stellen.

4.2 Verzeichnisbefehle

Lange bevor der Windows-Vorgänger MS-DOS Verzeichnisse kannte, waren sie bei UNIX durch den Schrägstrich (/) getrennt. Das ist auch bei Linux heute noch so. Der Backslash (\), wie ihn Windows als Verzeichnistrenner einsetzt, musste verwendet werden, weil MS-DOS den Schrägstrich bereits als Kennzeichen für Optionen eingesetzt hatte, als es noch keine Verzeichnisse kannte.

Wenn Sie eine Datei angeben, wird das Verzeichnis vorangestellt, sofern die Datei nicht im aktuellen Arbeitsverzeichnis liegt. Dabei kann der Pfad vollständig von der Verzeichniswurzel aus angegeben werden. Das ist dann der absolute Pfadname, der mit einem Schrägstrich beginnt. Oder Sie geben den Pfadnamen relativ zu Ihrem aktuellen Arbeitsverzeichnis an. Dieser relative Pfad beginnt nicht mit einem Schrägstrich. Beispiel: Wenn Sie sich im Verzeichnis */home* befinden, können Sie den absoluten Pfad */home/georg/daten* auch als relativen Pfad *georg/daten* ansprechen.

Arbeitsverzeichnis anzeigen: pwd

Der Befehl `pwd` zeigt das Verzeichnis an, in dem Sie sich zurzeit befinden. Ausgeschrieben steht der Befehl für »print working directory«.

Arbeitsverzeichnis wechseln: cd

Sie können das Verzeichnis mit dem Befehl `cd` (»change directory«) wechseln. Als Argument geben Sie das Zielverzeichnis an. Wird kein Pfadname angegeben, wechselt der Befehl in das Heimatverzeichnis des Aufrufers. Aber auch die Tilde (~) bezeichnet das Heimatverzeichnis.

Die Kombination zweier Punkte bezeichnet das Elternverzeichnis. Der Befehl `cd ..` wechselt also eine Ebene zurück in der Verzeichnishierarchie.

Verzeichnis anlegen: mkdir

Sie können auch selbst Verzeichnisse anlegen. Der Befehl `mkdir` erzeugt alle Verzeichnisse, die ihm als Argument übergeben werden. Mit der Option `-p` kann eine komplette Hierarchie angelegt werden. Beispiel:

```
$ mkdir -p eins/zwei/drei/vier
```

Gab es noch kein Verzeichnis namens *eins*, wird die komplette Verzeichnislinie angelegt. Falls es schon das Verzeichnis *eins/zwei* gab, werden nur *drei* und *vier* erzeugt. Ohne `-p` müsste der Pfad *eins/zwei/drei* existieren, damit der Befehl fehlerfrei endet.

Verzeichnis löschen: rmdir

Der Befehl `rmdir` löscht leere Verzeichnisse. Befindet sich eine Datei im Verzeichnis, weigert sich `rm`, diese zu löschen. Sie müssten in diesem Fall `rm -r` verwenden. Dies würde dann den gesamten Verzeichnisast löschen.

Wie `mkdir` kennt auch `rmdir` die Option `-p`. Sie führt dazu, eine komplette Verzeichnislinie zu löschen, immer vorausgesetzt, es befinden sich nicht weitere Dateien oder Verzeichnisse in dem Ast.

Spicker

Verzeichnis anzeigen: `pwd`
Verzeichnis wechseln: `cd` [*Zielverzeichnis*]
Verzeichnis anlegen: `mkdir` *Zielverzeichnisse*
Verzeichnis löschen: `rmdir` *Zielverzeichnisse*

4.3 Editoren

Sie werden einen Editor brauchen. Also eine kleine Textverarbeitung, die nackte Textdateien ohne Formatierung bearbeitet. Schließlich legt Linux seine Konfigurationen in Textdateien ab, die Sie als Administrator von Zeit zu Zeit anschauen oder korrigieren müssen.

Für diese Zwecke liefert Linux den Editor *nano* mit. Der Editor ist, wie der Name schon vermuten lässt, recht klein und übersichtlich. Da Sie damit keine Bücher schreiben wollen, benötigen Sie auch keine umfangreiche Sammlung von Befehlen. Ich erläutere diesen Editor nur kurz, denn wenn Sie wirklich umfangreichere Befehle einsetzen wollen, sollten Sie vielleicht einen leistungsfähigeren Editor wie beispielsweise *vi* oder dessen modernere Abart *vim* verwenden. Auch dies ist ein Editor ohne Formatierungen, der allerdings wesentlich mächtiger ist. Da es mein Lieblingseditor ist und ich damit tatsächlich meine Bücher schreibe, stelle ich Ihnen diesen auch vor.

Es soll aber nicht unerwähnt bleiben, dass es auch eine große Fangemeinde des Editors *Emacs* gibt. Der Autor dieses Editors ist Richard Stallman, der Gründer des GNU-Projekts. Emacs kann erweitert werden und ist wie vi auf vielen Plattformen verfügbar, sodass Sie natürlich auch mit Emacs arbeiten können, wenn Sie möchten.

4.3.1 nano

Um eine Datei zu bearbeiten, rufen Sie den Befehl nano gefolgt von dem Namen der Datei auf. Sie sehen daraufhin den Text auf dem Bildschirm, der durch die Statusleisten von nano umgeben ist.

Der typische Arbeitszyklus besteht darin, dass Sie die zu bearbeitende Datei mit nano aufrufen, die Änderungen durchführen und nano dann wieder verlassen. Beim Editieren

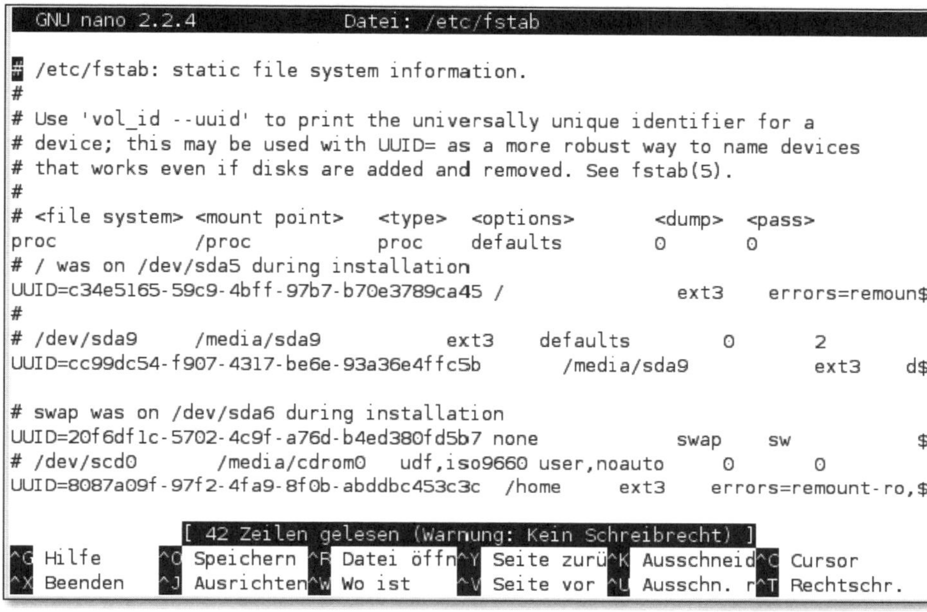

```
  GNU nano 2.2.4              Datei: /etc/fstab

# /etc/fstab: static file system information.
#
# Use 'vol_id --uuid' to print the universally unique identifier for a
# device; this may be used with UUID= as a more robust way to name devices
# that works even if disks are added and removed. See fstab(5).
#
# <file system> <mount point>   <type>  <options>       <dump>  <pass>
proc            /proc           proc    defaults        0       0
# / was on /dev/sda5 during installation
UUID=c34e5165-59c9-4bff-97b7-b70e3789ca45 /               ext3    errors=remoun$
#
# /dev/sda9     /media/sda9             ext3    defaults        0       2
UUID=cc99dc54-f907-4317-be6e-93a36e4ffc5b       /media/sda9             ext3    d$

# swap was on /dev/sda6 during installation
UUID=20f6df1c-5702-4c9f-a76d-b4ed380fd5b7 none            swap    sw              $
# /dev/scd0       /media/cdrom0   udf,iso9660 user,noauto     0       0
UUID=8087a09f-97f2-4fa9-8f0b-abddbc453c3c  /home      ext3    errors=remount-ro,$

                     [ 42 Zeilen gelesen (Warnung: Kein Schreibrecht) ]
^G Hilfe      ^O Speichern  ^R Datei öffn^Y Seite zurü^K Ausschneid^C Cursor
^X Beenden    ^J Ausrichten^W Wo ist     ^V Seite vor ^U Ausschn. r^T Rechtschr.
```

Abbildung 4.1 Der Editor nano

reagiert nano relativ erwartungsgemäß auf die PC-Tasten. Die Bedienung entspricht also im Grunde dem Notepad unter Windows oder anderen Standardeditoren.

Die Kommandos zum Beenden, Speichern oder Suchen werden durch die [Strg]-Taste begleitet. Sie finden sie in den unteren zwei Zeilen. Leider hält sich nano nicht ganz an die Befehlssequenzen anderer Texteditoren.

Um nano wieder zu verlassen, geben Sie [Strg]+[X] ein. Falls der Text verändert wurde, fragt nano nach, ob Sie ihn speichern wollen. Dies bestätigen Sie mit der Taste [J]. Nun legt Ihnen nano noch einmal den Dateinamen vor, um Ihnen die Möglichkeit zu geben, die Änderungen in einer anderen als in der Originaldatei zu speichern. Ändern Sie den Namen, oder drücken Sie einfach [↵], wenn die Änderungen übernommen werden sollen. Geben Sie bei der Bestätigung ein [N] an, verlassen Sie den Editor ohne Änderung der Datei.

Wie die meisten Editoren aus dem UNIX-Umfeld ist auch nano in der Lage, ohne die PC-typischen Sondertasten auszukommen. Eine ausführlichere Hilfe zu den Tastenbelegungen erhalten Sie über [F1] oder [Strg]+[G]. Dabei kennzeichnet nano die Steuerungstaste durch ein Dach und die Taste [Alt] durch ein großes M.

Tastenkombination	Funktion
F1 oder Strg+G	Hilfe aufrufen
Strg+A	Gehe an den Anfang der Zeile.
Strg+E	Gehe an das Ende der Zeile.
Strg+V	Seite vorblättern
Strg+Y	Seite zurückblättern
Strg+_	Zeilennummer anspringen
Strg+W	Zeichenfolge suchen
Strg+K	Aktuelle Zeile ausschneiden
Strg+U	Ausgeschnittenen Bereich einfügen
Strg+O	Datei speichern
Strg+R	Datei hinzuladen
Strg+X	Programm verlassen

Tabelle 4.4 Kommandos von nano

4.3.2 vi und vim

Sie finden den Editor vi nicht nur auf jeder UNIX-Maschine, sondern auch auf diversen anderen Plattformen. Der vi hat sich definitiv nicht wegen seiner einleuchtenden Bedienung so weit verbreitet, sondern weil er sich durch seine Leistung von anderen Editoren abhebt. So gibt es wohl drei Phasen des Kennenlernens: Bei der ersten Begegnung fragt man sich, welch krankes Hirn sich eine solche Bedienung ausgeheckt hat. Mit der Zeit gewöhnt man sich daran und flucht nur noch selten, wünscht sich aber manchmal einen anderen Editor. Wenn man das Konzept verstanden hat, ärgert man sich, dass andere Editoren nicht diese Möglichkeiten bieten, und fragt sich, warum nicht andere Editoren die gleiche Bedienung verwenden.

Wenn Sie häufiger mit Textdateien zu tun haben, lohnt es sich vielleicht, etwas Aufwand beim Erlernen der Bedienung dieses Editors zu investieren.

Die Entwicklung des vi ist nicht stehen geblieben. Die wohl komfortabelste Version heißt vim. Leider ist diese aber nicht von Haus aus unter Debian oder Ubuntu installiert. Das lässt sich aber leicht nachholen:

```
# apt-get install vim
```

Die besonders herausragenden Vorteile des vim sind die Unterstützung der Cursor-Tasten, die Möglichkeit, beliebig oft Undo und Redo zu wiederholen, und das Syntax-Highlighting.

Wenn Sie auf Ihrer Maschine vim installiert haben, finden Sie durch Aufruf des Befehls `vimtutor` eine Einführung in vi. Übrigens wird durch den Aufruf von vi dann automatisch vim gestartet. Im Folgenden wird immer von vi gesprochen. Dessen Bedienung wird auch von vim voll unterstützt.

Die drei Modi des vi

Die Bedienung erfolgt in drei verschiedenen Arten. Wenn Sie den vi starten, befinden Sie sich im Kommando- oder Navigationsmodus. Sie können durch den Text navigieren und diverse Kommandos geben. Einige dieser Kommandos bedingen Texteingaben. Durch diese gelangen Sie in den Eingabemodus, in dem Sie erst Text eintippen können. Im Original-vi sind dessen Möglichkeiten beschränkt. Sie können dort lediglich mit [←] korrigieren. Sie beenden den Eingabemodus mit [Esc] und gelangen wieder in den Kommandomodus. Um den Text zu speichern, andere Dateien einzubinden oder andere Befehle zu geben, geben Sie einen Doppelpunkt ein. Sie gelangen in die unterste Zeile und sehen den Doppelpunkt links neben sich. Sie können nun eine Befehlszeile eintippen. Sie wird nach Drücken von [↵] ausgeführt und Sie gelangen wieder in den Kommando- oder Navigationsmodus.

- **Kommandomodus:** Sie navigieren über den Text und können von dort Kommandos zur Textveränderung geben.
- **Eingabemodus:** Einige der Kommandos führen zur Eingabe von Textsequenzen. Sie befinden sich nun im Eingabemodus, den Sie mit [Esc] abschließen.
- **Befehlszeilenmodus:** Vom Kommandomodus gelangen Sie mit dem Doppelpunkt zur Befehlszeile. Sie geben einen einzeiligen Befehl ein, den Sie mit [↵] abschließen. Sie gelangen wieder in den Kommandomodus.

Arbeiten im Kommandomodus

Sie rufen vi mit dem Dateinamen als Argument auf. Anschließend befinden Sie sich im Kommandomodus. Das Navigieren funktioniert bei `vim` auch mit den üblichen Cursor-Tasten. Da nicht bei allen Terminals Cursor-Tasten vorhanden waren, bietet vi zusätzlich normale Tasten an, die den geübten Benutzer selbst bei heutigen Tastaturen in manchen Fällen zu schnelleren Ergebnissen führt.

Suchen: /, ?, n und N

Wollen Sie einen Text suchen, geben Sie einen Schrägstrich ein. Der Cursor wandert in die unterste Zeile. Dort geben Sie den Suchbegriff ein und schließen mit [↵]. Der Cursor springt zur nächsten Fundstelle. Geben Sie noch einmal einen Schrägstrich direkt

Bereich	Taste
Zeichen weiter vor	Leertaste
Zeichen zurück	h oder ←
Wort weiter	w
Wort zurück	b
Seite vor	Strg + F
Seite zurück	Strg + B
Zeilenanfang	^
Zeilenende	$
An die n-te Spaltenposition	*n* |
Zeile vor	-
Zeile zurück	+
Zur Zeile n	*n* G
Textanfang	1 G
Textende	G

Tabelle 4.5 Navigation im vi

von ↵ gefolgt ein, wird weitergesucht. Noch schneller geht das Weitersuchen durch Eingabe eines kleinen `n`. Sie können in die andere Richtung weitersuchen, indem Sie ein großes `N` eingeben.

Geben Sie statt des Schrägstrichs ein Fragezeichen an, wird in der anderen Richtung gesucht.

Einfügen: i, I, a und A

Sie können mit einem kleinen `i` in den Eingabemodus wechseln. Die Eingabe beginnt vor dem Zeichen, auf dem der Cursor steht (i für *insert*). Geben Sie ein kleines a ein, wird hinter dem Cursor angehängt (a für *append*).

Bei einem großen `I` (also Taste ⇧ + I) wird am Anfang der Zeile eingefügt und mit einem großen `A` (also Taste ⇧ + A) am Ende der Zeile angehängt.

Der Eingabemodus endet, sobald Sie Esc drücken. Beim klassischen vi konnten Sie keine Korrektur- oder Editiertasten außer ← im Eingabemodus verwenden. `vim` ist da etwas großherziger. Er erlaubt es Ihnen, mit den Pfeiltasten mitten im Eingabemodus eine andere Position aufzusuchen und dort weiterzuarbeiten. Intern regelt `vim` das so, dass er den Eingabemodus verlässt und an der Zieladresse wieder erneut in den Eingabemodus wechselt.

Ändern und Löschen

- **Löschen:** d

  Sie können mit einem kleinen d einen Bereich löschen. Dazu geben Sie anschließend an, wie weit die Löschung wirken soll. Mit dw wird bis zum Ende des Wortes gelöscht. Sie könnten nach dem d allerdings auch mit Schrägstrich eine Suche starten. Dann wird der gesamte Text bis zum ersten Auftreten des Suchbegriffs gelöscht.

  Sie können eine Zeile löschen, indem Sie die Taste [D] einfach doppelt drücken, also dd eingeben. Wollen Sie ab der Cursorposition den Rest der Zeile löschen, können Sie dazu natürlich d$ verwenden oder einfach nur das große D (also Taste [⇧] und [D]). Mit x löschen Sie das Zeichen unter dem Cursor.

  Sie können dem Kommando d auch eine Zahl voranstellen, die angibt, wie oft die Löschung durchgeführt werden soll. Das Kommando 5dw würde also die nächsten fünf Wörter löschen.

- **Arbeiten mit dem Puffer:** p und y

  Der gelöschte Text landet in einem Puffer, den Sie mit einem kleinen p hinter dem Cursor oder mit einem großen P an der Cursorstelle einfügen können.

  Um Texte in den Puffer zu bekommen, ohne sie extra zuvor löschen zu müssen, können Sie statt d bei den Löschbefehlen einfach y verwenden.

- **Ändern:** c

  Das Kommando c arbeitet ähnlich wie d. Allerdings löscht es den Bereich nicht nur, sondern versetzt Sie anschließend sofort in den Eingabemodus, sodass der Bereich durch die Neueingabe ersetzt wird.

  Zwei kleine c führen zum Ersetzen der gesamten Zeile und mit dem großen C können Sie den Rest der Zeile ersetzen.

  Mit dem kleinen r können Sie den Buchstaben unter dem Cursor durch den direkt darauf getippten ersetzen. Mit dem großen R können Sie über den bisherigen Text hinwegschreiben und ihn so ersetzen. Mit [Esc] kehren Sie wie gewohnt in den Kommandomodus zurück.

- **Zeilen zusammenführen:** J

  Mit J (für *Join*) können Sie die Folgezeile an die aktuelle anhängen. Zwischen die Zeilen wird ein Leerzeichen gesetzt und der Cursor wird auf diesem stehen.

Letztes Kommando wiederholen

Durch Drücken des Punktes wird der letzte Befehl wiederholt. Auf diese Weise können auch komplexere Kommandos schnell mehrfach in einem Text durchgeführt werden.

Undo und Redo

Wenn etwas falsch lief, können Sie das Kommando mit einem kleinen u ungeschehen machen. vim kann beliebig viele Fehler ungeschehen machen. Der klassische vi schaffte dies nur einmal. Hinzu kommt, dass vim mit der Tastenkombination Strg+R das durch u zurückgenommene Kommando wiederherstellen kann.

Geklammerte Bereiche

Wenn der Cursor auf einer öffnenden Klammer steht, können Sie den Bereich bis zur passenden schließenden Klammer mit dem Prozentzeichen ansprechen. Das gilt auch umgekehrt. Steht der Cursor auf einer schließenden Klammer, reicht das Prozentzeichen bis zur korrespondierenden öffnenden Klammer. Mit `d%` löschen Sie also den gesamten Bereich inklusive der Klammern. Dabei ist vi sogar so clever, dass er bei verschachtelten Klammern die Hierarchiestufe beachtet.

```
a = (1 + (3 - 5) + 6) + 42
```

Wenn Sie den Cursor im Beispiel oben auf die Klammer neben die 1 setzen, springt der Cursor bei Eingabe des Prozentzeichens auf die Klammer hinter der 6. Sie können das Prozentzeichen also auch zum Navigieren verwenden. Wenn Sie dort hingegen `d%` eingeben, verschwindet die komplette Klammer einschließlich der verschachtelten Klammer.

Neben den runden Klammern erkennt vi auch eckige und geschweifte Klammern, allerdings keine spitzen Klammern, also keine aus Kleiner- und Größerzeichen.

Größer- und Kleinerzeichen werden dagegen als Befehl zum Einrücken verwendet. Mit der Kombination aus Größer- und Prozentzeichen `>%` können Sie also den Bereich einrücken, den die Klammern umschließen. Für das Einrücken verwendet vi ein Tabulatorzeichen, das in der Normaldarstellung um acht Zeichen einrückt. Gehen Sie von folgender Situation aus:

```
int funktion(int par) {
if (abfrage) {
        befehl();
}
}
```

Wenn Sie den Cursor auf die vorletzte geschweifte Klammer bringen und dort >% eingeben, ensteht folgendes Bild:

```
int funktion(int par) {
        if (abfrage) {
                befehl();
        }
}
```

Der Befehlszeilenmodus

Über den Doppelpunkt gelangen Sie in den Befehlszeilenmodus, in dem Sie Befehlszeilen eintippen können. Mit [↵] werden sie abgeschlossen und sofort ausgeführt.

Sollte der Doppelpunkt nicht in den Befehlszeilenmodus wechseln, sondern stattdessen im Text stehen, befinden Sie sich noch im Eingabemodus. Im Zweifelsfall hilft [Esc]. Drücken Sie sie ruhig mehrmals. Dann piept vi sogar ein wenig.

Verlassen des Editors :q

Nur über den Befehlszeilenmodus können Sie vi verlassen. Der Befehl `:q` beendet das Programm. Falls Sie allerdings den Text zuvor verändert haben, werden Sie auf hartnäckigsten Widerstand stoßen. Sie haben dann die Wahl, die Änderungen mit dem Befehl `:wq` (»write quit«) vor dem Verlassen zu speichern oder die Änderungen zu verwerfen und den Text unverändert mit dem Befehl `:q!` zu verlassen.

Das Schreiben und Lesen von Dateien

Der Befehl `w` (»write«) im Befehlszeilenmodus schreibt den Text in eine Datei. Geben Sie nichts weiter an, schreibt vi in die Datei, deren Name er noch kennt, beispielsweise weil sie beim Start des Programms angegeben wurde. Sie können einen neuen Dateinamen mit einem Leerzeichen Abstand hinter das `w` stellen, dann wird der Text unter diesem Namen weggeschrieben.

Im Befehlszeilenmodus können Sie aber auch einen Bereich von Zeilen angeben, auf den der Befehl wirken soll. Eine einfache Zahl bezieht sich auf genau eine Zeile. Sie können aber auch die erste und die letzte Zeilennummer des Bereichs angeben, die verwendet werden soll. Wenn Sie also den Bereich von der 20. bis zur 158. Zeile unter dem Namen *toller.txt* sichern wollen, dann geben Sie den folgenden Befehl:

```
:20,158 w toller.txt
```

Wenn Sie den Ausschnitt gesichert hatten, um ihn aus dem Text auszulagern, werden Sie den Bereich löschen wollen. Das können Sie im Kommandomodus tun, indem Sie mit dem Kommando `20G` in die 20. Zeile wechseln und dort die nächsten 138 Zeilen löschen: `138dd`. Oder Sie geben über die Befehlszeile den folgenden Befehl ein:

```
:20,158 d
```

Sie können den Text übrigens wieder in den Text zurückholen, indem Sie den folgenden Befehl geben:

```
:r toller.txt
```

Sollten Sie beim Aufruf von vi mehrere Dateinamen angegeben haben, können Sie mit dem Befehl `:n` zur nächsten Datei wechseln. Mit `:N` geht es wieder zurück.

Shell-Aufrufe

Sie können aus dem vi heraus Kommandozeilenbefehle wie vom Terminal aus abgeben. Dazu geben Sie nach dem Doppelpunkt ein Ausrufezeichen gefolgt von dem Befehl ab. vi wird die Ausgabe des Befehls anzeigen und dann darauf warten, dass Sie [↵] drücken, um dann fortzufahren.

Befehl	Wirkung
`:q`	Verlassen von vi
`:q!`	Verlassen von vi und Verwerfen aller Änderungen
`:wq`	Verlassen von vi und vorheriges Sichern unter dem bisherigen Namen
`:w`	Sichern unter dem bisherigen Namen
`:w` *dateiname*	Sichern unter dem Namen *dateiname*
`:n`	Lädt die nächste Datei
`:r` *datei*	Lädt *datei* an der Cursor-Position hinzu
`:d`	Löscht die aktuelle Zeile
`:!` *kommando*	Startet eine Shell mit dem *kommando*

Tabelle 4.6 Befehlszeilenkommandos

Suchen und Ersetzen

Das Suchen und Ersetzen von Textpassagen erfolgt überraschenderweise im Befehlszeilenmodus. Hierzu muss zwingend der Bereich angegeben werden, in dem gesucht werden soll, sonst wird nur die aktuelle Zeile berücksichtigt. In den allermeisten Fällen wird hier der gesamte Text mit `1,$` angegeben.

Der Befehlsbuchstabe für Suchen und Ersetzen ist `s`. Es folgen drei Schrägstriche, zwischen denen das Suchmuster und der Ersetzungsbegriff aufgeführt werden, also in der Form `/alt/neu/`.

An das Ende können noch ein paar Flags gehängt werden. Mit dem `c` kann für jede Ersetzung eine Bestätigung angefordert werden. Im Allgemeinen wird man vor allem `g` verwenden, weil ansonsten nur das erste Suchmuster der Zeile ersetzt wird.

Aufgabe	Flag
Bestätigung anfordern	c
Mehrfach pro Zeile ersetzen	g
Ignoriere Groß- und Kleinschreibung bei Suchmuster	i
Nicht ersetzen, sondern nur Treffer zählen	n

Tabelle 4.7 Flags des Ersetzungsbefehls

Damit lautet der typische Ersetzungsbefehl folgendermaßen:

```
:1,$ s/suchmuster/neu/g
```

Hier wird sich der Erstbenutzer fragen, ob es wirklich so umständlich sein muss. Der erfahrene Benutzer wird antworten, dass es eigentlich ganz logisch ist und vor allem den Vorteil hat, dass man bei den Kollegen mit derartigen Ausdrücken schwer Eindruck machen kann.

Seine wirkliche Leistungsfähigkeit entfaltet die Ersetzungsfunktion des vi aber erst durch den Einsatz regulärer Ausdrücke. Da die regulären Ausdrücke bei den UNIX-Derivaten in den Systembibliotheken implementiert sind, werden sie gleichlautend auch von anderen Programmen wie beispielsweise `grep` oder `sed` verwendet. Darum finden Sie in Abschnitt 4.6 eine ausführlichere Betrachtung.

Recovery

Bei Änderungen einer Datei protokolliert vim diese in einer Änderungsdatei, deren Name sich an den der Datei anlehnt. Bei der nächsten Sicherung wird der Inhalt der Änderungsdatei wieder aufgelöst. Sollte vim unerwartet beendet werden, bevor der Benutzer seine Änderungen sichern konnte, verbleibt die Änderungsdatei. Dies passiert beispielsweise, wenn Sie versehentlich den Rechner herunterfahren, ohne eine vi-Sitzung vorher zu beenden. Wird die Datei das nächste Mal mit vim geöffnet, erscheint eine Meldung, dass es Änderungen am Text gibt, die noch nicht gesichert wurden.

Der Name der Änderungsdatei entspricht dem der bearbeiteten Datei. Damit die Änderungsdatei im Verzeichnis nicht so auffällt, wird ein Punkt davorgesetzt. Die Datei *meintext.txt* erhält also den Namen *.meintext.txt.swp*.

Öffnet vim eine Datei, für die eine Änderungsdatei existiert, wird dies gemeldet und vim fragt nach dem weiteren Vorgehen. Dieser Mechanismus bewirkt auch eine Warnung, wenn zweimal die gleiche Datei editiert werden soll.

Wenn vim Ihnen meldet, dass für die Datei eine Änderungsdatei vorliegt, sollten Sie zunächst prüfen, ob ein anderer vim derzeit aktiv ist. Ist das nicht der Fall, könnten ungesicherte Änderungen vorliegen. Sie erhalten folgende Meldung:

```
Auslagerungsdatei ".murks.swp" ist bereits vorhanden!
Nur zum [L]esen öffnen, Trotzdem (e)ditieren,
(W)iederherstellen, (D)atei Löschen, (B)eenden, (A)bbrechen:
```

Wenn Sie nicht sicher sind, wie relevant die Änderungen sind, gehen Sie am besten folgendermaßen vor. Drücken Sie [W] für »Wiederherstellen«. Speichern Sie die Datei mit `:w huhu` unter einem anderen Namen und verlassen Sie vim mit `:q!`. Dann vergleichen Sie die beiden Dateien mit dem Befehl `diff`. Behalten Sie die gewünschte Datei und löschen Sie die andere. Vergessen Sie nicht, die Änderungsdatei zu löschen, sonst erhalten Sie die gleiche Meldung erneut.

Konfiguration

Ein mächtiger Editor wie vi lässt sich natürlich auch konfigurieren. Das geschieht durch das Kommando `set` im Befehlszeilenmodus. Sie können die Konfiguration in der *vimrc*-Datei speichern.

Settings

Der Befehl zum Setzen von Konfigurationseinstellungen heißt `set` und wird im Befehlsmodus, also über den Doppelpunkt erreicht. Um eine komplette Übersicht zu gewinnen, geben Sie einfach den Befehl `:set all` ein. Sie sehen nun alle Variablen, die über den Set-Befehl zu setzen sind.

Einige der Variablen werden als boolesche Werte gesetzt, wie etwa `wrap`. Der Befehl sorgt dafür, dass die Zeile umbrochen wird, wenn der Cursor am Rande des Terminals ankommt. Das ist übrigens auch bereits die Standardeinstellung. Soll diese Einstellung abgeschaltet werden und die Zeile quasi rechts aus dem Terminal herauswachsen, so stellen Sie ein `no` davor, verwenden also `nowrap`:

```
:set wrap
:set nowrap
```

Auf gleiche Weise können Sie mit `:set number` vi dazu bringen, Zeilennummern anzuzeigen. Mit dem Befehl `:set nonumber` können Sie die Zeilennummern wieder abstellen.

Andere Settings erwarten einen Zahlenwert. Dieser wird mit einem Gleichheitszeichen zugewiesen. Der Befehl `shiftwidth` beispielsweise legt beim Einrückkommando [>] und [<]) die Einrücktiefe fest. Die folgende Zeile setzt die Einrücktiefe auf 4:

```
:set shiftwidth=4
```

Die meisten Variablen haben neben ihrem langen und deskriptiven Namen auch ein Kürzel, das dem erfahrenen Benutzer ein wenig Tipparbeit erspart. So stellen sowohl `shiftwidth` als auch `sw` die Einrückungstiefe ein.

Die Datei vimrc

In der Datei */etc/vim/vimrc* können Sie die Einstellung der Settings speichern. Die Kommentare in dieser Datei beginnen mit dem Anführungszeichen. Davon gibt es glücklicherweise sehr viele, die Ihnen auch kompliziertere Einstellungen erläutern.

Sie finden unter diesen Einstellungen auch eine, die vim beim Start immer zu der Position springen lässt, die zuletzt bearbeitet wurde:

```
if has("autocmd")
  au BufReadPost * if line("'\"") > 1
  && line("'\"") <= line("$") | exe "normal! g'\"" | endif
endif
```

Jeder Benutzer kann darüber hinaus in seinem Heimatverzeichnis eine Datei namens *.vimrc* anlegen, in der er seine eigenen Voreinstellungen ablegt.

4.4 Nach Dateien suchen

Wenn sich eine Datei in den Tiefen des Verzeichnisbaums verirrt hat, gibt es zum Glück Möglichkeiten, sie wiederzufinden.

4.4.1 Suchen und Agieren: find

Das Kommando `find` durchsucht Verzeichnisse rekursiv. Dabei können dem Programm per Optionen bestimmte Suchkriterien, aber auch Aktionen angehängt werden. Auf diese Weise ist es beispielsweise möglich, alle Dateien eines Besitzers zu archivieren, die ein bestimmtes Alter überschritten haben.

Direkt an den Befehl hängen Sie den Pfadnamen des Verzeichnisses, das Sie durchsuchen wollen. Oft ist es genau das Verzeichnis, in dem Sie sich gerade befinden, sodass hier ein

Punkt angegeben wird. Anschließend wird eine Option angegeben, die die Suche näher beschreibt. Beispielsweise sucht die Option `-name` nach einem angegebenen Dateinamen. Beispiel:

```
$ find . -name 11exceptions.tex
./tex/java/11exceptions.tex
```

Vielleicht werden Sie sich nur noch daran erinnern, dass der Dateiname das Wort *exception* enthält, dann können Sie den Stern als Dateimaske einsetzen. Allerdings sollten Sie in dem Fall den Dateinamen mit Anführungszeichen umgeben:

```
$ find . -name "*exception*"
./tex/cpp/listings/exception.cpp
./tex/java/11exceptions.tex
```

Nun hat `find` schon zwei Dateien gefunden. Wenn Sie die Option `-iname` verwenden, wird auch noch Groß- und Kleinschreibung ignoriert.

Ausführung von Kommandos: -exec

Die Option `-exec` ermöglicht es, Befehle auf die gefundenen Dateien anzuwenden. Hinter die Option wird der auszuführende Befehl gestellt. Dieser Befehl erwartet als Parameter typischerweise den Namen der Datei. Diesen übergibt `find` an der Stelle, an der Sie ein Paar geschweifter Klammern angeben. Damit `find` weiß, wie weit der Befehl geht, den er an das Programm übergeben soll, muss dieser mit einer Kombination aus Backslash und Semikolon abgeschlossen werden. So würde der Befehl, der alle Dateien löscht, deren Name *exception* enthält, folgendermaßen lauten:

```
$ find . -name "*exception*" -exec rm {} \;
```

Informationen: -ls

Mit der Option `-ls` können Sie sich weitere Informationen über die Datei anzeigen lassen. Diese ähnelt zwar auf den ersten Blick der Ausgabe des Befehls `ls -l`, unterscheidet sich jedoch im Detail.

```
$ find . -name *.png -ls
13242646 1336 -rw-r--r-- 1 paul paul 364881 Feb 15 10:21 ./pic/mein.png
13242666  116 -rw-r--r-- 1 paul paul 115923 Feb 15 10:22 ./pic/dein.png
13242661   64 -rw-r--r-- 1 paul paul  62025 Feb 15 10:24 ./pic/ihr.png
13242693   96 -rw-r--r-- 1 paul paul  96283 Feb 15 10:26 ./pic/unser.png
```

Die ausgegebenen Spalten zeigen die folgenden Attribute:

- Die i-node-Nummer der Datei. Sie ist für jedes Dateisystem eindeutig.
- Die Größe der Datei in Festplattenblöcken
- Dateityp und Berechtigung wie bei `ls -l` (siehe Abschnitt 5.2.1)
- Die Anzahl der »harten« Links (siehe Abschnitt 5.2.4)
- Der Besitzer der Datei
- Die Gruppe, der die Datei gehört
- Die Größe der Datei in Byte
- Der letzte Zeitpunkt einer Änderung der Datei
- Der Name der Datei inklusive des relativen Pfadnamens

Dateityp: –type

Die Option `-type` sucht nach Dateien eines bestimmten Typs. Welchen Typ Sie suchen, geben Sie als weiteren Parameter an. Zur Auswahl stehen Dateien (`f`), Verzeichnisse (`d`) oder symbolische Links (`l`). Sie können allerdings auch noch Gerätedateien (`b` oder `c`) oder Kommunikationsendpunkte (`p` oder `s`) suchen.

Wenn Sie die Suche darüber hinaus auf spezielle Dateisysteme (siehe Abschnitt 6.3) einschränken wollen, hilft Ihnen die Option `-fstype`. Als Parameter benötigt sie einen Dateisystemtyp, wie er auch bei `mount` (siehe Abschnitt 6.3.2) verwendet wird.

Berechtigungen: –perm

Selbst nach den Berechtigungen können Sie filtern. Die Option dazu lautet `-perm` (für »permission«). Die Berechtigung geben Sie in oktaler Darstellung an, wie es auch bei dem Befehl `chmod` (siehe Abschnitt 5.2.1) üblich ist.

Wollen Sie alle Dateien haben, die mindestens die angegebenen Rechte besitzen, müssen Sie der Zahl ein Minuszeichen voranstellen.

Besitzfragen: –user, –uid, –group und –gid

Sie können die Ergebnisse auch nach dem Besitzer oder der Gruppe filtern. Nähere Informationen zur Benutzerverwaltung finden Sie in Kapitel 10. Je nach Art der Frage ist die Kennung oder die ID als Parameter zu übergeben.

Option	Filterung
`-user`	sucht nach dem Benutzernamen
`-uid`	sucht nach der Benutzernummer
`-gid`	sucht nach der Gruppennummer
`-group`	sucht nach dem Gruppennamen

Tabelle 4.8 Optionen für die Suche nach den Besitzern

Zeitabhängige Selektion

Sie können auch das Alter der Dateien prüfen. Beispielsweise können so nur Dateien selektiert werden, die seit einem bestimmten Zeitpunkt verändert wurden.

Bei der Option `-mmin` geben Sie an, wie viele Minuten höchstens seit der letzten Änderung vergangen sein dürfen. Die Option `mtime` verwendet ebenfalls eine Zahl. Diese ist dann allerdings die Anzahl der Tage.

Hat die Zahl, die als Parameter für `-mmin` oder `mtime` angegeben wird, kein Vorzeichen, muss diese Zeit exakt auf die Dateizeit passen. Bei `-mmin +10` werden die Dateien angezeigt, die mindestens vor 10 Minuten geändert wurden. `-mmin -10` gilt für diejenigen Dateien, deren Änderung höchstens zehn Minuten her ist.

Die Option `-newer` erwartet als weiteren Parameter eine Datei und vergleicht, ob die gefundene Datei neuer ist als die angegebene.

Die Größe der Datei

Sie können mit der Option `-empty` nach leeren Dateien suchen. Über die Option `-size` können Sie die Größe der gesuchten Datei angeben. Dabei wird an die Zahl ein Buchstabe für die Größeneinheit angehängt:

Zeichen	Einheit
b	Anzahl der Blöcke
c	Byte
k	Kilobyte
M	Megabyte
G	Gigabyte

Tabelle 4.9 Einheiten der Option -size

Auch hier bewirkt ein + als Vorzeichen der Parameterzahl, dass die Datei mindestens, und ein -, dass sie höchstens so groß sein darf.

Verknüpfungen von Optionen

Alle Optionen von `find` liefern zurück, ob eine Datei die Option erfüllt oder nicht. Wenn mehrere Optionen aufgeführt werden, müssen alle erfüllt sein. Es handelt sich nach der Aussagenlogik also um eine UND-Verknüpfung.

Wenn Sie beispielsweise herausfinden wollen, welche Dateien in den letzten drei Tagen Ihren Server vollgepumpt haben, suchen Sie mit dem folgenden Befehl:

```
$ find . -size +1G -mtime -3
```

Die angezeigten Dateien sind über ein Gigabyte groß und wurden in den letzten drei Tagen verändert.

Neben der UND-Verknüpfung, die nur wahr ist, wenn alle Teilbedingungen erfüllt sind, gibt es die ODER-Verknüpfung, die wahr ist, wenn wenigstens eine der Bedingungen erfüllt ist. Damit zwei Optionen per ODER verknüpft werden, muss zwischen die Optionen die Option `-o` gestellt werden. Bei der UND-Verknüpfung können Sie ebenfalls einen Operator zwischen die Optionen setzen, nämlich `-a`, Sie können ihn aber auch weglassen.

Ein weiterer boolescher Operator ist das Ausrufezeichen, dass die Option negiert.

Falls Sie Klammern benötigen, können Sie auch die einsetzen, müssen ihnen aber einen Backslash voranstellen.

Das folgende Beispiel löscht alle Dateien namens *.rhosts*, die unterhalb des Verzeichnisses */home* liegen und nicht die Rechtekombination 0600 haben:

```
$ find /home -name .rhosts -a ! -perm 0600 -exec rm {} \;
```

Sollten Sie alle Quelltextdateien für Java oder C++ suchen, würden Sie den folgenden Befehl eingeben:

```
$ find .  -name "*.java" -o -name "*.cpp"
```

4.4.2 Mit Datenbankunterstützung suchen: locate

Für einfachere Suchaufgaben gibt es den Befehl `locate`. Er ist schneller als `find`. Dazu verwendet er allerdings einen Trick. Während dem Computer langweilig ist, baut er eine Datenbank der Dateinamen auf und in dieser schlägt er nach. Sollte der Computer zwischendurch keinen Anlass zur Langeweile gehabt haben, wird `locate` sich melden, wenn seine Datenbank älter als acht Tage ist.

Der Aufruf von `locate` ist wesentlich simpler als der von `find`. Sie geben nur ein Fragment des Dateinamens als Parameter an. Als Ausgabe erhalten Sie alle Dateien mit Pfad, die auf das Fragment passen.

Sollte die Datenbank tatsächlich nicht mehr aktuell sein, können Sie eine Aktualisierung mit dem Befehl `updatedb` erzwingen. Allerdings muss der Befehl mit root-Rechten laufen, da der normale Anwender nicht auf die Datenbank von `locate` schreibend zugreifen darf.

4.5 Die Werkzeugkiste

Ein ganzes Rudel kleiner Programme steht Ihnen auf der Konsole eines Linux-Servers zur Verfügung. Sie stammen oft noch aus UNIX-Tagen, haben sich also bewährt. Das Besondere an diesen Befehlen ist, dass man sie mit etwas Geschick kombinieren kann.

Linux betrachtet nämlich die Ein- und Ausgabe als Datenstrom, der sich umleiten lässt und wie durch Rohre von einem Programm in das andere überführt wird.

4.5.1 Dateiinhalte ausgeben, ausschneiden und umleiten

Der Befehl `cat` liest eine oder mehrere Dateien aus und befördert die Inhalte in die Standardausgabe. Das ist in der Regel der Bildschirm oder die Terminalemulation. Der folgende Befehl stellt den Inhalt der Benutzerdatei */etc/passwd* auf dem Bildschirm dar:

```
$ cat /etc/passwd
```

Sie können dem Befehl `cat` auch mehrere Dateien als Argumente übergeben, die er hintereinander auf die Standardausgabe schickt.

Wenn Sie den Befehl oben ausprobieren, wird der Dateiinhalt an Ihnen vorüberhuschen, da die Datei */etc/passwd* mehr Zeilen enthält, als Ihre Terminalsitzung fasst.

Datenstrom in Dateien umleiten

Linux-Programme zeigen ihre Meldungen typischerweise über die Standardausgabe an. Diese können Sie in eine Datei umleiten. Dazu verwenden Sie das Größerzeichen, gefolgt von der Zieldatei. Der folgende Befehl leitet die Ausgabe des Befehls `cat` in die Datei *umleitung.txt* um:

```
$ cat /etc/passwd > umleitung.txt
```

Übrigens ist `cat` nicht auf Textdateien beschränkt. Beispielsweise können Sie damit auch die VOB-Dateien einer Video-DVD in eine MPEG-2-Datei schieben.

```
$ cat *.vob > film.mpg
```

Das Größerzeichen löscht den bisherigen Inhalt der Zieldatei. Wenn Sie nur an den bisherigen Inhalt etwas anhängen wollen, verwenden Sie zwei Größerzeichen. Sie werden sich vielleicht fragen, ob man mit dem Kleinerzeichen nicht auch etwas anfangen kann. Tatsächlich können Sie mit dem Kleinerzeichen den Inhalt einer Datei einem Programm als Eingabe zuführen. Sie könnten den Befehl also auch so geben:

```
$ cat < /etc/passwd > umleitung.txt
```

Der Unterschied zum ersten Beispiel liegt vor allem darin, dass die Umleitung vom Kommandointerpreter, der Shell (siehe Kapitel 3) durchgeführt wird, während das Auslesen der Argumente vom Befehl `cat` übernommen wird. Der Unterschied ist in diesem Beispiel allerdings nicht relevant.

Seitenweise blättern: more und less

Aber bleiben wir zunächst bei der Datei */etc/passwd*, die Sie ja in die Datei *umleitung.txt* umgeleitet haben. Zur Kontrolle können Sie die Datei *umleitung.txt* nun mit dem Befehl `cat` ausgeben. Leider bleibt der unschöne Effekt, dass Sie den Anfang nicht sehen können, weil er an Ihnen vorbeihuscht.

Es wäre nett, wenn der Befehl `cat` den Strom anhalten würde und Sie darin seitenweise blättern könnten. Das tut `cat` aber nicht. Dafür gibt es den Befehl `more`, der nichts anderes tut, als im Datenstrom die Zeilen zu zählen und zu stoppen, wenn der Bildschirm voll ist. Dann wartet `more` auf ein Drücken der Leertaste, um den nächsten Bildschirm anzuzeigen.

Nun muss der Datenstrom also nicht in eine Datei umgeleitet werden, was ja das Größerzeichen tut, sondern wie in einem Rohr von der Ausgabe des Programms `cat` in die Eingabe des Programms `more` gelangen. Dazu wird das Pipe-Symbol verwendet, das Sie als senkrechten Strich auf der Tastatur finden.

```
$ cat /etc/passwd | more
```

Sie können wie erwähnt, seitenweise mit der Leertaste blättern oder mit [↵] zeilenweise. Mit der Taste [Q] können Sie die Ausgabe abbrechen.

Die GNU-Version von `more` heißt `less` und getreu dem Motto »less is more than more« kennt `less` noch ein paar Tricks mehr. Sie werden feststellen, dass `less` sogar die normalen Cursortasten beherrscht und auch rückwärtsblättern kann. Der Befehl `less` erlaubt sogar das Suchen im Datenstrom. Dazu verwenden Sie wie im vi den Schrägstrich und geben den Suchbegriff ein und schließen ihn mit [↵] ab.

4.5.2 Dateien zerschneiden

Mit dem Befehl `more` oder auch mit `less` können Sie schon einmal in Ruhe durch die Datei blättern. Sie können aber auch Ausschnitte der Dateien weiterverarbeiten und dazu bietet Linux ein paar Befehle. Die werden Sie zwar nicht so häufig benötigen, aber es ist ganz gut, wenn Sie schon einmal gehört haben, dass es sie gibt.

Anfangsbetrachtungen: head

Der Anfang der Datei */etc/passwd* war uns immer wieder weggehuscht. Mit dem Befehl `head` werden die ersten zehn Zeilen der Datei angezeigt:

```
$ head /etc/passwd
```

Wenn Sie übrigens keine Datei als Argument angeben, verwendet `head` die Standardeingabe als Argument. Sie können nun zehn Zeilen eintippen, die dann ausgegeben werden.

Das kann Ihnen bei so manchem Befehl der Werkzeugkiste passieren, wenn Sie versehentlich den Dateinamen vergessen. Dann warten Sie auf das Ergebnis des Befehls, während der Befehl darauf wartet, dass Sie nun die Inhalte eintippen, die der Befehl dann auswerten kann.

> **Hinweis**
>
> In dieser Situation ist es gut zu wissen, dass man mit Strg+D das Symbol für das Dateiende eingeben und damit das gegenseitige Warten beenden kann.

Wenn ich auf das Ende sehe: tail

Was vorn geht, geht auch hinten. Mit dem Befehl `tail` können Sie sich die letzten zehn Zeilen einer Datei ansehen. Sie können hinter ein Minuszeichen eine Zahl setzen und damit angeben, wie viele Zeilen Sie sehen wollen.

```
$ tail -12 /etc/passwd
```

Eine besondere Möglichkeit von `tail` liefert die Option `-f`. Sie sorgt dafür, dass der Befehl mit der Datei verbunden bleibt. Werden neue Zeilen in die Datei geschrieben, werden diese von `tail` sofort auf dem Bildschirm angezeigt. Diese Eigenschaft ist sehr hilfreich, wenn man beobachten will, ob sich irgendwelche Protokolldateien verändern.

> **Spicker**
>
> Der Befehl `tail -f datei` zeigt Änderungen am Ende der Datei *datei* an.

Der folgende Befehl beobachtet die Hauptprotokolldatei *syslog* im Protokollverzeichnis */var/log*.

```
# tail -f /var/log/syslog
```

Wenn Sie nun einen USB-Stick einstecken, werden Sie sehen, wie die neue Hardware erkannt und behandelt wird. Je nach Distribution kann der Blick auf die Protokolldateien root-Rechte erfordern (siehe Abschnitt 10.1).

```
$ tail -12 /etc/passwd
```

Eine solche Beobachtung wird durch die Tastenkombination [Strg]+[C] beendet.

4.5.3 Textdateien weiter manipulieren

Es gibt noch ein paar Befehle mehr, mit denen Sie auf Textdateien losgehen können. Diese Befehle seien hier nur kurz erwähnt. Wenn Sie Genaueres wissen wollen, können Sie deren Manpage aufrufen und sich die Bedienung im Detail anschauen.

Der Befehl `split` zerlegt eine große Datei in mehrere kleine. Mit dem Befehl `cut` können Sie Spalten aus den Textdateien ausschneiden. Der Befehl `fold` kann Textdateien mit langen Zeilen jeweils nach 80 Zeichen umbrechen.

Um eine ausführliche Beschreibung mit allen Parametern zu bekommen, können Sie mit dem Befehl `man` und dem Befehlsnamen die Manpage aufrufen.

4.5.4 Durchsuchungsbefehl: grep

Der Befehl `grep` durchsucht Textdateien nach Textmustern. Findet er eine Zeile, in der das Muster auftaucht, zeigt er die Zeile an. Das folgende Beispiel zeigt, wie `grep` die Zeichenkette »href« in allen Dateien des Verzeichnisses sucht, die auf *.htm* enden.

```
$ grep href *.htm
```

Wie Sie vielleicht wissen, steht hinter dem Befehl `href` die Zieladresse eines Links. Sie können also mit diesem Aufruf eine Aufstellung aller Ziele bekommen, auf die die HTML-Dateien des Verzeichnisses verweisen.

Der Suchbegriff sollte in Anführungszeichen gesetzt werden, wenn er Leerzeichen oder auch Sonderzeichen enthält, die von der Shell interpretiert werden könnten.

Die Suche lässt sich durch ein paar Optionen verbessern. So sorgt die Option `-v` dafür, dass die Anfrage negiert wird und nur die Zeilen angezeigt werden, die das Suchmuster eben nicht enthalten.

Viel interessanter ist es aber, die Suchbegriffe etwas zu verfeinern. So können Sie nach zwei Begriffen in einer Zeile suchen, indem Sie das Ergebnis eines `grep`-Befehls mit der Pipe (siehe Abschnitt 3.3.3) in einen zweiten weiterleiten. Wenn Sie in Ihren Dateien alle Links auf Wikipedia suchen, könnte der Befehl so ergänzt werden:

```
$ grep href *.htm | grep wikipedia
```

Option	Bedeutung
-v	Zeilen, die das Suchmuster nicht enthalten
-c	Nichts anzeigen, nur Zeilen zählen
-i	Groß- und Kleinschreibung ignorieren
-l	Erstellt eine Liste der Dateien mit einem Treffer

Tabelle 4.10 Optionen von grep

Sie können auch nach Suchmustern suchen, wie Sie sie im Editor vi gesehen haben. Dazu funktionieren auch hier die regulären Ausdrücke, die im Abschnitt 4.6 beschrieben werden. Tatsächlich kennt `grep` noch einige Optionen mehr, die Sie natürlich auf der Manpage finden. Aber selbst mit diesen einfachen Mitteln kommt man im Administratorleben schon recht weit.

4.5.5 Textdateien unterscheiden: diff

Falls Sie als Programmierer arbeiten, werden Sie den Befehl `diff` bereits kennen. Er kann die Unterschiede zwischen zwei Textdateien anzeigen. So können Sie erkennen, was sich seit der letzten Änderung getan hat, als Ihr Programm noch lief. Aber auch Administratoren kommen manchmal in die Lage, erkennen zu wollen, worin sich die zwei Versionen der Konfigurationsdateien unterscheiden.

Der Aufruf des Befehls `diff` erfolgt sinnvollerweise natürlich immer mit mindestens zwei Dateien als Parameter:

```
$ diff orig faelschung
```

Bei jeder Änderung wird zunächst in einer Zeile angezeigt, welche Änderung vorliegt. Dazu werden die Zeilennummern angezeigt und in der Mitte ein Buchstabe, der angibt, welche Änderung in der zweiten Datei im Gegensatz zur ersten Datei erfolgt ist. Hier steht ein »a« dafür, dass Zeilen hinzugefügt werden müssen, um den gleichen Zustand zu erreichen. Das »c« zeigt Änderungen an und das »d« meldet Löschungen.

Die Zahlen, die vor den Buchstaben stehen, beziehen sich auf die linke Datei und die hinter den Zahlen auf die rechte Datei. So heißt »5,6c5«, dass in der linken Datei die Zeilen 5 bis 6 entfernt werden und durch die Zeile 5 auf der rechten Seite ersetzt wird. Für »a« und »d« wäre eigentlich nur eine Zahl nötig, weil nur eine Datei betroffen ist. Die zweite Zahl ermöglicht aber auch den Weg zurück.

Die nachfolgenden Ausgaben zeigen die Unterschiede der Dateien. Dazu verwendet `diff` das Kleiner- und das Größerzeichen. Als Eselsbrücke können Sie sich diese als Pfeile vorstellen. Dann sehen Sie, welche Zeile wohin geschoben werden müsste, damit die beiden Dateien gleich sind. Änderungen werden nur auf Zeilenebene angezeigt. Falls also nur ein Buchstabe geändert wurde, wird `diff` die ganze Zeile als geändert anzeigen.

Das Programm `diff` wird als Basis für grafische Tools oder Versionsverwaltungen verwendet.

4.5.6 Worte zählen: wc

Die Abkürzung `wc` steht nicht für das, was Sie denken, sondern für »word count«. Dieses kleine Programm zählt Wörter, Zeilen (`-l`) und Zeichen (`-c`), je nachdem, welche Option man ihm übergibt. In der Regel werden Sie das Programm als Zeilenzähler in Verbindung mit einer Pipe einsetzen. Auf diese Weise können Sie ermitteln, wie viele Treffer eine Auswertung hatte.

So liefert die folgende Befehlskombination die Anzahl der Verzeichnisse im aktuellen Arbeitsverzeichnis. Darüber hinaus zeigt es auch sehr schön, wie bei Linux die Pipe verwendet wird.

```
$ ls -l | grep ^d | wc -l
20
```

Das Kommando `ls -l` liefert die Langdarstellung des aktuellen Verzeichnisses. Die Verzeichnisse sind daran zu erkennen, dass am Anfang der Zeile der Buchstabe »d« steht. Der Befehl `grep` sucht genau danach. Das Dachsymbol steht für den Zeilenanfang. So werden nur die Verzeichnisse aus der Liste ausgefiltert. Zu guter Letzt werden diese Zeilen dem Befehl `wc -l` zugeführt, der feststellt, dass es sich um 20 Zeilen handelt.

4.5.7 In Reihenfolge bringen: sort

Ein Telefonbuch ist nur dann hilfreich, wenn es alphabetisch sortiert ist. Und falls Sie selbst gern einmal ein Telefonbuch schreiben wollen, finden Sie bei Linux den Befehl `sort`, der Ihnen das Sortieren abnimmt.

```
$ cat telefonbuch
Ute     52901
Ingrid  573
Feuerwehr 112
Heike   5607
Polizei 110
```

```
$ cat telefonbuch | sort
Feuerwehr 112
Heike   5607
Ingrid  573
Polizei 110
Ute     52901
```

Mit der Option `-r` können Sie die Reihenfolge umkehren. Die Option `-f` ignoriert die Groß- und Kleinschreibung. Sollten Sie das Telefonbuch umkehren und in der Datei *buchtelefon* erst die Nummern und dann die Teilnehmer aufführen, würden Sie auch hier eine alphabetische Sortierung erhalten, also in diesem Fall eine Sortierung nach den einzelnen Ziffern, nicht nach Zahlenwerten.

```
$ sort buchtelefon
110     Polizei
112     Feuerwehr
52901   Ute
5607    Heike
573     Ingrid
```

Sollten die Zahlen allerdings keine Telefonnummern, sondern Punkte bei einem Spiel sein, könnte Ute vielleicht unzufrieden sein. Glücklicherweise gibt es die Option `-n`, die durch numerische Sortierung wieder Gerechtigkeit herstellen kann.

```
$ sort -n buchtelefon
110     Polizei
112     Feuerwehr
573     Ingrid
5607    Heike
52901   Ute
```

4.5.8 Datenströme editieren: sed

Der Name `sed` steht für »Stream Editor«. Sie können das Programm als sogenannten Filter an eine Pipe anhängen, um die Ausgaben so zu manipulieren, wie Sie sie benötigen. Da Sie `sed` mit der Option `-f` auch dazu bringen können, seine Befehle aus Skriptdateien zu lesen, können Sie Konvertierungen automatisieren.

Ersetzen mit regulären Ausdrücken

Falls Sie den Editor vi auch so mögen wie ich, werden Sie feststellen, dass `sed` einige seiner Kommandos auch beherrscht. Nehmen wir an, Sie möchten gern aus einer Datei alle deutschen Umlaute in ihre HTML-Darstellung umwandeln. Wir fangen einmal mit dem Buchstaben »ö« an:

```
$ cat mein.txt | sed  "s/ö/\&ouml;/g" > neu.htm
```

Der Befehl steht in Anführungszeichen und funktioniert genau wie bei vi. Das `s` ist der Befehl, Textteile zu ersetzen. Der Suchbegriff folgt dem Schrägstrich und wird durch einen Schrägstrich von dem Ersatzbegriff getrennt, der wiederum durch einen Schrägstrich begrenzt wird. Zu guter Letzt folgt noch das `g`, das bewirkt, dass der Austausch auch mehrfach in einer Zeile erfolgen soll.

Nun haben Sie einen Umlaut gewandelt, aber was ist mit den anderen? Einfacher wird es, wenn Sie die Befehle in einer Datei ablegen. Nennen wir sie *text2html.sed*:

```
s/ü/\&uuml;/g
s/ö/\&ouml;/g
s/ä/\&auml;/g
s/ß/\&szlig;/g
s/Ü/\&Uuml;/g
s/Ö/\&Ouml;/g
s/Ä/\&Auml;/g
```

Nun geben Sie mit der Option `-f` an, dass die Datei *text2html.sed* verwendet werden soll.

```
cat mein.txt | sed -f text2html.sed > huhu.htm
```

Wenn Sie nun noch erfahren, dass auch `sed` die regulären Ausdrücke beherrscht, die in Abschnitt 4.6 beschrieben sind, können Sie mit deren Hilfe sich fast einen eigenen Konverter basteln, der beispielsweise Texte von der Satzsprache LaTeX nach HTML umsetzt.

Aufsplitten einer Datei

Das Ersetzungskommando `s` kann in der nächsten Befehlszeile darauf abgefragt werden, ob das gesuchte Muster erfolgreich gefunden wurde. Mit dem Befehl `t` kann in diesem Fall eine Marke (Label) angesprungen werden, die durch einen Doppelpunkt markiert wird.

Auf diese Weise können Sie beispielsweise eine Protokolldatei (siehe Abschnitt 15.5) danach aufspalten, ob die Zeilen vom Programm postfix stammen oder nicht. Die `sed`-Datei *matchpostfix.sed* enthält dazu folgende Befehle:

```
s/postfix/postfix/
t ENDE
w /tmp/wo-postfix
d
:ENDE
```

In der ersten Zeile wird nach dem Muster »postfix« gesucht. Eine einfache Suche wie im Editor vi kennt `sed` nicht. Er will ersetzen. Wir ersetzen daraufhin den Begriff durch sich selbst, wir wollen den Inhalt der Datei ja nicht verändern. Der Befehl `t` in der nächsten Zeile wird zur Marke `:ENDE` springen, wenn »postfix« gefunden wurde. Es passiert dann mit den Zeilen nichts weiter. Sie werden ausgegeben. In der nächsten Zeile bleiben all die Zeilen übrig, die nicht das Muster »postfix« enthalten. Sie werden mit dem Befehl `w` in die Datei */tmp/wo-postfix* geschrieben. Der nachfolgende Befehl `d` löscht die Zeile aus dem Datenstrom, da sie bereits geschrieben wurde. Wir wollen sie ja nicht doppelt haben. Nun muss nur noch die Marke `:ENDE` ans Ende gehängt werden und das `sed`-Skript ist fertig.

Um die Datei *syslog* auszulesen, wird der folgende Befehl abgegeben:

```
# cat /var/log/syslog | sed -f matchpostfix.sed > /tmp/postfix
```

Die Datei */tmp/postfix* enthält nun alle Zeilen, die das Muster »postfix« enthalten, die Datei */tmp/wo-postfix* alle anderen.

In diesem Beispiel haben Sie einige Befehle kennengelernt, die ich in der Tabelle 4.11 noch einmal aufführen möchte.

Befehl	Wirkung
s /*Muster*/*Ersatz*/	Ersetze *Muster* durch *Ersatz*.
t *Adresse*	Wurde Muster gefunden, springe zur Marke *Adresse*.
b *Adresse*	Springe zur Marke *Adresse*.
: *Adresse*	Definiere die Marke *Adresse*.
q	Beende das Skript.
w *Datei*	Schreibe die Zeile in die Datei *Datei*.
d	Entferne die aktuelle Zeile aus dem Ausgabestrom.
r *Datei*	Füge den Inhalt der Datei *Datei* in den Datenstrom ein.
=	Gebe die Zeilennummer aus.
i *Text*	Füge den Text *Text* in den Ausgabestrom ein.
#	Kommentarzeichen: Der Rest der Zeile wird ignoriert.

Tabelle 4.11 Kommandos für sed-Skripte

Wirkungsbereich festlegen

Sie können den Kommandos von `sed` auch den Bereich der Zeilen voranstellen, in dem sie wirken sollen. So können Sie mit dem Befehl `12,18 d` die Zeilen 12 bis 18 aus der Ausgabe entfernen. Die letzte Zeile wird mit dem Dollarzeichen ($) gekennzeichnet. Wird kein Zeilenbereich angegeben, wird jede Zeile bearbeitet.

Auf der Website *http://sed.sourceforge.net/grabbag* finden Sie viele Beispiele und Anleitungen für den Umgang mit `sed`.

4.5.9 Zerlegen, filtern und rechnen mit AWK

Mit dem Programm `awk` können Sie Texte ähnlich wie bei `sed` und `grep` filtern, Sie können aber auch einzelne Elemente aus einer Zeile herausgreifen. Dabei werden die Leerzeichen oder Tabulatorzeichen als Spaltentrenner interpretiert.

Betrachten wir als Beispiel die Datei *telefonbuch*, die uns im Abschnitt 4.5.7 bei der Demonstration des Befehls `sort` so hilfreich zur Seite stand:

```
$ cat telefonbuch
Ute     52901
Ingrid  573
Feuerwehr 112
Heike   5607
Polizei 110
```

Die Datei besteht aus Sicht von `awk` aus zwei Spalten. Die erste enthält die Namen und die zweite die Telefonnummern. Um eine Spalte zu spezifizieren, geben Sie ihre Nummer ein und stellen ihr ein Dollarzeichen voran. Für die Suche nach einer bestimmten Zeile wird der Suchbegriff in Schrägstriche eingefasst. Für jede gefundene Zeile können Aktionen durchgeführt werden. Diese Aktionen werden in geschweifte Klammern gesetzt. Der gesamte Befehl aus Selektion und Aktion wird in einfachen Anführungsstrichen an `awk` weitergereicht. So ermittelt der folgende Befehl die Telefonnummer von Heike:

```
$ awk '/Heike/ {print $2}' telefonbuch
5607
```

Sie müssen nicht nach ganzen Wörtern suchen. Würden Sie beispielsweise nach »ei« suchen, würden Sie Heike und die Polizei finden und damit zwei Zeilen erhalten.

Spaltenrechnung

Die Fähigkeit von `awk`, auf Spalten von Textzeilen zuzugreifen, lässt sich wunderbar für die Auswertung von Protokollen nutzen, weil alle Programme darauf ausgelegt sind, nicht wahllos Leerzeichen aufzufüllen, sondern darauf zu achten, dass vergleichbare Elemente in den gleichen Spalten stehen.

Als Beispiel schauen wir uns die Ausgabe von `ls -l` an. Hier ist die Dateigröße immer in der fünften Spalte. Der folgende Befehl zeigt also nur die Dateigrößen an.

```
$ ls -l | awk ' { print $5 } '
```

Variablen und Rechnungen

Sofort kommt man auf den Gedanken, dass es doch interessant wäre, diese Zahlen zu summieren. Das kann awk tatsächlich. Dazu können Sie die ermittelten Werte in einer Variablen, die wir einfach summe nennen, aufaddieren. Vielleicht kennen Sie das Variablenkonzept von irgendeiner Programmiersprache. Die Variable erhält einen Wert, indem ein Gleichheitszeichen rechts daneben gestellt wird und dann ein Wert. Das kann eine einfache Zahl sein, eine Spaltenbezeichnung oder auch eine andere Variable oder eine Berechnung daraus. Um die Dateigrößen aufzusummieren, addiert man den Wert der Spalte 5 immer zu dem bisherigen Inhalt der Variablen summe.

```
summe=summe+$5
```

Um das Ergebnis zu sehen, geben wir mit print nicht mehr die Spalte, sondern die Variable summe aus. Nun brauchen wir zwei Befehle in den geschweiften Klammen: die Zuweisung und den Befehl print. Das bekäme awk gern durch ein Semikolon getrennt serviert. Das Ergebnis sieht dann so aus:

```
$ ls -l | awk '{summe=summe+$5;print summe}'
0
1854
5950
19262
```

Sie sehen hier sehr schön, wie sich der Wert der Variablen summe ständig erhöht.

Wenn Sie dies in kleineren Verzeichnissen austesten, werden Sie allerdings feststellen, dass auch die Zahlen, die hinter Verzeichnissen stehen, in die Summe einfließen und damit das Ergebnis ein wenig verfälschen. Man müsste dafür sorgen, dass awk nur reine Dateien verwendet. Dies erreicht man, indem man nur Zeilen einbezieht, die mit einem Minuszeichen beginnen. Und filtern kann awk ja wunderbar über den Eintrag zwischen zwei Schrägstrichen. Dort kann alles stehen, was durch einen regulären Ausdruck (siehe Abschnitt 4.6) bestimmt werden kann. Und der Anfang der Zeile wird in einem regulären Ausdruck durch ein Dach gekennzeichnet. Ein Minuszeichen am Anfang der Zeile sucht man also mit der Kombination »Dach-Minus«:

```
$ ls -l | awk '/^-/ { summe=summe+$5;print summe}'
0
1854
5950
19262
```

Die letzte Zeile zeigt dann das Ergebnis. Also sind die anderen Ausgaben überflüssig. Für solche Zwecke bietet awk noch die Möglichkeit, eine Aktion am Ende seiner Auswertungen auszuführen. Diese wird durch das Schlüsselwort END gekennzeichnet:

```
$ ls -l | awk '/^-/ { summe=summe+$5 } END { print summe }'
3656959443
```

Sie ahnen vielleicht schon, dass es auch einen Startblock gibt und dass dieser durch das Schlüsselwort `BEGIN` eingeleitet wird. Darum will ich darüber nun auch keine großen Worte verlieren.

Mit `awk` kann man Auswertungen von Textdateien durchführen. Durch die Kombination aus Selektion und Aktion können mit einfachen Textdateien Steuerungsabläufe automatisiert werden. Dabei sucht `awk` anhand der bisherigen Abläufe die nächsten Schritte aus einer vorbereiteten Textdatei heraus. Die Möglichkeiten sind unerschöpflich.

Dabei werden natürlich auch die übergebenen `awk`-Befehle immer umfangreicher, sodass man diese gern in einer Befehlsdatei ablegen möchte. Diese Datei kann dann über die Option `-f` statt des Befehls ausgelesen werden. Sie sparen sich dabei auch gleich noch die Apostrophe.

Sie haben nun einen Einblick bekommen, was mit `awk` möglich ist. Weitere Informationen finden Sie natürlich in der Manpage von `awk`.

4.6 Suchen und ersetzen mit regulären Ausdrücken

Viele Programme unter Linux ermöglichen die Beschreibung der Suchmuster durch reguläre Ausdrücke. Die Ausdrücke sind über die Programme einheitlich und das ist kein Zufall, weil diese im Betriebssystem verankert sind und vom Programmierer nur aufgerufen werden müssen.

Manchmal werden reguläre Ausdrücke mit den Wildcards aus Dateimasken verwechselt. Insbesondere der Stern wird in beiden Fällen benutzt, hat aber eine unterschiedliche Bedeutung. Dateimasken sind sehr viel einfacher gehalten, aber darum eben auch nicht ganz so leistungsfähig.

Suchmuster aus Punkt und Stern

Beginnen wir mit einem einfachen Suchmuster, so wie Sie es aus Kreuzworträtseln kennen. Sie suchen nach einem Betriebssystem mit fünf Buchstaben. Der zweite Buchstabe ist ein i und der vorletzte ein u. Unbekannte Buchstaben werden bei regulären Ausdrücken mit einem Punkt markiert, also wäre `.i.u.` die korrekte Maske.

Das wirkliche Leben ist aber leider nicht wie ein Kreuzworträtsel. Nicht immer wissen Sie, wie viele Zeichen das Wort groß ist. Und wenn Sie einen tollen Autor suchen, der mit einem großen »W« anfängt und mit »er« aufhört, wissen Sie eben nicht vorab, wie viele Buchstaben es werden können. Da hilft Ihnen der Stern weiter, der sagt, dass das links neben ihm stehende Zeichen beliebig oft, das heißt auch keinmal, wiederholt werden kann. Und so ist `W.*er` der richtige Ausdruck.

An der Stelle des Sterns könnte auch ein Pluszeichen stehen. Es bewirkt, dass mindestens ein Zeichen zwischen »W« und »er« stehen muss.

Abgrenzungen

Wollen Sie sicher sein, dass hinter dem Suchmuster das gefundene Wort aufhört, müssen Sie eine Kombination aus Backslash und Größerzeichen (`\>`) einsetzen. Umgekehrt markiert die Backslash-Kleinerzeichen-Kombination den Anfang eines Wortes (`\<`). Das Muster `\>arm\<` findet arm, aber nicht warmherzig.

Sie können mit dem Zeichen ^ den Zeilenanfang und mit einem Dollarzeichen das Zeilenende in einem Suchmuster beschreiben.

Stellvertreterwahl

Der Punkt steht, wie erwähnt, für ein beliebiges Zeichen im Suchmuster. Wenn Sie die Beliebigkeit etwas einschränken wollen, helfen Ihnen dabei die eckigen Klammern. In diese können Sie all die Zeichen eintragen, die an dieser Position erscheinen dürfen. So würde das Suchmuster `Ma[ui]s` sowohl Maus als auch Mais finden.

Sie können in die eckigen Klammern auch einen Bereich von Zeichen stellen, die Sie mit einem Bindestrich andeuten. Eine beliebige Ziffer zwischen 2 und 5 würden Sie mit `[2-5]` suchen. Häufiger ist die Forderung danach, dass an einer bestimmten Stelle überhaupt eine Ziffer stehen sollte, was Sie mit `[0-9]` beschreiben. Analog fordern Sie einen Kleinbuchstaben mit der Kombination `[a-z]`. Bedenken Sie aber, dass darin nicht die Umlaute enthalten sind.

Ebenfalls mit den eckigen Klammern beschreiben Sie, wenn Sie an einer Position bestimmte Zeichen nicht sehen wollen. Dann setzen Sie anfangs das ^ ein. Soll an einer bestimmten Stelle also keinesfalls eine Ziffer auftreten, wäre das Suchmuster dafür `[^0-9]`.

Geklammerte Ausdrücke ersetzen

Mit regulären Ausdrücken können auch Ersetzungen durchgeführt werden. Dabei ist es möglich, bestimmte Bereiche im Suchmuster zu markieren und den markierten Bereich im Ersetzungsmuster einzusetzen.

Eine Markierung im Suchmuster erreichen Sie durch runde Klammern, denen Sie jeweils einen Backslash voranstellen. Oft ist dieser Bereich der unbekannte Teil des Suchmusters, sodass zwischen den Klammern nur Punkt und Stern stehen. Damit wird das Muster `X\(.*\)U` eine beliebige Zeichenfolge markieren, die zwischen einem X und einem U steht.

Die Markierung ergibt aber nur dann einen Sinn, wenn man den gesuchten Bereich irgendwo wieder verarbeiten kann. Dazu können Sie im Ersetzungsbegriff einen Backslash, gefolgt von der Nummer des markierten Bereichs verwenden. Diese Nummer ist meist eine 1, da man nur selten mehr als eine Markierung in einem Suchmuster einsetzt.

So könnten Sie die Namen von Galliern suchen, die bekanntlich mit einem Großbuchstaben beginnen und auf »ix« enden. Diese können Sie dann in römische Namen ändern, die auf »us« enden. Dazu verwenden Sie folgende Ersetzung:

```
s/\([A-Z].*\)ix/\1us/
```

Im Editor vi (siehe Abschnitt 4.3.2) können Sie reguläre Ausdrücke beim Suchen und Ersetzen verwenden. Sie können also den Befehl direkt übernehmen, müssten aber die typischen Bereichsgrenzen dazu stellen. Es ergäbe sich der folgende Befehl:

```
:1,$ s/\([A-Z].*\)ix/\1us/g
```

Wenn Sie mit dem Befehl `sed` (siehe Abschnitt 4.5.8) eine Datei namens *gallisch.txt* auswerten, würde der Befehl so lauten:

```
$ cat gallisch.txt | sed "s/\([A-Z].*\)ix/\1us/"
```

An dieser Stelle sollte nicht unerwähnt bleiben, dass nicht alles gallisch ist, was auf »ix« endet. UNIX hat beispielsweise eine andere Herkunft.

Diese Technik lässt sich nicht nur nutzen, um aus Galliern Römer zu machen. Ich nutze reguläre Ausdrücke gern, wenn ich aus Manuskripten, die in LaTeX gesetzt sind, HTML-Seiten für die Website machen will. LaTeX ist ähnlich wie HTML ein Satzsystem für Texte mit Befehlen, die das spätere Aussehen der Texte beschreiben. Allerdings unterscheiden sie sich nicht unerheblich. Unten sehen Sie, wie eine Kapitelüberschrift in LaTeX und wie sie in HTML gesetzt wird.

```
\chapter{Kapitelüberschrift}
<H1>Kapitelüberschrift</H1>
```

Sollen alle Kapitelüberschriften übertragen werden, muss das Muster gefunden werden, die jeweilige Überschrift markiert und die HTML-Befehle eingefügt werden. Das ergibt dann den folgenden Befehl:

```
s/\\chapter{\(.*\)}/<H1>\1<\/H1>
```

Erklärungsbedürftig ist hier noch der eine oder andere Backslash. Vor `chapter` stehen zwei davon, weil der Backslash in regulären Ausdrücken als Sonderzeichen verwendet wird. Soll tatsächlich das Zeichen Backslash angesprochen werden, muss ein weiterer davor gestellt werden. Vor dem Schrägstrich von </H1> muss ebenfalls noch ein Backslash gestellt werden, damit das Programm nicht denkt, dass hier die Ersetzungszeichenfolge zu Ende sei.

Der gierige Stern

Ein Problem bei der obigen Ersetzung fällt erst auf, wenn zwei TeX-Befehle in einer Zeile stehen. Das wird bei `chapter` eher selten der Fall sein, darum verwenden wir den Befehl für das Setzen von kursiver Schrift.

```
Ein Administrator ist \textit{schön} und \textit{wichtig}.
```

Wie Sie sehen, ist der TeX-Befehl für kursive Schrift `textit`. Sie wissen vielleicht, dass das passende Tag in HTML ein einfaches `i` in den spitzen Klammern ist. Nun verwenden Sie hierfür den angepassten Befehl:

```
:s/\\textit{\(.*\)}/<i>\1<\/i>/g
```

Überraschenderweise sieht die Ergebniszeile so aus:

```
Ein Administrator ist <i>schön} und \textit{wichtig</i>.
```

Die Kombination aus Punkt und Stern ist zu gierig! Sie sucht das Gegenstück nämlich immer vom Ende der Zeile nach vorn. Es wird nach dem Öffnen der Klammer also nicht nach dem nächsten, sondern nach dem letzten Schließen der Klammer gesucht. Dieses Problem lässt sich umgehen, indem Sie explizit nach der nächsten Klammer suchen. Das formulieren Sie um in: Überspringe alle Zeichen, die keine Klammer sind. »Alle Zeichen außer der geschlossenen geschweiften Klammer« wird in regulären Ausdrücken als `[^}]*` ausgedrückt. Der Gesamtausdruck sieht also folgendermaßen aus:

```
s/\\textit{\([^}]*\)}/<i>\1<\/i>/g
```

Die Tabelle 4.12 fasst die verschiedenen Sonderzeichen der regulären Ausdrücke noch einmal zusammen.

Muster	Bedeutung
.	Platzhalter für ein beliebiges Zeichen
[xyz]	Platzhalter für eines der Zeichen x, y oder z
[0-9]	Platzhalter für eine Ziffer
*	Beliebige Wiederholung des vorhergehenden Zeichens
+	Beliebige Wiederholung, aber mindestens ein Zeichen
^	Zeichen für den Zeilenanfang
$	Zeichen für das Zeilenende
\<	Zeichen für den Anfang eines Wortes
\>	Zeichen für das Ende eines Wortes
\(	Markierungsanfang
\)	Markierungsende
\1	Platzhalter für die erste Markierung

Tabelle 4.12 Die Sonderzeichen in Suchmustern regulärer Ausdrücke

4.7 Pack deine Sachen und geh ...

Hin und wieder werden Sie mehrere Dateien zu einer Datei zusammenfassen wollen.

4.7.1 Viele Dateien in einer Datei mit tar

Der Befehl `tar` stammt eigentlich aus dem Bereich der Datensicherung und dort werden wir ihn auch noch einmal intensiver betrachten. Er kann allerdings nicht nur mit Datenbändern umgehen, sondern Dateien und Verzeichnisse auch in einer Datei zusammenfassen, die man als Archivdatei bezeichnet. Da der Befehl `tar` aus dem UNIX-Umfeld stammt, kann er problemlos mit den besonderen Dateirechten und -eigenschaften von Linux umgehen.

Der erste Parameter von `tar` ist eigentlich eine Sammlung von Optionen und kann darum auch mit einem Minuszeichen versehen werden. Dabei bezeichnet eine der Optionen, ob `tar` eine Archivdatei erstellen (`c`), entpacken (`x`) oder deren Inhalt anzeigen (`t`) soll. Es muss also bei den Optionen genau einer dieser drei Buchstaben auftauchen.

Da wir hier Dateien in einer Archivdatei ablegen wollen, benötigen wir noch die Option `f`, die natürlich als weiteren Parameter den Namen der Archivdatei benötigt. Üblicherweise verwendet man die Endung *.tar* für Archivdateien, die mit `tar` erstellt wurden. Beim Erstellen einer Archivdatei benötigt man als weitere Parameter natürlich die

Namen der Dateien und Verzeichnisse, die eingepackt werden sollen. Der Befehl `tar` durchläuft beim Archivieren eines Verzeichnisses standardmäßig auch dessen Unterverzeichnisse.

```
$ tar cf sicherung.tar /home
```

Das Archivprogramm `tar` kann durch die Option `z` den Komprimierer `gzip` integrieren. Als Dateiendung wird bei solchen Archivdateien üblicherweise *.tgz* verwendet.

4.7.2 Komprimieren mit gzip und bzip2

Die Größe einer von `tar` erzeugten Datei ist so groß wie die Summe der enthaltenen Dateien. Um Dateien zu komprimieren, verwenden Sie unter Linux standardmäßig das Programm `gzip`. Die Dekomprimierung übernimmt `gunzip`. Wenn Sie `gzip` direkt aufrufen, geben Sie ihm einfach als Parameter die Dateien, die Sie komprimieren möchten. Nach der Bearbeitung sind sie kleiner und tragen zusätzlich die Endung *.gz*.

Neben dem Packen und Entpacken gibt es noch einige Programme, die den Umgang mit gepackten Dateien vereinfachen. So können Sie mit `zcat` eine komprimierte Datei direkt auf dem Bildschirm anzeigen. Der Befehl `zless` ermöglicht das Blättern in komprimierten Dateien, wie es `more` oder `less` mit ungepackten Dateien tun.

Linux verfügt neben `gzip` auch über das Programm `bzip2`, das ebenfalls komprimiert, aber nach einem anderen Verfahren und so noch kleinere Dateien erzeugen kann, die dann die Endung *.bz2* tragen. Zum Entpacken wird das Programm `bunzip2` verwendet.

4.7.3 Verzeichnisbaumkopie mit tar

Eine besondere Verwendung findet der Befehl `tar`, wenn es darum geht, Verzeichnisbäume zu kopieren, deren Eigenschaften unbedingt gleich bleiben sollen. Hier ist `tar` dem rekursiven `cp` überlegen, weil `tar` in der Lage ist, mit allen Dateitypen eines Linux-Dateisystems umzugehen.

Um diese Fähigkeit zu nutzen, wird `tar` zweimal aufgerufen. Einmal packt das Programm das Originalverzeichnis und schickt das Ergebnis in eine Pipe, die dann von dem zweiten Aufruf von `tar` wieder an der Zielstelle entpackt wird. Das folgende Beispiel kopiert den Inhalt des Verzeichnisses */home/quelle* in das Verzeichnis */home/ziel*.

```
$ cd /home/quelle
$ tar cf - . | ( cd /home/ziel ; tar xf - )
```

Sie sehen, dass die Option `f` eigentlich die Verwendung einer Archivdatei anzeigt. Diese wird durch ein Minuszeichen ersetzt, das `tar` anweist, statt einer Zieldatei die Standardeingabe beziehungsweise Standardausgabe zu verwenden. In diesem Fall wird die Ausgabe in eine Pipe umgeleitet, die dann das entpackende `tar` ausliest.

4.7.4 ZIP als Packer und Komprimierer

Wenn Sie Dateien zu einer großen Datei zusammenfassen wollen, verwenden viele Systeme das ZIP-Format, das nicht nur mehrere Dateien in einer Datei unterbringen kann, sondern diese dabei auch komprimiert.

Natürlich gibt es auch unter Linux die Möglichkeit, mit diesen Dateien umzugehen. Die Kommandozeilenbefehle dazu heißen `zip`, um Dateien einzupacken, und `unzip`, um eine ZIP-Datei zu entpacken.

Der Befehl `zip` erwartet als ersten Parameter den Namen der ZIP-Datei, in die alle folgenden Dateien eingepackt werden sollen.

```
$ zip pack.zip einedatei nocheinedatei
```

Sollen auch Unterverzeichnisse mit eingepackt werden, muss die Option `-r` angegeben werden.

Soll eine ZIP-Datei ausgepackt werden, verwenden Sie den Befehl `unzip` und übergeben als Parameter den Namen der zu entpackenden Datei. Die Datei wird im aktuellen Verzeichnis ausgepackt.

Warnung ×

Da ZIP-Dateien nicht ursprünglich aus der UNIX-Welt stammen, können sie nicht mit den Dateirechten von Linux umgehen. Darum wird ZIP in erster Linie zum Austausch mit Benutzern anderer Systeme verwendet.

Kapitel 5
Dateien und Verzeichnisse

Inhalt

- Dateien, Namen und Verzeichnisse
- Dateien, ihre Besitzer und deren Rechte
- Mit Links auf die gleiche Datei verweisen
- Verzeichnisbaum statt Laufwerke

Dateien sind die Behälter für Informationen und damit zentraler Bestandteil eines jeden Computersystems. Linux hat von UNIX ein sehr radikales Datei-Modell geerbt. Alles kann wie eine Datei behandelt werden: von Gerätetreibern über Festplatten bis zu Kommunikationsströmen.

Ein weites Dateikonzept

Wer von Windows oder von anderen Systemen auf ein UNIX-ähnliches System wechselt, wird vor allem überrascht feststellen, dass es keine Laufwerksbuchstaben oder -symbole gibt.

Spicker

> Linux-Anwender sehen keine Laufwerke, sondern nur *einen* Verzeichnisbaum, in dem sich alle Dateien und Verzeichnisse befinden.

Natürlich gibt es immer noch mehrere Laufwerke. Aber das muss den Anwender nicht interessieren. Die Verzeichnisse werden vom Administrator auf die Laufwerke optimal verteilt und können jederzeit umverteilt werden.

Diese sehr radikale Sichtweise führt zu der Konsequenz, dass es klare Konventionen gibt, wo sich welche Dateien befinden.

5.1 Ich will so heißen, wie ich will

Unter Linux kann ein Dateiname fast jedes beliebige Zeichen enthalten. Wirklich ausgeschlossen ist nur der Schrägstrich (/), der als Verzeichnistrenner verwendet wird. Allerdings sind nicht alle Dateinamen sinnvoll. Einige Sonderzeichen können zu massiven Irritationen führen. Aus diesem Grund kann es vorkommen, dass bestimmte Werkzeuge von vornherein das Erzeugen von Dateinamen unterbinden. Die folgenden Zeichen sollten Sie daher in Dateinamen besser nicht verwenden.

- **Schrägstrich:** Der Schrägstrich dient unter UNIX als Verzeichnistrenner.
- **Doppelpunkt:** Der Doppelpunkt wird im Netzwerk dazu verwendet, einen fremden Rechner anzusprechen. Auch werden Verzeichnislisten gern durch Doppelpunkte getrennt.
- **Minuszeichen am Namensanfang:** Das Minuszeichen wird von den Kommandozeilenprogrammen als Zeichen für eine Option verwendet. Diesen Programmen wird es also schwerfallen, eine solche Datei zu bearbeiten, weil sie den Dateinamen nicht erkennen und ihn für eine Option halten.
- **Stern und Fragezeichen:** Beide Zeichen werden von der Kommandozeile aus als Jokerzeichen verwendet. Es ist zwar möglich, diese Zeichen durch Anführungszeichen in ihrer Sonderfunktion »auszublenden«, es wird aber in jedem Fall eine gewisse Verwirrung auftreten.
- **Internationale Sonderzeichen:** Im deutschen Sprachraum ist die Versuchung des Anwenders groß, Dateinamen auch aus Umlauten zu bilden. Wie deutsche Umlaute codiert werden, ist eigentlich ein alter Hut. Leider gibt es jede Menge Hüte zur Auswahl. So gibt es schon seit langer Zeit den Standard ISO 8859-1. Damit aber endlich auch chinesische Zeichen in Dateinamen möglich sind, gibt es inzwischen den Standard UTF-8, der zum UNICODE hinführt. Wenn nicht sicher ist, welcher Standard auf dem System verwendet wird, das die Dateien, vielleicht auch in weiter Zukunft, lesen soll, erspart es viel Kummer, wenn Sie internationale Sonderzeichen in Dateinamen vermeiden.

Spicker ×

> Linux unterscheidet bei den Dateinamen zwischen großen und kleinen Buchstaben.

Da Linux zwischen Groß- und Kleinschreibung unterscheidet, kann in einem Verzeichnis die Datei *Makefile* neben der Datei *makefile* stehen. Diese Möglichkeit gilt natürlich nur, solange ein UNIX-kompatibles Dateisystem vorliegt. Ein USB-Stick ist in der Regel mit einem FAT32-Format eingerichtet, damit er unter allen gängigen Systemen verwendbar ist. FAT32 ist zwar in der Lage, kleine und große Buchstaben im Dateinamen zu verwalten, erlaubt es aber nicht, zwei Dateien im gleichen Verzeichnis zu halten, deren Dateinamen sich nur durch Groß- und Kleinschreibung unterscheiden. Würden Sie also das oben genannte Verzeichnis mit den Dateien *Makefile* und *makefile* auf einen USB-Stick kopieren, würde die zweite Datei die erste überschreiben.

Verborgene Dateien beginnen mit einem Punkt

Eine besondere Rolle spielen Dateien und Verzeichnisse, deren Name mit einem Punkt beginnt. Diese finden sich besonders oft im Benutzerverzeichnis. Sie sind dazu gedacht, private Einstellungen der Standardprogramme zu ändern. Sie müssen also vorhanden und verfügbar sein, enthalten aber keine klassischen Anwenderdaten. Also stören sie im Überblick nur und werden daher von vielen Programmen standardmäßig ausgeblendet.

5.2 Dateieigenschaften und Rechte

UNIX, der Vorfahr von Linux, wurde gern auf den großen Universitätscomputern eingesetzt. Zu der Zeit gab es noch keine PCs und alle teilten sich eine Maschine. Wenn nun der Professor eine Klausur in den Computer eintippte, wollte er sie natürlich lesen und schreiben können. Seine Assistenten am gleichen Lehrstuhl sollten sie lesen können, damit sie die Studenten entsprechend vorbereiten konnten. Aber die Studenten durften die Klausur natürlich nicht einsehen.

So konnte eine Datei drei verschiedene Zielgruppen für ihre Rechte bekommen. Da ist einmal der Besitzer (hier der Professor), dann die Gruppe (seine Assistenten) und schließlich die Welt (alle Studenten und andere Benutzer).

Nur einem Menschen traute der Professor noch mehr als sich selbst: dem Administrator, der unter dem Namen root arbeitete. Das Vertrauen war nicht ganz freiwillig. root darf einfach alles. Und Sie ahnen schon: Dies wird Ihre Rolle sein, der Mensch, dem die Professoren vertrauen.

Und weil Dreiergruppen so etwas Vollwertiges haben, verfügte UNIX auch über drei Arten von Rechten: lesen, schreiben und ausführen.

Der Besitzer hatte auf die Klausur Schreib- und Leserecht. Die Gruppe nur ein Leserecht und die Welt durfte nichts. Hatte der Professor dagegen eine Veröffentlichung geschrieben, so wollte er natürlich auch dort das Schreib- und Leserecht besitzen. Seine Assistenten sollten ebenfalls lesen und schreiben dürfen. Böse Zungen behaupten, dass manche Professoren nie selbst schreiben, sondern nur ihre Assistenten. Aber wir dürfen doch davon ausgehen, dass die Assistenten das Schreibrecht nur hatten, um Rechtschreibfehler gleich korrigieren zu können. Die Studenten und die Welt sollte die Veröffentlichung natürlich lesen können. Wie sollten sie sonst die angemessene Ehrfurcht erhalten?

Programme oder Shell-Skripte können noch das Ausführungsrecht bekommen. Und auch dies kann nach Besitzer, Gruppe und Welt differenziert eingesetzt werden. Im Gegensatz zu Windows wird ein Programm also nicht durch seine Endung wie etwa *.exe* ausführbar, sondern durch die Dateieigenschaft.

5.2.1 Dateieigenschaften und -rechte: chmod

Wie Sie schon aus Abschnitt 4.1.1 wissen, werden die Rechte mit den Buchstaben »r« für das Leserecht, »w« für das Schreibrecht und »x« für die Ausführbarkeit abgekürzt. Es ergeben sich die drei Zielgruppen. Eine Programmskriptdatei ist sinnvollerweise für den Besitzer schreib- und lesbar. Dieser erlaubt der Gruppe vielleicht noch das Lesen. Aber alle anderen sollen die Skriptdatei ausführen dürfen. Dann ergibt sich die Rechtezuordnung rw-r----x.

Um diese Rechte kompakt darzustellen, wird das Recht, zu lesen, mit einer 4, das Recht, zu schreiben, mit einer 2 und das Ausführungsrecht mit einer 1 codiert. Durch einfaches Addieren kann in einer Ziffer jede beliebige Rechtekombination eindeutig beschrieben werden. Aus der oben genannten Rechtezuordnung rw-r----x ergibt sich darum:

Besitzer	Gruppe	Rest
`r w -`	`r - -`	`- - x`
`4 2 0`	`4 0 0`	`0 0 1`
`6`	`4`	`1`

Diese Rechtecodierung verwendet der Befehl `chmod` als ersten Parameter, um eine Rechtekombination zu setzen. Es folgen beliebig viele Dateien, denen diese Rechte zugewiesen werden. Im folgenden Beispiel erhält die Datei *moin* zweimal neue Rechte.

```
$ ls -l moin
-rwxr-xr-x    1 arnold   users   13489 2010-07-06 21:34 moin
$ chmod 641 moin
$ ls -l moin
-rw-r----x    1 arnold   users   13489 2010-07-06 21:34 moin
$ chmod 755 moin
$ ls -l moin
-rwxr-xr-x    1 arnold   users   13489 2010-07-06 21:34 moin
```

Die Rechtslage bei Verzeichnissen

Bei Verzeichnissen sieht die Welt ein wenig anders aus. Wenn Sie sich ein Verzeichnis als eine besondere Art von Datei vorstellen, in dem die darin liegenden Dateien aufgelistet sind, ist das Verständnis aber nicht so schwer. Ist das Verzeichnis schreibgeschützt, dürfen Sie die darin befindlichen Dateien nicht löschen oder umbenennen, und Sie können natürlich auch keine neuen Dateien anlegen. In ein lesegeschütztes Verzeichnis dürfen Sie nicht einmal hineinschauen. Das Ausführungsrecht ist nicht so anschaulich. Dies berechtigt Sie zum Wechseln in das Verzeichnis.

Recht	Bedeutung für Verzeichnisse
x	In dieses Verzeichnis darf gewechselt werden.
r	Die Dateinamen des Verzeichnisses können gelesen werden.
w	Im Verzeichnis dürfen Dateien gelöscht, umbenannt oder erzeugt werden.

Tabelle 5.1 Die Rechte für Verzeichnisse

Auftritt unter fremder Lizenz: User-ID-Bit

Es gibt die Möglichkeit, Programme unter einer fremden User-ID ausführen zu lassen. Nehmen wir an, Sie programmieren eine Finanzbuchhaltung. Diese soll auf die Buchhaltungsdaten der Firma zugreifen können. Allerdings dürfen diese Dateien nicht einfach von jedermann gelesen oder gar verändert werden. Wer aber die Finanzbuchhaltung startet, muss sich mit Passwort anmelden, sodass das Programm die Daten nach außen hin abschirmt. Dazu richten Sie ein Benutzerkonto namens fibu ein. Dann weisen Sie das Finanzbuchhaltungsprogramm `fibuprog` dem Besitzer fibu zu. Anschließend setzen Sie das Set-User-ID-Bit oder SUID, sodass das Programm immer als Benutzer fibu unterwegs ist, bis es endet. Sie ahnen schon, dass das Set-User-ID-Bit durch den Befehl `chmod` gesetzt wird.

```
# chown fibu fibuprog
# chmod 4755 fibuprog
# ls -l fibuprog
-rwsr-xr-x 1 fibu   users 1076450 2010-06-27 23:54 fibuprog
```

Die Ziffer 4 setzt das SUID-Bit für den Benutzer. Eine 2 wirkt auf die Gruppe und eine 1 auf den Rest der Welt. Durch Addition werden alle denkbaren Kombinationen möglich.

Ein Programm, dessen SUID gesetzt ist, erkennen Sie an dem `s` an der Position des `x` in der ersten `rwx`-Gruppe. Gern wird dieses Verfahren auch verwendet, wenn bestimmte administrative Programme nicht nur root, sondern jedem Benutzer zur Verfügung stehen sollen. Bevor Sie dies tun, sollten Sie unbedingt prüfen, ob eine Verwendung von `sudo` (siehe Abschnitt 10.4) nicht die bessere Wahl wäre.

Das Setzen des SUID-Bits funktioniert nicht bei Skripten, da diese von dem jeweiligen Interpreter »gelesen« werden und nicht selbst zur Ausführung kommen. Ein Programm, dessen User-ID-Bit gesetzt ist, darf aus Sicherheitsgründen niemals für Fremde beschreibbar sein.

Verzeichnisse

Auch bei Verzeichnissen können die S-Bits gesetzt werden. Auf diese Weise »erben« alle darunter angelegten Dateien und Verzeichnisse die Besitzer, für die das S-Bit gesetzt ist. Beispielsweise kann durch den Befehl `chmod 2775 dir` erreicht werden. Das folgende Beispiel zeigt, wie die Unterverzeichnisse eines Verzeichnisses */var/samba* durch Setzen des S-Bits der Gruppe samba zugewiesen werden:

```
# addgroup samba
# cd /var
# mkdir samba
# chgrp samba samba
# chmod 2775 samba
# mkdir samba/mp3
# ls -l samba/
insgesamt 4
drwxr-sr-x 2 root samba 4096 Jan 16 16:29 mp3
```

Rechte ändern über Buchstaben statt Zahlen

Neben der Zahlenkombination erlaubt der Befehl `chmod` auch Buchstabenordnungen. Diese ersetzen nicht die Zahlen, sondern ermöglichen vor allem das flexible Hinzufügen spezieller Rechte und Eigenschaften.

Auf der linken Seite der Zuordnung stehen die Zielgruppen. Dabei stehen »u« (user) für den Benutzer, »g« (group) für die Gruppe, »o« (other) für die Welt und »a« (all) für alle miteinander. Die Rechte sind wie gehabt als »r«, »w«, »x« und »s« codiert.

Mit einem Pluszeichen werden Rechte hinzugefügt. Das Minuszeichen löscht Eigenschaften und das Gleichheitszeichen weist Eigenschaften zu. Alle nicht explizit veränderten Eigenschaften bleiben unverändert.

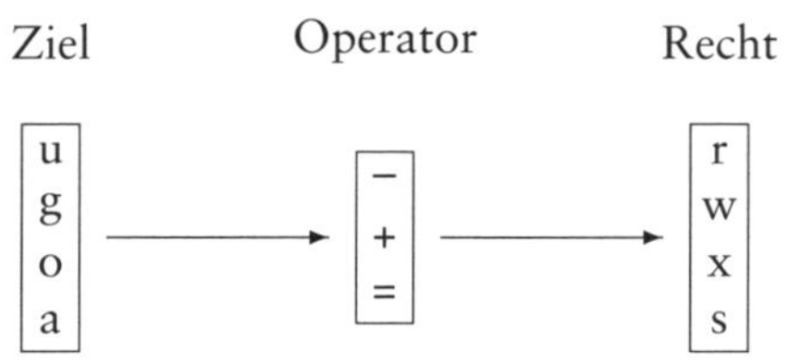

Abbildung 5.1 Bildungsregel für chmod-Optionen

Im folgenden Befehl wird der Welt das Leserecht für die Klausur entzogen:

```
$ chmod o-r klausur
```

Der nächste Befehl sorgt dafür, dass der Besitzer der Datei *skript* sein Skript ausführen darf:

```
$ chmod u+x skript
```

5.2.2 Zusätzliche Rechte mit Access Control Lists (ACL)

Mit der üblichen Berechtigungsuntergliederung nach Besitzer, Gruppe und Welt können die Rechte in den allermeisten Fällen sehr gut eingeteilt werden. Sollten Sie darüber hinaus noch feinere Einteilungen der Rechte benötigen, bietet Ihnen Linux die Möglichkeit, *Access Control Lists* (ACL) einzurichten.

Die ACL wurden von der POSIX unter der Nummer 1003.1e standardisiert, sind also auf allen UNIX-ähnlichen Dateisystemen lauffähig. In der RFC 3010 für NFS (Network File System siehe Abschnitt 18.3) wurde ein neuer ACL-Standard etabliert, der auf dem NTFS-Dateisystem von Windows aufbaut. Damit können Sie ACL in diversen Dateisystemen von Mac OS (ab Mac OS X v10.4 Tiger) bis zu Windows finden.

Die üblichen Benutzerrechte beschränken sich auf den Besitzer. Sollen mehrere Benutzer gleiche Rechte haben, können sie in einer Gruppe zusammengefasst werden, der die Datei dann wiederum gehören muss. Im Unterschied zur klassischen Benutzer-, Gruppe- und Weltlogik, die ihre Rechte einfach an der Datei festmachen, müssen die Rechte der ACL in Listen verwaltet werden. Um dies zu ermöglichen, muss das Dateisystem und natürlich der Kernel mitspielen. Beides ist seit Jahren bei Linux kein Problem. Allerdings müssen Sie noch das Paket *acl* installieren. Dazu verwenden Sie beispielsweise folgenden Befehl:

```
# apt-get install acl
```

Vorbereiten des Dateisystems

ACL wird beim Start aktiviert, wenn das Dateisystem eingebunden wird. Hier muss also auf Abschnitt 6.3.2 vorgegriffen werden. Der Befehl `mount`, der diese Aufgabe übernimmt, muss zusätzlich die Option `acl` erhalten. Der folgende Befehl sorgt dafür, dass ein bereits in das System eingehängtes Dateisystem */dev/sda1* neu eingehängt wird und dabei ACL aktiviert wird:

```
# mount -o acl -o remount /dev/sda1
```

Damit Sie das Dateisystem nicht nach jedem Systemstart von Hand neu einbinden müssen, tragen Sie die Option in der Datei */etc/fstab* (siehe Abschnitt 6.3.3) ein, die festlegt, welche Dateisysteme beim Start des Systems eingehängt werden sollen. Der folgende Eintrag sorgt dafür, dass das Dateisystem auf Partition */dev/sda9* im Verzeichnis */home* mit Unterstützung der ACL eingehängt wird.

```
# /etc/fstab
...
/dev/sda9     /home      ext4    defaults,acl 0 2
```

Setzen von Rechten: setfacl

Zum Setzen einer ACL wird der Befehl `setfacl` mit der Option `--set` gefolgt von der ACL verwendet. Mit der Option `-m` oder `--modify` verändern Sie die ACL einer Datei, die Option `-x` oder `--remove` entfernt die ACL.

Der Benutzer paul will seine Datei *mytext.tex* auch dem Benutzer georg zum Lesen und Schreiben zur Verfügung stellen. Das Dateisystem ist wie oben gezeigt zum Einsatz von ACL vorbereitet. Also wird ein zusätzliches Benutzerrecht mit `setfacl` eingetragen. Danach erhalten die Rechte der Datei ein angehängtes Pluszeichen, wenn man sie mit `ls -l` anzeigt. Das weist darauf hin, dass ACL-Rechte vorhanden sind. Mit dem Befehl `getfacl` werden die Rechte ausgelesen. Hier sehen Sie, dass es zwei Einträge `user` gibt. Der ohne Benutzerbezeichnung gilt für den Besitzer, der andere gilt explizit für den Benutzer georg.

```
$ setfacl -m u:georg:rw-  mytext.tex
$ ls -l mytext.tex
-rw-rw-r--+ 1 paul paul 22 25. Jan 11:00 mytext.tex
$ getfacl mytext.tex
# file: mytext.tex
# owner: paul
# group: paul
user::rw-
user:georg:rw-
group::r--
mask::rw-
other::r--
```

Mit der Option `--recursive` oder `-R` können ACL rekursiv für alle Dateien und Unterverzeichnisse vergeben werden.

Wenn Dateien mit dem normalen Befehl `cp` kopiert werden, verlieren sie ihre ACL-Eigenschaften. Das betrifft nicht nur ACL, sondern auch die normalen Eigenschaften der Datei. Um dies zu verhindern, verwenden Sie die übliche Option `-p`, die sichert, dass die Eigenschaften und damit auch die ACL-Eigenschaften übernommen werden.

ACL-Sicherung

Der Befehl `tar` übernimmt die ACL nicht bei einer Archivierung. Wenn Sie Dateien sichern, speichern Sie zuvor deren ACL-Eigenschaften in eine separate Datei, die Sie dann mit in die Sicherung aufnehmen. Die ACL müssen extra gesichert werden. Dazu wird wiederum das Programm `getfacl` verwendet:

```
# getfacl --recursive --skip-base . > save.acl
```

Die Option `--skip-base` sorgt dafür, dass nur Dateien berücksichtigt werden, die ACL besitzen. Das Wiederherstellen der ACL erfolgt mithilfe des Programms `setfacl` mit der Option `--restore`:

```
# setfacl --restore=save.acl
```

Default-ACL

Sie können einem Verzeichnis eine Default-ACL zuweisen. Dies bewirkt, dass alle Dateien und Unterverzeichnisse, die darin angelegt werden, diese ACL erben.

```
mkdir defacl
setfacl -m d:georg:r-x defacl
ls -l
insgesamt 12
drwxr-xr-x+ 2 root   root   4096 21. Aug 14:53 defacl
-rw-rw-r--+ 1 arnold arnold 1726 21. Aug 13:57 kopie.tex
-rw-rw-r--+ 1 arnold arnold 1726 21. Aug 10:45 mytext.tex
getfacl defacl/
# file: defacl/
# owner: root
# group: root
user::rwx
group::r-x
other::r-x
default:user::rwx
default:user:georg:r-x
default:group::r-x
default:mask::r-x
default:other::r-x

cd defacl
mkdir nochndir
getfacl nochndir/
# file: nochndir/
# owner: root
```

```
# group: root
user::rwx
user:georg:r-x
group::r-x
mask::r-x
other::r-x
default:user::rwx
default:user:georg:r-x
default:group::r-x
default:mask::r-x
default:other::r-x
```

Alle Zeilen, die mit `default` eingeleitet werden, bilden die Vorgabe-ACL, die an folgende Dateien und Verzeichnisse weitergegeben werden.

5.2.3 Besitzverhältnisse von Dateien

Wenn ein Benutzer eine Datei anlegt, wird er automatisch ihr Besitzer. Der Administrator kann einer Datei mit dem Befehl `chown` jederzeit einen anderen Besitzer zuweisen. Im Beispiel wird die Datei */tmp/datei* dem Benutzer georg zugewiesen:

```
# chown georg /tmp/datei
```

Hinweis

Tatsächlich wird bei der Datei die User-ID, also die Nummer des Benutzers eingetragen. Das kann im Netzwerk wichtig sein, weil nicht jeder Benutzer auf jeder Maschine im Netzwerk die gleiche Nummer haben muss.

Gruppenwechsel: chgrp

Gleichzeitig wird eine Datei bei ihrer Erzeugung der Hauptgruppe des Besitzers zugeordnet. Jeder Anwender kann zwar in mehreren Gruppen eingetragen sein, aber eine Gruppe wird in seinem Benutzerkonto als Hauptgruppe vermerkt. Die Zugehörigkeit einer Datei zu einer Gruppe kann jederzeit mit dem Befehl `chgrp` geändert werden. Dies kann der Besitzer der Datei auch ohne Hilfe des Administrators tun, sofern er Mitglied der Zielgruppe ist. Nähere Informationen zu Gruppen finden Sie in Abschnitt 10.2.4.

5.2.4 Links verweisen auf Dateien

Unter Linux ist es möglich, dass mehrere Dateinamen auf dieselbe Datei verweisen. Technisch ist das leicht zu realisieren, wenn Sie sich klarmachen, dass der Eintrag für eine Datei in einem Verzeichnis ja eigentlich nur einen Verweis auf die eigentlichen

Daten der Datei enthält. Problematisch wird es erst beim Löschen. Hier muss die Datei mitzählen, wie viele Verweise es gibt, und erst wenn der letzte Verweis gelöscht wird, dürfen die Datenblöcke der Datei entfernt werden.

Mit dem Befehl `ln` können Sie einen solchen Link anlegen. Der Befehl erwartet als erstes Argument eine existierende Datei und als zweites Argument einen neuen Dateinamen für diese Datei.

```
$ ls -l original
-rw-r--r-- 1 arnold arnold 5267 Okt 18 17:37 original
$ ln original dublette
$ ls -l original dublette
-rw-r--r-- 2 arnold arnold 5267 Okt 18 17:37 dublette
-rw-r--r-- 2 arnold arnold 5267 Okt 18 17:37 original
$ diff original dublette
$
```

Wenn Sie genau hinschauen, sehen Sie, dass die Zahl hinter den Dateirechten nach dem Befehl `ln` erhöht wurde. Dies ist also der Linkzähler. Weiter sehen Sie, dass die Dateien identisch aussehen und der Test mit dem Befehl `diff` bestätigt, dass die Dateien gleich sind. Was Sie so nicht sehen können, ist, dass der zusätzliche Link keinen zusätzlichen Festplattenplatz für die Daten benötigt. Das müssen Sie mir einfach glauben.

Die Verweise müssen nicht im gleichen Verzeichnis liegen, aber aus technischen Gründen auf dem gleichen Dateisystem.

Der symbolische Link

Neben dieser als *harter* Link bezeichneten Variante gibt es noch den *symbolischen* Link. Während nach dem Setzen eines harten Links das Original vom Duplikat nicht mehr zu unterscheiden ist, ist ein symbolischer Link lediglich ein textueller Verweis auf eine Datei. Er wird ebenfalls mit dem Befehl `ln` angelegt, allerdings mit der Option `-s`.

```
$ ln -s original link
$ ls -l original dublette
-rw-r--r-- 2 arnold arnold 5267 Okt 18 17:37 dublette
lrwxrwxrwx 1 arnold arnold    8 Okt 18 17:47 link -> original
-rw-r--r-- 2 arnold arnold 5267 Okt 18 17:37 original
$ diff original link
$
```

Sie sehen hier, dass sich der Linkzähler nicht verändert. Allerdings zeigt der Befehl `ls -l` einerseits das kleine »L« als erstes Zeichen und andererseits den Verweis des symbolischen Links. Tatsächlich enthält er auch nur den Dateinamen, darum ist *link* auch nur acht Byte groß. Dennoch wirkt der Vergleich über den Befehl `diff` so, als würde das Original mit dem Original verglichen. Die meisten Befehle behandeln also den symbolischen Link, als wäre es die Datei, auf die er zeigt.

Der symbolische Link ist sehr flexibel. Einerseits kann er quer über alle Dateisysteme und Festplatten hinweg verweisen, weil er ja nur den Ort bezeichnet, wo sich die Zieldatei befindet. Des Weiteren ist der symbolische Link nicht auf Dateien beschränkt. Sie können auch einen symbolischen Link auf ein Verzeichnis setzen und er wird als Verzeichnis behandelt. Die Einschränkung ist eben, dass das Dateisystem den symbolischen Link nicht kontrolliert. Wird das Original gelöscht, verschwindet der symbolische Link nicht automatisch, sondern verweist ins Leere. Sie müssen dann selbst für Ordnung sorgen.

5.2.5 Dateityp bestimmen

Dateien können unterschiedlichen Typs sein. Das trifft insbesondere auf binäre Dateien zu. Der Befehl `file` kann nähere Auskunft geben, um was für eine Datei es sich handelt. Der folgende Befehl ermittelt, welcher Dateityp hinter */usr/bin/vlc* steckt:

```
$ file /usr/bin/vlc
/usr/bin/vlc: ELF 64-bit LSB executable, x86-64, version 1
(SYSV), dynamically linked (uses shared libs), for GNU/Linux
2.6.18, stripped
```

Das entscheidende Stichwort bei der üppigen Ausgabe lautet `executable`. Es sagt aus, dass es sich um eine ausführbare Programmdatei in Maschinensprache handelt. Aus den weiteren Ausgaben können Sie ablesen, dass das Programm für die 64-Bit-Intel/AMD-Architektur gedacht ist, in der ELF-Binary-Struktur vorliegt und für GNU/Linux erstellt wurde. Der Blick auf die Datei */usr/bin/vi* zeigt ein ganz anderes Ergebnis:

```
$ file /usr/bin/vi
/usr/bin/vi: symbolic link to `/etc/alternatives/vi'
```

Unter */usr/bin/vi* steht nicht etwa das Programm des Editors vi, sondern ein symbolischer Link in das */etc*-Verzeichnis. Und auch dort finden Sie nicht etwa die ausführbare Datei.

```
$ file /etc/alternatives/vi
/etc/alternatives/vi: symbolic link to `/usr/bin/vim.basic'
$ file /usr/bin/vim.basic
/usr/bin/vim.basic: ELF 64-bit LSB executable, x86-64,
version 1 (SYSV), dynamically linked (uses shared libs),
for GNU/Linux 2.6.18, stripped
```

Der Befehl `file` erkennt auch Multimedia-Dateitypen oder die Produkte verschiedener Programme.

5.2.6 Spezielle Dateien: Sockets, Pipes und Gerätedateien

Für die Kommunikation verwendet Linux sowohl Socket- als auch Pipe-Dateien. In den meisten Fällen haben Sie damit wenig zu tun, außer dass Sie Dateien finden, die ein kleines `s` oder ein `p` in der ersten Spalte einer Ausgabe von `ls -l` haben.

Diese Dateien dienen als Kommunikationsendpunkte und manche Programme verwenden sie für interne Zwecke. Das Hauptproblem für den Administrator besteht darin, dass sie nicht einfach durch Kopieren zu sichern sind.

Gerätedateien

Ganz besondere Dateien finden Sie im Verzeichnis */dev*. Diese Dateien sind keine echten Dateien, sondern dienen als Zugriffspunkte für Hardware. Beispielsweise werden wir damit Festplatten und Partitionen bearbeiten. Sie können zwar tatsächlich über diese Dateien auf den Inhalt einer ganzen Festplatte zugreifen, aber zur Datensicherung können Sie sie nicht einfach kopieren.

5.3 Verzeichnisse und Verzeichnisbaum

Verzeichnisse sind die gängige Art, Dateien geordnet abzulegen. Linux verwendet ausschließlich Verzeichnisse, um seine Dateien abzulegen, Laufwerkskennungen gibt es nicht. Das Trennzeichen für Verzeichnisse ist der Schrägstrich, nicht der bei Windows gebräuchliche Backslash (\).

Hinweis

In vielen Situationen können Sie inzwischen auch unter Windows den Schrägstrich als Verzeichnistrenner verwenden, beispielsweise in der Programmiersprache Java oder auch bei der Eingabe von Pfaden in der Windows-Kommandozeile.

Da Verzeichnisse im Grunde nur eine sehr spezielle Art von Dateien sind, gelten für ihre Namen die gleichen Regeln wie für Dateinamen. Tatsächlich konnten im Vorvater UNIX Verzeichnisse von Programmen direkt als Dateien ausgelesen werden.

Ein vollständig qualifizierter Dateiname besteht aus dem Namen der Datei und dem vollständigen Verzeichnispfad. Dieser Pfad muss dann mit einem Schrägstrich beginnen. Damit ist der Pfad positionsunabhängig und eindeutig. Einige Programme fordern den vollständig qualifizierten Dateinamen.

Ein Verzeichnispfad, der mit einem Schrägstrich beginnt, wird *absolut* genannt, weil er positionsunabhängig ist. Fehlt am Anfang des Pfades der Schrägstrich, wird der Pfad relativ zum aktuellen Verzeichnis gesehen. Das aktuelle Verzeichnis nennt man *Arbeitsverzeichnis* oder auf Englisch *working directory*. Dessen Pfad liefert das Kommando `pwd` und die Umgebungsvariable `PWD`.

Der UNIX-Verzeichnisbaum

Es gibt ein paar Verzeichnisse, die bestimmte Aufgaben haben. Diese Verzeichnisstrukturen haben sich bereits unter UNIX über viele Jahre entwickelt und sind inzwischen durch den FHS (File Hierarchy Standard) vorgegeben. Einer der Grundgedanken ist die Unterscheidung der Verzeichnisse nach Aufgaben. Dabei werden die Dateien zunächst grob in *shareable files* (gemeinsam nutzbare, statische Dateien) und *unshareable files* (lokale, variable Dateien) unterschieden. Diese Festlegungen helfen dem Administrator auf der Suche nach Dateien.

/etc

Im Verzeichnis */etc* legen die Programme unter ihrem Namen häufig ein Verzeichnis an, in dem dann mehrere Konfigurationsdateien abgelegt sind. Auch zentrale Systemdateien wie die Laufwerkszuordnung zu den Verzeichnissen (*/etc/fstab*) oder die Benutzerdatei (*/etc/passwd*) finden Sie hier. Ebenso finden Sie hier die Startskripte für das System und die Serverprozesse.

/bin und /lib

Der Verzeichnisname *bin* wird unter Linux immer für Programmverzeichnisse verwendet. Verzeichnisse mit dem Namen *lib* enthalten dynamische Bibliotheken, die mit den DLL-Dateien unter Windows vergleichbar sind.

Die Verzeichnisse */bin* und */lib* an der Wurzel des Verzeichnisbaums sind die minimale Programmausstattung, die ein Linux-System für eine Notadministration benötigt. Dahinter steht die Idee, dass diese Verzeichnisse mit den Verzeichnissen */etc*, */boot* und den Dateien des Wurzelverzeichnisses zusammen eine Notumgebung zur Verfügung stellen, in der der Administrator auch ein zerstörtes System wieder retten kann.

/sbin

Das Verzeichnis */sbin* enthält die Befehle, die dem Administrator vorbehalten sind. Da dieses Verzeichnis nicht im Ausführungspfad eines normalen Benutzers liegt, werden diese Befehle vor ihm verborgen.

/tmp

Das Verzeichnis */tmp* ist für temporäre Dateien gedacht und kann von jedem Benutzer des Systems gelesen und geschrieben werden. Es ist nicht gewährleistet, dass Dateien nach einem Neustart des Systems dort noch vorhanden sind. Darum ist es kein Ort, um dort wichtige Daten zu parken.

/usr

Das Verzeichnis */usr* enthält die Dateien, die für alle Benutzer des Systems zur Verfügung gestellt werden. Sie können gelesen oder ausgeführt, aber nicht geschrieben werden. Dazu hat allein der Adminstrator das Recht. Dadurch wird erstens eine Fragmentierung verhindert und zweitens gesichert, dass keine unerwünschte Software installiert werden kann.

Hier findet sich noch einmal das Paar */usr/bin* und */usr/lib*, das dieses Mal aber die Programme und Bibliotheken enthält, die allen Benutzern zur Verfügung stehen und nicht nur dem Administrator. Für diesen gibt es aber dann noch einmal das Verzeichnis */usr/sbin*.

/var

Wenn Systemprogramme Daten ablegen wollen, verwenden sie dazu Unterverzeichnisse des Verzeichnisses */var*. Als Administrator interessiert Sie dort besonders das Verzeichnis */var/log*, in dem die meisten Programme ihre Schmerzen dokumentieren. Viele Server hinterlegen hier ihre Daten. Das Mailsystem hinterlegt im Ordner */var/mail* seine Post und die Druckerverwaltung nutzt */var/spool* für die Druckaufträge.

/home

Für jeden Benutzer wird im Verzeichnis */home* ein Unterverzeichnis angelegt. Hier und nur hier kann er Daten hinterlassen. Damit ist die Quelle der Datensicherung für die Anwenderdaten geklärt. Genau genommen wird der Ort von Benutzerverzeichnissen durch die Datei */etc/passwd* (siehe Abschnitt 10.2.3) festgelegt. Aber man sollte gute Gründe haben, warum man diese Konvention ändert.

/opt

Das Verzeichnis *opt* wird teilweise von größeren Programmpaketen verwendet, damit deren Dateien an einem Ort versammelt sind. Dies wird insbesondere oft von Produkten verwendet, die nicht die Debian-Pakete verwenden.

/proc

Das Pseudoverzeichnis */proc* enthält keine echten Dateien, sondern dient als Schnittstelle zum Betriebssystem. Hier können verschiedene Informationen über das System gewonnen werden. So liefert der Befehl `cat /proc/meminfo` beispielsweise eine Übersicht über die aktuelle Belegung des Hauptspeichers.

Das Verzeichnis */proc* wird in Abschnitt 15.3 ausführlicher behandelt.

Kapitel 6
Laufwerke, Datenspeicher und Dateisysteme

Inhalt

Aus der Sicht des Anwenders ist alles nur ein Verzeichnisbaum. Der Administrator muss diesen Verzeichnisbaum über die Festplatten verteilen. Er muss Dateisysteme einrichten und auch prüfen können.

6.1 Hardwarezugriff per Gerätedatei: /dev

Um die Dateien und Verzeichnisse aufzunehmen, müssen die Festplatten und die anderen Speichermedien erst darauf vorbereitet werden. Die verfügbare Hardware eines Linux-Systems wird über Gerätedateien im Verzeichnis */dev* angesprochen.

Wenn Sie sich die Dateien in diesem Verzeichnis mit dem Befehl `ls -l` anschauen, werden Sie schon die Unterschiede zu normalen Dateien auf den ersten Blick erkennen. Die folgende Ansicht zeigt eine Auswahl der Dateien:

```
crw-------  1 root root      5,   1 2010-09-06 11:45 console
crw-rw-rw-  1 root root      1,   3 2010-09-06 11:45 null
brw-rw----  1 root disk      8,   0 2010-09-06 11:45 sda
brw-rw----  1 root disk      8,   1 2010-09-06 11:45 sda1
brw-rw----  1 root disk      8,   2 2010-09-06 11:45 sda2
brw-rw----  1 root disk      8,   5 2010-09-06 11:45 sda5
brw-rw----  1 root disk      8,   6 2010-09-06 11:45 sda6
crw-rw-rw-  1 root tty       5,   0 2010-09-06 12:12 tty
crw--w----  1 root root      4,   0 2010-09-06 11:45 tty0
crw-------  1 root root      4,   1 2010-09-06 11:45 tty1
crw-rw-rw-  1 root root      1,   5 2010-09-06 11:45 zero
```

Block- und Zeichengerät

Sie sehen, dass in der ersten Spalte ein c oder b stehen kann. Ein »b« steht für Block und ein »c« für Character. Zum Beispiel handelt es sich bei *tty0* um ein Gerät, das seine Daten buchstabenweise überträgt. Das System reagiert darum sofort, wenn ein Zeichen übertragen wird. Das ist ideal für Terminals, Tastaturen oder Mäuse. Dagegen ist das Gerät *sda* ein Blockgerät. Hier werden die Daten immer im Block übertragen. Das ist hier sinnvoller, da es sich um eine Festplatte handelt. Würden die Daten zeichenweise übertragen, wären Plattenzugriffe extrem langsam.

Major und Minor

Wie bei normalen Dateien kommen nun die Rechte, Linkzähler und Eigentümer der Gerätedateien. Wo nach einem `ls -l` normalerweise die Dateigröße steht, finden Sie die major- und die minor-number. Sie können sehen, dass *console* und *tty* die gleiche Major-Nummer haben, nämlich 5. Das bedeutet, dass sie vom gleichen Treiber bedient werden. Das Gleiche gilt für *sda* und *sda1*, obwohl Ersteres eine komplette Festplatte und Letzteres eine Partition bezeichnet. Durch die Minor-Nummer kann der Treiber beides voneinander unterscheiden.

Virtuelle Geräte

Manchmal gibt es Geräte, die gibt es gar nicht, zumindest nicht als Hardware. So sind die Geräte *tty0* bis *tty6* die virtuellen Konsolen, die Sie über die Tastenkombination `Strg`+`Alt`+`F1` bis `Strg`+`Alt`+`F6` erreichen.

Echte Terminals könnten Sie an serielle Schnittstellen anschließen, die Sie dann über */dev/ttyS0* und Folgende erreichen.

Für die Gerätedatei */dev/null* existiert keinerlei Hardware. Das Null-Device dient als Mülleimer. Dateien, die Sie dorthin verschieben, verschwinden auf Nimmerwiedersehen. Auch Datenströme können Sie dorthin umleiten, anstatt sie auf der Festplatte unsinnig herumliegen zu lassen.

Genau das Gegenstück zum Mülleimer ist die Gerätedatei */dev/zero*. Diese ist nicht das Ziel, sondern die Quelle einer Umleitung und liefert beliebig viele Nullwerte. Sie wird gern verwendet, um etwas mit Nullwerten zu überschreiben. Beispielsweise können Sie mit dem Befehl `dd` (siehe Abschnitt 7.7) von */dev/zero* auf eine Festplatte kopieren und so erreichen, dass deren Oberfläche vollständig gelöscht wird.

Gerätedateien anlegen

Gerätedateien werden über den Befehl `mknod` angelegt. Ein einfaches Kopieren reicht nicht. Darum muss eine Systemsicherung auch diese Dateien wieder herstellen können.

6.2 Die Fesplatte einrichten und aufteilen

Wenn Sie ein Linux-System einrichten, führt die Installations-Software die Einrichtung der Festplatte für Sie aus. In diesem Abschnitt wird beschrieben, was dabei genau passiert und wie Sie dies selbst machen können, wenn Sie beispielsweise eine zusätzliche Festplatte einbauen wollen.

Eine Festplatte ist beim Kauf normalerweise leer. Bevor sie verwendet werden kann, muss sie zunächst partitioniert werden. Die Partitionierung teilt die Festplatte in logische Teilbereiche auf, in denen dann die einzelnen Dateisysteme angelegt werden. Nur in einem Dateisystem können Dateien angelegt werden. Das gilt grundsätzlich für alle Betriebssysteme.

Zunächst müssen Sie die Festplatte ansprechen, die Sie aufteilen wollen. Die Festplatten in Ihrem System folgen den Namen *sda*, *sdb* und so weiter. Wenn Sie tatsächlich einmal auf eine alte IDE-Platte stoßen, finden Sie auch die Bezeichnung *hda*. Da Sie Ihren Server aber wohl eher nicht auf historischen Geräten aufsetzen wollen, werde ich diesen Punkt nicht weiter verfolgen.

Warnung ×

Wenn Sie die Partitionstabelle einer Festplatte überschreiben, verlieren Sie den Zugriff auf alle Daten dieser Festplatte. Seien Sie also bitte etwas vorsichtig! Schon schiefgegangen? Dann hoffen Sie auf TestDisk (siehe Abschnitt 6.2.5)!

Bevor Sie eine Festplatte partitionieren, sollten Sie sicher sein, dass es keine Verwechslung gibt. Entfernen Sie am besten alle Speichermedien, die zum Partitionieren nicht unbedingt benötigt werden. Das gilt auch für USB-Sticks. Die Partitionsprogramme sagen Ihnen, wie groß die Festplatte in etwa ist. Wenn der USB-Stick, den Sie partitionieren wollen, plötzlich 500 GByte groß ist, haben Sie entweder eine sehr alte Auflage dieses Buches in der Hand oder bearbeiten gerade eine Festplatte.

6.2.1 Die Festplatte verteilen

Für eine Linux-Installation benötigen Sie mindestens zwei Partitionen. Die eine Partition dient als Swap-Bereich und die andere zur Aufnahme der Dateien. Im Swap-Bereich lagert das System Speicherblöcke aus, wenn der Hauptspeicher zu klein ist (siehe Abschnitt 6.3.6).

Wenn Sie den Platz für die Swap-Partition abgezogen haben, können Sie den weiteren Platz weiter zerteilen, um Teile des Verzeichnisbaums auf verschiedene Partitionen zu verteilen. Die Aufteilung in weitere Partitionen bringt Vorteile im Bereich der Stabilität und der Sicherheit, weil ein zerstörtes Dateisystem nicht gleich zur Folge hat, dass alles defekt ist. Auf der anderen Seite beschränkt man sich natürlich durch die Grenze, die man zwischen zwei Bereichen des Verzeichnisbaums zieht.

Es kann auch sinnvoll sein, eine Partition in Reserve zu halten, um eine neuere Linux-Version installieren zu können, ohne die alte Version gleich aufgeben zu müssen. Dabei wird dann das Verzeichnis */home* und eventuell das Verzeichnis */var* auf separaten Verzeichnissen gehalten.

6.2.2 Primäre, erweiterte und logische Partitionen

Das Leben könnte nun so schön und einfach sein, wenn uns die PC-Architektur nicht noch ein paar Überraschungen hinterlassen hätte. So ist die Anzahl der Partitionen irgendwann einmal auf vier begrenzt worden. Diese vier Partitionen werden als *primäre* Partitionen bezeichnet. Da aber bei immer größer werdenden Festplatten die Anzahl der benötigten Partitionen über diese magische Grenze stieg, erfand man die *erweiterte* Partition, die eine primäre Partition ersetzt und nur den Zweck hat, weitere Partitionen aufnehmen zu können, die man wiederum als *logische* Partition bezeichnet. Die Partitionen einer Festplatte erben den Namen ihrer Platte und werden dann durchnummeriert. Für die primären und erweiterten Partitionen der Festplatte */dev/sda* sind die Namen */dev/sda1* bis */dev/sda4* reserviert. Die logischen Partitionen beginnen dagegen ab */dev/sda5*.

6.2.3 Mit fdisk partitionieren

Das Standardwerkzeug zum Partitionieren einer Festplatte ist `fdisk`. Es ist ein einfaches Kommandozeilentool, anhand dessen ich hier eine Partitionierung beschreiben werde. Wenn Sie Linux neu einrichten oder auf den grafischen Oberflächen suchen, finden Sie diverse Alternativen von `fdisk`. Letztlich tun aber alle in etwa das Gleiche: Sie partitionieren eine Festplatte.

Wenn Sie `fdisk` verwenden, geben Sie dem Befehl `fdisk` als Parameter die Gerätedatei der Festplatte mit, die Sie partitionieren wollen:

```
# fdisk /dev/sda
...
Command (m for help):
```

Mit dem Parameter */dev/sda* wird die erste Festplatte im System bearbeitet. `fdisk` erwartet nun einen Befehl, der immer aus einem Buchstaben besteht, der mit [↵] abgeschlossen wird. Dankenswerterweise weist `fdisk` gleich nach dem Start darauf hin, dass der Befehl `m` eine Hilfsseite mit den Befehlen liefert. Die wichtigsten davon lauten:

- **p – Die Partitionstabelle anzeigen:** Zeigt die Partitionstabelle aus Sicht von `fdisk` an. Dabei wird auch angezeigt, wie groß die Festplatte ist und welche Geometrie sie hat.
- **q – Ende ohne Speichern der Änderungen:** Ganz wichtig! Mit diesem Befehl können Sie die Hände hochreißen und rufen: »Es war alles nur Spaß!« Im Zweifelsfall ist es besser, eine Partitionierung abzubrechen und noch einmal von vorn zu beginnen, als eine Festplatte voller ungesicherter Daten in den Wind zu schreiben. Aber da wären Sie auch selbst draufgekommen.
- **w – Die Tabelle auf die Festplatte schreiben und das Programm beenden:** Wenn Sie diesen Befehl geben, sollten Sie genau wissen, was Sie tun. Die Partitionstabelle wird mit Ihren Änderungen auf die Festplatte geschrieben.
- **d – Eine Partition löschen:** Mit diesem Befehl wird eine Partition gelöscht. `fdisk` fragt noch einmal nach, welche Partition verschwinden soll.
- **n – Eine neue Partition anlegen:** Hier wird nun eine Partition angelegt. Das Programm fragt nach genaueren Details über die neu entstehende Partition. Sie wird aber erst auf die Festplatte geschrieben, wenn der Befehl `w` erteilt wird.

Partitionstabelle ansehen

Mit dem Befehl `p` wird die aktuelle Partitionstabelle angezeigt, wie zum Beispiel die folgende:

```
Disk /dev/sda: 1000.2 GB, 1000204886016 bytes
255 heads, 63 sectors/track, 121601 cylinders
Units = cylinders of 16065 * 512 = 8225280 bytes
Disk identifier: 0x00074ff4

   Device Boot Start       End      Blocks   Id  System
/dev/sda1           1      6079    48829536   83  Linux
/dev/sda2        6080    121601   927930465    5  Extended
/dev/sda5        6080      7052     7815591   82  Linux swap ...
/dev/sda6        7053     13131    48829536   83  Linux
/dev/sda7       13132     19210    48829536   83  Linux
/dev/sda8       19211     33799   117186111   fd  Linux raid ...
/dev/sda9       33800     48388   117186111   fd  Linux raid ...
/dev/sda10      48389     62977   117186111   fd  Linux raid ...
/dev/sda11      62978     77566   117186111   fd  Linux raid ...
/dev/sda12      77567    106744   234372253+  83  Linux
/dev/sda13     106745    121601   119338821   83  Linux
```

Die linke Spalte zeigt die Gerätedateien der Partitionen. Alle Partitionen tragen den Namen ihrer Festplatte mit einer Nummer. Die Ziffern 1 bis 4 stehen für primäre oder erweiterte Partitionen. Von 5 an aufwärts werden die logischen Partitionen durchnummeriert.

In den Spalten daneben wird die Nummer des ersten und des letzten Blocks der Partition aufgeführt. Aus der Differenz ergibt sich die Anzahl der Blöcke, die in der Folgespalte angezeigt werden. Einen Sonderfall stellt die erweiterte Partition in Bezug auf ihre logischen Partitionen dar. Der Bereich einer erweiterten Partition wird auf die enthaltenen logischen Partitionen aufgeteilt.

Die vorletzte Spalte bezeichnet den Partitionstyp. Die Liste aller IDs erhalten Sie, wenn Sie das Kommando `l` eingeben. Die wichtigsten Kennungen sind 83 für Linux-Partitionen und 82 für Swap-Partitionen.

6.2.4 Alternative parted

Das Programm `fdisk` ist recht handlich für das einfache Einrichten von Festplatten-Partitionen, die im MBR, dem Master Boot Record, eingerichtet werden. Leider ist das mit Platten, die größer als 2 TB sind, nicht mehr möglich. Darum verwenden die Installationsprogramme als Partitionsprogramme solche, die auf den `parted`-Bibliotheken aufsetzen. Wenn Sie bei der Einrichtung einer Linux-Distribution auf manuelle Partitionierung wechseln, werden Sie sehen, dass diese Bibliotheken sogar in der Lage sind, existierende Partitionen zu vergrößern und zu verkleinern.

Insofern ist es gar keine dumme Idee, bei der Einrichtung einer größeren Festplatte einfach eine Linux-Installations-CD zu starten. Wenn Sie allerdings einen Linux-Rechner mit grafischer Oberfläche haben, können Sie auch das Programm `gparted` installieren.

```
# apt-get install gparted
```

Dieses Programm finden Sie anschließend als Systemprogramm im Menü oder können es einfach von der Konsole aus starten. Sie werden feststellen, dass es sich sehr intuitiv bedienen lässt.

Ich will Ihnen nicht verheimlichen, dass es auch eine Konsolenversion dieses Programms gibt, das sich `parted` nennt. Und Sie finden auch eine passende Manpage dazu. Allerdings will ich Ihnen auch nicht verschweigen, dass es einigermaßen unhandlich ist und ich Ihnen in diesem Fall doch unbedingt zu der grafischen Variante `gparted` rate.

6.2.5 Rettungsversuch der Partitionstabelle

Stellen Sie sich vor, Sie haben eben im Internet das Super-Tool gefunden, das behauptet, auf der Basis künstlicher Intelligenz die wichtigen von den unwichtigen Daten zu trennen und dadurch enorm viel Platz auf der Platte zu schaffen. Nach erstaunlich kurzer Zeit ist das Programm fertig, und Sie stellen fest, dass die Festplatte leer ist. Jetzt erst versuchen Sie es mit natürlicher Intelligenz und bemerken, dass der Artikel vom 1. April stammt, und überlegen, dass in dieser Geschwindigkeit zwar eine Partitionstabelle gelöscht werden kann, aber die Informationen ja noch auf der Festplatte vorliegen müssten. Die Preisfrage lautet also: Wie können Sie die Partitionstabelle wiederherstellen, bevor jemand nach dem Verbleib der Daten fragt? Bevor Sie sich einen Strick kaufen und sich damit erschießen, sollten Sie probieren, ob Sie mit dem Tool TestDisk wieder an die Partitionstabelle herankommen.

Das Programm TestDisk findet sich auf den wichtigsten Linux-Rettungs-CDs, wie der Knoppix-CD (*www.knoppix.org* oder auf der Insert-CD, *www.inside-security.de/insert.html*). Diese CD können Sie herunterladen und brennen. Sie booten die CD und können dann `testdisk` aufrufen. Bei Debian muss das Programm explizit nachinstalliert werden:

```
# apt-get install testdisk
```

In mehreren Bildschirmen werden Ihnen nacheinander Fragen zur Ausführung gestellt. Zuerst werden Sie gefragt, ob das Programm eine Log-Datei erzeugen soll. Dann werden die zur Verfügung stehenden Festplatten angezeigt. Suchen Sie sich die gewünschte aus und drücken Sie [↵]. Im nächsten Schirm zeigt das Programm Ihnen die Festplatteninformationen und fragt, ob Sie fortsetzen wollen.

Nun will TestDisk noch die Architektur wissen. Vermutlich haben Sie einen Intel-PC, und dann ist es auch klug, diesen zu wählen. Übrigens macht das Programm keine Unterschiede, auch wenn Ihr Prozessor von AMD ist. Anschließend wird Ihnen die Möglichkeit gegeben, eine Aktion auszuwählen:

```
Disk /dev/sda - 250 GB / 232 GiB - CHS 30402 255 63

[ Analyse  ] Analyse ... and search for lost partitions
[ Advanced ] Filesystem Utils
[ Geometry ] Change disk geometry
[ Options  ] Modify options
[ MBR Code ] Write TestDisk MBR code to first sector
[ Delete   ] Delete all data in the partition table
[ Quit     ] Return to disk selection
```

Wählen Sie ANALYSE aus, damit Ihnen TestDisk Ihre derzeitige Partitionstabelle zeigt, mit der Sie ja wohl nicht zufrieden sind, sonst würden Sie das Programm ja nicht verwenden.

Nach der Analyse sehen Sie den Befehl BACKUP, mit dem Sie den derzeitigen Stand sichern können. Tun Sie das. Mit QUICK SEARCH starten Sie eine Suche nach Partitionen. TestDisk zeigt Ihnen die von ihm zusammengestellte Partitionstabelle. Gehen Sie weiter mit ↵. Sie erhalten wieder eine Anzeige der Partitionstabelle:

```
TestDisk 6.11, Data Recovery Utility, April 2009
Christophe GRENIER <grenier@cgsecurity.org>
http://www.cgsecurity.org

Disk /dev/sda - 250 GB / 232 GiB - CHS 30402 255 63

    Partition            Start        End    Size in sectors
1 * HPFS - NTFS        0  32 33 10198 177 27  163840000
2 P HPFS - NTFS    10199   1  1 13462 254 63   52436097
3 P Linux Swap     13463   1  1 13985 254 43    8401912
4 E extended LBA   13986   0  1 30401 254 63  263723040
5 L Linux          13986   1  1 17249 254 62   52436096
6 L Linux          17250   1  1 20513 254 62   52436096
7 L Linux          20514   1  1 30400 254 63  158834592

[  Quit  ]  [Deeper Search]  [ Write  ]
                       Write partition structure to disk
```

Mit dem Befehl WRITE können Sie die Partitionstabelle schreiben. DEEPER SEARCH ermöglicht eine tiefere Suche. QUIT sollten Sie sofort wählen, wenn Sie das Gefühl haben, dass TestDisk Ihre Probleme eher nicht löst. Vielleicht schafft es ein anderes Werkzeug besser. Versuchen Sie es beispielsweise mit `gpart`. Es befindet sich auch auf den genannten Rettungs-CDs.

Woher ich das alles weiß? Ach, wissen Sie, da war dieser interessante Artikel in der April-Ausgabe der ...

6.3 Der Umgang mit Dateisystemen

Eine Partition ist nicht mehr als ein abgegrenzter Bereich der Festplatte. Um Dateien in diesen Bereich legen zu können, muss eine ordnende Struktur darin erzeugt werden. Diese Struktur bezeichnet man als *Dateisystem*. Auch wenn Dateisystem und Partition über die gleiche Gerätedatei angesprochen werden, sind es zwei unterschiedliche Strukturen.

Bevor Sie also irgendwelche Dateien auf Ihre Partition schieben können, muss zunächst ein Dateisystem auf der Partition angelegt werden. Linux verwendet ext-Dateisysteme. Lange spielte das Dateisystem ext3 die Hauptrolle. Es ist vollkompatibel zu seinem Vorgänger ext2, verfügt aber zusätzlich über ein Journal.

> **Hinweis**
>
> Ein Journal sammelt alle Änderungen an den verschiedenen Strukturen des Dateisystems so lange separat, bis diese mit einem Schlag in das Dateisystem übernommen werden können. So wird jederzeit garantiert, dass das Dateisystem in sich konsistent ist.

Dessen aktueller Nachfolger heißt konsequenterweise ext4. Bereits in den Startlöchern ist das Dateisystem btrfs und gilt als hinreichend ausgetestet. Administratoren sind allerdings bei Dateisystemen nicht besonders experimentierfreudig, weswegen Sie ruhig ext4 verwenden können.

Für alle Dateisysteme gibt es natürlich eigene Werkzeuge. Ein Dateisystem wird mit dem Befehl `mkfs` erstellt, mit `fsck` geprüft und mit `mount` in den Verzeichnisbaum eingebunden.

6.3.1 Dateisystem erstellen: mkfs

`mkfs` ohne nähere Bezeichnung erzeugt das Standarddateisystem. Soll ein anderes als dieses verwendet werden, wird per Option die Kennung für das Dateisystem angegeben. Soll beispielsweise ein ext3-Dateisystem erzeugt werden, bekäme `mkfs` die Option

`-t ext3`. Daraufhin ruft das Programm dann das auf dieses Dateisystem spezialisierte Tool auf, in diesem Fall `mkfs.ext3`.

Der Befehl `mkfs` erzeugt ein Dateisystem auf der Partition, die ihm als Parameter angegeben wird. Der Dateisystemtyp kann als Parameter übergeben werden. Sie können aber auch direkt den passenden Befehl zum Dateisystem aufrufen. Der folgende Befehl erzeugt ein Dateisystem ext4 auf der Partition */dev/sda5*:

```
# mkfs.ext4 /dev/sda5
```

Der Befehl wird ein paar Minuten arbeiten und dabei einige Informationen über das erstellte Dateisystem ausgeben. Irgendwann erscheint einfach wieder der Prompt.

Hinweis

FAT-USB-Sticks: Wenn Sie USB-Sticks einrichten, wird gern das alte Microsoft-Format FAT verwendet, weil dies fast jedes Gerät bis hin zu manchem Satelliten-Receiver lesen und schreiben kann. Ein solches Dateisystem wird mit dem Befehl `mkfs.vfat` erzeugt.

6.3.2 Dateisystem einbinden: mount

Nun liegt das Dateisystem warm und trocken in seiner Partition. Aber es nützt uns erst etwas, wenn es in den Verzeichnisbaum eingebunden ist. Zu diesem Zweck gibt es den Befehl `mount`. Er benötigt zwei Parameter: die Gerätedatei der Partition oder genauer des Dateisystems und das Verzeichnis, in das das Dateisystem eingehängt wird.

Bevor wir die Dateisysteme an ihre endgültigen Positionen bringen, wollen wir sie zunächst einmal temporär einhängen, beispielsweise um zu schauen, was sich eigentlich darauf befindet.

Der klassische Standardpfad für das temporäre Einhängen von Dateisystemen ist */mnt*. Er sollte nicht verwendet werden, um dauerhaft Speichermedien einzuhängen. Es ist auch keine gute Idee, Unterverzeichnisse im Verzeichnis */mnt* anzulegen, um dort mehrere Medien einzuhängen. Der folgende Befehl hängt das Dateisystem */dev/sdb1* im Verzeichnis */mnt* ein:

```
# mount /dev/sdb1 /mnt
```

Dies könnte beispielsweise ein USB-Stick sein. Sobald Sie anschließend auf Dateien oder Verzeichnisse unterhalb von */mnt* zugreifen, greifen Sie auf den USB-Stick zu.

Inzwischen gibt es aber reichlich Medien, die nur mal kurz eingehängt werden sollen: USB-Sticks, DVDs oder externe Festplatten. Unter Linux hat es sich etabliert, für solche

Speichermedien das Verzeichnis */media* zu verwenden. Die grafischen Desktops hängen dort Medien teils mit Rückfrage ein, sobald sie angeschlossen werden. Dazu wird für jedes Medium ein eigenes Unterverzeichnis angelegt. Es ist auf jeden Fall kein verkehrter Ort, wenn Sie schnell einen USB-Stick einhängen wollen.

Dateisystem aushängen: umount

Eines Tages werden Sie Ihren USB-Stick auch wieder vom Computer abziehen wollen. Dazu sollten Sie Ihrem System mitteilen, dass es den USB-Stick freigeben soll. Erstens weiß das System dann, dass dort nichts mehr ist, und zweitens kann es noch die letzten Bytes übertragen, falls es aus Effizienzgründen den Schreibvorgang im Hauptspeicher gepuffert hat.

Der Befehl dazu heißt `umount` und er erwartet als Parameter entweder die Gerätedatei des USB-Sticks oder das Verzeichnis, in dem der Stick eingehängt war.

Das System weigert sich übrigens, das Medium freizugeben, wenn noch ein Programm das Medium benutzt. Das kann auch eine Shell sein, über die Sie selbst per `cd` in ein Verzeichnis des Sticks gewechselt sind. Hier hilft Ihnen der Befehl `fuser`. Seine Bedienung finden Sie in Abschnitt 15.2 beschrieben.

Wiedereinhängen mit remount

Sie können ein Dateisystem auch so einhängen, dass der Schreibzugriff unterbunden wird. Dazu verwenden Sie `-o ro` oder die Kurzform `-r`. Abgesehen davon, dass Sie so unterbinden können, dass Veränderungen auf dem Dateisystem stattfinden, hat diese Option ihre besondere Bedeutung, wenn ein Dateisystem repariert werden soll, das unbedingt eingehängt sein muss. Die folgende Befehlssequenz sorgt dafür, dass das Dateisystem für das Wurzelverzeichnis ausgekoppelt und sofort als schreibgeschützt wieder eingehängt wird. Anschließend wird das Dateisystem geprüft, und dann wird es mit `-o remount` wieder normal eingehängt.

```
# mount -o ro,remount /dev/sda1
# fsck -fy /dev/sda1
# mount -o remount /dev/sda1
```

Diese Vorgehensweise sollte möglichst nur im Single-User-Modus betrieben werden. Wenn einmal eine Überprüfung auf einem System notwendig ist, das keinesfalls heruntergefahren werden darf, ist dieses Vorgehen immer noch besser, als mit einem defekten Dateisystem weiterzuarbeiten.

6.3.3 Den Verzeichnisbaum verteilen: mount und /etc/fstab

Wenn es weniger um Wechseldatenträger geht, sondern um die Konfiguration eines kompletten Systems, dann sollten Sie sich zunächst überlegen, auf welcher Partition welcher Festplatte welches Verzeichnis liegen soll. Die Abbildung zeigt eine Installation, bei der das Wurzelverzeichnis im Dateisystem */dev/sda1* liegt, das Heimatverzeichnis */home* mit den Anwenderdaten wurde auf ein separates Dateisystem */dev/sda5* geschafft.

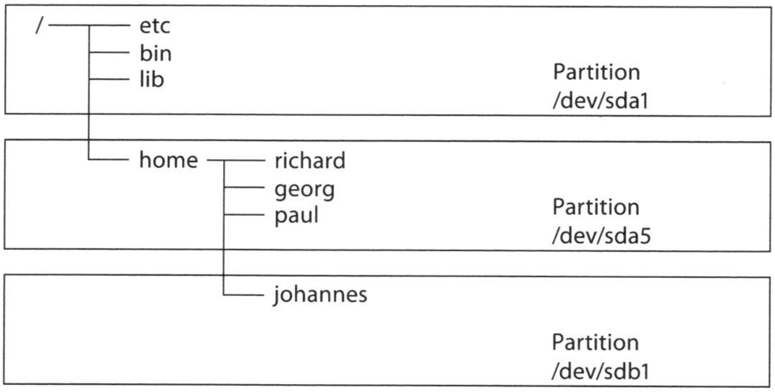

Abbildung 6.1 Partitionseinbindung in den Verzeichnisbaum

Wir können annehmen, dass der Benutzer johannes wohl ein paar Daten mehr hat. Darum hat man sein Verzeichnis auf eine neue Festplatte ausgelagert. Das Dateisystem liegt auf */dev/sdb1*. Für das kurzzeitige Einhängen eines Dateisystems in den Verzeichnisbaum verwendet man den Befehl `mount`. Wir gehen mal davon aus, dass das Wurzelverzeichnis bereits vom Installationsprogramm eingehängt wurde und dass es ein Verzeichnis */home* schon gibt:

```
# mount /dev/sda5 /home
```

Warnung

Sollte es schon Benutzerverzeichnisse in */home* gegeben haben, wären die nun verschwunden. Ein Dateisystem verdeckt alle Dateien, die in dem Verzeichnis lagen, in das es eingehängt wird.

Nun wird das Verzeichnis für johannes angelegt und die erste Partition der zweiten Festplatte dort eingehängt.

```
# mkdir /home/johannes
# mount /dev/sdb1 /home/johannes
```

Aber beim nächsten Neustart des Systems sind die `mount`-Befehle vergessen und Sie müssen sie erneut ausführen.

Der Computer soll sich doch selbst merken, wo seine Dateisysteme eingehängt sind. Und dies tut er auch in der Konfigurationsdatei */etc/fstab*. Die erste Konfiguration schreibt bereits das Installationsprogramm in die Datei. Der Administrator wird sie immer dann ändern, wenn neue Festplatten und damit Dateisysteme hinzukommen.

```
# /etc/fstab
/dev/sda1       /               ext4  defaults 1 1
/dev/sda5       /home           ext4  defaults 1 2
/dev/sdb1       /home/johannes  ext4  defaults 1 3
```

Sie können also jede Zeile dieser Datei als Parameterliste des `mount`-Befehls verstehen, der beim Booten ausgeführt wird. Die erste Spalte enthält die Dateisysteme. Es folgen die Verzeichnisse, in die sie eingehängt werden sollen. Diese Verzeichnisse müssen existieren und sollten leer sein. Die dritte Spalte gibt den Typ des Dateisystems an. Es folgt eine Spalte, die Optionen aufnehmen kann. Hier steht einfach `defaults`, wenn keine besonderen Anforderungen vorliegen.

Die erste Zahl ist eine 1, wenn die Partition für die Datensicherung vorgesehen ist. Das Programm `dump` (siehe Abschnitt 7.4) berücksichtigt beispielsweise diesen Eintrag. Die letzte Zahl gibt an, in welcher Reihenfolge die Dateisysteme beim Booten geprüft werden sollen. Steht hier eine 0, wird das Dateisystem gar nicht geprüft.

Die Funktion der Datei */etc/fstab* kann ohne Reboot vorgeprüft werden, indem Sie den Befehl `mount` mit der Option `-a` anweisen, alle Dateisysteme, die dort aufgeführt sind, einzuhängen:

```
# mount -a
```

Gibt es bei Ausführung dieses Befehls Fehlermeldungen, können Sie davon ausgehen, dass das betroffene Dateisystem bei einem Reboot auch nicht eingehängt werden wird.

Für alle in der Datei */etc/fstab* aufgeführten Dateisysteme gilt, dass sie mit einem vereinfachten `mount`-Befehl eingehängt werden können. Es reicht, als Argument allein den Einhängepfad oder das Dateisystem zu bezeichnen. Den anderen Parameter wird sich `mount` aus der Tabelle holen.

6.3.4 Gerätenamen der Partitionen und UUID

Bisher haben wir die Dateisysteme nach den Partitionen benannt, auf denen sie liegen. Das ist auch ganz praktisch und leicht zu merken. Schwieriger wird es, wenn sich die Reihenfolge der Festplatten plötzlich ändert. Das könnte passieren, wenn Sie eine neue Festplatte einbauen. Dann wäre vielleicht die Partition */dev/sdb1* plötzlich die Partition */dev/sdc1*. Dumm nur, wenn sich darauf das Verzeichnis */usr* befand.

Was man dagegen tun kann, sehen Sie, wenn Sie sich die Datei */etc/fstab* von Ubuntu oder Debian direkt nach der Installation anschauen. Dort werden die Dateisysteme nämlich eindeutig umbenannt.

```
# /dev/sdb1                               /home  ext4 ...
UUID=472bd8b8-5110-448b-b434-edf2b84db5e0  /home  ext4 ...
```

Hier wurde das Dateisystem auf Partition */dev/sdb1* umbenannt. Für den Namen wird eine sogenannte UUID (Universally Unique Identifier) verwendet, eine weltweit eindeutige Kennung. Damit wird immer das richtige Dateisystem auf */home* eingehängt, auch wenn sich die Laufwerksreihenfolge ändert.

Wenn Sie nun selbst eine neue Festplatte einhängen wollen und die UUID des Dateisystems bestimmen wollen, können Sie den Befehl `blkid` verwenden. Sie erhalten sofort eine Übersicht darüber, welche UUID Ihre Dateisysteme haben.

```
# blkid
/dev/sda6: UUID="20f6df1c-5702-4c9f-a76d-b4ed380fd5b7" ...
/dev/sda8: UUID="156e616f-3094-41e4-b72a-7245848e8224" ...
/dev/sda9: UUID="cc99dc54-f907-4317-be6e-93a36e4ffc5b" ...
/dev/sda5: UUID="c34e5165-59c9-4bff-97b7-b70e3789ca45" ...
/dev/sda7: UUID="a693e514-d040-4715-ab3a-861d9fbb1989" ...
/dev/sdb1: UUID="8087a09f-97f2-4fa9-8f0b-abddbc453c3c" ...
/dev/sdc1: LABEL="TrekStor" UUID="5E76-D471" TYPE="vfat"
```

Die Partition */dev/sdc1* enthält übrigens eine FAT-Wechselplatte, die über einen USB-Kontroller angeschlossen ist. Die haben eine etwas kleinere UUID. Hinzu kommt bei manchen Platten ein Label. Das ist der Name, den der Hersteller vergeben hat.

Die Partition auf */dev/sda5* würden Sie nun so in der Datei */etc/fstab* eintragen:

```
UUID=c34e5165-59c9-4bff-97b7-b70e3789ca45   /home ...
```

Falls Ihnen die UUID, die das System bei der Installation zuteilt, so gar nicht gefallen will, können Sie die UUID der Partition nachträglich mit dem Befehl `tune2fs` mit der Option `-U` ändern. Geben Sie das Schlüsselwort `random` an, wenn Sie einfach nur eine andere UUID haben wollen. Wenn Sie die UUID selbst festlegen wollen, müssen Sie sie komplett angeben. Sie sollten allerdings unbedingt vermeiden, jemals zwei gleiche UUIDs in Ihrem System zu haben.

```
# tune2fs -U random /dev/sdb1
tune2fs 1.41.12 (17-May-2010)
# blkid
...
/dev/sdb1: UUID="ef46aa57-dfbd-430f-9587-a71cd7f31f51" ...
...
```

```
# tune2fs -U 8087a09f-97f2-4fa9-8f0b-abddbc453c3c /dev/sdb1
tune2fs 1.41.12 (17-May-2010)
# blkid
...
/dev/sdb1: UUID="8087a09f-97f2-4fa9-8f0b-abddbc453c3c" ...
...
#
```

Hinweis

Wenn Sie einmal eine Linux-Systempartition auf eine andere Festplatte übernehmen müssen, beseitigen Sie spätere Bootprobleme, indem Sie der neuen Partition die UUID der bisherigen Linux-Systempartition per `tune2fs` zuweisen.

Zu guter Letzt können Sie auch den Namen eines ext-Dateisystems mit dem Befehl `e2label` ändern. Vor allem bei externen Festplatten ist das sinnvoll, um sie leichter unterscheiden zu können.

```
# e2label /dev/sdb1 DaSi2014
```

6.3.5 Probleme mit dem Dateisystem? fsck

Ein Dateisystem liefert normalerweise zuverlässig seine Daten. Wie erfreulich dieser Regelfall ist, wird erst dann deutlich, wenn er einmal nicht mehr eintritt. Da der bei einer Zerstörung des Dateisystems entstehende Schaden immens ist, sorgt ein verantwortungsbewusstes Betriebssystem für eine regelmäßige Überprüfung. Je früher ein Problem erkannt wird, desto größer ist die Chance, mit geringen Schäden davonzukommen. Diese Regelprüfung wird in gewissen Abständen beim Booten durchgeführt.

Werden bei dieser Prüfung erhebliche Mängel festgestellt, stoppt der Bootprozess mit einer Fehlermeldung. Darin wird die Gerätebezeichnung des gerügten Dateisystems genannt. Ferner erhält der Administrator einen Eingabeprompt und damit die Gelegenheit, die Festplatte zu renovieren. Das ist der Moment, wo Administratoren zu Recht etwas nervös werden. Sofern Sie nicht bereits ein aktuelles Backup des betroffenen Dateisystems besitzen, sollten Sie nun erst einmal alle erreichbaren Daten sichern.

Zu diesem Zeitpunkt befindet sich das System im Single-User-Modus. Wenn Sie nicht gerade besondere Kenntnisse über den internen Aufbau des Dateisystems besitzen, können Sie nun nur noch hoffen, dass das Programm `fsck` das Dateisystem reparieren kann:

```
# fsck -fy /dev/sda5
```

Die Option `-f` bedeutet, dass das Programm auf jeden Fall die Struktur prüfen soll. Die Option `-y` bewirkt, dass es nicht jedes Mal fragt, ob es wirklich reparieren soll.

Datenblöcke, auf die durch die Reparatur oder durch den Schaden nicht mehr zugegriffen werden kann, werden in das Verzeichnis *lost+found* geschoben, das auf jedem Dateisystem direkt unter deren Wurzelverzeichnis vorhanden ist. Auch Verzeichnisse, die sich nicht mehr zur Wurzel zurückverfolgen lassen, finden sich hier.

Besteht Anlass zu der Vermutung, dass ein Dateisystem nicht konsistent ist, lässt sich `fsck` auch im laufenden Betrieb starten. Allerdings sollte das bei einem mit `umount` abgehängten Dateisystem durchgeführt werden, da vermieden werden muss, dass andere Benutzer parallel darauf zugreifen können. Ist ein Dateisystem betroffen, das sich nicht im laufenden Betrieb aushängen lässt, muss man in den Single-User-Modus (siehe Abschnitt 8.4.2) wechseln und von dort `fsck` starten.

6.3.6 Swap-Partition

Normalerweise wird auf einer Festplatte auch eine Swap-Partition eingerichtet. Sie wird beim Partitionieren mit dem Typ 82 versehen. Den Rest macht die Installation von Debian oder Ubuntu. Dabei wird auch eine Art Dateisystem auf die Swap-Partition gezogen. Sollten Sie einmal in die Verlegenheit kommen, eine solche Swap-Partition selbst einrichten zu müssen, verwenden Sie den Befehl `mkswap`:

```
# mkswap /dev/sda6
```

Damit ist die Swap-Partition betriebsbereit. Mit dem Befehl `swapon` veranlassen Sie das System, die Swap-Partition auch zu benutzen:

```
# swapon /dev/sda6
```

Mit dem Befehl `swapoff` können Sie übrigens das Swapping auch stoppen. Als Argument erwartet das Programm die Swap-Partition:

```
# swapoff /dev/sda6
```

Schließlich werden Sie diese Information gern in der Datei */etc/fstab* hinterlegen wollen. Ein typischer Swap-Eintrag sieht so aus:

```
#/etc/fstab
...
# swap was on /dev/sda7 during installation
UUID=6f5d1e8e-418a-4bb8-aeb8-8ee814d9991a none  swap sw 0 0
```

Sie sehen, dass Sie auch bei Swap-Partitionen eine UUID einsetzen können.

Hintergrund

Die Swap-Partition kommt dann zum Einsatz, wenn das System knapp mit Hauptspeicher ausgestattet ist. Und das ist es eigentlich fast immer. Programme und Daten, die länger nicht gebraucht wurden, werden vom RAM auf die Festplatte in die Swap-Partition ausgelagert. Dafür kann der belegte Hauptspeicher vom System verwendet werden.

Dabei verwendet das System den Hauptspeicher nicht nur für die laufenden Programme, sondern beispielsweise auch als Puffer oder Cache für die Festplattenzugriffe. Da der Zugriff auf den Hauptspeicher etwa 1000 Mal so schnell ist wie der Zugriff auf eine Festplatte, kann es sehr sinnvoll sein, ein selten benötigtes Programm auszulagern, um dessen Speicher zum Beschleunigen der Festplattenzugriffe zu verwenden.

Die Verwendung des Hauptspeichers und des Swap-Bereichs liefert Ihnen beispielsweise das Programm `free`:

```
$ free
             total     used     free  shared buffers   cached
Mem:       6143268  1491400  4651868       0  128048   878300
-/+ buffers/cache:   485052  5658216
Swap:      4883724        0  4883724
```

Altenativ zu `free` können Sie auch das Programm `swapon` mit der Option `-s` aufrufen. Dies liefert darüber hinaus die Information, wo sich die Swap-Partition befindet:

```
 $ swapon -s
Filename        Type         Size     Used  Priority
/dev/sda7       partition    4883724  0     -1
```

Linux verwendet eine Swap-Partition, anders als Windows, das eine Swap-Datei einsetzt. Der Nachteil der Partition ist, dass sie recht starr ist und von vornherein einen festen Bereich der Festplatte blockiert. Der Vorteil ist, dass die Swap-Datei sehr viel ineffizienter ist, weil die Dateizugriffe deutlich langsamer als die Zugriffe auf die Swap-Partition sind.

Zu guter Letzt wird die Swap-Partition auch dazu genutzt, im Falle eines Kernel-Panics, also eines Betriebssystemzusammenbruchs, den Inhalt des kompletten Hauptspeicherinhalts dort zu hinterlegen. Daher stammt die alte Faustregel, dass die Swap-Partition immer so groß sein soll wie der Hauptspeicher. Wenn Sie in der Lage sind, einen solchen Dump zu lesen und daraus die Rückschlüsse zu ziehen, was die Ursache des Kernel-Panics war, sollten Sie diese Regel vielleicht tatsächlich befolgen. Da ich bisher nur sehr selten einen Kernel-Panic überhaupt gesehen habe, halte ich mich auch nicht daran.

6.3.7 Swap-Datei statt Swap-Partition

Falls ein Linux-System installiert werden soll und nur eine Partition frei ist, kann statt einer separaten Swap-Partition auch eine Image-Datei als Swap-Partition eingesetzt werden.

Mit dem Befehl `dd` erzeugen Sie eine Datei mit leerem Inhalt. Die Datei wird 512 MB groß, da sie 1.024 Byte Blockgröße bekommen soll:

```
# dd if=/dev/zero of=/var/swap bs=1024 count=524288
```

Die virtuelle Swap-Partition wird als */var/swap* erzeugt und gleich aktiviert:

```
# mkswap /var/swap
# swapon /var/swap
```

Damit die Swap-Datei auch nach dem nächsten Boot noch da ist, muss ein Eintrag in der Datei */etc/fstab* hinterlassen werden:

```
/var/swap swap swap defaults 0 0
```

6.4 Verbund mehrerer Partitionen

Das Dateisystem ist nicht auf eine Partition begrenzt. Mit ein paar netten Tricks können Sie Partitionen schaffen, die sogar größer als die größte eingebaute Festplatte sind.

6.4.1 Logical Volume Manager

Der Logical Volume Manager (LVM) ermöglicht es, mehrere Partitionen zu einer logischen Partition zusammenzufassen, die dann *Volume* genannt wird. Damit sind Dateisysteme möglich, die größer als die eingebauten Festplatten sind, weil sie Partitionen mehrerer Laufwerke zusammenfassen können.

Ein weiterer Vorteil der Logical Volumes ist, dass Partitionen nachträglich vergrößert oder verkleinert werden können, ohne dabei die Partitionstabelle verändern zu müssen. Es ist sogar möglich, ein darauf eingerichtetes ext-Dateisystem nachträglich zu vergrößern, ohne die darauf befindlichen Daten zu löschen.

Die Partitionen, die zu einer Volume Group zusammengefasst werden sollen, erhalten einen eigenen Partitionstyp mit der Nummer 0x8e für »Linux LVM«. Sie können diese Nummer beim Partitionieren beispielsweise mit `fdisk` einstellen.

Zur Verwaltung der Logical Volumes benötigen Sie die Softwarepakete *lvm-common* und *lvm2*, die Sie mit dem folgenden Befehl nachinstallieren können:

```
# apt-get install lvm-common lvm2
```

Die Erzeugung eines Logical Volumes erfolgt in mehreren Stufen. Zunächst werden die Partitionen zu je einem Volume umgebaut. Die so entstandenen Volumes werden dann zu einer Volume Group zusammengefasst. Aus dieser Volume Group wird daraufhin ein Logical Volume, das anschließend als Basis für ein Dateisystem verwendet werden kann.

Volumes erzeugen

Die Partitionen, die zu einem Volume zusammengefasst werden sollen, werden mit dem Befehl `pvcreate` vorbereitet:

```
# pvcreate /dev/sda7
  Physical volume "/dev/sda7" successfully created
# pvcreate /dev/sdb1
  Physical volume "/dev/sdb1" successfully created
```

Der Befehl `pvscan` sucht auf den angeschlossenen Festplatten nach Partitionen, die für die Volume-Bildung vorbereitet wurden:

```
# pvscan
 PV /dev/sda6                    lvm2 [46,57 GiB]
 PV /dev/sdb1                    lvm2 [46,57 GiB]
 Total: 2 [93,13 GiB]/in use: 0 [0 ]/in no VG: 2 [93,13 GiB]
#
```

Volume Group anlegen

Auf der Basis der Volumes kann nun eine *Volume Group* erzeugt werden. Sie verbindet die einzelnen Volumes zu einem großen Speicherpool, aus dem später die Logical Volumes gebildet werden:

```
# vgcreate volgrp /dev/sda7
  Volume group "volgrp" successfully created
# vgextend volgrp /dev/sdb1
  Volume group "volgrp" successfully extended
#
```

Der Befehl `vgcreate` legt eine Volume Group an. Der erste Parameter ist der Name, unter dem die Gruppe später weiterbearbeitet werden kann, hier *volgrp*. Der zweite Parameter ist die Partition, auf deren Basis die Gruppe entsteht.

Der Befehl `vgextend` erweitert die Volume Group, deren Name als erster Parameter angegeben wird, um eine Partition, deren Bezeichnung den zweiten Parameter stellt.

Analog zu `pvscan` gibt es mit dem Befehl `vgscan` die Möglichkeit, sich alle Volume Groups anzeigen zu lassen:

```
# vgscan
  Reading all physical volumes.  This may take a while...
  Found volume group "volgrp" using metadata type lvm2
#
```

Logical Volume anlegen

Die Volume Group bildet nun quasi einen großen Topf voller Festplattenspeicher, aus dem beliebig viele und beinahe beliebig große Logical Volumes gebildet werden können.

Aus unserer knapp 100 GByte großen Volume Group wird mit dem Befehl `lvcreate` ein Logical Volume mit der Größe von 60 GByte gebildet:

```
#  lvcreate --size 60G --name logvol volgrp
  Logical volume "logvol" created
```

Damit ist das Logical Volume *logvol* auf der Basis der Volume Group *volgrp* eingerichtet worden. Sie können sich auch die Logical Volumes mit den Befehlen `lvscan` und `lvdisplay` näher ansehen:

```
# lvscan
  ACTIVE            '/dev/volgrp/logvol' [60,00 GiB] inherit
# lvdisplay
  --- Logical volume ---
  LV Name                /dev/volgrp/logvol
  VG Name                volgrp
  LV UUID                iDdVbH-CWCh-JXKV-Y0CA-e7j7-Bec1-qsLwwX
  LV Write Access        read/write
  LV Status              available
  # open                 0
  LV Size                60,00 GiB
  Current LE             15360
  Segments               2
  Allocation             inherit
  Read ahead sectors     auto
  - currently set to     256
  Block device           253:0
```

Anschließend kann auf der Basis dieses Logical Volumes ein weiteres Dateisystem eingerichtet werden (zum Einrichten eines Dateisystems siehe Abschnitt 6.3.1):

```
# mkfs /dev/volgrp/logvol
```

Sie können auch ein weiteres Logical Volume einrichten und ebenfalls darauf ein Dateisystem installieren:

```
# lvcreate --size 10G --name logvol2 volgrp
  Logical volume "logvol2" created
# mkfs /dev/volgrp/logvol2
```

Dateisystem einbinden

In der Datei */etc/fstab* wird das Logical Volume wie eine gewöhnliche Partition eingetragen. Damit ist gesichert, dass das Logical Volume auch beim nächsten Reboot noch eingehängt ist.

```
/dev/volgrp/logvol  /media/logvol ext4   defaults    0 2
```

Mit dem Befehl `mount -a` werden alle Einträge in der Datei */etc/fstab* eingehängt. Auf diese Weise können Sie prüfen, ob nach einem Reboot alle Einträge wie gewünscht funktionieren.

Größe verändern

Sie können die Größe eines Logical Volumes nachträglich ändern, auch wenn darauf bereits ein Dateisystem installiert ist. Das Logical Volume */dev/volgrp/logvol* soll im Weiteren von 60 GByte auf 70 GByte vergrößert werden. Zunächst betrachten wir die Ausgangssituation:

```
# mount /dev/volgrp/logvol /mnt
# df
Dateisystem                1K-Blöcke  Benutzt Verfügbar Ben% Eingehängt
/dev/sda1                   48062440  3896928  41724036   9% /
...
/dev/mapper/volgrp-logvol 61927420    53064  58728628   1% /mnt
```

Das Volume ist also etwa 60 GByte groß. Nun wird es mit dem Befehl `lvextend` auf 70 GByte erweitert. Der Befehl `lvscan` zeigt, dass dieser Vorgang erfolgreich war. Dagegen zeigt der Befehl `df`, dass sich das noch nicht auf das Dateisystem durchgeschlagen hat:

```
# lvextend -L 70G /dev/volgrp/logvol
  Extending logical volume logvol to 70,00 GiB
  Logical volume logvol successfully resized
# lvscan
  ACTIVE            '/dev/volgrp/logvol' [70,00 GiB] inherit
  ACTIVE            '/dev/volgrp/logvol2' [10,00 GiB] inherit
# df
Dateisystem  1K-Blöcke  Benutzt Verfügbar Ben% Eingehängt auf
...
/dev/mapper/volgrp-logvol
              61927420    53064  58728628   1% /mnt
```

Für die Erweiterung muss das Dateisystem zunächst aus dem Verzeichnisbaum ausgehängt werden. Daraufhin wird sicherheitshalber das Dateisystem auf Fehler untersucht.

Mit dem Befehl `resize2fs` wird das Dateisystem auf die maximale Größe des Logical Volumes erweitert. Nun kann es wieder eingehängt werden, und der Befehl `df` zeigt, dass der Speicher dem System jetzt zur Verfügung steht:

```
# umount /mnt
# fsck -f /dev/volgrp/logvol
# resize2fs /dev/volgrp/logvol
# mount /dev/volgrp/logvol /mnt
# df
Dateisystem  1K-Blöcke  Benutzt Verfügbar Ben% Eingehängt auf
...
/dev/mapper/volgrp-logvol
               72248648    53012  68525620   1% /mnt
```

Auch mit dem Befehl `vgdisplay` können Sie sich den Speicherplatz einer Volume Group anzeigen lassen.

Beenden und Auflösen

Um das Logical Volume zu beenden, verwenden Sie den Befehl `vgchange -a n`. Dieser bewirkt, dass das System beim Kernel abgemeldet wird. Vorher müssen Sie natürlich alle Dateisysteme, die auf dem Logical Volume installiert sind, aus dem Verzeichnisbaum aushängen.

```
# umount /dev/volgrp/logvol
# vgchange -a n
```

Sie können ein Logical Volume mit dem Befehl `lvremove` entfernen. Auch dazu muss natürlich jedes Dateisystem aus dem Verzeichnisbaum ausgehängt sein:

```
# umount /dev/volgrp/logvol
# lvremove /dev/volgrp/logvol
```

Zum Entfernen einer Volume Group wird diese zunächst mit dem Befehl `vgchange` auf inaktiv gesetzt. Anschließend kann sie dann mit dem Befehl `vgremove` entfernt werden:

```
# vgchange -a n /dev/volgrp
# vgremove /dev/volgrp
```

6.4.2 RAID-Systeme

RAID ist ein Verfahren, bei dem mehrere Festplatten zu einer logischen Festplatte zusammengefasst werden. Durch Verzicht auf eine gewisse Kapazität wird eine Redundanz geschaffen, die einen Weiterbetrieb erlaubt, auch wenn eine Festplatte ausfällt. Durch die Verteilung der Festplattenzugriffe auf mehrere physische Laufwerke kann darüber hinaus auch eine Performancesteigerung erreicht werden.

Während früher diese Technik mit teuren Spezial-Controllern nur den großen Rechenzentren vorbehalten war, gibt es heute bereits Computer mit eingebautem RAID. Bevor wir genauer schauen, was davon zu halten ist, betrachten wir die verschiedenen RAID-Level.

1 Die einfachste Redundanz wird bei RAID 1 durch das Spiegeln zweier Platten erreicht. Stirbt eine der beiden Platten, kann die andere noch die Daten liefern. Die Kosten sind relativ hoch, in der Geschwindigkeit ist beim Schreiben ein Verlust zu beklagen.

5 Drei bis fünf Festplatten werden bei RAID 5 so miteinander verbunden, dass jederzeit eine Festplatte ausfallen kann. Stellt der Controller fest, dass eine Festplatte zerstört ist, liefern die verbleibenden Festplatten deren Inhalt, bis der Administrator die defekte Festplatte durch eine neue ersetzt. Daraufhin wird deren Inhalt wieder hergestellt. Durch die Verteilung der Daten auf verschiedene Festplatten sind beim Lesen weniger Kopfbewegungen erforderlich, sodass sogar eine gewisse Duchsatzsteigerung erreicht wird.

0 Die Steigerung der Performance ließ die Idee aufkommen, den Inhalt so auf zwei Festplatten zu verteilen, dass abwechselnd auf sie zugegriffen wird. Dies wird als *Striping* bezeichnet. So wird die Geschwindigkeit erhöht. Allerdings gibt es hier keine Redundanz. Im Gegenteil sorgt der Ausfall einer Festplatte dafür, dass die Daten beider Festplatten zerstört sind.

10 Schließlich wurde der RAID-Level 10 eingeführt, der eine Kombination aus RAID 0 und RAID 1 darstellt. Das Striping von RAID 0 erhöht die Geschwindigkeit, die Spiegelung von RAID 1 die Sicherheit. Natürlich ist RAID 10 dem RAID 5 unterlegen, hat aber den Charme, dass man dazu nur zwei und nicht drei bis fünf Festplatten benötigt.

Klassischerweise wird ein RAID-System durch einen Controller gebildet, der die Details des RAIDS gegenüber der Hardware des Computers verbirgt. Ein »echter« RAID-Controller verbindet die angeschlossenen Festplatten zu einem Verbund, der aus Sicht des Mainboards wie eine einzige Festplatte aussieht. Dazu benötigt der Controller eine CPU und eigenen Speicher.

Die billigere Lösung sind die sogenannten Fake-RAID-Systeme, die Sie bereits bei einigen Mainboards eingebaut vorfinden. Hier können die SATA-Anschlüsse durch das BIOS zu einem RAID-System gekoppelt werden. Die logische Steuerung wird aber dem Betriebssystem überlassen. Typischerweise wird ein Windows-Treiber mitgeliefert, der dann erst aus den Festplatten das RAID bildet. Es ist also eigentlich ein Software-RAID.

Linux baut sich ein Software-RAID

Für Linux gibt es einen solchen Treiber schon deshalb nicht, weil Linux bereits von Haus aus ein RAID-System bilden kann. Hierbei wird ähnlich vorgegangen, wie Sie das bereits bei den Logical Volumes gesehen haben. Dazu benötigt Linux nicht einmal die Unterstützung des BIOS und kann darum sein RAID auch auf der Ebene der Partitionen aufsetzen. Das hat vor allem dann seine Vorteile, wenn man sehr unterschiedlich große Festplatten einsetzen will.

Linux unterstützt schon seit Langem den Einsatz von RAID ohne spezielle Hardware. Dabei können gewöhnliche Partitionen in einen RAID-Verbund genommen werden, und die Treibersoftware übernimmt die Verwaltung des RAIDs. Damit wird auch schon ein Unterschied deutlich: Während ein Hardware-RAID die Festplatten miteinander verbindet und darauf die Partitionierung aufsetzt, werden Software-RAIDs erst auf der Ebene der Partitionen gebildet. Auf den nicht ins RAID eingebundenen Partitionen können beliebige fremde Betriebssysteme parallel installiert werden.

Beim Installieren einrichten

Bereits bei der Installation von Debian können Sie sehr bequem einen RAID-Verbund einrichten. Bei der manuellen Partitionierung geben Sie bei den Partitionen, die in den Verbund aufgenommen werden sollen, statt des Dateisystemtyps oder des Typs Swap das Attribut »Partition als RAID Volume markieren« an.

In der Übersicht des Partitionierungsprogramms der Debian-Installation sehen Sie den Punkt SOFTWARE-RAID INSTALLIEREN. Hier wird Ihnen angeboten, ein MD-Gerät zu erstellen. Sie werden gefragt, welchen RAID-Level Sie verwenden wollen und welche der als RAID-Volume markierten Partitionen eingebunden werden sollen. Sobald Sie FERTIGSTELLEN auswählen, finden Sie in der Partitionsübersicht eine RAID-Partition, die Sie – wie jede andere Partition auch – mit einem ext4-Dateisystem einrichten und in den Verzeichnisbaum einbinden können.

RAID-System nachträglich einrichten

Für die Arbeit mit Software-RAID müssen Sie das Paket *mdadm* installieren. Es ist nicht Bestandteil der Standardinstallation, sofern Sie nicht bereits bei der Installation ein RAID-System eingerichtet haben:

```
# apt-get install  mdadm
```

Die Partitionen, die mit ins RAID sollen, benötigen den Typ `fd` für »Linux raid autodetect«. Starten Sie also `fdisk` und ändern Sie deren Typ mit dem Befehl `t`.

Die Einrichtung und Administration des RAIDs erfolgt über das Programm `mdadm`. Die Option `--create` richtet einen RAID-Verbund ein. Anschließend wird das Device benannt, über das der RAID-Verbund später angesprochen wird. Die Option `--level=x` richtet den RAID-Level ein. Danach wird noch die Liste der einzubindenden Partitionen benötigt. Im Parameter `--raid-devices=x` steht das x für die Anzahl der verwendeten Partitionen, die gleich im Anschluss aufgezählt werden.

Beispiel: RAID einrichten

Der folgende Befehl richtet eine Gerätedatei */dev/md0* für ein RAID-5-System ein und beteiligt die drei Partitionen */dev/sdc1 /dev/sdd1* und */dev/sde1*. Der erste Befehl ist zu lang für die Breite einer Buchseite. Aber zum Glück kann man ja die Eingabe in der nächsten Zeile fortsetzen, wenn man an das Ende der Zeile einen Backslash setzt.

```
# mdadm --verbose --create /dev/md0 --level=5 \
              --raid-devices=3 /dev/sdc1 /dev/sdd1 /dev/sde1
mdadm: layout defaults to left-symmetric
mdadm: chunk size defaults to 64K
mdadm: layout defaults to left-symmetric
mdadm: layout defaults to left-symmetric
mdadm: layout defaults to left-symmetric
mdadm: size set to 117185984K
mdadm: array /dev/md0 started.
#
```

Die Option `--verbose` sorgt dafür, dass der Befehl ein wenig geschwätzig wird.

Schauen wir uns eine andere Konfiguration an: Der folgende Befehl erzeugt einen RAID-1-Verbund, also eine Spiegelung über zwei Partitionen, die aus naheliegenden Gründen in etwa gleich groß sein sollten:

```
mdadm --create /dev/md1
      --level=mirror
      --raid-devices=2 /dev/sde1 /dev/sdf1
```

Dateisystem auf dem RAID aufsetzen

Damit sind die Partitionen quasi zu einer neuen Partition zusammengebunden, die über mehrere Festplatten geht. Um diese Partition zu nutzen, muss das Dateisystem darauf eingerichtet werden. Das geschieht auf dem üblichen Wege mit dem Befehl `mkfs`:

```
# mkfs.ext4 /dev/md0
```

Sie können nun das neu geschaffene Dateisystem mit dem Befehl `mount` in den Verzeichnisbaum einhängen. Als Gerätedatei wird hier das RAID verwendet:

```
# mount /dev/md0 /mnt
```

Die Konfigurationsdatei

Bei Systemstart wird der RAID-Verbund erkannt, wenn er in der Konfigurationsdatei */etc/mdadm/mdadm.conf* aufgeführt wird. Das Erstellen dieser Datei kann durch den Befehl `mdadm` automatisiert werden:

```
# mdadm --detail --scan >> /etc/mdadm/mdadm.conf
```

In der Datei *mdadm.conf* finden Sie nun folgende Zeilen:

```
ARRAY /dev/md0 level=raid5 num-devices=3 metadata=0.90 UUID=...
ARRAY /dev/md1 level=raid1 num-devices=2 metadata=0.60 UUID=...
```

Die UUID habe ich weggelassen, da sie aus naheliegenden Gründen bei jedem Rechner etwas anders ist.

Nun können Sie den Verbund wie ein normales Dateisystem behandeln. Einen RAID-Verbund wird wohl niemand einrichten, um ihn nicht dauerhaft einzubinden. Entsprechend sollte auch ein Eintrag in der Datei */etc/fstab* erfolgen. Das folgende Beispiel zeigt die Zeile, die den RAID-Verbund für die Benutzerverzeichnisse einrichtet:

```
/dev/md0      /home     ext4    defaults    1 2
/dev/md1      /var      ext4    defaults    1 3
```

Stopp und Start

Sie können einen RAID-Verbund stoppen. Dazu muss er natürlich zuvor aus dem Verzeichnisbaum ausgehängt sein. Dies erreichen Sie mit dem Befehl `umount`. Den RAID-Verbund selbst stoppen Sie mit dem folgenden Befehl:

```
# mdadm --stop /dev/md0
```

Der gestoppte Verbund wird beim nächsten Reboot wieder starten. Sie können ihn aber auch von Hand mit dem folgenden Befehl starten:

```
# mdadm -As /dev/md0
```

mdadm-Bug nach dem Reboot

Leider gibt es ein Problem mit dem Namen der Gerätedateien, das nach einem Reboot auftreten kann. Nach dem Reboot ist zwar wieder ein RAID-Verbund vorhanden, aber der Name der Gerätedatei ändert sich. Bei meinen Experimenten wurde die Gerätedatei nach dem Reboot als */dev/md/0_0* angesprochen. Dass dies nicht mit dem Eintrag in der Datei */etc/fstab* harmonieren würde, war naheliegend. Also habe ich die Einträge dort und in der Datei */etc/mdadm/mdadm.conf* auf *md/0_0* angepasst. Beim nächsten Boot wurde plötzlich aus *md/0_0* der Eintrag *md/127_0*. Auch dies habe ich geändert. Danach blieb der Name allerdings erhalten und auch nach beliebig häufigem Rebooten wurde das RAID immer wieder korrekt eingebunden. Es mag sein, dass dieser Bug in den Folgeversionen von mdadm bereits beseitigt ist, wenn Sie diesen Text lesen.

In der ersten Zeile der Datei */etc/mdadm/mdadm.conf* wurde der Eintrag von md0 nach md/0_0 und später nach md/127_0 geändert. So steht dann in der ersten Zeile:

```
ARRAY /dev/md/0_0 level=raid5 num-devices=3 metadata=0.90 \
     UUID=8706110a:4d667865:6e2dca87:51faa8b5
```

6.5 Festplatten haben begrenzte Kapazitäten

Auch die beste Festplatte ist irgendwann einmal voll. Gut, wenn Sie als Administrator dies merken, bevor es zu spät ist. Und ganz egal, wann Sie es merken: Sie müssen wohl dafür sorgen, dass das abgestellt wird. Eine neue Festplatte muss eingebunden werden.

6.5.1 Belegung ermitteln: df und du

Volle Festplatten sind ein Ärgernis. Darum sollten Sie darauf achten, dass es gar nicht erst so weit kommt. Ist eine Festplatte fast voll, werden neue Dateien in die Löcher gestopft, die durch Löschen alter Dateien überall entstanden sind. Es gibt also auch einen Performance-Aspekt. Und so teuer sind Festplatten ja nun auch nicht.

Die Belegung einer Festplatte wird durch den Befehl df (disk free) ermittelt. Er zeigt alle eingehängten Dateisysteme mit ihrer Gesamtgröße, ihrem Füllgrad und der verfügbaren Größe an. Und damit man nicht selbst rechnen muss, wird sogar die prozentuale Belegung angezeigt.

```
$ df
Dateisystem  1K-Blöcke   Benutzt Verfügbar Verw% Eingehängt auf
/dev/sda1     24034448   8809192  14004344   39% /
udev           1016440         4   1016436    1% /dev
tmpfs           410100      1804    408296    1% /run
none              5120         0      5120    0% /run/lock
none           1025248       156   1025092    1% /run/shm
/dev/sda7    191019692 118601416  62715008   66% /home
```

Sie sehen in der linken Spalte, dass nicht nur reale Dateisysteme angezeigt werden, die ihren Ort auf Festplattenpartitionen haben, sondern auch interne Strukturen. Wir interessieren uns hier allerdings nur für Letztere. Sie sehen hier eine einfache Verteilung eines Linux-Systems, das nur eine Festplatte verwendet.

Hier sind alle Belegungen in Ordnung. Aber wenn eine Partition doch voll wird, stellt sich die Frage, wofür der meiste Platz verbraucht wird, wo also die neue Festplatte eingehängt werden kann, damit das Wachstum nicht doch noch an die Grenze einer Partition stößt.

Hier hilft der Befehl `du` (disk usage). Er zeigt ausgehend vom aktuellen Pfad alle Verzeichnisse und deren Unterverzeichnisse mit dem Platz, den sie belegen. In den meisten Fällen hätten Sie aber gern eine Summe der Unterverzeichnisse, die Sie mit der Option `-s` erhalten. So liefert der folgende Befehl eine Aufstellung, welche Benutzer wie viel Platz beanspruchen. Die Option `-h` (human readable) zeigt die Dateigrößen nicht nur in Byte, sondern auch in KByte, MByte und TByte.

```
# du -sh /home/*
```

Sollte ein Benutzer aus dem Rahmen fallen, kann man dessen Verzeichnisse noch einmal mit einem weiteren `du` betrachten und so erkennen, ob er so viel arbeitet oder alle Neuerscheinungen seiner Videothek speichert.

6.5.2 Beispielszenario: Plattenplatz für Benutzerdaten

Lassen Sie uns anhand eines typischen Beispiels die wichtigsten Befehle und Abläufe beim Umgang mit Festplatten durchgehen. Der Festplattenplatz reicht nicht. Es muss eine neue Festplatte her. Die haben Sie bereits besorgt, eingebaut und wollen sie Ihrem Server zur Verfügung stellen.

Wenn bisher nur eine Platte im System eingebunden war, konnte jene über die Gerätedatei */dev/sda* erreicht werden. Die neue Platte dürfte dann als */dev/sdb* ansprechbar sein. Prüfen Sie also erst einmal Ihre Situation! Welche Gerätedateien gibt es?

```
$ ls /dev/sd*
/dev/sda  /dev/sda2 /dev/sda6 /dev/sda8 /dev/sdb  /dev/sdc
/dev/sda1 /dev/sda5 /dev/sda7 /dev/sda9 /dev/sdb1 /dev/sdc1
```

Nanu? Wo kommt denn */dev/sdc1* her? Ah! Steckt da noch ein USB-Stick im Gerät? Schauen Sie sich zunächst die Situation der Plattenbelegung mit dem Befehl `df` an:

```
$ df
Dateisystem  1K-Blöcke   Benutzt Verfügbar Ben% Eingehängt
/dev/sda5     28834716   7754508  19615484  29% /
tmpfs           900240         0    900240   0% /lib/init/rw
udev            895544       244    895300   1% /dev
tmpfs           900240         0    900240   0% /dev/shm
/dev/sda9     98007856  85061756   7967560  92% /home/common
/dev/sdc1   1464420928 873022672 591398256  60% /media/aw1
```

Von der ersten Platte ist *sda5* die Bootpartition. Das Dateisystem auf *sda9* wird offenbar als Datenpartition verwendet. Sie hängt unterhalb des Verzeichnisses */home*, vermutlich damit sie in die Datensicherung einbezogen wird. Die Partition *sdb1* fehlt. Komisch: Die Festplatte ist doch eingebaut!

Dafür ist die Partition *sdc1* unterhalb des Verzeichnisses */media* eingehängt. Das ist typisch für externe USB-Medien, die beim Einstecken eingehängt werden. Sie scheint auch intensiv genutzt zu werden. Mit einer Größe von etwa 1,5 TB ist es kein USB-Stick, sondern eher eine externe USB-Festplatte. Ich kann sogar feststellen, dass es sich um eine 3,5-Zoll-Festplatte handelt. Das liegt allerdings daran, dass ich die Festplatte sehen kann, weil sie direkt neben meinem Computer steht.

Aber was ist mit der Partition *sdb1*? Die erscheint dort schlicht deshalb nicht, weil sie nicht eingehängt wurde.

Zunächst muss die Festplatte partitioniert werden. Dafür ist das Programm `fdisk` zuständig. Als Parameter erwartet es die Gerätedatei der Festplatte. Wir gehen davon aus, dass dies die zweite Festplatte in Ihrem System ist, und Sie haben das natürlich vorher geprüft. Dann erreichen Sie die Festplatte über die Gerätedatei */dev/sdb*:

```
# fdisk /dev/sdb


Die Anzahl der Zylinder für diese Platte ist auf 60801
gesetzt. Daran ist nichts verkehrt, aber das ist größer
als 1024 und kann in bestimmten Konfigurationen Probleme
hervorrufen mit:
1) Software, die zum Bootzeitpunkt läuft (z. B. ältere
   LILO-Versionen)
2) Boot- und Partitionierungssoftware anderer Betriebssysteme
   (z. B. DOS FDISK, OS/2 FDISK)

Befehl (m für Hilfe):
```

Hier geben Sie zunächst `p` ein, um die Platte zu betrachten. Sollten Sie hier noch Partitionen finden, haben Sie vielleicht die alte Festplatte von Tante Frida erwischt. Dann sollten Sie sie fragen, ob sie noch Verwendung für die Daten hat. Wenn Sie Tante Frida sowieso nie leiden konnten, können Sie die Partitionen mit dem Befehl `d` löschen. Als Parameter fordert der Löschbefehl die Partitionsnummer, die Sie in der Übersicht sehen, wenn Sie `p` eingeben. Hatte die Festplatte nur eine Partition, wird keine Rückfrage gestellt.

Wenn die Festpatte leer ist, legen Sie eine neue Partition an. Dazu geben Sie den Befehl `n` an. Nun will das Programm wissen, ob Sie eine primäre (p) oder eine logische (l) Partition wünschen. Diese Frage beantworten Sie mit `p`. Für die erste Partition ist eine primäre Partition durchaus sinnvoll.

```
Befehl (m für Hilfe): n
Befehl  Aktion
   l      Logische Partition (5 oder größer)
   p      Primäre Partition (1-4)
```

Das Programm erfragt nun einige Details. Da die Festplatte ansonsten leer ist, bietet sich 1 als Partitionsnummer an. Es schlägt als ersten Zylinder für die Partition wiederum 1 vor, was Sie akzeptieren sollten. Als letzten Zylinder wird der größtmögliche angeboten. Da die Festplatte nicht weiter unterteilt werden soll, nehmen Sie, was Sie bekommen können. Nun schauen Sie noch einmal mit dem Befehl `p` nach, ob das Ergebnis in Ordnung ist:

```
Partition number (1-4): 1
First cylinder (1-30401, default 1):
Using default value 1
Last cylinder, +cylinders or +size{K,M,G}
                                  (1-30401, default 30401):
Using default value 30401

Command (m for help): p

Disk /dev/sdb: 250.1 GB, 250059350016 bytes
255 heads, 63 sectors/track, 30401 cylinders
Units = cylinders of 16065 * 512 = 8225280 bytes
Sector size (logical/physical): 512 bytes / 512 bytes
I/O size (minimum/optimal): 512 bytes / 512 bytes
Disk identifier: 0xecf4f18a

   Device Boot    Start         End      Blocks   Id  System
/dev/sdb1             1       30401   244196001   83  Linux

Command (m for help):
```

Mit der Id 83 ist die Partition als Linux-Partition gekennzeichnet. Hätten Sie ein Windows-kompatibles Dateisystem benötigt, hätten Sie mit dem Befehl `t` der Partition noch die `Id 0c` zuweisen müssen. Das ist aber für unsere Zwecke nicht sinnvoll. Mit dem Befehl `w` schreiben Sie die Partitionstabelle auf die Festplatte. Nun sind Tante Fridas Daten für immer verloren.[1] Sollten Sie unsicher sein, können Sie `fdisk` mit dem Befehl `q` wieder verlassen. Dann wird nichts geschrieben, und Sie können neu beginnen, als sei nichts gewesen.

1 Das ist nicht die ganze Wahrheit. Noch ist nur die alte Partitionstabelle gelöscht. Die eigentlichen Datenblöcke sind noch vorhanden, aber nicht mehr so einfach zu erreichen.

Durch die Partitionierung existiert eine Partition, die über die Gerätedatei */dev/sdb1* erreichbar ist. Damit dort Dateien abgelegt werden können, müssen Sie ein Dateisystem erzeugen. Das übernimmt der Befehl `mkfs`. Für eine Linux-Partition eignet sich das Dateisystem ext4:

```
# mkfs.ext4 /dev/sdb1
```

Der Befehl `mkfs` (siehe Abschnitt 6.3.1) legt Strukturen und Verzeichnisse an, damit Dateien im Dateisystem abgelegt werden können. Es erscheinen darum auf dem Bildschirm einige Meldungen, die Sie ignorieren können, sofern sie nicht wie Fehlermeldungen aussehen. Das Dateisystem kann nun wie die Partition über die Gerätedatei */dev/sdb1* angesprochen werden.

Die Festplatte ist partitioniert und formatiert. Sie kann nun dauerhaft genutzt werden. Aber an welcher Stelle des Dateisystems soll die Festplatte eingebunden werden? Der naheliegendste Schnitt bei der Aufteilung der Daten ist der zwischen Benutzer- und Systemdaten. Die Benutzerdaten liegen im Verzeichnis */home*. Also muss die neue Festplatte dort eingehängt werden. Zuvor müssen aber alle bisher dort liegenden Daten auf die neue Festplatte übertragen werden. Dazu wird die Festplatte am temporären Einhängepunkt */mnt* eingehängt:

```
# mount /dev/sdb1 /mnt
```

Aber halt!

Sie erinnern sich an die Ausgabe des Befehls `df`? Da war das Verzeichnis */home/common* auf das Dateisystem */dev/sda9* eingehängt. Nun stellt sich die Frage, was damit passieren soll. Soll das Verzeichnis mitkopiert werden? Dann muss anschließend der Eintrag für */home/common* aus der Datei *fstab* entfernt werden. Das Dateisystem */dev/sda9* können Sie dann für andere Zwecke nutzen. Sollen die Daten dagegen auf */dev/sda9* bleiben, müsste es für die Kopie kurz ausgehängt werden, damit dessen Inhalt nicht auch auf die neue Festplatte übernommen wird.

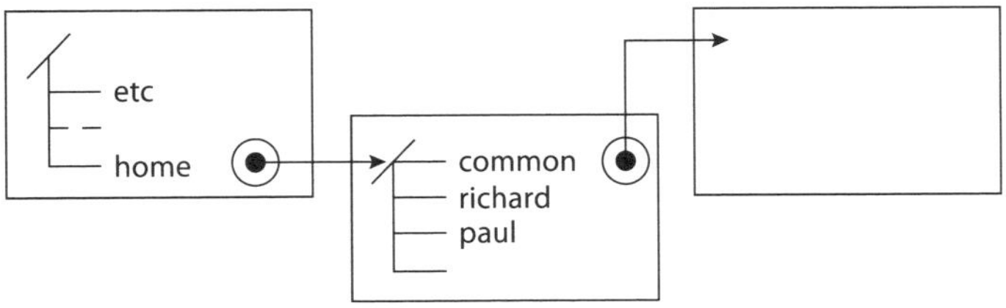

Abbildung 6.2 Abhängigkeit zwischen sda7, sdb1 und sda9

Nun müssen alle Dateien unter Beibehaltung aller Rechte und Eigenschaften auf die neue Platte kopiert werden. Dazu eignet sich am besten eine Kopie über den Befehl `tar` (siehe Abschnitt 4.7.3).

Hinweis

Bevor Sie kopieren, sollten Sie dafür sorgen, dass Sie nicht über einen Desktop angemeldet sind, weil dieser ja einige Dateien offen hat, die Sie jetzt gerade übertragen wollen. Also: Abmelden! Tippen Sie die Tastenkombination Strg + Alt + F2 und melden Sie sich dann noch einmal an! Unter Ubuntu sofort nach dem Einloggen durch `sudo -s` root werden!

```
# cd /home
# tar cf - . | ( cd /mnt ; tar xf - )
```

Je nachdem, welchen Umfang diese Daten haben, dauert es seine Zeit, bis die Daten auf die zweite Festplatte kopiert worden sind. Nun kann sie wieder ausgehängt werden:

```
# umount /dev/sdb1
```

Zunächst muss das bisherige Verzeichnis */home* weichen. Um sich einen Weg zurück zu ermöglichen, ist es klug, zunächst einmal das alte Verzeichnis umzubenennen. So kann man es jederzeit wieder zurückholen. Anschließend wird ein neues Verzeichnis */home* angelegt, an dem das neue Dateisystem eingehängt werden soll:

```
# mv /home /home.alt
# mkdir /home
```

Nun muss dafür gesorgt werden, dass die neue Platte beim Booten jeweils ihren Platz im Verzeichnis */home* einnimmt. Dies wird in der Datei */etc/fstab* eingetragen. Am Ende der Datei tragen Sie die folgende neue Zeile ein:

```
/dev/sdb1        /home     ext4     errors=remount-ro 0 0
```

Falls Sie jedoch noch immer das Dateisystem */dev/sda9* am Verzeichnis */home/common* einhängen, muss das Einhängen von */home* in der Datei *fstab* vorher stehen.

Nachdem das Dateisystem mit seinem Zielverzeichnis in der Datei *fstab* eingetragen ist, benötigen Sie für den Befehl `mount` nur noch das Dateisystem als Parameter:

```
# mount /dev/sdb1
```

Anschließend sollte das Dateisystem ordentlich im Verzeichnis */home* eingehängt sein. Nun können Sie es auch wieder wagen, das System neu zu starten. Wenn Sie alles getestet haben und sich sicher sind, dass alle Benutzer ihre Dateien noch haben, können Sie die alten Benutzerdateien von der alten Festplatte entfernen:

```
# rm -rf /home.alt
```

Die neue Festplatte verteilen

Bisher wurde die neue Festplatte komplett in einem Verzeichnis eingehängt. Durch den Einsatz von symbolischen Links (siehe Abschnitt 5.2.4) kann der neue Speicher flexibel aufgeteilt werden.

Stellen Sie sich folgende Ausgangssituation vor: Der Festplattenplatz für die Programmierer geht zur Neige. Die neue Festplatte soll nur den Programmierern zur Verfügung stehen, da die Erfahrung gezeigt hat, dass die anderen Anwender jeden ihnen zur Verfügung gestellten Platz sofort mit allerei Dateien füllen, die sie im Internet oder in einigen dieser lustigen Rund-Mails finden.

Die Programmierer haben die Benutzernamen *johannes* und *richard*. Deren Benutzerverzeichnisse sollen also auf die neue Platte gelegt werden, ohne dass sich dabei für die anderen Benutzer etwas ändert.

Da die Festplatte nicht einen kompletten Verzeichnisast ersetzen soll, muss sie an einem »neutralen« Punkt eingehängt werden. Das Verzeichnis */mnt* empfiehlt sich nicht. Es sollte für kurzfristige Zwecke frei bleiben. Man könnte das Verzeichnis */media* wählen, in dem auch das CD-Laufwerk oder USB-Sticks eingehängt werden. Die Alternative bildet ein Verzeichnis unterhalb von */home*. In diesem Beispiel wird die neue Festplatte unter */media/prg* eingehängt. Zunächst benötigen Sie das Verzeichnis:

```
# mkdir /media/prg
```

Nun wird der Eintrag in der Datei */etc/fstab* durchgeführt, damit die Festplatte auch nach dem nächsten Booten noch vorhanden ist:

```
/dev/sdb1  /media/prg  ext4  errors=remount-ro 0 0
```

Anschließend hängen Sie mit dem Befehl `mount` die Festplatte ein. Dieses Mal verwenden wir die Option `-a`, die bewirkt, dass alle in der Datei *fstab* eingetragenen Dateisysteme eingehängt werden:

```
# mount -a
```

Prüfen Sie noch einmal mit dem Befehl `df`, ob alles geklappt hat. Nun können auf der neuen Festplatte die Verzeichnisse für die Programmierer angelegt werden. Bei der Gelegenheit können sie gleich die richtigen Eigentümer erhalten:

```
# mkdir /media/prg/johannes
# chown johannes /media/prg/johannes
# mkdir /media/prg/richard
# chown richard /media/prg/richard
```

Nun werden per tar-Kopie die Inhalte der Verzeichnisse übernommen:

```
# cd /home/johannes
# tar cf - . | ( cd /media/prg/johannes ; tar xf - )
# cd /home/richard
# tar cf - . | ( cd /media/prg/richard ; tar xf - )
```

Die alten Benutzerverzeichnisse werden umbenannt und stattdessen symbolische Links auf die neuen Verzeichnisse gelegt:

```
# cd /home
# mv johannes old.johannes
# ln -s /media/prg/johannes /home/johannes
# mv richard old.richard
# ln -s /media/prg/richard /home/richard
```

Alternativ können Sie natürlich durch Änderung in der Datei */etc/passwd* oder auch mit dem Befehl usermod den Pfad des Heimatverzeichnisses ändern:

```
# usermod -d /media/prg/johannes johannes
# usermod -d /media/prg/richard richard
```

Nun sollte noch einmal geprüft werden, ob alles stimmt. Wenn sich die Programmierer problemlos einloggen können und Änderungen an Dateien auch auf der neuen Festplatte erfolgen, können die alten Verzeichnisse entfernt werden:

```
# cd /home
# rm -rf old.johannes
# rm -rf old.richard
```

Wenn das Verzeichnis */home* in die Datensicherung einbezogen wird, kann es sein, dass nach dieser Änderung ein Problem entsteht.

Wenn die Datensicherung den symbolischen Link als solchen speichert, heißt das, dass die Daten auf der neuen Festplatte wohl nicht gesichert werden, da die Datensicherungssoftware nicht dem symbolischen Link folgt. Sie müssen also daran denken, dass auch das Verzeichnis */media/prg* in die tägliche Datensicherung aufgenommen wird.

Erkennt die Datensicherung den symbolischen Link nicht als einen solchen, sondern folgt ihm, werden auch die Daten auf der neuen Festplatte gesichert. Damit scheint zunächst alles gut. Allerdings kann es zu Problemen kommen, wenn die Dateien eines Tages wieder aus der Sicherung zurückgeholt werden sollen. Da die Sicherung den symbolischen Link nicht als solchen erkannt hat, wird die Recovery die gesamten Dateien auf das Dateisystem schreiben, auf dem das Verzeichnis */home* steht. Das wird aber nach einiger Zeit nicht mehr passen, denn Sie haben ja eine neue Festplatte gekauft, weil der Platz eng wird.

6.5.3 Festplattenplatz zuteilen: Quota

Mancher Administrator mag den Benutzern seines Servers am liebsten gar nicht verraten, wie viel Platz die Platte bietet. Kaum ist Platz da, wird er mit Unfug dichtgemacht. Und es sind immer nur Einzelne, die über die Stränge schlagen. Und wer muss dann wieder alles aufräumen?

Eine wirksame Gegenmaßnahme ist das Setzen von Quota. Das bedeutet, dass jeder eine gewisse Menge an Speicherplatz bekommt und wer nicht selbst ein wenig aufräumt, darf halt nicht mehr weitersammeln.

Um Quotas nutzen zu können, müssen zunächst das Quota-Paket und die passenden Tools installiert werden:

```
# apt-get install quota quotatool
```

Die Limits

Die Quota grenzen den Festplattenplatz für einzelne Benutzer auf Dateisystemebene ein. Dazu wird dem Benutzer ein Limit gesetzt. Damit er aber nicht überraschend auf diese Grenze stößt, werden drei Parameter gesetzt.

- **Softlimit:** Das Softlimit ist die erste Grenze. Sie darf aber für eine gewisse Zeit übertreten werden.
- **Gnadenfrist:** Die als *grace limit* bezeichnete Frist legt fest, wie lange der Benutzer über seinem Softlimit arbeiten darf.
- **Hardlimit:** Mit dem Hardlimit wird festgelegt, wo endgültig Schluss ist.

Die Limits werden einmal für die Anzahl der belegten Blöcke und andererseits für die Anzahl der verfügbaren Dateien gesetzt. Der letztere Wert bezieht sich auf die Inodes, eine interne Verwaltungseinheit. Konkret bedeutet das, dass mehrere Links auf Dateien nicht mehrfach gezählt werden.

Aktivierung

Dass ein Dateisystem mit Quota arbeitet, muss in der Datei */etc/fstab* hinterlegt werden. Dazu wird die Option `usrquota` hinterlegt:

```
/dev/sdb1    /home    ext4    errors=remount-ro,usrquota 0 0
```

Die Einträge in der Datei */etc/fstab* werden erst beim nächsten Einhängen übernommen. Dies können Sie mit dem folgenden Befehl erzwingen:

```
# mount -o remount /home
```

Nachdem das Quoting für das Dateisystem aktiviert ist, wird mit dem Befehl `quotacheck` das Dateisystem durchsucht. Datei werden die Quota-Dateien *alquota.user* und *alquota.group* im Wurzelverzeichnis des Dateisystems, also hier */home*, angelegt. Die Option `-ma` sorgt dafür, dass alle eingehängten Festplatten-Dateisysteme geprüft werden, ohne extra schreibgeschützt neu eingehängt zu werden:

```
# quotacheck -ma
```

Mit dem Befehl `quotaon` wird dann das Quotasystem aktiviert. Sie können es mit dem Befehl `quotaoff` wieder stoppen.

```
# quotaon -a
```

Benutzereinstellungen

Nun können den einzelnen Benutzern Grenzen für ihre Festplattennutzung gesetzt werden. Wir werden dem Benutzer *georg* nun vorschreiben, dass er nur noch 25 MByte an Platz nutzen kann:

```
# quotatool -u georg -b -l 25M /home
```

Der Befehl `quotatool` ermöglicht alle Einstellungen für die Quotas der verschiedenen Benutzer. Die Optionen sind in Tabelle 6.1 zusammengefasst.

Option	Bedeutung
`-u` *Benutzer*	Setze die Quotas des Benutzers.
`-g` *Gruppe*	Setze die Quotas der Gruppe.
`-b`	Verwende Blöcke, also Datenmenge.
`-i`	Verwende i-nodes, also die Dateienzahl.
`-t` *Sekunden*	Setze die Gnadenfrist.
`-l` *Größe*	Setze das harte Limit.
`-q` *Größe*	Setze das weiche Limit.

Tabelle 6.1 Optionen von quotatool

Damit das Quota korrekt gesetzt werden kann, muss natürlich angegeben werden, wen es betrifft. Dazu muss der Benutzer mit `-u` oder die Gruppe mit `-g` angegeben werden. Als weitere Option muss festgelegt werden, ob sich die Grenze auf den Festplattenplatz bezieht oder ob die Anzahl der Dateien beschränkt werden soll. Der Festplattenplatz wird durch `-b` und die Dateienzahl durch `-i` angegeben.

Die weiteren Parameter geben an, ob das Softlimit, das Hardlimit oder die Gnadenfrist gesetzt wird.

Mit dem Befehl `edquota` können Sie einen Editor starten, um die derzeitigen Grenzen von *georg* im Ganzen zu betrachten und zu verändern:

```
# edquota -u georg
```

Im Editor finden Sie nun folgende Informationen:

```
Datenträgerquotas für user georg (uid 1006):
 Dateisystem   Blöcke    weich   hart  Inodes   weich  hart
 /dev/sdb1      25600        0  25600     219       0     0
```

Durch eine Änderung der Werte werden das Soft- und das Hardlimit des Benutzers für die jeweilige Festplatte eingestellt.

Der Befehl `quotatool -t` dient zur Einstellung der Gnadenfrist. Als Parameter wird die Zeit in Sekunden angegeben. Sie können aber auch Einheiten hinzufügen wie `h` oder `hours` für Stunden. Eine weiche Grenze wird innerhalb der Gnadenfrist nur gemeldet. Der Anwender kann bis zum Verstreichen der Frist normal weiterarbeiten. Ist diese verstrichen, darf er keine weiteren Dateien mehr beschreiben, bis das Softlimit wieder unterschritten wurde.

Kleiner Test

Probieren wir, was passiert, wenn der Benutzer über die Stränge schlägt. Beispielsweise versucht hier *georg*, einen Spielfilm von Benutzer *johannes* zu kopieren: Ist ein Softlimit überschritten, erhält er eine Warnmeldung. Der Vorgang wird aber korrekt abgeschlossen.

```
cp /home/johannes/Videos/Titanic.avi .
sdb1: warning, user block quota exceeded.
```

Nach Ablauf der Gnadenfrist erfolgt ohne weiteren Kommentar eine Schreibsperre für den Benutzer, die erst wieder aufgehoben wird, sobald sein Limit unterschritten wird. Nun kommt es zu einem Schreibfehler.

```
$ cp /home/johannes/Videos/Titanic.avi .
sdb1: write failed, user block limit reached.
cp: Schreiben von „./"Titanic: Der zugewiesene Plattenplatz
(Quota) ist überschritten
```

6.6 Dateisysteme aus dem Hause Microsoft

Linux unterstützt eine ganze Reihe von Dateisystemen. So ist es möglich, Daten von anderen Betriebssystemen zu übernehmen oder zu übergeben. Alle fremden Dateisysteme können natürlich nicht die Linux-spezifischen Eigenschaften nachbilden. Darunter fallen Lese- oder Schreibrechte, Benutzer- oder Gruppeneigentum, und sogar die Groß- und Kleinschreibung wird bei anderen Systemen oft nicht unterschieden.

6.6.1 Das klassische Dateisystem FAT

Das alte Dateisystem von Windows namens FAT hat inzwischen eine besondere Bedeutung für portable Datenträger entwickelt. Obwohl FAT technologisch längst überholt ist, findet es heute auf vielen Speichermedien Anwendung, bei denen es auf Portabilität ankommt. Dazu gehören vor allem USB-Speichersticks oder externe Festplatten.

Linux erkennt nicht nur ein FAT-Dateisystem auf Anhieb und kann darauf lesen und schreiben, es verfügt auch über alle notwendigen Werkzeuge, um FAT-Dateisysteme zu erzeugen und zu warten.

Externes Medium einrichten

Eine Partition für ein FAT-Dateisystem hat die Kennung `0x0c`, also dezimal 12. Auch wenn Linux keine Probleme mit einem anderen Partitionstyp hat, sollte die Umstellung vorgenommen werden, damit andere Systeme den Datenspeicher am Partitionstyp korrekt erkennen. Sie setzen die Kennung im Programm `fdisk` mit dem Befehl `t`:

```
# fdisk /dev/sda
Befehl (m für Hilfe): p
...
   Gerät  boot.     Anfang         Ende       Blöcke    Id  System
/dev/sda1   *         2048    195522559     97760256     b  W95 FAT32
/dev/sda2        195524606    976771071    390623233     5  Erweiterte
/dev/sda5        195524608    293179391     48827392    83  Linux
/dev/sda6        293181440    390836223     48827392    83  Linux
...
Befehl (m für Hilfe): t
Partitionsnummer (1-9): 6
Hex code (L um eine Liste anzuzeigen): c
Der Dateisystemtyp der Partition 6 ist nun c (W95 FAT32 (LBA))

Befehl (m für Hilfe): p
...
   Gerät  boot.     Anfang         Ende       Blöcke    Id  System
/dev/sda1   *         2048    195522559     97760256     b  W95 FAT32
/dev/sda2        195524606    976771071    390623233     5  Erweiterte
/dev/sda5        195524608    293179391     48827392    83  Linux
/dev/sda6        293181440    390836223     48827392     c  W95 FAT32 (LBA)
...
Befehl (m für Hilfe):
```

Sie geben die Partitionsnummer an und geben ein `c` für die Kennung ein. Anschließend zeigt `fdisk` in der Partitionstabelle den Partitionstyp »W95 FAT32 (LBA)«.

Mit dem Befehl `mkfs.vfat` wird das passende Dateisystem erstellt. Sollte das externe Laufwerk noch eingehängt sein, muss es vorher mit dem Befehl `umount` ausgehängt werden. Als Argument wird die Gerätedatei der Partition angegeben. Das funktioniert auch für große Festplatten, während es mit Windows nicht ganz einfach ist, Festplatten über 32 GByte als FAT-Dateisystem zu formatieren.

Mit dem Befehl `fsck.vfat` kann ein FAT-Laufwerk auf Konsistenz geprüft werden.

Einbinden und Aushängen

Externe Speichermedien werden, wie Sie schon wissen, mit dem Befehl `mount` eingebunden. Das gilt auch für FAT-Dateisysteme. Die meisten grafischen Desktops binden einen USB-Stick automatisch unterhalb des Verzeichnisses */media* ein, wenn er eingesteckt wird. Wenn Sie sich als Administrator auf einer Konsole bewegen, ist dies Ihre Aufgabe. Ein Blick auf die Log-Datei verrät Ihnen beim Einstecken des USB-Sticks, über welche Gerätedatei er ansprechbar ist:

```
# tail -f /var/log/syslog
...
... kernel: [155400.744787] sd 8:0:0:0: >[sdb] ....
```

Der Stick wurde also auf */dev/sdb* gelegt. Alternativ können Sie auch einfach schauen, welche Gerätedateien nach dem Einstecken neu erscheinen.

```
# ls /dev/sd*
/dev/sda   /dev/sda2  /dev/sda6  /dev/sda8
/dev/sda1  /dev/sda5  /dev/sda7  /dev/sda9
# ls /dev/sd*
/dev/sda   /dev/sda2  /dev/sda6  /dev/sda8  /dev/sdb
/dev/sda1  /dev/sda5  /dev/sda7  /dev/sda9  /dev/sdb1
```

Der Befehl `mount` wird im Normalfall vom Administrator root ausgeführt. Bei FAT-Dateisystemen gehören alle Daten demjenigen, der das Dateisystem einhängt, und damit root. Wollen Sie den Datenträger einem Benutzer zuordnen, schauen Sie dessen User-ID in der Datei */etc/passwd* nach. Der erste Benutzer hat beispielsweise die UID 1000. Um ihm den Datenträger zuzuweisen, würde root die Option `-o uid=1000` verwenden:

```
# mount -o uid=1000 /dev/sdb1 /mnt
```

Der Anwender übersieht leicht, dass auch ein externer Datenträger vom Betriebssystem im Hauptspeicher gepuffert wird. Auf diese Weise erreicht das System erheblich schnellere Zugriffe auf das Medium. Wird das Gerät einfach abgezogen, kann es sein, dass noch nicht alle Daten vom Schreibpuffer auf die Festplatte oder den USB-Stick gekommen sind. Schlimmstenfalls kann das zu einem inkonsistenten Dateisystem und damit zu einem Datenverlust führen. Darum sollten Sie – vor allem nach Schreibzugriffen –

das Medium immer zunächst mit dem Befehl `umount` aushängen. Zur Not kann auch der Befehl `sync` verwendet werden. Letzterer sorgt dafür, dass der Schreibpuffer mit der Festplatte synchronisiert wird.

Auch bei den Desktops sollten USB-Sticks wieder ausgehängt werden. Durch einen Rechtsklick auf das Datenträgersymbol kann ein »sicheres Entfernen« gewährleistet werden.

fstab

Steht ein entsprechender Eintrag in der Datei */etc/fstab*, so kann ein FAT-Dateisystem sogar vollautomatisch in den Linux-Verzeichnisbaum eingebunden werden. Als Dateisystem wird `vfat` angegeben. Das Zielverzeichnis muss natürlich auch angelegt sein:

```
/dev/sda1    /media/windows/C   vfat     default   0  0
```

Soll das FAT-Dateisystem nicht bereits beim Booten eingebunden werden, muss die Option auf `noauto` gesetzt werden. Vermutlich wird dann aber auch ein Benutzer das Laufwerk einbinden wollen. Dazu wird die Option `user` eingesetzt:

```
/dev/sda1    /media/windows/C   vfat     noauto,user   0  0
```

6.6.2 Das Windows-Dateisystem NTFS

Bei den neueren Windows-Versionen wird längst nicht mehr FAT eingesetzt, sondern NTFS. Linux hat keine Probleme, mit NTFS umzugehen, und das ist für die Windows-Anwender auch ein Glück, denn die meisten Antiviren-Rettungs-CDs basieren auf Linux. Daneben gibt es einige Werkzeuge, mit denen Sie Windows-Partitionen in einer Weise bearbeiten können, für die Windows-Anwender teure Software kaufen müssen.

Mit dem Befehl `fdisk` partitionieren Sie eine Festplatte. Wollen Sie einen Bereich als NTFS-Partition einsetzen, geben Sie als Dateisystemtyp eine 7 für HPFS/NTFS[2] an. Wollen Sie von der Windows-Partition auch booten, empfiehlt es sich, das »Bootable Flag« mit dem Befehl a auf aktiv zu setzen. Das Formatieren kann der Befehl `mkfs.ntfs` übernehmen.

Es existiert auch ein Programm `mount.ntfs`, sodass es kein Problem ist, eine NTFS-Partition in den Verzeichnisbaum von Linux zu integrieren. Allerdings ist es keine gute Idee, NTFS als Ersatz für ein Debian-Dateisystem zu verwenden. Erstens beherrscht NTFS keineswegs die UNIX-Dateitypen, und zweitens ist es nicht vollständig dokumentiert.

2 HPFS steht für das High Performance File System von OS/2.

NTFS-Werkzeugkasten

Sie haben vielleicht schon einmal gesehen, dass bei der Installation von Linux die bestehende NTFS-Partition problemlos verkleinert werden kann, um auf der Festplatte Platz für Linux-Partitionen zu schaffen. Die Größenveränderung eines NTFS-Dateisystems ist auch von der Konsole aus mit dem Befehl `ntfsresize` möglich. Der folgende Befehl wird das NTFS-Dateisystem */dev/sda1* auf die Größe von 80 GByte bringen:

```
# ntfsresize --size 80G /dev/sda1
```

Zur Größenbestimmung können Sie `k`, `M` oder `G` angeben. Die Minimalgröße hängt von der Belegung des Dateisystems ab. Durch die Option `--info` oder `-i` können Sie sich anzeigen lassen, wie viel Platz das Dateisystem mindestens benötigt.

Wenn der Befehl `ntfsresize` einmal auf ein Dateisystem angewendet wurde, wird ein Flag für den Konsistenzcheck gesetzt, das Windows dazu bringt, beim nächsten Start eine Überprüfung des Dateisystems einzuleiten. Sie können dieses Flag auch durch Aufruf des Programms `ntfsfix` setzen. Ist das Flag einmal gesetzt, wird das Programm `ntfsresize` seinen Dienst aus Sicherheitsgründen verweigern. Da es für diese Weigerung keinen Grund gibt, wenn das Programm selbst das Flag gesetzt hat, können Sie sich mit der Option `--force` oder `-f` darüber hinwegsetzen.

Das Programm `ntfsclone` ermöglicht das Kopieren eines NTFS-Dateisystems auf eine andere Partition oder eine Sicherungsdatei. Konsequenterweise kann es auch das Dateisystem von einer Sicherungsdatei in eine Partition umkopieren. Zum Sichern der ersten Partition der eingebauten Festplatte in die Datei *save.ntfs* geben Sie den folgenden Befehl ein:

```
# ntfsclone --save-image --output save.ntfs /dev/sda1
```

Damit ist Ihre Windows-Partition gesichert. Sollte anschließend ein großes Desaster die Windows-Installation unbrauchbar machen, können Sie diesen Stand mit dem folgenden Befehl leicht wiederherstellen:

```
# ntfsclone --restore-image --overwrite /dev/sda1 save.ntfs
```

Wenn Sie die NTFS-Partition auf der eingebauten Festplatte auf die erste Partition einer externen USB-Festplatte duplizieren wollen, geben Sie den folgenden Befehl ein:

```
# ntfsclone --overwrite /dev/sdc1 /dev/sda1
```

Das ist der erste Schritt zur Lösung eines typischen Problems von Windows-Anwendern beim Kauf einer größeren Festplatte. Wie bekomme ich meine bestehende Windows-Installation auf die neue Festplatte und wie erreiche ich, dass sie die ganze Kapazität nutzt? Für die Nutzung der gesamten Kapazität benötigen Sie nun noch den Befehl `ntfsresize`, den Sie bereits kennengelernt haben.

Zu den NTFS-Programmen gehören noch `ntfslabel`, mit dem Sie das Label eines NTFS-Dateisystems verändern können, und `ntfsundelete`, mit dem Sie gelöschte Dateien eines Windows-Dateisystems wiederherstellen können. Sie finden zu den Programmen ausführliche Manpages, die Sie vor der Verwendung konsultieren sollten.

6.7 Booten

Die Daten auf der Festplatte nutzen gar nichts, wenn der Server nicht bootet. Also schauen wir uns den Bootmanager genauer an.

6.7.1 Der Bootmanager GRUB

Linux verfügt über einen Bootmanager, der in der Regel im Master Boot Record (MBR) der Festplatte installiert wird. Seine Hauptaufgabe ist es, ein Menü anzubieten, mit dem der Anwender zwischen mehreren auf dem Computer installierten Systemen auswählen kann. Nun wird man bei einem Server, der mehr oder weniger dauernd läuft, auf parallel installierte Betriebssysteme verzichten. Aber auch dann wird der Bootmanager aktiv und startet für den Anwender unsichtbar das einzig verfügbare System.

Bei der Erstinstallation bedarf der Bootmanager keiner besonderen Beachtung. Er wird automatisch installiert. Ein Blick in diesen Abschnitt des Buches lohnt sich also erst, wenn Sie den Bootmanager reparieren oder weitere Dateisysteme in das Bootmenü einhängen wollen.

Installation eines Bootmanagers von Hand

Im ersten Schritt wird die Konfiguration des Bootmanagers GRUB erstellt. Sie befindet sich in der Datei *grub.cfg* im Verzeichnis */boot/grub*. Sie wird vom Skript `grub-mkconfig` erstellt. Es ermittelt die auf dem Rechner installierten Systeme und erstellt daraus eine fertige Konfiguration, die es auf der Standardausgabe anzeigt. Dort nutzt sie uns aber wenig. Mit der Option `-o` kann sie in die Konfigurationsdatei umgelenkt werden:

```
# grub-mkconfig -o /boot/grub/grub.cfg
```

Das Skript `grub-install` erzeugt aus der vorbereiteten Konfiguration einen MBR (Master Boot Record). Als Parameter benötigt das Skript die Gerätedatei der Festplatte, in deren MBR geschrieben werden soll:

```
# grub-install /dev/sda
```

In der Regel meldet das Programm nun, dass es keine Fehler gibt. Beim nächsten Booten sollte also ein aktualisiertes Menü vorliegen.

Ein fremdes System

Normalerweise erkennt `grub-mkconfig` die meisten auf der Festplatte installierten Betriebssysteme. Er richtet auch ein bestehendes Windows einwandfrei im Bootmenü ein. Für den Fall, dass GRUB ein Betriebssystem doch nicht selbstständig erkennen kann, können Sie mit einem eigenen Eintrag nachhelfen.

Die Konfigurationsdateien für `grub-mkconfig` befinden sich im Verzeichnis */etc/grub.d*. In der Regel müssen die dort vorhandenen Dateien nicht geändert werden. Für den Zweck, ein bisher unbekanntes Betriebssystem in die Menüstruktur zu integrieren, ist die Datei *40_custom* vorgesehen. Die Grundausstattung enthält nichts außer ein paar Kommentarzeilen. Hier erstellen Sie einen Systemeintrag, der etwa folgende Struktur hat:

```
menuentry "MeinSystem" {
    set root=(hd0,1)
    chainloader +1
}
```

Diese Konfiguration besagt, dass das System unter dem Namen »MeinSystem« im Menü auftauchen wird. Die Kennzeichnung `hd0,1` steht für die erste Partition auf der ersten Festplatte. Vorsicht: In der Vorversion bezeichnet GRUB die erste Partition auf der ersten Festplatte mit `hd0,0`! Um die fünfte Partition auf der zweiten Festplatte anzusprechen, verwenden Sie `hd1,5`. Der Begriff `chainloader` besagt, dass das Betriebssystem einen eigenen Bootloader auf der Partition eingerichtet hat und selbst weiß, wie es zu starten ist. Da ja GRUB das System nicht kennt, wird eben die gesamte Partition gestartet. Das installierte System muss dann selbst zusehen, wie es von dort weitergeht.

Die meisten Linux-Systeme können Sie bei der Einrichtung davon überzeugen, den Start über die Partition und nicht über den MBR durchzuführen. Der Vorteil dieser Konstruktion ist, dass sich die Upgrade-Mechanismen der installierten Systeme nicht gegenseitig den MBR überschreiben.

Nachdem das fremde System in der Datei *40_custom* eingetragen wurde, muss die Anweisung `grub-mkconfig` und anschließend `grub-install` noch einmal gestartet werden.

Bootprobleme

Wenn ein System nicht bootet, scheint der beste Administrator machtlos. Aber es gibt auch dann eine Lösung. Zunächst müssen Sie auf dem Rechner ein Linux starten. Das auf der Festplatte installierte Linux arbeitet zwar nicht, aber Sie müssen ja nicht zwingend von der Festplatte booten.

Linux ohne Festplatte starten

Es gibt diverse Linux-CDs, mit denen man booten kann, ohne auf die lokale Festplatte angewiesen zu sein. Am bekanntesten dürfte die Knoppix-CD sein. Aber meist ist sie nicht zur Hand, wenn man sie gerade benötigt. Ich habe mir ein Linux auf einem USB-Stick installiert, den ich in solchen Fällen zücke. Das funktioniert wie eine gewöhnliche Installation, nur dass Sie als Zielpartition eben die Partition des USB-Sticks verwenden. Ein solches USB-Linux hat den Vorteil, dass ich mir genau die Tools installieren kann, die ich gern benutze. Aber selbst wenn Sie bisher auch noch keinen USB-Stick mit Linux in der Hosentasche haben, ist die Lage nicht hoffnungslos. Für die Reparatur eines nicht bootenden Rechners reicht meist eine Installations-CD. Nachdem sie gestartet ist und sich das Laufwerk etwas beruhigt hat, können Sie meist mit [Strg]+[Alt]+[F2] auf eine Terminalsitzung umschalten.

Nun können Sie mit dem Befehl `mount` (siehe Abschnitt 6.3.2) die Partition einhängen, auf der sich die Debian-Installation befindet. Wenn Sie einen reinen Linux-Server haben, ist die Chance groß, dass die Boot-Partition auf */dev/sda1* liegt. Wenn nicht, müssen Sie alle Partitionen durchprobieren. Es soll sogar Administratoren geben, die sich die Konfiguration ihrer Server aufschreiben.

```
# mount /dev/sda1 /mnt
```

Damit haben Sie das komplette Dateisystem im Verzeichnis */mnt* vor sich und können Änderungen darauf durchführen. Sie wollen den MBR dieser Festplatte wieder herstellen, also reicht es aus, dass Sie `grub-install` so aufrufen, dass die auf dem jetzt eingebundenen Dateisystem befindliche Konfigurationsdatei verwendet wird. Das können Sie dem Skript `grub-install` über die Option `--root-directory` mitteilen:

```
# grub-install --root-directory=/mnt /dev/sda
```

Die Option `--root-directory` sorgt dafür, dass die Konfiguration verwendet wird, die ab dem Verzeichnis */mnt* eingehängt ist und die als Basis des Master Boot Record verwendet wird, und nicht etwa die bisher ja noch gar nicht vorliegende Version der Installations-CD. Nun können Sie den Rechner neu starten, und Sie sollten anschließend wieder das vertraute Auswahlmenü vorfinden.

Sie können mit dem Befehl `chroot` sogar die Wurzel des Verzeichnisbaums auf das Verzeichnis */mnt* setzen. So arbeiten Sie komplett auf dem eingebundenen Dateisystem, ohne es gestartet zu haben. Beispielsweise könnten Sie nun das Passwort des Administrators auf der Festplatte ändern. Wird das System neu gebootet, ist das neue Passwort aktiv:

```
# chroot /mnt
# passwd
```

Diese Möglichkeit ist der Grund, warum es durchaus sinnvoll ist, den Serverraum verschlossen zu halten. Letztlich ist ein System, dem der Angreifer mit dem Schraubenzieher in der Hand gegenübersteht, immer angreifbar. Er kann die Festplatte herausholen und als zweite Festplatte in seinen privaten Rechner einbauen. Oder er kann mit einer Installations-CD oder einem USB-Stick den Rechner hochfahren und manipulieren.

6.7.2 Master Boot Record sichern

Der Master Boot Record enthält nach einer erfolgreichen Installation ein Startmenü, über das zwischen einem Start von Windows oder Linux ausgewählt wird. Leider führen Nachinstallationen von Windows leicht zur Zerstörung dieses Menüs. Mit dem Befehl `dd` lässt sich dieser Bereich schnell sichern, da er am Anfang der Festplatte liegt:

```
dd if=/dev/sda bs=512 count=1 of=/mbr.img
```

Nun besitzen Sie eine Kopie des MBR in der Datei *mbr.img*. Diese Datei kann von einem beliebigen Linux mit dem gleichen Befehl wieder auf die Platte geschrieben werden. Allerdings müssen `if` und `of` vertauscht werden.

Wird eine gebrauchte Linux-Festplatte an einen armen Windows-Anwender weitergegeben, ist dieser vielleicht durch den Bootmanager irritiert. Auch hier kann der Befehl `dd` helfen, indem der MBR mit Nullen vollgeschrieben wird. Woher bekommt man Nullen, wenn man dringend welche braucht? Aus dem Pseudogerät */dev/zero*:

```
dd if=/dev/zero of=/dev/sda1 bs=1 count=446 conv=notrunc
```

Kapitel 7
Datensicherheit

Inhalt

- Daten als zentrale Elemente eines Servers sichern
- Die Rekonstruktion nicht aus dem Auge verlieren
- Vorsorge ist besser als heilen: USV

Dieses Kapitel heißt bewusst Datensicherheit und umfasst einerseits den klassischen Bereich der Datensicherung, ohne die man einen Server einfach nicht betreiben sollte. Der andere Bereich ist die Vorsorge, dass eine Störung nicht so oft auftritt. Dazu gehören RAID-Systeme wie auch der Einsatz einer unterbrechungsfreien Stromversorgung.

Viele Computerbenutzer behandeln das Thema Datensicherung so, als sei eine Festplatte unzerstörbar. Sollte eine Festplatte einmal das Gegenteil beweisen, wird der Administrator hoffentlich in der Lage sein, den Datenbestand möglichst ohne Verluste schnell wiederherzustellen. Bei dem Server einer größeren Firma kann er sich bei dieser Aufgabe nicht nur der ungeteilten Aufmerksamkeit der Geschäftsleitung sicher sein. Er wird vermutlich während seiner Arbeiten sogar den heißen Atem des Chefs im Nacken spüren können.

7.1 Vorüberlegungen zur Datensicherung

Jede Datensicherung ist mit Aufwand verbunden. Das Sichern der Datenbestände erfordert Zeit, die der Forderung nach ständiger Verfügbarkeit der EDV entgegensteht. Auf welche Art Sie Ihren Server sichern, hängt von der Datenmenge, der erforderlichen

Wiederherstellungszeit, dem Budget und bestimmten technischen Voraussetzungen ab. Dieses Kapitel stellt Ihnen verschiedene Möglichkeiten vor. Suchen Sie die passendste Variante aus. Es ist oft sogar sinnvoll, verschiedene Techniken zu kombinieren.

Unersetzliche Benutzerdaten

Bei der Frage, welche Daten mit welcher Priorität gesichert werden müssen, steht die Wiederbeschaffbarkeit im Mittelpunkt. Die Software, die Sie gekauft haben, können Sie vermutlich auf den gleichen Wegen wiederbeschaffen, auf denen Sie sie erworben haben. Vermutlich haben Sie sogar noch die Installations-CDs im Schrank. Diese Daten sind also wiederbeschaffbar, allerdings vielleicht unter Einsatz von Zeit und Geld.

Alle Daten, die Sie selbst erstellen, wie Bestellungen, Buchungen, Kundendaten, Verträge, Planungen und Abrechnungen, können Sie nicht am Markt wiederbeschaffen. Diese müssen Sie so sichern, dass eine Wiederherstellung jederzeit in jedem Fall garantiert ist.

Solche Daten können Benutzerdaten sein, die sich bei Linux unterhalb des Verzeichnisses */home* befindet. Serverprozesse legen ihre Daten allerdings vorzugsweise unterhalb von */var* ab, in einigen Fällen auch unterhalb von */srv*. Konfigurationen befinden sich in */etc*, verändern sich aber typischerweise nicht täglich.

Wenn Sie das Programm `dump` (siehe Abschnitt 7.4) zur Datensicherung verwenden wollen, sollten sich die Sicherungsdaten möglichst auf einige Dateisysteme konzentrieren. Das Programm `dump` sichert nämlich komplette Dateisysteme.

Die Unternehmensdaten werden heutzutage meist in Datenbanken abgelegt. Diese legen zwar ihre Daten auch meist in */var* ab, sind aber andererseits durch ihre eigene Datensicherung in der Lage, selbst im laufenden Betrieb verlustfrei Daten zu sichern und zu rekonstruieren. Wenn Sie diese Möglichkeiten nutzen wollen, müssen Sie diese Mechanismen der Datenbank in Ihr Sicherungskonzept integrieren.

Katastrophenszenarien

Sie finden ganz schnell heraus, was gesichert werden muss, wenn Sie sich einen nackten Rechner nehmen und versuchen, ihn vollständig so einzurichten, dass er einen existierenden Rechner ersetzen kann. Protokollieren Sie jeden Schritt, und Sie wissen, was eine Datensicherung leisten muss, damit die Rekonstruktion erfolgreich ist. Denn die Kunst liegt nicht darin, eine Datensicherung zu betreiben, sondern darin, die Daten zeitnah rekonstruieren zu können.

Spielen Sie Schreckensszenarien durch! Welches Konzept haben Sie, wenn eine Festplatte ausfällt? Oh, Sie haben ein RAID-5-System und Sie meinen, es könne nichts passieren?

Dann versuchen Sie einmal, ob Sie wirklich eine Festplatte herausziehen können. Meldet der Controller den Verlust? Haben Sie noch eine Ersatzplatte im Schrank? Wird sie einwandfrei eingebunden?

Was passiert, wenn das Mainboard des Servers Rauchzeichen gibt? Haben Sie einen Ersatzrechner zur Verfügung? Wie schnell kann der in Betrieb genommen werden? Welche Schritte müssen durchgeführt werden? Und wer kann diese Schritte durchführen, wenn dies passiert, während Sie im Urlaub sind?

Welche Situation entsteht, wenn das EDV-Büro in der Nacht bis auf die Grundmauern niederbrennt? Gibt es eine Datensicherungskopie, die außerhalb der Firma aufgehoben wird? Eine einfache Maßnahme ist, wenn der Administrator immer die letzte Sicherung mit nach Hause nimmt. Eine Sicherung im Banksafe, die ein halbes Jahr alt ist, nutzt in der Regel nichts.

Inkrementelle Sicherung

So wichtig eine Datensicherung auch ist, sie belastet die Maschine oder führt sogar zur Arbeitsunterbrechung. Darum sollte die Datensicherung so schnell wie möglich erledigt sein. So liegt der Gedanke nahe, nicht täglich die gesamte Datenmenge zu sichern, sondern nur den Teil der Daten, der sich seit gestern verändert hat. Eine Datensicherung, die diesem Konzept folgt, nennt man *inkrementell*.

Von Zeit zu Zeit, beispielsweise an den Wochenenden, wird eine Vollsicherung erstellt und an den Wochentagen jeweils ein Inkrement zum Vortag. Je nach den Firmenabläufen kann es wichtig sein, auch ältere Datenbestände vorrätig zu haben. Sollte das häufiger der Fall sein, ist allerdings eine Versions-Software wie etwa Subversion (siehe Abschnitt 18.5.1) sinnvoller als eine Datensicherung.

Systemsicherung

Während die Sicherung der eigenen Daten höchste Priorität genießt, scheint die Sicherung der Systempartition auf den ersten Blick überflüssig, da ein Linux jederzeit leicht wiederzubeschaffen ist. Allerdings sollten Sie die Dauer der Betriebsunterbrechung berücksichtigen. Haben Sie die Zeit für eine komplette Neuinstallation?

Eine Systemsicherung wird idealerweise einfach wieder vom Band gezogen und ist in kurzer Zeit erneut einsatzbereit. Das System wird allerdings vermutlich nicht so oft verändert wie die Datenbestände, sodass eine Systemsicherung nur nach wichtigen Systemänderungen erfolgen muss.

Im Gegensatz zu den einfachen Anwendungsdaten muss das Sicherungswerkzeug bei der Systemsicherung auch mit speziellen Dateien wie Gerätedateien und Links umgehen können. Kommunikationsdateitypen wie Sockets oder Named Pipes werden beim Aktivieren des Systems wieder neu erstellt, müssen also nicht gesichert werden.

Ein besonderes Problem ergibt sich bei der Wiederherstellung auf einer neuen Festplatte. Die Festplatten werden bei der Installation mit einer UUID identifiziert, die dateisystemspezifisch ist. Um ein solches System nach der Rücksicherung wieder zu aktivieren, ist etwas Handarbeit notwendig, wie der Workshop in Abschnitt 7.3 zeigt.

7.2 Wohin mit der Datenflut?

Bei der Medienauswahl für die Datensicherung sind die Geschwindigkeit der Sicherung und der Wiederherstellung, die Kapazität und der Preis pro Datenmenge relevant.

7.2.1 Das Bandlaufwerk

Der Klassiker unter den Datensicherungsmedien ist das Bandlaufwerk. Es ist recht schnell beschreibbar. Die Kapazität ist hoch. Das Medium ist preiswert. Die Nachteile liegen in der Rekonstruktion einzelner Dateien, da das Band zum Auffinden sequenziell durchlaufen werden muss.

> **Spicker**
>
> Bandlaufwerke werden normalerweise über die Gerätedateien */dev/stX* oder */dev/nstX* angesprochen. *X* wird durch die Nummer des Laufwerks bei 0 beginnend ersetzt. Das »n« steht dafür, dass das Laufwerk nicht automatisch nach jedem Befehl zurückspult.

Da das automatische Rückspulen in vielen Fällen eher hinderlich ist, wird man */dev/nst0* verwenden und das Rückspulen durch entsprechende Befehle manuell vornehmen oder der Backup-Software überlassen.

Man sollte denken, dass ein Bandlaufwerk gar nicht schnell genug sein kann. Ist das Bandlaufwerk allerdings schneller als die Datenlieferanten, stoppt es zwischendurch. Für die Synchronisierung mit der bisherigen Sicherung wird die Hardware das Band beim Wiederanlaufen ein kurzes Stück zurückspulen und dann wieder starten. Dieser »Stop and Go«-Modus verzögert die Datensicherung nicht unerheblich und belastet darüber hinaus das Bandmaterial.

Steuerung eines Bandlaufwerks

Mit dem Programm `mt` wird ein Bandlaufwerk gesteuert. Die Option `-f` erwartet die Gerätedatei des Laufwerks. Dann folgt der Befehl, der an das Laufwerk übermittelt wird.

Der häufigste Befehl dürfte `rewind` für das Zurückspulen sein. Mit dem Kommando `erase` können Sie ein Band löschen. Der Befehl `retention` spult das Band einmal vor und komplett zurück. Schließlich können Sie mit dem Befehl `status` erfragen, wie es dem Laufwerk so geht. Der folgende Befehl wird also das erste Bandlaufwerk zurückspulen:

```
# mt -f /dev/st0 rewind
```

7.2.2 Externe Festplatten

Festplatten eignen sich geradezu ideal, um Festplatten zu sichern. Sie haben die nötige Kapazität, einzelne Dateien können nachträglich einfach zurückgeholt werden, und die Geschwindigkeit beim Sichern ist nicht zu beanstanden. Wenn allerdings viele Generationen von Sicherungen benötigt werden, kann es schnell teuer werden.

Natürlich nützt Ihnen die Festplatte wenig, wenn sie ständig am Server angeschlossen ist. Wenn die Festplatte am Server bleiben soll, wäre sie im RAID-Verbund wesentlich nützlicher, da sie dort auch noch zur Performance beiträgt. Ein RAID schützt zwar vor einem Festplattenausfall, hilft Ihnen bei einem Brand allerdings nicht weiter. Sie müssen also das Sicherungsmedium entfernen und wechseln können.

Dazu kann die Festplatte über USB oder Firewire angeschlossen werden, da sie dann im laufenden Betrieb gewechselt werden kann. Hier müssen die Geschwindigkeiten der Anschlusstechnologien als Flaschenhals berücksichtigt werden. Eine USB-2.0-Schnittstelle bremst jede Datensicherung aus.

7.2.3 Selbstgebranntes

Ein DVD-Brenner ist für kleines Geld zu bekommen. Auch die Medien sind nicht teuer. Gerät und Medien sind also leicht verfügbar. Die Formate der Medien dürften auch in vielen Jahren wohl noch lesbar sein, da sie weit verbreitet und klar standardisiert sind. Der Nachteil liegt darin, dass die Medienkapazität relativ klein ist und dass das Brennen relativ lange dauert.

Auch wenn der Anwender leicht den Eindruck gewinnen kann, dass eine CD sich von einer Festplatte nur dadurch unterscheidet, dass man auf eine CD nicht so einfach schreiben kann, sind die Unterschiede erheblich. Das Dateisystem einer CD basiert auf dem Standard ISO-9660, der schon älter und etwas einfach gestrickt ist. Um die Eigenschaften eines UNIX-Dateisystems zu unterstützen, wurde die Rockridge-Erweiterung definiert, die auch für Debian relevant ist. Auch in der Windows-Welt bestehen die Dateinamen schon lange nicht mehr aus maximal elf Buchstaben. Die Erweiterung für Windows heißt Joliet und ist nicht ganz so weitreichend wie Rockridge. Wenn Sie also eine Datensicherung anlegen, verwenden Sie Rockridge. Wenn Sie an den Daten auch Windows-Benutzer teilhaben lassen wollen, sollten Sie darüber hinaus auch die Joliet-Erweiterung hinzuziehen.

7.2.4 Workshop: Gebrannte Sicherung

DVDs und CDs speichern zwar bestenfalls einen Spielfilm, aber in manchen Bereichen der EDV geht es gar nicht um große Datenmengen. Ein Steuerberater oder ein Programmierer wird in vielen Fällen selbst mit einer CD wunderbar die aktuellen Ergebnisse seiner Arbeit sichern können. Die Konfigurationsdateien eines ganzen Maschinenparks werden wohl kaum eine CD füllen.

Brennen von der GUI

Für das Brennen von CDs oder DVDs von der grafischen Oberfläche gibt es sehr gute Programme, deren Benutzung auch einem Anfänger zuzumuten ist. Für XFCE oder GNOME empfiehlt sich Brasero und für KDE K3B. Sie können mit beiden Programmen Audio-CDs erstellen, aber eben auch Datenmedien. In dem unteren Bereich des Fensters können Sie per Drag & Drop Dateien ablegen, die Sie anschließend brennen können.

Brennen auf Kommando

Im weiteren Verlauf des Abschnitts wird das Brennen von der Konsole aus betrachtet, da diese Befehle für die Erstellung eines Datensicherungsskripts interessant sind. Die Beschreibung beginnt mit der Erstellung eines Images für eine selbst gebrannte CD, geht weiter mit dem Brennen des Images und schließt mit der Erstellung einer DVD.

Die Image-Datei

Die Datenstruktur einer Festplatte kann nicht einfach auf CD oder DVD übernommen werden. Eine CD oder DVD muss immer am Stück von vorn nach hinten gebrannt werden. Man kann also nicht wie bei einer Festplatte erst formatieren, dann die Verzeichnisse anlegen und zum Schluss die Dateien hineinlegen. Vielmehr wird eine Image-Datei erzeugt, die dann in einem Schwung auf die CD gebrannt wird. Diese Image-Datei muss zunächst mit dem Programm `genisoimage` erstellt werden.

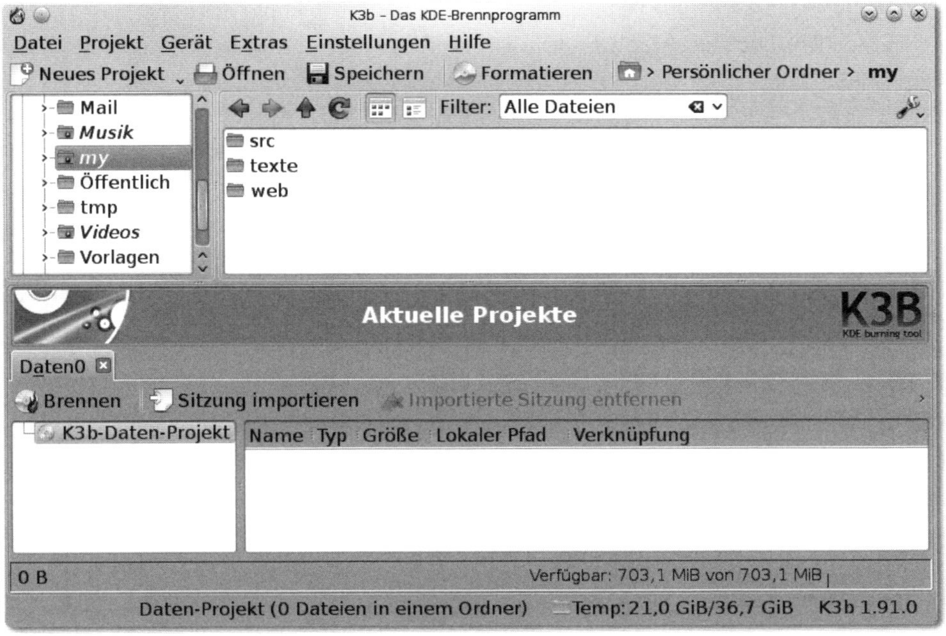

Abbildung 7.1 Brennprogramm K3b

Hintergrund

`genisoimage` hieß ursprünglich `mkisofs`, bis vor ein paar Jahren der Entwickler dieses Programms die Lizenz änderte. Das Debian-Team akzeptierte diese Lizenz nicht, und so wurde das Paket *cdrtools* durch die gleichen Programme in einer Version ersetzt, die noch unter der GPL standen. Das Programm `mkisofs` wurde unter dem Namen `genisoimage` weitergeführt. Programme, die `mkisofs` aufrufen, werden heute durch einen symbolischen Link auf das Programm `genisoimage` umgeleitet.

Das Programm `genisoimage` benötigt als Argument natürlich die Image-Datei, die es erzeugen soll. Diese wird hinter der Option `-o` angegeben. Anschließend wird das Verzeichnis angegeben, dessen Unterverzeichnisse und Dateien auf die CD gebrannt werden sollen. Als zusätzliche Optionen wird `-R` das Rockridge-Format für Linux-CDs ermöglichen. Sollen auch Windows-Benutzer die Dateien lesen können, verwenden Sie `-J` für Joliet. Im folgenden Beispiel wird das aktuelle Verzeichnis in die Image-Datei *image.iso* übernommen:

```
$ genisoimage -J -R -o ../image.iso .
```

Als Quellverzeichnis für die Datensicherung wird durch den Punkt das aktuelle Verzeichnis angegeben. Die Zieldatei befindet sich im Verzeichnis unter dem Quellverzeichnis, damit das Image selbst nicht in die Datensicherung gerät.

CDs brennen: wodim

Das Programm `wodim` (früher `cdrecord`) brennt eine Image-Datei auf einem CD-Rohling. In seiner einfachsten Form werden die Gerätedatei und die Imagedatei angegeben. Der folgende Programmaufruf brennt die Datei *image.iso* auf den Brenner unter der Geräteadresse */dev/cdrw*:

```
$ wodim dev=/dev/cdrw image.iso
```

Die Geräteadresse des CD-Brenners können Sie mit `wodim` ermitteln, indem Sie den Befehl mit dem Argument `scanbus` verwenden:

```
$ wodim scanbus
```

Direktes Brennen durch die Pipe

Wenn Sie einen Bereich der Festplatte brennen, ist die Datenquelle schnell genug, dass Sie das Image direkt an das Brennprogramm weiterleiten können. Der Vorteil besteht darin, dass das Image nicht komplett zwischengeparkt werden muss, sondern stattdessen nur ein kleiner Bereich für den Puffer benötigt wird:

```
$ genisoimage -R /home/mydata | wodim dev=/dev/cdrw -
```

Das Minuszeichen am Ende des Befehls steht für die Pipe, aus der `wodim` seine Imagedatei ausliest.

Kopieren einer Daten-CD

Für den Fall, dass Sie einmal von einer Daten-CD eine 1:1-Kopie anlegen müssen, können Sie sogar direkt auf das Image des Device als Datenquelle für `wodim` zugreifen und brauchen entsprechend nicht einmal das Programm `genisoimage`:

```
$ wodim -v dev=/dev/cdrw -isosize /dev/cdrom
```

RW-Medien

RW-Medien sind Rohlinge, die immer wieder gelöscht und so wiederverwendet werden können. Im normalen Brennbetrieb unterscheiden sie sich nicht von den üblichen Rohlingen. Sie benötigen natürlich ein Programm, um den RW-Rohling wieder löschen zu können. Auch diese Aufgabe übernimmt `wodim`, wenn man ihm den Befehl `blank=fast` mitgibt. Weitere Optionen für `blank` zeigt Tabelle 7.1.

blank=	Wirkung
`fast`	Minimales Löschen: PMA, TOC und pregap werden gelöscht.
`track`	Löscht nur einen Track (bei Multisession)
`all`	Komplette CD-RW löschen. Das wird etwas dauern.

Tabelle 7.1 Optionen zu blank

Multisession

Normalerweise wird eine CD an einem Stück gebrannt. Bei kleineren Datenmengen kann es sich aber lohnen, mehrere Brennsitzungen zu erlauben. Dazu darf die Brennung nicht finalisiert werden, sondern muss für späteres Erweitern offengehalten werden. Die zusätzlichen Daten werden als weitere Spuren hinzugefügt. Jede dieser Spuren muss als eigenes Image erzeugt und an die passende Stelle auf dem Rohling positioniert werden. Dazu wird die Trackposition benötigt.

Der erste Track unterscheidet sich nur in der Option `-multi` von einem normalen Brennvorgang. Die Option vermeidet, dass die CD abgeschlossen wird:

```
$ genisoimage -J -R -o ../image.iso .
$ wodim -v dev=/dev/cdrw -multi ../image.iso
```

Bei jedem weiteren Schritt wird eine weitere Sitzung gebrannt. Dazu muss die Trackposition ermittelt werden und als Parameter wiederverwendet werden. Damit keine Flüchtigkeitsfehler passieren, bietet es sich an, die Trackposition in einer Variablen zu speichern, die wir `TRACKPOS` nennen wollen. Um diese Position zu finden, muss die Oberflächenstruktur der CD untersucht werden. Das ist ganz klar das Aufgabengebiet von `wodim`. Wird es mit der Option `-msinfo` aufgerufen, gibt es genau diese Information aus:

```
$ TRACKPOS=`wodim -msinfo dev=/dev/cdrw`
```

Nun kann das Spur-Image mit dem Programm `genisoimage` erzeugt werden. Die Option `-C` übergibt die Trackposition.

```
$ genisoimage -J -R -f -o ../image.iso -C \$TRACKPOS -M /dev/cdrw .
```

Nun kann das Image mithilfe des Programms `wodim` gebrannt werden. Der Hauptunterschied zum normalen Brennen ist die Option `-multi`.

```
$ wodim dev=/dev/cdrw -multi ../image.iso
```

Um eine Multisession-CD abzuschließen, wird beim letzten Brennen mit dem Programm `wodim` die Option `-multi` weggelassen.

DVDs brennen: growisofs

Ein DVD-Rohling ist zwar dreimal so teuer wie ein CD-Rohling, hat aber dafür die sechsfache Kapazität. Zum Brennen von DVDs wird der Befehl `growisofs` verwendet. Das Programm `growisofs` wurde ursprünglich entwickelt, um ein Image für DVDs zu generieren, so wie `genisoimage` Images für CDs erzeugt, wurde dann aber um die Möglichkeit erweitert, die Daten auch gleich auf DVD-Rohlinge zu schreiben. Der folgende Aufruf sichert das Benutzerverzeichnis von *johannes* auf einen DVD-Rohling:

```
$ growisofs -R -J -Z /dev/dvdrw /home/johannes
```

Die Optionen `-R` schaltet die Rockridge-Erweiterungen für UNIX-kompatible Systeme und `-J` die Joliet-Erweiterung für Windows-Systeme hinzu. Der Option `-Z` folgt der Name der Gerätedatei des Brenners. Sie bewirkt eine Initialbrennung, die nicht finalisiert wird. Anschließend folgen ein oder mehrere Dateien oder Verzeichnisse, die gebrannt werden sollen.

Sie können direkt weitere Spuren hinzufügen. Das folgende Beispiel sichert zu den Benutzerdaten von *johannes* noch die von *paul*. Der Unterschied liegt in der Option `-M`.

```
$ growisofs -R -J -M /dev/dvdrw /home/paul
```

Theoretisch können Sie die DVD ewig offenhalten. Sollten Sie vermeiden wollen, dass noch weitere Daten hinzugebrannt werden, erreichen Sie eine Finalisierung mit dem folgenden Befehl:

```
$ growisofs -M /dev/dvdrw=/dev/zero
```

7.3 Workshop: Wiederherstellungsprobleme bei Festplattenwechsel

Wenn Sie eine Systemdatensicherung wieder rekonstruieren müssen, kann es Probleme beim Booten geben, weil sich die UUID des Dateisystems (siehe Abschnitt 6.3.4) bei der Sicherung und ihrer neuen Festplatte unterscheidet.

Spicker

> Die UUID-Identifizierung der Festplatten im Bootmanager GRUB und in der Datei */etc/fstab* wird auf die klassischen Gerätedateien */dev/sda* und folgende umgestellt, um die Rücksicherung wieder booten zu können.

Sie müssen an zwei Stellen arbeiten, um den Rechner wieder booten zu können. Erstens an der Datei */etc/fstab*, die die Dateisysteme den Verzeichnissen zuordnet, und an der GRUB-Konfiguration, die auswählt, welches Dateisystem gestartet wird.

/etc/fstab

Die UUID wird in der Datei */etc/fstab* (siehe Abschnitt 6.3.3) verwendet, um festzulegen, welche Dateisysteme beim Systemstart eingebunden werden. Sie finden dort nach der Erstinstallation Einträge wie diesen:

```
# / was on /dev/sda5 during installation
UUID=b4559ec9-411c-487b-afbe-c5a60e037150 / ext4 ...
```

Sie sehen, dass bei der Installation freundlicherweise die Gerätedatei im Kommentar über der UUID hinterlegt wurde. Sie können also leicht die UUID durch die Gerätedatei ersetzen:

```
# / was on /dev/sda5 during installation
/dev/sda5 / ext4 ...
```

Sie können alternativ mit dem Befehl `blkid` ermitteln, welches Dateisystem nun welche UUID besitzt. So können Sie die bisherigen UUIDs gegen die neuen austauschen.

```
# blkid
/dev/sda6: UUID="20f6df1c-5702-4c9f-a76d-b4ed380fd5b7" ...
/dev/sda8: UUID="156e616f-3094-41e4-b72a-7245848e8224" ...
/dev/sda9: UUID="cc99dc54-f907-4317-be6e-93a36e4ffc5b" ...
/dev/sdb1: UUID="40ae8f42-b2cb-41e8-997e-42e36ae2e04e" ...
/dev/sda5: UUID="c34e5165-59c9-4bff-97b7-b70e3789ca45" ...
/dev/sda7: UUID="a693e514-d040-4715-ab3a-861d9fbb1989" ...
```

/boot/grub/grub.cfg

Die zweite Stelle, an der die UUID verwendet wird, liegt in der GRUB-Datei. Dann versteckt sich der Eintrag in der Datei */boot/grub/grub.cfg*. Dort finden Sie für die Debian-Bootpartition einen Eintrag, der etwa wie der folgende aussieht:

```
menuentry 'Debian GNU/Linux, with Linux 2.6... {
  insmod part_msdos
  insmod ext2
  set root='(hd0,msdos5)'
  search --no-floppy --fs-uuid --set c34e5165-59c9-...
  echo    'Loading Linux 2.6.32-5-amd64 ...'
  linux   /boot/vmlinuz-2.6.32-5-amd64 root=UUID=... ro quiet
  echo    'Loading initial ramdisk ...'
  initrd  /boot/initrd.img-2.6.32-5-amd64
}
```

Hier muss in der Zeile, die mit dem Wort `linux` beginnt, der Parameter `root=` korrigiert werden. Um welche Partition es geht, können Sie an der Zeile `set root` ablesen. Es ist die erste Platte (`hd0`) und die Partition 5. Also muss dort */dev/sda5* stehen:

```
linux   /boot/vmlinuz-2.6.32-5-amd64 root=/dev/sda5 ro quiet
```

Im Start-Menü des Rechners

Sie können kurzfristig auch nach dem Start des Rechners den GRUB-Eintrag direkt im Auswahlmenü korrigieren. Das hat allerdings keinen dauerhaften Bestand.

Sie finden die gleichen Einstellungen vor, wenn Sie im GRUB-Menü die Taste E für Editieren drücken. GRUB hinterlegt für Linux-Systeme in seinem Menü zwei Einträge, um die Startumgebung starten zu können. Einer bezeichnet die Kerneldatei und der andere dessen Initialumgebung. Sie können im GRUB-Menü die Taste E drücken und befinden sich dann in einem Editor, mit dem Sie Bootparameter ändern können.

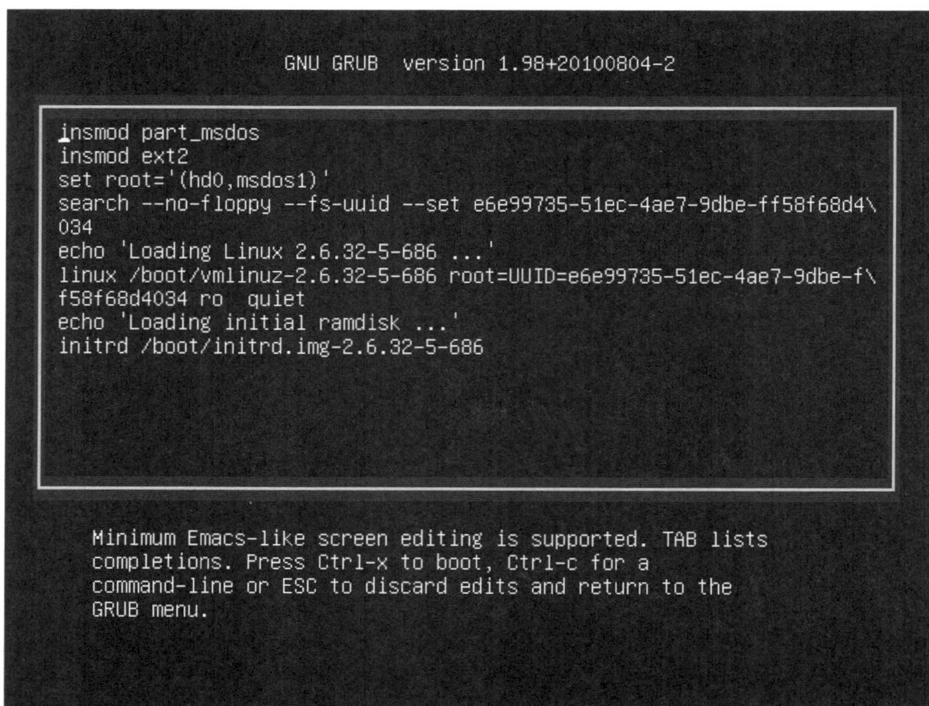

Abbildung 7.2 Editieren eines GRUB-Menüeintrags

Mit Esc verwerfen Sie Ihre Änderungen, mit der Kombination Strg + X starten Sie den geänderten Eintrag. Die durchgeführten Änderungen werden nicht gespeichert, sondern bleiben nur für diesen Bootvorgang erhalten. Wenn Sie den Bootmenüeintrag dauerhaft verändern wollen, müssen Sie GRUB konfigurieren.

Der Eintrag `linux` bezeichnet die Kerneldatei. Sie können an das Ende der Zeile noch Bootparameter setzen, wenn der Start aufgrund von Hardware-Inkompatibilitäten nicht gelingt. Bei bestimmten Hardware-Problemfällen finden Sie manchmal im Internet Hinweise auf Kernelparameter, die das Booten ermöglichen. Diese können Sie an dieser Stelle einsetzen.

Der Eintrag `initrd` beschreibt die Image-Datei eines Dateisystems, das beim Start im Speicher quasi als RAM-Disk angelegt wird und den Kernel mit den Treibern und Startup-Programmen versorgt.

Für eine ausführlichere Beschreibung der Reparatur von Bootproblemen finden Sie in Abschnitt 6.7.1 Hilfe.

7.4 dump sichert komplette Dateisysteme

Das Programm `dump` ist der Klassiker der Datensicherungswerkzeuge aus den UNIX-Zeiten. Seine besonderen Fähigkeiten liegen darin, systemspezifische Dateisysteme komplett sichern zu können. Das Programm beherrscht die inkrementelle Sicherung, ermöglicht die Sicherung auf Band, unterstützt den Medienwechsel, wenn das Sicherungsmedium kleiner als die zu sichernden Daten ist, und kann eine Datensicherung über das Netzwerk durchführen.

Das Programm gehört nicht zum Standardumfang einer Linux-Installation, sondern muss mit dem Paket *dump* explizit installiert werden:

```
# apt-get install dump
```

Der Befehl benötigt als Parameter auf jeden Fall den zu sichernden Bereich. Das ist typischerweise das Dateisystem. Sie können aber auch einzelne Dateien oder Verzeichnisse angeben.

Das Programm ist hauptsächlich zur Sicherung eines UNIX-ähnlichen Dateisystems gedacht. Hier liegen auch seine Stärken und Schwächen. Die Stärken sind, dass `dump` keine Probleme mit irgendwelchen speziellen Dateitypen hat. Die Schwäche ist, dass es außer den Linux-Dateisystemen keine anderen Dateisystemtypen bearbeiten kann. `dump` ist also prädestiniert für die Sicherung der Systempartition.

Als wichtigste Option wird eine ganzzahlige Levelnummer angegeben, der ein Minuszeichen vorangestellt wird. Die Option `-0` steht für eine Vollsicherung. Jede andere Zahl sichert nur die Dateien, die sich seit der letzten Sicherung des nächstniedrigeren Levels verändert haben. Statt des gesamten Dateisystems können auch Listen von Dateien und Verzeichnissen angegeben werden, die allerdings alle innerhalb eines Dateisystems liegen müssen.

Mit der Option -u wird festgelegt, dass in der Datei */var/lib/dumpdates* hinterlegt wird, wann welches Dateisystem gesichert worden ist.

Die Option `-f` erwartet einen weiteren Parameter, der angibt, wohin die Sicherung geschrieben werden soll. Auf diese Weise können die Gerätedatei eines anderen Bandlaufwerks angegeben werden, ein Minuszeichen für die Standardausgabe, um den Datenstrom in eine Pipe umzuleiten, oder auch das Bandlaufwerk eines anderen Computers. In letzterem Fall wird der Hostname, gefolgt von einem Doppelpunkt, vor die Laufwerksangabe gestellt: `host:/dev/tape`.

Mit dem folgenden Sicherungslauf wird das Dateisystem */dev/sda8* in die Datei *dasi100809.dump* gesichert:

```
# dump -0u -f dasi20100809.dump /dev/sda8
  DUMP: Date of this level 0 dump: Mon Aug  9 09:20:30 2010
  DUMP: Dumping /dev/sda8 (an unlisted file system)
        to dasi20100809.dump
  DUMP: Label: none
  DUMP: Writing 10 Kilobyte records
  DUMP: mapping (Pass I) [regular files]
  DUMP: mapping (Pass II) [directories]
  DUMP: estimated 2699235 blocks.
  DUMP: Volume 1 started with block 1 at:
        Mon Aug  9 09:20:37 2010
  DUMP: dumping (Pass III) [directories]
  DUMP: dumping (Pass IV) [regular files]
  DUMP: Closing dasi20100809.dump
  DUMP: Volume 1 completed at: Mon Aug  9 09:23:12 2010
  DUMP: Volume 1 2706480 blocks (2643.05MB)
  DUMP: Volume 1 took 0:02:35
  DUMP: Volume 1 transfer rate: 17461 kB/s
  DUMP: 2706480 blocks (2643.05MB) on 1 volume(s)
  DUMP: finished in 155 seconds, throughput 17461 kBytes/sec
  DUMP: Date of this level 0 dump: Mon Aug  9 09:20:30 2010
  DUMP: Date this dump completed:  Mon Aug  9 09:23:12 2010
  DUMP: Average transfer rate: 17461 kB/s
  DUMP: DUMP IS DONE
#
```

Daten zurückholen: restore

Der Befehl `restore` gehört zum Paket *dump* und holt gesicherte Datenbestände zurück. Mit der Option `-r` werden die gesicherten Daten im aktuellen Verzeichnis rekonstruiert. Wenn Sie also den Inhalt des Dateisystems */dev/sda1* vom Bandgerät */dev/st0* zurückholen wollen, geben Sie die folgenden Befehle ein:

```
# mkfs /dev/sda1
# mount /dev/sda1 /mnt
# cd /mnt
# restore rf /dev/st0
```

Sollten Sie eine inkrementelle Sicherung betreiben, wird `restore` nacheinander alle relevanten Bänder anfordern.

Wenn Sie einzelne Dateien aus der Datensicherung benötigen, verwenden Sie die Option `-i` für »interaktiv«. Dann holt das Programm den Katalog aus der Sicherung und zeigt ihn an. Sie können nun wie auf einer Shell arbeiten. Es stehen Ihnen die Kommandos `ls`, `cd` und `pwd` zur Verfügung, um durch den Katalog zu navigieren. Mit dem Befehl `add` können Sie die Dateien auswählen, die Sie zurückholen wollen. Der Abschlussbefehl `extract` holt diese dann aus der Sicherung zurück. Das folgende Beispiel zeigt eine solche Auswahl:

```
# restore -i -f dasi20100809.dump
restore > cd home/arnold
restore > add hello.cpp
restore > extract
You have not read any volumes yet.
Unless you know which volume your file(s) are on you should
start with the last volume and work towards the first.
Specify next volume # (none if no more volumes):1
restore: <name unknown>: ftruncate: Invalid argument
set owner/mode for '.'? [yn] n
restore > quit
#ls -l home/arnold
insgesamt 12
-rw-r--r-- 1 arnold arnold 3103  2. Mai 12:04 hello.cpp
#
```

7.5 Daten sichern mit dem Verpackungskünstler tar

Der Name `tar` steht für »tape archiver«, also »Band-Archivierer«. Dies zeigt eindeutig die Herkunft des Programms aus der Datensicherung. Das Programm `tar` wird allerdings nicht nur im Zusammenhang mit Bändern eingesetzt, wie in Abschnitt 4.7.1

gezeigt. Die vielfältigen Einsatzmöglichkeiten führen dazu, dass `tar` normalerweise auf jeder Linux-Maschine von Haus aus installiert ist.

Da das Programm schon sehr lange existiert, hat es sich zu einem Standard gemausert, sodass es nicht nur auf jedem UNIX-ähnlichen System, sondern sogar auf Windows portiert wurde. Die Dateiformate von `tar` können in der Regel auch viele andere Packprogramme lesen und schreiben.

7.5.1 Sicherung auf Band oder in eine Datei

Ursprünglich sicherte `tar` auf das Standardbandgerät eines UNIX-Systems. Da es heute eher ungewöhnlich ist, dass ein Bandgerät mit dem PC ausgeliefert wird, muss man es konkret angeben. Zunächst schauen wir uns aber den Aufruf des Befehls näher an.

Zusammensetzung des tar-Kommandos

Im ersten Parameter des Kommandos `tar` legen Sie die Operation mit einem der Buchstaben `c`, `x` oder `t` fest. Genau eines dieser Kommandos muss beim Aufruf von `tar` angegeben werden. Dabei bedeutet:

- `c`: Die Option erzeugt ein Archiv. Eine Datensicherung wird angelegt.
- `x`: Ein Archiv wird ausgepackt. Die Datensicherung wird zurückgeholt.
- `t`: Der Inhalt eines Archivs wird angezeigt.

Klassischerweise folgte das Kommando mit den anderen Optionszeichen direkt auf den Befehl `tar`. In der aktuellen GNU-Implementierung von Linux kann es auch als Option verstanden werden und mit einem Minuszeichen eingeleitet werden.

Sicherung auf Band

Der Befehl `tar` verwendete ursprünglich das Standardbandlaufwerk als Archivierungsmedium. Inzwischen ist es aber eher unüblich, dass Computer mit Bandlaufwerken ausgeliefert werden. Darum gibt man das Sicherungsziel heute über die Option `f` an. Daraufhin wird der nächste Paramter als Archivname verwendet. Dazu kann durchaus auch ein Bandlaufwerk, wie beispielsweise */dev/nst0* verwendet werden. Sie können aber auch eine Datei oder sogar eine Datei auf einem anderen Computer angeben. Der folgende Befehl zeigt alle Dateien an, die auf dem ersten Bandlaufwerk gesichert wurden:

```
# tar tf /dev/nst0
```

Möchten Sie gern den Inhalt des Bands auslesen und ab der aktuellen Verzeichnisposition ablegen, rufen Sie den folgenden Befehl auf:

```
# tar xf /dev/nst0
```

Wenn Sie dagegen eine Sicherung der Verzeichnisse */home* und */etc* durchführen wollen, rufen Sie den folgenden Befehl auf:

```
# tar cf /dev/nst0 /home /etc
```

Sicherung in eine Datei

Statt des Bandlaufwerks kann eine Datei angegeben werden, die das Archiv enthält. Sollen also die Verzeichnisse */home* und */etc* in die Datei *dasi.tar* gesichert werden, lautet der Befehl:

```
# tar cf dasi.tar /home /etc
```

Es können beliebig viele Dateien und Verzeichnisse angehängt werden, sie werden alle in die Datensicherung mit einbezogen. Bei Verzeichnissen werden auch alle Unterverzeichnisse mit eingebunden.

Über weitere Optionen können Sie `tar` zu weiteren Leistungen anspornen.

- **`v`**: Der Befehl `tar` verrichtet seine Arbeit in der Regel schweigsam. Wenn Sie wissen wollen, welche Dateien gesichert oder entpackt werden, mischen Sie der Buchstabenkombination noch ein `v` bei.
- **`z`**: Ein von `tar` erzeugtes Archiv ist unkomprimiert. Sie können entweder das fertige Archiv anschließend mit `gzip` (siehe Abschnitt 4.7.2) kompimieren oder das Komprimieren durch Einfügen der Option `z` gleich von `tar` erledigen lassen. Ein komprimiertes `tar`-Archiv wird nach Konvention mit der Endung *tgz* gekennzeichnet.
- **`M`**: Sie können mit der Option `M` eine Datensicherung über mehrere Medien verteilen. Das Programm wird Sie bei Bedarf dazu auffordern, das Medium zu wechseln.

Sollen dagegen bestimmte Dateien zurückgeholt werden, müssen Sie beim Kommando `x` alle Dateien angeben, die Sie zurückholen möchten. Allerdings wünscht sich `tar` den kompletten Pfad, so wie er beim Sichern angegeben wurde. Will man also die Datei *home/arnold/hello.cpp* zurückholen, lautet der Befehl:

```
$ tar xvf dasi.tar home/arnold/hello.cpp
x home/arnold/hello.cpp, 64 bytes, 1 tape blocks
$
```

Hinweis

Das Weglassen des ersten Schrägstrichs ist kein Druckfehler. `tar` archiviert normalerweise ohne den führenden Schrägstrich, damit die Dateien ohne Probleme auch an einer anderen Stelle wieder zurückgeholt werden können, ohne gleich die Originale zu überschreiben.

Wollen Sie bei der Rekonstruktion der Dateien Wildcards wie Stern oder Fragezeichen angeben, müssen Sie die Option `--wildcards` vor der Dateimaske angeben:

```
$ tar xvf dasi.tar --wildcards *.tex
```

7.5.2 tar sichert über das Netzwerk

Die Datensicherung von `tar` kann auch über das Netzwerk gesendet werden. Dazu wird als Zieldatei eine Datei auf einem anderen Rechner angegeben. Es ist mit dieser Methode beispielsweise auch möglich, das Bandlaufwerk auf einer anderen Maschine anzusprechen.

Um eine Datei auf einem anderen Rechner anzusprechen, muss vor ihrem Namen der Rechnername angegeben werden. Um beides voneinander zu trennen, wird der Doppelpunkt verwendet. Das folgende Beispiel sichert die lokalen Benutzerverzeichnisse (*/home*) in die Datei *dasi.tgz* auf dem Rechner dasisrv.

```
$ tar cvzf dasisrv:dasi.tgz /home
```

Natürlich müssen Sie die Rechte haben, auf dem Computer dasisrv eine Datei anlegen zu dürfen. Darum werden Sie an der Konsole nach Ihrem Passwort für den Rechner dasisrv gefragt.

Da die Zieldatei *dasi.tgz* ohne weiteren Pfad angegeben wurde, wird sie im Heimatverzeichnis des Aufrufers abgelegt. Soll die Sicherung unter den Rechten eines anderen Benutzers auf dem Zielrechner abgelegt werden, muss der Benutzername noch vor den Rechnernamen gesetzt werden und durch das Zeichen @ abgetrennt werden.

Aber ganz so einfach kann `tar` auch nicht auf fremde Rechner zugreifen. Es bedient sich hier der Hilfe von SSH und so muss auf dem Zielrechner das Paket *openssh-server* (siehe Abschnitt 11.2.4) installiert sein.

7.5.3 Workshop: Inkrementelle Datensicherung mit tar

Inkrementelle Datensicherung ist nicht allein das Privileg von `dump` (siehe Abschnitt 7.4). Auch mit `tar` können Sie wie bei `dump` inkrementelle Backups (siehe Abschnitt 7.1) durchführen. Für die Verwaltung der Sicherungen verwendet `tar` eine sogenannte Zeitstempeldatei.

Für die inkrementelle Datensicherung wird die Option `-g` verwendet. Als Parameter erwartet diese Option den Namen der Datei, in der die zeitlichen Informationen abgelegt werden. Existiert die Zeitstempeldatei noch nicht, wird sie angelegt und eine Vollsicherung durchgeführt.

```
$ tar czfg dasivoll.tgz letztedasi /home
```

Die Parameter könnten etwas verwirren: Welcher Parameter hat welche Funktion? Dazu werden die Befehlsoptionen von `tar` durchgegangen. Das `c` steht für die Erstellung einer Datensicherung. `z` bewirkt eine Komprimierung. Das `f` besagt, dass der Name der Sicherungsdatei angegeben wird. Also muss der erste Parameter nach den Befehlsoptionen der Name der Sicherungsdatei sein. Das `g` steht für die inkrementelle Sicherung. Da es hinter dem `f` steht, ist der zweite Parameter der Name des Zeitstempels. Jeder weitere Parameter steht für die Verzeichnisse, die gesichert werden sollen.

Um die Daten zu sichern, die seit der Vollsicherung verändert wurden, wird der Zeitstempel der Vollsicherung genutzt und ein neues Archiv angelegt. In diesem neuen Archiv stehen nur die Dateien, die sich seit der letzten Sicherung verändert haben. Der Befehl lautet:

```
$ tar czfg dasi-1.tgz letztedasi /home
```

Sie sehen, dass sich der Befehl nicht unterscheidet, abgesehen vom Dateinamen des Archivs. Es gilt nämlich, darauf zu achten, dass eine inkrementelle Sicherung nicht die vorige überschreibt. Eine Möglichkeit ist es, die Nummern aufsteigen zu lassen.

Der einfache Befehl `date` (siehe Abschnitt 16.1) kann hier helfen. Wir wollen einmal pro Woche eine Vollsicherung machen. Danach sollen täglich die Änderungen seit dem Vortag gesichert werden. Das ist zu erreichen, indem die Wochennummer in den Namen der Zeitstempeldatei gesetzt wird.

```
$ date +%U
```

Dieser Befehl liefert die aktuelle Wochennummer, die am Sonntag umgestellt wird. Das ist sehr praktisch, weil in den meisten Firmen sonntags Ruhe herrscht und eine Vollsicherung am besten am Wochenende erfolgt. Statt des Dateinamens *letztedasi* wird nun der Name *woche*, gefolgt von der Wochennummer, erzeugt. Damit die Archive nicht überschrieben werden, wird der Befehl `date` auch für die Erzeugung des Archivnamens herangezogen. Hierbei wird allerdings das aktuelle Datum verwendet. Sollten mehrere Sicherungen am Tag erforderlich sein, könnten Sie noch die Uhrzeit verwenden. Aber Vorsicht! Es darf im Dateinamen kein Doppelpunkt vorkommen, wie er in der Standarddarstellung von `date` vorkommt. Sie können aber einfach `%H%M%S` verwenden. Damit erhalten Sie jeweils zweistellig Stunde, Minute und Sekunde:

```
$ tar czfg dasi$(date +%F).tgz woche$(date +%U) /home
```

Dieser Befehl kann täglich, beispielsweise durch `crontab` (siehe Abschnitt 16.3), aufgerufen werden. In diesem Fall müssen Sie erstens darauf achten, dass alle Dateiparameter mit komplettem Pfad angegeben werden. Wenn Sie den Befehl direkt in die *crontab* stellen, müssen Sie darüber hinaus vor jedes Prozentzeichen einen Backslash stellen, da in einer *crontab* das Prozentzeichen als Zeilenumbruch interpretiert wird.

Sollte die Datensicherung nicht nur ein Verzeichnis umfassen, kann die Verwendung der Option `-T` hilfreich sein. Sie liest aus einer Datei die Verzeichnisse, die gesichert werden sollen. Der Dateiname dieser Sicherungsliste muss als Parameter angegeben werden:

```
$ tar czfgT dasi$(date +%F).tgz woche$(date +$U) liste
```

Die Datei *liste* könnte beispielsweise so aussehen:

```
/home/richard
/home/johannes
/home/paul
/home/georg
/var/mail
```

Damit würden die Benutzerverzeichnisse von *richard*, *johannes*, *paul* und *georg* und das Verzeichnis */var/mail* gesichert.

Rücksicherung

Eine Rücksicherung kann nur dann ein korrektes Ergebnis liefern, wenn man zuerst die Vollsicherung zurückholt und dann so viele inkrementelle Sicherungen, bis der gewünschte Zeitpunkt erreicht ist.

Nehmen wir an, Sie haben ein Medium unter dem Verzeichnis */mnt* eingehängt, auf dem sich die relevanten Sicherungen befinden. Sie wollen den Stand vom 23.11. zurückholen. Der 21.11. war ein Sonntag. Die Befehle lauten dann:

```
# cd /
# tar xzf /mnt/dasi2010-11-21.tgz
# tar xzf /mnt/dasi2010-11-22.tgz
# tar xzf /mnt/dasi2010-11-23.tgz
```

Für die Rücksicherung ist also weder der Zeitstempel noch die Sicherungsliste erforderlich, sondern nur das Archiv.

7.6 cpio

Auch das Programm `cpio` ist ein Klassiker in der Datensicherung. Es hat einen völlig anderen Ansatz in der Bedienung, weil es die Namen der zu sichernden Dateien aus dem Eingabestrom erfährt. Insofern wird es syntaktisch als Filter hinter ein Pipe-Symbol gesetzt. Der Aufruf erscheint darum zunächst recht ungewöhnlich, ermöglicht aber eine hohe Flexibilität, was die Bestimmung der Dateien angeht, die zu sichern oder zurückzuholen sind. Sollte die Auswahl der zu sichernden Dateien etwas spezieller sein, kann sich ein Versuch mit `cpio` lohnen.

Sichern, ansehen und zurückholen

`cpio` erwartet also die Namen der zu sichernden Dateien in der Standardeingabe. Jeder Dateiname muss in einer eigenen Zeile aufgeführt sein. Dies erreichen Sie relativ einfach, indem Sie eine Datei mit den zu sichernden Dateien füllen und diese per `cat` in die Standardausgabe schieben. Es folgt ein Pipe-Symbol, und schon sind die Daten in der Archivdatei:

```
# cat sicherungsliste.txt | cpio -o >../dasi.cpio
```

In der Praxis ist es allerdings eher üblich, den Befehl `find` (siehe Abschnitt 4.4.1) vor das Pipe-Symbol zu setzen. `find` erwartet den Verzeichnisnamen und die Option `-print`, und schon wird das Programm alle Dateinamen dieses Verzeichnisses Zeile für Zeile anzeigen:

```
# cd /home
# find . -print | cpio -o >../dasi.cpio
37157 Blöcke
```

Damit ist es nicht sehr viel komplizierter, ein Verzeichnis und dessen Unterverzeichnisse zu sichern, als mit dem Programm `tar`. Durch die zahlreichen Optionen des Befehls `find` stehen Ihnen aber viele Möglichkeiten zur Selektion der sicherungswürdigen Dateien zur Verfügung.

Wenn Sie sehen wollen, was gesichert wurde, verwenden Sie die Option `-it`. Die Sicherungsdatei wird dazu auf die Standardeingabe umgeleitet:

```
$ cpio -it < dasi.cpio
```

Um die ganze Sicherung zurückzuholen, wird fast die gleiche Befehlskombination verwendet wie beim Auslesen des Inhaltsverzeichnisses. Statt `-it` verwenden Sie allerdings `id`. Die Option `-i` bewirkt das Lesen der Sicherung. Die Option `-d` bewirkt, dass auch Verzeichnisse erstellt werden. Das Auslesen geschieht im aktuellen Verzeichnis. Vor dem Auspacken muss also in das Zielverzeichnis gewechselt werden:

```
# cpio -id <../dasi.cpio
37157 Blöcke
#
```

Sollen nur Dateien, die im Namen das Wort *hello* enthalten, von der Sicherung zurückgeholt werden, wird im Anschluss an die Option `-id` in Hochkommata das Muster der gesuchten Dateinamen angegeben. Dazu können die üblichen Wildcards verwendet werden.

```
# cpio -id '*hello*' <../dasi.cpio
1870 Blöcke
#
```

Kapitel 7

Natürlich können Sie für die Sicherung mit cpio auch ein Bandlaufwerk verwenden. In diesem Fall wird die Gerätedatei des Bandlaufwerks statt der Archivdatei angegeben.

7.7 Medien kopieren: dd

Das Programm dd kopiert blockweise Daten. Seine besonderen Fähigkeiten liegen darin, Disketten, Festplatten oder ähnliche Geräte ohne Rücksicht auf ihre innere Struktur einfach blockweise zu lesen oder zu schreiben. So lässt sich sehr einfach ein Klon einer Festplatte erzeugen. Das Ziel kann eine mindestens genauso große Festplatte oder auch eine Imagedatei sein, die im Falle eines Falles mit dd auch wieder auf die Festplatte zurückgezogen werden kann.

Das Programm hat hauptsächlich zwei Optionen, nämlich if (*input file*) und of (*output file*). Da diese Dateien aber auch auf Gerätedateien zeigen können, kann man mit dd auch Dinge sichern, die durch das Dateisystem nicht erreichbar sind.

Auch wenn das folgende Beispiel von Disketten etwas altertümlich erscheint, zeigt es sehr schön die Möglichkeiten, die Syntax und den Umgang mit dd:

```
# dd if=/dev/fd0 of=sicherung.fd0
# dd of=/dev/fd0 if=sicherung.fd0
```

Der erste Befehl kopiert die Diskettenoberfläche in eine Datei. Dabei ist es völlig egal, von welchem System die Diskette erzeugt wurde. Im zweiten Befehl wird die gesicherte Datei wieder auf eine Diskette kopiert.

Die gleiche Vorgehensweise kann mit USB-Sticks, Festplatten oder sonstigen Geräten durchgeführt werden. Beispielsweise benötigte ich eine Kopie von einer Arbeitsplatzplatte für kritische Experimente, die auf den Originaldaten nicht durchgeführt werden sollten. Daraufhin wurde eine zweite, etwas größere Festplatte in den Rechner eingebaut, das System wurde über einen Linux-USB-Stick gebootet und dann mit diesem Befehl kopiert:

```
# dd bs=16M if=/dev/sda of=/dev/sdb
```

Der Parameter bs sorgt für einen Puffer von 16 MByte. Dadurch wird die Übertragung ein wenig flotter. Tatsächlich war die Festplatte anschließend bootfähig. Da sie Master Boot Record (siehe Abschnitt 6.7.2) und Partitionstabelle einfach mitkopiert hatte, merkte der Rechner nicht einmal den Unterschied. Nicht einmal, dass die Festplatte nun doppelt so groß war.

Auch wenn Sie alle Daten eines Datenträgers aus Datenschutzgründen vollständig löschen wollen, können Sie dd einsetzen:

```
# dd if=/dev/zero of=/dev/sdb
```

Dieser Befehl kopiert das Gerät */dev/zero*, das, wie der Name schon ahnen lässt, lauter Nullen liefert, auf die zweite Festplatte. Der Befehl stoppt, wenn die Festplatte voll ist.

7.8 Spielerei: Datensicherung bei USB-Kontakt

Wollen Sie mal so richtig cool sein? Oder haben Sie einen Benutzer, der die einfachsten Abläufe nicht geregelt bekommt? Dann habe ich etwas für Sie!

Für die Sicherung spezieller Daten stecken Sie einen USB-Stick in den Computer. Automatisch werden Daten auf den Stick geschrieben. Dann hört irgendwann das Flackern am Stick auf. Sie können den Stick wieder abziehen, die Daten sind gesichert. Für diesen Trick verwenden Sie den udev-Dämon, der in Abschnitt 8.4.4 beschrieben wird.

Eine udev-Regel für die Datensicherung

Wenn Sie einen USB-Stick an einen Linux-Rechner anschließen, wird der udev-Dämon aktiv. Sie können den Dämon so konfigurieren, dass er dann eine bestimmte Aktivität ausführt. Was wirklich passiert, wird über Regeln im Verzeichnis */etc/udev/rules* festgelegt. Die Aktivitäten können Sie auf bestimmte Geräteklassen einschränken und auch auf bestimmte einzelne Geräte über deren Seriennummern. Und schon aus Datenschutzgründen ist es vermutlich sinnvoller, dass nur Ihr USB-Stick diese Aktivität auslöst.

USB-Stick identifizieren

Alle anderen USB-Sticks sollen sich genau so verhalten, wie Sie es von einem USB-Stick erwarten. Dazu müsste der Sicherungs-Stick eindeutig identifiziert werden. Und das ist tatsächlich möglich.

Jeder USB-Stick hat nicht nur eine eindeutige Hersteller- und Typbezeichnung, sondern auch eine Seriennummer. Diese muss zunächst bestimmt werden. Durch den Befehl `lsusb` können Sie sich zunächst die Liste aller USB-Geräte anzeigen lassen. Einer der Einträge ist für Ihren USB-Stick. Wenn Sie sich nicht sicher sind, entfernen Sie den USB-Stick und schauen, welches Gerät fehlt. In der folgenden Liste sehen Sie einen meiner USB-Sticks:

```
# lsusb
...
Bus 001 Device 004: ID 0204:6025 Chipsbank Microelectron...
...
```

Der Stick ist über den Bus 001 als Device 004 angeschlossen. Der Vendor hat die Nummer 0204, und das Produkt hat die Nummer 6025. Das sind alles noch keine Seriennummern, aber dennoch Dinge, die udev als Filter verwenden kann. Wir wollen aber die Seriennummer. Dazu müssen Sie genauere Informationen über dieses USB-Gerät ermitteln. Die Option `-v` sorgt dafür, dass der Befehl `lsusb` sehr viel mehr Details verrät. Wenn Sie aber einfach nur `lsusb -v` eingeben, erhalten Sie jede Menge Informationen über alle möglichen USB-Geräte und dürfen suchen. Leichter ist es, wenn Sie mit der Option `-s` sowie mit Bus und Device das Gerät spezifizieren. Noch einfacher wird die Suche, wenn Sie darüber hinaus mit dem Befehl `grep` den Eintrag für die Seriennummer ausfiltern:

```
# lsusb -v -s 001:004 | grep iSerial
  iSerial                 3 333992907832
```

Die Seriennummer des Sticks ist also 333992907832. Dies wird der Hauptfilter für unsere udev-Regel.

Eine Regel anlegen

Für die neue Regel wird eine neue Datei angelegt, die *49-myusbstick.rules* heißen soll und im Verzeichnis */etc/udev/rules.d* abgelegt wird.

```
BUS=="usb", ATTRS{serial}=="333992907832", NAME="mystick"
```

Die Regel bewirkt, dass nur USB-Geräte betrachtet werden, die genau diese Seriennummer haben. Sofern Sie nicht die Absicht haben, mir meinen USB-Stick abzukaufen, werden Sie wohl die Seriennummer Ihres USB-Sticks eintragen müssen, um die Funktion zu testen.

Bevor Sie testen können, müssen Sie allerdings den udev-Dämon noch einmal starten, damit er Ihre Regel auch beherzigt.

```
# /etc/init.d udev restart
```

Dieser USB-Stick wird beim Einstecken mit dem Namen *mystick* versehen. Testen Sie es aus! Es entsteht eine Gerätedatei */dev/mystick*, über die Ihr Stick ansprechbar ist. Damit sind Sie bereits sicher, dass die Einbindung der udev-Regel geklappt hat und dass Ihr USB-Stick an der Seriennummer erkannt wird. Zum Test stecken Sie ein paar andere Sticks ein. Die Gerätedatei */dev/mystick* sollte nicht entstehen.

Aktivität zuordnen

Nun erweitern Sie die Regel zur automatischen Datensicherung. Dazu ist es nicht erforderlich, einen anderen Gerätedateinamen zu verwenden, ein symbolischer Link tut es auch. Weiterhin soll nicht der gesamte Stick, sondern eigentlich nur die erste Partition angesprochen werden. Denn sie enthält das Dateisystem, das Sie später einhängen wollen. Und schließlich wird mit `RUN` auch der vollständige Pfad eines Skripts angegeben, das starten soll, sobald der Stick eingesteckt wird:

```
BUS=="usb", KERNEL=="sd?1",
ATTRS{serial}=="333992907832",
SYMLINK+="usbBackup", RUN+="/usr/bin/mybackup"
```

Aus satztechnischen Gründen ist die Regel umbrochen. In der Datei muss alles in einer Zeile stehen. Sobald der Stick eingesteckt wird, entsteht im Verzeichnis */dev* ein symbolischer Link mit dem Namen *usbBackup*. Dieser wird dann vom Skript */usr/bin/mybackup* aufgegriffen.

Das Skript *mybackup* kann nun den eingehängten USB-Stick an definierter Stelle aushängen, um ihn wieder an gewünschter Stelle einzuhängen. Anschließend erfolgt die Kopie der Daten, und zu guter Letzt wird der Stick wieder ausgehängt. Hier sehen Sie den Rahmen des Skripts:

```
#!/bin/sh
mount /dev/usbBackup /mnt
# Datensicherung hier
umount /mnt
```

Wenn Sie ihn verwenden wollen, müssen Sie an der Kommentarstelle die Befehle einsetzen, die die Dateien sichern, die Sie auf dem Stick haben wollen.

Automatische Aktionen, die durch den Anschluss von Geräten erfolgen, sind bei Administratoren normalerweise nicht sonderlich beliebt. Zu sehr erinnern sie an das Standardverhalten von Windows-Rechnern, die wie Nachbars Lumpi sofort mit jedem Medium anbandeln, das eingesteckt wird. Dort ist es leicht, einen USB-Stick zu präparieren, der jedes nicht umkonfigurierte Windows mit einer Schadenssoftware infiziert. Hier ist es andersherum. Nicht der USB-Stick muss präpariert werden, sondern der Rechner selbst. Und die entsprechenden Regeln kann nur der Administrator manipulieren.

7.9 Stromausfall verhindern

Jedes Notebook hat einen Akku als Notstromversorgung. Bei Servern wäre der Akku viel wichtiger. Dennoch wird keineswegs für jeden Server eine unterbrechungsfreie Stromversorgung beschafft. Dabei kosten die einfachsten Modelle so viel wie eine externe Festplatte.

Ein Stromausfall ist für jeden Server bitter. Es reichen Bruchteile von Sekunden, um einen Server in die Knie zu zwingen. Wenn er dann wieder eingeschaltet wird, vergehen Minuten um Minuten, während die Nutzer in der Nase bohren. Moderne PCs fahren auch nicht mehr automatisch hoch, wenn es wieder Strom gibt, weil der Kippschalter längst einem Taster gewichen ist, der für den Start gern noch einmal lieb gedrückt werden will.

Mit etwas Pech hat es Datenfehler gegeben, und wichtige Daten sind verloren. Einige Dienste starten überraschenderweise doch nicht automatisch, obwohl Sie sicher sind, dass Sie das ganz bestimmt getestet haben. Der Puls steigt, und genau das ist der Grund, warum Ihnen Ihr Hausarzt zur Behandlung des Bluthochdrucks unterbrechungsfreie Stromversorgungen empfohlen hat.

Eine unterbrechungsfreie Stromversorgung (USV) wird von unseren anglophilen Freunden »uninterruptible power supply« (UPS) genannt. Sie besteht im Grunde aus einem Akku, der zwischen die Stromversorgung geschaltet wird und einspringt, sobald keine Stromzufuhr mehr erfolgt. Ist der Strom wieder da, wird der Akku wieder aufgeladen, damit er auch beim nächsten Mal wieder einspringen kann.

Natürlich ist auch der beste Akku nach einer gewissen Zeitspanne irgendwann einmal leer und dann ist der Strom endgültig weg. Allerdings ist ein stundenlanger Stromausfall in unseren Regionen eher selten. Im Falle eines Falles kann die USV den Server über ein USB-Kabel oder eine serielle Leitung darauf hinweisen, dass es dem Ende entgegengeht und dass er bitte sein Testament schreiben soll. Tatsächlich schreibt der Server dies in seine Protokolldateien und bereitet sich auf das Herunterfahren vor.

7.9.1 Klein und handlich: apcupsd

Das Paket *apcupsd* wurde speziell für die unterbrechungsfreien Stromversorgungen der Firma APC entwickelt. Es funktioniert aber auch mit einer großen Zahl anderer Geräte. Das Programm ist schnell eingerichtet und sehr übersichtlich. Der Nachteil liegt in der mangelnden Unterstützung mancher Konkurrenzprodukte von APC und in der fehlenden Erweiterbarkeit. Es wird über den folgenden Befehl installiert:

```
# apt-get install apcupsd
```

Nun muss noch die Konfigurationsdatei */etc/apcupsd/apcupsd.conf* bearbeitet werden. Einige Einträge sind bereits mit vernünftigen Werten vorbesetzt. Die folgende Konfiguration ist für eine sehr kleine USV, die APC CS350, die mit einem USB-Anschluss mit dem Server verbunden wird:

```
UPSNAME CS350
UPSCABLE smart
UPSTYPE usb
DEVICE
ONBATTERYDELAY 6
BATTERYLEVEL 5
MINUTES 3
EVENTSFILE /var/log/apcupsd.events
```

Der `UPSNAME` ist rein informativ und kann maximal acht Zeichen lang sein. Wenn der `UPSTYPE` auf `usb` steht, muss das `DEVICE` leer sein, weil sich dann die Software automatisch den USB-Anschluss sucht. Der Parameter `ONBATTERYDELAY` besagt, dass Stromausfälle bis zu sechs Sekunden ignoriert werden. Erst dann erfolgt eine Meldung, dass der Strom weg ist. `BATTERYLEVEL` gibt die kritische Restkapazität des Akkus in Prozent an, ab dem der Server heruntergefahren wird. In `MINUTES` wird hinterlegt, wie lange der Server voraussichtlich braucht, um sich zu beenden. Hinter `EVENTSFILE` steht die Protokolldatei, in der hinterlegt wird, welche Ereignisse rund um die USV wichtig waren.

Bei älteren Geräten haben Sie eventuell eine serielle Schnittstelle. Diese wird durch die Änderung der folgenden beiden Parameter abgedeckt:

```
UPSTYPE apcsmart
DEVICE /dev/ttyS0
```

In der Datei */etc/default/apcupsd* muss noch bestätigt werden, dass der Dämon konfiguriert wurde:

```
ISCONFIGURED=yes
```

Jetzt kann der USV-Dämon per Init-Skript gestartet werden:

```
# /etc/init.d/apcupsd start
```

In der Protokolldatei */var/log/apcupsd.events* sollte die Meldung erscheinen, dass die USV erkannt wurde und alles gut läuft.

Einen Stromausfall simulieren Sie einfach, indem Sie den Stecker aus der Steckdose ziehen. Wenige Sekunden später beginnt die USV zu pfeifen. Nach einiger Zeit stecken Sie den Stecker wieder hinein, und Ihr Server sollte immer noch laufen. Auf der Konsole finden Sie dann eine Meldung wie diese:

```
Broadcast Message from root@debian
        (somewhere) at 19:36 ...

Power failure on UPS CS350. Running on batteries.


Broadcast Message from root@debian
        (somewhere) at 19:38 ...

Power has returned on UPS CS350...
```

Hinzu kommen die Meldungen in der Protokolldatei */var/log/apcupsd.events*:

```
... 19:36:00 Power failure.
... 19:36:05 Running on UPS batteries.
... 19:38:10 Mains returned. No longer on UPS batteries.
... 19:38:10 Power is back. UPS running on mains.
```

7.9.2 Network UPS Tools

Die Network UPS Tools (NUT) befinden sich im Paket *nut*. Die Vorteile liegen darin, dass es deutlich mehr Geräte unterstützt, dass die Aktionen bei Stromausfall sehr flexibel eingestellt werden können und dass es möglich ist, mehrere Instanzen über das Netzwerk zu koppeln. Das Paket wird mit dem folgenden Befehl installiert:

```
# apt-get install nut
```

Editieren Sie die Datei */etc/nut/nut.conf*. Hier steht der Parameter `MODE`, in dessen Vorgabe none steht. Mit dieser Einstellung wird der Dämon allerdings nicht starten. Tragen Sie deshalb den Wert `standalone` ein. Für den Netzwerkbetrieb stehen noch `netserver` und `netclient` zur Verfügung.

In der Datei */etc/nut/ups.conf* werden für jede vorhandene USV der Treiber und die Schnittstelle eingestellt. Für die APC CS350 steht hier beispielsweise folgender Abschnitt:

```
[CS350]
  driver = usbhid-ups
  port =  auto # /dev/ttyS0
  desc = "APC "CS350
```

In den eckigen Klammern steht ein frei wählbarer Bezeichner für die USV. Welche Geräte unterstützt werden und welchen Treiber sie verwenden, finden Sie unter der URL *www.networkupstools.org/stable-hcl.html* in einer großen Tabelle. Der Port steht bei einem USB-Anschluss auf `auto`. Wenn das Gerät eine serielle Schnittstelle hat, wird diese, wie hinter dem Kommentar zu sehen, als Geräteschnittstelle angegeben. Der Wert `desc` ist eine rein textuelle Beschreibung.

Die Aktionen bei Stromausfall legen Sie in der Datei */etc/nut/upsmon.conf* fest. Die meisten Parameter sind bereits gut voreingestellt. Vor allem müssen Sie den Benutzer festlegen.

```
RUN_AS_USER root
```

Mit der Direktive `NOTIFYCMD` wird festgelegt, welches Programm aufgerufen wird, um Meldung zu machen, wenn ein Ereignis eingetreten ist. In der Grundinstallation steht hier das Programm notifyme. Sie können hier auch das Programm upssched eintragen. Dieses ermöglicht es Ihnen, eigene Skripte einzuhängen, wenn Ihnen die Standardreaktionen auf bestimmte Ereignisse nicht ausreichen. Sie finden nach der Installation auf Ihrem Computer eine Manpage zu diesem Programm.

Sie finden unter NOTIFYMSG einige Standardmeldungen, die für die verschiedenen Ereignisse vorgegeben sind. Sie können die gewünschten auskommentieren und die Texte durch eigene ersetzen.

Auch für NOTIFYFLAG finden Sie Vorgaben, die Sie auskommentieren können. Hinter dem Ereignis stehen jeweils Flags, die angeben, was zu tun ist. SYSLOG führt zu einem Eintrag beim Protokolldienst Syslog (siehe Abschnitt 15.5). WALL meldet das Ereignis an alle per Terminal angemeldeten Benutzer. EXEC startet das unter NOTIFYCMD festgelegte Programm mit der unter NOTIFYMSG festgelegten Nachricht als Parameter, und IGNORE ignoriert das Ereignis. Beispielsweise würde die folgende Zeile im Falle einer schwachen Batterie eine Meldung an alle Benutzer und an den Syslog-Dämon abgeben:

```
NOTIFYFLAG LOWBATT    SYSLOG+WALL
```

Für die weiteren Ereignisse gibt es die Bezeichner, wie sie in Tabelle 7.2 aufgeführt sind.

Bezeichner	Bedeutung
ONLINE	Die UVS ist wieder online.
ONBATT	Stromausfall, USV läuft auf Batterie.
LOWBATT	Die Restkapazität der Batterie ist gering.
FSD	»Forced Shutdown«. USV wird von außen heruntergefahren.
COMMOK	Die Kommunikation zur USV ist in Ordnung.
COMMBAD	Der Kontakt zur USV ging verloren.
SHUTDOWN	Das System wird heruntergefahren.
REPLBATT	Die Batterie muss ersetzt werden.
NOCOMM	Es scheint keine USV angeschlossen zu sein.
NOPARENT	Der Shutdown-Prozess ist tot. Herunterfahren ist nicht möglich.

Tabelle 7.2 Ereignisse in der Konfiguration von NUT

Die weiteren Optionen finden Sie ausführlich beschrieben und mit Beispielwerten versehen in den Konfigurationsdateien.

Kapitel 8
Prozesse

Inhalt

- Prozesse starten und stoppen
- Signale mit und ohne Tötungsabsicht
- Der Scheduler wechselt die Prozesse
- Wie startet ein System?

Sobald ein Programm von der Festplatte in den Hauptspeicher geladen wurde und dort startet, nennt man dieses einen *Prozess*. Prozesse bevölkern den Hauptspeicher Ihres Servers in größerer Zahl und natürlich müssen Sie als Administrator damit umgehen können.

8.1 Prozesse starten und stoppen

Gehen wir gleich in die Praxis über und erzeugen ein paar Prozesse. Wenn Sie von der Shell ein Programm aufrufen, wird die Shell angehalten und wartet, bis das Programm endet. Anschließend steht sie für neue Abenteuer zur Verfügung.

Mit dem Aufruf des Programms wird ein neuer Prozess geboren. Die Shell ist der Elternprozess, und jedes von der Shell gestartete Programm ist ihr Kindprozess. Damit hat jeder Prozess einen eindeutigen Elternprozess. Der Elternprozess wartet immer auf den Kindprozess und wertet dessen Rückgabewert aus.

8.1.1 Ab in den Hintergrund

In bestimmten Fällen möchten Sie aber dieses Warten durchbrechen und Prozesse im Hintergrund arbeiten lassen, während Sie im Vordergrund weiterarbeiten. Um ein Programm so zu starten, dass es im Hintergrund läuft, setzen Sie einfach ein kaufmännisches Und (&) hinter den Aufruf. Dieses Zeichen wird schon wegen des holprigen deutschen Namens gern mit dem englischen Begriff *Ampersand* bezeichnet.

Das folgende Beispiel zeigt, wie ein Kompilierlauf eines C++-Programms in den Hintergrund gestellt wird. Ein Compiler übersetzt den Quelltext des Programmierers in ein ausführbares Programm. Das Übersetzen dauert für gewöhnlich einen kleinen Moment.

```
$ g++ meinprogramm.cpp &
[1] 13147
$
...
$
[1]+  Fertig 1                g++ meinprogramm.cpp
$
```

Tatsächlich wird die Shell direkt nach dem Compileraufruf wieder frei und könnte weitere Prozesse starten.

Die Ausgaben dieses Kompilierlaufes werden allerdings weiterhin auf dem Terminal angezeigt, mit dem Sie weiterarbeiten. Das kann lästig werden, wenn im Vordergrund andere Programme laufen. Aus diesem Grund empfiehlt es sich, die Ausgaben von Hintergrundprozessen in Dateien umzuleiten:

```
$ g++ meinprogramm.cpp >out 2>err &
[1] 13147
$
...
$
[1]+  Fertig 1                g++ meinprogramm.cpp >out 2> err
$
```

Dabei leitet das einfache Größerzeichen den Ausgabekanal und das Größerzeichen mit der vorangestellten 2 den Fehlerkanal um (siehe Abschnitt 3.3).

8.1.2 Fensterprogramme

Wenn Sie von der Konsole aus Programme starten, die ein eigenes Fenster haben, werden Sie erstaunt feststellen, dass auch dann die Konsole so lange blockiert wird, bis das Programm beendet ist. Probieren Sie es einmal mit dem Programm `xcalc` aus:

```
$ xcalc
```

Wenn Sie nun aber ein Ampersand hinter den Befehl setzen, wird die Konsole wieder frei und Sie können `xcalc` wieder und wieder starten. Falls Ihnen `xcalc` zu langweilig wird, können Sie ja noch `xterm` starten:

```
$ xcalc &
[1] 3658
$ xcalc &
[2] 3659
$ xterm &
[3] 3660
$
```

Sie müssen immer wieder in das Terminalfenster klicken, weil die Kindfenster sich dauernd in den Vordergrund drängeln – wie Kinder nun mal so sind. Sie sehen auch, dass jedes Mal zwei Zahlen erscheinen. Sie gehören zu den gestarteten Prozessen. Die Zahlen in den eckigen Klammern sind die Jobnummern aus Sicht der Shell. Sie steigen bei 1 beginnend stetig an. Die zweite Zahl ist die Prozess-ID. Das ist die eindeutige Nummer, die der Prozess systemweit hat. Solange der Prozess läuft, wird kein anderer Prozess diese Nummer bekommen.

So hat die Shell mehrere Prozesse gestartet. Der Befehl `ps` zeigt Ihnen an, welche Prozesse zu Ihnen gehören:

```
$ ps
  PID TTY          TIME CMD
 3601 pts/5    00:00:00 bash
 3658 pts/5    00:00:00 xcalc
 3659 pts/5    00:00:00 xcalc
 3660 pts/5    00:00:00 xterm
 3720 pts/5    00:00:00 ps
$
```

Der Prozess `bash` ist Ihre Shell. Dann sehen Sie zweimal das Programm `xcalc` und einmal `xterm`. Ja, und natürlich sehen Sie auch das Programm `ps`, das Sie gerade gestartet haben, um die Prozesse zu beobachten. Und Sie sehen nun auch die PID wieder, die schon beim Start gemeldet wurde.

Mit dem Befehl `jobs` können Sie sich die Jobnummern der von dieser Shell gestarteten Programme anzeigen lassen:

```
$ jobs
[1]   Läuft                   xcalc &
[2]-  Läuft                   xcalc &
[3]+  Läuft                   xterm &
$
```

Wenn Sie nun einen der Taschenrechner schließen und [↵] drücken, erscheint folgende Meldung:

```
$
[1]   Fertig                    xcalc
$
```

8.1.3 Signale

Die Shell meldet, dass ihr Job mit der Nummer 1 geschlossen wurde. Wenn Sie `xcalc` ohne ein Ampersand starten, blockiert es die Shell. Sie können den Taschenrechner aber mit Gewalt beenden, indem Sie die Tastenkombination [Strg]+[C] drücken. Der Taschenrechner endet und die Shell ist wieder frei.

Der Prozess erhält dadurch das Terminierungssignal `SIGINT`. Sofern das Programm das Signal nicht abfängt und den Abbruch verweigert, stirbt der Prozess.

Starten Sie noch einmal `xcalc` ohne Ampersand und drücken Sie nun die Tastenkombination [Strg]+[Z]. Das Fenster des Taschenrechners schließt sich nicht, Sie bekommen die Shell wieder frei und erhalten folgende Meldung:

```
$ xcalc
^Z
[1]+  Angehalten                xcalc
$
```

Durch die Tastenkombination [Strg]+[Z] erzeugen Sie das Signal `SIGTSTP`. Wenn Sie nun versuchen, den Taschenrechner zu bedienen, werden Sie feststellen, dass dies nicht funktioniert. Wie die Meldung oben sagt, wurde der Prozess gestoppt. Er wurde nicht beendet, sondern nur angehalten.

Sie können den gestoppten Prozess wiederbeleben, indem Sie ihn mit dem Kommando `bg` in den Hintergrund oder mit dem Kommando `fg` in den Vordergrund holen. Im letzten Fall ist Ihre Shell wieder blockiert. Als Parameter übergeben Sie die Jobnummer, der immer ein Prozentzeichen vorangestellt sein muss:

```
$ fg %1
xcalc
```

Nun lässt sich der Taschenrechner wieder bedienen. Da Sie zurzeit nur einen Job haben, können Sie die Jobnummer auch weglassen. Versuchen Sie es noch einmal mit dem Befehl `bg`!

```
$ bg
xcalc &
```

Sollten Sie Ihren Taschenrechner nicht mehr mögen, können Sie ihn auch mit dem Kommando `kill` töten:

```
$ kill %1
$
```

8.2 Prozessverwaltung

Was wir im letzten Abschnitt mit unseren eigenen Prozessen gemacht haben, können Sie auch mit all den anderen Prozessen des Systems machen. Allerdings dürfen Sie nur Prozesse manipulieren, die Sie selbst gestartet haben. Oder Sie arbeiten als der Benutzer root mit Administratorrechten. Dann dürfen Sie alle Prozesse manipulieren.

8.2.1 Prozesstabelle anzeigen: ps

Der Befehl `ps` zeigt die Prozesse des Systems an. Ohne Parameter zeigt er die Prozesse an, die unter Ihrer Shell laufen. Mit den entsprechenden Optionen kann er aber auch noch deutlich mehr zeigen.

Im Laufe seiner Geschichte hat sich UNIX in die Dialekte BSD und System V aufgeteilt. Dabei haben sich Details verändert, wie beispielsweise die Optionen des Befehls `ps`. Linux verwendet normalerweise die Optionen, wie sie bei System V verwendet wurden, kann allerdings auch mit den BSD-Optionen umgehen, wenn man das Minuszeichen vor den Optionen weglässt. Tabelle 8.1 zeigt eine hübsche Auswahl.

Option	Anzeige
a	Alle Prozesse, nicht nur die eigenen
l	Zeigt die Prozess-ID des Elternprozesses und den Nice-Wert (siehe Abschnitt 15.4.4).
u	Zeigt die Benutzerinformationen der Prozesse.
x	Zeigt auch Prozesse, die kein Terminal haben.
-e	Zeigt alle auf dem System laufenden Prozesse.
-l	Zeigt Größe, Status und Priorität jedes Prozesses.
-f	Zeigt User-ID, PID, PPID und Startzeit.

Tabelle 8.1 Beliebte ps-Optionen

Tatsächlich kennt kaum ein Administrator alle Optionen, sondern benutzt in der Regel immer wieder die gleichen Optionen, die seiner Meinung nach die beste Übersicht liefern. So verwende ich gern `ps -ef`. Andere Administratoren bevorzugen `ps aux`. Beachten

Sie, dass das Minuszeichen hier nicht optional ist, sondern die Bedeutung der Optionen verändert.

Die Überschriften der Prozessliste geben Auskunft über die angezeigten Informationen.

```
USER     PID %CPU %MEM   VSZ  RSS TTY    STAT START  TIME COMMAND
root       1  0.0  0.0   448  208 ?      S    09:37  0:04 init [5]
root       2  0.0  0.0     0    0 ?      SW   09:37  0:00 [keventd]
root       3  0.0  0.0     0    0 ?      SW   09:37  0:00 [kapm-idled]
root       4  0.0  0.0     0    0 ?      SWN  09:37  0:00 [ksoftirqd_CPU0]
root       5  0.0  0.0     0    0 ?      SW   09:37  0:00 [kswapd]
root       6  0.0  0.0     0    0 ?      SW   09:37  0:00 [bdflush]
root       7  0.0  0.0     0    0 ?      SW   09:37  0:00 [kupdated]
root       8  0.0  0.0     0    0 ?      SW<  09:37  0:00 [mdrecoveryd]
root      11  0.0  0.0     0    0 ?      SW   09:37  0:00 [scsi_eh_0]
root      13  0.0  0.0     0    0 ?      SW   09:37  0:00 [khubd]
root     390  0.0  0.1  1396  628 ?      S    09:39  0:00 /sbin/syslogd
root     393  0.0  0.3  1772  992 ?      S    09:39  0:00 /sbin/klogd -c 1
root     399  0.0  0.2  2308  828 ?      S    09:39  0:00 /usr/sbin/sshd
bin      452  0.0  0.1  1340  428 ?      S    09:39  0:00 /sbin/portmap
arnold  2353  0.0  0.5  2840 1620 pts/4  S    17:11  0:00 /bin/bash
arnold  2416  0.0  0.5  2692 1716 pts/4  R    17:32  0:00 ps aux
arnold  2417  0.0  0.2  1976  824 pts/4  R    17:32  0:00 less
```

Diese Liste ist durch den Befehl `ps aux` entstanden. Die erste Zeile beherbergt die Überschriften über die einzelnen Spalten. In der rechten Spalte sehen Sie, mit welchen Programmnamen und Parametern der Prozess aufgerufen wurde. Dieser Ausschnitt der Prozessliste zeigt in der Zeile unter der Überschrift den Prozess `init` mit der PID 1. Je nach System und Parametern können die Spalten anders aussehen.

Warnung ×

> Vermeiden Sie Aufrufe von Programmen mit Passwörtern als Parametern. Sie sehen hier, dass jeder Benutzer des Systems problemlos in der Prozessliste alle Parameter eines Aufrufs sehen kann.

In Tabelle 8.2 werden die wichtigsten Spalten beschrieben, die Sie durch `ps` anzeigen lassen können, je nachdem, welche Optionen Sie verwenden.

Kürzel	Beschreibung
USER	Benutzer, der den Prozess gestartet hat
PID	Prozess-ID; wird als Argument für `kill` verwendet
PPID	Die Prozess-ID des Elternprozesses
PGID	Prozessgruppen-ID
SID	Session-ID
PRI	Priorität des Prozesses. Je niedriger, desto mehr Rechenzeit.
NI	Nice-Wert oder `SY` für Systemprozesse
%CPU	Anteil an der CPU-Auslastung
%MEM	Anteil an der Speicherauslastung
TTY	Das Kontrollterminal des Prozesses
STAT	Status des Prozesses
SIZE oder SZ	Größe des Prozesses
START oder STIME	Startzeitpunkt
TIME	Die bisher verbrauchte CPU-Zeit
COMMAND oder CMD	Das Kommando, mit dem der Prozess gestartet wurde

Tabelle 8.2 Titelkürzel einer Prozessliste

Der Prozessstatus `STAT` kann verschiedene Zeichen haben. `R` bedeutet lauffähig. Der Prozess ist also gerade aktiv. Im letzten Beispiel ist dies der Prozess `ps` mit der PID 2416, der die Anzeige erzeugt hat. Das immer wieder auftauchende `S` zeigt an, dass der Prozess schläft, also auf ein Ereignis wartet, das ihn weckt.

Status	Bedeutung
`R`	Ausführbar
`S`	Schlafend
`T`	Gestoppt
`D`	Auf der Festplatte wartend
`W`	Prozess ist ausgelagert.

Tabelle 8.3 Prozessstatus

8.2.2 Prozesskontrolle per Signal

Mit dem Befehl `ps` können Sie sich eine Liste aller Prozesse anschauen. Sie können einem Prozess über seine PID, die Prozess-ID, jederzeit ein Signal zukommen lassen. Das ist ganz ähnlich wie mit den Tastenkombinationen [Strg]+[C] und [Strg]+[Z], nur dass wir diese hier nicht einsetzen können, weil wir die Prozesse ja gar nicht selbst von unserer Shell aus gestartet haben. Für diese Fernsignale gibt es das Kommando `kill`

Starten Sie von einem Terminal wieder ein `xcalc`. Anschließend lassen Sie sich von einer anderen Konsole per `ps` den Prozess anzeigen. Danach schießen Sie ihn mit dem Befehl `kill` ab:

```
$ ps -ef | grep xcalc
arnold    4922  3601  0 21:46 pts/5     00:00:00 xcalc
arnold    4924  3177  0 21:46 pts/4     00:00:00 grep --color=auto xcalc
$ kill 4922
$
```

In der Shell, in der Sie `xcalc` gestartet haben, werden Sie eine Meldung `Beendet` sehen. Sie können dem Befehl `kill` die Nummer des Signals als Option übergeben. Zur Unterscheidung von der Prozessnummer wird der Signalnummer ein Minuszeichen vorangestellt. Wenn Sie kein Signal angeben, wird das Signal `SIGTERM` mit der Nummer 15 gesendet.

Tabelle 8.4 zeigt die meistverwendeten Signale und deren Nummer. Die Signale sind durchnummeriert, und sie haben Namen. Beides kann als Option für `kill`, mit einem Minuszeichen gekennzeichnet, zur Spezifikation verwendet werden. Eine komplette Liste aller Signale erhalten Sie mit dem Befehl `kill -l`.

Signal	Nr.	Bedeutung
SIGHUP	1	Oft Aufforderung, Parameter neu einzulesen
SIGINT	2	Abbrechen des Programms (Strg+C)
SIGKILL	9	Sofortiger Stopp, kann vom Prozess nicht verhindert werden
SIGTERM	15	Ende-Aufforderung an den Prozess
SIGSTOP	19	Hält den Prozess kurzzeitig an (Strg+Z)
SIGCONT	18	Fortsetzung des angehaltenen Prozesses

Tabelle 8.4 Signale und ihre Bedeutung

Ein Programmierer kann dafür sorgen, dass seine Programme bestimmte Signale fangen und als Botschaften interpretieren. So meldete das Signal `SIGHUP` ursprünglich, dass das Terminal abgeschaltet wurde, von dem der Prozess gestartet wurde. Heute benutzen viele Serverprozesse dieses Signal als Aufforderung, die Konfiguration neu einzulesen. Das erspart den Neustart des Prozesses.

Allerdings darf nicht jeder mit jedem Prozess umgehen, wie er will. Es wäre schon derb, wenn die Benutzer sich gegenseitig die Prozesse abschießen oder gar die Systemprozesse beenden würden. Nur der Besitzer eines Prozesses und root dürfen einem Prozess ein Signal zusenden, das auch ankommt.

Beispiele für Signale

Sollten Sie den Verdacht haben, dass ein Prozess droht, Schaden anzurichten, können Sie ihn mit dem Signal `SIGSTOP` kurzfristig anhalten, um ihn später wieder weiterlaufen zu lassen. Mit dem Befehl `SIGCONT` können Sie den Prozess jederzeit wieder seine Arbeit aufnehmen lassen:

```
# kill -SIGSTOP 987
...
# kill -SIGCONT 987
```

Terminieren

Soll ein Prozess doch das Zeitliche segnen, sendet ihm der freundliche Administrator die Aufforderung `SIGTERM`. Dieser Abschiedsgruß kann vom Programm gefangen werden. Der Prozess wird aufgefordert, bitte innerhalb der nächsten Sekunden die wichtigsten Daten zu sichern und dann dem Ausgang zuzustreben. Der Grund für die Eile besteht darin, dass eine Maschine, die heruntergefahren wird, allen laufenden Prozessen zunächst ein `SIGTERM` zusendet. Wenn das Programm nach einigen Sekunden immer noch läuft, wird es ohne weitere Vorwarnung endgültig abgeschossen. Die Option `SIGTERM` ist die Grundeinstellung des Befehls `kill`, wenn keine Signaloption angegeben wird.

Reagiert der Prozess nicht oder soll der Prozess bewusst so abgeschossen werden, dass er sofort die Arbeit einstellt, ohne noch weiteren Schaden anzurichten, verwenden Sie das Signal `SIGKILL`. Der Prozess endet daraufhin sofort.

Signalisieren per Namen

Eine vor allem in Skripten praktische Variante des Befehls `kill` verwendet nicht die Prozessnummer, sondern den Namen des gestarteten Programms. Der Befehl lautet `killall`, und das deutet bereits an, dass nicht nur ein Prozess das Signal erhält, sondern alle Prozesse, die diesen Namen tragen. Der Vorteil dieser Lösung ist, dass Sie die Prozessnummer nicht erst ermitteln müssen, was besonders in Skripten umständlich sein kann.

```
$ killall xcalc
```

Sie können sogar mit der Option `-r` reguläre Ausdrücke als Suchmuster verwenden oder die Prozesse mit `-i` interaktiv ansprechen.

8.3 Hintergrundwissen Prozessverwaltung

Dieser Abschnitt soll Ihnen einen Einblick in die Prozessarchitektur von Linux geben. Wie beim Dateisystem hat Linux auch bei den Prozessen ein recht einfaches baumartiges Konzept zur Verwaltung seiner Prozesse. Ein Prozess hat immer einen Elternprozess und kann seinerseits beliebig viele Kindprozesse haben.

Der erste Prozess des Systems heißt Init-Prozess und hat immer die Prozess-ID 1. Er startet beim Systemstart nacheinander alle anderen erforderlichen Prozesse.

Prozesswechsel: Der Scheduler

Das System hat nur eine CPU. Es können also eigentlich gar nicht mehrere Prozesse parallel laufen. Das müssen sie aber auch gar nicht. Tatsächlich werden die Prozesse in eine Warteschlange gesteckt und ein Teil des Betriebssystems – der Scheduler – lässt jeden der Prozesse einen Bruchteil einer Sekunde laufen. Das scheint kurz, ist aber bei den gängigen Taktraten eines Prozessors mit Milliarden Operationen pro Sekunde durchaus ausreichend. So entsteht der Eindruck, die Prozesse liefen parallel.

Bei seinem Start wird dem Prozess eine eindeutige Nummer als Prozess-ID zugeteilt. Diese PID wird nicht an andere Prozesse vergeben, solange der Prozess läuft. Die PIDs der aktuell aktiven Prozesse werden in einer Warteschlange notiert. Alle paar Millisekunden sorgt ein Timer-Interrupt dafür, dass die CPU den nächsten Prozess in der Warteschlange ausführt. Abbildung 8.1 stellt diesen Ablauf schematisch dar.

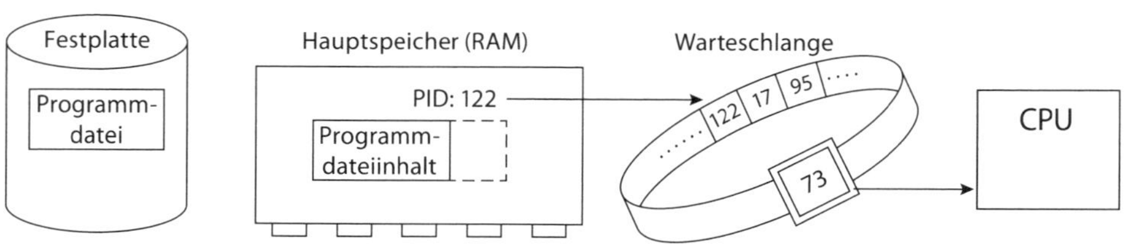

Abbildung 8.1 Der Prozess auf dem Weg von der Programmdatei zur CPU

Prozesse, die auf Peripherie warten, wie beispielsweise auf die Festplatte oder das Netzwerk, werden in eigene Warteschlangen gesteckt, sodass sie die CPU gar nicht erst behelligen. Das ist auch ein wichtiger Grund, warum Betriebssysteme Parallelität anbieten: Da die verschiedenen Prozesse unterschiedliche Ressourcen benutzen, ist es sehr effektiv, wenn ein Prozess den Drucker, ein anderer die Festplatte und ein dritter die CPU belegt.

Prozessentstehung: fork

Ein Prozess wird immer von einem anderen Prozess gestartet. Der dahinterstehende Mechanismus nennt sich `fork`. Dabei wird der Prozess geteilt. Der Speicherbereich und die Ressourcen werden kopiert. Beide Prozesse laufen gleichartig weiter und erfahren nach der Teilung, ob sie der Eltern- oder der Kindprozess sind. Diese Art der Spaltung macht es möglich, dass Serverprozesse sich bei Anfragen aufspalten und so die Last verteilen und schnelle Antwortzeiten ermöglichen.

In den meisten Fällen wird dem Kindprozess mitgeteilt, dass er als neues Programm starten soll. Dazu überlädt sich der Prozess mit dem Programm-Code, den es sich von der Festplatte lädt. In diesen Schritten läuft der Aufruf eines Programms ab.

Der Elternprozess erfährt beim `fork` die PID des neugeborenen Prozesses. Das Kind erfährt zwar die PID der Eltern nicht, aber der Scheduler weiß Bescheid und merkt sich in der Prozesstabelle die PPID, also die Parent-PID. In den meisten Fällen meldet der Elternprozess beim Scheduler, dass er auf das Ende seines Kindprozesses warten will. Dann schiebt ihn der Scheduler in Warteposition und weckt ihn, wenn das Kind endete. Bei der Gelegenheit erhält der Elternprozess auch den Ergebnisstatus, den der Scheduler für den Kindprozess beim Prozessende in der Prozesstabelle hinterlegt hat.

Parallelbetrieb und Zombies

Wie oben beschrieben, sollen die Prozesse aber nach dem `fork` parallel arbeiten. Dann meldet der Vater durch ein Signal an das System, dass er nicht warten will. Dann weiß der Scheduler Bescheid und speichert den Endestatus des Kindes nicht in der Prozesstabelle ab. Hat der Programmierer aber vergessen, dieses Signal zu senden, dann bleibt der Eintrag des Kindprozesses auch nach dem Ende des Kindes in der Prozesstabelle stehen. Dort sieht das so aus:

```
$ ps -ef
arnold    4141  4136  0 19:19 pts/5    00:00:00 ./zombietest
arnold    4142  4136  0 19:19 pts/5    00:00:00 ./zombietest
arnold    4143  4136  0 19:19 pts/5    00:00:00 [zombietest] <defunct>
arnold    4144  4136  0 19:19 pts/5    00:00:00 [zombietest] <defunct>
```

Die unteren beiden Prozesse sind längst beendet, nur der Status steht noch so lange in der Prozesstabelle, bis der Elternprozess endet. Da kein Prozess unter der PID 4143 mehr da ist, kann er auch durch `kill` nicht getötet werden. Darum nennt man diese Erscheinung auch *untote Prozesse* oder *Zombies*. Trotz des spektakulären Namens sind sie aber ganz lieb und tun nichts. Sie sehe nur unschön aus und belegen eben einen Platz in der Prozesstabelle. Stirbt der Elternprozess, verschwinden auch die Zombies.

Hintergrundbetrieb und Dämonen

Es gibt eine weitere Anomalie, wenn der Elternprozess stirbt, bevor der Kindprozess beendet ist. Damit wird der Kindprozess zur Waise. Dies macht den Init-Prozess so traurig, dass er ihn adoptiert. Der Kindprozess erhält als neue PPID also eine 1.

Da niemand mehr auf den Kindprozess wartet, wird ein solcher Prozess automatisch im Hintergrund arbeiten. Dieses Verhalten ist bei Serverprozessen durchaus gewünscht. Solche Prozesse werden als *Dämon* bezeichnet und sind daran zu erkennen, dass auch sie die PPID 1 haben.

> **Hinweis**
>
> Manch überfrommer Evangelikaler erschrickt über das Wort »Dämon« so sehr, dass fürsorgliche Autoren sie »Daemons« nennen. Einige dieser sehr furchtsamen Menschen haben bereits herausgefunden, dass FreeBSD ein Teufelchen als Logo verwendet. Die Kreationisten sollen sogar angeblich ihre Macs verbrannt haben, als sie erfuhren, dass ein Systembestandteil Darwin heißt. Es ist aber auch denkbar, dass man die entschärfte Namensgebung wählt, weil man fürchtet, dass ein Betriebssystem, das Dämonen enthält und über den Befehl »kill« verfügt, demnächst eine Altersfreigabe benötigt oder für Amokläufe verantwortlich gemacht wird.

Prozesse laufen unter der Berechtigung der Benutzer, die sie gestartet haben. Das ist die reale User-ID des Prozesses. In einigen Fällen kann es sein, dass der Prozess mit einer fremden User-ID gestartet wurde, beispielsweise, wenn ein Programm mit gesetztem User-ID-Bit aufgerufen wurde. Der Prozess läuft unter der in der Programmdatei angegebenen User-ID. Dann spricht man von der *effektiven User-ID*.

8.4 Das System startet

Neue Prozesse entstehen unter Linux durch Aufspaltung eines bisherigen Prozesses. Alle gehen auf einen Urprozess zurück.

8.4.1 Vom BIOS zum Kernel

Das BIOS Ihres Rechners legt fest, von welchen Geräten der Computer startet. Diese Geräte klappert der PC nacheinander ab, bis er ein bootfähiges Gerät gefunden hat. Die Reihenfolge können Sie im BIOS ändern. Bei manchen Computern können Sie auch einen Bootmanager über die Taste F9 oder F12 erreichen, sodass nicht jedes Mal das BIOS bemüht werden muss, wenn Sie einmal von einer CD booten müssen.

In den meisten Fällen wird die Festplatte starten. Von dort wird der Master Boot Record gelesen und ausgeführt. Hier hinterlegen die Linux-Installationen einen Bootmanager namens GRUB (siehe Abschnitt 6.7.1). Sind mehrere Betriebssysteme parallel auf dem Computer eingerichtet, zeigt er sich durch ein Menü, mit dessen Hilfe der Benutzer auswählen kann, welches Betriebssystem starten soll.

Ist nur ein Linux-System installiert, wird kein Menü angezeigt. In jedem Fall steckt im GRUB-Eintrag für den Start eines Linux-Systems die Information über den Kernel und dessen Initialumgebung, die beim Start im Speicher quasi als RAM-Disk angelegt wird und den Kernel mit den Treibern und Startup-Programmen versorgt.

Wenn Sie den Menüeintrag ausgewählt haben, wird der Kernel gestartet und ist damit der allererste Prozess. Der Kernel hat zunächst die Prozessnummer (PID) 0 und startet dann den Prozess `init`, der entsprechend die PID 1 erhält. Damit ist `init` der Urahn aller Prozesse.

8.4.2 Durchlaufen der Runlevel

Mit einem Prozess allein wird Ihr Server nicht glücklich. Darum wird der Init-Prozess beim Starten mehrere andere Prozesse starten, die für den Betrieb des Systems erforderlich sind.

Dabei werden einige Prozesse auf anderen Prozessen aufbauen. So ist es für den Betrieb eines Webservers natürlich notwendig, dass das Netzwerk überhaupt ansprechbar ist. Um eine Hierarchie in die verschiedenen Dienste zu bringen, hat man zuerst die Runlevel erfunden und für diese Verzeichnisse angelegt.

Der Init-Prozess wird zunächst in das Verzeichnis */etc/rc0.d* wechseln. Dort findet er einige Dateien, die mit einem großen S für Start und einer zweistelligen Zahl beginnen. Sie finden auch Dateien, die mit einem großen K beginnen und ebenfalls durchnummeriert sind. Diese Dateien werden beim Herunterfahren aufgerufen und sorgen dafür, dass die verwendeten Ressourcen wieder freigegeben werden.

Runlevel 1: Single-User-Modus

Die Skripte werden in aufsteigender Nummer durchlaufen. Dann wechselt das System zum Runlevel 1 in das Verzeichnis */etc/rc1.d*. Der Runlevel 1 läuft noch im Single-User-Modus. Es können sich noch keine Benutzer anmelden und der Administrator ist allein auf der Maschine. Das Netzwerk ist noch nicht aktiv. Für Wartungsarbeiten an den Festplatten oder das Zurückholen einer Datensicherung, bei denen Sie keine weiteren Aktivitäten auf der Maschine gebrauchen können, ist dies ein ideales Umfeld.

Darum können Sie die Maschine auch mit dem Befehl `init 1` gezielt in diesen Modus herunterfahren:

```
# init 1
```

Auch wenn der Start des Systems nicht glücken will, kann es Ihnen passieren, dass Sie von Linux im Single-User-Modus eine Shell bekommen. Typischerweise gibt es eine Fehlermeldung, was schief gegangen ist. Sie haben dann die Gelegenheit, die Probleme zu beseitigen. Sobald Sie die Shell mit dem Befehl `exit` oder mit der Tastenkombination [Strg]+[D] beenden, wird der Bootprozess fortgesetzt.

Runlevel 2 bis 5

Nach dem Single-User-Modus wird das Netzwerk aktiviert und der Multi-User-Modus angestoßen. Es werden die Serverprozesse in Betrieb genommen und die grafische Oberfläche gestartet. In den klassischen UNIX-Systemen war noch klar gegliedert, was in welchem Runlevel zu erfolgen hatte. In den neueren Linux-Distributionen ist das nicht so wichtig. Sehr wichtig allerdings ist, dass beispielsweise das Netzwerk läuft, wenn der Webserver seinen Dienst starten will. Darum müssen die Reihenfolgen stimmen.

Reboot und Halt

```
init 6
```

Der Runlevel 6 führt nicht etwa noch eine Stufe nach oben, sondern führt einen Reboot durch. Sie können ihn durch den Befehl `init 6` auslösen, aber auch den Befehl `reboot` verwenden. Er führt zu einem schnellen Neustart, durchläuft aber nicht die Stoppsequenzen der Hintergrundprozesse. Empfehlenswerter ist der Befehl `shutdown -r`, der eine Meldung an alle eingeloggten Benutzer gibt und dann einen `init 6` auslöst.

Der Runlevel 0 hat seinen Namen zu Recht. Es gibt in ihm keine Aktivitäten. Darum wird der Befehl `init 0` die Maschine herunterfahren. Moderne Computer werden dabei in der Regel auch ausgeschaltet. Typischerweise ist für diesen Vorgang allerdings der Befehl `halt` oder `shutdown -h`.

8.4.3 Startskripte der Serverprozesse

Wenn Sie sich die Dateien in den *rc*-Verzeichnissen mit `ls -l` anschauen, werden Sie feststellen, dass es sich fast ausnahmslos um symbolische Links handelt, die auf Dateien im Verzeichnis */etc/init.d* verweisen. Die Dateien, auf die diese Links starten, sind Shell-Skripte, mit deren Hilfe die Dienste gestartet und gestoppt werden können. Beispielsweise gibt es für den Start des Apache-Webservers folgende Konstellation:

```
# ls -l rc2.d/S18apache2
lrwxrwxrwx 1 ... rc2.d/S18apache2 -> ../init.d/apache2
```

Im Verzeichnis *rc2.d* sorgt der dynamische Link *S18apache2* dafür, dass beim Start des Systems das Skript *init.d/apache2* ausgeführt wird. Da es sich um ein Startskript handelt, wird dem Skript `apache2` das Argument `start` übergeben. Als Ergebnis wird der Apache gestartet.

Darum müssen die Skripte im Verzeichnis */etc/init.d* mindestens die Parameter `start` und `stop` verstehen und bedienen können. Diese Fähigkeit können Sie sich als Administrator zunutze machen, wenn Sie den Webdienst einmal ausschalten müssen. Sie rufen einfach das Skript von Hand auf:

```
# /etc/init.d/apache2 stop
[ ok ] Stopping web server: apache2 ... waiting .
# /etc/init.d/apache2 start
[ ok ] Starting web server: apache2.
```

Hier wurde der Webserver neu gestartet, beispielsweise, um eine Konfiguration neu zu laden. Da dies ein sehr typischer Anwendungsfall ist, verstehen diese Skripte auch oft den Befehl `restart`.

Spicker

Bei einigen Servern können Sie Init-Skripte auch durch die Befehle `service` beziehungsweise `start` starten. Sie erhalten dann eine entsprechende Meldung an der Konsole.

Aufbau eines Startskripts

Sie können einen Blick in diese Shell-Skripte werfen und werden sicher auf Bekannte aus Kapitel 3 stoßen. Im Grunde wird eine große Fallunterscheidung mit `case` den ersten Parameter betrachten und dort die Kommandos `start` und `stop` ausfiltern. In Abhängigkeit davon werden dann die erforderlichen Programme gestartet oder gestoppt:

```
#! /bin/sh
...
case "\$1" in
    start)
        echo "Bildschirmmeldung Start"
        /usr/bin/irgendwas
        ;;
    stop)
        echo "Bildschirmmeldung Stopp"
        kill `cat /var/run/irgendwas.pid`
        ;;
```

```
    restart)
        ...
        ;;
    *)
        echo "Falscher Aufruf!"
        exit 1
        ;;
esac
```

8.4.4 Dynamische Hardware-Zuordnung: udev

Die Hardware moderner Rechner ist inzwischen vermehrt mit Geräten ausgestattet, die im laufenden Betrieb angeschlossen und wieder entfernt werden können. Man spricht von *hot-plugging*. Dazu gehören beispielsweise USB-Geräte. Unter Linux ist dafür der udev-Dämon zuständig.

Beim Systemstart wird der udev-Dämon aktiv und liest seine Konfiguration aus der Datei */etc/udev/udev.conf*. Der Inhalt der Datei ist sehr übersichtlich und enthält in der Regel nur die `syslog`-Priorität (siehe Abschnitt 15.5). Interessanter ist der Inhalt des Verzeichnisses */etc/udev/rules*. Dort finden Sie in verschiedenen Dateien die Regeln für den udev-Dämon. Dieser verwaltet nicht nur Speichermedien, sondern auch andere Geräte, die sich dynamisch verändern könnten, wie beispielsweise Netzwerkadapter.

Regeln

Im Verzeichnis */etc/udev/rules* finden Sie verschiedene Dateien, die der udev-Dämon in alphabetischer Reihenfolge abarbeiten wird. Ihnen gemeinsam ist, dass sie auf *.rules* enden. In jeder Datei können beliebig viele Regeln stehen. Wenn Sie Regeln eintragen wollen, sollten Sie dafür eine neue Datei anlegen. Wenn Sie ihr dann noch einen Namen geben, aus dem sich schließen lässt, was sie enthält, werden Sie vielleicht auch morgen noch wissen, was Sie heute verändert haben. Wenn Sie Änderungen vornehmen, können Sie den Dämon mit dem folgenden Kommando neu starten:

```
# restart udev
```

Ansonsten liest der udev-Dämon die Regeln beim Start in den Speicher. Sobald ein Hot-Plug-Ereignis eintritt, werden die Regeln durchgearbeitet. Eine Regel besteht aus Abfragen und Zuordnungen. Durch die Abfragen können Geräte identifiziert werden, denen per Zuordnung Eigenschaften zugeschrieben werden können. Zu diesen Eigenschaften können auch automatisch gestartete Programme gehören.

Filter

Um die Geräte auszufiltern, für die die Regel gelten soll, wird eine Variable auf Gleichheit mit einer Zeichenkette geprüft. Das Zeichen für die Gleichheit sind zwei Gleichheitszeichen. Die Zeichenkette kann auch Wildcards (siehe Abschnitt 3.2.3) enthalten. Folgende Schlüsselvariablen werden zur Identifizierung verwendet:

- **KERNEL:** Dies ist der Begriff für den Bezeichner, den der Kernel für das Gerät liefert. So wird der Kernel für eine Festplatte immer `sd*` liefern, also die Buchstaben »sd«, gefolgt von irgendwelchen Zeichen. Die erste Partition einer Platte ist als `sd?1` zu identifizieren. Sie sehen, Sie können die Wildcards, die Sie von den Dateien her kennen, auch hier verwenden.
- **SUBSYSTEM:** Hiermit können Sie `usb` von `pci` unterscheiden oder angeben, dass es ein Block ist. Alternativ funktioniert auch die Bezeichnung `BUS`.
- **ATTRS:** Die Attribute ergeben eine mächtige Gruppe. In geschweiften Klammern können verschiedene Eigenschaften der Geräte abgefragt werden. Dazu gehören der Hersteller (`vendor`), das Gerät (`device`), das Modell (`model`) und die Seriennummer (`serial`). Je nach Gerät können auch Timeouts oder SCSI-Level abgefragt werden.

Die Informationen werden auf Gleichheit mit zwei Gleichheitszeichen abgefragt. Das folgende Beispiel findet USB-Speichermedien:

```
KERNEL=="sd*", SUBSYSTEM=="usb"
```

Zuweisungen

In der gleichen Zeile werden die Zuweisungen eingetragen. Diese unterscheiden sich darin, dass eine Zuweisung nur ein Gleichheitszeichen verwendet. Mit der Kombination += wird erreicht, dass die bisherigen Zuweisungen nicht gelöscht werden. Das folgende Beispiel erkennt ein TTY, also einen seriellen Anschluss, und den Hersteller Nokia. Davon ausgehend, dass es sich um den Zugang zur Datenkopplung handelt, wird in dieser Regel ein zusätzlicher Link */dev/modem* auf die Gerätedatei des Mobiltelefons erzeugt.

```
SUBSYSTEM=="tty",ATTRS{manufacturer}=="Nokia",SYMLINK+="modem"
```

Zuweisungen lassen sich durch folgende Variablen ansprechen:

- **NAME:** Der Name der Gerätedatei wird gesetzt. Bei der Gestaltung des Namens kann das Element *%n* eingebaut werden, das dafür sorgt, dass bei mehreren Gerätedateien eines Namens aufsteigende Zahlen verwendet werden.
- **SYMLINK:** Damit wird ein symbolischer Link auf die Gerätedatei angelegt. Dieser sorgt dafür, dass das Gerät unter einem eindeutig definierten Namen von Programmen angesprochen werden kann.

- **GROUP:** Die Gerätedatei wird einer Gruppe zugeordnet.
- **MODE:** Die Rechte der Gerätedatei werden mit einer Ziffernkombination gesetzt, wie sie auch beim Befehl `chmod` (siehe Abschnitt 5.2.1) üblich ist.
- **RUN:** Der Variablen `RUN` werden Programmnamen zugewiesen, die mit dem vollen Pfadnamen angegeben werden müssen.

Kapitel 9
Netzwerk

Inhalt

- Ports sind die Kommunikationsendpunkte der Dienste.
- Domain Name Service macht aus Namen Nummern.
- IPv6 als Abhilfe für Knappheit der Internetadressen
- Mit Routing Pakete durch verschiedene Netzwerke leiten

Ein Server braucht natürlich eine Verbindung zum Netzwerk. Ein Netzwerk besteht aus den physischen Verbindungen, den Protokollen, die die logische Verbindung schaffen, und den Programmen, die miteinander über das Netzwerk kommunizieren.

9.1 Anschluss und Medium

Ein Netzwerk ist aus der Sicht der Hardware in seiner einfachsten Form sehr unspektakulär: ein Koaxialkabel – nicht unähnlich einem Antennen- oder Fernsehsatellitenkabel. So jedenfalls hat das Ethernet seinerzeit einmal angefangen. Jeder angeschlossene Computer schickte ein Datenpaket los, wenn er mit einem anderen Computer kommunizieren wollte. Hatten mehrere Computer gleichzeitig diese Idee, gab es halt einen kleinen Datencrash, und alle Beteiligten versuchten es eben später noch einmal, wenn die Rushhour auf dem Draht hoffentlich vorbei sein würde. Aus technischer Sicht nennt man dies *CSMA/CD* (Carrier Sense Multiple Access/Collision Detection).

Heutzutage gibt es kein Koaxialkabel mehr. Stattdessen werden verdrillte Drahtpaare in CAT-5-Kabeln verwendet. Die englische Bezeichnung *twisted pair* für »verdrillte Drahtpaare« wird Ihnen vielleicht eines Tages über den Weg laufen. Heutzutage werden Ethernet-Kabel über Switched Hubs verbunden. Diese schalten eine Direktverbindung zwischen Kommunikationspartnern. Damit wird der Verkehr auf dem Kabel reduziert und Zusammenstöße auf dem Netzwerk kommen nur noch selten vor.

Wie in den Anfangstagen werden Daten auch heute noch in Paketen versandt. Das Paket enthält Empfänger und Absender, den eigentlichen Inhalt und eine Kontrollnummer, die sicherstellt, dass der Inhalt wohlbehalten angekommen ist.

Jedes Netzwerkinterface hat seine eigene, weltweit eindeutige Nummer, die 48 Bit groß ist. Diese Nummer ist meist in das ROM des Controllers eingebrannt und wird in der Regel als *MAC* (Media Access Control) bezeichnet.

Immer häufiger wird der Netzwerkverkehr drahtlos betrieben. Dazu werden die Daten per WLAN oder über Mobiltelefonnetze übertragen. Der Erfolg dieser Technologien liegt aber insbesondere darin, dass dem Computer gegenüber eine klassische Ethernet-Verbindung vorgegaukelt wird.

Von der MAC zur Netzwerkschnittstelle

Unter Linux werden Sie die Netzwerkkarten allerdings nicht per MAC ansprechen, sondern über den Namen der Netzwerkschnittstelle. Die erste Ethernet-Karte heißt *eth0*, die zweite *eth1* und so fort. Bei der Zuordnung der MAC-Adresse zum Schnittstellennamen stoßen Sie auf einen alten Bekannten: den udev-Dämon aus Abschnitt 8.4.4.

Eine Netzwerkkarte wird hardwaremäßig anhand ihrer MAC-Adresse identifiziert. Diese Adresse ist eindeutig. Eine einmal identifizierte Netzwerkkarte erhält automatisch einen Namen und wird nicht vergessen. Die erste Netzwerkkarte erhält wie erwähnt den Namen *eth0*. Wenn Sie sie austauschen, wird die neue Karte vermutlich *eth1* genannt. Diese Information speichert udev dann auch in seinen Regeln, merkt sich aber immer noch die bisherige Netzwerkkarte.

Im Verzeichnis */etc/udev/rules* gibt es eine Datei *70-persistent-net.rules* für die Regeln der Netzwerkanschlüsse. Die folgende Zeile enthält den Eintrag für eth0. Für jedes weitere Interface gibt es eine weitere Zeile. Sie können sehen, dass die einzige Zuweisung die des Namens ist. Aus satztechnischen Gründen ist er umbrochen. Beachten Sie, dass in der Datei alle Einträge nur eine Zeile umfassen dürfen, also nicht umbrochen werden dürfen.

```
SUBSYSTEM=="net", ACTION=="add", DRIVERS=="?*",
ATTR{address}=="00:25:22:1e:db:d8", ATTR{dev_id}=="0x0",
ATTR{type}=="1", KERNEL=="eth*", NAME="eth0"
```

Wenn Ihre aktuelle Netzwerkkarte nach einem Netzwerkkartenwechsel beispielsweise auf *eth2* steht, möchten Sie sie vielleicht wieder auf *eth0* stellen. Dazu suchen Sie den Eintrag von *eth2* und kopieren den Inhalt von `ATTRS{address}` nach *eth0*. Anschließend löschen Sie die Zeile für *eth2*. Nun sollte die Schnittstelle nach dem nächsten Reboot wieder als *eth0* erkannt werden.

9.2 TCP/IP

TCP/IP (Transmission Control Protocol/Internet Protocol) ist inzwischen unangefochten das Standardprotokoll für den Zugriff auf das Netzwerk. Es wurde von der Berkeley Universität seinerzeit für UNIX entwickelt.

Derzeit ist die Version IPv4 in den meisten, vor allem lokalen Netzwerken üblich. Allerdings ist IPv4 im Internet ein langsam auslaufendes Modell, sodass hier an den passenden Stellen auch immer wieder der neue Standard IPv6 erläutert wird. In Abschnitt 9.8 wird ausführlicher beschrieben, wie sich eine Umstellung auf IPv6 auswirken wird. Der folgende Link gibt weitere Auskunft über die derzeitige Situation:

www.ripe.net/internet-coordination/ipv4-exhaustion/faq

Pakete in Paketen

Ethernet-Pakete werden von MAC-Adresse zu MAC-Adresse versandt. Auf deren Basis werden IP-Pakete verschickt. Man kann sich das so vorstellen, dass in den einen Karton ein anderer Karton gesteckt wird, der nun die IP-Adresse verwendet. Um den richtigen Empfänger auf dem Computer zu erreichen, wird neben der IP-Adresse auch noch der Port angegeben. Er bezeichnet den Anschluss, über den Programme miteinander kommunizieren. Das Thema wird im weiteren Verlauf dieses Abschnitts noch ausführlicher behandelt.

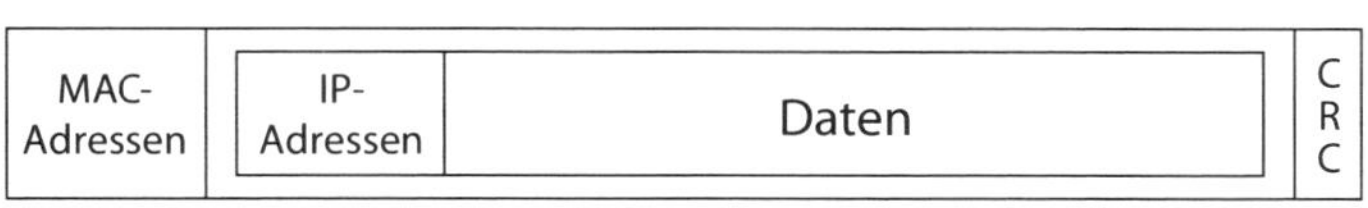

Abbildung 9.1 TCP/IP-Paket im Ethernet-Paket

Um die IP-Adressen auf die MAC-Adresse abzubilden, wird das Address Resolution Protocol (ARP) eingesetzt und bildet die Basis, damit TCP/IP-Pakete im lokalen Netzwerk ihre Zieladressen finden.

Dazu werden ARP-Tabellen gepflegt, die ohne Ihr Zutun normalerweise artig ihre Arbeit verrichten. In seltenen Fällen kann es nach einem Tausch der Netzwerkkarte passieren, dass die ARP-Tabelle nach einer MAC-Adresse sucht, die es nicht mehr gibt. Aber auch das regelt sich nach kurzer Zeit von selbst.

Sollten Sie neugierig sein, können Sie sich mit dem Befehl `arp` die ARP-Tabellen anzeigen lassen. In der Manpage finden Sie auch Optionen zur Manipulation der Tabelle, die Sie aber in der Regel nicht benötigen. Wenn Sie die Zuordnung zwischen MAC- und TCP/IP-Adresse regeln wollen, werden Sie dabei eher zu einem DHCP-Server greifen, der in Abschnitt 9.7 beschrieben wird.

9.3 Die IP-Adresse

Die IP-Adresse ist eine Zahlenkombination, die jeden Internet-Teilnehmer weltweit eindeutig ansprechbar macht. Beim derzeit noch gängigen IPv4 ist das eine Kombination von vier Bytes. Ein Byte kann eine Zahl von 0 bis 255 darstellen. Diese vier Bytes werden dezimal durch Punkte getrennt dargestellt. Zum Beispiel ist 192.168.109.199 die IP-Adresse des Servers, der hier immer wieder als Beispiel herangezogen wird.

Es gibt zwar schon die Vorbereitungen für den Umstieg auf IPv6, aber vor allem in den lokalen Netzwerken wird IPv4 wohl noch eine ganze Weile große Verbreitung finden. Wie zukünftig IP-Adressen unter IPv6 aussehen werden, erfahren Sie in Abschnitt 9.8.

Die ersten Bits einer IP-Adresse sind die Adresse des Netzwerks, zu dem der Computer gehört, und der restliche Teil ist die Adresse des Computers selbst. Alle Computer, die direkt miteinander verbunden sind, bilden ein Netzwerk. Fremde Netzwerke erreichen Sie über einen Router. Wird ein Paket an eine fremde Netzwerkadresse geschickt, wird sie an einen Router gesendet. Die Einzelheiten finden Sie in Abschnitt 9.5. Die Grenze zwischen Netzwerk- und Hostadresse kann an jeder Stelle der IP-Adresse erfolgen, und zwar nicht nur auf der Byte-Grenze, sondern sogar bitweise.

CIDR und die Netzwerkmaske

Wie viele Bits für die Netzwerkadresse verwendet werden, gibt man in der CIDR-Schreibweise nach einem Schrägstrich hinter der IP-Adresse an. Die IP-Adresse 192.168.109.199/24 sagt also aus, dass die ersten 24 Bits die Netzwerkadresse sind. 24 Bits sind 3 Bytes, also ist 192.168.109 der Netzwerkanteil und 199 die Hostadresse, also die Nummer des Computers innerhalb des Netzwerks.

Alternativ kann auch eine Subnetzmaske verwendet werden. Sie finden diese vor allem bei älteren Systemen. Die Maske sieht aus wie eine IP-Adresse. Dabei wird der Anteil der Bits der Netzwerkadresse auf 1 und alle anderen auf 0 gesetzt. Im Beispiel wären die ersten 24 Bits 1 und der Rest 0. Damit ist die Subnetzmaske 255.255.255.0.

9.3.1 Netzwerkklasse und Netzwerkmaske

Die Trennung zwischen Netzwerk- und Hostanteil der IP-Adresse kann an jedem beliebigen Bit erfolgen. Es ist aber natürlich einfacher, wenn sie auf einer Byte-Grenze liegt. Dadurch ergeben sich drei verschiedene Klassen von Adressen, die gemeinhin als die Klassen A, B und C bezeichnet werden. Vor Einführung von CIDR waren diese Klassen sogar verbindlich. Und auch heute finden sich einige Netzwerkteilnehmer, die sich an die Regeln dieser Klassen halten.

Class-A-Netze verwenden nur das erste Byte für die Netzwerk-Adressierung. Der Rest steht als Adresse für die Computer des Netzwerks zur Verfügung. Dadurch ergeben sich etwa 16 Millionen Computer für ein Netzwerk. Bei einem Class-B-Netzwerk liegt die Grenze exakt in der Mitte. Es stehen also etwa 65.000 Adressen zur Verfügung. Schließlich verwendet ein Class-C-Netzwerk die ersten drei Bytes, also 24 Bits für die Netzwerkadresse. Die restlichen 8 Bits bleiben für die einzelnen Geräte. Das wären dann 256 Computer. Allerdings wird die Adresse, bei denen alle Bits 0 sind, als Adresse für das gesamte Netzwerk reserviert und die Adresse mit allen Bits auf 1 wird für Rundrufe an alle Geräte im Netzwerk verwendet und fällt darum ebenfalls als Adresse für einzelne Computer weg. Es bleiben also 254 Adressen.

Damit man auch ohne Angabe der Trennung aus der IP-Adresse ablesen kann, welcher Anteil die Netzwerkadresse darstellt, wurde die Regel aufgestellt, dass eine IP-Adresse, deren erstes Bit 0 ist, ein Class-A-Netzwerk ist. Das ist der Fall, wenn das erste Byte kleiner als 128 ist. Ist das erste Bit 1, aber das zweite Bit 0, gehört die Adresse einem Class-B-Netzwerk. Das sind die Zahlen von 128 bis 191. Sollten die ersten beiden Bits 1 sein, ist es ein Class-C-Netz. Das sind die Zahlen, die größer als 192 sind. Ab 224 beginnt dann noch das Class-D- und ab 240 das Class-E-Netzwerk, das für unsere Betrachtungen aber nicht von Bedeutung ist.

9.3.2 Private IP-Adressen

Ursprünglich waren so viele IP-Adressen kalkuliert worden, dass jeder Mensch der Erde eine eigene IP-Adresse haben könnte. Das schien seinerzeit großzügig. Immerhin konnten sich bestenfalls Universitäten einen netzwerkfähigen Computer leisten.

Heute ist nicht nur die Weltbevölkerung gewachsen, sondern manche Menschen besitzen sogar mehrere internetfähige Geräte. Aber auch sonst will man nicht unbedingt jeden Computer frei ins Internet stellen. Darum befinden sich die meisten Computer in lokalen Netzwerken, die nur über einen Router mit dem Internet verbunden sind. Innerhalb des lokalen Netzwerks ist es sinnvoll, Netzwerkadressen zu verwenden, die im Internet nicht vorkommen. Ansonsten würden lokale Rechner unter Umständen Webserver mit ihrer Adresse verdecken.

Der weitere Vorteil solcher Nummern ist, dass sie im Internet nicht weitergeleitet werden. So ist ein Computer im lokalen Netzwerk nicht direkt von außen adressierbar und auch nicht so leicht angreifbar. Wie das genau funktioniert, finden Sie in Abschnitt 14.2 beschrieben.

Für die lokalen Netzwerke wurden mehrere Adressräume freigestellt, wie Tabelle 9.1 zeigt.

Netzwerkadressen	Netzwerkklasse
10.0.0.0	Class A
172.16.0.0 bis 172.31.0.0	Class B
192.168.0.0 bis 192.168.255.0	Class C

Tabelle 9.1 IP-Adressen für lokale Netzwerke

Eine vollständige Übersicht über die reservierten IP-Adressbereiche finden Sie unter folgender URL:

www.heise.de/netze/Reservierte-IPv4-Adressen-475028.html

9.3.3 Den Netzadapter einstellen: ifconfig

In vielen Fällen wird sich Ihr Netzwerkadapter ganz wie von Zauberhand automatisch einstellen. Die Zauberhand heißt DHCP und wird in Abschnitt 9.7 näher vorgestellt. Mit dem Befehl `ifconfig` können Sie schauen, wie Ihr Adapter eingerichtet ist. Sie können mit diesem Befehl die Konfiguration zur Not auch manuell durchführen.

Ohne Parameter zeigt der Befehl `ifconfig` alle Netzwerkadapter mit ihren Adressen und Eigenschaften an:

```
$ ifconfig
eth0  Link encap:Ethernet  Hardware Adresse 18:a9:05:94:8f:dc
      inet Adresse:192.168.109.166  Bcast:192.168.109.255
      Maske:255.255.255.0
      inet6-Adresse: fe80::1aa9:5ff:fe94:8fdc/64
      Gültigkeitsbereich:Verbindung
      UP BROADCAST RUNNING MULTICAST  MTU:1500  Metrik:1
      RX packets:14706 errors:0 dropped:0 overruns:0 frame:0
      TX packets:11935 errors:0 dropped:0 overruns:0 carrier:0
      Kollisionen:4 Sendewarteschlangenlänge:1000
      RX-Bytes:6720241 (6.7 MB)  TX-Bytes:1655860 (1.6 MB)
      Interrupt:22 Speicher:db300000-db320000
```

```
lo      Link encap:Lokale Schleife
        inet Adresse:127.0.0.1  Maske:255.0.0.0
        inet6-Adresse: ::1/128 Gültigkeitsbereich:Maschine
        UP LOOPBACK RUNNING  MTU:16436  Metrik:1
        RX packets:2138 errors:0 dropped:0 overruns:0 frame:0
        TX packets:2138 errors:0 dropped:0 overruns:0 carrier:0
        Kollisionen:0 Sendewarteschlangenlänge:0
        RX-Bytes:168482 (168.4 KB)  TX-Bytes:168482 (168.4 KB)

wlan0 Link encap:Ethernet  Hardware Adresse 00:21:6a:80:87:da
        UP BROADCAST MULTICAST  MTU:1500  Metrik:1
        RX packets:0 errors:0 dropped:0 overruns:0 frame:0
        TX packets:0 errors:0 dropped:0 overruns:0 carrier:0
        Kollisionen:0 Sendewarteschlangenlänge:1000
        RX-Bytes:0 (0.0 B)  TX-Bytes:0 (0.0 B)
```

Sie sehen hier die Netzwerk-Konfiguration eines Notebooks. Es hat mit `eth0` eine Netzwerkkarte und mit `wlan0` einen WLAN-Adapter. In der ersten Zeile sehen Sie jeweils die MAC-Adresse der Karten. Die `inet Adresse` ist die IP-Adresse. Die Netzwerkkarte `eth0` hat eine solche Adresse, der WLAN-Adapter nicht. Der Rechner ist also über das Kabel mit dem lokalen Netzwerk verbunden.

Die Broadcast-Adresse ist eine spezielle IP-Adresse, die verwendet wird, um alle Rechner des zugehörigen Netzwerks anzusprechen. Sie wird gebildet, indem alle Bits der Hostadresse auf 1 gesetzt werden. So ergibt sich hier die Rechneradresse 255. Die Maske zeigt an, dass der Computer in einem klassischen Class-C-Netzwerk zu Hause ist.

Eine IPv6-Adresse ist dem Computer unter *inet6-Adresse* neben der IPv4 ebenfalls zugeteilt worden.

Die Statusmeldungen zeigen mit `UP`, dass die Verbindung aktiv ist. Sie kann mit den folgenden Befehlen aus- und wieder eingeschaltet werden:

```
# ifconfig eth0 down
# ifconfig eth0 up
```

Warnung

Probieren Sie das doch einmal per ssh. Aber besser nur dann, wenn der Server zu Fuß zu erreichen ist. Denn Sie sägen damit die Netzwerkverbindung ab, über die Sie mit dem Server verbunden sind.

Die Meldungen zu RX zeigen die empfangenen Pakete, die zu TX die versandten. Kollisionen können auftreten, wenn zu viele Pakete im Netzwerk aktiv sind. Ist der Kollisionszähler hoch, muss über eine Aufteilung des Netzwerks in Unternetzwerke nachgedacht werden.

Der Pseudoadapter `lo` existiert bei jedem Rechner und ermöglicht die Netzwerkkommunikation mit dem Rechner selbst, ohne dass ein Netzwerkadapter aktiviert sein muss. Der Adapter wird auch als *Loopback* bezeichnet.

`ifconfig` erwartet als ersten Parameter die Bezeichnung des Netzadapter-Devices. Dieses entspricht der Gerätedatei des Adapters. Dabei wird allerdings der Pfadname */dev* weggelassen. Für die erste Ethernet-Schnittstelle wird der Name *eth0* verwendet. Die weiteren Schnittstellen werden durchnummeriert.

IP-Adresse setzen

Wenn Sie die erste Ethernet-Schnittstelle auf die Adresse 192.168.109.194 umstellen wollen, geben Sie als ersten Parameter `eth0` und dann die IP-Adresse an:

```
# ifconfig eth0 192.168.109.194
```

Der Befehl ip und mehrere Adressen pro Adapter

In den neueren Linux-Versionen wird als Alternative zu `ifconfig` und `route` der Befehl `ip` angeboten. Beide Formen werden sicher noch einige Zeit nebeneinander laufen. Aber es ist nicht verkehrt, den »Neuen« näher zu betrachten. Immerhin kann er auch wunderbar mit IPv6 (siehe Abschnitt 9.8) umgehen, was `ifconfig` noch etwas schwerfällt.

Der Befehl `ip` ist auch etwas universeller, da er neben dem Adapter selbst auch das Routing und die ARP-Tabellen konfigurieren kann. Darum muss nach dem erfrischend kurzen `ip` die Aufgabe genannt werden. Da gibt es:

- `addr` oder `address`: Die Adresse eines Netzwerkadapters
- `link`: Der Netzwerkadapter selbst
- `route`: Die Route. Darauf werde ich noch zurückkommen.
- `neigh` oder `neighbour`: Die ARP-Tabelle. Das möchte ich hier nicht weiter vertiefen.

Interessant ist die Unterscheidung nach Adresse (`addr`) und Adapter (`link`). Denn mit dem Befehl `ip` können Sie einem Adapter auch mehrere Adressen zuordnen, was Ihnen mit `ifconfig` nicht gelingen wird. Der folgende Befehl `ip` setzt also eine zusätzliche IP-Adresse für den Adapter *eth0*:

```
# ip addr add 192.168.109.199/24 dev eth0 brd 192.168.109.255
```

Die Befehlskombination `ip addr add` fügt eine IP-Adresse hinzu. Dem Schlüsselwort `dev` folgt die Adapterbezeichnung. Mit `brd` oder `broadcast` wird die Broadcast-Adresse spezifiziert.

Beim Befehl `ip` sollten Sie unbedingt die Netzwerkmaske setzen, beispielsweise wie hier in der CIDR-Form. Ansonsten setzt der Befehl die Maske auf 255.255.255.255.

Auch die Broadcast-Adresse muss passend gesetzt werden. Mit dem Befehlsteil `brd +` wird diese allerdings automatisch korrekt anhand der Netzwerkmaske generiert.

Adapter anzeigen

Nun hat der Adapter zwei IP-Adressen. Wenn Sie den Befehl `ifconfig` aufrufen, können Sie allerdings nur die erste Adresse sehen. Mit dem Befehl `ip addr show` können Sie alle Adressen des Adapters sehen:

```
# ip addr show eth0
2: eth0: <BROADCAST,MULTICAST,UP,LOWER_UP> mtu 1500 qdisc pfifo_fast
state UP qlen 1000
    link/ether 18:a9:05:94:8f:dc brd ff:ff:ff:ff:ff:ff
    inet 192.168.109.194/24 brd 192.168.109.255 scope global eth0
    inet 192.168.109.199/24 brd 192.168.109.255 scope global secondary eth0
    inet6 fe80::1aa9:5ff:fe94:8fdc/64 scope link
       valid_lft forever preferred_lft forever
```

Um eine Adresse wieder zu entfernen, müssen Sie den passenden `del`-Befehl geben:

```
# ip addr del 192.168.109.199/24 dev eth0 brd +
```

Und auch hier wünscht sich `ip` sowohl die Netzwerkmaske als auch die Broadcast-Adresse.

9.3.4 Die IP-Adresse festlegen

Das Setzen der IP-Adresse über den Befehl `ifconfig` bleibt längstens bis zum nächsten Reboot aktiv. Um die Adresse langfristig festzulegen, können Sie in der Datei */etc/network/interfaces* die Netzwerkadapter konfigurieren. Ein Server sollte sinnvollerweise eine feste IP-Adresse haben. Die folgende Konfiguration beschreibt zunächst das Loopback-Interface und legt dann die Eigenschaften des Adapters *eth0* fest:

```
# /etc/network/interfaces

auto lo
iface lo inet loopback

auto eth0
iface eth0 inet static
        address 192.168.109.10
        netmask 255.255.255.0
        gateway 192.168.109.1
```

Die IP-Adressen von Arbeitsplatzrechnern werden in der Regel nicht lokal festgelegt, sondern dynamisch per DHCP (siehe Abschnitt 9.7). Natürlich können Sie auch Servern per DHCP ihre Nummern anhand ihrer MAC-Adresse fest zuweisen. Allerdings müssen Sie dies nachpflegen, wenn die Netzwerkkarte oder der gesamte Rechner ausgetauscht werden muss.

In der Datei *interfaces* legen Sie folgendermaßen fest, dass die Schnittstelle per DHCP eingestellt wird:

```
iface eth0 inet dhcp
```

Es gibt eine eigene Manpage namens `interfaces` für die Einstellungen dieser Datei:

```
$ man interfaces
```

Neustart des Netzwerksubsystems

Die Datei *interfaces* wird beim nächsten Booten ausgewertet. Wenn Sie die Einstellungen ohne Reboot aktivieren wollen, kann die Netzwerkkomponente neu gestartet werden, indem das entsprechende Init-Skript zweimal aufgerufen wird:

```
/etc/init.d/networking stop
/etc/init.d/networking start
```

> **Warnung** ×
>
> Sie werden schon ahnen, dass Sie diesen Befehl nur lokal ausführen können. Wenn Sie ihn per ssh aufrufen, könnte es unerwünschte Nebeneffekte geben.

Unterhalb von */etc/network* befinden sich Verzeichnisse, deren Inhalt im Zusammenhang mit dem Netzwerkstart ausgeführt werden. Der Inhalt von *if-pre-up.d* wird vor, der von *if-up.d* wird während des Hochfahrens gestartet. Die Skripte in *if-down.d* werden ausgeführt, wenn das Netzwerk heruntergefahren wird, und die in *if-post-down.d* danach.

9.3.5 Grafische Netzwerk-Manager

Sie können die Netzwerkadapter eines Linux-Systems auch über die grafische Oberfläche konfigurieren. Dazu stehen unter den verschiedenen Desktops unterschiedliche Programme zur Verfügung.

Wenn Sie Ihre Netzwerkkarte allerdings in der Datei */etc/network/interfaces* konfiguriert haben, kann es passieren, dass das grafische Programm meldet, dass es keine Möglichkeit besitzt, den Adapter zu verwalten. Sollte sich die Notwendigkeit ergeben, die

Netzwerkschnittstelle vom Desktop aus zu verwalten, müssen Sie die jeweiligen Adapterkonfigurationen in der Datei */etc/network/interfaces* auskommentieren oder löschen. Anschließend müssen Sie das Netzwerksubsystem und eventuell auch den Desktop neu starten.

9.4 Netzwerkverbindungen mit ping prüfen

Das Standard-Werkzeug zum Prüfen einer Netzwerkverbindung heißt *Ping*. Zum Testen einer Verbindung benötigen Sie mindestens einen Empfänger und einen Absender. Der Empfänger muss dem Befehl `ping` als Argument übergeben werden, sonst kennt er das Ziel ja nicht.

Spicker ×

`ping` *[Optionen] IP-Adresse*

Das Protokoll ICMP

Ping ist auch der Name des Protokolls, es gehört zum ICMP (Internet Control Message Protocol). Diese Protokollfamilie dient dazu, Steuerungsnachrichten zu versenden, wenn im Netzwerk irgendetwas nicht so funktioniert, wie es sollte.

Selbstgespräch

Für den ersten Test testen wir eine Verbindung zu dem Rechner 127.0.0.1. Dieser existiert immer, da es der »local host« ist. Das bedeutet, dass die Kommunikation nicht den Umweg über einen Netzwerkanschluss macht.

```
$ ping 127.0.0.1
PING 127.0.0.1 (127.0.0.1) 56(84) bytes of data.
64 bytes from 127.0.0.1: icmp_req=1 ttl=64 time=0.036 ms
64 bytes from 127.0.0.1: icmp_req=2 ttl=64 time=0.055 ms
64 bytes from 127.0.0.1: icmp_req=3 ttl=64 time=0.055 ms
64 bytes from 127.0.0.1: icmp_req=4 ttl=64 time=0.057 ms
^C
--- 127.0.0.1 ping statistics ---
4 packets transmitted, 4 received, 0% packet loss, time 3000ms
rtt min/avg/max/mdev = 0.036/0.050/0.057/0.012 ms
$
```

In der ersten Zeile nennt Ping sein Ziel und dass die Pakete 56 Byte groß sind. In den Folgezeilen treffen die Rückmeldungen des Adressaten ein. Wenn keine Meldungen kommen, gibt es keine Verbindung. Der Wert `icmp_req` gibt die durchgängige Nummerierung an. So wird deutlich, wenn Pakete verloren gehen. Interessant ist vor allem der Wert hinter `time`, der die Dauer der Übertragung angibt.

Der Zähler `ttl` steht für *time to live*. Dieser Zähler wird immer um 1 heruntergezählt, wenn das Paket das Netzwerk wechselt. So können Sie feststellen, wie viele Router zwischen Ihnen und dem Ziel stehen.

Typischerweise laufen die Meldungen von `ping` durch, bis sie durch einen Stromausfall oder die Tastenkombination [Strg]+[C] unterbrochen werden. Anschließend erzeugt Ping eine Statistik, die besagt, wie viele von den Paketen zurückgekehrt sind und wie lange die Pakete unterwegs waren.

Simuliere Last

Die kleinen Paketchen eines Pings schummeln sich leicht überall durch. Wenn Sie aber richtige Netzwerklast erzeugen wollen, benötigen Sie größere Pakete. Das können Sie mit der Option `-s` erreichen. Dann erwartet Ping als weitere Angabe die Größe der Pakete.

9.5 Routing: Netzwerke verbinden

Auch wenn vom Internet als »dem Netz« gesprochen wird, ist es doch eine Verbindung vieler Netzwerke, die miteinander verbunden werden. Auch innerhalb einer Firma werden mehrere Teilnetze miteinander gekoppelt und die Pakete müssen ihren Weg durch die verschiedenen Netzwerke finden.

Ein Gerät, das in der Lage ist, zwei Netzwerke zu bedienen, benötigt natürlich auch zwei Netzwerkadapter und eine Reihe von klaren Anweisungen, wann es welche Pakete von dem einen in das andere Netzwerk zu schaffen hat.

9.5.1 Gateway und Router

Der Weg eines Pakets durch verschiedene Netzwerke wird auch *Route* genannt. Davon abgeleitet wird das Gerät, das die Pakete in andere Netzwerke leitet, als *Router* bezeichnet. Ist es erforderlich, neben der Richtungsumlenkung auch eine Protokollumsetzung durchzuführen, spricht man von einem *Gateway*. Im allgemeinen Sprachgebrauch werden Router und Gateways allerdings oft synonym gebraucht. Gateways ermöglichen einen Transport von Paketen in andere physische Netzwerke, beschränken den Netzverkehr auf die Teilnetze und können verhindern, dass Unberechtigte Zugriff auf das lokale Netzwerk bekommen. Die ISO-OSI-Modelle unterscheiden es so: Ein Gateway arbeitet auf der Schicht 7, während ein Router nur die Schicht 3 beherrscht. Für Ihre Informatikerprüfung müssen Sie das wissen.

Linux zum Weiterleiten verleiten

Soll ein Linux-Rechner als Gateway eingesetzt werden, muss die Übernahme der Pakete von einer Schnittstelle zur anderen erst aktiviert werden. Dazu können Sie direkt in die Datei *ip_forward* im Verzeichnis */proc/sys/net/ipv4* eine 1 schreiben:

```
# echo "1" > /proc/sys/net/ipv4/ip_forward
```

Tatsächlich handelt es sich bei dem Verzeichnis */proc* nicht um ein wirkliches Dateiverzeichnis, sondern um einen Zugang zur Systemkonfiguration, der sich aber weitgehend wie ein normales Dateiverzeichnis verhält.

Diese Umstellung bleibt aber nur bis zum Reboot erhalten. Um das System dauerhaft zum Router zu machen, tragen Sie dies in der Datei */etc/sysctl.conf* ein. Dort finden Sie die folgenden beiden Einträge. Sie müssen das Kommentarzeichen entfernen, und beim nächsten Systemstart ist das Forward-Flag gesetzt. Den ersten Eintrag benötigen Sie bei IPv4, den zweiten, wenn Sie IPv6 einsetzen.

```
# /etc/sysctl.conf
#net.ipv4.ip_forward=1
#net.ipv6.conf.all.forwarding=1
```

9.5.2 Eine Route statisch festlegen

Die Rechner senden Pakete, die zu Adressen des gleichen Netzwerks gehören, direkt. Aber was ist mit Paketen, die nicht ins lokale Netzwerk gehören? Die Sache scheint einfach: Alles einfach an den Router senden. Der soll zusehen, wie es weitergeht. Tatsächlich funktioniert so in den meisten Fällen ein einfacher Internetzugang. Mit dem Befehl `netstat -r` oder `route` ohne weitere Parameter können Sie sich anschauen, wie Ihr Computer mit seinen Paketen umgeht:

```
$ netstat -r
Kernel-IP-Routentabelle
Ziel           Router         Genmask        Flags ...
default        192.168.109.4  0.0.0.0        UG    ...
link-local     *              255.255.0.0    U     ...
192.168.109.0  *              255.255.255.0  U     ...
$
```

Kapitel 9

Die unterste Zeile besagt, dass alle Pakete in das Netzwerk 192.168.109.0 keinen Router benötigen, sondern direkt über *eth0* abgeschickt werden. Die erste Zeile betrifft die Default-Route. Alle Pakete, über deren Adresse der Rechner sonst nichts weiß, sollen bitte an den Router 192.168.109.4 senden.

Umstellen der Default-Route

Nun nehmen wir an, dass 192.168.109.4 ein Router für Ihren LTE-Internetzugang ist. Nach einer Woche ist das Monatsvolumen, das Ihnen der Provider so großzügig einräumte, aufgebraucht. Aber Sie haben vorgesorgt! Über den Router 192.168.109.3 haben Sie einen Zugang zu einem UMTS-Zugang, dessen Volumen zumindest für die kommende Woche reichen wird.

Hinweis

> Die Anzeige der einzelnen Routen ruckelt manchmal kräftig. Das liegt daran, dass `netstat` versucht, die IP-Adressen durch Namen zu ersetzen. Um dies zu unterbinden, kann man die Option `-n` hinzufügen, also `netstat -rn`.

Um die Default-Route umzulenken, müssen Sie zunächst die alte Route löschen. Dazu verwenden Sie den Befehl `route del`:

```
# route del default
#
```

Es scheint nichts Aufregendes passiert zu sein. Nur wenn Sie nun ins Internet wollen, werden Sie merken, dass Ihnen etwas fehlt. Sie haben natürlich bemerkt, dass Sie zur Umstellung der Routentabelle die root-Rechte benötigen. Der Befehl `netstat -r` würde zeigen, dass die Default-Route fort ist. Nun sollten Sie schnell eine neue Default-Route hinzufügen.

```
# route add default gw 192.168.109.3
#
```

Nun sollte alles wieder gut sein. Wenn nicht, können Sie sich im Zweifelsfall durch einen Reboot helfen. Dann ist alles wieder im vorigen Zustand.

Die Verbindung zur Chefetage

Aber was ist, wenn es zwei Router gibt? Ein Router geht ins Internet und der andere Router verbindet zum Netzwerk in der Chefetage? Klare Sache, wer da verliert. Aber es gibt die Möglichkeit, eine Tabelle anzulegen, welche Pakete zu welchem Router geschickt werden.

Nehmen wir also an, dass die Chefetage die IP-Adresse 192.168.110.0 hat und ein Router 192.168.109.5 die Verbindung zu diesem Netzwerk herstellt. Dann muss mit dem folgenden Befehl eine neue Route angelegt werden:

```
# route add 192.168.110.0 gw 192.168.109.5
# netstat -r
Kernel-IP-Routentabelle
Ziel            Router          Genmask         Flags ...
default         192.168.109.0   0.0.0.0         UG    ...
link-local      *               255.255.0.0     U     ...
192.168.109.0   *               255.255.255.0   U     ...
192.168.110.0   192.168.109.5   255.255.255.255 UGH   ...
```

Das war es nicht, denn als Maske steht hier nun 255.255.255.255. Das bezeichnet also einen einzelnen Host. Zunächst löschen Sie also die fehlerhafte Route:

```
# route del 192.168.110.0 gw 192.168.109.5
```

Es ist sicherer, wenn man alle Parameter der zu löschenden Route angibt. Wenn es eindeutig ist, kann aber beispielsweise das Gateway weggelassen werden.

Dann wird der Befehl um `-net` ergänzt. Das benötigt der Befehl für eine Netzwerkroute. Darüber hinaus muss auch die Netzwerkmaske gesetzt werden. Das kann über die Option `netmask 255.255.255.0` erreicht werden oder über die kürzere CIDR-Darstellung `/24`.

```
# route add -net 192.168.110.0/24 gw 192.168.109.5
```

Kontrollieren Sie noch einmal die Routentabelle:

```
# netstat -r
Kernel-IP-Routentabelle
Ziel            Router          Genmask         Flags ...
default         192.168.109.4   0.0.0.0         UG    ...
link-local      *               255.255.0.0     U     ...
192.168.109.0   *               255.255.255.0   U     ...
192.168.110.0   192.168.109.5   255.255.255.0   UG    ...
```

Hinweis

Leider liegt der Befehl `route` über die Jahre und zwischen den verschiedenen Plattformen in leicht veränderter Syntax vor. So kann es passieren, dass ältere Bücher, Zeitschriften oder Webseiten nicht funktionieren. Hier kann es helfen, die Manpage von `route` heranzuziehen.

Dauerhafte Routen eintragen

Die Routen, die Sie mit dem Befehl `route` anlegen, sind nach dem Neustart des Systems vergessen. Sie können diese zentral in Ihrem DHCP-Server (siehe Abschnitt 9.7) eintragen oder auch in der Datei */etc/network/interfaces*. konfigurieren:

```
# /etc/network/interfaces

auto lo
iface lo inet loopback

auto eth0
iface eth0 inet static
        address 192.168.109.10
        netmask 255.255.255.0
        gateway 192.168.109.3
        up route add -net 192.168.110.0/24 gw 192.168.109.5
```

Sie sehen, dass an die Interface-Definition des *eth0*-Eintrags hinter `up` der normale `route`-Befehl eingetragen wird. Dieser Befehl wird also ausgeführt, sobald das Interface aktiv wurde.

9.5.3 Subnetzwerke

Sie können beispielsweise ein Firmennetz durch Subnetze weiter untergliedern. Nach außen ist diese Untergliederung nicht sichtbar. Innerhalb des Netzwerks müssen allerdings alle Rechner die Subnetze beachten.

Ein Subnetz entsteht dadurch, dass Sie den Netzwerkanteil der IP-Adresse einfach etwas erhöhen, also beispielsweise 25 statt 24 Bits verwenden. So gehört der Server 192.168.109.199/25 zum Netzwerk 192.168.109.128 mit der Netzwerkmaske 255.255.255.128. Der Router 192.168.109.4/25 gehört dagegen zum Netzwerk 192.168.109.0/25. Sind beide korrekt konfiguriert, wird es nicht möglich sein, einen Ping zwischen beiden durchzuführen. Dazu muss ein Router die Verbindung zwischen den Netzwerken herstellen und es muss für die Rechner jeweils eine neue Route angelegt werden. Für das Netzwerk 192.168.109.0/25 würde dies beispielsweise diese Route sein:

```
# route add -net 192.168.109.0/25 gw 192.168.109.1
```

Das Subnetzwerk 192.168.109.128/25 könnte folgende Route verwenden:

```
# route add -net 192.168.109.128/25 gw 192.168.109.129
```

Da aber der Router zum Internet in dem anderen Subnetzwerk ist, reicht es eigentlich aus, stattdessen die Default-Route auf den Router zu setzen:

```
# route add default gw 192.168.109.129
```

Auch diese Einträge sollten Sie in der Datei */etc/network/interfaces* eintragen, wenn Sie länger Freude daran haben wollen.

Der Router zwischen den Subnetzwerken hätte dann die Anschlüsse 192.168.109.1/25 und 192.168.109.129/25.

Das Bilden eines Subnetzwerks hat nicht in erster Linie den Zweck, einem Router eine Aufgabe zu beschaffen, sondern vermindert natürlich den Netzwerkverkehr in den beiden Teilnetzwerken.

Routing mit dem Befehl ip

Der Befehl `ip`, mit dem Sie einem Netzwerk-Adapter mehrere IP-Adressen zuweisen können, kann auch mit Routen umgehen. So setzt der folgende Befehl eine Route auf das Netzwerk 192.168.110.0 über das Gateway 192.168.109.4.

```
# ip route add 192.168.110.0/24 via 192.168.109.4
```

Der Befehl `ip route show` zeigt die aktuellen Routen Ihres Rechners an und ersetzt damit den Befehl `route -n` oder `netstat -rn`.

9.6 Namen auflösen

Computer finden Zahlen als Adressen im Internet ganz toll. Bei den meisten Menschen sieht das etwas anders aus. Und darum verwenden wir für die PCs im Netzwerk meist Namen. Das finden die Computer wieder nicht so einfach. Aus diesem Grund muss es Verfahren geben, eines ins andere zu übersetzen.

9.6.1 Der Host- und Domainname

Bei der Erstinstallation eines Computers werden Sie gefragt, welchen Namen der Computer tragen soll. Dieser Name wird als Hostname bezeichnet. Er erhält seine besondere Bedeutung, wenn die Maschine ins Netz geht, da sie dann unter diesem Namen angesprochen werden kann. Die Namensgebung eines Linux-Rechners erfolgt durch den Befehl `hostname`.

Diese Taufe ist allerdings nicht sehr dauerhaft. Schon beim nächsten Reboot wird sich der Computer nur noch an den Namen erinnern, der in der Datei */etc/hostname* steht.

Damit ist der Vorname des Computers geklärt. Allerdings gehören die Computer eines Netzwerks alle einer großen Familie an. Diese Familie nennt man unter Computern *Domäne*, und die besitzt einen Domänennamen. Im Gegensatz zu Familiennamen haben Computer aber durchaus mehrere hierarchisch geordnete Domänennamen. Sie kennen diese Namen aus dem Internet.

Der Domänenname wird von hinten nach vorn gelesen. Zuletzt kommt die Top-Level-Domain, die für Deutschland *de* ist. Dänemark verwendet *dk* und die Niederlande *nl*. Die scheinbar staatenunabhängigen TLDs, wie man Top-Level-Domains manchmal liebevoll nennt, wie *com* (für Kommerz), *gov* (für Government, also Regierung) und *edu* (für Education, also Erziehungseinrichtungen) gehören allerdings meist zu den USA.

Für Ihr lokales Netzwerk können Sie Ihren Domänennamen völlig frei festlegen, solange Sie nicht die Absicht haben, mit diesem Domänennamen ins Internet zu gehen. Sie können den Domänennamen mit dem Befehl `domainname` auslesen und setzen:

```
debian # domainname
(none)
debian # domainname willemer.edu
debian # domainname
willemer.edu
debian #
```

Wie Sie feststellen, ist der Domänenname standardmäßig gar nicht gesetzt. Dauerhaft ändern können Sie ihn nur über einen Namensdienst.

9.6.2 Die Datei /etc/hosts

Die grundlegendste Art, IP-Adressen mit Namen zu verbinden, erfolgt in der Datei */etc/hosts*. Links stehen die IP-Adressen und rechts davon die zugehörigen Namen, gefolgt von den Spitznamen dieses Rechners. Als Trennzeichen sind – wie unter Linux üblich – Leerzeichen oder Tabulatoren möglich. Sucht ein Programm einen Namen für die IP-Adresse, wird es immer den ersten Namen verwenden. Also ist das der wichtigste Name. Das Doppelkreuz (#) wird als Kommentarzeichen verwendet.

```
127.0.0.1       localhost
192.168.109.1   umts router1
192.168.109.4   dsl  router2
192.168.109.56  laser fax
192.168.109.142 obelix
192.168.109.123 dbox
192.168.109.221 nas
192.168.109.197 debianvirtuell
192.168.109.199 debian www mail
```

Nach der Erstinstallation wird zur Namensauflösung zunächst in der Datei */etc/hosts* nachgesehen. In einem Netzwerk wäre es allerdings etwas umständlich, alle Änderungen in allen Hosts-Dateien des gesamten Netzwerks nachzupflegen. Darum gibt es auch zentrale Namensdienste. Die Reihenfolge dieser Namensdienste werden in der Datei */etc/nsswitch.conf* (siehe Abschnitt 9.6.3) konfiguriert.

9.6.3 Internetzugang über den DNS-Server

Die Hostnamen auf jedem Rechner einzeln zu pflegen, wird schnell umständlich, wenn alle Namensänderungen des Internets aktuell gehalten werden sollen. Aus diesem Grund setzt das Internet eine Netzwerklösung dafür ein und die nennt sich *Domain Name Service* (DNS). Durch eine Default-Route erreichen Sie, dass Ihr Rechner alle IP-Adressen des Internets ansprechen kann, die jenseits des Routers liegen. Um aber herauszufinden, welche IP-Adresse durch den Aufruf von *www.debian.org* angesprochen werden muss, müssen Sie Ihren Computer mit den DNS-Servern des Internets verbinden. Den ersten Kontakt erhalten die meisten Internet-Benutzer über ihren Provider, der seinen Kunden die Adresse seines DNS-Servers übermittelt.

Die Adresse des Provider-DNS-Servers landet dann per DHCP (siehe Abschnitt 9.7) des vom Provider gelieferten Routers auf den Arbeitsplatzrechnern des lokalen Netzwerks.

Exkurs ✕

Da durch geschickte DNS-Manipulationen bestimmte Internet-Namen für den normalen Benutzer schnell ausgeblendet werden können, ist dies ein beliebtes Mittel bei Staaten, die nicht wollen, dass ihre Bürger erfahren, was in anderen Teilen der Welt läuft. Bevor Sie sich aber über böse Diktaturen aufregen, sollten Sie bedenken, dass die damalige Familienministerin von der Leyen auch deutsche Provider dazu gebracht hat, genau diese Filtertechnik zu implementieren, an denen die Regierungen von China, dem Iran oder der Türkei so große Freude haben. Die Hintergründe finden Sie bei Ihrer Lieblingssuchmaschine unter dem Stichwort »Zugangserschwerungsgesetz«. Die Einrichtung wurde damit begründet, Pädophile von kinderpornografischen Seiten fernzuhalten.

Bei einem Linux-Rechner wird der zuständige DNS-Server in einem Eintrag in der Datei */etc/resolv.conf* hinterlegt. Die relevante Zeile beginnt mit dem Schlüsselwort `nameserver`. Es können mehrere DNS-Server angegeben werden. Auf diese Weise gibt es eine zweite Chance, wenn der erste Server nicht antwortet. Um meinen Arbeitsplatzrechner an den DNS-Dienst des Internets zu koppeln, reicht eine kleine *resolv.conf*:

```
nameserver 213.73.91.35 # verwende einen freien DNS-Server
```

Durch diese Zeile wird also nicht mehr der Router oder DNS-Server des Providers, sondern ein freier DNS-Server im Internet verwendet. Sollten Sie an weiteren DNS-Servern im Internet interessiert sein, um die komplette Vielfalt der Meinungen kennenzulernen, finden Sie diese unter dem Stichwort »freie DNS-Server« in Ihrer Lieblingssuchmaschine.

Umschalten zwischen den Namensquellen

Es gibt drei wichtige Quellen für die Umsetzung von Namen in IP-Adressen und umgekehrt. Da ist die lokale Datei */etc/hosts*, der klassische Netzwerkdienst NIS (siehe Abschnitt 10.6), der als Informationsdienst für lokale UNIX-Netze Einsatz findet, und das DNS. Zunächst muss festgelegt werden, welche Quelle welche Priorität hat.

Die Reihenfolge der Namensauflösung wird in der Datei */etc/nsswitch.conf* festgelegt. Dort gibt es eine Zeile, die mit `hosts:` beginnt. Dahinter erscheint `files` für den Zugriff auf die Datei */etc/hosts*, `dns` für den Zugriff auf das DNS und `nis` für Verwendung des NIS.

```
# /etc/nsswitch.conf
hosts:          files dns
```

In diesem Fall wird also zuerst die Datei */etc/hosts* gelesen. Erst wenn diese keine Antwort weiß, wird das DNS heimgesucht. Diese Reihenfolge ist sinnvoll, da der Zugriff auf die lokalen Dateien effizienter ist als die Suche im Netz. Der weitere Vorteil ist, dass Sie sich so sehr schnell eine kleine Blacklist der Rechner im Internet erstellen können, von denen Sie nicht wünschen, dass Ihr Computer zu ihnen Kontakt aufnimmt. Weisen Sie diese Adressen einfach als Nickname dem localhost zu!

```
# /etc/hosts
127.0.0.1    localhost www.boeservirus.de www.ueblerporno.com
...
```

Wird nun eine dieser Adressen aufgerufen, wird der Aufruf auf den eigenen Rechner umgeleitet und kann damit sein Ziel nicht erreichen.

9.7 Dynamische IP-Adressen (DHCP)

In der IT-Branche gibt es den Begriff der »gewachsenen Strukturen«. Besonders anschaulich wird dies, wenn die Netzwerkkabel im EDV-Raum an die Lianen im tropischen Regenwald erinnern. Aber auch virtuell gibt es Analogien. Besonders lästig wird der Wildwuchs, wenn in einem Firmennetzwerk IP-Adressen auf Zuruf verteilt wurden oder ein Router seine IP-Adresse ändern muss. Dann wird der Administrator zum Sportler und darf an zahllosen Arbeitsplätzen PCs umkonfigurieren.

Das DHCP (Dynamic Host Configuration Protocol) dient der zentralen Konfiguration der Netzwerkeinstellungen. Auf dem Server werden die zu vergebenden IP-Adressen, die Router und Namensserver festgelegt. Die Computer des Netzwerks holen sich diese Informationen über das DHCP-Protokoll ab. DHCP ist in RFC 2131 und 2132 beschrieben.

Vielleicht verwenden Sie schon seit längerer Zeit einen DHCP-Server und wissen es gar nicht. In jedem DSL-Router befindet sich üblicherweise ein solcher Server. Dieser sorgt dafür, dass der angeschlossene Computer eine gültige private IP-Adresse bekommt und alle Informationen erhält, um sich mit dem Internet zu verbinden. Tatsächlich reicht ein solcher eingebauter DHCP-Server durchaus aus, um die Arbeitsplätze mit IP-Adressen zu versorgen und ihnen den Weg ins Internet zu weisen. Wollen Sie dagegen einen eigenen DHCP-Server einrichten, werden Sie die DHCP-Server in den Routern abschalten müssen, weil es nur einen DHCP-Server pro Netzwerk geben sollte.

9.7.1 Protokollfragen

Heutzutage sind fast alle Betriebssysteme so vorkonfiguriert, dass sie ihre Netzwerkkonfiguration per DHCP erfragen, obwohl das den Start des Rechners geringfügig verzögert. Auf diese Weise wird erreicht, dass ein Computer ohne weiteres Zutun des Besitzers sofort ins Internet kommt, sobald er an einen gängigen DSL-Router angeschlossen wird.

Da der Rechner bei seinem Start keine Information über die Netzwerkumgebung hat, kann er auch nicht wissen, welcher Rechner die Aufgabe des DHCP-Servers übernimmt. Darum ruft er einfach laut ins Netzwerk: »Ist hier jemand, der mir sagen kann, wer ich bin?« Eine solche Frage an alle nennt man netzwerktechnisch *Broadcast*. Sie richtet sich nicht nur an die Broadcast-Adresse des lokalen Netzes, da ja auch diese Adresse dem Rechner unbekannt ist. Nein, es wird die globale Broadcast-Adresse 255.255.255.255 als Zieladresse verwendet. Die Fragestellung nach dem eigenen Ich wird im DHCP-Protokoll *DHCPDISCOVER* genannt.

Nun antwortet der DHCP-Server mit dem Angebot, die gewünschten Informationen zu verteilen. Auch diese `DHCPOFFER`-Nachricht wird per Broadcast verteilt, da der Anfrager bislang ja noch keine IP-Adresse besitzt. In diesem Paket findet der Anfrager eine gültige IP-Adresse, die ihm angeboten wird, und die IP-Adresse des Absenders. Ob der freundliche Server von einem verantwortungsbewussten Systemadministrator eingerichtet wurde oder von einem heimlich eingeschleusten Notebook stammt, kann der Anfrager nicht feststellen.

Wer auch immer der Anbieter war, der Anfrager hat das Spiel begonnen, nun bringt er es auch zu Ende. Er verwendet die Absenderadresse des Servers, um seine Netzwerkkonfiguration mit einer `DHCPREQUEST`-Anfrage zu erbitten.

Der Anbieter verpackt nun IP-Adresse und die anderen Informationen in ein Präsentpaket und sendet dieses als `DHCPACK`. Damit hat der Anfrager alle Informationen, die er braucht, und kann als normaler Teilnehmer im Netzwerk arbeiten.

Freundliche Computer geben belegte Ressourcen nach dem Gebrauch wieder frei. Und so sendet der Anfrager beim Herunterfahren noch `DHCPRELEASE`, sodass der Server die Adresse anderen Anfragern wieder zur Verfügung stellen kann.

9.7.2 DHCP-Clients

In den Netzwerkeinstellungen wird DHCP nicht immer explizit benannt. Der Begriff *automatische Konfiguration* deutet in der Regel darauf hin, dass der Rechner als DHCP-Client auftritt. Dieser Abschnitt zeigt Ihnen, wie Sie die verschiedenen Arbeitsplätze dazu bringen, mit DHCP zusammenzuarbeiten.

Linux

Bereits bei der Installation eines Linux-Rechners wird zunächst versucht, per DHCP einen Zugang zum Internet zu finden. Dort sucht die Installationssoftware den Kontakt zu den Servern mit den Repositories. Diese stellen die aktuellen Software- und Sicherheitspakete zur Verfügung. Über Zertifikate kann die Installations-CD erkennen, ob das Repository auch wirklich verlässlich ist.

Die Einstellung, ob ein Computer seine Netzwerkkonfiguration beim Booten per DHCP ermittelt, legt Debian und Ubuntu in der Datei */etc/network/interfaces* fest. Der folgende Eintrag besagt, dass die erste Ethernet-Schnittstelle über DHCP konfiguriert wird:

```
iface eth0 inet dhcp
```

Im Falle einer manuellen Konfiguration würde dort statt `dhcp` das Wort `static` stehen, und in den nächsten Zeilen würden die Einstellungen aufgeführt (siehe Abschnitt 9.3.4).

Sie können eine DHCP-Anfrage auch vom Terminal aus auslösen. Der Befehl `dhclient` sucht im lokalen Netzwerk nach einem DHCP-Server und konfiguriert die lokalen Einstellungen. Dabei löscht er auch die Routentabellen, die Einträge in der Datei *resolv.conf* und die bisher eingestellten IP-Adressen. Um diese Ressourcen bearbeiten zu können, muss der Befehl `dhclient` natürlich mit root-Rechten arbeiten. Der Aufruf des Befehls `dhclient` ist sehr hilfreich beim Testen von Änderungen auf dem DHCP-Server, da der Client sofort eine neue Konfiguration vom DHCP-Server anfordert. So ersparen Sie sich einen Reboot eines Clients nach jeder Änderung im Server.

Mac OS X

Um auf dem Apple Macintosh die Netzwerkschnittstelle auf DHCP-Betrieb zu stellen, wählen Sie im Apfel-Menü den Punkt SYSTEMEINSTELLUNGEN. Es erscheint das Fenster der Systemeinstellungen, in dem Sie den Punkt NETZWERK anwählen. Es öffnet sich daraufhin das Fenster, das Sie in Abbildung 9.2 sehen.

In der linken Spalte wählen Sie die Netzwerkschnittstelle aus, und im Dialog sehen Sie, dass hinter KONFIGURATION der Punkt DHCP ausgewählt wurde.

Abbildung 9.2 DHCP-Betrieb unter Mac OS X einschalten

Windows

Unter Windows müssen Sie zuerst die Netzwerkschnittstelle finden, aus deren Eigenschaften die TCP/IP-Konfiguration auswählen und dort einstellen, dass die Konfiguration automatisch bezogen werden soll. Leider ist der Weg dorthin in den verschiedenen Windows-Versionen nicht einheitlich.

Sie erreichen beispielsweise in Windows 7 die Netzwerkschnittstelle über die Systemsteuerung. Dort wählen Sie NETZWERK UND INTERNET und darin das NETZWERK- UND FREIGABECENTER. In der linken Spalte des Fensters finden Sie den Punkt ADAPTER-

EINSTELLUNGEN ÄNDERN. Unter Windows Vista heißt dieser Punkt VERBINDUNGEN MIT EINEM NETZWERK VERWALTEN. Wenn Sie diesen Punkt anklicken, erscheint ein Fenster, in dem die Netzwerkgeräte aufgezählt sind. Sie klicken hier das Ethernet-Interface mit der rechten Maustaste an und sehen dann in dem sich öffnenden Dialog den Punkt INTERNETPROTOKOLL VERSION 4. Über diesen gelangen Sie schließlich durch Doppelklick zu dem Dialog, in dem die TCP/IP-Konfiguration eingestellt wird, und fragen sich vermutlich, welches Adventure-Spiel wohl noch geheimnisvoller sein kann als die Suche nach den TCP/IP-Einstellungen unter einem modernen Windows-System.

Steht in diesem Dialog die Markierung auf IP-ADRESSE AUTOMATISCH BEZIEHEN, wird die Schnittstelle per DHCP konfiguriert.

Abbildung 9.3 DHCP-Betrieb unter Windows einschalten

9.7.3 DHCP-Server

Ein DHCP-Server bietet die Möglichkeiten, IP-Adressen an die Rechner eines Netzwerks zu verteilen, bestimmte Netzwerkkonfigurationen zentral zuzuordnen und die Anmeldung von Clients zu protokollieren. Auf diese Weise können einzelne PCs auch gezielt konfiguriert werden. Darum werden in manchen Netzwerken durchaus auch Server per DHCP konfiguriert.

Einrichten eines DHCP-Servers

Vor der Konfiguration eines DHCP-Servers sollten Sie darauf achten, dass pro lokalem Netz nur *ein* DHCP-Server aktiv ist. Schalten Sie also die in den Routern eingebauten DHCP-Server vorher aus.

Ein DHCP-Server ist auf einem Linux-System nicht von vornherein vorhanden. Um ihn zu installieren, rufen Sie den folgenden Befehl auf:

```
# apt-get install isc-dhcp-server
```

Sie werden bei der Installation darauf hingewiesen, dass der neue DHCP-Server noch nicht »authoritative« sei. Das bedeutet, dass er in seiner Standardkonfiguration noch nicht automatisch die dominierende Rolle in Ihrem Netzwerk übernimmt. Da Sie die Konfiguration sowieso zunächst bearbeiten werden, müssen Sie sich darum keine Gedanken machen.

Zur Konfiguration verwendet der DHCP-Server die Konfigurationsdatei */etc/dhcp/dhcpd.conf*. Wie immer ist es auch hier klug, vor der Bearbeitung der Datei eine Kopie anzulegen. Das folgende Beispiel zeigt eine einfache Konfiguration für einen DHCP-Server, der die Domäne *willemer.edu* verwaltet.

```
option domain-name "willemer.edu";
option domain-name-servers 213.73.91.35;
default-lease-time 86400;
max-lease-time 86400;
authoritative;
subnet 192.168.109.0 netmask 255.255.255.0 {
  range 192.168.109.10 192.168.109.20;
  option routers 192.168.109.1;
}
```

Die Kommandos werden durch ein Semikolon abgeschlossen. Blöcke werden durch geschweifte Klammern begrenzt. Sehen Sie sich die einzelnen Kommandos an:

- `option domain-name`
  Mit `option domain-name` wird die eigene Domäne festgelegt.

Kapitel 9

- `option domain-name-servers`
  Die für die Domäne zuständigen DNS-Server (siehe Kapitel 13) werden hinter der Option `option domain-name-servers` aufgezählt. In diesem Fall wurde die Adresse eines freien DNS-Servers aus dem Internet angegeben.
- `default-lease-time`
  Die Ressourcen, die der DHCP-Server vergibt, sind nur geliehen. Darum spricht man hier von Leasing. Der Parameter `default-lease-time` gibt die Zeit in Sekunden an, die die Ressourcen vergeben werden. Ist der vorgegebene Zeitrahmen überschritten, muss sich der Client um eine Verlängerung bemühen. Dadurch ist gewährleistet, dass nicht Ressourcen an Rechner vergeben sind, die sich längst nicht mehr im Netz befinden.
- `authoritative`
  Die gesetzte Option `authoritative` besagt, dass dieser Server der offizielle DHCP-Server des Netzes ist.

Mit der Definition `subnet` können Teilnetze zusammengefasst werden, die gemeinsame Eigenschaften haben. Die `subnet`-Definition des Beispiels beschreibt, dass für das Netzwerk 192.168.109.0 mit der Netzwerkmaske 255.255.255.0 der Bereich der IP-Adressen zwischen 10 und 20 verteilt werden kann. Der Router dieses Subnetzes hat die Hostnummer 1.

Start des DHCP-Servers

Der Server `dhcpd` wird, wie bei Debian üblich, durch den Aufruf des Init-Skripts gestartet. Der DHCP-Server liest die Konfiguration beim Start und bricht sofort ab, wenn er einen Fehler entdeckt. Nachdem die Datei *dhcpd.conf* fertiggestellt wurde, sollten Sie `dhcpd` zumindest einmal von Hand starten, um zu sehen, ob und welche Fehlermeldungen es gibt. Bei folgendem Aufruf ist alles in Ordnung:

```
# /etc/init.d/isc-dhcp-server start
Starting DHCP server: dhcpd3.
#
```

Sie können den Dämon wieder stoppen, indem Sie statt `start` den Parameter `stop` übergeben. Das Stoppen und Starten des Dämons ist auch erforderlich, wenn Sie die Konfiguration ändern.

Statische IP-Adressen

Insbesondere bei Servern ist es wichtig, dass die IP-Adresse bekannt ist. Natürlich könnte der Administrator die IP-Adressen der Server am Gerät selbst manuell einstellen. Stattdessen kann er aber auch die Fähigkeit des DHCP-Servers nutzen, um die IP-Adressen seiner Server an zentraler Stelle zu verwalten.

Um einem Server eine feste IP-Adresse zuordnen zu können, muss man ihn eindeutig identifizieren können. Dazu verwendet der DHCP-Server die MAC-Adresse. In der Datei *dhcpd.conf* legen folgende Einträge die IP-Adressen des Mail- und des SAMBA-Servers fest:

```
host mailsrv {
    hardware ethernet 00:0C:F1:3C:73:70;
    fixed-address 192.168.109.11;
}

host sambasrv {
    hardware ethernet 00:0B:5D:47:A1:37;
    fixed-address 192.168.110.12;
}
```

Die MAC-Adressen einer Netzwerkschnittstelle können Sie leicht ermitteln, indem Sie auf dem zugehörigen Computer den Befehl `ifconfig` aufrufen. Dieser Befehl liefert diverse Informationen über die Netzwerkschnittstelle:

```
# ifconfig
eth0 Link encap:Ethernet  Hardware Adresse 00:0e:7b:ff:95:9f
  ...
```

Sie können in der Konfiguration auch Gruppen bilden, in denen Hosts mit gemeinsamen Eigenschaften zusammengefasst werden. Das folgende Beispiel zeigt scheinbar zwei Rechner. Tatsächlich ist es aber ein und derselbe Computer, allerdings wird einmal die WLAN-MAC und einmal die Ethernet-Karten-MAC angegeben. Beide erhalten einen anderen Router als die weiteren Rechner des Netzes. Außerdem sorgt die Konfiguration dafür, dass der Rechner immer die IP-Adresse 18 bekommt, egal, über welche Hardware der Rechner ins Netzwerk kommt.

```
group {
    option routers 192.168.109.1;
    host tableteth {
        hardware ethernet 00:0b:5d:90:36:59;
        fixed-address 192.168.109.18;
    }
    host tabletwlan {
        hardware ethernet 00:12:f0:67:41:ca;
        fixed-address 192.168.109.18;
    }
}
```

Alle Computer, die dynamisch Adressen aus dem Pool zugewiesen bekommen, werden in der Datei */var/lib/dhcp/dhcp.leases* notiert. Der Eintrag für einen Computer hat die folgende Struktur:

```
lease 192.168.109.161 {
  starts 2 2010/05/25 21:28:44;
  ends 3 2010/05/26 21:28:44;
  tstp 3 2010/05/26 21:28:44;
  cltt 2 2010/05/25 21:28:44;
  binding state active;
  next binding state free;
  hardware ethernet 00:0b:5d:22:41:da;
  client-hostname "linuxlaptop";
}
```

Optionen der dhcpd.conf

In der `subnet`-Deklaration wird beschrieben, wie ein Netzwerk mit Informationen versorgt wird. Dazu wird eine Netzwerkadresse mit Netzwerkmaske angegeben. Es folgt ein Block, der von geschweiften Klammern umgeben ist. Darin wird mit dem Schlüsselwort `range` angegeben, in welchem Bereich die vergebenen IP-Adressen liegen. Das Subnetz kann eigene Optionen haben.

Spicker

```
subnet Netzwerkadresse netmask Netzmaske {
        range ErsteIPAdresse LetzteIPAdresse ;
        Optionen
}
```

In einer `host`-Deklaration wird ein einzelner Computer beschrieben. Ganz typisch ist eine solche Struktur für Server, die eine feste IP-Adresse benötigen, deren Netzwerkkonfiguration dennoch zentral eingerichtet werden soll.

Spicker

```
host Hostname {
        hardware ethernet MAC;
        fixed-address IPadresse;
        Optionen
}
```

Die Information über die Router des Netzwerks werden mit der Option `option routers` übermittelt. Hinter diesem Schlüsselwort werden die IP-Adressen oder die Namen der Gateways aufgezählt. Ein Leerzeichen trennt die Router voneinander. Die Option wird mit einem Semikolon abgeschlossen.

Per DHCP kann festgelegt werden, welche DNS-Server für die Clients verwendet werden sollen. Dabei kann sowohl ein netzwerkeigener Namensserver als auch die IP-Adresse eines im Internet stehenden Servers verwendet werden.

Die Netzwerk-Informationen werden nicht auf Dauer vergeben, sondern nur auf Zeit. Ein Client erhält eine IP-Adresse also nicht mit Besitzanspruch. Der Begriff »Leasing« verdeutlicht dies. Meist bekommen die Clients immer wieder die gleiche IP-Adresse. Aber nach Ablauf der Leasing-Zeit werden die Karten neu gemischt. Die Leasing-Zeit wird in Sekunden angegeben. Ein Tag hat 86400 Sekunden, darum finden Sie diesen Wert immer wieder in den Beispielen.

Ein Client kann auch darum bitten, größere Zeiten zu bekommen. Mit dem Parameter `max-lease-time` können Sie unverschämte Forderungen zurückweisen.

Soll der DHCP-Server dem DNS (siehe Kapitel 13) mitteilen, dass neue Clients hinzugekommen sind? Die DNS-Server im Internet werden sich an dieser Stelle nicht von Ihren Rechnern hineinreden lassen. Sofern Sie also keinen eigenen DNS-Server verwenden, ist `none` der richtige Eintrag. Alternativ kann `ad-hoc` angegeben werden, wenn eine Aktualisierung des DNS-Servers erfolgen soll.

9.8 Mehr IP-Adressen für die Zukunft: IPv6

Mit 4 Milliarden Adressen schien die Anzahl der IP-Adressen großzügig dimensioniert. Aber das ist Geschichte und heute reichen die Adressen wie erwähnt längst nicht mehr. Die USA und Europa hatten sich zuerst bedient und so wird es vor allem in Asien eng. Es müssen neue Adressen her und dafür steht IPv6.

9.8.1 Die IPv6-Adresse

Die Größe der Adressen wurde von 4 Bytes auf 16 Bytes vervierfacht. Damit gibt es eine 38-stellige Anzahl von Adressen, was erst einmal reichen sollte. Spaßvögel oder Wissenschaftler haben errechnet, dass dies eine 24-stellige Anzahl Adressen pro Quadratmeter ergibt.

Bei der nun 128 Bit langen Adresse stehen immer 45 Bits für die Netzwerkkennung, 16 Bits für die Subnetzwerkbildung und 64 Bits für die Hostadresse innerhalb des Netzwerks zur Verfügung. Da fehlen noch 3 Bits? Stimmt. Die werden der Adresse vorangestellt und bestimmen den Adresstyp. Da ja nun Platz genug ist, kann man die MAC der Hardware gerade noch in den 64 Bits der Hostadresse unterbringen.

IPv6-Adressen werden nur noch hexadezimal dargestellt. Es werden also die Ziffern 0 bis 9 und die Buchstaben a bis f verwendet. Eine IPv6-Adresse könnte also so aussehen:

```
20010db80100f1010000000000000001
```

Das ist etwas schwierig zu lesen, also werden jeweils 16 Bits durch einen Doppelpunkt abgetrennt, um eine bessere Übersicht zu behalten.

```
2001:0db8:0100:f101:0000:0000:0000:0001
```

Um die Zahl zu komprimieren, werden führende Nullen in den 16-Bit-Gruppen weggelassen.

```
2001:db8:100:f101:0:0:0:1
```

Innerhalb der Adresse können mehrere Blöcke von Nullen durch einen doppelten Doppelpunkt abgekürzt werden. Um eine Eindeutigkeit zu gewährleisten, darf dies nur einmal in der Adresse auftreten.

```
2001:db8:100:f101::1
```

Die Adresse localhost, die den eigenen Rechner bezeichnet, ist bei IPv6 eine 1, die demzufolge wie folgt dargestellt wird:

```
::1
```

Noch kürzer ist nur noch die Nummer 0, die beispielsweise in Routentabellen für die Defaultroute steht. Unter IPv4 ist sie 0.0.0.0, unter IPv6 sind es zwei Doppelpunkte (`::`).

IPv4-Adressen können über IPv6 getunnelt werden, indem sie in IPv6-Adressen eingelagert werden. Die Einbettung der IPv4-Adresse a.b.c.d in IPv6 geschieht mit dem folgenden Präfix:

```
::ffff:a.b.c.d/96
```

9.8.2 Debian und IPv6

Die vollständige Unterstützung von IPv6 war bereits eines der Entwicklungsziele von Debian Squeeze. IPv6 war unter Linux schon seit Jahren implementiert, aber mit Squeeze sollte gewährleistet werden, dass ein Debian-Rechner, der in einer IPv6-Umgebung aufgestellt wird, sich sofort auf diese Umgebung einstellt.

Die Grundimplementation für IPv6 erfolgt über das Modul `ipv6`. Dieses Modul finden Sie auch auf älteren Systemen, sofern Sie es nicht deaktiviert haben. Ob das Modul `ipv6` aktiv ist, können Sie mit dem Befehl `lsmod` leicht feststellen:

```
debian # lsmod | grep ipv6
ipv6                  311848  16
debian #
```

Auf diesem System ist also IPv6 aktiviert. Eine andere Methode ergibt sich durch die Prüfung, ob die Pseudodatei */proc/net/if_inet6* existiert.

9.8.3 Probleme durch den Umstieg

Wenn ein Prozess per IPv4 auf einen anderen Prozess einredet, der nur IPv6 spricht, dann wird es keine Kommunikation geben können. Aus Sicht des anfragenden Prozesses gibt es keinen Server. Im Normalfall wird ein solcher Prozess nach einem gewissen Timeout mit einer Fehlermeldung enden.

Auch Java ist relativ früh für IPv6 gerüstet gewesen. So schaltet die IP-Bibliothek von Java 1.5 automatisch auf IPv6 um, wenn sie der Meinung ist, das lokale System unterstützt IPv6. Kommt es dann aber innerhalb eines gewissen Timeouts nicht zu einer Kommunikation, schaltet die Bibliothek auf IPv4 um und versucht es noch einmal. Auf diese Weise kommt es zu dem sehr ungewöhnlichen Verhalten, dass das Programm bei jeder Anfrage drei Minuten »hängt« und dann aber nicht etwa mit einer Fehlermeldung abbricht, sondern die Aufgabe zur vollsten Zufriedenheit erfüllt.

Obwohl die Umstellung auf IPv6 seit langer Zeit geplant ist, werden immer noch Geräte verkauft, die überhaupt nicht in der Lage sind, IPv6 zu bedienen. Die meisten Router und Modems sind noch nicht auf IPv6 gerüstet. Mögen die Betriebssysteme präpariert sein, aber was passiert, wenn irgendwelche kleinen Hilfsprogramme nur mit IPv4 laufen?

9.8.4 IPv6-Probleme abschalten

In der Praxis wird der Administrator danach gefragt, ob in seiner Firma die Computertechnik rundläuft. Ob in Asien die IP-Adressen knapp werden, interessiert die Geschäftsleitung in der Regel nicht. Auch wenn das Abschalten von IPv6 nicht zukunftsorientiert ist, wird es in vielen lokalen Netzwerken getan, um Kompatibilitätsproblemen aus dem Weg zu gehen.

Sie können IPv6 auf einem System deaktivieren, indem Sie in der Datei */etc/modprobe.d/aliases* die Variable `net-pf-10` von `ipv6` auf `off` stellen.

```
alias net-pf-10 ipv6
alias net-pf-10 off
```

Nach dem nächsten Reboot wird IPv6 nicht mehr aktiv sein. Sie können sogar ein manuelles Einschalten durch den folgenden Eintrag verhindern:

```
alias ipv6 off
```

Schließlich muss noch geprüft werden, ob `ipv6` nicht durch den Eintrag im GRUB wieder eingeschaltet wird. Es muss also in der Datei */boot/grub/menu.lst* nach dem Auftreten von `ipv6` gesucht werden. Die Einstellungen werden aber dann nicht dort abgeschaltet, weil sie bei einem Update eventuell überschrieben werden, sondern in der Datei */etc/default/grub*. Dort sollte die folgende Anweisung hinzugefügt werden:

```
GRUB_CMDLINE_LINUX="ipv6.disable=1"
```

Anschließend muss der Befehl `update-grub` gestartet werden.

/etc/sysctl.d/bindv6only

Diese Datei enthält eine einzige Option, die dafür zuständig ist, dass nur mit IPv6-Adressen hantiert wird, wenn die Variable auf 1 steht.

```
net.ipv6.bindv6only = 1
```

Abschalten ist keine endgültige Lösung

Das Abschalten kann auf Dauer allerdings keine Lösung sein. Die Ressourcen an IP-Adressen könnten im Internet bereits dieses Jahr am Ende sein. Und dann wird es plötzlich sehr schnell gehen müssen. Natürlich können die lokalen Netzwerke noch eine ganze Zeit mit IPv4 weiterlaufen. Aber als Administrator sollten Sie sich nicht gegen neue Entwicklungen stemmen, sondern federführend die Umstellung herbeiführen und sich bereits jetzt das notwendige Know-how aneignen.

9.9 Ports, Dienste und die Datei /etc/services

In diesem Kapitel ist nun in aller Ausführlichkeit erörtert worden, wie Sie einen Computer im Netzwerk ansprechen können. Leider wird Ihnen das wenig nutzen. Denn tatsächlich wollen Sie gar keinen Computer ansprechen, sondern einen Dienst.

Wenn Sie einen Webserver ansprechen, muss auf der anderen Seite ein Programm Ihren Aufruf entgegennehmen und Ihnen den Inhalt schicken, den Ihr Browser darstellen will.

Also findet die Kommunikation nicht zwischen zwei Geräten statt, sondern zwischen zwei Programmen. Die Verbindungspunkte, über die eine Netzwerkkommunikation erfolgt, nennt sich *Socket*, also Steckdose.

Wohlbekannter Hafen

Damit aber das richtige Programm auf dem Server angesprochen wird, werden die Sockets durchnummeriert und die Server verwenden spezielle Nummern, die auch als *Portnummern* bezeichnet werden. Diese Nummern sind für einen Dienst spezifisch. Beispielsweise wartet der Webserver auf dem Port 80 auf Anfragen. Ein Mailserver nimmt Ihre ausgehende Mail auf dem Port 25 entgegen und unter der Portnummer 110 können Sie mit dem virtuellen Postboten sprechen, der Ihnen Ihre E-Mails liefert. Diese Nummern werden als *well known port*, wörtlich übersetzt also »wohlbekannter Hafen« bezeichnet.

Die Serverprozesse bedienen sich solcher bekannter Adressen. Ein Client dagegen benötigt nur irgendeinen Socket, dessen Nummer sich oberhalb der für Server reservierten Nummern tummelt. Diese Nummernunterschiede ermöglichen es einer Firewall (siehe Abschnitt 14.1), die Richtung einer Kommunikation zu unterscheiden.

Spicker

Netzwerkkommunikation findet nicht zwischen Geräten, sondern zwischen Prozessen statt. Die Prozesse kommunizieren über Sockets. Serverprozesse werden über feste Portnummern kontaktiert.

Die Datei */etc/services* ordnet diesen Nummern ihre Namen zu. Als Administrator müssen Sie diese Datei in den seltensten Fällen ändern. Wenn Sie in die Datei hineinschauen, sehen Sie auf der linken Seite den Namen des Protokolls. Es folgt die Nummer des Ports und durch einen Schrägstrich getrennt die Kennzeichnung, nach welchem Transportprotokoll vorgegangen wird. Zur Auswahl stehen `tcp` und `udp`.

Die Protokollfamilien `tcp` und `udp` unterscheiden sich im Kommunikationsablauf. Das TCP (Transmission Control Protocol) sichert den Datentransport und die Reihenfolge der Pakete zu. Verloren gegangene Pakete werden erneut versendet. Dagegen sendet UDP (User Datagram Protocol) die Pakete an den Empfänger ohne Kontrolle. Der Empfänger soll sich beklagen, wenn es nicht klappt. Aufgrund des mangelnden Komforts ist UDP in der Regel schneller als TCP.

9.10 Zugang zum Server über das Internet per dynamischem DNS

Die meisten Personen und Firmen dürften über einen Internet-Provider ins Internet gelangen. Die Zugänge der Internet-Provider sind aber in erster Linie dazu gedacht, dem Surfer einen Zugriff auf die vielen bunten Websites zu gewähren. Der umgekehrte Weg ist bei den Standardtarifen nicht vorgesehen. Wenn Sie vom Internet aus Ihren Firmenserver erreichen wollen, müssten Sie idealerweise eine feste IP-Adresse besitzen und eine Domäne, die im Internet auf diese IP-Adresse führt. Alternativ können Sie durch dynamisches DNS den Zugriff auf den Firmenserver auch mit einem normalen Internetzugang ermöglichen.

Das Hauptproblem beim Zugriff auf den Firmenserver ist, dass Ihre IP-Adresse wechselt. Die Provider teilen ihren Kunden willkürlich ausgewählte IP-Adressen zu, die in den meisten Fällen mindestens einmal am Tag gewechselt werden. Den Surfer stört das nicht, aber wenn Sie auf einen Ihrer lokalen Rechner von außen zugreifen wollen, brauchen Sie eine feste Adresse. Der Ausweg ist, dass Sie einen im Internet bekannten Host- oder Domainnamen verwenden, der dynamisch eine neue IP-Adresse erhält, wenn Ihr Provider Ihnen eine neue Adresse zuteilt.

Diesen Namen erhalten Sie von Dienstanbietern wie DynDNS (*www.dyndns.com*). Dort können Sie sich einen Domainnamen beschaffen, dessen IP-Adresse dynamisch verändert werden kann. Inzwischen bietet DynDNS seinen Dienst allerdings nicht mehr kostenlos an. Glücklicherweise finden Sie aber reichlich andere Anbieter wie *no-ip.com* oder auch *twodns.de*. Sie finden noch mehr Angebote in Ihrer Lieblingssuchmaschine. Vor allem aber sollten Sie schauen, welchen Dienstleister Ihr Router am einfachsten unterstützt. Auch wenn in diesem Abschnitt immer wieder DynDNS als Beispiel verwendet wird, gibt es gute Alternativen, die ähnlich arbeiten.

Subdomain registrieren

Auf der Hauptseite finden Sie die Möglichkeit, eine freie Subdomain von *dyndns-server.com* oder einer der anderen Domains zu wählen. Beispielsweise können Sie die Domäne *zossenklau.dyndns-server.com* beantragen, sobald Sie auf den Button ADD klicken.

Auf der nächsten Seite geben Sie den Benutzernamen, unter dem Sie Ihre Domain verwalten möchten, mit Passwort und einer E-Mail-Adresse an. Nach dem Ausfüllen erhalten Sie eine E-Mail mit einem Link. Über diesen setzen Sie die Konfiguration fort. DynDNS verwendet die IP-Adresse, mit der Sie den Service anmelden, für die Zuordnung der Domain. Da sich diese dynamisch ändert, ist dieser Wert nicht wichtig. Sie sind mit der Einrichtung fertig, wenn Sie den Button ACTIVATE SERVICES anklicken.

Abbildung 9.4 Anmeldung bei DynDNS

Router konfigurieren

Vom Internet-Provider werden Sie einen Router bekommen haben, über den Sie das Internet erreichen. Dieser erhält die vom Provider zugeordnete IP-Adresse und ist von außen direkt erreichbar. Diese IP-Adresse benötigt DynDNS, um sie mit der eben festgelegten Domain zu verbinden. Glücklicherweise sind fast alle Router in der Lage, DynDNS die gewünschten Informationen zu liefern. Im Beispiel verwende ich einen gängigen Router der Telekom, einen Speedport W 502V.

Für die Erstkonfiguration des Routers verbinden Sie einen Computer mit dem Router per Netzwerkkabel. Achten Sie darauf, dass keine Verbindung zu Ihrem restlichen Netzwerk besteht. Die Konfiguration erfolgt bei den meisten Routern über einen normalen Webbrowser. Bei Lieferung hat der Speedport-Router die IP-Adresse 192.168.2.1. Durch den im Router eingebauten DHCP-Server erhält Ihr Computer automatisch eine dazu passende IP-Adresse. Sie erhalten einen Begrüßungsbildschirm, und dann folgt eine Aufforderung, ein Passwort einzugeben. Dieses finden Sie auf einem Aufkleber am Gehäuseboden. Sie gelangen in das Hauptmenü. Dort finden Sie den Menüpunkt NETZWERK. In dem sich nun öffnenden Menü finden Sie DYNAMISCHES DNS.

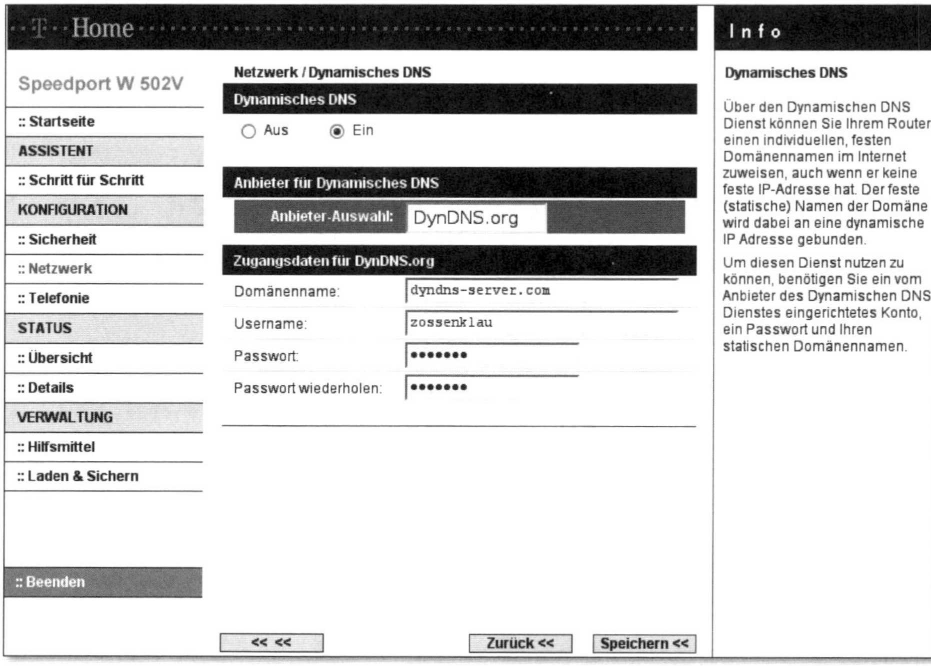

Abbildung 9.5 Eintrag des DynDNS in einem Router der Telekom

Wenn Sie die Angaben wie in Abbildung 9.5 speichern, wird der Router die Aufgabe übernehmen, dem DynDNS-Server die aktuelle IP-Adresse zuzusenden, sobald sich diese ändert. Damit ist nun Ihr Router unter der URL *zossenklau.dyndns-server.com* im Internet erreichbar. Allerdings wollen Sie ja nicht den Router ins Internet bringen, sondern Ihren Server. Dazu reichen die Router Anfragen auf bestimmten Ports an festzulegende Computer des lokalen Netzwerks weiter.

Bei anderen Routerherstellern finden Sie Einstellungen, welcher Server im lokalen Netzwerk unter welcher Portnummer erreichbar ist, direkt bei der Einstellung der DynDNS-Parameter. Beim Speedport W 502V stehen diese Informationen unter dem Punkt NAT & PORTREGELN. Zunächst müssen Sie die Computer Ihres Netzwerks einstellen, die für die Portweiterleitung infrage kommen. Diese können Sie unter PCS ÜBERNEHMEN & FREIGEBEN einstellen (siehe Abbildung 9.6).

Nachdem der oder die Server festgelegt wurden, kann nun eingestellt werden, welcher Port an welchen Server weitergeleitet werden soll. Dazu wählen Sie den Punkt PORT-WEITERLEITUNG. Im nächsten Bildschirm erscheint die Liste der bereits definierten Weiterleitungen, die zunächst wohl leer sein dürfte. Dort wählen Sie den Punkt NEUE REGEL DEFINIEREN.

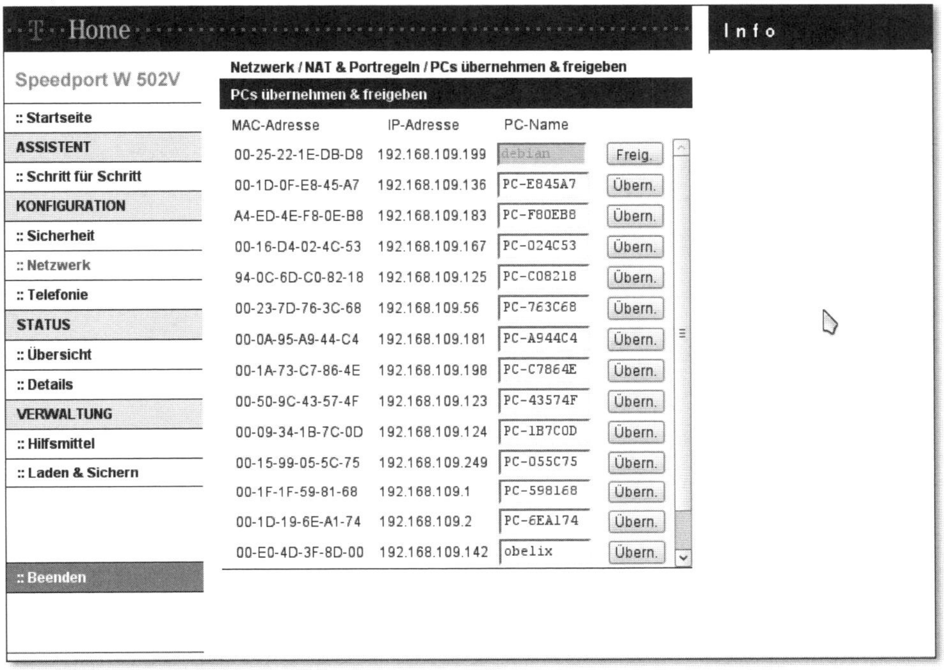

Abbildung 9.6 Serverauswahl im Router

In Abbildung 9.7 sehen Sie die Regel für einen Webserver. Neben anderen Servern können Sie diese Voreinstellung unter AUSWAHL finden. Sie können sie allerdings auch von Hand einstellen. Der PC *debian* wird über das Dropdown-Element unter den zuvor übernommenen Servern ausgewählt. Der verwendete Port kann frei festgelegt werden und ist hier 80 für einen Webserver. Sie können auf diese Weise einen Zugriff per SSH mit Port 22 oder per OpenVPN mit dem UDP-Port 1194 einrichten.

Wenn auf dem Server *debian* ein Apache läuft, können Sie diesen bereits testen, indem Sie ihn über *http://zossenklau.dyndns-server.com* über einen beliebigen Browser aufrufen.

Debian übernimmt DynDNS-Auffrischung

Sollten Sie keinen Router einsetzen oder Ihr Router die Aktualisierung der DynDNS-Adresse nicht unterstützen, können Sie auf das Programm `ddclient` zurückgreifen, das Sie im gleichnamigen Paket finden. Sie installieren es in der gewohnten Weise.

```
debian # apt-get install ddclient
```

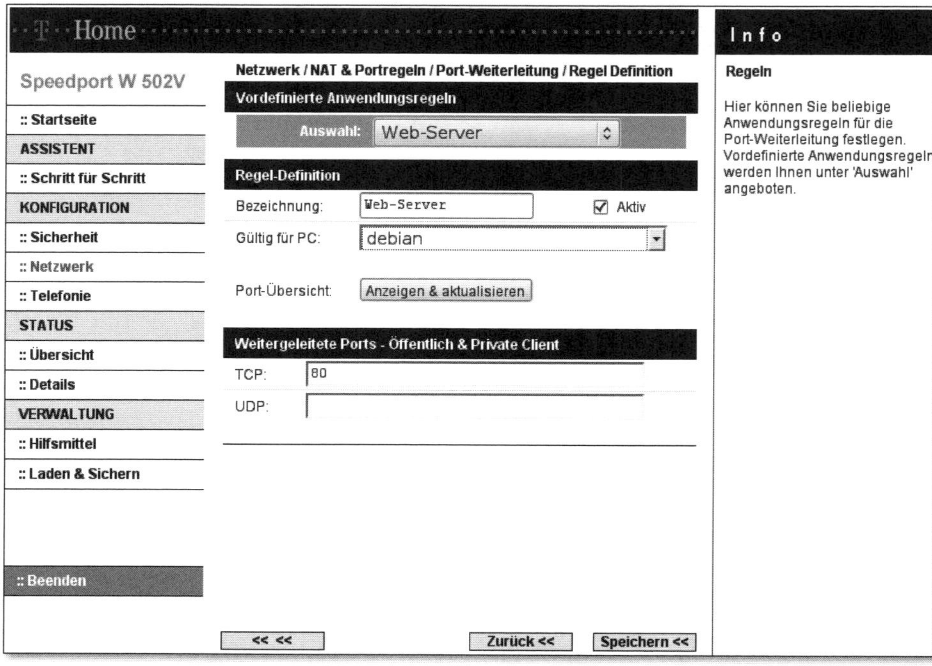

Abbildung 9.7 Portweiterleitung im Router

Bei der Installation werden die Parameter einzeln abgefragt, die das Programm benötigt, um das DynDNS-Konto auszulesen. Dort ermittelt es sofort, welche Hosts Sie eingetragen haben, und bietet an, diese mit der aktuellen IP-Adresse zu versorgen. Selbst der Fall, dass Ihr Debian-Rechner hinter einem NAT (siehe Abschnitt 14.2) liegt, ist berücksichtigt. Ferner können Sie angeben, ob das Programm als Dämon laufen und von Zeit zu Zeit die Adresse aktualisieren oder bei jeder Verbindung per PPP eine Aktualisierung durchführen soll. Für Nachkonfigurationen können Sie die Datei */etc/ddclient.conf* von Hand editieren und den Dämon über das Init-Skript neu starten:

```
debian # /etc/init.d/ddclient restart
```

Kapitel 10
Benutzerverwaltung

Inhalt

- Benutzerkonten und Passwörter
- root: Der Administrator und wie man einer wird
- Das Gruppenverhalten der Anwender
- Benutzerverwaltung über das Netzwerk

Linux ist von seinen UNIX-Wurzeln her dafür gerüstet, mit Benutzern und Benutzergruppen umzugehen. Mindestens zwei Benutzer gibt es darum auf jedem Linux-Computer: den Administrator, der den Namen »root« trägt, und einen Anwender, da root niemals dazu eingesetzt wird, normale Anwendungen an einem Computer auszuführen. Übrigens gibt es das Konto root auch bei Ubuntu, auch wenn es dort nicht so aufdringlich in den Vordergrund tritt.

10.1 Der Administrator root und wie man es wird

Der Administrator heißt traditionsgemäß immer root. Sie könnten es ändern, würden damit aber höchstens Verwirrung stiften. Der Benutzer root hat die Benutzer-ID 0 und darf so ziemlich alles. Darum werden Sie als Administrator recht viel mit den Rechten des root machen. Das darf Sie allerdings nicht dazu verleiten, mit root irgendwelche Anwenderaufgaben durchzuführen.

Spicker

> Alle Änderungen an einer Maschine, die mehr als nur einen Benutzer betreffen, dürfen nur vom Administrator ausgeführt werden.
>
> Alle Aufgaben, die nicht zwingend von root zu erledigen sind, sollten auch nicht mit den Rechten von root erledigt werden.

Einer der Gründe für die Sicherheit UNIX-ähnlicher Systeme ist die strikte Trennung zwischen Administration und Anwendung. Die Befugnisse von root sind weitreichend. Die Dateizugriffsrechte, mit denen Dateien gegen fremde Zugriffe geschützt werden, bilden für ihn keine Hürde. Kurz: root kann alles.

Wie der Administrator root wird

Für die Arbeiten als Administrator muss man die root-Rechte erst einmal bekommen. Hier haben Debian und Ubuntu zwei unterschiedliche Herangehensweisen.

Debian

Debian richtet ganz traditionell einen Benutzer root ein, der ein eigenes Passwort erhält. Sie können sich so als Benutzer root einloggen oder, wie es eigentlich typischer ist, den Benutzer zu root wechseln:

```
$ su -
Passwort:
#
```

Wenn Sie Ihre Arbeiten erledigt haben, können Sie die Sitzung mit dem Befehl `exit` oder mit der Tastenkombination Strg+D beenden.

Ubuntu

Ein ganz anderes Konzept verfolgt Ubuntu. Hier hat der Benutzer root kein Passwort, sodass Sie sich normalerweise nicht als root einloggen können. Aus dem gleichen Grund schlägt der Versuch fehlt, mit dem Befehl `su -` eine root-Sitzung zu eröffnen.

Bei der Installation werden Sie lediglich nach einem Benutzernamen und dessen Kennwort gefragt. Dieser Benutzer hat das besondere Privileg, mit dem Befehl `sudo` (siehe auch Abschnitt 10.4) einzelne Administrationsbefehle ausführen zu dürfen. Nach dem ersten dieser Befehle wird er nach dem Passwort gefragt. Das gewünschte Passwort ist allerdings das des Benutzers, nicht das von root. Das ist logisch: Der hat ja keins. Anschließend kann der sudo-Befehl mehrfach wiederholt werden. Nur wenn eine zu lange Pause entsteht, wird es erneut erfragt.

Wenn Sie eine vergleichbare Sitzung wie unter Debian starten wollen, können Sie natürlich mit dem Befehl sudo bash einfach eine Shell mit root-Rechten starten. Oder noch einfacher mit dem folgenden Befehl:

```
$ sudo -s
[sudo] password for arnold:
#
```

Aber nicht jeder Benutzer hat das Privileg, per sudo root werden zu dürfen. Sollen weitere Benutzer privilegiert werden, müssen sie der Gruppe sudo zugeordnet werden. Wie das geht, erfahren Sie in Abschnitt 10.2.4.

Sollten Sie auch unter Ubuntu lieber ein klassisches root-Konto wie unter Debian verwenden, ist dies kein großes Problem. Sie müssen dem root nur ein Passwort zuweisen. Darüber erfahren Sie in Abschnitt 10.2.3 Näheres.

10.2 Benutzerkonten

Linux ist ein Multi-User-Betriebssystem und hat von Haus aus eine Benutzerverwaltung. Diese dreht sich in erster Linie um die Datei */etc/passwd*.

Traditionell enthielt die Datei */etc/passwd* auch das verschlüsselte Passwort. Daher hat sie ihren Namen. Allerdings ist dieses inzwischen in die Datei */etc/shadow* ausgelagert worden. Die Datei */etc/passwd* ist für jeden Benutzer des Systems lesbar, aber nur für root veränderbar.

In der Benutzerdatei */etc/passwd* finden Sie nicht nur Anwender aus Fleisch und Blut, sondern auch Benutzer, die für interne Zwecke oder bestimmte Programmpakete wie Datenbanken verwendet werden. Darum werden Sie selbst auf einem Notebook, das Sie ganz allein verwenden, eine ganze Reihe von Benutzern finden.

10.2.1 Aufbau der Datei /etc/passwd

In den alten Tagen, als Administratoren noch harte Kerle waren, wurde die Datei */etc/passwd* noch mit dem Editor gepflegt und die Umgebung für die Benutzer in liebevoller Handarbeit angelegt. Heute gibt es dafür Werkzeuge. Das ist zwar nicht so romantisch, aber dafür vergisst man nichts. Dennoch hilft ein Blick in die *passwd*-Datei, um zu erfahren, was alles für einen Benutzer eingetragen wird. Eine Zeile hat den folgenden Aufbau:

```
Name:Passwort:User-ID:Group-ID:Kommentar:Verzeichnis:Shell
```

Auf meinem Linux-Notebook steht dort für mich folgender Eintrag:

```
arnold:x:1000:1000:Arnold Willemer,,,:/home/arnold:/bin/bash
```

Die Einträge dieser Zeile sind durch Doppelpunkte getrennt.

- Mein Benutzername ist arnold. Man könnte auch willemer, arwi, awillemer oder welche Art der Namensgebung am besten gefällt nehmen. Groß- und Kleinschreibung sind relevant. Darum ist es sinnvoll, nur kleine Buchstaben zu nehmen. Das schreibt sich einfach schneller.
- Das x an der Stelle des Passworts deutet schon an, dass es hier nicht steht. Tatsächlich gibt es dafür die Datei */etc/shadow*.
- Die erste Zahl ist die Benutzer-ID. Für die normalen Anwender beginnt diese bei 1000. Diese Nummer wird beispielsweise dazu verwendet, um zu codieren, welchem Benutzer eine Datei gehört. Darum kann eine Datei, die ich auf einem USB-Stick abgelegt habe, auf Ihrem Computer plötzlich unter Ihrem Benutzernamen auftauchen, wenn Sie dort auch die Benutzer-ID 1000 haben.
- Die zweite Zahl ist die Gruppe, zu der der Benutzer gehört. Prinzipiell kann ein Benutzer mehreren Gruppen angehören. Aber die Gruppe, die hier steht, ist seine Hauptgruppe. Dateien, die dieser Benutzer anlegt, werden dieser Gruppe zugeordnet. Debian und Ubuntu legen für jeden Benutzer zunächst eine eigene Gruppe an, die den gleichen Namen und die gleiche ID wie der Benutzer haben.
- Es folgt ein Kommentarfeld, in dem oft der korrekte Name des Benutzers eingetragen wird. Zwischen die Kommata können weitere Daten eingegeben werden.
- Es folgt der Pfad des Heimatverzeichnisses des Benutzers. Gern wird dafür ein Verzeichnis unterhalb des Pfades */home* verwendet.
- Der letzte Eintrag beschreibt das Programm, das gestartet wird, wenn der Benutzer sich anmeldet. Bei mir ist es die Linux-Shell bash. Steht hier */bin/false*, wird sich der Benutzer nicht einloggen können. Dies ist bei Dienstprogrammen üblich.

10.2.2 Benutzer anlegen und löschen

Die Debian-Manpage von `useradd` empfiehlt die Verwendung von `adduser`. Und tatsächlich erledigt `adduser` alles auf einmal. Es bearbeitet die Konfigurationsdateien, erzeugt das Benutzerverzeichnis, legt die Standarddateien dort an und erfragt das Passwort und ein paar Informationen für das Kommentarfeld in der Datei */etc/passwd*.

Als Beispiel legen wir einen Benutzer namens paul an:

```
# adduser paul
Lege Benutzer »paul« an ...
Lege neue Gruppe »paul« (1002) an ...
Lege neuen Benutzer »paul« (1002) mit Gruppe »paul« an ...
Erstelle Home-Verzeichnis »/home/paul« ...
Kopiere Dateien aus »/etc/skel« ...
Geben Sie ein neues UNIX-Passwort ein:
Geben Sie das neue UNIX-Passwort erneut ein:
passwd: Passwort erfolgreich geändert
Benutzerinformationen für paul werden geändert.
Geben Sie einen neuen Wert an oder drücken Sie ENTER für den Standardwert
        Vollständiger Name []: Paul
        Zimmernummer []: 00
        Telefon geschäftlich []: 112
        Telefon privat []: 110
        Sonstiges []: netter Kerl
Sind diese Informationen korrekt? [J/n]
```

Sein Eintrag sieht dann so aus:

```
paul:x:1002:1002:Paul,00,112,110,netter Kerl:/home/paul:/bin/bash
```

Vorlage für das Benutzerverzeichnis: /etc/skel

Auch das Verzeichnis */home/paul* wurde so angelegt, dass sich Paul sofort anmelden kann. Wenn die Benutzerverwaltungsprogramme ein neues Benutzerverzeichnis anlegen, werden auch bestimmte Dateien oder Verzeichnisse vorgegeben. Das Muster dafür finden die Programme im Verzeichnis */etc/skel*.

Analog existiert auch der Befehl `deluser` zum Löschen des Benutzerkontos:

```
# deluser paul
Entferne Benutzer »paul« ...
Warnung: Die Gruppe »paul« hat keine Mitglieder mehr.
Fertig.
```

Auch die Gruppe `paul` wurde gelöscht, weil sie außer `paul` keine weiteren Mitglieder mehr hatte. Das Benutzerverzeichnis und die von Paul zwischenzeitlich vielleicht angelegten Dateien muss der Administrator von Hand aufräumen.

10.2.3 Passwörter verwalten

Jeder Benutzer kann sein Passwort mit dem Befehl passwd selbst ändern, und das sollte er auch tun.

```
$ passwd
Ändern des Passworts für paul.
(aktuelles) UNIX-Passwort:
Geben Sie ein neues UNIX-Passwort ein:
Geben Sie das neue UNIX-Passwort erneut ein:
passwd: Passwort erfolgreich geändert
$
```

Allerdings soll es schon vorgekommen sein, dass ein Benutzer sein Passwort vergessen hat. Dann wird er hoffen, dass der Administrator ihm helfen kann. Und welch ein Glück: Er kann.

Dazu benutzt der Administrator als root den gleichen Befehl passwd, gibt aber als Argument den Benutzernamen an. root wird nicht nach dem bisherigen Passwort gefragt. Er kann einfach ein neues Passwort einsetzen.

```
# passwd paul
Geben Sie ein neues UNIX-Passwort ein:
Geben Sie das neue UNIX-Passwort erneut ein:
passwd: Passwort erfolgreich geändert
#
```

Wie schon erwähnt, wird das Passwort nicht in der Datei */etc/passwd* gespeichert. Tatsächlich befindet es sich in der Datei */etc/shadow*, allerdings nicht im Klartext, sondern verschlüsselt. Als root dürfen Sie hineinschauen, als normaler Benutzer nicht.

```
paul:$6$Tx...Vtwt:16021:0:99999:7:::
```

Da, wo oben die drei Punkte stehen, steht in der Datei etwa eine Zeile wilder Zeichen. Bei aller Liebe zu komplizierten Passwörtern: So lang war das Passwort von paul nun auch wieder nicht. Sie sehen, dass noch viele Doppelpunkte in der Zeile stehen. Tatsächlich kann mit der Shadow-Datei das Benutzerkonto noch weiter eingeschränkt werden. Die Struktur einer Zeile in der Datei */etc/shadow* hat folgenden Aufbau:

```
Name:Passwort:Zuletzt:Erstmalig:Wechselfrist:Warnfrist:Ablauf:Sperrung
```

Sie können in den Einträgen noch weitere Einstellungen durchführen.

- Der Name stimmt mit dem Benutzernamen in der Datei */etc/passwd* überein.
- Den zweiten Eintrag habe ich ja schon als verschlüsseltes Passwort vorgestellt. Übrigens ist es ein sogenannter Falltüralgorithmus. Das heißt, Sie können aus dem verschlüsselten Passwort nicht mehr das Passwort im Klartext ermitteln. Bei der

Anmeldung wird das eingegebene Passwort in gleicher Weise verschlüsselt und geprüft, ob das Ergebnis übereinstimmt.

- Die Zahl *Zuletzt* gibt an, wann das letzte Mal das Passwort geändert wurde. Codiert wird dieser Zeitpunkt in der Anzahl der Tage seit dem 1.1.1970.
- Die Zahl *Erstmalig* gibt an, wie viele Tage das Passwort mindestens unverändert bleiben muss.
- In der Spalte *Wechselfrist* kann festgelegt werden, nach wie vielen Tagen das Passwort mindestens geändert werden muss.
- Damit der Benutzer nicht überraschend mit einem nicht mehr funktionierenden Passwort unterwegs ist, wird mit der Zahl *Warnfrist* angegeben, nach wie vielen Tagen der Benutzer gewarnt wird, dass sein Passwort abläuft.
- Das nächste Feld *Ablauf* gibt an, wann das Passwort dann endgültig ungültig wird.
- Das letzte Feld gibt den Zeitpunkt an, wann das Benutzerkonto ausläuft. Dann hilft dem Benutzer auch das Wechseln des Passwortes nichts mehr.

10.2.4 Gruppen verwalten

Linux ermöglicht mit dem Gruppenkonzept eine Kooperation mehrerer Benutzer mit gleichen Dateien. Die Gruppen erlauben es aber auch, bestimmte Privilegien der Benutzer zu verwalten.

Die Gruppen werden in der Datei */etc/group* verwaltet. Jede Zeile definiert eine Gruppe und beginnt mit dem Gruppennamen. Es folgen ein Passwort, das meist leer bleibt, die eindeutige Group-ID und dann die Liste der Mitglieder, jeweils durch ein Komma getrennt:

```
% [Struktur einer Zeile der Datei /etc/group]
Gruppenname:Passwort:Gruppen-ID:Liste der Mitglieder
```

Wenn Sie einer Gruppe ein weiteres Mitglied gönnen wollen, hängen Sie dessen Benutzernamen einfach hinten an. Bei mehreren Mitgliedern achten Sie bitte darauf, dass die Mitglieder durch Kommata getrennt sind.

Eine neue Gruppe erzeugen Sie einfach durch Kopieren einer Zeile. Ändern Sie den Gruppennamen in den gewünschten. Die Gruppen-ID muss eindeutig sein.

Normalerweise werden keine Passwörter für Gruppen vergeben. Sollten Sie dennoch eines einrichten wollen, hilft Ihnen der Befehl `gpasswd`. Mit diesem Befehl lassen sich aber auch Mitglieder zu einer Gruppe hinzufügen. Zunächst kann root über die Option `-A` einem Mitglied die Administrationsrechte für die Gruppe zuteilen:

```
# gpasswd -A georg testgruppe
#
```

Nun kann georg die Gruppe testgruppe verwalten. So kann er beispielsweise seinen Freund paul zur Gruppe hinzufügen:

```
$ gpasswd -a paul testgruppe
Benutzer paul wird zur Gruppe testgruppe hinzugefügt.
$
```

Mit der Option `-d` kann er seinen Freund wieder austragen.

Mit dem Befehl `chgrp` kann paul Dateien, die ihm gehören, nun einer anderen Gruppe zuteilen, in der er Mitglied ist:

```
$ chgrp testgruppe datei.txt
```

Welche Rechte die Mitglieder der Gruppe an seiner Datei bekommen, steuert paul mit dem Befehl `chmod`, wie das in Abschnitt 5.2.1 beschrieben ist.

Der Benutzer ist normalerweise immer in seiner Hauptgruppe aktiv, die in seinem Eintrag der Datei */etc/passwd* eingetragen ist. Will paul ab sofort Dateien anlegen, die der Gruppe testgruppe zugehören, kann er den Befehl `newgrp` verwenden:

```
$ newgrp testgruppe
```

10.2.5 Netzgruppen: /etc/netgroup

Netzgruppen erweitern das Konzept von Gruppen in die Dimension des Netzwerks. Ein Mitglied einer Netzgruppe wird durch die Kombination aus Benutzernamen, Rechnernamen und Domäne bestimmt. Netzgruppen werden dazu verwendet, in Konfigurationen von Netzwerkdiensten Berechtigungen festzulegen. Es ist oft einfacher, eine Netzgruppe an zentraler Stelle zu definieren, als in jeder Konfiguration alle Berechtigten aufzuzählen.

Netzgruppen werden in der Datei */etc/netgroup* definiert und existieren damit in erster Linie auf einem lokalen Rechner. Mit NIS (siehe Abschnitt 10.6) können sie auch netzwerkweit verteilt werden. NIS wird zwar von Windows-Rechnern nicht unterstützt, da Windows aber mit den Netzgruppen sowieso nichts anfangen kann, ist das nicht so tragisch.

Eine Netzgruppe belegt in der Datei */etc/netgroup* eine Zeile. Sie beginnt mit dem Namen der Netzgruppe. Anschließend können beliebig viele Klammern folgen, in denen die einzelnen Mitglieder definiert sind. Eine Klammer besteht aus dem Tripel Rechner, Benutzer und Domäne.

Spicker ×

Gruppenname (Host,User,Domäne) [*(Host,User,Domäne)*]*

Die Tripel müssen nicht vollständig besetzt sein. Wenn Sie alle Benutzer im Netzwerk beschreiben wollen, die paul heißen, egal, von welchem Rechner oder aus welcher Domäne sie stammen, verwenden Sie `(,paul,)`. Sollen alle Benutzer des Rechners srv001 angesprochen werden, verwenden Sie `(srv001„)`. Den Benutzer johannes in der Domäne *willemer.edu* bezeichnen Sie über `(,johannes,willemer.edu)` und den Anwender richard auf dem Rechner srv002 mit `(srv002,richard,)`.

Das folgende Beispiel definiert zwei Netzgruppen programmierer und admins.

```
programmierer (prgsrv,,) (,paul,) (,programmer,firma.de)
admins  (,root,firma.de) (,admin,) (server,richard,)
```

Alle Benutzer des Rechners prgsrv sind Programmierer. Der Benutzer paul ist immer Programmierer, auch wenn er von unterschiedlichen Rechnern oder Domänen aus zugreift. Außerdem gehören alle Benutzer dazu, die in der Domäne *firma.de* den Benutzernamen programmer tragen. Zu der Gruppe admins gehören alle root-Konten der Domäne *firma.de*, alle Benutzer mit Namen admin von allen Rechnern und schließlich der Benutzer richard auf dem Rechner server.

Netzgruppen werden in den Konfigurationen von NFS (siehe Abschnitt 18.3) und SAMBA (siehe Abschnitt 18.1) verwendet. Sie finden sie aber auch in anderer Netzwerksoftware. Netzgruppen werden bei ihrer Referenz durch ein vorangestelltes @-Zeichen von Gruppen oder Benutzern abgegrenzt.

10.2.6 Ist da wer? who

Sie können sich mit dem Befehl `who` einen Überblick darüber verschaffen, wer auf dem Server angemeldet ist:

```
$ who
arnold   pts/0        2013-11-14 18:00 (:0)
arnold   pts/2        2013-11-14 18:10 (:0)
arnold   pts/3        2013-11-14 18:10 (:0)
arnold   pts/4        2013-11-14 18:20 (:0)
```

In diesem Fall ist der Benutzer arnold allein an Bord. Er verwendet mehrere virtuelle Terminals, die vermutlich aus dem Start von mehreren Konsolen einer grafischen Oberfläche stammen.

Die Informationen gewinnt das Programm `who` durch die Auswertung der Datei *utmp*, die sich im Verzeichnis */var/run* befindet. Hier tragen sich alle für das Einloggen zuständigen Programme ein.

10.3 Kurzfristig den Benutzer wechseln: su

Wie man mit dem Befehl `su` zu root wird, hatten Sie schon in Abschnitt 10.1 gesehen. Aber tatsächlich kann der Befehl noch mehr. Das Kürzel steht nämlich nicht etwa für *super user*, sondern für *set user*. Und da kann auch jeder andere Benutzer des Systems als Argument angegeben werden.

Natürlich muss der Wechselwillige das Passwort der Zielperson kennen. Es wird gleich im Anschluss erfragt. Allerdings gibt es eine Ausnahme. Wenn root wechseln will, braucht er kein Passwort. Dies bietet die Möglichkeit, Benutzer anzulegen, die gar kein zulässiges Passwort besitzen. So etwas tut man für Software, die unter einem eigenen Benutzer laufen soll. Kein anderer Benutzer kommt an dessen Daten heran. Und kein Eindringling kann in dessen Rolle schlüpfen. Ein Passwort gibt es nicht und die Shell in der Datei */etc/passwd* ist auf `/bin/false` gesetzt. Nur root kann mit dem Befehl `su` in dessen Rolle schlüpfen, um Wartungsarbeiten durchzuführen.

Wird der Befehl `su` ausgeführt, wechselt der Benutzer zwar die Identität, erhält also dessen Rechte. Er durchläuft aber nicht den kompletten Login, der beispielsweise dessen Login-Shell durchläuft und die Startskripte ausführt. Will man dies erreichen, so muss man zusätzlich ein einzelnes Minuszeichen angeben.

```
$ su -
Passwort:
#
```

Hier wurde der bisherige Benutzer zum root und erhält damit die komplette Umgebung des Administrators. Dazu gehören beispielsweise auch die Pfade zu dessen Werkzeugen in den Verzeichnissen */sbin* und */usr/sbin*.

10.4 Administrationsaufgaben starten: sudo

Auch den Befehl `sudo` kennen Sie aus Abschnitt 10.1. Tatsächlich diente dieser Befehl ursprünglich dazu, einzelne Administratoraufgaben delegieren zu können.

Dazu wird in der Datei */etc/sudoers* festgelegt, welche Kommandos welchen Benutzern erlaubt sind. Die dazu berechtigten Benutzer können dann die aufgeführten Kommandos durch Voranstellen des Befehls `sudo` ausführen. Zur Authentifizierung müssen Sie Ihr eigenes Passwort eingeben. Stimmt die Berechtigung, wird die Zeile anschließend so ausgeführt, als hätte sie der Administrator aufgerufen. Der ganze Vorgang wird protokolliert, sodass ein Missbrauch nachweisbar ist.

Die Datei */etc/sudoers* wird mit dem Befehl `visudo` bearbeitet. Falls Sie jetzt Bauchschmerzen bekommen, weil Sie den Editor `vi` nicht leiden können, kann ich Sie beruhigen. Trotz des Namens ruft `visudo` den Editor auf, den Sie in der Umgebungsvariablen `EDITOR` hinterlegt haben. Steht dort nichts, verwendet Linux `nano` in der Annahme, dass damit auch Anfänger klarkommen.

Der Befehl `visudo` editiert speziell die Datei */etc/sudoers* und sorgt gleichzeitig dafür, dass die Datei nicht mehrfach parallel geöffnet wird.

Eine Zeile in der Datei beginnt mit dem Benutzer oder einer Gruppe. Dann wird der Rechnername genannt, auf dem die Zeile gelten soll. Es folgt ein Gleichheitszeichen und dann das erlaubte Kommando:

```
paul  server = /home/paul/bin/dasi
```

Diese Zeile besagt, dass der Benutzer paul berechtigt ist, das Kommando `/home/paul/bin/dasi` mit vorangestelltem Befehl `sudo` aufzurufen, sodass es mit den Rechten von root läuft. Anders ausgedrückt: paul darf die Datensicherung ausführen. Und wenn er das tut, sieht das so aus:

```
$ sudo /home/paul/bin/dasi
[sudo] password for paul:
```

Sie könnten aber auch eine Gruppe dasi für diese Aufgabe einrichten. Wenn Sie dann dasi statt paul eintragen, können Sie durch Hinzufügen von georg und paul dafür sorgen, dass beide die Datensicherung starten dürfen.

In jeder *sudoers*-Datei finden Sie eine Zeile, die festlegt, dass root auf allen Rechnern alles darf:

```
root    ALL=(ALL) ALL
```

10.5 Priviligierung durch Dateirechte

Es gibt noch eine weitere Möglichkeit, einem Benutzer die Rechte eines anderen Benutzers zuzuordnen. Dabei wird für eine Programmdatei mit dem Befehl `chmod` das Set-User-ID-Bit gesetzt. Dieses Bit steht noch vor den aus Abschnitt 5.2.1 bekannten Dreier-Gruppen. Sie setzen also das Bit mit dem folgenden Befehl:

```
$ chmod 4755 superprogramm
$ ls -l superprogramm
-rwsr-xr-x 1 paul paul 13194 ... superprogramm
$
```

Sie sehen in der linken Dreier-Gruppe, dass das x zu einem s geworden ist. Das bedeutet, dass wer immer das Programm /kursivsuperprogramm ausführt, es im Namen des Besitzers ausführt, der hier paul ist.

Der Benutzer paul könnte beispielsweise hinter dem Superprogramm ein Spiel verbergen, dass den High-Score in eine Datei schreibt. Alle Spieler könnten dann in die Datei *highscore* schreiben, obwohl nur Paul auf diese Datei Schreibrechte hat.

Diese Art, Rechte zu vergeben, ist durchaus riskant. Darum ist es nicht möglich, Skripte mit dem Set-User-ID-Bit auszuführen.

10.6 Benutzerverwaltung netzwerkweit per NIS

Der Network Information Service (NIS) ist schon vor langer Zeit von der Firma Sun für UNIX entwickelt worden. Mit diesem Dienst ist es möglich, Konfigurationsdateien netzwerkweit zu zentralisieren. Da es zu jener Zeit noch keine Arbeitsplatz-PCs gab, die in ein Netzwerk eingebunden werden konnten, ist die Beschränkung auf UNIX-Systeme natürlich. Als dann die PCs endlich netzwerkfähig wurden, setzten deren Entwickler zunächst auf andere Protokolle als auf TCP/IP, wodurch NIS ein UNIX-spezifisches Protokoll blieb.

Spicker

NIS (Network Information Service) stellt die UNIX-Konfigurationsdateien wie *passwd, shadow, group* und *netgroup* netzwerkweit zur Verfügung. Auch die Dateien *hosts, networks* und *services* lassen sich per NIS zentralisieren.

NIS hat seine Heimat in den großen UNIX-Netzwerken, verliert aber an Boden, weil man für die zentrale Verwaltung der Rechner inzwischen meist auf einen lokalen DNS-Server (siehe Kapitel 13) setzt, da dieser sich elegant in den Namensdienst des Internets eingliedert.

Neben den Rechnernamen kann NIS für alle Linux- und UNIX-Rechner im Netzwerk die Benutzerverwaltung zentralisieren. NIS spielt seine Möglichkeiten insbesondere im Zusammenspiel mit NFS (siehe Abschnitt 18.3) aus.

Installation

Ein Linux-Rechner kann sowohl als Client als auch als Server mit NIS umgehen. Sie müssen dazu das Paket *nis* installieren, das beide Bestandteile enthält:

```
# apt-get install nis
```

Ein NIS-Server ist für eine Domäne zuständig, nach der die Installationsroutine bei der Installation fragt. Sie müssen also einen Domänennamen Ihres Netzwerks festlegen. Im Beispiel heißt das *willemer.edu*. Diese wird durch die Konfiguration in der Datei */etc/defaultdomain* gespeichert.

Anfragereihenfolge durch nsswitch festlegen

Über welchen Weg sich ein Rechner die Information für Benutzer, Passwörter, aber auch Hostnamen sucht, wird in der Datei */etc/nsswitch.conf* (siehe Abschnitt 9.6.3) festgelegt. Die folgenden Einträge ermöglichen eine Verwaltung der Benutzer und Gruppen per NIS:

```
# /etc/nsswitch.conf
passwd:         compat
group:          compat
shadow:         compat
netgroup:       nis
```

Auch die anderen Dateien wie *hosts* und *services* finden Sie hier aufgeführt. Sofern hinter den Einträgen aber weder `nis` noch `compat` steht, werden sie nicht in das NIS eingebunden.

Herr oder Sklave, Diener oder Anfrager

In der Datei */etc/default/nis* steht, welche Rolle der Rechner in der NIS-Umgebung spielen sollte. Sie finden hier die Variable `NISSERVER`, die bei einem NIS-Server auf `master`, bei einem Client auf `false` stehen sollte.

```
# /etc/default/nis
NISSERVER=master
```

Die Uminterpretation des Servers (Diener) zum Master (Herr) überrascht zunächst. Tatsächlich beschreibt `master` die Art des Servers. Sie können noch weitere Rechner als `slave` (Sklave) definieren, die auch Server sind, aber den Herrn stützen, wenn der schwächelt.

In der Datei */etc/yp.conf* steht der Name oder die IP-Adresse des NIS-Servers. Wenn Sie den Server per Namen angeben, muss gewährleistet sein, dass dieser Name auch in der Datei */etc/hosts* aufgeführt ist. Ein Eintrag im DNS ist da wenig hilfreich, da NIS das DNS nicht auswertet.

```
# yp.conf
ypserver        server.willemer.edu
# oder
ypserver        192.168.109.199
```

Nachdem diese Vorbereitungen getroffen sind, kann nun der Server gestartet und initialisiert werden. Vorher sollte der Dienst `portmap` gestartet werden. Das ist eine Bibliothek, auf der sowohl das NIS als auch NFS aufsetzen. Der Befehl `ypinit -m` erfasst zunächst, welche Server als Master oder Slave im NIS-Netz laufen. Das Programm wird den eigenen Server anzeigen und dann anfragen, ob weitere NIS-Server im Netzwerk aktiv sind und eingebunden werden sollen. Da hier keine weiteren Server auftreten, kann gleich bei der ersten Eingabemöglichkeit ein End-Of-File-Zeichen mit der Tastenkombination [Strg]+[D] eingegeben werden. Die Liste der Server wird angezeigt, und es wird anschließend um Bestätigung gebeten.

```
# /etc/init.d/portmap start
# /usr/sbin/ypserv
# /usr/lib/yp/ypinit -m
...
        next host to add:  server.willemer.edu
        next host to add:
The current list of NIS servers looks like this:

server.willemer.edu

Is this correct?  [y/n: y]
We need a few minutes to build the databases...
Building /var/yp/willemer.edu/ypservers...
Running /var/yp/Makefile...
make[1]: Betrete Verzeichnis '/var/yp/willemer.edu'
Updating passwd.byname...
Updating passwd.byuid...
Updating group.byname...
...
server.willemer.edu has been set up as a NIS master server.
```

Interessant ist die Zeile, in der angezeigt wird, dass der Befehl `make` das Verzeichnis */var/yp* bearbeitet hat. Diesen Vorgang werden Sie später von Hand anstoßen, wenn Sie Konfigurationen ändern, die für das gesamte NIS gelten sollen. Sie können sehen, wie NIS seine internen Datenbanken initialisiert. Die Passwort-Datenbank ist anschließend sowohl über den Namen als auch über die Benutzer-ID abfragbar.

Nun ist alles vorbereitet, die Serverprozesse können gestartet werden. Sie bedienen sich dazu am besten wieder der Init-Skripte. Zuerst starten Sie `portmap`, dann `nis`. In vielen Fällen wird `portmap` bereits laufen.

```
# /etc/init.d/portmap start
# /etc/init.d/ypserv start
```

Einen Client einrichten

Auch der Client muss das Paket *nis* einrichten.

```
# apt-get install nis
```

Der Server läuft und nun sind noch ein paar Handgriffe beim NIS-Client zu tun. So wird für die von NIS verwalteten Dateien noch je ein Leereintrag gemacht. Sie können diese Einträge über einen Editor oder mit den folgenden Befehlen einrichten:

```
# echo '+::::::' >> /etc/passwd
# echo '+::::::::' >> /etc/shadow
# echo '+:::' >> /etc/group
```

Anschließend starten Sie den NIS-Dienst auch hier durch den Aufruf des Init-Skripts:

```
# /etc/init.d/portmap start
# /etc/init.d/ypbind start
```

Client testen

Nun können Sie mit dem Befehl `yptest` nachprüfen, ob der NIS die Informationen liefert, die Sie erwarten. Ob Sie ihn auf dem Server oder Client starten, sollte das gleiche Ergebnis liefern.

```
# yptest
```

Sie erhalten nun eine Reihe von Tests aufgeführt. Dabei wird Ihnen angezeigt, in welcher Domäne Sie sind, wer der NIS-Server ist, und ein paar von dessen Einträgen.

Neue Benutzer anlegen

Neue Benutzer legen Sie nun auf dem NIS-Server an. Hier wird ein Benutzer paul auf dem NIS-Server mit dem Befehl `adduser` angelegt.

```
# adduser paul
Lege Benutzer »paul« an ...
make: Entering directory `/var/yp'
make[1]: Entering directory `/var/yp/willemer.edu'
Updating netid.byname...
make[1]: Leaving directory `/var/yp/willemer.edu'
make: Leaving directory `/var/yp'
Lege neue Gruppe »paul« (1005) an ...
make: Entering directory `/var/yp'
make[1]: Entering directory `/var/yp/willemer.edu'
Updating group.byname...
Updating group.bygid...
```

```
Updating netid.byname...
make[1]: Leaving directory `/var/yp/willemer.edu'
make: Leaving directory `/var/yp'
Lege neuen Benutzer »paul« (1006) mit Gruppe »paul« an ...
make: Entering directory `/var/yp'
make[1]: Entering directory `/var/yp/willemer.edu'
Updating passwd.byname...
Updating passwd.byuid...
Updating netid.byname...
Updating shadow.byname...
make[1]: Leaving directory `/var/yp/willemer.edu'
make: Leaving directory `/var/yp'
Erstelle Home-Verzeichnis »/home/paul« ...
Kopiere Dateien aus »/etc/skel« ...
Geben Sie ein neues UNIX-Passwort ein:
Geben Sie das neue UNIX-Passwort erneut ein:
passwd: Passwort erfolgreich geändert
Changing the user information for paul
Enter the new value, or press ENTER for the default
        Full Name []: Paul M.
        Room Number []:
        Work Phone []:
        Home Phone []:
        Other []:
Is the information correct? [Y/n] y
#
```

Sie sehen an den Ausgaben, dass `adduser` automatisch die NIS-Funktionen aufruft und die internen Datenstrukturen füllt. Wenn Sie wie hier Konfigurationen geändert haben, die alle NIS-Clients betreffen, müssen Sie abschließend noch in das Verzeichnis */var/yp* wechseln und dort den Befehl `make` aufrufen:

```
# cd /var/yp
# make
...
```

Test der Benutzereinrichtung

Nun sollte der Benutzer paul auch für die Clients erreichbar sein. Wenn Sie mit dem Befehl `yptest` nachschauen, werden Sie den Benutzer auch dort zur Verfügung haben. Berücksichtigen Sie allerdings, dass der arme Paul nur auf dem Server ein Benutzerverzeichnis besitzt. Entweder Sie exportieren dies beispielsweise per NFS (siehe Abschnitt 18.3) oder Sie müssen diese Verzeichnisse von Hand nacharbeiten. Im folgenden Beispiel wird dies vorgeführt:

```
# mkdir /home/paul
# chown paul /home/paul
# exit
$ su - paul
$ pwd
/home/paul
$
```

Die Anwender können ihr Passwort auf jedem der Clients mit dem Aufruf des Befehls `yppasswd` ändern. Das setzt allerdings voraus, dass der `yppasswd` auf dem NIS-Server läuft.

Kapitel 11
Administration per Fernsteuerung

Inhalt

- Über das Netzwerk einloggen
- SSH für verschlüsseltes Einloggen und Kopieren
- SSH als sicherer Tunnel für andere Protokolle
- Grafische Anwendungen durch ssh tunneln

Der Administrator sitzt in den meisten Fällen nicht in dem Raum, in dem sich die Server befinden. Manche Server haben weder Monitor noch Tastatur, sie werden aus der Ferne administriert. Und die Ferne ist beliebig weit. Manch ein Administrator weiß gar nicht, wo der Server steht, auf dem er gerade eingeloggt ist.

11.1 Der Großvater-Terminaldienst Telnet

Bei den ersten UNIX-Maschinen wurden noch Terminals über serielle Leitungen angeschlossen. Das bedeutete für jedes Terminal genau eine Leitung bis zum Server. Da war das Programm Telnet ein echter Fortschritt. Man brauchte nur ein Netzwerkkabel, über das beinahe beliebig viele Terminalsitzungen geleitet werden konnten.

Aber nichts ist so vergänglich wie der Ruhm von gestern. Heute können Sie zwar noch das Paket *telnetd* im Repository für den Server finden, aber Sie sollten es keinesfalls installieren. Das Programm überträgt nämlich den kompletten Anmeldevorgang im Klartext und so kann jeder, der die Leitung abhört, die Passwörter abfischen. Immerhin gibt es mit SSH (siehe Abschnitt 11.2) gut funktionierende Alternativen.

Der Client `telnet` ist aber auf so ziemlich jedem Linux-Rechner noch standardmäßig installiert. Allerdings wird er kaum noch zum Aufbau einer Telnet-Sitzung benötigt, aber man kann mit diesem Programm prima Server-Dienste prüfen.

Telnet-Client

Auch wenn Sie einen Telnet-Server nur unter Androhung von Gewalt einrichten sollten, kann es sein, dass Sie ein Gerät einmal fernwarten müssen, das eben nur einen Telnet-Zugang besitzt. Dann ist es gut, wenn Sie noch einen Telnet-Client an Bord haben. Sie sollten sich aber darüber klar sein, dass man die gesamte Kommunikation inklusive Passwort im Klartext abhören kann.

Sie bauen eine Telnet-Sitzung mit dem Befehl `telnet`, gefolgt von der IP-Adresse oder dem Hostnamen des Zielrechners auf. Es erscheint das übliche Login wie bei einem klassischen Terminal. Nach der erfolgreichen Anmeldung wird auf dem Zielrechner eine Shell gestartet, und Sie können so arbeiten, als wären Sie durch ein Terminal mit dem entfernten Computer verbunden. Sie können Shell-Befehle aufrufen oder Programme starten.

Auch das Ende einer Terminalsitzung erfolgt analog zu einer Terminalsitzung durch Beenden der Login-Shell. Durch die Tastenfolge [Strg]+[D] oder den Befehl `exit` wird die Shell und damit auch die Verbindung beendet.

Besonders interessant ist, dass Sie als weiteren Parameter die Portnummer angeben können, über die sich der Telnet-Client anmelden soll. Sowohl Web-, Mail- oder News-Server verwenden für die Verbindungsaufnahme textbasierte Kommunikationsszenarien. Und diese können Sie mit dem Telnet-Client einfach überprüfen, indem Sie die Client-Seite durch Eingaben simulieren. Zum Beispiel könnten Sie einem POP3-Server per Telnet durchaus glaubhaft machen, dass auf der anderen Seite der Leitung ein Mail-Programm sitzt. Existiert aber gar kein Server auf dem Zielport, wird die Verbindung sofort mit der Meldung »Connection refused« abgebrochen. Auch das ist immerhin eine Auskunft: Der Server ist auf der Zielmaschine gar nicht gestartet oder die Firewall erlaubt keinen Zugriff darauf.

Auf diese Weise wurden in vergangenen Zeiten die unterschiedlichen Möglichkeiten der verschiedenen Terminals angepasst. Sofern Sie sich nur zwischen Linux-Systemen bewegen, brauchen Sie sich darum nicht zu kümmern. Hier enthält TERM den Wert »xterm« und der ist mit anderen Linux-Systemen natürlich kompatibel.

11.2 Sitzung verschlüsseln: SSH

Das moderne Gegenstück zu Telnet heißt SSH, das für *Secure Shell* steht. Dieses Protokoll ermöglicht eine verschlüsselte Verbindung zu einem fremden Rechner und verwendet standardmäßig den Port 22. Die Implementation von SSH auf Linux-Systemen heißt *OpenSSH*.

Client: Terminal, Datentransfer und getunnelte Verbindung

Das Programm `ssh` ist auf jedem Linux-Computer installiert und ersetzt den guten alten Telnet. SSH ermöglicht auch den Transfer von Daten. Das Programm `scp` verhält sich wie ein normaler `cp`-Befehl, nur dass er eben auf andere Rechner übertragen kann.

Der Befehl `sftp` transferiert ebenfalls verschlüsselt Daten, folgt aber in seiner Bedienung dem alten FTP. Wenn Sie Datenströme haben, die unverschlüsselt über das Netzwerk gehen, können Sie mit SSH einen Tunnel bauen, der die Übertragung nach außen schützt.

SSH und Windows

Microsoft Windows ist weder mit einem SSH-Client noch mit einem SSH-Server ausgestattet. Um Ihren Linux-Server trotzdem von Windows aus zu erreichen, können Sie das freie Programm PUTTY verwenden, das einen SSH-Client darstellt. Sie finden es unter:

www.chiark.greenend.org.uk/~sgtatham/putty

11.2.1 Terminalsitzung mit dem ssh-Client

Auf jedem Linux-System ist das Programm `ssh` installiert, mit dem Sie eine Terminalsitzung auf einem fremden Rechner starten können, auf dem seinerseits ein SSH-Server installiert sein muss. Der Aufruf benötigt als Parameter die Adresse des Zielrechners. Standardmäßig eröffnen Sie damit eine Sitzung auf dem Zielrechner unter dem gleichen Benutzernamen, unter dem Sie lokal angemeldet sind.

Zwei Dinge machen `ssh` sicherer:

1. Die Verbindungsdaten gehen verschlüsselt auf die Leitung.
2. Beim Verbindungsaufbau wird geprüft, ob der Zielrechner sich nicht verändert hat. So kann sich ein Angreifer nicht mit einem Notebook einschmuggeln und so tun, als sei er der Server. Diesen Angriff bezeichnet man als *Man-in-the-Middle-Angriff*.

Wenn Sie den Zielrechner das erste Mal ansprechen, warnt das Programm, dass dieser Rechner bislang unbekannt ist. Es zeigt dabei den Fingerabdruck des Rechners und fragt

Sie, ob Sie sich sicher sind, dass Sie diesen Rechner betreten wollen. Sind Sie sicher, dann müssen Sie hier »yes« eintippen. Erst dann erhalten Sie die Aufforderung, das Kennwort einzugeben.

Das folgende Szenario zeigt das Protokoll eines solchen Vorgangs:

```
$ ssh 192.168.109.194
The authenticity of host '192.168.109.194 (192.168.109.194)'
can't be established.
RSA key fingerprint is
79:b7:2e:9c:ff:1b:5f:f0:e3:bb:f0:9c:9d:47:46:06.
Are you sure you want to continue connecting (yes/no)? yes
Warning: Permanently added '192.168.109.194' (RSA) to the
list of known hosts.
arnold@192.168.109.194's password:
Linux tecram4 2.6.32-22-generic #33-Ubuntu SMP Wed ...
...
Last login: Mon May  3 23:43:42 2010
$
```

Der Fingerabdruck des Zielrechners 192.168.109.194 wird in der Datei *.ssh/known_hosts* abgelegt. Sobald Sie den Rechner ein weiteres Mal kontaktieren, werden Sie nicht wieder gefragt, sofern der Fingerabdruck mit dem der ersten Begegnung übereinstimmt.

Wenn Sie anschließend denselben Rechner unter seinem Hostnamen tecram4 aufrufen, würden Sie wieder nach einer Bestätigung gefragt, obwohl der Fingerabdruck der gleiche ist. Der Grund ist, dass `ssh` den Fingerabdruck einmal unter 192.168.109.194 und unabhängig davon unter dem Namen tecram4 ablegt, auch wenn es sich um ein und denselben Computer handelt.

Sobald Sie allerdings alle Namen des Zielrechners abgearbeitet haben, werden Sie die Frage nach dem Finderabdruck nicht mehr sehen. Nur in dem Fall, dass jemand ein eigenes Notebook unter der gleichen IP-Adresse beziehungsweise dem gleichen Namen ins Netzwerk gestellt hat, werden Sie darauf hingewiesen, dass hier etwas faul ist.

```
$ ssh 192.168.109.194
@@@@@@@@@@@@@@@@@@@@@@@@@@@@@@@@@@@@@@@@@@@@@@@@@@@@@@@@@@@
@    WARNING: REMOTE HOST IDENTIFICATION HAS CHANGED!     @
@@@@@@@@@@@@@@@@@@@@@@@@@@@@@@@@@@@@@@@@@@@@@@@@@@@@@@@@@@@
IT IS POSSIBLE THAT SOMEONE IS DOING SOMETHING NASTY!
Someone could be eavesdropping on you right now
(man-in-the-middle attack)!
```

```
It is also possible that the RSA host key has just been
changed.
The fingerprint for the RSA key sent by the remote host is
73:15:2e:5d:08:bc:e5:11:fc:d5:f5:30:e9:92:b7:80.
Please contact your system administrator.
Add correct host key in /home/arnold/.ssh/known_hosts to get
rid of this message.
Offending key in /home/arnold/.ssh/known_hosts:2
RSA host key for 192.168.109.194 has changed and you have
requested strict checking.
Host key verification failed.
$
```

Allerdings kollidiert der Fingerabdruck mit dem bisherigen Eintrag in der Datei *.ssh/known_hosts* auch dann, wenn Sie einfach nur ein neues Betriebssystem auf dem Rechner 192.168.109.194 installiert haben. Die Meldung zeigt auch, dass dieser Eintrag in der Zeilennummer 2 steht. Wenn Sie sicher sind, dass es mit dem neuen Rechner seine Richtigkeit hat, öffnen Sie die Datei, wechseln in die entsprechende Zeile und löschen diese.

Unter vi (siehe Abschnitt 4.3.2) gelingt das mit den folgenden Eingaben:

```
$ vi ~/.ssh/known_hosts
2G     # wechsle zu Zeile 2
dd     # lösche die aktuelle Zeile
:wq    # schreibe die Datei und verlasse vi
$
```

Unterschiedliche Benutzerkonten

Wenn Sie auf dem Zielrechner kein Konto unter gleichem Namen besitzen oder wenn Sie sich tatsächlich mit einem anderen Benutzernamen anmelden wollen, stellen Sie den Benutzernamen vor die Rechneradresse und trennen beide durch das Zeichen @.

Spicker

ssh [*Benutzername*@]{*Hostname*|*IP-Adresse*}

11.2.2 Tod beim Ausloggen: nohup

Beim Abmelden einer Terminalsitzung erhalten alle von dieser Sitzung gestarteten Prozesse vom System das Signal `SIGHUP` (siehe Abschnitt 8.2.2). Programme, die dieses Signal fangen, wissen damit umzugehen. Alle anderen Programme streben anschließend ihrem Ende entgegen. Das ist natürlich bitter, wenn Sie unbedingt einen wichtigen Lauf in den Hintergrund stellen wollen und dessen Ende nun explizit abwarten müssen. Aus diesem Grund gibt es das Programm nohup (no hang up), das Ihnen dieses Signal vom Halse hält. Sie müssen den Aufruf nur vor Ihr Kommando stellen. Da Sie sich ja wohl anschließend ausloggen wollen, müssen Sie natürlich noch ein Ampersand (&) an die Zeile anhängen.

```
obelix $ ssh asterix
asterix $ nohup tar cf /dev/st0 /home &
asterix $ exit
obelix $
```

Hier wurde auf dem Rechner asterix eine Datensicherung in den Hintergrund gestellt. Der Befehl nohup wird die Ausgaben, die normalerweise auf dem Terminal erscheinen, automatisch in die Datei *nohup.out* schreiben, sodass Sie sich später auch anschauen können, wie es Ihrem Prozess so ergangen ist.

11.2.3 Dateien sicher übertragen mit scp

Der Befehl scp ermöglicht das verschlüsselte Übertragen von Dateien und gewährleistet, dass der Kommunikationspartner nicht ausgetauscht werden kann. scp lehnt sich in den Parametern an den Standardkopierbefehl cp (siehe Abschnitt 4.1.2) an. Als erster Parameter werden die zu kopierenden Dateien genannt. Als zweiter Parameter wird das Ziel angegeben. Sowohl der Quelle als auch dem Ziel kann ein Hostname oder eine IP-Adresse vorangestellt werden. Die Bezeichnung des Hosts wird durch einen Doppelpunkt vom eigentlichen Parameter getrennt. Auch hier können Sie ein fremdes Konto verwenden, indem Sie den Benutzernamen voranstellen und durch das Zeichen @ vom Hostnamen abtrennen.

Spicker

scp [*Benutzer*@[*Hostname*:]]*Quelldateien* [*Hostname*:]*Ziel*

Das Programm prüft also zunächst den Partner, erfragt das Passwort und zeigt dann einen Verlaufsbalken beim Kopieren an. Dieses unterhaltsame Feature können Sie allerdings mit der Option -q abschalten.

```
$ scp /etc/passwd 192.168.109.194:my/data
arnold@192.168.109.194's password:
passwd   100% |*****************************|  2071    00:00
$
```

Der Befehl kopiert die Datei */etc/passwd* zum Rechner 192.168.109.194. Dort wird die Datei in das Verzeichnis *my/data* des Benutzers arnold geschrieben. Existiert kein Verzeichnis *data*, so wird eine Datei dieses Namens angelegt und der Inhalt der Datei *passwd* darin abgelegt.

Fernquelle kopiert nicht nach Fernziel

Wenn Sie eine Datei von dem Rechner asterix auf den Rechner obelix kopieren wollen, werden Sie bei dem direkten Versuch keine großen Erfolge feiern:

```
$ scp asterix:/etc/passwd obelix:huhu
arnold@asterix's password:
Permission denied, please try again.
Permission denied, please try again.
Permission denied (publickey,password).
lost connection
$
```

Erfolgt die Kopie schrittweise, indem Sie die Datei zunächst auf den lokalen Rechner kopieren und dann von dort auf den Zielrechner kopieren, funktioniert es aber interessanterweise:

```
$ scp asterix:/etc/passwd huhu
arnold@asterix's password:
passwd                                   100% 1421   1.4KB/s    00:00
$ scp huhu obelix:huhu
arnold@obelix's password:
huhu                                     100% 1421   1.4KB/s    00:00
$
```

Tatsächlich optimiert `scp` das Kopieren so, dass möglichst wenig Daten über das Netzwerk geschickt werden. Es erfolgt also ein `ssh` auf asterix und von dort wird die lokale Datei zu obelix übertragen. Beim Versuch, diese Schritte durchzuführen, gibt es aber auf den ersten Blick auch kein Problem:

```
$ ssh asterix
arnold@asterix's password:
...
$ scp /etc/passwd obelix:huhu
arnold@obelix's password:
passwd                                   100% 1421   1.4KB/s    00:00
$
```

Das Problem steckt in der zweiten Passworteingabe, die auf asterix erfolgt. Da diese beim direkten Versuch nicht erfolgen kann, ergibt der Versuch, eine Kopie anzufertigen, eine Fehlermeldung, die darauf hinweist, dass es Probleme mit der Passworteingabe gab. Zum Vergleich habe ich mich per `ssh` auf dem Computer asterix angemeldet und jedes Mal ein leeres Passwort eingegeben:

```
$ ssh asterix
arnold@asterix's password:
Permission denied, please try again.
arnold@asterix's password:
Permission denied, please try again.
arnold@asterix's password:
Permission denied (publickey,password).
$
```

Sie sehen, dass die Fehlermeldungen identisch mit denen des ersten `scp`-Befehls sind. Um das Problem zu lösen, müssen Sie entweder mit Zwischenstation kopieren oder Sie müssen `scp` dazu bringen, ohne Passworteingabe zu arbeiten. Die Vorgehensweise wird in Abschnitt 11.2.7 gezeigt.

11.2.4 SSH-Server

Damit Sie sich überhaupt auf einem Rechner mit `ssh` einloggen können, müssen Sie dort einen SSH-Server installieren. In der Standardinstallation wird der SSH-Server nicht installiert. Der Server befindet sich im Paket *openssh-server*:

```
# apt-get install openssh-server
```

Nach der Installation ist der SSH-Port 22 geöffnet. Sie können diesen Rechner ab sofort per `ssh` fernwarten oder Dateien per `scp` übertragen. Das gilt standardmäßig für jedes Benutzerkonto auf diesem Rechner.

Der Server kann wie üblich über die Init-Skripte gestartet und gestoppt werden. Durch Stoppen des Dämons werden Verbindungen über den SSH-Port unmöglich:

```
# /etc/init.d/ssh stop
```

11.2.5 Konfiguration des SSH-Servers

Wenn der SSH-Server vom Internet erreichbar ist, wird es Versuche geben, in den Rechner über eines seiner Konten einzubrechen. Selbst wenn der Einbrecher keine Möglichkeit findet, sich root-Rechte anzueignen, ist ein solcher Zugang interessant, um beispielsweise Spam-Mails zu versenden. Und wenn Ihr Rechner erst in einer der Blacklists steht, kann es sein, dass Ihre Mails dann nicht mehr ihr Ziel erreichen.

Die Konfiguration des SSH-Servers erfolgt über die Datei *sshd_config*. Sie befindet sich im Verzeichnis */etc/ssh*. Für die Datei gibt es eine Manpage, die Sie über `man sshd_config` erreichen.

In jeder Zeile steht ein Schlüsselwort. Es folgt, durch ein Leerzeichen abgetrennt, sein Wert. Mit dem Doppelkreuz (#) wird ein Kommentar eingeleitet.

Port

Mit der Option `Port` kann eingestellt werden, welchen Port SSH benutzt. Standardmäßig verwendet SSH den Port 22. Da der offene Port 22 sofort darauf hinweist, dass es einen SSH-Zugang gibt, kann man diesen umlenken, um ihn zu tarnen. Aber mit einfachen Werkzeugen wie `nmap` (siehe Abschnitt 15.10.1) kann der Angreifer auch den neuen Port finden. Das Umsetzen des Ports ist also nur eine Verzögerung.

ListenAddress

Mit der Option `ListenAddress` wird angegeben, auf welchem Interface der Serverprozess zur Verfügung stehen soll. Auf diese Weise kann konfiguriert werden, dass bei einer Firewall nur auf dem inneren Ethernet-Adapter ein Einloggen möglich ist.

Benutzer erlauben und ausschließen

Standardmäßig darf sich jeder eingetragene Benutzer der Maschine per `ssh` mit seinem normalen Passwort einloggen. Zur Beschränkung dieser Zugänge gibt es die Variablen `AllowUsers` und `DenyUsers`, um Benutzer zuzulassen oder auszuschließen.

Hinter der Variablen `AllowUsers` können Sie durch Leerzeichen getrennt die Benutzer eintragen, die einen Zugriff bekommen sollen. Alle anderen Benutzer bekommen beim Versuch, sich anzumelden, eine Meldung, als hätten sie kein korrektes Passwort.

Alternativ können Sie auch alle Benutzer erlauben und nur einzelne Benutzer mit der Variablen `DenyUsers` ausschließen.

Analog zum Ausschluss von einzelnen Benutzern können Sie mit `AllowGroups` und `DenyGroups` die Zugriffe über Gruppen (siehe Abschnitt 10.2.4) steuern, die Sie in der Datei */etc/groups* definieren.

Mit der Variablen `PermitRootLogin` können Sie die Anmeldung durch root von außen zulassen oder ausschließen. Als Wert können Sie `yes` oder `no` angeben. Sollte Ihr Rechner öffentlich zugänglich sein, sollten Sie den Zugang abschalten. Da der Benutzer root auf jedem Server existiert, ist dies das beliebteste Konto für Passwort-Angriffe.

Manpage

Die weiteren Optionen sind in der Manpage für *sshd_config* ausführlich beschrieben. Grundsätzlich gilt, dass der SSH-Server nach einer Änderung neu gestartet werden sollte.

Authentifizierung

Die Anmeldung per Passwort kann unterbunden werden, indem der Wert der Variablen `PasswordAuthentication` auf `no` gesetzt wird. Anschließend ist ein Zugang nur noch über Schlüsselaustausch möglich. In Abschnitt 11.2.7 wird dies ausführlicher beschrieben.

Verzögerung beim Einloggen wegen DNS

Wenn Sie sich per SSH auf einem fremden System einloggen, kann es Ihnen passieren, dass es einige Sekunden dauert, bevor Sie das Passwort eingeben können. Die Ursache kann ein DNS-Problem sein. Der ssh-Dämon will den Namen des Anmelders überprüfen und fragt diesen per DNS an. Oft ist in einem lokalen Netzwerk allerdings kein lokales DNS installiert. Das Scheitern der Namensauflösung dauert allerdings eine gewisse Zeit.

Die Abfrage des DNS kann auf der Serverseite unterbunden werden, wenn in der Datei *sshd_config* folgender Eintrag gesetzt wird:

```
UseDNS no
```

Anschließend muss der SSH-Dämon die Konfiguration neu einlesen:

```
# /etc/init.d/ssh restart
```

Danach sollte das Problem der Verzögerung behoben sein.

> **Hinweis**
>
> Dankenswerterweise unterbricht ein Restart des `ssh` nicht die laufenden Verbindungen. So sägt man nicht den Ast ab, auf dem man sitzt, falls die Konfiguration aus der Ferne erfolgen muss. Kluge Administratoren testen darum auf einer zweiten Konsole, ob sie sich durch die Konfigurationsänderung ausgesperrt haben, bevor sie sich abmelden.

11.2.6 SFTP-Erlaubnis ohne Shell-Zugriff

Wenn Sie das alte FTP auf SFTP umstellen, haben alle SFTP-Benutzer plötzlich auch die Möglichkeit, sich per `ssh` auf dem Rechner anzumelden. Wenn dieser Rechtezuwachs nicht beabsichtigt war, müssen Sie ein wenig in der Datei */etc/ssh/sshd_config* konfigurieren.

Hinter der Variablen `ForceCommand` wird der Befehl aufgeführt, den ein Anwender nach dem Einloggen zwingend ausführen muss. Für den Plan, dass nur SFTP ausgeführt werden soll, kann hier `internal-sftp` stehen. Damit wird der SFTP-Server aufgerufen, der im `sshd` eingebaut ist. Dieser kommt ohne weitere Dateien aus und ist darum prädestiniert für `chroot`-Umgebungen. Das interne SFTP wird seinerseits wiederum durch die Direktive `Subsystem` festgelegt. Darum muss innerhalb der Konfigurationsdatei */etc/ssh/sshd_config* die folgende Direktive stehen:

```
# /etc/ssh/sshd_config
Subsystem sftp internal-sftp
ForceCommand   internal-sftp
```

Nach einem Neustart des `sshd` ist es nur noch möglich, sich mit `sftp` auf diesem Rechner anzumelden. Eine ssh-Sitzung ist nicht mehr möglich.

Der Match-Block

Es könnte aber sein, dass Ihnen dies zu weit geht und Sie nur bestimmte Benutzer von ssh-Sitzungen ausschließen wollen. Dazu eignet sich die `Match`-Umgebung. Hinter der Direktive `Match` werden Bedingungen formuliert. Diese können die Kriterien-Schlüssel User, Group, Host und Address verwenden. Alle folgenden Konfigurationen bis zum nächsten `Match` oder zum Ende der Datei werden nur unter dieser Bedingung ausgeführt. Aus diesem Grund sind `Mono`-Umgebungen immer am Ende der Konfigurationsdatei zu finden.

Sie können also erreichen, dass der Benutzer georg ausschließlich einen SFTP-Zugriff auf den Rechner bekommt, indem Sie folgende `Match`-Umgebung definieren:

```
# /etc/ssh/sshd_config
...
# Ganz am Ende der Datei. Wirklich! Ganz hinten!
Match User georg
  ChrootDirectory   /home/sftp
  AllowTCPForwarding  no
  ForceCommand    internal-sftp
```

Dabei muss darauf geachtet werden, dass der Pfad */home/sftp* nur root gehört und nicht etwa dem Benutzer georg oder sonst irgendjemandem, weil ansonsten `chroot` nicht funktioniert.

Statt `Match User` kann man auch `Match Group` verwenden. Dann wird eine ganze Gruppe auf SFTP reduziert. Alle Benutzer, die Sie dann in der Datei */etc/group* (siehe Abschnitt 10.2.4) dieser Gruppe zuordnen, werden sich anschließend nur noch per SFTP anmelden können.

Abschließend muss der SSH-Server neu gestartet werden. Das geht entweder über das Init-Skript oder über den Aufruf des Befehls `service`:

```
# service ssh stop
ssh stop/waiting
# service ssh start
ssh start/running, process 7140
# service ssh status
ssh start/running, process 7140
```

Danach sollte ein sftp-Aufruf erfolgreich sein. Ein Versuch per `ssh` bringt allerdings folgende Meldung:

```
$ ssh georg@linuxsrv
georg@linuxsrv's password:
This service allows sftp connections only.
Connection to linuxsrv closed.
$
```

11.2.7 Kopieren und Einloggen ohne Passwort

Die Eingabe eines Passworts kann zwischen zwei Systemen unterdrückt werden. Dazu muss der Benutzer autorisiert sein. Eine solche Autorisierung wird erreicht, wenn in der Datei *.ssh/authorized_keys* des Benutzerverzeichnisses ein öffentlicher Schlüssel des Benutzers hinterlegt ist, der sich einloggen möchte. Das Gegenstück – der private Schlüssel – muss auf dem Rechner vorliegen, von dem aus der Benutzer sich einloggen will.

Schlüsselgewalt

Der Befehl `ssh-keygen` erzeugt ein solches Schlüsselpaar. Nach dem Aufruf fragt das Programm, wie die Dateien für die Schlüssel heißen sollen. Es schlägt den Namen *id_rsa* vor, der bei Leereingabe einfach übernommen wird. Anschließend bittet `ssh-keygen` um die Passphrase. Sie muss zweimal eingegeben werden.

Die Passphrase wird später bei jeder Benutzung des Schlüsselpaars abgefragt, um sicherzustellen, dass der autorisierte Anwender das System benutzt. Insbesondere bei E-Mails ist eine solche Passphrase, die auch manchmal als *Mantra* bezeichnet wird, wichtig, um denjenigen auszuweisen, der das Schlüsselpaar benutzt. Wenn Sie das Schlüsselpaar verwenden wollen, um eine Passwortabfrage bei automatisch gesteuerten Abläufen zu vermeiden, kann es durchaus sinnvoll sein, eine leere Passphrase einzugeben:

```
$ ssh-keygen
Generating public/private rsa key pair.
Enter file in which to save the key (/home/arnold/.ssh/id_rsa):
Enter passphrase (empty for no passphrase):
Enter same passphrase again:
Your identification has been saved in /home/arnold/.ssh/id_rsa.
Your public key has been saved in /home/arnold/.ssh/id_rsa.pub.
The key fingerprint is:
c1:ec:5a:69:f9:12:21:7c:97:8f:22:3d:94:48:fa:f1 arnold@debian
The key's randomart image is:
+--[ RSA 2048]----+
|      .          |
|     + + . .     |
|    . = O o      |
|     . O * o     |
|      o E . .    |
|       = =       |
|      . . .      |
|         .       |
|                 |
+-----------------+
$
```

Es entstehen zwei Dateien: *id_rsa* ist der private Schlüssel. Die Datei *id_rsa.pub* enthält den öffentlichen Schlüssel. Der öffentliche Schlüssel kann frei verteilt werden. Ein anschauliches Beispiel für öffentliche und private Schlüssel sowie den Einsatz von Passphrasen finden Sie in Abschnitt 14.7.2.

Schlüsseltausch

Um die Übersicht zu wahren, wird im folgenden Beispiel der Quellrechner quell und der Zielrechner ziel genannt. Zur weiteren Vereinfachung gehen wir davon aus, dass die Benutzer von quell und ziel identisch sind. Auf dem Quellrechner wurde bereits ein Schlüssel nach dem zuvor beschriebenen Verfahren erstellt. Der öffentliche Schlüssel des Quellrechners muss nun auf den Zielrechner geschafft werden:

```
$ cd .ssh/
$ scp id_rsa.pub ziel:
Password:
id_rsa.pub                    100%  393     0.4KB/s   00:00
$
```

Auf dem Zielrechner wird der öffentliche Schlüssel von quell an die Datei *~/.ssh/autorized_keys* angehängt:

```
$ ssh ziel
Password:
Last login: Thu Jan  8 11:29:59 2009 from 192.168.109.186
Have a lot of fun...
$ cat id_rsa.pub >> .ssh/authorized_keys
$
```

Wenn sich nun der Benutzer vom Rechner quell auf dem Rechner ziel einloggen will, wird er nicht mehr nach dem Passwort gefragt, sondern nach dem Mantra:

```
$ ssh ziel
Enter passphrase for key '/home/arnold/.ssh/id_rsa':
Last login: Sat May 15 21:09:28 2010 from debian.local
$
```

Der SSH-Agent

Das Ziel sollte aber nicht sein, das Passwort durch ein Mantra auszutauschen, sondern einen vertrauensvollen Austausch ohne Passwörter zu erreichen. Um dies zu bewirken, wird der `ssh-agent` eingesetzt. Dieses Programm sorgt dafür, dass die Mantra-Information ausgetauscht wird, ohne dass der Benutzer eingreifen muss.

Beim Start des Programms wird der Agent in den Hintergrund gestellt, und es werden ein paar Umgebungsvariablen angezeigt, die auf den im Hintergrund laufenden Agenten verweisen. So sieht der Start des Programms aus, wenn man es ohne Umleitung startet:

```
$ ssh-agent
SSH_AUTH_SOCK=/tmp/ssh-JbNEV31810/agent.31810;
export SSH_AUTH_SOCK;
SSH_AGENT_PID=31811;
export SSH_AGENT_PID;
echo Agent pid 31811;
$ ps -ef | grep ssh-agent
arnold   31811     1  0 02:03 ?        00:00:00 ssh-agent
```

Die Ausgabe des Programms sind Befehle zum Setzen von Umgebungsvariablen, die gebraucht werden, um mit dem Hintergrundprozess in Kontakt zu treten. Dazu werden seine Ausgaben in eine Datei umgeleitet. Die Datei enthält nun die Kommandos zum Setzen von Umgebungsvariablen, über die der SSH-Agent erreichbar ist. Die Datei darf ausschließlich für den Benutzer schreib- und lesbar sein. Durch Starten der Datei sind die Umgebungsvariablen gesetzt, und der SSH-Agent ist ansprechbar:

```
$ ssh-agent > ~/.ssh/.ssh-agent-info-quell
$ chmod 600 ~/.ssh/.ssh-agent-info-quell
$ . ~/.ssh/.ssh-agent-info-quell
Agent pid 7200
$
```

Nun muss der Agent noch einmal über den privaten Schlüssel und das Mantra informiert werden. Das erledigt das Programm `ssh-add`. Es erhält als Parameter den privaten Schlüssel und erwartet die Eingabe des Mantras. Diese Informationen leitet das Programm an den im Hintergrund laufenden SSH-Agenten weiter, der nun in der Lage ist, die passwortfreie Kommunikation zu lenken:

```
$ ssh-add ~/.ssh/id_rsa
Enter passphrase for id_rsa:
Identity added: id_rsa (id_rsa)
$
```

Nach diesen Vorbereitungen funktioniert das Kopieren ohne Passwort:

```
$ scp ziel:CLP* .
CLP550.PPD                       100%   20KB  19.8KB/s   00:00
$
```

Da die Kommunikation mit dem SSH-Agenten über Umgebungsvariablen funktioniert, muss immer dann, wenn eine neue Shell passwortfrei kopieren will, das Skript neu aufgerufen werden:

```
$ . ~/.ssh/.ssh-agent-info-quell
$ scp ...
```

Sollte der SSH-Agent beispielsweise nach einem Reboot nicht mehr laufen, muss er neu gestartet und dabei auch ein neues Skript gebildet werden.

11.2.8 Tunnelbau: Andere Protokolle sichern

SSH bietet die Möglichkeit, Netzwerkverbindungen so zu tunneln, dass auch unverschlüsselte Protokolle in den Genuss der verschlüsselten Übertragung kommen. Dazu wird `ssh` mit der Option `-L` gestartet. Diese Option erwartet drei durch Doppelpunkt getrennte Werte:

- Die Portnummer auf dem eigenen Rechner
- Der Benutzer auf dem Zielrechner
- Der Port auf dem Zielrechner

Um den Port auf dem Zielrechner über den Tunnel zu erreichen, wird der Port auf dem lokalen Rechner angegeben.

Wenn Sie beispielsweise einen POP3-Server auf dem Rechner pop3srv ansprechen wollen, dann wäre der Port des Zielrechners 110. Für den lokalen Rechner könnten Sie eine beliebige Adresse verwenden, beispielsweise 8948. Das Werte-Tripel für die Option `-L` lautete also `8948:pop3srv:110`.

```
$  ssh pop3srv  -L 8948:pop3srv:110
```

Wenn Sie nun einem Mail-Client als POP3-Adresse localhost mit dem Port 8948 angeben, wird dieser automatisch an den Port 110 des Rechners pop3srv geleitet. Allerdings ist nun die Verbindung verschlüsselt, was beim einfachen POP3-Protokoll über Port 110 normalerweise nicht der Fall ist.

Der Tunnel verbirgt das Protokoll

Darüber hinaus bewirkt der Tunnel, dass auf der Strecke zwischen dem Client zum Rechner pop3srv als Ziel-Port nur die 22 des SSH zu sehen ist, denn über diese Verbindung wird die andere Verbindung ja getunnelt.

Das hat seine besondere Bedeutung bei Proxys und Firewalls, die Verbindungen zu bestimmten Ports ausschließen. Diese können also beispielsweise dadurch ausgetrickst werden, dass der SSH-Server auf dem Zielrechner auf Port 80 gelegt wird, den die Firewall oft zulässt. Der Tunnel gaukelt vor, es handle sich um einen normalen Webbrowser-Zugriff. In Wirklichkeit kann aber jedes beliebige Protokoll getunnelt werden.

Privilegierten Port weiterleiten

Wenn Sie einen privilegierten Port auf einen anderen Computer weitertunneln wollen, benötigen Sie root-Rechte. Wenn auf dem lokalen Rechner kein POP3-Server aktiv ist, ist die Portnummer 110 frei. Sie könnten Anfragen an den lokalen Port 110 auf einen POP3-Server umlenken. Dazu benötigen Sie lokal root-Rechte und auf dem entfernten Rechner ein beliebiges Konto.

```
# ssh georg@pop3srv -L 110:pop3srv:110
georg@pop3srv's password:
...
$
```

Die Verbindung ist gelegt. Als lokaler Port wird statt 8948 wie im vorigen Beispiel nun der Originalport 110 durchgereicht. Dazu muss der Aufrufer root sein. Da root keine SSH-Verbindung aufbauen darf, wird als Adresse `georg@pop3srv` verwendet.

Sobald georg eingeloggt ist, besteht ein Tunnel vom lokalen Port 110 zum Port 110 auf pop3srv. Sie können dies mit einer lokalen Telnet-Sitzung testen:

```
$ telnet localhost 110
Trying ::1...
Connected to localhost.
Escape character is '^]'.
+OK Hello there.
```

Der Port 110 des lokalen Hosts wird aufgerufen, und der POP3-Server meldet sich. Sie können das Wort `quit` eingeben, dann beenden Sie die POP3-Sitzung auf korrekte Art wieder, ohne den Server zu beleidigen. Die Verbindung über den lokalen Port 110 wird im Netzwerk durch eine SSH-Verbindung getunnelt und damit verschlüsselt. Bei einem direkten Aufruf auf den Port 110 von pop3srv wird der Kontakt direkt und unverschlüsselt hergestellt.

11.2.9 X-Anwendung per SSH starten

Eine besondere Form der Tunnelung ist der Fernstart von grafischen Fenster-Applikationen. Die grafische Oberfläche von Linux basiert auf dem X Window System (siehe Kapitel 12). Dieses System ist von vornherein als verteiltes System entwickelt worden und kommuniziert über TCP/IP. Sie können eine solche Applikation also auf einem fremden Rechner starten und es so einrichten, dass auf Ihrem lokalen Rechner das passende Fenster auf dem Bildschirm erscheint.

Wozu das gut ist? Sie können beispielsweise auf Ihrem Server bequem über das grafische Programm Synaptic ein paar Installationen veranlassen, ohne sämtliche Paketnamen in die Konsole hacken zu müssen, und brauchen dazu nicht einmal in den Serverraum zu gehen.

Nehmen wir an, Ihr Server heißt obelix und Ihr Notebook heißt idefix. Sie wollen nun von Ihrem Arbeitsplatz aus auf dem Server eine Software mit dem Programm Synaptic installieren.

Zunächst verbinden Sie sich mit obelix über `ssh` und verwenden beim Aufruf die Option `-X`. Es wird durch die Option allerdings parallel ein Tunnel für das X-Protokoll geschaffen. Da dieser Tunnel durch das SSH läuft, werden die Daten verschlüsselt. Das ist sehr praktisch, weil das vom X-Protokoll selbst leider nicht übernommen wird. Auf dem Zielrechner starten Sie das Programm `xcalc`:

```
idefix $ ssh -X obelix
arnold@obelix's password:
Linux obelix ...
obelix $ xcalc
```

Nun sollte auf Ihrem Notebook ein kleiner Taschenrechner erschienen sein. Dieser Taschenrechner wurde auf obelix gestartet und arbeitet auch dort. Er verwendet allerdings idefix für Bildschirm, Tastatur und Maus. Sobald Sie den Taschenrechner schließen, erhalten Sie auf Ihrer SSH-Sitzung den Prompt zurück.

Da Sie aber nicht den Taschenrechner, sondern Synaptic aufrufen wollen, müssen Sie Administratorrechte auf der Zielmaschine haben. Falls Sie es mit `su` versuchen, werden Sie feststellen, dass Sie anschließend keine grafischen Programme mehr starten können, weil Sie den Kontakt zum Display verloren haben. Sie erhalten eine Fehlermeldung »Can't open display« mit näheren Angaben, welches Display nicht zu öffnen ist.

Für diese Zwecke stellt XFCE und GNOME das Programm `gksu` zur Verfügung, das vor dem Start einer Applikation das Administratorpasswort abfragt:

```
obelix $ gksu synaptic
```

Zunächst erscheint ein Dialog mit der Frage nach dem root-Passwort. Nach dessen Eingabe verschwindet die Dialogbox, und das Fenster von Synaptic erscheint.

Sie können damit die Software auswählen, die Sie installieren möchten, und anschließend starten. Die Aktivitäten und damit die Installationen finden auf obelix statt, auch wenn Sie das Programm auf dem Notebook idefix bedienen.

KDE kennt das Programm `gksu` nicht. Das dortige Gegenstück heißt `kdesudo`. Um den dort üblichen Paketverwalter muon zu starten, geben Sie den folgenden Befehl:

```
obelix $ kdesudo muon
```

Kapitel 12
Ein grafischer Terminal-Server für Linux

Kapitel 12

Inhalt

- Lokale Desktops installieren
- X Window System auf der Basis von TCP/IP
- Grafische Terminals über Netzwerkverbindungen
- Grafisches Login mit XDMCP

Die Vielfalt und die Möglichkeiten, die die grafischen Oberflächen unter Linux bieten, sind faszinierend. So finden Sie mehrere Desktops: Die bekanntesten sind GNOME und KDE. Daneben gibt es noch XFCE und LXDE. Außerhalb der Repositories von Debian und Ubuntu findet sich noch Mate (*www.mate-desktop.org*), der die Linie von GNOME 2 fortsetzt, die von GNOME 3 durch ein komplettes Neudesign abgeschnitten wurde. Wer sich weiter umschaut, findet noch einige exotischere Ansätze, wie beispielsweise Trinity (*www.trinitydesktop.org*). Solche Desktops können meist durch Erweiterung der APT-Quellen (siehe Abschnitt 2.3.6) integriert werden. Die Basis all dieser Möglichkeiten ist das X Window System, dessen Anfänge im Jahr 1984 liegen und einer Zusammenarbeit von MIT, DEC und IBM entstammen.

Das Besondere an diesem X11 genannten System ist, dass es auf TCP/IP aufsetzt. Von vornherein war es also möglich, die grafische Oberfläche über eine Netzwerkverbindung von grafischen Terminals aus zu bedienen.

Damit ist Linux bereits von Anfang an mit den Möglichkeiten ausgestattet gewesen, die Windows mit Citrix und Remote Desktop unter Terminal-Server erst nachträglich gelernt hat.

12.1 Installation und Start eines lokalen Desktops

Am einfachsten gelangen Sie zu einer grafischen Oberfläche, wenn Sie sie bei der Grundinstallation Ihres Servers bereits anfordern. Sie finden in Abschnitt 2.1.5 eine Beschreibung dazu.

Sie können aber auch jederzeit eine grafische Oberfläche nachinstallieren. Die beiden bekanntesten Desktops sind zweifellos GNOME und KDE. KDE ist für einen Server vielleicht etwas zu wohlausgestattet. Der Desktop GNOME sucht seine Anwendung neuerdings eher im Bereich der Mobiltelefone. Aber Linux hat noch weitere Kandidaten. So liefern die Desktops XFCE und LXDE eine saubere, schlanke Oberfläche, die einem Server durchaus gut steht.

Wollen Sie nachträglich einen Desktop installieren, müssen Sie die Meta-Pakete installieren. Diese heißen *gnome* für GNOME, *kde* für KDE, *lxde* für den Desktop LXDE und *xfce4* für XFCE.

Ich zeige Ihnen die Installation am Beispiel des Desktops XFCE. Zunächst installieren Sie dessen Paket *xfce4*:

```
# apt-get install xfce4
```

Leider startet XFCE nicht automatisch nach dem Booten, da der Desktop keinen eigenen Display Manager mitbringt. Ein Display Manager ermöglicht die Anmeldung an einem Desktop und ist so der Ausgangspunkt für das Starten der grafischen Oberfläche. Sie könnten natürlich mit gdm den von GNOME verwenden, aber dessen Paket ist genauso groß wie das vom gesamten Desktop XFCE. Eine schlankere Alternative bietet LightDM oder sogar der Urvater aller Display Manager xdm:

```
# apt-get install xdm
```

Wenn man schon einmal einen schicken Desktop hat, sollte man sich auch einen grafischen Paket-Installateur gönnen. Dazu bietet sich das Programm Synaptic an.

```
# apt-get install synaptic
```

Der Start würde allerdings noch nicht gelingen. Zwar ist Synaptic, wie es sich gehört, im Menü ANWENDUNG | SYSTEM eingetragen, aber leider fehlt das Programm `su-to-roo`, das wir noch nachinstallieren müssen. Es befindet sich im Paket *menu*:

```
# apt-get install menu
```

Start und Stopp eines Desktops

Die grafische Oberfläche startet, nachdem das restliche Betriebssystem hochgefahren wurde (siehe Abschnitt 8.4.2). In den *rc*-Verzeichnissen befindet sich ein symbolischer Link, der auf das Init-Skript des Display Managers zeigt.

Es gibt mehrere Display Manager, deren Name aber normalerweise auf »dm« enden: `xdm`, `gdm`, `kdm` oder `lightdm`. Möchten Sie das automatische Starten des Desktops verhindern, löschen Sie den symbolischen Link im *rc*-Verzeichnis.

Möchten Sie die grafische Oberfläche herunterfahren, stoppen Sie einfach den Display Manager. Sie sollten sich zuvor aber vom Desktop abgemeldet haben. Eventuell noch gestartete Applikationen werden beim Niedergang des Desktops recht mitgerissen sein.

```
# /etc/init.d/xdm stop
```

Der Display Manager hat unter anderem die Aufgabe, die grafische Oberfläche zu starten. Er wird sichtbar, da er eine Anmeldemaske darstellt, über die der Benutzer Zutritt zum System erhält. Hier müssen Sie sich mit Benutzernamen und Passwort anmelden. Sie können hier auch bestimmen, welchen Desktop Sie starten wollen. Der Display Manager ermöglicht darüber hinaus auch eine Fernanmeldung von einem anderen Computer über das Netzwerk.

Der Klassiker der Display Manager heißt XDM. Dieser ist sehr schlicht in seinem Äußeren und in seiner Funktionalität, aber dafür auch extrem schlank. Darüber hinaus hat sich die Konfiguration in den Jahren kaum verändert, was man von seinen Nachfolgern nicht behaupten kann. Welchen der Display Manager Sie schließlich verwenden, ist weitgehend Geschmackssache.

Sitzung von Hand starten

Bei einem Server kann es durchaus sein, dass der Desktop nicht bei jedem Start automatisch gestartet wird. Um an den Desktop zu gelangen, können Sie jederzeit bei Bedarf den Display Manager von der Konsole über das Init-Skript starten.

Für das Starten einer einzelnen Sitzung benötigen Sie aber nicht unbedingt den Display Manager. Stattdessen können Sie mit dem Befehl `startx` eine Sitzung direkt starten. Dazu sollten Sie sich mit Ihrem zivilen Benutzernamen an der Konsole anmelden und dann den Befehl `startx` aufrufen. Es startet eine Desktop-Sitzung. Nach Beenden der Sitzung landen Sie allerdings auch nicht wie sonst in der grafischen Anmeldemaske, sondern befinden sich wieder in der Konsole, aus der Sie gestartet haben.

```
$ startx
```

Auch wenn es Probleme gibt, die grafische Oberfläche zu starten, ist `startx` eine einfache Methode, einen Start zu versuchen, um anschließend in der Datei *Xorg.log* nachzusehen, welche Probleme vorlagen.

12.2 Grafisches Einloggen: Der Display Manager

Nun soll der Server als Terminal-Server verwendet werden. Das Protokoll ist bereits in der Grafikschicht verankert, sodass es von jedem UNIX-ähnlichen Betriebssystem, das X benutzt, sofort einsetzbar ist.

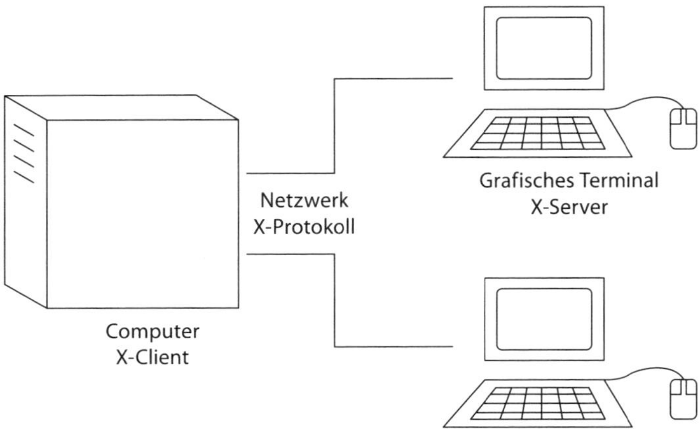

Abbildung 12.1 X Window System, Client-Server-Struktur

Basis ist das X-Protokoll, mit dem es möglich ist, die grafischen Elemente und die Aktionen des Benutzers per TCP/IP zwischen Terminal und Zentralrechner auszutauschen. Der Computer stellt die Anfragen für die Darstellung der Bildschirmobjekte. Als Anfrager ist er eindeutig der Client. Um genau zu sein, ist die grafische Applikation der Anfrager und wird darum auch als *X-Client* bezeichnet. Das Grafikterminal bietet als Ressourcen die Grafikhardware, die Maus und die Tastatur an und ist damit der X-Server. Als grafisches Terminal kann ein beliebiger X-fähiger Computer dienen, beispielsweise ein Linux-Notebook.

12.2.1 Protokoll XDMCP

Die Anmeldung erfolgt auf der Basis des XDMCP (X Display Manager Control Protocol). Dieses regelt die Kommunikation zwischen einem grafischen Terminal und dem Zentralrechner.

Damit sich fremde Rechner an dem Zentralrechner anmelden können, müssen Sie den TCP/IP-Zugriff für den Display Manager freischalten. In der Standardkonfiguration lässt er verständlicherweise kein Login von außen zu.

Bei den meisten Display Managern können Sie vor jeder Anmeldung die Sprache und den gewünschten Desktop auswählen, mit der Sie dieses Mal arbeiten wollen. Der GDM kann also beispielsweise auch einen KDE-Desktop starten.

XDMCP-Strategien

Um eine Anmeldung per Netzwerk zu ermöglichen, kennt das X Window System zwei unterschiedliche Strategien: Bei dem einen Ansatz sucht das X-Terminal (X-Server) nach einem Display Manager, bei dem es sich anmelden kann. Hier wird vom Display Manager lediglich die Berechtigung zum Anmelden freigeschaltet. Die Initiative geht vom X-Terminal aus. Der Display Manager wartet passiv auf Anfragen.

Bei der anderen Variante konfigurieren Sie im Display Manager, welche X-Terminals er für eine Anmeldung zulassen soll. Die Initiative geht vom Display Manager aus, und die X-Terminals sind passiv. Ein Netzwerkdienst hat natürlich auch einen »well known port«. Im Falle des Display Managers ist das der Port 177, der als `xdmcp` in der Datei */etc/services* aufgeführt wird.

12.2.2 Konfigurationsdatei des Display Managers

Mancher der moderneren Display Manager erlaubt eine Konfiguration mit der Maus, auf jeden Fall besitzen sie aber auch eine Konfigurationsdatei.

XDM

Der XDM kann durch das Paket *xdm* installiert werden. Im Verzeichnis */etc/X11/xdm* finden Sie die Konfigurationsdateien des XDM. Bei Auslieferung ist wie bei den meisten Display Managern der Zugriff per XDMCP unterbunden. Das erfolgt zunächst dadurch, dass der Anfrageport auf 0 gesetzt wird. Diesen Eintrag finden Sie in der Datei *xdm-config*. Sie müssen ihn lediglich durch ein Ausrufezeichen auskommentieren:

```
!DisplayManager.requestPort:    0
```

Jetzt sucht der XDM auf dem Standardport. Nun müssen Sie den Zugriff durch fremde Rechner erlauben. Dafür ist die Datei *Xaccess* zuständig. Hier muss nur eine Zeile mit einem Stern stehen. Sie finden diesen bereits auskommentiert, allerdings verwendet *Xaccess* dazu das bekannte Doppelkreuz (#).

Die Datei *Xservers* enthält den Startbefehl, der als Option das Abhören des Netzwerks unterbindet. Diese Option muss natürlich entfernt werden:

```
#:0 local /usr/bin/X :0 vt7 -nolisten tcp
:0 local /usr/bin/X :0 vt7
```

Sie müssen den XDM nicht neu starten, sondern ihn nur dazu auffordern, seine Konfigurationsdateien wie folgt neu zu laden. Dann sollte XDM von außen erreichbar sein.

```
# /etc/init.d/xdm reload
```

LightDM

Beim LightDM genügt es, in der Datei */etc/lightdm/lightdm.conf* den `XDMCPServer` durch die Variable `enabled` einzuschalten, um eine Anmeldung möglich zu machen. Achten Sie auf die unterschiedliche Schreibweise zu GDM3 und KDM.

```
[XDMCPServer]
enabled=true
```

LightDM möchte nach der Konfiguration neu gestartet werden:

```
# /etc/init.d/lightdm restart
```

KDM

Wenn Sie den Display Manager von KDE einsetzen, finden Sie dessen Konfiguration in */etc/kde4/kdm/kdmrc*.

```
[Xdmcp]
Enable=true
```

Hier wird das Protokoll XDMCP freigeschaltet. Wie beim XDM findet sich im gleichen Verzeichnis eine Datei namens *Xaccess*, in der ebenfalls ein Stern den Zugriff aus dem Netzwerk erlauben sollte. Zu guter Letzt muss der KDM neu gestartet werden:

```
# /etc/init.d/kdm restart
```

GDM

Der GDM (GNOME Display Manager) unterscheidet sich erheblich von seinen Vorgängern, bis hinein zu den Konfigurationsdateien. Sie können den GDM in der Datei */etc/gdm/custom.conf* konfigurieren. Hier finden Sie bestimmte Rubriken, die in eckigen Klammern gesetzt sind. Darunter finden Sie dann Variablen, denen mit einem Gleichheitszeichen Werte zugewiesen werden.

```
[daemon]
[security]
AllowRoot=false
DisallowTCP=true
[xdmcp]
Enable=false
```

Für den Aufbau einer Verbindung über das Netzwerk muss die Variable `DisallowTCP` auf `false` gestellt werden. Unter der Rubrik `xdmcp` muss die Variable `Enable` auf `true` gesetzt werden. Es ist grundsätzlich sinnvoll, den Zugriff von root auf einen Desktop auszuschließen.

12.2.3 X-Terminal

Wie können Sie sich mit dem Terminal-Server verbinden? Da gibt es einmal die Brachial-Methode, indem Sie einen nackten X-Server direkt mit dem fernen Display Manager verbinden. Manchen Display Manager können Sie so starten, dass er nicht einen lokalen Desktop, sondern einen fernen Desktop kontaktiert. Und dann gibt es noch praktische Programme, die einen fernen Desktop in einem lokalen Fenster darstellen.

Nackter X-Server als X-Terminal

Um einen PC als X-Terminal zu verwenden, benötigen Sie lediglich einen X-Server. Das Programm, das den X-Server darstellt, heißt einfach X. Sie müssen X nur mit den richtigen Parametern aufrufen, um sich bei einem anderen Rechner mit dem XDM-Protokoll anzumelden.

Falls die Maschine automatisch in die grafische Oberfläche bootet, müssen Sie sie erst wieder auf die Konsole zurückholen. Das erreichen Sie durch den Stopp des Display Managers, wie in Abschnitt 12.1 beschrieben.

Mit der Option `-query` können Sie explizit den Server obelix ansprechen. Es sollte der Anmeldeschirm von obelix erscheinen.

```
# X -query obelix
```

Eine andere Variante fragt einen Rechner, ob er zufällig jemanden kennt, der ihn aufnimmt. Mit der Option `-indirect` wird wieder obelix angesprochen, der diesmal aber nur erzählt, wen man kontaktieren könnte:

```
# X -indirect obelix
```

Es wird eine Liste erscheinen, in der auch obelix auftaucht, weil der ja einen Terminal-Server anbietet. Die Liste wird *Chooser* genannt.

Der X-Server kann aber auch einfach fragen, ob es im Netzwerk irgendeinen Server für ihn gibt. Dazu verwendet er die Option `-broadcast`.

```
# X -broadcast
```

Diese Variante wird verwendet, wenn Sie nur einen Zentralrechner im Netzwerk haben, an dem sich alle X-Terminals anmelden. In dieser Konstellation ist der Konfigurationsaufwand für die X-Terminals am geringsten.

Wenn Sie diese drei Varianten getestet haben und sich nun wundern, dass in allen drei Fällen das Gleiche passiert, liegt das vermutlich daran, dass Sie nur einen Terminal-Server in Ihrem lokalen Netzwerk haben. Dann ist X so clever, gleich den direkten Weg zum einzig verfügbaren Terminal-Server zu gehen. Die Konfiguration eines X-Terminals finden Sie in Abschnitt 24.3 beschrieben.

X-Terminal im Fenster

Das Programm Remmina stellt ein X-Terminal in einem Fenster zur Verfügung. Diese Variante ist sehr flexibel. Neben diversen Verbindungs- und Darstellungsoptionen bietet es das RDS-Protokoll aus der Windows-Welt an. Das Programm beherrscht XDMCP über ein Plugin, das Sie extra installieren müssen:

```
# apt-get install remmina remmina-plugin-xdmcp
```

Anschließend starten Sie das Programm von einer Terminalsitzung oder aus dem Menü ANWENDUNGEN | INTERNET | ZUGRIFF AUF ENTFERNTE ARBEITSFLÄCHEN. Zuerst gelangen Sie in das Verbindungsverwaltungsfenster. Hier legen Sie eine neue Verbindung an, wie in Abbildung 12.2 zu sehen.

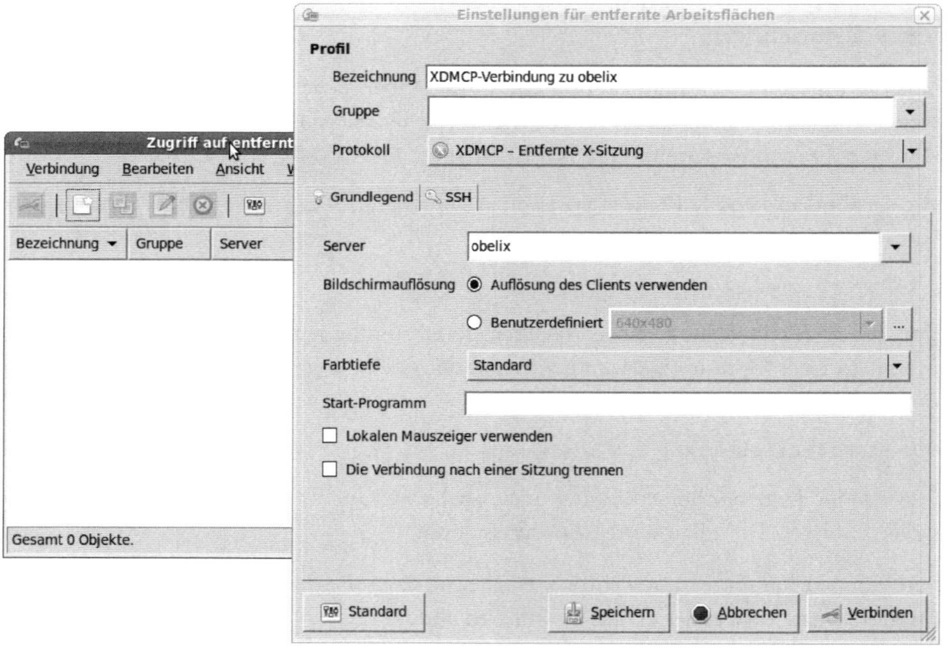

Abbildung 12.2 Terminal-Server-Client Remmina

Beim Protokoll müssen Sie XDMCP einstellen und beim Server den Zielrechner oder dessen IP-Adresse. Der Name dient dazu, die Verbindung in der Liste wieder zu erkennen. Sie können durch den Button SPEICHERN die Einstellungen sichern. Wenn Sie nun auf VERBINDEN klicken, öffnet sich ein Fenster, in dem nach einiger Zeit die Anmeldemaske des Zielrechners erscheint. Sie können dort Benutzernamen und Passwort eingeben. Anschließend erscheint der Desktop des Zielrechners im Fenster.

Kapitel 13
Domain Name System

Inhalt

- Zwischen Namen und IP-Adressen mit DNS vermitteln
- Ohne DNS kein Internet
- Lokale Namen im lokalen Netzwerk lokal verwaltet

Ähnlich wie beim Telefon werden auch Internetrechner über eine Nummer erreicht. Und was dem einen seine Telefonnummer und das Telefonbuch ist, ist dem anderen seine IP-Adresse und das DNS. Im Falle des Internets geschieht das Nachschlagen allerdings so schnell, dass die Präsenz der Nummern kaum noch auffällt.

Eine Domäne im Internet ist ein Namensbereich. Das Domain Name System verwaltet die Namen innerhalb der Domänen und sorgt für den Austausch der Informationen zwischen den Domänen. Auf dieser Basis funktioniert die Namensauflösung im Internet. Jeder Server kennt nur einen Teil, kann aber alle anderen Informationen beschaffen.

Eine Zone ist quasi eine Ebene einer Domäne. Die oberste Zone ist die Domäne selbst ohne ihre Subdomänen. Für jede der Subdomänen ist wiederum ein eigener DNS-Server zuständig. Wenn Sie die Beispiel-URL eines Computers betrachten, sind die Begriffe leichter zu unterscheiden:

praktikum.informatik.universitaet.gintoft.de

Von rechts nach links gelesen ist »de« zunächst die Top-Level-Domain. Die Domäne »gintoft.de« wird von der DENIC (Deutsches Network Information Center) verwaltet, weil diese für die Zone unterhalb der Top-Level-Domain *de* zuständig ist. Darunter hat sich die Universität von Gintoft eine Subdomäne eingerichtet, die dem Fachbereich

Informatik wiederum eine Subdomäne eingerichtet hat. Dort heißt ein Computer offensichtlich »praktikum«.

Eine Firma, die über mehrere Standorte verteilt ist und eine Vielzahl lokaler Netzwerke betreibt, kann durchaus nur eine Domäne betreiben. Auf der anderen Seite betreibt jeder Domänenhoster unzählige Domänen und verwendet dazu vielleicht nur ein physisches Netzwerk.

13.1 DNS-Server einrichten

Wollen Sie selbst einen DNS-Server einrichten, benötigen Sie das Paket *bind9*. BIND (Berkeley Internet Name Domain) ist die wichtigste Implementation des DNS, und diese wird in der Version 9 unter Debian eingesetzt.

```
# apt-get install bind9
```

Direkt nach der Installation startet bereits das Serverprogramm `named`, das das Zentrum von BIND darstellt.

13.1.1 Überblick über die Konfigurationsdateien

Zunächst werden der Aufbau und das Zusammenspiel der Dateien mit ein paar Beispieleinträgen dargestellt. Eine ausführlichere Beschreibung der Syntax finden Sie im weiteren Verlauf des Kapitels.

> **Spicker** ×
>
> Die Konfigurationsdateien von BIND befinden sich im Verzeichnis */etc/bind*. Ausgangspunkt ist die Datei *named.conf*.

In der Datei *named.conf* stehen allerdings nur ein paar `include`-Befehle, die andere Dateien einbinden:

```
// named.conf
include "/etc/bind/named.conf.options";
include "/etc/bind/named.conf.local";
include "/etc/bind/named.conf.default-zones";
```

Konfigurationsoptionen

Die Datei *named.conf.options* enthält Optionen wie die Angabe des Arbeitsverzeichnisses. Besonders interessant ist die Einstellung des Forwarders, der standardmäßig auskommentiert ist und auf 0 steht. Wenn Sie hier die IP-Adresse eines anderen DNS-Servers eintragen, wird dieser all die Anfragen bearbeiten, die der lokale DNS-Server nicht beantworten kann:

```
// named.conf.options
options {
    directory "/var/cache/bind";
    forwarders {
        213.73.91.35;
    };
    listen-on-v6 { any; };
};
```

Hier bewirkt der Forwarder, dass Anfragen, die der lokale Server nicht beantworten kann, vom DNS-Server 213.73.91.35 beantwortet werden.

Spicker

Der Forwarder übernimmt die Namensauflösung all der Namen, die der lokale Namensdienst nicht kennt. Er verweist darum typischerweise auf einen Namensdienst im Internet.

Die Konfigurationsdateien des lokalen Netzwerks

Für die Konfigurationen des lokalen Netzwerks enthält die Datei *named.conf.local* den Verweis auf die Konfigurationsdateien. Sie ist, von ein paar Kommentarzeilen abgesehen, leer. Hier tragen Sie die Zonen ein, die der Namensserver verwalten soll. Die Beispielkonfiguration verwaltet die Zone *willemer.edu* und die IP-Adressen von 192.168.109.0/24:

```
// named.conf.local
zone "willemer.edu" {
        type master;
        file "/etc/bind/db.willemer.edu";
};

zone "109.168.192.in-addr.arpa" {
        type master;
        file "/etc/bind/db.192.168.109";
};
```

Für jede Zone wird ein eigener Block definiert. Die Schlüsselworte und die genaue Beschreibung der Syntax finden Sie ausführlicher in Abschnitt 13.5.1. Für den ersten Überblick sollten Sie wissen, dass mit dem Schlüsselwort `type` festgelegt wird, dass dieser Server der Master der angegebenen Zone ist. Hinter `file` wird angegeben, in welcher Datei die Umwandlung von Namen in IP-Adressen definiert ist. Für die Zone *willemer.edu* ist das die Datei *db.willemer.edu*. Für den IP-Adressenbereich von 192.168.109.0 wird die Umwandlung von IP-Adressen auf Namen in der Datei *db.192.168.109* abgelegt. Die Dateinamen sind frei wählbar. Es ist natürlich sinnvoll, wenn der Name Auskunft darüber gibt, was verwaltet wird.

Beachten Sie die umgekehrte Darstellung der IP-Adresse in der Angabe der Zone! Der Hintergrundgedanke ist, dass DNS hierarchisch aufgebaut ist und die Aufgaben einer Unterzone delegiert werden können. So verteilt die Zentralstelle des DNS, der IANA, nur die Top-Level-Domänen wie *com* oder *de*. Die deutschen Domänen werden ihrerseits von der DENIC verwaltet. Welche Hosts oder Unterdomänen zu *willemer.de* gehören, interessiert die DENIC nicht. Diese Aufgabe wird dem DNS-Server desjenigen überlassen, der die Domäne reserviert hat. Und dies ist also vermutlich Ihre Baustelle.

Auf der anderen Seite muss auch der Weg zurück möglich sein. Aus der IP-Nummer muss die Reverse-Auflösung die Domäne oder den Hostnamen zurückliefern. Auch dies wird delegiert und darum hat die unterste Ebene zunächst den Hostanteil der Adresse in Hostnamen zu wandeln und dies wird in der Umkehrung der Reihenfolge deutlich gemacht. Sollten Sie nun eine Zwischendomäne anlegen müssen, müssen Sie aufgrund der Umkehrung der Zone nicht mehr jede einzelne IP delegieren.

Auflösung Name nach Nummern

Die eigentlichen Umsetzungen zwischen Namen und Nummern befinden sich in den Zonendateien. Dabei sind die Umsetzungen von Namen zu Nummern und Nummern zu Namen voneinander getrennt.

In der Datei *db.willemer.edu* wird festgelegt, welche IP-Adresse geliefert wird, wenn ein Client nach einem Namen eines Computers aus der Domäne fragt:

```
; # db.willemer.edu
$TTL      604800
@      IN   SOA   debian.willemer.edu. root.localhost. (
                  2013061911    ; Serial
                  604800        ; Refresh
                  86400         ; Retry
                  2419200       ; Expire
                  604800 )      ; Minimum-TTL
;
@      IN   NS    debian.willemer.edu. ; NS Nameserver
@      IN   MX 10 debian.willemer.edu. ; MX Mailserver
@      IN   A     192.168.109.199      ; A Record Server IP
;
debian IN   A     192.168.109.199
obelix IN   A     192.168.109.142
server IN   CNAME debian
```

Am Anfang der Datei steht der TTL-Wert (*Time To Live*; engl. Lebenszeit). Dieser Wert gibt an, nach wie vielen Sekunden die Daten von einem anderen Server erneut gelesen werden müssen. Sie können auch Einheiten für die Zeiten verwenden wie beispielsweise 1W für eine Woche.

Das Zeichen @ steht für den lokalen Domänennamen. Die Abkürzung SOA ist der »Start of Zone Authority« und bezeichnet den Standard-Namensserver. Es folgt direkt die E-Mail-Adresse für die Beschwerden. Es fehlt hier natürlich das @ einer normalen E-Mail-Adresse. Stattdessen wird ein Punkt verwendet.

Innerhalb der Klammer, die über mehrere Zeilen geht, stehen einige Nummern. Die erste ist die Seriennummer, die man immer hochzählen sollte, wenn man die Konfiguration ändert. Die anderen Werte innerhalb der Klammer bestimmen die Gültigkeitsdauern. In den Kommentaren dahinter stehen die Bedeutungen. In der Regel kann man diese Werte so stehen lassen.

In den Zeilen darunter stehen die Definitionen der Namen, die ihren IP-Adressen zugeordnet werden. Dabei gibt es den A-Record `IN A` für die Adressauflösung, den CNAME-Record `IN CNAME` für Aliasse, den NS-Record `IN NS` für den Namensserver und den MX-Record `IN MX` für den Mailserver. Hier die Übersicht:

- `IN NS`
  Hier wird der zuständige Namensserver für die Domäne festgelegt.
- `IN MX` *Nummer*
  Dies ist der Mailserver. Gibt es mehrere Mailserver, gibt die Nummer hinter MX die Rangfolge an. Eine kleine Nummer ist natürlich höherwertiger. Aber das haben Sie sich sicher schon gedacht.
- `IN A`
  Hier beginnt nun endlich die Definition der Adressen. Auf der linken Seite steht der Name und hinter `IN A` die IP-Adresse. Grundsätzlich sollte nur ein Hostname auf eine IP-Adresse abgebildet werden.
- `IN CNAME`
  Wollen Sie mehrere Namen auf die gleiche IP-Adresse erlauben, legen Sie mit `CNAME` Spitznamen an. Hier wird debian eben auch server genannt.

Bei Hostnamen, die nicht auf einen Punkt enden, wird automatisch der Domänenname angehängt. Darum müssen die Einträge, die den Domänennamen bereits haben, wie bei `NS` und `MX` zu sehen, mit einem Punkt abgeschlossen werden.

Auflösung Nummern zu Namen

Der Namensserver soll auch aus einer IP-Adresse einen Namen bilden können. Darum ist die Datei *192.168.109.zone* das Gegenstück zur Namenstabelle. Es werden also die Nummern des Netzwerks 192.168.109.0/24 auf ihre Namen abgebildet.

```
$TTL 2W
@       IN SOA    debian.willemer.edu. root.localhost. (
                  2013061903      ; Serial
                  360000          ; Refresh
                  3600            ; Retry
                  3600000         ; Expire
                  360000          ; Negative Cache TTL
                  )
; Namensserver ist ...
        IN NS  debian.willemer.edu.

199     IN PTR debian.willemer.edu.
142     IN PTR obelix.willemer.edu.
```

Die Zonendatei

In der Datei *named.conf.default-zones* werden die Dateien benannt, in denen `localhost`, aber auch die Zonendatei des Internets verwendet werden. Letztere finden Sie in der Datei *db.root*. Hier müssen Sie normalerweise nichts ändern.

```
// named.conf.default-zones
zone "." {
        type hint;
        file "/etc/bind/db.root";
};

zone "localhost" {
        type master;
        file "/etc/bind/db.local";
};

zone "127.in-addr.arpa" {
        type master;
        file "/etc/bind/db.127";
};
```

```
zone "0.in-addr.arpa" {
        type master;
        file "/etc/bind/db.0";
};

zone "255.in-addr.arpa" {
        type master;
        file "/etc/bind/db.255";
};
```

Diese Einstellungen zeigen auf die Konfigurationsdateien und geben an, ob die Zone von diesem DNS-Server betreut wird (`master`) oder ob auf andere Server verwiesen wird (`hint`). Tatsächlich sind die Dateien für den lokalen Computer localhost nicht besonders interessant.

13.1.2 Konfiguration testen

Bevor Sie den DNS-Server starten, können Sie die Konfigurationsdateien von Hilfsprogrammen prüfen lassen, die zum Paket gehören. Der Befehl `named-checkconf` schaut sich die Konfigurationsdateien an und sucht nach syntaktischen Fehlern. Er meldet sich nur dann, wenn er Fehler findet, und zwar mit dem Dateinamen, der Zeilennummer und der anrüchigen Stelle.

Der Befehl `named-checkzone` prüft nicht die Konfiguration, sondern auch gleich die gesamte Zone. Als Parameter erwartet er zunächst die Zone und dann die Datei, die für diese Zone zuständig ist:

```
# named-checkzone 109.168.192.in-add.arpa db.109.168.192
```

Diese Tests arbeiten unabhängig vom Server. Erst wenn hier keine Beschwerden vorliegen, sollten Sie den Server neu starten. Dazu können Sie das Init-Skript verwenden, wenn Sie eine sehr übersichtliche Konfiguration haben:

```
# /etc/init.d/bind9 restart
```

Dabei sollten Sie prüfen, ob die Konfiguration ohne Fehler durchläuft. Sie finden die Fehlermeldungen in der Datei *daemon.log* im Verzeichnis */var/log*:

```
# tail -f /var/log/daemon.log
```

In größeren Umgebungen sollten Sie Änderungen an der Konfiguration Ihrem DNS-Server mit dem Hilfsprogramm `rndc` nahebringen. Mit dem Argument `reconfig` wird die Konfiguration neu geladen. Das Argument `reload` lädt eine Zone neu ein. In beiden Fällen wird der Betrieb nicht unterbrochen:

```
# rndc reconfig
# rndc reload 109.168.192.in-addr.arpa
```

nslookup

Mit dem Programm `nslookup` können Sie prüfen, ob die Namen und Nummern korrekt aufgelöst werden:

```
$ nslookup
> obelix
Server:         192.168.109.199
Address:        192.168.109.199#53

Name:    obelix.willemer.edu
Address: 192.168.109.142
> www.willemer.de
Server:         192.168.109.199
Address:        192.168.109.199#53

Non-authoritative answer:
Name:    www.willemer.de
Address: 82.165.100.173
> exit
```

Die Adresse von obelix wurde vom lokalen DNS-Server auf *debian* aus seiner Namenstabelle aufgelöst. Die Adresse der Website *www.willemer.de* kennt der DNS-Server nicht. Also fragt er über den Forwarder nach und erfährt von ihm, welche IP-Adresse der Server hat. Da er die Adresse nicht selbst verwaltet und die Information sozusagen nur vom Hörensagen kennt, meldet er eine »Non-authoritative answer«.

dig

Das Programm `dig` ist wie `nslookup` ein Programm, um DNS-Server abzufragen. Es läuft nicht interaktiv. Stattdessen übergeben Sie ihm den Namen des gesuchten Rechners oder der IP-Adresse:

```
$ dig www.willemer.de

; <<>> DiG 9.8.1-P1 <<>> www.willemer.de
;; global options: +cmd
;; Got answer:
;; ->>HEADER<<- opcode: QUERY, status: NOERROR, id: 57648
;; flags: qr rd ra; QUERY: 1, ANSWER: 1, AUTHORITY: 2, ADDITIONAL: 4

;; QUESTION SECTION:
;www.willemer.de.           IN  A
```

```
;; ANSWER SECTION:
www.willemer.de.     10554  IN  A    82.165.100.173

;; AUTHORITY SECTION:
willemer.de.         78020  IN  NS   ns11.schlund.de.
willemer.de.         78020  IN  NS   ns12.schlund.de.

;; ADDITIONAL SECTION:
ns11.schlund.de.     77375  IN  A    217.160.80.136
ns11.schlund.de.     78025  IN  AAAA 2001:8d8:fe:53:0:d9a0:5088:100
ns12.schlund.de.     77375  IN  A    217.160.81.136
ns12.schlund.de.     78026  IN  AAAA 2001:8d8:fe:53:0:d9a0:5188:100

;; Query time: 2 msec
;; SERVER: 127.0.0.1#53(127.0.0.1)
;; WHEN: Mon Dec  2 20:42:49 2013
;; MSG SIZE  rcvd: 183
```

Sie können dem Befehl `dig` als weiteren Parameter den DNS-Server anhängen, den Sie explizit befragen wollen. Dem Server wird zur Kennzeichnung ein @ vorangestellt. Selbst den Record-Typ können Sie noch anhängen, so gibt der folgende Befehl Informationen über den Mailserver der Domäne `willemer.de` heraus, die dem Nameserver 8.8.8.8 bekannt sind.

```
$ dig willemer.de @8.8.8.8 MX
```

Durch die Option `-x` können Sie auch eine Reverse-Auflösung herbeiführen.

Kapitel 13

13.2 Mailserver der Domäne definieren

Die Domänendefinition legt auch fest, welcher Rechner der Mailserver der Domäne ist. Dabei geht es um den SMTP-Server, der die Mails für die Domäne entgegennimmt und sie an die Anwender der Domäne verteilt:

```
@      IN   MX 10 debian.willemer.edu. ; MX Mailserver
```

Das Zeichen @ steht für die Domäne selbst. Es wird also für die Domäne *willemer.edu* festgelegt, dass der Computer *debian* den Mailserver darstellt. Es können mehrere Mailserver aufgezählt werden.

```
@      IN   MX 10 debian.willemer.edu. ; MX Mailserver
@      IN   MX 20 obelix.willemer.edu. ; MX Mailserver
```

Die Zahl hinter dem MX bezeichnet die Rangfolge. Zunächst wird versucht, den Computer debian zu kontaktieren. Gelingt das nicht, weil dieser gerade andere Hobbys hat oder im Garten ist, so übernimmt obelix diese Aufgabe. Natürlich müssen die benannten Rechner auch im weiteren Verlauf der Definition mit einer IP-Adresse versehen werden.

Wird eine Mail an `arnold@willemer.edu` von einem Mail Transfer Agent aus versandt, wird dieser vor dem Versenden eine Anfrage an den DNS-Server richten, welche IP-Adresse zu kontaktieren ist, und mit dieser Adresse eine SMTP-Verbindung über den Port 25 herzustellen versuchen. Sie können dies mit dem Befehl `nslookup` nachvollziehen. Mit Angabe des Typs `MX` erfragen Sie die Einträge der Mailserver:

```
$ nslookup
> set type=MX
> willemer.edu
Server:          192.168.109.199
Address:         192.168.109.199#53

willemer.edu     mail exchanger = 10 debian.willemer.edu.
willemer.edu     mail exchanger = 20 obelix.willemer.edu.
>
```

Der korrekte Eintrag für einen Mailserver ist vor allem deshalb wichtig, weil die großen Mail-Provider im Zuge der Spam-Bekämpfung den Absender der Mails genau prüfen. Dazu wird auch das DNS immer mehr herangezogen. Sollte Ihr System nicht sauber konfiguriert sein, landen Sie schnell auf einer Blacklist und das führt dazu, dass alle Mails Ihres Systems von den Spamfiltern aussortiert werden. Darum sollten Sie auf folgende Dinge achten:

- Ein Mailserver sollte nur einen DNS-Namen haben.
- Dieser DNS-Name muss als A-Record eingetragen sein, darf also kein `CNAME` sein.
- Die IP-Adresse des Mailservers muss rückwärts in den DNS-Namen des Mailservers auflösbar sein.
- Für die IP darf nur ein PTR existieren.
- Der MX-Record in der DNS-Zone muss auf den A-Record des Mailservers verweisen.

13.3 Master und Slave

In den älteren BIND-Versionen wurde noch vom Primary Server und vom Secondary Server gesprochen. Inzwischen gibt es nur noch Herren und Sklaven. Der Zweck der Unterscheidung ist gleich geblieben. Wenn in einem lokalen Netzwerk der Namensserver ausfällt, soll ein zweiter Server die Versorgung übernehmen.

Der Slave hat hier im Beispiel die IP-Adresse 192.168.109.142. Der Master ist nach wie vor *debian* und hat die IP-Adresse 192.168.109.199.

Die Konfiguration des Slave ist wenig spektakulär. Von einer nackten Installation des *bind9*-Pakets ausgehend, wird die Datei *name.conf.local* im Verzeichnis */etc/bind* um einen Eintrag für *willemer.edu* bereichert.

```
zone "willemer.edu" {
    type slave;
    masters {
      192.168.109.199;
    };
};
```

Hierin steht, dass dieser Rechner Slave ist und dass der Master die IP-Adresse 192.168.109.199 besitzt. Sobald der Slave aktiviert wird, sieht man in dessen Protokolldatei */var/log/daemon.log*, wie er den aktuellen Stand herüberzieht.

```
named[32717]: zone willemer.edu/IN: Transfer started.
named[32717]: transfer of 'willemer.edu/IN' from
192.168.109.199#53: connected using 192.168.109.142#45997
named[32717]: zone willemer.edu/IN: transferred serial 29...
named[32717]: transfer of 'willemer.edu/IN' from
192.168.109.199#53: Transfer completed: 1 messages,
8 records, 229 bytes, 0.003 secs (76333 bytes/sec)
```

Bei einer Änderung der Datei *db.willemer.edu* wird ohne äußere Einwirkung automatisch der neueste Stand auf den Slave übernommen. Voraussetzung dafür ist allerdings, dass die Seriennummer im SOA-Block erhöht und die Zone neu geladen worden ist.

Damit die Außenwelt von dem Slave etwas mitbekommt, muss der zweite Nameserver als NS-Record in die Zone aufgenommen werden:

```
@ IN NS debian.willemer.edu.
@ IN NS obelix.willemer.edu.
```

13.4 Balance und Lastverteilung

Sie können DNS auch verwenden, um die Last eines Servers auf mehrere Server zu verteilen. Dazu teilen Sie einigen IP-Adressen den gleichen Namen zu. Der DNS-Server wird diese IP-Nummern immer im Wechsel zurückgeben. Nun benötigen Sie noch für jede IP-Adresse einen eigenen Server, und schon werden die Adressen im Wechsel vergeben.

Im folgenden Beispiel ist der Name *lastsrv* in der Datei *db.willemer.edu* zweimal belegt, einmal mit 192.168.109.144 und einmal mit 192.168.109.143.

```
lastsrv     IN      A      192.168.109.144
lastsrv     IN      A      192.168.109.143
```

Und tatsächlich zeigt der Test mit `nslookup`, dass bei Anfragen die Server immer im Wechsel die IP-Adresse zurückgeben:

```
# nslookup lastsrv
Server:         192.168.109.199
Address:        192.168.109.199#53

Name:    lastsrv.willemer.edu
Address: 192.168.109.144
Name:    lastsrv.willemer.edu
Address: 192.168.109.143

# nslookup lastsrv
Server:         192.168.109.199
Address:        192.168.109.199#53

Name:    lastsrv.willemer.edu
Address: 192.168.109.143
Name:    lastsrv.willemer.edu
Address: 192.168.109.144

# nslookup lastsrv
Server:         192.168.109.199
Address:        192.168.109.199#53

Name:    lastsrv.willemer.edu
Address: 192.168.109.144
Name:    lastsrv.willemer.edu
Address: 192.168.109.143
```

Sie können auch mehr als zwei Einträge für den gleichen Namen einrichten. Die verschiedenen IP-Adressen werden dann vom Server durchrotiert.

Mehrere Computer hinter einem Namen einzusetzen, ist weniger kritisch, als es auf den ersten Blick erscheinen mag. Eine normale Netzwerksitzung wird eingeleitet, indem das Clientprogramm durch die Systemfunktion `gethostbyname()` nach der IP-Adresse eines Namens fragt. Danach wird über die IP-Adresse die Verbindung aufgebaut und ohne ein weiteres Mal nach dem Namen zu fragen vollendet.

Bei den sogenannten statuslosen Servern wird für jede Anfrage eine neue Verbindung aufgebaut. Dort kann es dann leicht passieren, dass der Client bei aufeinanderfolgenden Anfragen unterschiedliche Server erreicht. Das ist aber nicht tragisch, da die Statuslosigkeit ja besagt, dass die Anfragen unabhängig voneinander sind.

Eine Besonderheit sind Webserver. Vom Protokoll her sind sie eigentlich statuslos. Und sofern die Anfragen nur statische Seiten erfragen, kann auch nichts schiefgehen. Bei interaktiven Websites wie beispielsweise Online-Shops wird mit programmtechnischen Mitteln aus den statuslosen Einzelabfragen eine Session gemacht. Die einzelnen Anfragen werden aber typischerweise in gemeinsam genutzten Datenbanken abgelegt, sodass es unerheblich ist, welcher Server die Session weiterbearbeitet.

13.5 Syntax in den Konfigurationsdateien

Die bisher aufgezeigten Konfigurationsbefehle reichen für die Erstellung eines DNS-Servers in der Regel aus. An dieser Stelle finden Sie eine umfassendere Zusammenstellung mit einer etwas ausführlicheren Beschreibung.

Die Konfiguration erfolgt grundlegend in zwei unterschiedlichen Dateiarten. Das sind zum einen die Konfigurationsdateien des Namensdienstes und zum anderen die Zonenbeschreibung. Es ist sinnvoll, beide unabhängig zu betrachen, wenn man sieht, dass sich sogar die Kommentarzeichen unterscheiden.

13.5.1 Die Datei named.conf

In den vorigen Abschnitten wurde die Datei */etc/bind/named.conf* bereits herangezogen, um die Einrichtung eines DNS-Servers zu beschreiben. Dieser Abschnitt fasst die Konfiguration zusammen.

Die Datei */etc/bind/named.conf* ist zwar zur besseren Übersicht durch `include`-Befehle auf mehrere Dateien gegliedert. Diese gehören aber eigentlich zusammen.

Kommentare

Sie können und sollten in den Konfigurationsdateien Kommentare hinterlassen. Um diese vor den Augen des `named` zu verbergen, gibt es folgende Möglichkeiten: Mit dem Doppelkreuz # können Sie wie in Skripten kommentieren. Alles in der Zeile ab dem Doppelkreuz geht den Server nichts an, sondern ist Kommentar.

Sollten Sie mehr Neigung zu C++ oder Java haben, können Sie statt des Doppelkreuzes auch einen doppelten Schrägstrich verwenden. Er bewirkt das Gleiche. Ebenfalls von den

Programmiersprachen, die C als Vorgänger hatten, stammt die Einklammerung eines Kommentars mit /* und */. So können Sie nur einen Teil einer Zeile als Kommentar nutzen, aber auch einen Kommentar über mehrere Zeilen gehen lassen.

include

Der Anweisung `include` folgt in Anführungszeichen der Name der Datei, die an dieser Stelle geladen werden soll. In der Datei *named.conf* finden Sie folgende drei `include`-Befehle:

```
include "/etc/bind/named.conf.options";
include "/etc/bind/named.conf.local";
include "/etc/bind/named.conf.default-zones";
```

Die Elemente werden in Blöcken zusammengefasst. Deren Syntax wird im folgenden Kasten beschrieben.

Spicker

Anweisung ["*Name*"] [*Klasse*] {
    Option;
    [*Option*;] *
    };

options

In der Optionsanweisung werden die globalen Einstellungen des Servers eingetragen. Die gebräuchlichsten Optionen lauten:

- `allow-query`
  In geschweiften Klammern wird dahinter aufgezählt, welche Computer berechtigt sind, den DNS-Server zu befragen. Standardmäßig ist dazu jeder berechtigt. Soll der DNS-Server nur dem lokalen Netzwerk dienen, können Sie dieses Recht einschränken.
- `allow-recursion`
  Es werden in geschweiften Klammern alle Rechner aufgezählt, die berechtigt sind, rekursive Anfragen zu stellen. Die Einschränkung verhindert, dass ein DNS-Server durch Anfragen überlastet wird.
- `blackhole`
  Hier werden die Computer aufgezählt, die keine Anfragen an den Server stellen dürfen.

- `directory`
  Dieser Option folgt in Anführungszeichen der Pfad des Arbeitsverzeichnisses des Servers. Standardmäßig ist das */var/named*.
- `forwarders`
  In einer Liste wird angegeben, an welche Namensserver die Anfragen weitergeleitet werden.
- `forward`
  Damit wird angegeben, wie sich die Forwarders-Direktive verhält:
  - `first`
    Zuerst werden die Nameserver angefragt, die in der Option `forwarders` aufgezählt sind. Wissen die nicht weiter, wird in den eigenen Tabellen gesucht.
  - `only`
    Es gibt keine eigene Suche. Wissen die Forwarders nicht weiter, gibt der Namensserver auf.
- `listen-on`
  Es wird die IP-Adresse der Netzwerkschnittstelle angegeben, über die Anfragen entgegengenommen werden. Standardmäßig werden alle Anfragen beantwortet, ganz gleich, von welcher Schnittstelle sie stammen. Bei Gateways kann so gesichert werden, dass der Namensserver nur aus einer Richtung abgefragt werden kann.
- `notify`
  Mit dieser Option wird eingestellt, ob der Nameserver die Slave-Server informiert, wenn sich eine Zoneninformation ändert. Der Wert kann »yes« oder »no« sein. Als dritte Möglichkeit gibt es »explicit«. Dann wird der Slave-Server informiert, wenn er innerhalb der Zonenanweisung unter `also-notify` aufgeführt wird.
- `pid-file`
  In Anführungszeichen folgt der Name der Datei, in der die Prozess-ID von `named` abgelegt wird.

zone

In der Zonenanweisung wird eine Domänen- oder Reverszone beschrieben. Innerhalb der Zonenbeschreibung können auch Optionsparameter verändert werden. Dem Schlüsselwort `zone` folgt der Name der Zone in Anführungszeichen. Optional kann eine Klasse genannt werden. Es folgt ein Block, der in geschweiften Klammern eingeschlossen ist, der wiederum Optionen enthält. Einige wurden bei den globalen Optionen in Abschnitt 13.5.1 aufgezählt. Werden sie in einer Zonenanweisung benutzt, gelten sie natürlich nur für die entsprechende Zone.

Darüber hinaus gibt es noch weitere Optionen:

- `type`
  Diese Option gibt an, welche Art von Namensserver dieser Server für diese Zone darstellt. Es gibt folgende Möglichkeiten, die hier stehen können:
  - `forward`
    Alle Anfragen bezüglich dieser Domäne werden an andere Namensserver weitergeleitet.
  - `master`
    Dieser Sever ist der verantwortliche Hauptnamensserver für diese Zone.
  - `slave`
    Dieser Server ist der Slave und erhält seine Informationen vom Master.
- `masters`
  Diese Option verwendet ein Slave-Server, um anzugeben, welche IP-Adresse sein Master hat.
- `file`
  In Anführungszeichen wird der Name der Datei genannt, in der die Domänendefinitionen stehen.
- `allow-transfer`
  Schränkt die Slave-Server ein, die einen Transfer der Informationen anfordern dürfen.
- `allow-update`
  Erlaubt den angegebenen Computern, die Zoneninformationen zu aktualisieren. Standardmäßig ist das – nicht ganz ohne Grund – nicht möglich. Schalten Sie die Option nur ein, wenn Sie wissen, was Sie tun.

acl: Access Control List

Die Abkürzung ACL steht für »Access Control List«. Sie fasst Rechner oder Netzwerke zusammen, für die bestimmte Zugriffsrechte gestattet oder verweigert werden sollen. Das folgende Beispiel zeigt die Definition dreier ACL und die Verwendung eines ACL in der Option `allow-transfer`:

```
acl entwickler {
    192.168.119.0/24;
    192.168.120.0/24;
};
acl verwaltung {
    10.102.0.0/16 ;
};
```

```
acl slave-server {
    192.168.109.142; 192.168.109.140;
};
...
options {
    allow-transfer { slave-server; }
    ...
}
```

Einige grundlegende ACL sind bereits vordefiniert.

Name	Bedeutung
`any`	Alle denkbaren Anfrager
`localhost`	Der lokale Rechner
`localnets`	Alle mit dem lokalen Rechner verbundenen Netzwerke
`none`	Kein Anfrager

Tabelle 13.1 Vordefinierte ACL

13.5.2 Die Zonendatei

Auf die Zonendateien wird durch die Direktive `file` in der Konfigurationsdatei *named.conf* verwiesen. Jede Zonendatei beschreibt eine Zone. Eine Forward-Zonendatei liefert bei angegebenen Hostnamen eine IP-Adresse und deckt eine Domäne oder eine Subdomäne ab. Eine Reverse-Zonendatei liefert für ein Netzwerk oder ein Subnetzwerk die Namen. Diese Zonendatei gehört verwaltungstechnisch immer demjenigen, der auch die IP-Adresse besitzt. Beide Zonen werden Sie vermutlich nur in einem lokalen Netzwerk verwalten, wenn Sie dort Namen und IP-Adressen vergeben.

In der Zonendatei ist das Kommentarzeichen ein Semikolon. Solch verwirrende Vielfalt trainiert das Gehirn und behindert die Wirtschaftsspionage. Das Kommentarzeichen gilt bis zum Ende der Zeile.

Anweisungen

Eine Anweisung wird durch ein Dollarzeichen eingeleitet. In den meisten Zonendateien finden Sie nur `$TTL`, aber es gibt noch ein paar Anweisungen mehr. Hier eine Übersicht:

- `$INCLUDE`
  An diese Stelle wird eine andere Datei eingebunden. Dies ermöglicht es, größere Konfigurationsdateien zu unterteilen.

- `$ORIGIN`
  Hiermit können Sie den Domänennamen explizit festlegen. Bei allen Hostnamen, die nicht mit einem Punkt enden, wird diese Domäne automatisch hinten angehängt. Sie benötigen die Anweisung allerdings nicht, wenn der Domänenname in der *named.conf* bereits festgelegt ist. Beispielsweise können Sie eine Subdomäne aufbauen, die nicht separat gepflegt werden soll:

```
$ORIGIN willemer.de
@ IN SOA ...
@ IN NS debian.willemer.de.
debian IN A 192.168.109.199
$ORIGIN familie.willemer.de.
vater IN A 192.168.109.200
mutter IN A 192.168.109.201
kind IN A 192.168.109.202
$ORIGIN haus.willemer.de.
keller IN A 192.168.110.100
kueche IN A 192.168.110.101
bad IN A 192.168.110.102
```

  Damit wurde definiert: `debian.willemer.de`, `vater.familie.willemer.de`, `mutter.familie.willemer.de`, `kind.familie.willemer.de`, `keller.haus.willemer.de`, `kueche.haus.willemer.de` und `bad.haus.willemer.de`.
- `$TTL`
  Diese Anweisung legt fest, wie lange die Informationen dieser Zoneninformation gültig sind. Je kleiner dieser Wert ist, desto häufiger müssen Anfrager ihre Informationen aktualisieren.

SOA

Der SOA-Record (*S*tart *O*f Zone *A*uthority) ist der erste Eintrag in einer Zonendatei.

Spicker

@ IN SOA *Nameserver E-Mail des Masters* (
Seriennummer
Refresh
Retry
Expire
Minimum-TTL)

Das Zeichen @ steht für den Namen der Zone.

Dem Schlüsselwort `SOA` folgen der maßgebliche Namensserver der Zone und die E-Mail-Adresse der Person, die für den Namensserver verantwortlich ist. Da das @-Symbol anderweitig Verwendung findet, wird stattdessen ein Punkt verwendet.

Die Seriennummer muss bei jeder Änderung der Zonendatei variiert werden, damit der Namensserver die Datei neu einlädt und den Inhalt gegebenenfalls an die Slave-Server verteilt. Manche Administratoren verwenden das Datum im Format JJJJMMTT, gefolgt von zwei Ziffern. Das ist aber keineswegs vorgeschrieben. Wichtig ist nur, dass die Nummer erhöht wird.

Spicker

Es war am 31.4.1965, als dem Administrator Maxwell Smart vorgehalten wurde, dass seine Seriennummer reichlich hoch sei. Es war ihm etwas peinlich, zuzugeben, wie viele Fehlversuche er bereits hinter sich hatte. Da sah er, dass die Seriennummer zufällig das Datum des Tages trug, und erklärte, dass er immer das aktuelle Datum eintrüge, um sicherzugehen, dass die Zahl auch bestimmt nicht niedriger sei als die vorige. Seit jener Zeit verwenden Administratoren als Seriennummer das aktuelle Datum, gefolgt von ein paar Ziffern, die Änderungen am gleichen Tag ermöglichen.[1]

Mit dem `Retry`-Wert wird der Zeitraum angegeben, nach dem eine nicht beantwortete Frage wiederholt werden soll, wenn es bisher noch keine Antwort vom Server gab.

Der Wert `Expire` gibt an, wann die Informationen des Namensservers ihr Frischhaltedatum überschritten haben. Ein Slave-Server wird, wenn diese Frist abgelaufen ist, nicht mehr auf Anfragen reagieren, bis er mit frischen Daten vom Master versorgt wurde.

Mit der Einstellung `Minimum-TTL` wird angegeben, wie viel Zeit anderen Namensservern zum Verarbeiten der Informationen mindestens zur Verfügung steht.

Die Zeitangaben werden in Sekunden vorgenommen. Da aber der eine oder andere Administrator nicht ad hoc weiß, dass eine Woche 604.800 Sekunden hat, sind ein paar Abkürzungen eingeführt worden, die die Übersicht erhöhen.

Einheit	Bedeutung
Leerzeichen	Sekunden
`M`	Minuten
`H`	Stunden
`D`	Tage
`W`	Wochen

Tabelle 13.2 Zeiteinheiten

1 Finden Sie drei Indizien dafür, dass die Geschichte frei erfunden wurde, und senden Sie diese an den Verlag. Unter den ersten zehn Einsendern verlosen wir eine vom Autor persönlich erstellte Seriennummer.

Die Hauptkomponenten einer Zonendatei sind deren Ressource-Records.

- *Name* IN A *IP-Adresse*
  Die A-Ressource weist einem Namen eine IP-Adresse zu.
- *AliasName* IN CNAME *Name*
  Zwei Namen sollten nicht auf die gleiche IP-Adresse abgebildet werden. Soll für eine IP-Adresse ein weiterer Name gesetzt werden, wird dieser als Alias oder Nickname für den zuvor definierten Namen verwendet.
- IN MX *Rangnummer Mailservername*
  Dieser Eintrag gibt an, welcher Host für den Empfang der E-Mails für diese Zone zuständig ist.

  Am Anfang der Zeile steht keine Angabe, da der Mailserver die gesamte Zone betrifft. Ganz rechts steht der Name des Rechners, der einen SMTP-Server anbietet. Direkt nach MX steht die Rangfolgenummer des Mailservers. Sie können mehrere Mailserver einrichten und mit unterschiedlichen Rangnummern versehen. Derjenige mit der kleinsten Nummer wird angeschrieben. Reagiert er nicht, wird der nächste in der Rangfolge angesprochen. Sind zwei Mailserver von gleichem Rang, wird die Post gerecht aufgeteilt. Auf diese Weise können Sie eine Lastverteilung erreichen.
- IN NS *Nameservername*
  Hier wird angegeben, wie der Nameserver der Zone heißt. Es können auch mehrere NS-Records aufgeführt werden, wenn es mehrere Master- und Slave-Server gibt. Auch hier beginnt die Zeile mit Leerzeichen.

  Später muss der Name des Servers natürlich in einem A-Record als IP-Adresse aufgelöst werden.
- *IP-Hostanteil* IN PTR *Hostname*
  PTR-Records lösen die IP-Adressen nach Namen auf. Dies wird dazu verwendet, um beispielsweise den Hostnamen einer Verbindung anzeigen zu können. Sie stehen in der Zone, die Netzwerknummern verwaltet.

  Zu Anfang steht der Anteil der IP-Adresse, der für die Unterscheidung der Hosts benötigt wird. Bei einem Class-C-Netz ist das nur eine Zahl zwischen 1 und 254. Es folgt IN PTR und dann der Hostname mit vollständiger Domänenangabe. Ein Punkt hinter dem Namen ist wichtig, sonst wird der Domänenname noch ein weiteres Mal angehängt.

13.6 Einrichten von DNS-Clients

Wenn Sie neben dem DNS-Server einen DHCP-Server betreiben, werden alle Computer im Netzwerk automatisch aus dieser Quelle die Adresse des DNS-Servers beziehen (siehe Abschnitt 9.7.3). Wenn Sie keinen DHCP-Server betreiben, müssen Sie die DNS-Adresse am Client direkt eintragen.

In Abschnitt 9.6.3 wird ausgeführt, wie ein UNIX-ähnliches Betriebssystem – und damit auch Debian – durch die Einträge in der Datei */etc/resolv.conf* als DNS-Client konfiguriert wird.

13.6.1 Linux-Desktop als DNS-Client

Die meisten Linux-Desktops stellen über den Netzwerkmanager eine grafische Konfiguration der Netzwerkkomponenten zur Verfügung. Sie erreichen ihn durch Anklicken des Netzwerksymbols im oberen Panel mit der rechten Maustaste. In dem sich daraufhin öffnenden Menü klicken Sie auf VERBINDUNGEN BEARBEITEN. Sie finden dahinter die Einstellungen zu den verschiedenen Netzwerkadaptern. Darin können Sie den DNS-Server automatisch per DHCP beziehen lassen oder manuell vorgeben.

13.6.2 Mac OS X als DNS-Client

Auf dem Mac erreichen Sie Systemeinstellungen entweder über das markante Symbol auf dem Dock oder über das Apfelmenü links oben unter dem Stichpunkt SYSTEMEINSTELLUNGEN. Es erscheint ein Fenster, in dem Sie das Symbol NETZWERK anklicken.

In der linken Spalte sehen Sie die Schnittstelle, die gerade bearbeitet wird (Abbildung 13.1). Hier ist es die Ethernet-Schnittstelle. Darunter finden Sie ein Schloss, das Sie anklicken müssen, um die Einstellungen zu ändern. Sie werden dann nach dem Administratorkennwort gefragt. Anschließend können Sie unter dem Feld DNS-SERVER die IP-Adresse eintragen.

13.6.3 Windows als DNS-Client

Sie müssen immer damit rechnen, dass Sie in einem Netzwerk auch einen Windows-PC vorfinden. Nehmen Sie es von der heiteren Seite. Offensichtlich hat Microsoft irgendwann einen Spielehersteller aufgekauft, der sein neuestes Adventure direkt in die Windows-Systemsteuerung eingebaut hat. Wie bei »Mensch ärgere dich nicht« beginnen Sie bei Windows 7 mit START.

Abbildung 13.1 Netzwerkeinstellungen unter Mac OS X

In dem sich öffnenden Menü finden Sie auf der rechten Seite den Button SYSTEMSTEUERUNG. In dem Folgefenster wählen Sie den Link NETZWERK UND INTERNET. Im Folgefenster klicken Sie auf den Link NETZWERK- UND FREIGABECENTER.

Links oben finden Sie ADAPTEREINSTELLUNGEN. Dieser Punkt heißt unter Windows Vista noch NETZWERKVERBINDUNGEN VERWALTEN. Es erscheint ein neues Fenster, in dem die verschiedenen Netzwerkschnittstellen aufgeführt sind.

Hinweis

Bei anderen Versionen müssen Sie mit anderen Wegen zu Ihren Einstellungen rechnen. Das Adventure soll ja nicht langweilig werden. Aber es gibt einen Cheat-Code: Sie drücken [Win]+[R]. Es erscheint der Ausführen-Dialog. Dort geben Sie ein: `ncpa.cpl`. Nun erscheint ein Fenster mit allen Netzwerkadaptern.

Dort klicken Sie die LAN-VERBINDUNG mit der rechten Maustaste an. Sie erhalten ein Kontextmenü, in dem Sie den Punkt EIGENSCHAFTEN wählen.

Es erscheint ein Dialog, in dem Sie INTERNETPROTOKOLL VERSION 4 (TCP/IPv4) anwählen. Daraufhin wird der Button EIGENSCHAFTEN anwählbar. Diese Möglichkeit nutzen Sie, um den in Abbildung 13.2 gezeigten Dialog zu erhalten.

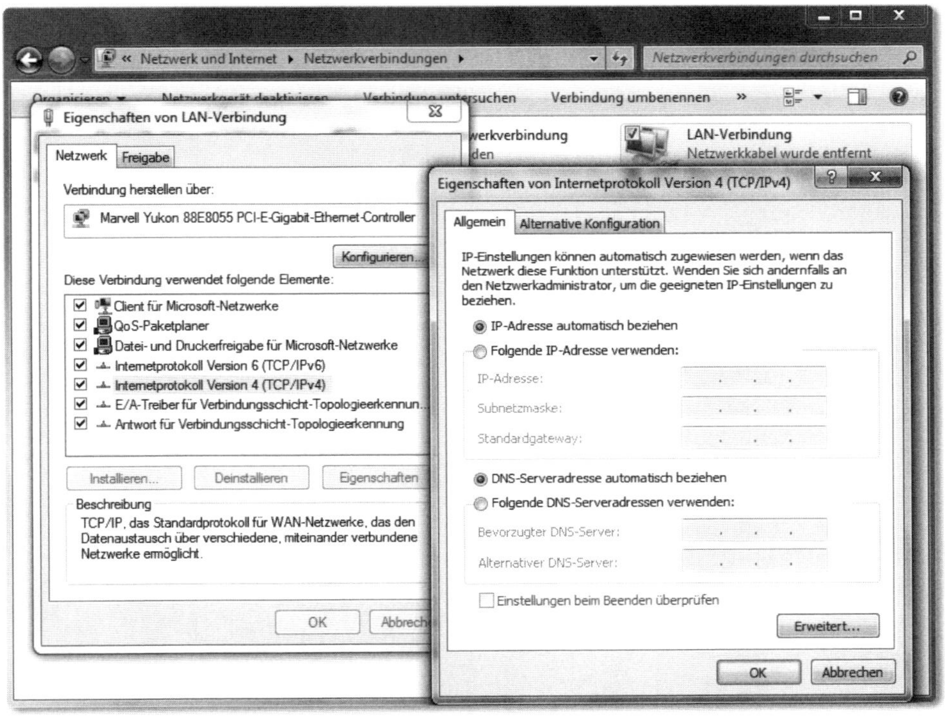

Abbildung 13.2 Netzwerkeinstellungen unter Windows 7

In der unteren Hälfte des Dialogs sehen Sie die Möglichkeit FOLGENDE DNS-SERVERADRESSEN VERWENDEN. Diese aktivieren Sie, und dann können Sie Ihren Lieblings-DNS-Server eintragen.

Kapitel 14
Sicherheit gegenüber Angreifern

Inhalt

- Mit der Firewall gegen Einbrüche aus dem Internet
- Attacken aufspüren
- Verschlüsselte Daten und sichere Tunnel

Natürlich sind Sie als Administrator für die Sicherheit im Netzwerk verantwortlich. Und Sie sollten mit Firewall, Proxy und Verschlüsselung umgehen können. Und selbst wenn Sie alle Pakete gefiltert und den letzten PC mit einem Fingerabdruckscanner versehen haben, werden Sie feststellen, dass der Sohn vom Chef jeden Mittwochnachmittag ab drei Uhr die neuesten Spiele seiner Freunde auf selbst gebrannten CDs mitbringt und auf dem PC der Sekretärin ausprobiert, weil er zu Hause keine so tolle Grafikkarte hat. Diese Geschichte ist nicht einmal frei erfunden. Wie erwähnt: Natürlich sind Sie als Administrator für die Sicherheit im Netzwerk verantwortlich. Viel Spaß!

Aber es ist nicht nur der Sohn vom Chef, der von außen an die Tür klopft. Das Jahr 2013 hat gezeigt, dass selbst Regierungen, die wir bisher für die Verteidiger der Freiheit und der Bürgerrechte gehalten haben, auch illegale Methoden einsetzen, um in fremde Rechnersysteme einzubrechen. Dabei berufen sie sich darauf, dass Ausländer nicht unter dem Schutz der eigenen Verfassung stehen. Da aber jeder Mensch fast überall auf der Welt Ausländer ist, war die Zahl der bedrohlichen Angreifer zu Zeiten des Kalten Krieges deutlich geringer als heute.

Wir müssen also davon ausgehen, dass Angreifer existieren, denen offenbar beliebige Geldmittel zur Verfügung stehen und die nicht einmal juristisch belangt werden können.

Ein einzelnes Kapitel eines Administrationshandbuchs wird Ihnen bei diesem Umfeld nicht genügend Mittel zur Verteidigung Ihres Servers an die Hand geben können. Es wäre aber falsch, resignierend gar nichts zu tun. Fangen Sie erst einmal an! Sie lernen hier sicher genug, um anschließend in Kursen oder speziellen Fachbüchern weitere Informationen zu den einzelnen Themen zu finden.

14.1 Firewall

Aus Sicht des unbeleckten Anwenders ist die Firewall wohl die eierlegende Wollmilchsau der Netzwerksicherheit. Der dramatische Name trägt seinen Teil dazu bei. Und weil »Firewall« so toll klingt, übersetzt auch kaum jemand diesen Begriff als »Brandschutzmauer«.

Dabei besagt dieser Begriff wenig über die Funktion. Der Begriff »Paketfilter« beschreibt seine Aktivitäten besser. Eine Firewall ist ein Gerät mit zwei Netzwerkschnittstellen, das in die Adressfelder der Pakete schaut und insbesondere anhand der Ports entnehmen kann, ob das Paket als Anfrage an einen Server innerhalb oder außerhalb des Netzwerks geht.

So kann die Firewall erlauben, dass ein Mitarbeiter im Internet surft, aber verhindern, dass sich ein Außenstehender auf dem Intranetserver umschaut. Sie kann den Mailverkehr erlauben oder verbieten, aber nicht verhindern, dass per Mail ein Virus transportiert wird, weil die Firewall nicht in den Inhalt der Pakete schaut.

Die Firewall steht zwischen dem lokalen, freundlichen und sicheren Netzwerk und dem bösen, aggressiven Internet. Der komplette Paketverkehr zwischen dem internen und externen Netz geht durch die Firewall hindurch. Ein naher Verwandter der Firewall ist die *Personal Firewall*. Diese läuft auf dem lokalen Computer und prüft dort, ob die ein- und ausgehenden Pakete harmlos erscheinen.

14.1.1 Wie funktioniert eine Firewall?

Da jedes Paket die IP-Adressen des Senders und des Empfängers und darüber hinaus deren Portnummern enthält, kann der Firewall-Rechner erkennen, zu welchem Zweck das Paket versandt wurde. Beispielsweise wird eine Anfrage an einen Webserver im Internet als Empfänger eine IP-Adresse haben, die nicht zum Firmennetz gehört, und zudem eine Portnummer 80. Der Absender hat eine IP-Adresse aus dem Firmenbereich und als Portnummer eine beliebige Nummer, die nicht zu den well known ports gehört. Bei der Antwort des Servers werden Empfänger und Absender vertauscht. Diese Pakete werden durchgelassen, wenn das Surfen innerhalb der Firma erlaubt ist.

Dagegen würde ein Versuch, den firmeninternen Intranet-Webserver von außen anzugreifen, anders aussehen. Der Empfänger des Pakets hätte eine IP-Adresse des internen Firmennetzes, und die Portnummer wäre 80. Es ist also an den Paketadressen zu erkennen, wer Client und wer Server ist. Einen solchen Zugriff soll die Firewall in der Regel verhindern.

Aber was passiert mit den Paketen, die gegen die Regeln verstoßen? Der Filter kann das Paket entweder an den Absender mit einer Fehlermeldung zurücksenden oder es einfach verwerfen. Damit gibt es insgesamt drei mögliche Aktionen:

- `ACCEPT`
  Das Paket wird akzeptiert und dementsprechend weitergeleitet.
- `REJECT`
  Das Paket ist nicht in Ordnung. Es geht zurück an den Absender, um ihn darauf hinzuweisen, dass solche Pakete unerwünscht sind.
- `DROP`
  Das Paket ist nicht in Ordnung. Um dem Absender aber keinen Hinweis zu geben, dass er erkannt wurde, wird das Paket einfach fallen gelassen.

Diese drei Aktionen können sowohl für die eingehenden als auch auch für die ausgehenden Pakete eingeleitet werden. Abbildung 14.1 zeigt schematisch, wie eine Firewall auf der Basis eines Paketfilters arbeitet. Die Dreiwegeschalter sollen die Wirkung der Aktionen in der jeweiligen Richtung darstellen. Das Regelwerk steuert die Magneten, die den Schalter jeweils umlegen.

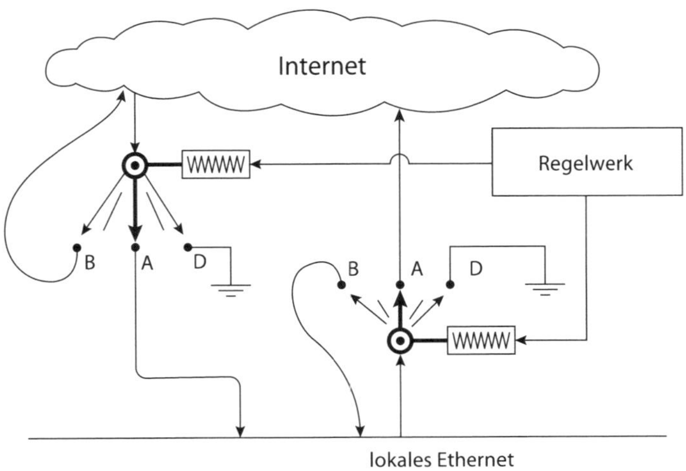

Abbildung 14.1 Firewall

Kapitel **14**

Die eigentliche Arbeit der Firewall wird vom Linux-Kernel übernommen. Die Software heißt Netfilter (siehe *www.netfilter.org*). Die Filter werden durch die Software `iptables` konfiguriert, die auf einem Linux-Rechner bereits von Haus aus installiert ist.

14.1.2 Firewalls für IPv6

In manchen lokalen Netzwerken ist sogar ohne das Wissen des Administrators bereits IPv6 aktiv, weil automatische Konfigurationen dies eingerichtet haben. Diese Systeme können von außen angreifbar sein, wenn die Firewall nicht auch IPv6 filtert.

Alle in diesem Abschnitt beschriebenen Mechanismen arbeiten zwar mit IPv4, können aber genauso für IPv6 verwendet werden, wenn man statt des Befehls `iptables` den Befehl `ip6tables` verwendet. Im einfachsten Fall kopieren Sie die Befehle Ihrer IPv4-Firewall noch einmal an das Ende und passen die Befehlsnamen an.

Das komplette Abschalten von IPv6 als simple Lösung ist nicht mehr bei allen Systemen problemlos möglich.

14.1.3 Beispielhafter Einstieg in iptables

Zur Einstimmung wird in diesem Abschnitt eine kleine Firewall aufgebaut, die den Zugriff auf den Computer von außen unterbindet und nur ein, zwei Ports ausnimmt.

Alles verbieten!

Die erste Firewall-Regel lautet, jede Kommunikation zu unterbinden. Anschließend werden sukzessive die benötigten und ungefährlichen Kommunikationswege zugelassen. Abschließend werden dann alle Pakete, die nicht explizit erlaubt wurden, verworfen. Der Befehl zum Löschen der Netzfilter lautet:

```
iptables -F
```

Nun sind die Filtertabellen leer und können langsam aufgebaut werden. Sollte vorher eine Firewall auf diesem Computer eingerichtet worden sein, ist sie nun nicht mehr aktiv.

Mailserver erlauben

Es sollen alle Zugriffe von außen abgeschottet werden, außer dem Port für den Mailserver. Das wäre der Port 25:

```
iptables -A INPUT -p tcp --dport 25 -j ACCEPT
```

Die Option `-A INPUT` besagt, dass Sie der Eingangskette eine Regel hinzufügen. Mit `-p tcp` und `-dport 25` sagen Sie, dass der Port 25 des Protokolls `tcp` gemeint ist. Die Zieloption `-j ACCEPT` besagt, dass diese Pakete erlaubt werden.

Kette schließen

Zu guter Letzt muss die `INPUT`-Kette abgeschlossen werden. Sie geben als letzten Befehl ein, dass alle eingehenden Pakete, für die bisher noch keine Regel gefunden wurde, nun verworfen werden sollen. Der Befehl dafür lautet:

```
iptables -A INPUT -j DROP
```

Hier besagt die Zieloption `-j DROP`, dass die Pakete fallen gelassen werden.

Warnung ×

Sollten Sie diese Zeile gerade per SSH eingegeben haben, dürften Sie nun plötzlich keine Reaktion mehr feststellen. Sie haben sich selbst den Ast abgesägt, auf dem Sie saßen. Denn der Port 22 ist nun blockiert. Hätten Sie in der vorigen Zeile Port 22 statt Port 25 freigegeben, könnten Sie nun in Ruhe weiterarbeiten.

Reihenfolge beachten

Falls Sie gerade auf den Gedanken kamen, dass sich Regeln von der Konsole aus nachträglich anhängen lassen, werden Sie sicher enttäuscht sein. Die Regeln werden in der Reihenfolge abgearbeitet, in der sie eingegeben wurden. Wenn der `DROP` vor dem `ACCEPT` des Ports 22 erfolgt, ist das Paket bereits vor dem `ACCEPT` weg. Die richtige Reihenfolge wäre also:

```
iptables -F
iptables -A INPUT -p tcp --dport 25 -j ACCEPT
iptables -A INPUT -p tcp --dport 22 -j ACCEPT
iptables -A INPUT -j DROP
```

Falls Sie meinen, nun wäre alles gut, sollten Sie einmal versuchen, von dem Rechner aus eine SSH-Verbindung nach draußen aufzubauen. Das sollte eigentlich wunderbar funktionieren, denn schließlich sind die ausgehenden Verbindungen nicht behindert. Das ist auch richtig. Völlig ohne Behinderung können Sie eine Verbindung zu einem beliebigen Zielrechner aufbauen. Aber leider verhindert die Firewall, dass die Antworten des Zielrechners wieder zurückkommen. Sie müssten der Firewall also mitteilen, dass bitte alle Pakete durchgelassen werden sollten, die in irgendeiner Form etwas mit bestehenden Verbindungen zu tun haben. Die Formulierung dafür lautet:

```
iptables -A INPUT -m state --state ESTABLISHED,RELATED -j ACCEPPT
```

Natürlich ist es klug, diese Regel ganz zu Anfang zu setzen. Sie können sich nun die Tabelle mit dem Befehl `iptables -L` ansehen:

```
# iptables -L
Chain INPUT (policy ACCEPT)
target prot opt source   destination
ACCEPT all  --  anywhere anywhere  state RELATED,ESTABLISHED
ACCEPT tcp  --  anywhere anywhere  tcp dpt:smtp
ACCEPT tcp  --  anywhere anywhere  tcp dpt:ssh
DROP   all  --  anywhere anywhere

Chain FORWARD (policy ACCEPT)
target prot opt source   destination

Chain OUTPUT (policy ACCEPT)
target prot opt source   destination
#
```

Nun sollten Sie ein Gefühl dafür haben, wie alles zusammenpasst.

14.1.4 Regeln verwalten

Standardmäßig greift `iptables` auf eine Tabelle namens `filter` zu. Um diese Filtertabelle auf einen definierten Grundzustand zu bringen, wird sie zunächst mit der Option `-F` gelöscht. Damit werden alle bisherigen Filter entfernt, und damit wird auch eine bis jetzt aktive Firewall deaktiviert.

Die Option `-A` oder `--add` hängt an die Regelliste einer Kette eine neue Regel an. In den meisten Fällen werden zwei Ketten verwendet: `INPUT` beschreibt die Pakete, die von außen nach innen wollen, und `OUTPUT` sind die Pakete, die den umgekehrten Weg antreten.

Die Kette `INPUT` der Firewall verhindert vor allem Angriffe von außen. Die Kette `OUTPUT` kontrolliert, welche Dienste des Internets von den Computern des lokalen Netzwerks verwendet werden dürfen.

Wenn Sie nachträglich Regeln einfügen wollen, können Sie die Option `-I` oder `--insert` einsetzen. Da die Firewall meist nicht spontan umgebaut wird, ist es kein Problem, die Regeln in der richtigen Reihenfolge aufzustellen. So werden neben `-A` und `-F` selten andere Befehle verwendet.

Wenn Sie allerdings eine Regel einfügen wollen, müssen Sie die Position der Regel in der bisherigen Liste angeben. Dazu verwenden Sie eine Regelnummer. Die neue Regel wird an dieser Position eingefügt, alle weiteren Regeln werden um je eine Position aufgeschoben.

```
# iptables -L
Chain INPUT (policy ACCEPT)
target     prot opt source          destination
ACCEPT     tcp  --  anywhere        anywhere        tcp dpt:smtp
ACCEPT     tcp  --  anywhere        anywhere        tcp dpt:ssh
ACCEPT     tcp  --  anywhere        anywhere        tcp dpt:pop3
DROP       all  --  anywhere        anywhere
...
# iptables -I INPUT  2 -p tcp --dport www  -j ACCEPT
# iptables -L
Chain INPUT (policy ACCEPT)
target     prot opt source          destination
ACCEPT     tcp  --  anywhere        anywhere        tcp dpt:smtp
ACCEPT     tcp  --  anywhere        anywhere        tcp dpt:www
ACCEPT     tcp  --  anywhere        anywhere        tcp dpt:ssh
ACCEPT     tcp  --  anywhere        anywhere        tcp dpt:pop3
DROP       all  --  anywhere        anywhere
...
#
```

Sie können eine Regel entfernen. Dazu verwenden Sie die Option `-D` oder `--delete`. Als Parameter können Sie die zu entfernende Regel nennen oder einfacher die Regelnummer angeben. Das folgende Beispiel zeigt, wie die dritte Regel entfernt wird:

```
# iptables -D INPUT 2
# iptables -L
Chain INPUT (policy ACCEPT)
target     prot opt source          destination
ACCEPT     tcp  --  anywhere        anywhere        tcp dpt:smtp
ACCEPT     tcp  --  anywhere        anywhere        tcp dpt:ssh
ACCEPT     tcp  --  anywhere        anywhere        tcp dpt:pop3
DROP       all  --  anywhere        anywhere
...
#
```

Tabelle 14.1 stellt die wichtigsten Befehle für das Aufstellen einer Regelliste zusammen.

Kurz	Lang	Wirkung
`-F`	`--flush`	Löscht die Regeltabelle.
`-A`	`--add`	Fügt eine Regel hinzu.
`-D`	`--delete`	Löscht eine Regel.
`-I`	`--insert`	Fügt eine Regel ein.

Tabelle 14.1 Übersicht über die Aktionen von iptables

14.1.5 Ziele bestimmen

Die Regeln bestimmen, welche Pakete die Firewall näher betrachten soll. Die Zielbestimmung legt fest, was mit diesem Paket geschehen soll. Sie erweitert also eine Regel. Die Zielbestimmung wird der Regel über die Option `-j` oder `--jump` hinzugefügt. Sie erwartet eines der Ziele aus Tabelle 14.2 als Argument.

Name	Bedeutung
`ACCEPT`	Das Paket wird akzeptiert.
`DROP`	Das Paket wird fallen gelassen.
`LOG`	Der Vorgang wird protokolliert.
`REJECT`	Das Paket wird mit Fehlermeldung zurückgewiesen.

Tabelle 14.2 Ziel einer Regel

Die Zielbestimmungen haben Sie beim Regelaufbau bereits verwendet, weil eine Regel ohne Ziel sinnlos ist. Die folgende Regel enthält die Zielbestimmung `DROP`, verwirft also Pakete, die die Regel erreichen und erfüllen.

```
iptables -A INPUT -j DROP
```

Das Ziel `LOG` hilft vor allem bei den ersten Versuchen. Es wird gern als vorletzte Regel in die `INPUT`-Kette genommen und zeigt dann in den Protokolldateien deutlich, wie die Firewall arbeitet.

```
iptables -A INPUT -j LOG
```

Da dieser Befehl die Protokolldatei ordentlich anwachsen lässt, sollten Sie ihn nur in der Entwicklungsphase verwenden.

14.1.6 Pakete spezifizieren

Welche Pakete gefiltert oder durchgelassen werden, wird durch das Protokoll und die Portnummern spezifiziert. In der Kombination mit der `INPUT`- oder `OUTPUT`-Kette können die genutzten Dienste eindeutig beschrieben werden. Darüber hinaus können auch die Netzwerkadapter sowie die Netzwerkadressen als Eigenschaften der Pakete herangezogen werden.

In den allermeisten Fällen wird nach dem Dienst gefiltert. Dazu wird zunächst das Protokoll des Dienstes mit der Option `-p` oder `--protocol` angegeben. Bei den Angaben `tcp` oder `udp` kann dann der Port mit der Option `--dport` angegeben werden. Dazu verwenden Sie die Portnummer oder den Namen des Dienstes, wie er in der Datei */etc/services* steht. Die folgende Regel akzeptiert alle eingehenden Pakete, die mit der Portnummer 22 und dem Protokoll TCP eintreffen. Ein solches Paket wird auftreten, wenn jemand von außen den ssh-Dienst nutzen will.

```
iptables -A INPUT -p tcp --dport 22 -j ACCEPT
```

Sie können auch nur ein Protokoll angeben. So wird der folgende Befehl alle Pakete des ICMP-Protokolls verwerfen:

```
iptables -A INPUT -p icmp -j DROP
```

Einige Administratoren klemmen ICMP ab, weil sie fürchten, dass damit ein Angreifer zu viele Informationen über sein Angriffsziel erlangt. Andererseits fehlt dem Netzwerkadministrator ein wichtiges Hilfsmittel. Unter IPv6 ist ICMPv6 sogar zum Betrieb unerlässlich.

Hinweis

Klemmen Sie ICMP erst dann ab, wenn Sie sich mit dem Thema eingehend beschäftigt haben und genau wissen, warum Sie das tun.

Darüber hinaus können Sie die Adressen spezifizieren. Mit der Option `-s` oder `--source` geben Sie die Adresse eines Hosts oder eines Netzwerks der Quelle an. Bei einem Netzwerk wird in der CIDR-Schreibweise die Anzahl der Bits für die Netzwerkkennung hinter einem Schrägstrich angegeben (siehe Abschnitt 9.3), beispielsweise 192.168.0/24. Auf gleiche Weise kann auch das Ziel mit der Option `-d` oder `--destination` angegeben werden.

Hinweis

In diesem und den folgenden Abschnitten wird die Schnittstelle ins Internet als *ppp0* bezeichnet. Diese Kennung erhalten typischerweise UMTS-Karten. Heutzutage erfolgt der Zugriff zum Internet meist über Ethernet-Anschlüsse, aber mit *ppp0* ist die Internetschnittstelle hier leichter als solche zu erkennen.

Sie können bestimmte Schnittstellen ausschließen. So möchten Sie sicher nicht, dass SAMBA-Freigaben oder der SSH-Dienst über die ppp0-Schnittstelle im Internet angeboten werden. Mit der Option `-i` oder `--in-interface` können Sie das eingehende und mit der Option `-o` oder `--out-interface` das ausgehende Interface benennen. Der Option muss der Name der Schnittstelle folgen. Ein Ausrufezeichen vor der Schnittstelle bezeichnet, dass dieser Ausgang negiert wird.

Option	kurz	Bedeutung
`--protocol` *Protokoll*	-p	Protokoll
`--dport` *Port*		Portnummer oder Portname
`--source` *Adresse*	-s	Quelle
`--destination` *Adresse*	-d	Ziel
`--in-interface` *Interface*	-i	Eingehende Netzwerkschnittstelle
`--out-interface` *Interface*	-o	Ausgehende Netzwerkschnittstelle

Tabelle 14.3 Übersicht über die Spezifikation der Pakete

14.1.7 Spezialfälle

Das Protokoll FTP verwendet grundsätzlich den Port 21. Allerdings wird mit dem Übergang in die Datenübertragung ein eigener Datenkanal aufgebaut, der eben nicht mehr den Port 21 verwendet. Selbst wenn Sie also den Port 21 freigeben, wird FTP genau dann unterbrochen, wenn die Daten kommen sollen. Für die Lösung dieses Problems gibt es das Modul `ip_conntrack_ftp`, das Sie allerdings explizit starten müssen:

```
# modprobe ip_conntrack_ftp
```

Wenn Sie SAMBA verwenden, müssen die Ports 137/udp, 138/udp, 139/tcp und 445/tcp freigegeben werden. Und wenn Sie schon SAMBA betreiben, soll dieses vielleicht auch das lokale Netzwerk nicht verlassen:

```
iptables -A INPUT  -p udp --dport 137 -s 192.168.109.0/24 -j ACCEPT
iptables -A INPUT  -p udp --dport 138 -s 192.168.109.0/24 -j ACCEPT
iptables -A OUTPUT -p udp --dport 137 -d 192.168.109.0/24 -j ACCEPT
iptables -A OUTPUT -p udp --dport 138 -d 192.168.109.0/24 -j ACCEPT
iptables -A INPUT  -p tcp --dport 139 -s 192.168.109.0/24 -j ACCEPT
iptables -A INPUT  -p tcp --dport 445 -s 192.168.109.0/24 -j ACCEPT
iptables -A OUTPUT -p tcp --dport 139 -d 192.168.109.0/24 -j ACCEPT
iptables -A OUTPUT -p tcp --dport 445 -d 192.168.109.0/24 -j ACCEPT
```

14.1.8 Eigene Ketten bilden

Sie können auch eigene Ketten bilden, die in den Regeln verwendet werden können.

Spicker ×

```
iptables -N Kettenname
iptables --new-chain Kettenname
```

Mit der Option `-N` ist der Name der Kette definiert. Sie können nun Regeln an die Kette anhängen, wie Sie dies auch bei der `INPUT`- oder `OUTPUT`-Kette tun:

```
iptables -N MEINEKETTE
iptables -A MEINEKETTE ...
```

Die eigene Kette können Sie nun als Ziel einer Regel verwenden, indem Sie sie wie `ACCEPT` oder `DROP` verwenden:

```
iptables -A INPUT .... -j MEINEKETTE
```

Sie können bestimmte Filter oder Protokolle durch Ihre selbst geschriebene Kette definieren und diese wie ein Makro einsetzen, um das Erstellen der Regeln zu vereinfachen oder übersichtlicher zu gestalten.

14.1.9 Die Firewall automatisch starten

Eine Firewall nutzt wenig, wenn sie nicht aktiv ist. Also sollte sie beim Rechnerstart mit hochfahren. Zunächst einmal müssen die Regeln einer Firewall in einer Datei abgelegt werden können. Dazu kann man einfach die Befehle, die zur Erzeugung der Firewall benötigt werden, in einem Skript zusammenfassen. Es gibt aber auch zu diesem Zweck zwei Programme, die den aktuellen Zustand der Firewall sichern und ihn aus der Sicherungsdatei restaurieren können. Der Befehl `iptables-save` zeigt die aktuelle Firewall auf der Standardausgabe an. Die Ausgabe kann aber natürlich auch in eine Datei umgeleitet werden. Der Befehl `iptables-restore` kann den Inhalt der Datei wieder zu einer funktionieren Firewall machen. Mit dem folgenden Befehl werden die Firewall-Regeln in der Datei */etc/iptables.rules* gespeichert:

```
# iptables-save > /etc/iptables.rules
```

Einbau in die Datei /etc/network/interfaces

Nun stellt sich die Frage, wie diese Regeln beim Systemstart wieder aktiviert werden sollen. Naheliegenderweise sollte die Firewall mit dem Netzwerk gemeinsam starten. Dazu kann man in der Datei */etc/network/interfaces* bei der Definition der Ethernet-Schnittstelle mit dem Label `pre-up` den Befehl `iptables-restore` absetzen, der die Regeln aktiviert.

```
# /etc/network/interfaces
auto eth0
iface eth0 inet dhcp
  pre-up iptables-restore < /etc/iptables.rules
```

Durch diese Anweisung werden die Firewall-Regeln hergestellt, kurz bevor die Schnittstelle aktiv wird. Damit ist das System dicht. Sollte es beim Booten plötzlich Schwierigkeiten geben, könnte es sein, dass Ihr System vielleicht doch vom Netzwerk abhängig ist. Besonders bitter ist es, wenn Sie vergessen haben sollten, die lokale Kommunikation freizugeben. Das könnte den Systemstart extrem verzögern. Die folgenden `iptables`-Zeilen dürften hier helfen:

```
iptables -A INPUT  -i lo -j ACCEPT
iptables -A OUTPUT -o lo -j ACCEPT
```

Oder in ein rc-Skript einbauen

Alternativ können Sie Ihre `iptables`-Anweisungen in einem Skript zusammenfassen und dieses im Verzeichnis */etc/init.d* hinterlegen. Dazu muss es den Anforderungen eines Startskripts genügen. In Abschnitt 8.4.3 finden Sie eine ausführlichere Beschreibung dazu.

```
#! /bin/sh
case "$1" in
    start)
        echo "Starte Firewall-Regeln"
        iptables -F
        iptables -A ....
        ...
        ;;
    stop)
        ;;
esac
```

Durch symbolische Links in den entsprechenden *rc*-Verzeichnissen erreichen Sie, dass es beim Start ausgeführt wird.

14.2 Masquerading mit NAT

Masquerading wird verwendet, um Computer eines lokalen Netzwerks, die keine internetfähige IP-Adressen haben, mit dem Internet zu verbinden. Sie verwenden dieses Verfahren vielleicht schon, ohne es zu wissen. Alle gängigen Internet-Router tun dies, um die oft dynamisch zugeteilte IP-Adresse des Providers auf alle mit dem Router verbundenen PCs zu verteilen.

Beim Masquerading werden die Absenderadressen der Pakete beim Weiterleiten ins Internet durch die Adresse des maskierenden Computers ersetzt. Dieser merkt sich den

Adressaten, den Absender und den eigenen Port, über den er das Paket gesendet hat. Sobald auf diesem Port eine Antwort des Adressaten hereinkommt, setzt er als Adresse wieder die des ursprünglichen Absenders hinein und sendet das Paket an den ursprünglichen Auftraggeber. Da dabei die Adressen umgesetzt werden, spricht man von *Network Address Translation* oder NAT. Abbildung 14.2 zeigt das grundsätzliche Prinzip.

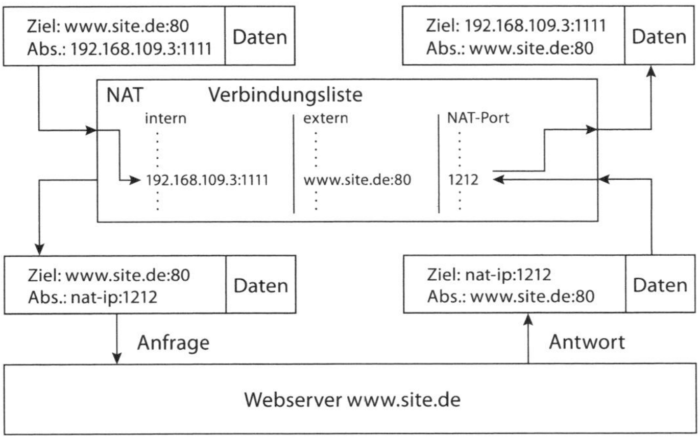

Abbildung 14.2 Network Address Translation (NAT)

In der Grafik ist zu sehen, wie ein Absender ein Paket an die IP-Adresse einer Website sendet. Er verwendet dabei den Standardport 80. Als Absender verwendet er seine lokale IP-Adresse (beispielsweise 192.168.109.3) Als Port verwendet er einen dynamisch zugeteilten, nicht reservierten Port. Hier wird als Beispiel 1111 genannt. Das Paket gerät per Standardroute an das Gateway, auf dem eine NAT-Software arbeitet, die das Masquerading übernimmt. Sie speichert den Client mit IP-Adresse und Port, aber auch den Server mit beiden Informationen. Nun wird das Paket weitergeleitet, allerdings wird der Absender gefälscht. Hier werden die IP-Adresse des Gateways und die Portnummer, die für das Versenden des Pakets verwendet wird, eingetragen. Auch diese Portnummer, hier 1212, wird gespeichert.

Irgendwann wird eine Antwort auf dem Port 1212 eintreffen. Anhand der gespeicherten Informationen kann ermittelt werden, welche IP-Adresse und welchen Port der ursprüngliche Auftraggeber verwendet hat. An ihn wird das Paket nun weitergeleitet.

Für den Auftraggeber ist das Zwischenschalten des NATs völlig transparent, also nicht erkennbar. Er hat an den Port 80 einer IP-Adresse ein Paket gesendet und genau von dort eine Antwort bekommen.

Aus Sicht des Webservers und damit aus Sicht des Internets gibt es nur das Gateway als Auftraggeber. Die lokale IP-Adresse wird nicht außerhalb des lokalen Netzwerks sichtbar. Das hat zwei Vorteile. Erstens kann der lokale Computer aus dem Internet nur erreicht werden, wenn er eine Anfrage an einen Server gestellt hat. Schadenssoftware wie der Win32.Blaster, der die Ports eines Computers auf Sicherheitslücken abklopft, kann die PCs hinter dem NAT also nicht ansprechen. Zweitens wird ein komplettes Netzwerk mit beliebig vielen Computern durch eine einzige IP-Adresse im Internet vertreten. Ohne das Masquerading wären die IP-Adressen des Internets längst aufgebraucht.

iptables erledigt die Maskerade

Die Aufgabe des Masqueradings wird durch `iptables` erledigt. Es verwendet dazu statt der Tabelle `filter`, die beim Aufbau einer Firewall standardmäßig verwendet wird, die Tabelle `nat`. Die Ausgabe erfolgt auf die Schnittstelle, die sich dem Internet zuwendet. Diese wird hier mit `ppp0` bezeichnet, muss aber keine PPP-Schnittstelle sein, sondern könnte genauso gut auch eine zweite Ethernet-Schnittstelle sein. Das Ziel der Regel ist MASQUERADE.

```
# iptables -t nat -A POSTROUTING -o ppp0 -j MASQUERADE
```

Forwarding aktivieren

Bevor allerdings die Masken aufgesetzt werden, muss zunächst einmal sichergestellt werden, dass die Pakete aus dem lokalen Netzwerk überhaupt die Internetschnittstelle und umgekehrt erreichen. Dazu müssen die Pakete weitergeleitet werden. Dies tut Linux nur, wenn das »Forward-Flag« gesetzt ist. Dies erreichen Sie über das Pseudoverzeichnis */proc*:

```
# echo "1" > /proc/sys/net/ipv4/ip_forward
```

14.3 Workshop: Notebook als UMTS-Router

Das folgende Beispiel hat zwar nichts mit Sicherheit zu tun, führt aber noch einmal die NAT-Funktion einer Firewall vor. Es zeigt anhand einer praktischen Situation, wie Sie die Kenntnisse aus dem Routing, dem DHCP und dem NAT einsetzen können, um den UMTS-Zugang zum Internet für ein kleines Netzwerk zu nutzen.

Stellen Sie sich vor, beim Linux-Treffen in der Kneipe soll auf die Schnelle ein Netzwerk aufgebaut werden. Das ist natürlich kein großes Problem, weil von drei Linux-Benutzern immer einer zufällig einen Hub einstecken hat. Die Kabel sind auch schnell verbunden. Einer braucht eine Information aus dem Internet, kramt eine UMTS-Karte aus der Tasche heraus und schließt sie an seinen Computer an. Nun wollen natürlich alle ins Internet.

Damit auch die anderen Computer im Netz ins Internet kommen, muss der Rechner mit dem UMTS-Modem als Gateway arbeiten, also die eingehenden Pakete weiterleiten. Er muss ein Masquerading aufbauen, dazu benötigen Sie einen Paketfilter wie `iptables`. Sie müssen einen DNS-Server angeben, der nicht auf dem Gerät selbst laufen muss. Im Internet gibt es glücklicherweise genügend davon. Und dann sollte ein DHCP-Server für die Verteilung der Konfiguration sorgen.

14.3.1 UMTS-Modem in Betrieb nehmen

Heutzutage ist der Anschluss eines UMTS-Modems nicht weiter kompliziert. Egal, ob es sich um einen USB-Stöpsel oder eine PCMCIA-Karte handelt: Der Zugriff erfolgt über das Gerät *ttyUSBx*. Damit das auch bei Ihrer Karte funktioniert, sollten Sie das UMTS-Modem beim Einstecken beobachten. Dazu loggen Sie sich als root ein und geben dann das Kommando:

```
# tail -f /var/log/messages
```

Sie erhalten keinen neuen Prompt, sondern sehen die letzten Zeilen der Datei *messages*. Nun stecken Sie das UMTS-Gerät ein. Es sollte eine Folge von Nachrichten wie die folgenden erscheinen:

```
...2: new full speed USB device using uhci_hcd and address 3
...usb 1-2: configuration #1 chosen from 1 choice
...option 1-2:1.0: GSM modem (1-port) converter detected
...usb 1-2: GSM modem (1-port) converter attached to ttyUSB0
...option 1-2:1.1: GSM modem (1-port) converter detected
...usb 1-2: GSM modem (1-port) converter attached to ttyUSB1
...option 1-2:1.2: GSM modem (1-port) converter detected
...usb 1-2: GSM modem (1-port) converter attached to ttyUSB2
```

Sie sehen hier, wie das Modem den Gerätedateien *ttyUSB0* bis *ttyUSB2* zugewiesen wurde.

14.3.2 Verbindung zum Internet herstellen

Bei den meisten UMTS-Karten ist nur die erste Gerätedatei interessant. An dieses Gerät werden die Modemkommandos versendet. Sollte es bei Ihnen nicht funktionieren, experimentieren Sie am besten ein wenig. Einer meiner USB-UMTS-Adapter, der insgesamt vier Gerätedateien anlegte, nahm die PIN über *ttyUSB1* und verwendete dafür *ttyUSB3* für `wvdial`.

Für das Beispiel bleiben wir aber bei der Datei *ttyUSB0*. Das folgende Kommando schaltet die PIN frei:

```
# echo "AT+CPIN=1234" > /dev/ttyUSB0
```

Die Zahl 1234 ist die PIN der UMTS-Karte. Ich könnte mir vorstellen, dass Ihre PIN anders lautet. Nach diesem Kommando sollte die Karte bereits mit dem Netzwerk Kontakt aufnehmen und anzeigen, ob hier UMTS- oder GPRS-Empfang zur Verfügung steht.

Angemeldet ist die Karte noch nicht. Für die Anmeldung von der Konsole aus gibt es das schon etwas ältere Programm `wvdial`. Dieses muss nachinstalliert werden.

```
# apt-get install wvdial
```

Das Programm wird durch die Konfigurationsdatei */etc/wvdial.conf* parametrisiert. Hier geben Sie die Telefonnummer, den Benutzernamen und das Passwort ein. Zum Teil sind diese Informationen beim UMTS-Verkehr nicht erforderlich. Die folgende Version zeigt die Anmeldung in ein UMTS-Netz der Firma Vodafone.

```
[Dialer Defaults]
Phone = *99***1#
Username = egal
Password = egal
New PPPD = yes
Init1 = ATL
ISDN = 0
Modem = /dev/ttyUSB0
Baud = 460800
Dial Command = ATD
Carrier Check = no
Stupid Mode = 1
Init4 = AT+CGDCONT=1,"IP","web.vodafone.de"
Dial Attempts = 3
```

Bei den anderen Anbietern ist es ähnlich. Die gültigen Werte für Ihren Provider finden Sie sicher mit einer vertrauensvollen Anfrage bei Ihrer Lieblingssuchmaschine.

Nun ist es so weit, Sie können das Programm `wvdial` aufrufen. Beim Aufruf können Sie sehen, wie es die Informationen an das Modem sendet und schließlich meldet, dass die Verbindung steht. Scheitert der Aufbau, endet das Programm. Solange es läuft, können Daten transportiert werden. Die Verbindung wird getrennt, indem das Programm durch die Tastenkombination [Strg]+[C] beendet wird. Auf diesem Computer können Sie nun surfen oder Ihre E-Mails abholen.

14.3.3 Die Verbindung veröffentlichen

Ihr Computer ist nun mit dem Internet verbunden und stellt eine Ethernet-Verbindung zur Verfügung. Nun soll diese Schnittstelle anderen Computern dazu dienen, ins Internet zu gelangen.

Forwarding

Das Durchreichen der Netzwerkpakete an eine andere Netzwerkschnittstelle nennt man *Forwarding* und ist das, was einen Router ausmacht. Er reicht die Pakete weiter. Damit Linux dies tut, wird im Verzeichnis */proc/sys/net/ipv4* die Pseudodatei *ip_forward* mit einer »1« gefüllt.

NAT

Im nächsten Schritt wird der Paketfilter `iptables` verwendet, um ein NAT (Network Address Translation) aufzubauen. `iptables` muss nicht extra installiert werden, weil es bereits zur Standardausstattung dazugehört. Die Ethernet-Schnittstelle muss mit einer festen IP-Adresse versehen werden, damit der Rechner für die außenstehenden Rechner eindeutig erreichbar ist.

Das folgende Skript `setrouter` führt diese Schritte direkt hintereinander aus:

```
# echo "1" > /proc/sys/net/ipv4/ip_forward
# iptables -t nat -A POSTROUTING -o ppp0 -j MASQUERADE
# ifconfig eth0 192.168.109.10
```

14.3.4 Clients automatisch konfigurieren

Die angeschlossenen Computer sollen sich idealerweise selbst konfigurieren. Um ins Internet zu gelangen, müssen sie eine IP-Adresse bekommen, eine Gateway-Adresse und einen DNS-Server. Das ist ein Betätigungsfeld für einen DHCP-Server. Sie installieren ihn mit dem folgenden Befehl:

```
# apt-get install isc-dhcp-server
```

Die Installation weist Sie darauf hin, dass dieser Server nicht autoritativ ist. Das nehmen Sie einfach hin, Sie können an dieser Stelle eh nichts daran ändern. In der Konfiguration werden Sie das anschließend korrigieren.

Nach der Installation müssen Sie die Konfigurationsdatei bearbeiten. Kopieren Sie das Original, und dann rufen Sie den Editor auf:

```
# vi /etc/dhcp/dhcpd.conf
```

Da Sie das Original ja kopiert haben, können Sie den kompletten Inhalt durch folgende Zeilen ersetzen:

```
option domain-name-servers 213.73.91.35;
default-lease-time 600;
max-lease-time 7200;
authoritative;
subnet 192.168.109.0 netmask 255.255.255.0 {
  range 192.168.109.100 192.168.109.150;
  option routers 192.168.109.10;
}
```

Das reicht schon, um diesen Ansprüchen zu genügen. In der ersten Zeile wird die Adresse 213.73.91.35 als DNS-Server angegeben. Dies ist der DNS-Server des Chaos Computer Club. Die Lease-Zeiten sind in diesem Fall von geringerer Bedeutung. Mit `authoritative` legen Sie fest, dass dieser DHCP-Server der einzige im Netzwerk ist. Dann wird das Subnetzwerk 192.168.109.0 geöffnet. Darin werden die Hostnummern von 100 bis 150 verteilt und der Host 10 als Gateway angegeben.

Im letzten Schritt starten Sie den DHCP-Server. Achten Sie darauf, dass der Computer nicht an ein Netzwerk angeschlossen ist, in dem schon ein anderer DHCP-Server steht. Am besten, Sie bauen ein kleines Netz aus dem Server und einem Clientrechner auf. Dann können Sie den DHCP-Server mit dem folgenden Befehl starten:

```
# /etc/init.d/isc-dhcp-server start
```

Wenn Sie keine Fehlermeldung bekommen, ist der DHCP-Server gestartet. Ansonsten stimmt Ihre Konfigurationsdatei nicht. Sie erhalten typischerweise eine Fehlermeldung, die auf die fehlerhafte Zeile hinweist.

Ein Client-Rechner sollte nun bereits eine eigene IP-Adresse bekommen haben, eine Default-Route und einen DNS-Server. Das prüfen Sie mit den folgenden Befehlen nach:

```
# ifconfig
...
# netstat -nr
...
# cat /etc/resolv.conf
...
```

DHCP-Start verhindern

Sie haben auf Ihrem Notebook einen DHCP-Server installiert. Für den Einsatz als Router ist das eine gute Sache. Aber im normalen Leben wird es schwierig, wenn Sie dieses Notebook an irgendein Netzwerk hängen. Plötzlich wird Ihr Rechner den DHCP-Service übernehmen, und der Administrator wird eine Weile fluchen, bevor er herausfindet, was da eigentlich passiert ist. Sie sollten den DHCP-Service also nicht automatisch, sondern nur auf besonderen Wunsch starten. Dazu muss er aus dem automatischen Start genommen werden.

Der DHCP-Service wird im Verzeichnis */etc/rc3.d* und im Verzeichnis */etc/rc4.d* durch den symbolischen Link *S03isc-dhcp-server* gestartet. Der Link zeigt auf */etc/init.d/ isc-dhcp-server*. Sie müssen diesen einfach nur löschen:

```
# rm  /etc/rc?.d/S03isc-dhcp-server
```

Das Fragezeichen im Pfadnamen bewirkt, dass alle Einträge in den Startverzeichnissen entfernt werden.

Soll der DHCP-Server für den Zugang anderer doch gestartet werden, können Sie dazu das Init-Skript verwenden:

```
# /etc/init.d/isc-dhcp-server start
```

Anschließend kann Ihr Laptop alle Anwesenden mit einem Internet-Zugang versorgen.

14.4 Proxy

Ein *Proxy* ist ein Stellvertreter. Die lokalen Rechner stellen ihre Anfragen an den Proxy, und dieser leitet die Anfrage in das Internet weiter. Die Antwort aus dem Internet sendet der Proxy an den Auftraggeber.

So weit hört sich das für Sie vielleicht nicht wirklich neu an. Das haben Sie schon einmal im Zusammenhang mit NAT oder Masquerading gehört. Wo liegt nun der Unterschied zwischen einem NAT und einem Proxy? Am besten, wir greifen noch weiter und nehmen auch noch einen Router zum Vergleich zwischen Masquerading und Proxy hinzu.

Ein *Router* schaut auf die Adressen der Pakete und schickt sie anhand seiner Routen in das Netz, in dem sie ihren Weg zum Ziel finden. Er verändert die Pakete nicht, sondern er leitet nur die Pakete in die richtige Richtung.

Beim NAT werden, wie Sie in Abbildung 14.2 gesehen haben, die Adressen der Pakete verändert. Die Datenpakete bleiben jedoch unverändert.

Der typische Proxy dagegen schaut in den Datenbereich hinein. Er versteht beispielsweise das HTTP-Protokoll, liest die Anfrage und stellt sie als seine eigene Anfrage an den Webserver im Internet. Die Antworten, die der Proxy erhält, sendet er wieder an den Aufrufer. Daraus ergeben sich die Vorteile und die Nachteile des Proxys. Der Nachteil ist, dass der Proxy nur einzelne Protokolle beherrscht, also nicht alle TCP/IP-Verbindungen weiterleiten kann. In der Regel beherrscht ein Proxy HTTP, HTTPS und FTP. Auf der anderen Seite kann der Proxy »verstehen«, was der Aufrufer will.

Proxys liefern in mehrfacher Hinsicht Vorteile:

- Die Computer im lokalen Netzwerk müssen weder einen Zugriff auf den Router noch auf den DNS-Server zum Internet haben. Nur der Proxy muss das Internet erreichen. Änderungen am Internetzugang müssen nur dem Proxy vermittelt werden.
- Aus Sicht des Internets gibt es nur den Proxy. Nur er ist von außen erreichbar.
- Der Proxy kann Anfragen an das Internet, insbesondere im HTTP-Bereich speichern. Oft aufgerufene Seiten können so aus den lokalen Daten des Proxy geliefert werden und erhöhen so die Geschwindigkeit.
- Bestimmte Seiten können gefiltert werden.
- Die Nutzung des Internets kann protokolliert werden.

Beim letzten Punkt ist es aus Datenschutzgründen erforderlich, dass Nutzer des Internetzugangs wissen, dass jede ihre Bewegungen im Internet protokolliert wird und was mit diesen Aufzeichnungen geschieht.

14.4.1 Den Browser anpassen

Alle gängigen Browser lassen sich leicht auf den Proxy-Betrieb umstellen. In Abbildung 14.3 wird ein Browser auf Proxy-Betrieb umgestellt. Dabei werden alle Seitenanforderungen, die per HTTP oder SSL aufgerufen werden, an den Computer obelix gesendet. Der Zielport wird hier auf 3128 statt des sonst üblichen Ports 80 für HTTP gesetzt.

14.4.2 Der Proxy squid als Webfilter und Blacklist

Der Proxy `squid` muss zunächst mit dem Paket *squid* installiert werden:

```
# apt-get install squid
```

Nach der Installation wird der Proxy automatisch gestartet. Er ist bereits mit einer Konfigurationsdatei ausgestattet, die eine umfangreiche Dokumentation in den Kommentarzeilen enthält.

Die Konfigurationsdatei squid.conf

Konfiguriert wird er durch die Datei */etc/squid/squid.conf*. Zu dem Paket gehört eine Beispieldatei, die Sie am besten weitgehend unverändert lassen. Darin befindet sich die Anweisung, die bewirkt, dass `squid` auf dem Port 3128 lauscht:

```
http_port 3128
```

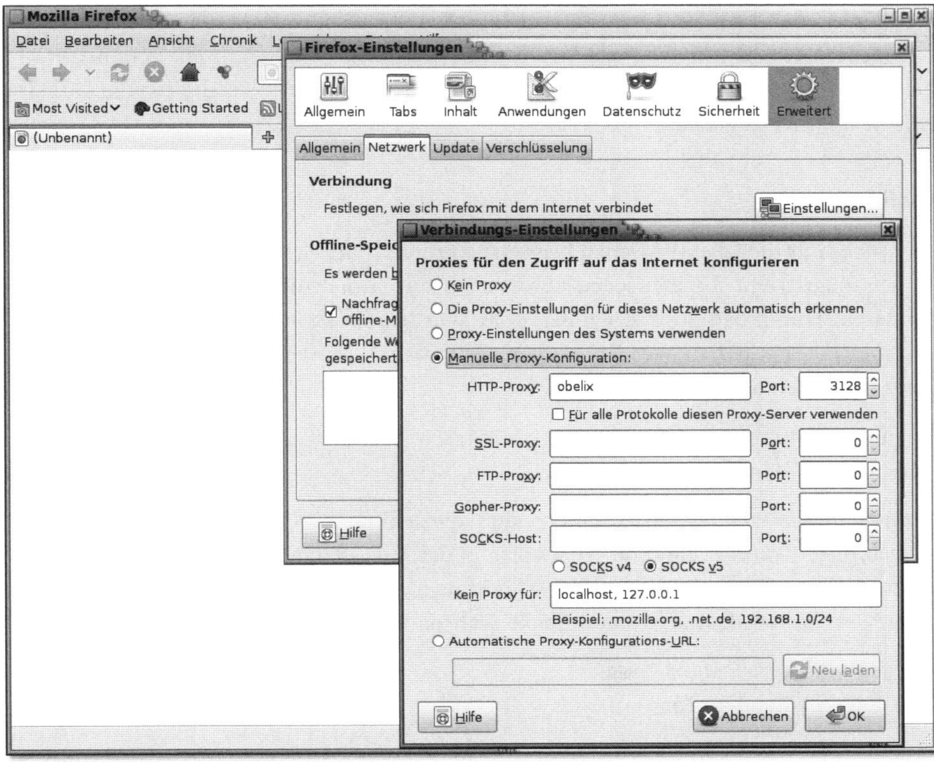

Abbildung 14.3 Dialog zur Proxy-Einstellung

> **Hinweis**
>
> Unter Ubuntu-Server heißt das Konfigurationsverzeichnis */etc/squid3*.

Damit der Proxy sich Ihre Anfragen zu eigen macht, müssen Sie ihm zunächst gestatten, Anfragen aus Ihrem Heimnetz entgegenzunehmen. Dies geschieht über ACL (Access Control List). In der unten stehenden Konfigurationsdatei *squid.conf* wird zunächst eine Zugriffsliste für die Domäne und dann eine für das Netzwerk in den Variablen `acldom` und `aclnetz` festgelegt. Anschließend wird der HTTP-Zugriff für beide gestattet.

```
# /etc/squid/squid.conf
...
# INSERT YOUR OWN RULE(S) HERE TO ALLOW ACCESS FROM YOUR CLIENTS
acl acldom srcdomain   .willemer.edu
acl aclnetz src 192.168.109.0/255.255.255.0
http_access allow acldom
http_access allow aclnetz
```

Der Punkt, an dem Sie Ihre Einträge machen können, ist mit der oben gezeigten Kommentarzeile markiert. Natürlich ist die zweifache Freischaltung redundant. Es reicht, den Zugriff für die IP-Adressen des Netzes 192.168.109.0 oder für die Domäne *willemer.edu* freizugeben.

Webfilter

Aber nicht nur die Clients können begrenzt werden, sondern auch die Ziele. So könnten Sie den Zugriff auf die deutschen eBay-Seiten durch die folgende Access Control List definieren. Durch den anschließenden `deny` würden Sie verhindern, dass auf die Seiten von *ebay.de* zugegriffen werden könnte. Allerdings könnten Sie immer noch auf die österreichischen Seiten gelangen.

```
acl aclebay dst www.ebay.de
http_access deny aclebay
```

Wenn es nicht einzelne Websiteanbieter sind, die gefiltert werden sollen, sondern Inhalte, die sich durch wiederkehrende Stichworte in der URL darstellen lassen, ist `url_regex` das Mittel der Wahl. Die folgende Definition filtert alle Websites, die das Stichwort »game« enthalten. Damit werden Spiele während der Arbeitszeit unterbunden.

```
acl aclgame url_regex game
http_access deny aclgame
```

Blacklist

Um nicht für jeden Begriff eine eigene Zeile anzulegen, können Sie auch eine Datei einlesen, die alle Einträge enthält, die Sie sperren möchten. Dazu geben Sie einfach den Dateinamen inklusive Pfad an.

```
acl aclblack url_regex -i "/etc/squid/blacklist"
http_access deny aclblack
```

In der Datei */etc/squid/blacklist* (unter Ubuntu-Server heißt das Verzeichnis */etc/squid3*) schreiben Sie die Begriffe auf, die in der URL der Website nicht vorkommen dürfen. Die Option `-i` bewirkt, dass Groß- und Kleinschreibung ignoriert wird.

Wie schon erwähnt, dient ein Proxy auch als Cache, um Seiten aus dem Internet schneller liefern zu können. Seinen Cache legt `squid` unterhalb des Verzeichnisses */var/spool/sqid* ab.

Protokolle

Der Proxy protokolliert, wer welche URL aufgerufen hat. Sie finden diese Informationen im Verzeichnis */var/log/squid*. Es lassen sich aus der Datei *access.log* Statistiken erstellen, wer wann welche Seiten betrachtet hat. Insofern kann es sein, dass die Firma einen Proxy nicht nur als Schutz gegen das Internet verwendet, sondern auch zur Kontrolle ihrer Angestellten. Diese müssen allerdings darüber aufgeklärt werden, dass ihre Zugriffe protokolliert werden.

14.4.3 Transparenter Proxy

Ein transparenter Proxy ist ein Proxy, den der Anwender nicht sehen kann. Anders ausgedrückt, arbeitet der Proxy, ohne dass am Clientcomputer irgendwelche Umstellungen vorgenommen werden müssen. Man setzt ihn also dann ein, wenn man ohne Zugriff auf die Clientcomputer einen Proxy zwischenschalten will.

Damit die Pakete automatisch an den Proxy weitergeleitet werden können, benötigen Sie die Hilfe der Firewall. Es wird eine Regel eingerichtet, die alle Pakete an den Port 80 nicht ins Internet schickt, sondern an den Proxy-Server. Die Firewall verbiegt dazu die Portadresse auf 3128, damit `squid` diese Pakete empfangen kann.

```
# iptables -t nat -A PREROUTING -i eth1 -p tcp \
--dport 80 -j DNAT --to 192.168.109.142:3128
# iptables -t nat -A PREROUTING -i eth0 -p tcp \
--dport 80 -j REDIRECT --to-port 3128
```

In der Konfigurationsdatei von `squid` muss die Zeile, die den Port festlegt, um das Schlüsselwort `transparent` ergänzt werden:

```
http_port 192.168.109.1:3128 transparent
```

14.5 Einbrüche erkennen

Der Administrator möchte gern wissen, wer seine Rechner attackiert. Der Einbrecher wird versuchen, seine Spuren zu verwischen und gleichzeitig Hintertüren für einen späteren Besuch einzurichten. Die dafür verwendeten Rootkits können wiederum durch Werkzeuge des Administrators aufgespürt werden. Das Paket Snort hört beispielsweise das Netzwerk ab und erkennt typische Angriffsmuster.

Ein anderer Weg liegt darin, die aktuelle Konfiguration auszulesen und zu speichern. Die Konfiguration wird täglich geprüft und mit der ursprünglichen Datenbasis verglichen. Diesen Ansatz verfolgt das Paket AIDE.

Eine andere Methode, Einbrecher zu erkennen, ist der Aufbau von Honigtöpfen. Computer werden als leckere Angriffsziele ins Netzwerk gestellt. Ihre Aufgabe beschränkt sich allein auf die Beschäftigung von Angreifern.

14.5.1 Standort für gelungenes Abhören

Durch den Einsatz von Switches und Routern ist nicht an jeder Stelle des Netzwerks gewährleistet, dass der Datenverkehr aller Rechner von jedem anderen Rechner beobachtet werden kann. Das ist durchaus erwünscht, weil so der Netzwerkverkehr zwischen zwei Kommunikationspartnern andere Netzwerkteilnehmer nicht belastet.

Das hat durchaus auch sicherheitsrelevante Aspekte. Wer Ihre Leitungen abhören will, kann durch einfaches Einstöpseln an den Switch oder den Einbruch ins WLAN nicht gleich das komplette Netzwerk erwischen.

Wenn Sie dagegen den Netzwerkverkehr eines Servers überwachen wollen, um einen Einbruch festzustellen, dann müssen Sie den Überwacher mit dem Server über einen Hub verbinden, der kein Switch ist. So teilen sich beide die Leitung und der Überwacher bekommt den gesamten Datenverkehr mit.

Die heimliche Karte

Idealerweise besitzt der überwachende Computer einen Netzwerkadapter, der keine eigene IP-Adresse hat, sodass sie nicht aufrufbar ist und folglich auch nicht entdeckt werden kann. Sie konfigurieren solch eine Netzwerkkarte durch einen Eintrag in der Datei */etc/network/interfaces*:

```
auto eth0
iface eth0 inet manual
      up ifconfig \$IFACE 0.0.0.0 up
      up ip link set \$IFACE promisc on
      down ip link set \$IFACE promisc off
      down ifconfig \$IFACE down
```

14.5.2 Schnüffeln am Netzwerk: Snort

Das Programm Snort liest den Datenverkehr auf dem Netzwerkadapter mit. Damit kann das Programm auch den Angriff auf Nachbarrechner erkennen. Es verwendet regelbasierte Mustererkennung, um eine Reihe von Angriffen aufzudecken. Snort gilt als eines der am weitesten verbreiteten Vertreter dieser Softwaregattung.

Installation

Nun können Sie zur Installation schreiten. Sie installieren das Paket *snort* durch den folgenden Aufruf:

```
# apt-get install snort
```

Sie werden im Zuge der Installation nach dem Adressbereich des lokalen Netzwerks gefragt, der in CIDR-Darstellung erbeten wird. Zum Beispiel könnte diese so aussehen: 192.168.109.0/24. Die vorgeschlagene Adresse 192.168.0.0/16 deckt die meisten privaten IP-Adressen ab und kann so bleiben.

Snort wird über die Datei */etc/snort/snort.conf* konfiguriert. Sie ist bereits vorbereitet und mit ausgiebigen Kommentaren versehen. In der Regel müssen Sie hier nicht aktiv werden.

Das Ergebnis seiner Bemühungen legt Snort in Log-Dateien ab. Dafür hat es im Verzeichnis */var/log/* ein eigenes Verzeichnis *snort*. Darin können Sie in der Datei *alert* ablegen, was Snort irritiert.

Regeln

Die Muster, die Snort als *Rules* (Regeln) bezeichnet, befinden sich im Verzeichnis */etc/snort/rules*. Hier gibt es für die verschiedenen Protokolle und die typischen Angriffe je eine Datei. Darin wird notiert, welche Paketmerkmale zu protokollieren sind. Die wichtigsten Grundregeln sind bereits vorkonfiguriert und einsatzbereit. Da sich die Einsatzmuster durchaus ändern können, gibt es die Möglichkeit, die Muster zu aktualisieren.

Oinkmaster

Ein Update dieser Regeln ist mit dem Programm Oinkmaster möglich. Dieses wird automatisch bei der Installation von Snort mitinstalliert. Die Konfiguration findet in der Datei */etc/oinkmaster.conf* statt. Der wichtigste Eintrag dort ist die URL, von der die aktuellen Regeln geholt werden. Um an die korrekte URL zu gelangen, müssen Sie sich auf der Website *www.snort.org* registrieren. Diese Registrierung ist kostenlos. Dort erhalten Sie einen Oink-Code, der in die dort beschriebene URL einzufügen ist. Anschließend muss das Programm mit der Option `-o` so aufgerufen werden, dass die Regeln im Regelverzeichnis von Snort ausgepackt werden:

```
# oinkmaster -o /etc/snort/rules/
```

Einen weiterführenden Artikel zum Thema Intrusion Detection und insbesondere Snort finden Sie auf folgender Website:

www.pro-linux.de/work/snort/index.html

14.5.3 Konfigurationen vergleichen mit AIDE

Ein Einbrecher wird immer Dateien bewusst oder unbewusst verändern. Dazu gehören Protokolldateien, aber auch die Konfigurationsdateien, die er manipuliert. AIDE (Advanced Intrusion Detection Environment) erkennt Änderungen an Dateien. Über die wichtigsten Konfigurationsdateien werden Prüfsummen gebildet und in einer Datenbank abgelegt. Auf dieser Basis kann die Integrität des Systems überprüft werden.

```
# apt-get install aide
```

Hinweis

Bei der Installation von AIDE wird, sofern nicht schon vorhanden, der Mailserver Postfix (siehe Abschnitt 21.2) installiert. Dadurch kommt es eventuell zu den dort genannten Rückfragen bei der Installation.

Die Konfiguration wird vom Installationsprogramm bereits nutzungsfertig vorbereitet. Persönliche Änderungen können Sie in der Datei */etc/aide/aide.conf* durchführen.

Für die Initialisierung wird der Befehl `aideinit` oder `aide --init` ausgeführt. Dieser Vorgang führt zu einer intensiven Festplattenaktivität und einer sehr großzügigen Kaffeepause. Manche Administratoren nutzen die Zeit auch als Mittagspause oder machen einen Familienurlaub, je nach Geschwindigkeit des Rechners.

```
# aideinit
Running aide --init...
```

Wenn die Datenbank erst einmal angelegt und gefüllt ist, führt AIDE täglich einen Check der Dateien durch. Sie können den Check auch durch den folgenden Aufruf erzwingen:

```
# aide -c /etc/aide/aide.conf --check
```

14.5.4 Nach Rootkits suchen

Ein Rootkit ist ein Werkzeug, das dazu dient, einen Angriff zu verbergen. Dateien, Logins und Prozesse werden unsichtbar gemacht, indem die Programme wie `ps` oder `passwd` so manipuliert werden, dass sie die Spuren des Angreifers verwischen. Moderne Rootkits bauen sich manchmal eine Hintertür in das System ein, durch die es dem Angreifer jederzeit möglich ist, das System erneut zu betreten.

chkrootkit

Das Programm `chkrootkit` durchforstet das System nach der Installation von Rootkits. Vor seiner Benutzung muss es explizit installiert werden:

```
# apt-get install chkrootkit
```

Das Programm wird in der Datei */etc/chkrootkit.conf* konfiguriert. Dort können Sie einstellen, ob es automatisch täglich laufen soll oder manuell nach Bedarf gestartet wird.

Der Start des Programms geschieht durch den Aufruf des Kommandos `chkrootkit`. Anschließend durchläuft es die Bereiche, in denen sich Rootkits verstecken könnten, und prüft, ob es dort Verdächtiges gibt. Alle Tests werden auf dem Bildschirm ausgegeben.

```
# chkrootkit
ROOTDIR is `/'
Checking `amd'...                                        not found
Checking `basename'...                                   not infected
Checking `biff'...                                       not found
Checking `chfn'...                                       not infected
Checking `chsh'...                                       not infected
Checking `cron'...                                       not infected
Checking `crontab'...                                    not infected
Checking `date'...                                       not infected
Checking `du'...                                         not infected
```

Rootkit Hunter rkhunter

Ein weiteres Programm zum Aufstöbern von Rootkits ist der Rootkit Hunter. Er kann als Paket *rkhunter* nachinstalliert werden:

```
# apt-get install rkhunter
```

Das Programm wird als *root* von der Konsole aus mit der Option `--check` gestartet. Es prüft einige der ausführbaren Dateien und sieht nach, ob bereits bekannte Rootkits installiert sind.

Die Ergebnisse werden in der Datei */var/log/rkhunter.log* protokolliert:

```
# rkhunter --check
```

Aus diesem Grund kann das Programm auch aus der *crontab* gestartet werden. Dann sollte die Option `--cronjob` verwendet werden, damit das Programm nicht plötzlich nach einer Bestätigung fragt.

Bei einem Update sollte bedacht werden, dass Dateien sich ändern, was `rkhunter` natürlich irritieren wird. Darum sollte folgendes Szenario durchgespielt werden:

```
# rkhunter --check
Hier kann nun der Update erfolgen
# rkhunter --propupd
# rkhunter --check
```

14.5.5 Verlockendes Opfer: Der Honeypot

Eine Präventivmöglichkeit ist das Aufstellen eines *Honeypots*. Damit wird ein Rechner bezeichnet, der dem Eindringling eine fette Beute verspricht. Er sollte sich also wie ein echter Server im Netzwerk verhalten. Sobald auf diesem Rechner Bewegung ist, weiß der Administrator, dass er ungebetene Gäste hat. Nun geht es darum, den Angreifer zu identifizieren, bevor dieser merkt, dass er auf den Leim gegangen ist.

Anstatt einen echten Computer zu nehmen, können Sie mit den Paketen *honeyd* oder *tinyhoneypot* einen Server mit gefälschten Diensten simulieren. Sie können aber auch einen virtuellen Rechner einsetzen, der tatsächlich mit Diensten bestückt ist.

Mit Snort können Sie den Honeypot von einem anderen Rechner aus beobachten. Mit AIDE können Sie die lokalen Änderungen verfolgen. Wenn Sie den Syslog-Dämon alle Meldungen an einen fremden Rechner schicken lassen, werden Sie über Unregelmäßigkeiten informiert.

14.5.6 Reaktion auf einen erkannten Einbruch

Nun haben Sie einiges darüber gelesen, wie man einen Einbruch erkennt. Aber was sollen Sie nun dagegen tun? Jeder seriöse Administrator wird Ihnen sagen, dass ein kompromittiertes System vom Netz genommen und ganz neu aufgesetzt werden muss. Das ist auf jeden Fall nicht falsch. Wer so agiert, wird nicht entlassen.

Andererseits kann es auch gute Gründe geben, nicht sofort den Stecker zu ziehen. Wenn das Loch bekannt ist, durch das der Angreifer eingedrungen ist, kann es reichen, dieses zu stopfen. Hierzu ist eine weitere Analyse notwendig, die es vielleicht erforderlich macht, nichts zu tun, um den Angreifer genauer zu beobachten.

Eine Patentlösung gibt es also nicht. Fragen Sie andere Administratoren. Wägen Sie die Sicherheitsrelevanz Ihres Server-Umfelds ab. Und sprechen Sie auf jeden Fall mit Ihrem Chef über die Situation.

14.6 SELinux

Security-Enhanced Linux (SELinux) basiert auf dem Gedanken, dass nicht alle Programme alles tun müssen. Und wenn das Programm Dinge tut, die der Programmierer nicht im Sinn hatte, kann dies eine Sicherheitslücke öffnen oder auf einen Angriff hinweisen. Wenn es also eine Beschreibung (Policy) für jedes Programm gibt, was es tun darf und was nicht, kann das Betriebssystem überwachen, ob das Programm von seinem Plan abweicht.

Installation und Setup

Der Kernel ist bei den verwendeten Distributionen bereits für SELinux vorbereitet. Seit der Debian-Version Squeeze sind alle Vorbereitungen zu SELinux standardmäßig getroffen, aber nicht aktiv. Um SELinux zu nutzen, installieren Sie die SELinux-Basics und die Vorgabe-Policy:

```
# apt-get install selinux-basics selinux-policy-default
...
Notice: Trying to link (but not load) a default policy.
This process may fail -- you should check the results, and
you need to switch to this policy yourself anyway.

Locating modules
Calculating dependencies between modules
Ordering modules based on dependencies
Selecting modules based on installed packages
Loaded modules  apache dbus netutils ppp ssh xserver devicekit lpd cups
remotelogin telnet mplayer xscreensaver loadkeys apm bind lda java
pythonsupport usbmodules postgresql dmidecode consolekit cpufreqselector
nscd lvm gpg vbetool rpc samba exim dhcp pcmcia bluetooth mysql cvs
spamassassin tzdata avahi tcpd ftp portmap ptchown
changed policy type to default as the "refpolicy" names are obsolete
Richte setools ein (3.3.6.ds-7.2+b1) ...
Verarbeite Trigger für python-support ...
#
```

Im nächsten Schritt wird SELinux durch Starten des Programms `selinux-activate` aktiviert. Es konfiguriert GRUB und PAM und erzeugt die Datei */.autorelabel*. Anschließend wird ein Reboot erforderlich.

```
# selinux-activate
Activating SE Linux
Generating grub.cfg ...
...
done
SE Linux is activated.  You may need to reboot now.
# reboot
...
Relabeling your filesystems for SELinux......**************
...
```

Nun fährt der Rechner noch während des Bootvorgangs wieder herunter, um dann neu zu starten. SELinux meldet kurz, dass der Kontext `basic` eingeschaltet ist.

Kapitel 14

Falls es im Zusammenhang mit dem Reboot nicht zu einem »Relabeling your filesystems for SELinux« kommt, kann es sein, dass das Bootmenü GRUB nicht von der eigenen Distribution erstellt wurde, sondern beispielsweise von einer anderen Linux-Installation auf einer anderen Partition. Falls die Meldung nicht erscheint, kann es helfen, wenn Sie noch einmal `grub-install` aufrufen.

Tests und Analysen

Nach dem Reboot sieht die Welt und Ihr System zunächst ganz friedlich aus. Um zu prüfen, ob SELinux wirklich aktiv ist, prüfen Sie die Installation.

```
# check-selinux-installation
/etc/pam.d/login is not SELinux enabled
FSCKFIX is not enabled - not serious, but could prevent
system from booting...
#
```

Die Meldung im Zusammenhang mit dem `pam` könnte bei Ihnen bereits nicht mehr auftauchen, weil sie voraussichtlich durch Updates seit Erscheinen des Buches beseitigt wurde. Es handelt sich um eine Falschmeldung. Auch die `FSCKFIX`-Meldung müssen Sie nicht tragisch nehmen. Sie können sie ausschalten, indem Sie in der Datei */etc/default/rcS* den Variablenwert von `FSCKFIX` von »no« auf »yes« setzen. Die Konsequenz ist, dass bei der Feststellung von Dateisystemfehlern beim Booten nicht der Administrator um Reparatur gebeten wird, sondern dass das System selbst eine automatische Reparatur durchführt. Warum dies derzeit eine Fehlermeldung im SELinux erzeugt, wird noch untersucht.

In der Regel werden Sie von SELinux nichts merken. Nur wenn Programme Dinge tun wollen, die nicht mit ihrem Profil übereinstimmen, wird SELinux husten und eine Fehlermeldung absetzen. Da die Möglichkeiten der Fehlermeldungen so vielfältig wie die Programme auf Ihrem Rechner sind, ist es wenig sinnvoll und auch gar nicht möglich, diese hier einzeln aufzuzählen. In einem solchen Fall müssen Sie eine Reise durch das Internet antreten und prüfen, warum das Programm die Regeln von SELinux verletzt.

Wenn Sie weitere Informationen zu Ihrem gesicherten GNU/Linux suchen, finden Sie eine Manpage:

```
$ man selinux
```

In der Konfigurationsdatei */etc/selinux/config* können Sie definieren, wie scharf SELinux eingestellt werden soll. Die Kommentare geben Ihnen Hinweise, welche Einstellungen zu welchen Konsequenzen führen.

```
# /etc/selinux/config
# enforcing - SELinux security policy is enforced.
# permissive - SELinux prints warnings instead of enforcing.
# disabled - No SELinux policy is loaded.
SELINUX=permissive
# SELINUXTYPE= can take one of these two values:
# default - equivalent to the old strict and targeted policies
# mls     - Multi-Level Security (for military ... use)
# src     - Custom policy built from source
SELINUXTYPE=default

# SETLOCALDEFS= Check local definition changes
SETLOCALDEFS=0
```

Auf welchen Level Ihr SELinux eingestellt ist, verrät Ihnen das Programm `sestatus`:

```
# sestatus
SELinux status:                 enabled
SELinuxfs mount:                /selinux
Current mode:                   permissive
Mode from config file:          permissive
Policy version:                 24
Policy from config file:        default
root@squeeze:~#
```

Konfigurationen

Für die Verwaltung der SELinux-Policy steht Ihnen das Kommando `semanage` zur Verfügung. Damit können Änderungen in der Policy durchgeführt werden.

Spicker

`semanage {boolean|login|user|port|interface|node|fcontext}` [*Optionen*]

Die meistverwendeten Optionen finden Sie in Tabelle 14.4. Einige Beispiele sollen die Verwendung illustrieren.

Wenn Sie den Standardpfad der Apache-Webdateien von */var/www* nach */home/www* umsetzen wollen, melden Sie dies mit dem Kommando `fcontext` bei SELinux an:

```
# semanage fcontext -a -t httpd_sys_content_t /home/www
# restorecon -R /home/www
```

Kurz	Lang	Wirkung
`-a`	`--add`	Fügt ein Objekt hinzu
`-d`	`--delete`	Löscht ein Objekt
`-D`	`--deleteall`	Löscht alle Objekte
`-l`	`--list`	Zeigt die Objekte an
`-t`	`--type`	SELinux-Typ für ein Objekt

Tabelle 14.4 Optionen von semanage

Wenn Sie nicht standardisierte Ports verwenden wollen, setzen Sie das Kommando `port` ein. So müssen Sie, um OpenVPN auf Port 1195 zu verwenden, vorher folgenden Befehl geben:

```
# semanage port -a -t openvpn_port_t -p udp 1195
```

14.7 Verschlüsseln und Signieren

Es wird immer wichtiger, sich mit der Verschlüsselung zu befassen, wenn nun schon Rechtsstaaten in die Computernetze einbrechen und alle Informationen stehlen, die sie bekommen können. Da das angebliche Ziel der Terroristenjagd aber eine solch schlechte Erfolgsquote im Verhältnis zu dem ungeheuren Aufwand liefert, sollten wir damit rechnen, dass vor allem wirtschaftliche Gründe hinter den Angriffen stecken, und dann ist jeder Administrator in der Pflicht.

Verschlüsselungen sind kein völlig neues Gebiet. Allerdings gibt die Computertechnik dem Wettlauf zwischen Verschlüsselung und Knackern noch einmal richtig die Sporen. Die mathematischen Verfahren hinter der Kryptografie sind nicht gerade leicht verständlich. Es gibt aber auch nicht die Notwendigkeit, dass jedermann alle Details versteht.

Symmetrische Verschlüsselung

Als *symmetrische Verschlüsselung* wird ein Verfahren bezeichnet, das auf einem gemeinsamen Geheimnis beruht. Alle Zugriffsberechtigten haben also den Schlüssel, um die verschlüsselten Daten zu verschlüsseln und zu lesen.

Das einfachste Beispiel ist die Caesar-Verschiebung. Nach der Überlieferung hat Caesar zum Verschlüsseln geheimer Texte jeweils den drittnächsten Buchstaben im Alphabet verwendet, also statt eines *A* ein *D*. Natürlich ist dieser Code schon dadurch leicht zu knacken, dass durch eine Analyse der Buchstabenhäufigkeit die Codierung des *e* sehr schnell gefunden ist.

Heutige Vertreter der symmetrischen Verschlüsselung heißen AES oder 3DES. Der Vorteil der symmetrischen Verfahren ist eine hohe Übersetzungsgeschwindigkeit. Ihr Nachteil ist, dass, wenn ein Beteiligter sein Geheimnis verrät, alle verschlüsselten Daten kompromittiert sind.

Asymmetrische Verschlüsselung

Die asymmetrische Verschlüsselung basiert auf einem Verfahren mit zwei Schlüsseln. Mit einem der beiden Schlüssel wird verschlüsselt. Nur der jeweils andere Schlüssel kann die Daten wieder entschlüsseln.

In der Praxis wird einer der beiden Schlüssel veröffentlicht und der andere geheim gehalten. So kann nun jeder, der im Besitz eines öffentlichen Schlüssels ist, Nachrichten an den Besitzer senden, die nur er entschlüsseln kann.

Auf der anderen Seite ist es dem Besitzer so möglich, seine Daten zu signieren. Er bildet beispielsweise eine Quersumme über einen Text und verschlüsselt das Ergebnis. Jeder Besitzer des öffentlichen Schlüssels kann diese Quersumme entschlüsseln und weiß damit, dass nur der Besitzer des privaten Schlüssels diese Nachricht verschlüsseln konnte. Über die Quersumme kann der Leser dann noch prüfen, ob der Text seit der Signierung verändert wurde.

Das bekannteste asymmetrische Verschlüsselungsverfahren heißt RSA nach den Anfangsbuchstaben seiner Entwickler Rivest, Shamir und Adleman. Es wurde 1983 patentiert. Das Patent ist aber seit dem Jahre 2000 erloschen.

Da asymmetrische Verfahren wenig performant sind, werden sie gern mit symmetrischen Verfahren kombiniert. Dazu wird eine große Zufallszahl gebildet, die per asymmetrischer Verschlüsselung mit dem Partner ausgetauscht wird. Auf der Basis dieses gemeinsamen Geheimnisses lässt sich dann eine symmetrische Verschlüsselung erzeugen. Auf diese Weise arbeiten beispielsweise SSL und dessen Nachfolger TLS.

Passphrase oder Mantra

Auch ein privater Schlüssel kann in fremde Hände fallen. Um eine weitere Sicherheitsstufe zu erreichen, wird die Angabe einer Passphrase eingefordert. Im Gegensatz zu einem Passwort sollte diese etwas länger sein. Die Passphrase wird in einigen Fällen auch als *Mantra* bezeichnet.

Zertifikat

Die Verteilung öffentlicher Schlüssel allein garantiert noch nicht, dass der Versender auch wirklich der ist, der er vorgibt, zu sein. Beim PGP-Verfahren für E-Mails wird dies durch ein »Web of Trust« erreicht. Jeder, der den Schlüsselbesitzer kennt, spricht dem Schlüssel sein Vertrauen aus. Auf diese Weise entsteht ein Netzwerk, dem auch ein Fremder hinreichend vertrauen kann. Bei Banken und deren Webservern ist dieses Verfahren aber nicht ausreichend.

Um eine höhere Sicherheit zu erreichen, können öffentliche Schlüssel durch Zertifikatsgeber signiert werden. Sie prüfen die Authentizität der Schlüssel und ihrer Herausgeber und signieren diese Schlüssel. Durch diese Signatur wird der Schlüssel zum Zertifikat.

Die Falltür

Um eine Rückcodierung verschlüsselter Daten zu verhindern, werden gern Algorithmen eingesetzt, die sich nur in einer Richtung berechnen lassen. Beispielsweise wird das bei der Ablage von Passwörtern angewandt. So kann das System das verschlüsselte Passwort in einer Datei ablegen, ohne dass daraus das Original ermittelt werden kann.

Ein typisches Falltürverfahren ist die Modulo- oder Restberechnung. Wenn Sie den Modulo aus 24 und 7 ermitteln, ergibt sich immer 3. Aus der gepeicherten 3 können Sie aber nicht eindeutig die 24 als Original ermitteln, selbst wenn Sie wissen, dass der Teiler 7 ist.

Um eine Passwort-Prüfung durchführen zu können, wird das eingegebene Passwort zunächst verschlüsselt und dann das Ergebnis mit dem gespeicherten Passwort verglichen.

14.7.1 Verschlüsselung von Passwörtern

Passwörter sind die Schlüssel in Computersystemen. Wer sie besitzt, kann einsteigen und losfahren. Selbst wenn ein Einbrecher »nur« den Zugriff auf ein unbedeutendes Benutzerkonto erhält, kann er von dort aus Schaden anrichten und sei es, dass er den Rechner zum Teil eines BOT-Netzes macht.

Ein Passwort sollte niemals im Klartext in einer Datei abgelegt werden, auch dann nicht, wenn entsprechende Rechte verhindern könnten, dass ein fremder Benutzer in die Datei hineinschaut. Das ist fast nie erforderlich, da alle von UNIX stammenden Betriebssysteme den Systemaufruf `crypt` benutzen können, um Passwörter zu verschlüsseln.

Demonstration anhand von Perl

Wie eine solche Verschlüsselung aussieht, lässt sich mit der Sprache Perl demonstrieren. Jedes Linux-System besitzt einen Interpreter der Sprache Perl. Mit Perl haben Sie direkten Zugriff auf die UNIX-Programmierschnittstelle und damit auch auf die Funktion `crypt`. Das folgende Beispiel startet den Interpreter der Sprache Perl, der dann mit dem Befehl `print` das Ergebnis der Funktion `crypt` aufruft. Als Parameter erhält die Funktion das Passwort »Mein2Passwd«. Der zweite Parameter »aw« wird als Salz bezeichnet. Er ermöglicht es, die Verschlüsselung zu variieren.

```
$ perl -e "print crypt('Mein2Passwd','aw');"
aw7JrjDPWvzqE
```

Das erzeugte Passwort lautet: aw7JrjDPWvzqE. Sie erkennen die beiden Zeichen »aw« am Anfang des Passworts wieder, die beim Aufruf der Funktion `crypt()` an zweiter Stelle stehen. Für die Speicherung des verschlüsselten Passworts werden diese beiden Buchstaben zufällig gewählt. Für den Vergleich werden die ersten beiden Zeichen des verschlüsselten Passworts als Salz verwendet.

Die Funktion `crypt()` gehört zum POSIX-Standard und kann damit auf jedem UNIX-System von fast jeder Programmiersprache aus aufgerufen werden.

Sollten Sie für ein Skript ein Passwort speichern wollen, verschlüsseln Sie es! Wenn der Benutzer sich authentifiziert, verschlüsseln Sie die Eingabe mit dem gleichen Salz und Sie können die Eingabe mit dem Wert in der Datei vergleichen, ohne dass das Passwort im Klartext gespeichert sein muss.

14.7.2 Die verschlüsselten Mails von Caesar und Kleopatra

Stellen Sie sich vor, Julius und Kleopatra wollten ihre Nachrichten per E-Mail austauschen, dabei aber sichergehen, dass Brutus, der Administrator des POP3-Servers von Julius, nicht alles mitlesen kann. Man fürchtet seine Sticheleien.

Öffentlicher Schlüssel

Julius und Kleopatra generieren jeweils einen Schlüssel. Ein Schlüssel ist eigentlich eher ein Schlüsselsatz, denn es sind zwei. Diese Schlüssel haben eine ungewöhnliche Eigenschaft: Was man mit dem einen Schlüssel abschließt, also verschlüsselt, kann man nur mit dem anderen aufschließen. Dies nutzt man so, dass man einen von beiden zum öffentlichen Schlüssel macht, den jeder haben darf und den man fleißig kopiert. Wenn also jemand mit dem öffentlichen Schlüssel von Julius etwas verschlüsselt, kann nur Julius es mit seinem zweiten Schlüssel öffnen.

Diesen zweiten Schlüssel nennt man den privaten Schlüssel, den jeder für sich in einem Kettchen um den Hals trägt. Zur weiteren Sicherheit gibt es das Mantra, das die beiden tief in ihrem Herzen tragen und niemals aussprechen. Es wird aber benötigt, um den privaten Schlüssel zu betreiben. Die langweiligen Zeitgenossen nennen das Mantra eine Passphrase, also ein zu groß geratenes Passwort.

Ihren öffentlichen Schlüssel bieten sie auf ihrer Website zum Download an. Sie könnten ein Weiteres tun und die öffentlichen Schlüssel einem Keyserver anvertrauen. Den privaten Schlüssel und das Mantra aber behalten sie jeder für sich.

Julius schreibt nun ein erotisches Liebesgedicht, das besser nicht in die Hände der Geschichtsschreiber fallen sollte. Er verschlüsselt es mit dem öffentlichen Schlüssel von Kleopatra. Darüber hinaus verschlüsselt er eine Prüfsumme über den Text mit seinem privaten Schlüssel und spricht darüber sein Mantra. Das müsste er nicht tun, aber so kann Kleopatra sicher sein, dass es von Julius ist und nicht etwa von Brutus, diesem Wüstling.

Eigentlich macht Julius das alles auch gar nicht selbst, sondern sein freundliches Evolution-Mailprogramm tut dies für ihn und bittet ihn dazu um die Eingabe seiner Passphrase. Zugegeben: »Passphrase« klingt nicht so schön wie »Mantra«.

Brutus schaut in die Röhre

Die verschlüsselte Nachricht passiert nun den POP3-Server von Brutus. Der kennt zwar die beiden öffentlichen Schlüssel, aber er kann sich dem Entschlüsselungsprogramm gegenüber nicht als Kleopatra ausweisen. Das müsste er aber, weil die Nachricht ja mit dem öffentlichen Schlüssel von Kleopatra erzeugt wurde. Er müsste dazu sowohl den privaten Schlüssel als auch das Mantra kennen. Aber das Kettchen klauen und noch in das Herz von Kleopatra schauen, das schafft nicht einmal Brutus.

Schwesternsichere Kommunikation

Die Nachricht trifft auf dem Laptop von Kleopatra ein. Da Kleopatra mit dem Gerät überall furchtbar angibt, hat sie den Laptop auch ihrer Schwester gezeigt, aber dummerweise dort liegen lassen. Damit ist die Schwester im Besitz des privaten Schlüssels von Kleopatra. Auch den öffentlichen Schlüssel von Julius hat sie, aber der Thunderbird auf Kleopatras Computer beharrt darauf, das Mantra zu erfahren. So kann die Nachricht nur von Kleopatra gelesen werden, nachdem sie ihren Laptop bei der Schwester wiederentdeckt und dafür gesorgt hat, dass diese ihn nie wieder in die Finger bekommt. Mark Anton hat sich im Auftrag von Kleopatra nachhaltig darum gekümmert. Dass ein Laptop auf der Mumie der Schwester abgebildet ist, gehört aber wohl eher in den Bereich der Esoterik.

14.7.3 GnuPG

Auf einem ordentlichen Linux-System ist immer bereits GnuPG installiert. Es ist ein freies Kryptografiesystem, eignet sich daher sowohl zum Verschlüsseln als auch zum Signieren. Das Programm implementiert den OpenPGP-Standard nach RFC 4880. PGP steht dabei für *Pretty Good Privacy*, das sich auch an diesem Standard orientiert, aber eben keine freie Software ist.

14.7.4 Schlüssel erzeugen

Das Programm `gpg` ist das Werkzeug für die Verschlüsselung von der Kommandozeile aus. Mit der Option `--gen-key` können Sie damit einen Schlüssel erzeugen. Das Programm führt Sie Schritt für Schritt durch die notwendigen Eingaben.

```
$ gpg --gen-key
gpg (GnuPG) ...
gpg: Schlüsselbund '/home/arnold/.gnupg/secring.gpg' erstellt
gpg: Schlüsselbund '/home/arnold/.gnupg/pubring.gpg' erstellt
Bitte wählen Sie, welche Art von Schlüssel Sie möchten:
   (1) RSA und RSA (voreingestellt)
   (2) DSA und Elgamal
   (3) DSA (nur unterschreiben/beglaubigen)
   (4) RSA (nur signieren/beglaubigen)
Ihre Auswahl? 1
RSA-Schlüssel können zwischen 1024 und 4096 Bit lang sein.
Welche Schlüssellänge wünschen Sie? (2048)
Die verlangte Schlüssellänge beträgt 2048 Bit
Bitte wählen Sie, wie lange der Schlüssel gültig bleiben soll.
         0 = Schlüssel verfällt nie
      <n>  = Schlüssel verfällt nach n Tagen
      <n>w = Schlüssel verfällt nach n Wochen
      <n>m = Schlüssel verfällt nach n Monaten
      <n>y = Schlüssel verfällt nach n Jahren
Wie lange bleibt der Schlüssel gültig? (0)
Schlüssel verfällt nie
Ist dies richtig? (j/N)
```

Damit sind die ersten Einstellungen getätigt. Sie sehen, dass GnuPG ein Verzeichnis *.gnupg* im Benutzerverzeichnis anlegt und dort die Schlüssel hinterlegt. Durch den führenden Punkt im Namen ist das Verzeichnis auf den ersten Blick unsichtbar. Darüber hinaus ist das Verzeichnis mit den Rechten 700 ausgestattet, also für Anwender außer dem Benutzer für niemanden lesbar oder erreichbar.

Im nächsten Schritt werden die persönlichen Informationen erfragt, mit denen der Schlüssel verknüpft werden soll. Das ist der Name, die E-Mail-Adresse und ein Kommentar.

```
Ihr Name ("Vorname Nachname"): Arnold Willemer
Email-Adresse: arnold.willemer@gmx.de
Kommentar:
Sie haben diese User-ID gewählt:
    "Arnold Willemer <arnold.willemer@gmx.de>"

Ändern: (N)ame (K)ommentar (E)-Mail oder (F)ertig/(B)eenden? F
```

Zu guter Letzt wird ein »Mantra«, also ein Schlüsselwort, verlangt. Das sollte nicht zu kurz sein, aber doch so, dass Sie es sich leicht merken und schnell tippen können. Sie werden dieses Mantra nämlich immer wieder als Beweis eingeben müssen, dass auch wirklich Sie es sind, der vor dem Computer sitzt. Es ist also quasi Ihre Unterschrift, während der private Schlüssel Ihr Siegel ist.

Im weiteren Schritt wird das Programm Zufallszahlen erzeugen. Damit Sie selbst zufällige Abläufe generieren, bittet Sie das Programm, den Computer mit Maus und Tastatur in Bewegung zu setzen. Wenn das Programm mit Ihrem Temperament unzufrieden ist, wird es um mehr Aktivitäten bitten. Irgendwann ist es dann glücklich und meldet den erfolgreichen Abschluss.

```
....+++++
gpg: /home/arnold/.gnupg/trustdb.gpg: trust-db erzeugt
gpg: Schlüssel 6AE63505 ist als uneingeschränkt
vertrauenswürdig gekennzeichnet
Öffentlichen und geheimen Schlüssel erzeugt und signiert.

gpg: "Trust-DB" wird überprüft
gpg: 3 marginal-needed 1 complete-needed, PGP Vertrauensmodell
gpg: Tiefe: 0  gültig:   1  unterschrieben:   0
     Vertrauen: 0-, 0q, 0n, 0m, 0f, 1u
pub   2048R/6AE63505 2010-09-03
  Schl.-Fingerabdruck = 9FE2 E830 6384 DACA 9755  23B2 ...
uid                  Arnold Willemer <arnold.willemer@gmx.de>
sub   2048R/E03D3490 2010-09-03
```

Eines der schicken Features ist die Verwendung von Schlüssel-Servern. Mit deren Hilfe können Sie suchen, ob eine E-Mail-Adresse bereits einen Schlüssel verwendet, und den öffentlichen Schlüssel gleich importieren.

```
gpg --search arnold.willemer@gmx.de
...
Keys 1-1 of 1 for "arnold.willemer@gmx.de"...> 1
```

Dazu müssen Sie die Nummer des gefundenen Schlüssels angeben.

14.7.5 Verschlüsseln und Entschlüsseln

Der öffentliche Schlüssel muss nun unter das Volk. Insbesondere der Empfänger der entschlüsselten Dateien benötigt ihn zum Entschlüsseln. Also exportieren wir den Schlüssel mit dem Befehl `gpg --export`:

```
$ gpg --export -a Arnold Willemer
-----BEGIN PGP PUBLIC KEY BLOCK-----
Version: GnuPG v1.4.10 (GNU/Linux)

mQENBEyAt9YBCADDGrJsbPskT06tm1kEQHKMEhb3PqjZ3xIkJ6oz/nbZAjeo
...
POTmXPnnE3IfVo4WDLD7zVE6Jeq9+HIXyOyia0007RYhETnwEopF
=O07q
-----END PGP PUBLIC KEY BLOCK-----
```

Sofern Sie den Block mit 25 Zeilen voller Buchstaben nicht per Telefon weitergeben wollen, wird es sich lohnen, die Ausgabe in eine Datei umzuleiten und diese weiterzugeben.

Sollten Sie öffentliche Schlüssel anderer Partner importieren wollen, verwenden Sie den folgenden Befehl:

```
$ gpg --import PublicKeyJohannes.asc
```

Wenn Sie die Sammlung Ihrer öffentlichen Schlüssel begutachten wollen, können Sie die Option `--list-public-keys` verwenden:

```
$ gpg --list-public-keys
```

Wenn Sie eine Datei verschlüsseln wollen, verwenden Sie den öffentlichen Schlüssel des Empfängers. Diesen müssen Sie zuvor importiert haben. Ihr eigener privater Schlüssel wird zur Verschlüsselung herangezogen. Um eine Datei *geheim.txt* für Johannes zu verschlüsseln, rufen Sie `gpg --encrypt` auf:

```
$ gpg -r "Johannes" --encrypt geheim.txt
```

Die Anführungszeichen für Johannes wären nicht notwendig. Da Sie vermutlich meist Namen mit Leerzeichen verwenden werden, sollten Sie sich die Anführungszeichen gleich angewöhnen. Es wird eine neue Datei namens *geheim.txt.gpg* erzeugt. Diese kann nun an Johannes weitergegeben werden. Dann gibt er den Befehl zur Entschlüsselung.

```
$ gpg --decrypt geheim.txt.gpg > geheim.txt
```

Bevor er aber in der Datei *geheim.txt* die Botschaft findet, wird er vom Programm aufgefordert, zunächst noch sein Mantra einzugeben.

Für die Verwaltung der Schlüssel unter einer grafischen Oberfläche eignet sich GPA (Gnu Private Assistant). Dazu müssen Sie das Paket *gpa* installieren. Für KDE stehen noch die Programme KGpg und Kleopatra zur Nachinstallation zur Verfügung. Für den Einsatz von GnuPG im Thunderbird benötigen Sie das Paket *enigmail*. KMail und Evolution bieten von Haus aus GnuPG-Unterstützung an.

14.8 VPN: Auf unsicheren Pfaden tunneln

Das Virtual Private Network (VPN) wird immer dann eingesetzt, wenn eine Netzwerkverbindung über eine unsichere Umgebung gelegt werden soll. Typisch ist die Anbindung einer Filiale an das zentrale Firmennetz über das Internet. Damit nicht jeder Interessierte die neuesten Geschäftsdaten mitlesen kann, wird die Verbindung verschlüsselt.

Einen verschlüsselten Tunnel stellt schon Abschnitt 11.2.8 auf dem Weg über eine ssh-Verbindung vor. Eine VPN-Verbindung ist universeller. Aus Sicht des Anwenders wird eine neue Netzwerkschnittstelle erzeugt, über die er genauso eine Verbindung aufnehmen kann wie über eine Ethernet-Schnittstelle.

14.8.1 Die Zertifikate des Julius Caesar

In Abschnitt 14.7.2 haben Sie schon erfahren, dass Julius und Kleopatra ihre Mails verschlüsselten. Nun will sich Kleopatra auf dem Rechner von Julius einloggen, um ein paar erotische Gemälde dort abzulegen, die von den begabtesten Mosaiklegern Ägyptens Pixel für Pixel zusammengesetzt wurden. Natürlich darf die Leitung nicht von Brutus abgefischt werden, dem nichtsnutzigen selbstsüchtigen Attentäter (kurz NSA: Eine Abkürzung, die seit jenen Tagen für Personen und Einrichtungen verwendet wird, deren Handlungen zur Zerstörung einer Gesellschaftsform führen, obwohl die Handelnden glauben, diese zu schützen).

Caesars Computer war übrigens eine Eigenentwicklung namens C-64. Das C ist sein Initial und 64 steht für das Jahr 64 vor Christi Geburt, dem Entwicklungsjahr des Rechners. Zu jenen Tagen waren Computer nicht so leistungsstark wie heute.

Der C-64 konnte nur kleine Datenmengen asynchron verschlüsseln. Aber Caesar hatte ja eine einfache Verschiebe-Verschlüsselung erfunden, die noch heute nach ihm benannt ist. Dazu wird auf einen Buchstaben eine Zahl aufaddiert, die beim Lesen wieder abgezogen werden musste. War die Zahl 3, so wurde aus dem D ein G (E=D+1, F=D+2, G=D+3). Wie alle symmetrischen Verschlüsselungen ging das so leicht, dass es auch der C-64 schaffte.

Der Verschiebeabstand wurde für jede Übertragung neu ausgewürfelt, also durch einen Zufallszahlengenerator festgelegt. Da diese Zahl das gemeinsame Geheimnis der Übertragung war, auf der die gesamte Verschlüsselung basierte, musste sie nun möglichst sicher zwischen Julius und Kleopatra ausgetauscht werden. Dazu wurde sie wie bei ihren Mails in Abschnitt 14.7.2 nun per asymmetrischer Verschlüsselung codiert und übertragen.

Das klappte so gut, dass Caesar anfing, seine C-64 zu verkaufen und schon im nächsten Weihnachtsgeschäft hatte jeder kleine Junge einen unterm Weihnachtsbaum. Auch Caesar hatte in jeder seiner Villen mindestens einen C-64 stehen. Für jeden hatte Caesar einen eigenen privaten Schlüssel. Diese Schlüssel nannte er Zertifikate. Nun hatte aber Kleopatra ein Problem: Welchem Zertifikat konnte sie trauen? Es wäre ja möglich, dass ihr der NSA Brutus einen gefälschten C-64 unterschob.

Da hatte Caesar eine Idee! Er nahm die Zertifikate seiner Computer und verschlüsselte sie alle auf der Basis seines eigenen privaten Hauptschlüssels, dem Kleopatra ja nun vertraute. So konnte sie versuchen, mit dem öffentlichen Schlüssel von Julius die Zertifkate der Villen-Computer zu entschlüsseln. Gelang dies, war es ein C-64 von Julius. Diese Zertifikate waren damit von Julius Caesar authentifiziert und so wurde Julius Caesar auch noch zur ersten Zertifizierungsstelle der Weltgeschichte.

14.8.2 Installation von OpenVPN

Beide Partner einer VPN-Verbindung benötigen das Paket *openvpn*, das mit dem folgenden Befehl eingerichtet wird:

```
# apt-get install openvpn
```

Freundlicherweise werden im Verzeichnis */usr/share/doc/openvpn* einige Beispiele mitgeliefert, aus denen Sie eine gute Ausgangskonfiguration bauen können. Sie finden dort ferner im Unterverzeichnis *easy-rsa* einige Skripte, die wir zur Erstellung von Zertifikaten noch nutzen werden.

Zum Erstellen einer Verbindung rufen Sie das Programm `openvpn` auf den beteiligten Rechnern auf. Die genauen Parameter der Verbindung erstellen Sie sinnvollerweise in einer Konfigurationsdatei, die dann mit der Option `--config` angegeben wird.

Konfigurationsoptionen

Die Einträge der Konfigurationsdatei erlaubt das Doppelkreuz (#) als Kommentarzeichen. Ansonsten werden zunächst die Optionen genannt und durch mindestens ein Leerzeichen getrennt die Parameter.

dev

Mit der Option `dev` geben Sie an, welche Geräteklasse Sie einsetzen wollen. Diese Option kann den Parameter `tunX` für IPv4- oder IPv6-Schnittstellen oder `tapX` für Ethernet-Schnittstellen verwenden. Das »X« steht für optionale Nummern.

ifconfig

Die Option `ifconfig` legt die lokale IP-Adresse und die entfernte IP-Adresse bei einer Point-to-Point-Verbindung fest. Beide Adressen sind als Parameter erforderlich.

Server-Option

Die Option `server` steht für die Verwendung eines TSL-Servers. Als Parameter werden wie bei der `ifconfig`-Option Netzwerkadresse und Netmask angegeben.

Client-Optionen

Mit der Option `client` legen Sie fest, dass der Rechner ein Client ist. Auch diese setzt eine TSL-Verbindung voraus und damit ein Zertifikat.

Mit der Option `remote` gibt der Client den Namen oder die IP-Adresse des Servers an, mit der er sich verbinden soll.

Protokoll und Port

OpenVPN arbeitet von Haus aus per UDP und mit der Portnummer 1194. Sie können jede andere Portnummer und auch TCP statt UDP verwenden. Bei TCP müssen Sie gegenüber dem verbindungslosen UDP angeben, ob das Programm als TCP-Server (`tcp-server`) oder -Client (`tcp-client`) auftreten soll. Das folgende Beispiel zeigt, wie man OpenVPN dazu bringt, als HTTPS-Server mit der Portnummer 443 aufzutreten.

```
proto tcp-server
port 443
```

Der TCP-Port 443 hat den Vorteil, dass dieser für das Surfen von den meisten Firewalls freigehalten wird. Wenn Sie mit dieser Methode in Ihrer Firma eine Firewall aushebeln, um so heimlich Daten hinein- und hinauszuschaffen, könnte dies der Administrator weniger spaßig finden als Sie. Spätestens, wenn der Personalchef an der Diskussion beteiligt wird, könnte es sein, dass auch Sie selbst es nicht mehr lustig finden. Falls Sie selbst der Administrator sind, werden Sie spätestens hier merken, dass eine Firewall niemals wirklich dicht ist.

secret

Mit der Option `secret` wird auf eine Datei verwiesen, die das gemeinsame Geheimnis enthält, auf dem die Verschlüsselung beruht. Auch wenn das Verfahren nicht ganz so sicher wie bei Zertifikaten ist, so hat es doch den Vorzug, dass eine Verbindung damit schnell einzurichten ist.

In der Manpage von `openvpn` finden Sie noch weitere Optionen und Konfigurationshinweise.

14.8.3 Eine einfache Verbindung

Dieser Abschnitt führt aus, wie eine schnelle Verbindung von einem Client zu einem Server ohne großen Aufwand eingerichtet werden kann. Eine nähere Beschreibung finden Sie unter *https://wiki.debian.org/OpenVPN*.

Als Basis der Verbindung muss ein kleines Geheimnis verwendet werden, das mit der folgenden Befehlsfolge erzeugt wird. Dieses wird zur Verschlüsselung der Strecke eingesetzt.

```
# cd /etc/openvpn
# openvpn --genkey --secret static.key
```

Es entsteht eine Datei namens *static.key*. Diese Datei wird auch auf den Client kopiert und sollte nur für den Besitzer schreib- und lesbar sein. Die Konfiguration findet im Verzeichnis */etc/openvpn* statt. Sie erzeugen eine Datei namens *tun0srv.conf* für den Server:

```
# /etc/openvpn/tun0srv.conf
dev tun0
ifconfig 10.9.8.1 10.9.8.2
secret static.key
```

Die Befehle in der Datei besagen, dass eine Schnittstelle namens `tun0` eingerichtet wird. Sie wird lokal die IP-Adresse 10.9.8.1 und auf der anderen Seite der Verbindung die IP-Adresse 10.9.8.2 haben. Als Verschlüsselungsbasis dient die eben erzeugte Datei. Damit kann bereits das VPN auf dem Server gestartet werden:

```
# openvpn --config /etc/openvpn/tun0srv.conf
```

Das Programm initialisiert sich und wartet auf eine Verbindungsaufnahme von außen. Nun kann der Client aufgesetzt werden. Er kann die gleiche Konfigurationsdatei verwenden. Allerdings ist die Reihenfolge der Parameter des Befehls `ifconfig` genau andersherum. Hinzu kommt eine Zeile mit dem Parameter `remote`, der angibt, wie der Server erreicht wird.

```
remote zossenklau.dyndns-server.com
dev tun0
ifconfig 10.9.8.2 10.9.8.1
secret static.key
```

Und natürlich muss auch der Client analog zum Server gestartet werden. Anstatt eine Shell mit dem Start des Tunnels zu blockieren, kann `openvpn` mit der Option `--daemon` auch in den Hintergrund geschickt werden. Eventuelle Probleme hinterlässt OpenVPN dann in der Syslog-Datei statt auf der Konsole.

In diesem Beispiel wird der Server über eine DynDNS-Adresse angesprochen. Wie eine DynDNS-Adresse eingerichtet und verwendet wird, finden Sie in Abschnitt 9.10 beschrieben. Wenn Sie eine direkt erreichbare IP-Adresse haben, können Sie natürlich auch diese verwenden.

14.8.4 Zertifikate für VPN mit Easy-RSA

Das Verteilen von kleinen Geheimnissen in Form von Secret-Dateien hat gewisse Restriktionen. Ist das Geheimnis einmal aufgeflogen, müssen die Geheimnisse von Server und Client erneuert werden. Im Gegensatz zu Zertifikaten ist die Sicherheit auch weniger hoch. Aus diesem Grund lehnt OpenVPN die Geheimnisse als Basis einer größeren Server-Client-Architektur ab und fordert den Einsatz von Zertifikaten.

Dem OpenVPN-Paket sind dankenswerterweise ein paar Skripte beigefügt, die die Erstellung von Zertifikaten verhältnismäßig einfach machen. Je nach Version müssen Sie dazu allerdings eventuell das Paket *easy-rsa* nachinstallieren. Sie finden es im Dokumentverzeichnis von OpenVPN */usr/share/doc/openvpn*. In dessen Unterverzeichnis *examples* finden Sie *easy-rsa/2.0*. Dieses Verzeichnis kopieren Sie am besten direkt unter */etc/openvpn*:

```
# mkdir /etc/openvpn/easyrsa2
# cd /usr/share/doc/openvpn/examples/easy-rsa
# cp -rp 2.0/* /etc/openvpn/easyrsa2
# cd /etc/openvpn/easyrsa2
```

Es werden eventuell mehrere Varianten der Datei *openssl.cnf* ausgeliefert, die allerdings nicht so heißen. Hier hilft ein symbolischer Link:

```
# ln -s openssl-1.0.0.cnf openssl.cnf
```

Sie finden in dem Verzeichnis einige Skripte, die Sie nacheinander ausführen, um die benötigten Zertifikate und Schlüssel zu generieren. In dem Skript `vars` werden die Umgebungsvariablen gesetzt. Darum muss dieses Skript auch über das Punktkommando aufgerufen werden:

```
# . ./vars
NOTE: If you run ./clean-all, I will be doing a
      rm -rf on /etc/openvpn/easyrsa2/keys
```

Die Warnung besagt, dass das Skript *clean-all* alle bisher erzeugten Schlüssel löschen wird. Genau dies ist der Zweck des Befehls. Er soll vorausgegangene Fehlversuche entsorgen.

```
# ./clean-all
```

Nun werden nacheinander die Befehle zur Erstellung der Schlüsseldateien gegeben. Einige fordern Informationen über den Zertifikatsgeber an. Da Sie selbst das Zertifikat vergeben, steht es in Ihrem Ermessen, die Fragen zu beantworten.

Mit dem Skript `build-ca` wird eine lokale Certification Authority geschaffen. Dieser Befehl wird nur einmal ausgeführt, da alle Zertifikate anschließend von dieser CA abhängen. Sie werden für das Zertifikat nach einigen Details gefragt. Diese Fragen werden Ihnen bei der Erstellung der Server- und Clientzertifikate wieder begegnen.

```
# ./build-ca
...
Country Name (2 letter code) [US]:DE
State or Province Name (full name) [CA]:SH
Locality Name (eg, city) [SanFrancisco]:Norgaardholz
Organization Name (eg, company) [Fort-Funston]:Zossenklau
Organizational Unit Name (eg, section) []:Zentrale
Common Name (eg, ... or your server's hostname) [...]:obelix
Name []:
Email Address [me@myhost.mydomain]:
```

Im Verzeichnis *keys* liegen nun die Dateien *ca.key* als geheimer Schlüssel und *ca.crt*.

Diffie-Hellman

Im Anschluss wird für die Serverseite der TLS-Kommunikation der Diffie-Hellman-Parameter erzeugt:

```
# ./build-dh
Generating DH parameters, 1024 bit long safe prime, generator 2
This is going to take a long time
```

Es entsteht im Verzeichnis *keys* die Datei *dh1024.pem*.

Server-Zertfikat

Nun werden ein Zertifikat und ein Schlüssel für den Server erzeugt. Als Parameter wird hier einfach der Begriff »server« verwendet. Sie können natürlich auch einen sprechenderen Namen wählen.

```
# ./build-key-server server
Generating a 1024 bit RSA private key
.........................................++++++
...
Country Name (2 letter code) [US]:DE
State or Province Name (full name) [CA]:SH
```

```
..
Please enter the following 'extra' attributes
to be sent with your certificate request
A challenge password []:
...
The Subject's Distinguished Name is as follows
Certificate is to be certified until Nov 22 19:10:51 2023 GMT (3650 days)
Sign the certificate? [y/n]:

1 out of 1 certificate requests certified, commit? [y/n]y
Write out database with 1 new entries
Data Base Updated
```

Wie schon angekündigt, werden Ihnen die Fragen erneut begegnen. Allerdings will nun das Programm noch ein Passwort haben. Schließlich wird das Zertifikat erstellt.

Client-Zertifikate und -Schlüssel

Nun können Sie für jeden Client, den Sie einsetzen wollen, einen Schlüssel erzeugen. Hier wurde »client1« gewählt. Natürlich werden Sie sprechendere Namen verwenden wollen. Aber vor allem ist es wichtig, dass sich die Namen der Clients unterscheiden.

```
# ./build-key client1
```

Diesen Vorgang wiederholen Sie, bis Sie für jeden Client einen eigenen Schlüssel besitzen. Die Ergebnisse Ihrer Bemühungen finden Sie im Verzeichnis *keys*.

Die Dateien *ca.crt*, *client1.crt* und *client1.key* werden nun auf den Client kopiert.

14.8.5 Zertifizierte Verbindung mit OpenVPN

Nun setzen Sie eine Verbindung auf der Basis von Zertifikaten auf. Aus den oben erstellten Dateien erstellen Sie eine Server-Konfigurationsdatei namens *server.conf* im Verzeichnis */etc/openvpn*:

```
# /etc/openvpn/server.conf
dev tun0
server 10.0.0.0 255.255.255.0
dh   /etc/openvpn/easyrsa2/keys/dh1024.pem
ca   /etc/openvpn/easyrsa2/keys/ca.crt
cert /etc/openvpn/easyrsa2/keys/server.crt
key  /etc/openvpn/easyrsa2/keys/server.key
```

Die Konfiguration für den Client sieht ähnlich aus. Sie müssen die entsprechenden Dateien aus der Zertifikatserstellung auf den Client schaffen. In diesem Fall legen wir die Dateien im Verzeichnis */etc/openvpn/keys* ab. Achten Sie darauf, dass die private Schlüsseldatei des Clients nur für den Besitzer lesbar ist.

```
# /etc/openvpn/client.conf
dev tun0
client
remote zossenklau.dyndns-server.com
ca   /etc/openvpn/keys/ca.crt
key  /etc/openvpn/keys/client1.key
cert /etc/openvpn/keys/client1.crt
```

Der Parameter `remote` gibt an, wie der Server erreichbar ist.

Nun wird wiederum die Verbindung aufgebaut, indem das Programm openvpn gestartet wird, zuerst auf dem Server, dann auf dem Client:

```
# openvpn --config /etc/openvpn/server.conf
```

Ein entsprechender Aufruf wird auf dem Client erstellt:

```
# openvpn --config /etc/openvpn/client.conf
```

Es entsteht auf beiden Seiten eine Netzwerkschnittstelle `tun0`, über die die Netzwerkkonfiguration aufgebaut wird. Auf Client-Seite sieht die Routentabelle so aus:

```
Ziel        Router      Genmask         Flags Metric Ref Use Iface
...
10.0.0.1    10.0.0.5    255.255.255.255 UGH   0      0     0 tun0
10.0.0.5    0.0.0.0     255.255.255.255 UH    0      0     0 tun0
```

Sie können nun also den Server über die IP-Adresse 10.0.0.1 erreichen.

14.8.6 OpenVPN dauerhaft installieren

Wenn Sie eine OpenVPN-Verbindung zu einer Filiale einrichten, werden Sie keine Freude empfinden, nach jedem Rechnerstart daran denken zu müssen, OpenVPN neu starten zu müssen.

Für einen Dämonbetrieb wird in der Datei */etc/default/openvpn* der Autostart-Modus aktiviert. Sie geben der Variablen `AUTOSTART` den Basisnamen der Konfigurationsdatei. Für den Server hatten wir die Datei */etc/openvpn/server.conf* verwendet. Hier würde also der Wert »server« eingetragen.

```
AUTOSTART="server"
```

Entsprechend würde im Falle des Clients der Wert »client« verwendet.

Hilfe im Internet

Mit OpenVPN können Sie Router, Bridges und multiple Clients miteinander verbinden. Sie finden eine Vielzahl von Konfigurationshilfen und -szenarien auf dem Wiki von OpenVPN unter der URL *http://wiki.openvpn.eu*.

14.9 Verschlüsselte Dateisysteme

Es ist klug, Datenträger zu verschlüsseln, bevor sie geklaut werden. Das wird vielleicht auch der britische Verteidigungsminister Geoff Hoon gedacht haben, als im Mai 2000 sein Laptop bei eBay wieder auftauchte. Dumm nur, dass der Laptop ausgerechnet von der Zeitung *The Mirror* gekauft wurde und die Journalisten erklärten, sie haben geheime Dokumente über das Joint-Strike-Fighter-Projekt gefunden.[1] Im Januar 2008 verlor das britische Verteidigungsministerium die Daten von 600.000 Rekruten. Und auch dieser Fall war keineswegs der erste peinliche Zwischenfall. Im Jahr 1990 wurde ein Laptop mit den Invasionsplänen für Kuwait aus dem Kofferraum eines Autos gestohlen.[2] Dass bei diesen Meldungen so oft britische Behörden genannt werden, hängt vermutlich weniger damit zusammen, dass anderen Ländern dies nicht passiert, sondern eher, dass es dort besser gegenüber der Presse verheimlicht wird.

Verschlüsseln statt verschusseln

Wenn Notebooks offenbar so leicht verschwinden, sollte es für den neuen Besitzer wenigstens nicht so einfach sein, alle Daten weiterzuverwenden. Zu diesem Zweck ist es möglich, Dateisysteme zu verschlüsseln. Wenn der neue Besitzer nun das »gefundene« Notebook startet, wird er nach dem Passwort gefragt. Will er die Festplatte per USB-Adapter als externe Festplatte anschließen und sich um die Passworteingabe drücken, wird er nur auf einen Haufen Datenschrott schauen. Wer also auf einem tragbaren Computer geheime Daten hat, sollte nicht unverschlüsselt arbeiten. Aber auch bei einem Desktop-System verhindert ein verschlüsseltes Dateisystem den Angriff per Schraubenzieher oder Knoppix-CD.

Da das Ver- und Entschlüsseln seine Zeit braucht, müssen Sie gewisse Geschwindigkeitseinbußen hinnehmen. Das Verschlüsseln des Dateisystems ist auch nicht die Lösung aller Sicherheitsprobleme. Wenn ein System erst einmal gestartet ist, sorgt es für die Entschlüsselung. Aus Sicht der Benutzer ist die Verschlüsselung nicht sichtbar. Die Verschlüsselung schützt also nur, wenn der Rechner ausgeschaltet ist.

1 Heise-Online *http://www.heise.de/newsticker* vom 14.01.2002. »Britisches Verteidigungsministerium vermisst fast 600 Laptops.«

2 *http://www.spiegel.de/netzwelt/tech/0,1518,529603,00.html*

14.9.1 Bei der Installation einrichten

Sie können bereits bei der Installation Partitionen als verschlüsselte Partitionen einrichten lassen. Dazu lassen Sie die Installation durchlaufen wie in Kapitel 2 beschrieben.

Um ein verschlüsseltes Dateisystem einzurichten, weichen Sie bei der Partitionierung von der normalen Installationsbeschreibung ab. Hier wählen Sie die manuelle Konfiguration aus. Aus Performancegründen soll das Wurzelverzeichnis unverschlüsselt bleiben. Nur das Benutzerverzeichnis */home* soll verschlüsselt werden. Damit nicht eventuell Schlüssel, die noch im Speicher waren, in die Swap-Partition ausgelagert werden, verweigert die Installationsroutine eine unverschlüsselte Swap-Partition, wenn eine der Partitionen verschlüsselt werden soll. Es werden also zwei Partitionen verschlüsselt angelegt.

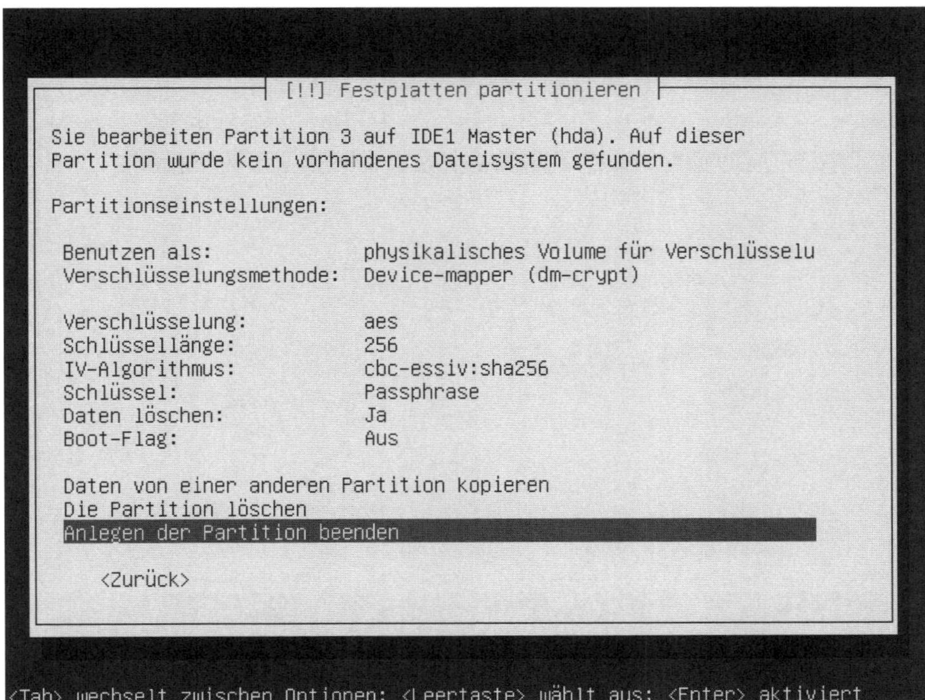

Abbildung 14.4 Einrichtung eines verschlüsselten Volumes

Die Einrichtung entspricht der einer normalen Partition, allerdings wird statt eines ext4-Dateisystems der Punkt PHYSIKALISCHES VOLUME FÜR VERSCHLÜSSELUNG ausgewählt.

Ein Einhängepunkt kann an dieser Stelle nicht gewählt werden. Dazu müssen Sie zunächst wieder in die Partitionsübersicht.

Dort wählen Sie nun den Punkt VERSCHLÜSSELTE DATENTRÄGER KONFIGURIEREN. Daraufhin meldet das Partitionierungsprogramm, dass ab jetzt die Partitionierung nicht geändert werden kann. Also fragt es, ob diese Partitionierung nun in die Partitionstabelle geschrieben werden soll.

Nun werden die beiden zu verschlüsselnden Partitionen noch einmal explizit gelöscht. Anschließend wird für jedes verschlüsseltes Volume eine Passphrase gewählt. Dabei wird aus Sicherheitsgründen eine mindestens 20 Zeichen lange Phrase vorgeschlagen, die Groß- und Kleinbuchstaben gemischt enthalten soll. Anschließend ergibt sich die Partitionstabelle aus Abbildung 14.5.

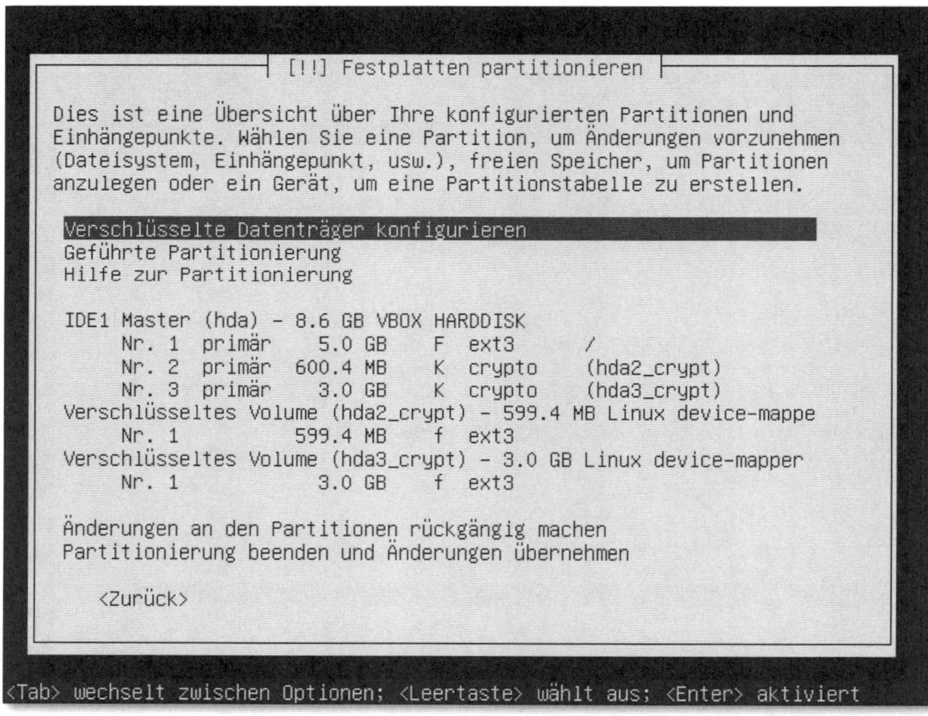

Abbildung 14.5 Partitionstabelle mit verschlüsselten Volumes

Sie bewegen die Cursor-Leiste auf diejenige der beiden Partitionen, die Sie als Swap vorgesehen haben, und drücken [↵]. Nun erhalten Sie den gewohnten Partitionsdialog, in dem Sie diese Partition als Swap-Bereich festlegen. Dasselbe tun Sie mit der anderen Partition. Diese richten Sie mit einem ext4-Dateisystem für den Einhängepunkt */home* ein.

Anschließend läuft die Installation ganz normal weiter wie bei jeder Installation. Erst beim Reboot zeigt sich der Unterschied. Für jedes verschlüsselte Volume muss die Passphrase eingegeben werden. Natürlich ergibt sich auf diese Weise auch ein anderer Inhalt in der Datei */etc/fstab*.

```
proc                /proc           proc    defaults           0  0
/dev/hda1           /               ext4    errors=remount-ro  0  1
/dev/mapper/hda3_crypt  /home       ext4    defaults           0  2
/dev/mapper/hda2_crypt  none        swap    sw                 0  0
/dev/hdc            /media/cdrom0   udf,iso9660 user,noauto    0  0
```

14.9.2 Externe Festplatten verschlüsseln

Auf externen Medien sind die Daten selbstverständlich noch gefährdeter als auf den Festplatten von Notebooks. Darum ist es natürlich ein naheliegender Gedanke, auch seinen USB-Stick oder die externe Festplatte zu verschlüsseln.

Sofern Sie auf diesem System nicht bereits ein verschlüsseltes Laufwerk bei der Installation eingerichtet haben, werden Sie das Paket *cryptsetup* noch nachträglich installieren müssen: In diesem Fall müssen Sie auch das Modul `dm_crypt` noch aktivieren:

```
# apt-get install cryptsetup
# modprobe dm_crypt
```

Nun geht es darum, den Datenträger vorzubereiten. Externe Datenträger haben in der Regel nur eine Partition. Für das Beispiel gehen wir davon aus, dass die externe Festplatte mit der Partition */dev/sdc1* verwendet wird.

Wenn Sie Sorge haben, dass die bisherigen Daten gelesen werden können, müssten Sie die Partition vorher vollständig löschen. Das funktioniert am sichersten dadurch, dass die Daten überschrieben werden. Hier wird der Befehl `dd` (siehe Abschnitt 7.7) verwendet, um lauter Nullen auf die Partition zu schreiben:

```
# dd bs=2M if=/dev/null of=/dev/sdc1
```

Nun wird die Partition vorbereitet, um ein verschlüsseltes Volume aufzunehmen. Der Befehl `cryptsetup` dient der Verwaltung von verschlüsselten Datenträgern. Als erstes Argument wird die gewünschte Aktion angegeben. Die Aktion `luksFormat` erzeugt ein verschlüsseltes Dateisystem. Als weiteres Argument wird die Partition angegeben:

```
# cryptsetup luksFormat /dev/sdc1
```

Bevor der Befehl startet, weist er darauf hin, dass eventuell Daten verloren gehen. Dies muss mit »YES« bestätigt werden. Das Programm legt auf die Großschreibung Wert. Anschließend werden Sie um die Passphrase gebeten, die Sie dann ein zweites Mal eintippen müssen. Diese Passphrase wird später verwendet, um die Daten wieder zu entschlüsseln. Die Datenmenge ist proportional zur Angriffsfläche. Insofern sollte die Passphrase gern etwas länger als Ihre üblichen Passwörter sein. Der Befehl endet ohne weitere Meldung.

Der Zugriff auf das verschlüsselte Dateisystem erfolgt über einen Device-Mapper. Diesen Mapper können Sie sich wie einen zwischengeschalteten Treiber vorstellen, der die Daten zwischen dem Gerätetreiber der Partition und den Dateibefehlen des Betriebssystems ver- oder entschlüsselt, je nachdem, ob es ein Lese- oder Schreibbefehl ist. Der Device-Mapper wird mit der Aktion `luksOpen` geöffnet und mit der Aktion `luksClose` wieder geschlossen. Beim Öffnen muss angegeben werden, welche Partition verwendet werden soll und wie der Device-Mapper heißen soll. Hier im Beispiel nennen wir ihn *cryptextern*:

```
# cryptsetup luksOpen /dev/sdc1 cryptextern
```

Beim Öffnen des Device-Mappers wird nach der Passphrase gefragt, mit der der Datenträger bei seiner Formatierung verschlüsselt wurde. Nun ist die Partition */dev/sdc1* über den Device-Mapper */dev/mapper/cryptextern* für die normalen Dateisystembefehle zugreifbar. Hier wird in den verschlüsselten Bereich eine ext4-Partition gelegt:

```
# mkfs.ext4 /dev/mapper/cryptextern
```

Daraufhin rappelt die Festplatte eine Weile, und auf dem Bildschirm erscheinen die normalen Ausgaben, die immer beim Einrichten eines Dateisystems entstehen. Sie können das Laufwerk nun einhängen, ein paar Dateien darauf kopieren und es wieder aushängen:

```
# mount /dev/mapper/cryptextern /mnt
# cp /etc/fstab /etc/passwd /mnt
# umount /dev/mapper/cryptextern
```

Nachdem das Dateisystem ausgehängt wurde, muss auch der Device-Mapper wieder geschlossen werden:

```
# cryptsetup luksClose cryptextern
```

Auf allen PCs, die diese Festplatte nutzen wollen, muss das Paket *cryptsetup* eingerichtet werden. Das Einbinden der verschlüsselten Festplatte erfolgt immer nach dem folgenden Muster:

1. Einen Device-Mapper öffnen
2. Passphrase eingeben
3. Das Dateisystem einbinden
4. Daten transferieren
5. Das Dateisystem wieder aushängen
6. Den Devicemanager schließen

Unter den grafischen Oberflächen GNOME und KDE ist dies sehr komfortabel gelöst. Beim Anschluss der Festplatte wird automatisch ein Dialog erscheinen, der nach der Passphrase fragt. Nach der korrekten Eingabe erscheint das gleiche Datenträgerfenster wie bei einem unverschlüsselten Gerät.

Kapitel 15
Diagnose

Inhalt

- Informationen über den Server sammeln
- Lasten verteilen
- Fehlermeldungen auswerten und umleiten
- Netzwerke überwachen

Irgendwas stimmt mit dem Server nicht? Kaffeesatz und Glaskugel sollten Sie wegpacken. Bei einem Linux-Server gibt es vernünftige Werkzeuge, um nach dem Rechten zu sehen.

15.1 Kennenlernphase

Wenn Sie vor einer Maschine sitzen, die Sie nicht kennen, gibt es diverse Befehle, die Ihnen zumindest ein paar Grundauskünfte erteilen. Selbst dann, wenn Sie das alles gar nicht wissen wollen, macht es einen sehr professionellen Eindruck, wenn Sie schnell ein paar Befehle über die Konsole einhacken und dabei wissend den Kopf wiegen. Wenn Sie dann auch noch ein paar kluge Worte sagen wie »lange keinen neuen Kernel mehr gesehen« oder »Der Swap ist schon sehr grenzwertig«, wird man Ihnen sofort das root-Passwort aushändigen, und die Rechnung darf dann auch ruhig etwas heftiger ausfallen. Vor allem aber verlassen die Betriebswirte schnellstmöglich das Büro.

15.1.1 Versionsinformationen: uname

Der Befehl `uname -a` ist immer ein guter Start für eine verlässliche Freundschaft, weil er Ihnen grundlegende Informationen über das jeweilige System liefert:

```
# uname -a
Linux debian 3.0.0-1-amd64 #1 SMP Sat Aug 27 16:21:11 UTC 2011
x86_64 GNU/Linux
```

Nun wissen Sie, Sie sitzen vor einem Linux-System. Dass es ein Debian-System ist, können Sie zumindest vermuten. Das, was hier als `debian` angezeigt wird, ist nämlich der Hostname. Falls Sie die verschiedenen Kernelversionen nicht auswendig wissen, dann können Sie aber anhand des Datums einschätzen, wie alt der Kernel ist. Sie können an der Prozessorbezeichnung zwar ablesen, dass es sich um eine 64-Bit-CPU handelt, aber bereits über die Anzahl der Kerne werden Sie schon nicht mehr informiert.

Sie müssen nicht alle Informationen mit der Option `-a` herauspressen. Wer taktvoller sein möchte, kann auch die Einzeloptionen aus Tabelle 15.1 verwenden.

Flag	Bedeutung
`-s`	Name des Betriebssystems
`-n`	Name des Rechners
`-r`	Kernelversion
`-m`	Prozessortyp

Tabelle 15.1 Bedeutungen der Optionen von uname

15.1.2 Arbeitsspeicher und Festplattenreserven

Der Befehl `free` gibt Ihnen wichtige Informationen über die Ausstattung des Systems mit RAM, dessen Verwendung und die Situation der Swap-Partition. Übrigens zeigt die Option `-m` alle Werte in Megabyte und `-g` in Gigabyte an.

```
$ free
             total       used       free     shared    buffers     cached
Mem:       2061536    2003660      57876          0      72172     705320
-/+ buffers/cache:    1226168     835368
Swap:      4883720       1884    4881836
```

Dieser Computer ist mit 2 GByte RAM ausgestattet. Davon sind scheinbar nur knapp 60 MByte frei. Das sollte Sie nicht beunruhigen. Hauptspeicher ist eine zu wertvolle Ressource, als dass sie ein ordentliches Betriebssystem einfach achtlos herumliegen lässt. Alles, was die Prozesse nicht zum Laufen benötigen, wird sofort in Puffer für die Festplattenzugriffe gesteckt.

Wenn Sie wissen wollen, ob dieser Computer eine schwache Speicherausstattung hat, ist der Blick auf die Zeile mit dem Swap viel interessanter. Von der 4 GByte großen Swap-Partition werden gerade mal 2 MByte belegt. Und selbst wenn Sie feststellen, dass Ihr Server eine höhere Belegung hat, ist das noch kein Grund zur Unruhe. Wenn der Server längere Zeit läuft, werden beispielsweise selten benötigte Dämonen durchaus in den Swap-Bereich ausgelagert. Dort liegen sie warm und trocken und stören nicht. Erst wenn sich die Belegung des Swaps laufend verändert, haben Sie ein Problem.

Mit dem Befehl `df` (siehe Abschnitt 6.5.1) gewinnen Sie eine Übersicht über die Festplatte. Sie sehen, welche Dateisysteme wo eingehängt sind und ob sie voll sind. Denken Sie daran, dass Festplatten, die zu voll werden, auch einen schlechten Einfluss auf die Performance haben.

15.1.3 Wie war der Start? dmesg

Der Befehl `dmesg` liefert die Meldungen, die beim Start des Systems entstanden sind. Die Meldungen sind so umfangreich, dass es sich lohnt, sie mit einer Pipe dem Programm `more` zuzuführen:

```
$ dmesg | more
```

Sie erhalten Informationen darüber, welcher Kernel gebootet wurde, welche Speicher-Map vorhanden ist, welche CPU-Architektur vorgefunden wurde und welche Besonderheiten mit einem Patch behandelt werden. Es geht weiter mit den Besonderheiten des Motherboards, des ACPI und der PCI. Sie erfahren Details über das Grafiksystem und ob SELinux (siehe Abschnitt 14.6) aktiviert ist. Nun erfahren Sie auch weitere Details über die CPU, beispielsweise, wie viele Kerne Ihre teure CPU wirklich hat, und vor allem deren Leistung in BogoMIPS, mit der Sie am nächsten Administratorenstammtisch angeben können. Das System schwelgt in Details über den PCI-Bus und berichtet über die Netzwerkhardware. Sie erfahren, welche Festplatten wo angeschlossen sind und über welche Adressen sie erreichbar sind. Stück für Stück meldet sich Ihre Hardware zu Wort. Das Dateisystem erzählt, ob es mit Journal arbeiten möchte und ob es ihm gut geht.

Diese Flut von Informationen ist nichts für Oma Puvogel als Abendlektüre. Aber sie enthält vor allem dann wichtige Hinweise, wenn Hardware nicht sauber erkannt wird oder vitale Systemkomponenten sich nicht recht wohlfühlen. Da die Meldungen stark von Ihrer Hardware abhängen, dürfte es zu weit führen, sie an dieser Stelle einzeln vorzustellen. Mit ein wenig Erfahrung werden Sie die Anzeige von `dmesg` verstehen und einordnen können. Sehr hilfreich sind die Meldungen, wenn Ihnen der Geschäftsführer wegen eines Systemausfalls ständig über die Schulter schaut. Blättern Sie zu den PCI-Bridges, zeigen Sie mit dem Finger hinein und fragen laut: »Aha! Würden Sie mit mir übereinstimmen, dass zumindest bis hierhin alles in Ordnung ist?« Spätestens dann wird er seine Inkompetenz in diesem Bereich zugeben und etwas über zuständige Mitarbeiter brabbeln und den Ort des Geschehens verlassen, bevor Sie weitere Fragen stellen. Nun haben Sie Ruhe zum Arbeiten.

15.1.4 Hardwaredetails: lspci und lsusb

Wenn Sie Näheres über die im Computer verbaute Hardware wissen wollen, sind die Programme `lspci` und `lsusb` hilfreich. Sie können hier erfahren, welche Chips verwendet werden und welche Hersteller dafür verantwortlich zeichnen. Mit der Unterstützung einer Suchmaschine und dem Stichwort »Linux« haben Sie gute Chancen, herauszufinden, ob es bereits eine Lösung gibt, falls Sie mit der Hardware Probleme haben.

Das Programm `lspci` berichtet zunächst über den internen Aufbau der PCI-Bridges und welche Controller an diesem angeschlossen sind. Zudem erhalten Sie Informationen darüber, welche Grafikkarten und andere Hardware entweder in den PCI-Slots stecken oder welche über den internen PCI-Bus angeschlossen sind. Hier finden Sie beispielsweise Firewire-Anschlüsse oder sämtliche Arten von Netzwerkcontrollern.

Das Programm `lsusb` gibt ähnliche Informationen über den USB-Bus. Das betrifft nicht nur Geräte, die Sie mit einem USB-Kabel an Ihren Computer angeschlossen haben. Insbesondere bei Notebooks werden auch einige interne Komponenten über den USB-Bus angesprochen. Zu den typischen Komponenten zählen UMTS-Karten oder Bluetooth-Adapter. Im folgenden Beispiel habe ich eine USB-Maus, eine PCMCIA-UMTS-Karte und einen USB-UMTS-Stick angeschlossen. Aus satztechnischen Gründen sind die längeren Zeilen umbrochen worden.

```
$ lsusb
Bus 007 Device 001: ID 1d6b:0002 Linux Foundation 2.0 root hub
Bus 006 Device 002: ID 0af0:6701 Option
Bus 006 Device 001: ID 1d6b:0001 Linux Foundation 1.1 root hub
Bus 005 Device 001: ID 1d6b:0001 Linux Foundation 1.1 root hub
Bus 004 Device 002: ID 046d:c00e Logitech, Inc. M-BJ58/M-BJ69
                                 Optical Wheel Mouse
Bus 004 Device 001: ID 1d6b:0001 Linux Foundation 1.1 root hub
Bus 003 Device 001: ID 1d6b:0001 Linux Foundation 1.1 root hub
Bus 002 Device 002: ID 03f0:171d Hewlett-Packard Wireless
              (Bluetooth + WLAN) Interface [Integrated Module]
Bus 002 Device 001: ID 1d6b:0001 Linux Foundation 1.1 root hub
Bus 001 Device 006: ID 19d2:0063 ONDA Communication S.p.A.
Bus 001 Device 001: ID 1d6b:0002 Linux Foundation 2.0 root hub
```

Sie sehen vier angeschlossene Geräte. Am `Bus 006 Device 002` finden Sie das Gerät namens »Option«. Das ist die PCMCIA-UMTS-Karte. Normalerweise würden Sie erwarten, diese Karte über den PCI-Bus zu finden. Tatsächlich befindet sich der USB-Controller auf der PCMCIA-Karte. Hinter Bus- und Gerätenummer finden Sie die ID der Karte. An dieser wird das Gerät vom Kernel erkannt. Ob dies gelingt, können Sie leicht in der Protokolldatei */var/log/syslog* ablesen. Der folgende, gekürzte Ausschnitt zeigt die Erkennung eines GSM-Modems und dessen Zuordnung zur Gerätedatei */dev/ttyUSB0*. Der Vollständigkeit halber sei erwähnt, dass insgesamt vier USB-TTYs von der Karte belegt werden.

```
... debian kernel: [129855.984072] usb 1-3: new high speed
                   USB device using ehci_hcd and address 6
... debian kernel: [129856.127418] usb 1-3: configuration #1
                   chosen from 1 choice
... ...
... debian kernel: [129856.546270] usbserial: USB Serial
                   Driver core
... debian kernel: [129856.612885] USB Serial support
                   registered for GSM modem (1-port)
... debian kernel: [129856.615099] option 1-3:1.0: GSM modem
                   (1-port) converter detected
... debian kernel: [129856.616926] usb 1-3: GSM modem
                   (1-port) converter now attached to ttyUSB0
```

Sollten Sie bei einem USB-Gerät Probleme bekommen, können Sie die ID auch in eine Suchmaschine eingeben und haben dann gute Chancen, jemanden zu finden, der die gleiche Karte besitzt und Ihre Trauer teilt. Und mit etwas Glück finden Sie auch jemanden, der Ihre Probleme inzwischen gelöst hat und den entscheidenden Hinweis gibt.

Bus 004 und Device 002 zeigt die USB-Maus an. Sie sehen, dass es sich um eine optische Logitech-Maus mit Rad handelt. Wenn Sie nun sehr beeindruckt sind, was Debian alles über angeschlossene Geräte herausfindet, muss ich Ihre Begeisterung etwas dämpfen. Diese Zeichenkette wird vom Hersteller in das Gerät eingebrannt und über das USB-Protokoll an den Computer übermittelt. Vor allem bei Druckern oder Scannern führt es gern zur Verwirrung, dass der Computer das Gerät scheinbar erkennt, aber doch keinen Treiber bereitstellt. Die Zeichenkette ist jedoch durchaus hilfreich, um OEM-Produkte zu erkennen, die unter anderen Markennamen vertrieben werden.

Wenn Sie nun den UMTS-Stick abziehen und ihn in einen anderen USB-Port einstecken, werden Sie feststellen, dass er beim nächsten `lsusb` unter einer anderen Bus- und Gerätenummer wieder auftaucht. Bei einem Blick in die Protokolldatei */var/log/syslog* werden Sie feststellen, dass das Gerät dennoch die gleichen Gerätedateien zugewiesen bekommt. Aber auch darauf können Sie sich nicht verlassen. Wenn Sie PCMCIA-UMTS-Karte und UMTS-Stick in der umgekehrten Reihenfolge einstecken wie beim ersten Versuch, werden Sie feststellen, dass nun die Gerätedateien getauscht sind.

15.2 Dateien, die ein Prozess belegt

Prozesse öffnen Dateien, um sie zu lesen oder zu schreiben. Die Zusammenhänge zwischen beiden können Sie mit den Befehlen `fuser` und `lsof` ermitteln. So können Sie feststellen, welcher von den vielen Prozessen in eine bestimmte Datei schreibt, oder prüfen, welche Dateien durch einen bestimmten Prozess verwendet werden.

fuser

Mit dem Befehl `fuser` können Sie feststellen, welche Prozesse eine Datei im Zugriff haben. Der Befehl erwartet eine Datei oder ein Verzeichnis als Argument. Er zeigt daraufhin die PID aller Prozesse, die diese derzeit im Zugriff haben.

```
$ fuser meinedatei.txt
meinedatei.txt:            1176  1190
```

Ein Verzeichnis als Argument liefert auch die Information, welcher Prozess unterhalb dieses Verzeichnisses gestartet wurde. Dies ist vor allem dann hilfreich, wenn Sie ein Laufwerk überraschenderweise nicht aushängen können. Sie bekommen nämlich nicht die Erlaubnis, einem Prozess einfach den Boden unter den Füßen wegzuziehen.

lsof

Das Programm `lsof` (list of open files) zeigt alle offenen Dateien und die Prozesse, die diese offen halten, an. Das ist im laufenden Betrieb eines Linux-Computers eine ganze Menge und so wird diese Datenmenge wohl kaum jemand lesen, ohne zu filtern.

Die Überschrift der Tabelle lautet: `COMMAND PID USER FD TYPE DEVICE SIZE/OFF NODE NAME`. Natürlich sind die Spalten durch Leerzeichen getrennt, sodass Sie sie auch mit `awk` (siehe Abschnitt 4.5.9) auswerten können.

Da für die Frage, welche Prozesse eine bestimmte Datei im Zugriff haben, bereits `fuser` gute Dienste leistet, wird `lsof` eher die Frage beantworten müssen, welche Dateien von einem bestimmten Prozess, also einer PID geöffnet wurden. Dazu filtert man die zweite Spalte, um bei einem Treffer die neunte Spalte anzuzeigen:

```
$ lsof | awk '{ if ($2==7170) print $9 }'
```

Falls Ihnen die Aufrufsyntax von `awk` nicht auf Anhieb einfällt, können Sie über die Ausgabe von `lsof` natürlich auch einen `grep 7170` absetzen, müssen dann allerdings von Hand die Zeilen ausfiltern, bei denen die 7170 an anderer Stelle als in der zweiten Spalte erscheint.

Ich will Ihnen allerdings nicht verschweigen, dass `lsof` auch einige Optionen kennt, die Sie vermutlich eh sofort in der Manpage nachgeschlagen hätten. Und spätestens dann hätten Sie gemerkt, dass es für das Filtern von Prozess-IDs die Option `-p` gibt.

Allerdings hilft Ihnen dies immer noch nicht viel weiter, wenn Sie nur die Dateinamen sehen wollen.

```
$ lsof -p 7170 | awk '{ print $9 }'
```

15.3 Das Verzeichnis /proc

Das Verzeichnis */proc* ist nicht etwa Teil des Dateisystems, sondern wird vom Betriebssystem verwendet, um einen alternativen Zugriff auf die Prozesse und ihre Umgebung zu bieten. Innerhalb des Verzeichnisses */proc* gibt es weitere Verzeichnisse und Dateien, die mit den einfachen Befehlen `cat` und `ls` angezeigt werden können. Diese Pseudodateien enthalten die Konfigurationen und Umgebungen der Prozesse.

Im Verzeichnis */proc* befindet sich für jeden Prozess ein Verzeichnis. Der Name des Verzeichnisses entspricht der PID des Prozesses. Für die folgenden Beispiele wurde der Prozess 2128 verwendet, unter dem der MySQL-Server gestartet wurde.

Unterhalb des Verzeichnisses 2128 gibt es einen symbolischen Link mit dem Namen *cwd* auf das aktuelle Arbeitsverzeichnis des Prozesses und einen symbolischen Link *root*, der auf das Wurzelverzeichnis des Prozesses zeigt.

```
# ls -l /proc/2128/cwd
 ... /proc/2128/cwd -> /var/lib/mysql
```

Die Datei *status* enthält den Prozessstatus und ist eine Textdatei, die Sie mit dem Befehl `cat` einsehen können. In der Datei *cmdline* können Sie nachsehen, mit welchem Kommando der Prozess gestartet wurde.

```
# cat /proc/2128/status
Name:   mysqld
State:  S (sleeping)
Tgid:   2128
Pid:    2128
PPid:   2001
TracerPid:      0
Uid:    115     115     115     115
Gid:    121     121     121     121
FDSize: 128
Groups: 121
VmPeak:   181984 kB
...
# cat /proc/2128/cmdline
/usr/sbin/mysqld--basedir=/usr--datadir=/var/lib/mysql--user
=mysql--pid-file=/var/run/mysqld/mysqld.pid--socket=/var/run
/mysqld/mysqld.sock--port=3306
```

Neben den Prozessen können Sie sich im Verzeichnis */proc* auch die Systemumgebung genauer ansehen. In der Datei */proc/cpuinfo* finden Sie ausgiebige Informationen darüber, was für eine CPU in Ihrem Computer verwendet wird.

So finden Sie im Verzeichnis */proc/bus* beispielsweise die Unterverzeichnisse *pccard* für die PCMCIA-Karten von Notebooks, *pci* für die angeschlossenen Adapterkarten oder *usb* für USB-Geräte. Diese Informationen verwenden beispielsweise die Kommandos `lspci` und `lsusb`.

Die Datei */proc/interrupts* enthält eine Tabelle, in der für jeden Interrupt eingetragen ist, wie oft er aufgetreten ist. In der rechten Spalte der Tabelle finden Sie den behandelnden Interrupt-Handler. Die Datei */proc/ioports* zeigt die Belegung der IO-Adressen, wie sie für PCs typisch sind. In der Datei */proc/modules* sind die derzeit aktiven Module, also die Treiber, aufgelistet.

Eine ausführliche Beschreibung dessen, was im Verzeichnis */proc* zu finden ist, befindet sich auf der Manpage `man 5 proc`.

15.4 Die Last mit der Last

»Die Maschine ist in letzter Zeit etwas langsam«, ist eine der häufigsten Äußerungen von Computeranwendern. Bevor Sie jedoch durch hektische Aktivität die geistige Windstille ersetzen, sollten Sie einige Werkzeuge zurate ziehen, die diese Aussage präzisieren.

15.4.1 Bootzeitpunkt und Systemlast: uptime

Der Befehl `uptime` liefert die Information, wie lange es her ist, dass der Rechner gestartet wurde. Das ist wahnsinnig praktisch, wenn Sie Ihren Arbeitsplatz-PC fragen können, seit wann Sie heute schon arbeiten und ob bald die acht Stunden um sind. Bei einem Linux-Server sind die Laufzeiten aber typscherweise länger.

Neben der Laufzeit gibt der Befehl aber auch einen Überblick über die Last des Rechners. Er zeigt drei Werte mit je zwei Nachkommastellen an. Ist der Wert über 1, tut die Maschine wenigstens etwas für ihr Geld. Steigt der Wert über 5, kann es sein, dass Sie schon Probleme haben, Befehle einzugeben. Allerdings sollten Sie den Wert noch durch die Anzahl Ihrer CPU-Kerne teilen. Sollten Sie acht Kerne haben und einen Wert von 5, ist Ihrer Maschine eher langweilig.

Die Dreiteilung gibt einen Überblick über die Dauer der Last. Es ist der Durchschnitt der letzten Minute, der letzten fünf und der letzten 15 Minuten.

15.4.2 Prozesshitparade: top

Kinder können eine Last sein und so geht es einem Linux-Server auch mit manchem Kindprozess. Nun sind für den Administrator gerade die Prozesse von besonderem Interesse, die die Maschine sehr belasten. Diese sind über mehrere Aufrufe von `ps` natürlich zu ermitteln, indem man einfach schaut, ob die Spalte `TIME` schnell steigt. Einfacher ist da das Programm `top`, was eine Hitparade der anstrengendsten Prozesse live und in Schwarz-Weiß liefert.

```
top - 22:05:42 up 2 days, 20:40,  4 users,  load average: 0.01, 0.11, 0.07
Tasks: 207 total,   1 running, 206 sleeping,   0 stopped,   0 zombie
Cpu(s):  2.3%us,  1.3%sy,  0.0%ni, 96.4%id,  0.0%wa,  0.0%hi,  0.0%si,  0.0%st
Mem:   1800480k total,  1728564k used,    71916k free,    64328k buffers
Swap:  7815580k total,       24k used,  7815556k free,   999356k cached

  PID USER      PR  NI  VIRT  RES  SHR S %CPU %MEM    TIME+  COMMAND
 6023 arnold    20   0 1353m 263m  21m S    4 15.0 144:09.66 java
 1944 root      20   0  185m 100m  10m S    2  5.7  37:21.41 Xorg
 2820 arnold    20   0  536m  27m  14m S    1  1.6   0:11.63 nautilus
 2816 arnold    20   0  153m  12m 9016 S    0  0.7   6:07.40 metacity
22153 root      20   0 10960 1268  880 R    0  0.1   0:00.14 top
    1 root      20   0  8348  736  604 S    0  0.0   0:01.70 init
    2 root      20   0     0    0    0 S    0  0.0   0:00.00 kthreadd
    3 root      RT   0     0    0    0 S    0  0.0   0:00.02 migration/0
    4 root      20   0     0    0    0 S    0  0.0   0:01.50 ksoftirqd/0
    5 root      RT   0     0    0    0 S    0  0.0   0:00.00 watchdog/0
    6 root      RT   0     0    0    0 S    0  0.0   0:00.04 migration/1
    7 root      20   0     0    0    0 S    0  0.0   0:00.68 ksoftirqd/1
    8 root      RT   0     0    0    0 S    0  0.0   0:00.00 watchdog/1
    9 root      20   0     0    0    0 S    0  0.0   0:00.05 events/0
   10 root      20   0     0    0    0 S    0  0.0   0:00.10 events/1
   11 root      20   0     0    0    0 S    0  0.0   0:00.00 cpuset
   12 root      20   0     0    0    0 S    0  0.0   0:00.00 khelper
```

Die erste Zeile zeigt, was Ihnen der Befehl `uptime` liefert: Wie lange läuft der Server schon und welche Last hat er. Weiter unten finden Sie auch die Informationen, die Sie von `free` kennen, die über den derzeitigen Speicherbedarf Auskunft geben.

Auch die Spalten sind Ihnen von `ps` vertraut. Da ist links die `PID` (Process-ID), der Benutzer, dem der Prozess gehört, die prozentualen Anteile an der CPU und am Hauptspeicher (`%MEM`), wie viel CPU-Zeit der Prozess bereits verbraucht hat (`TIME`) und das Kommando, mit dem er gestartet wurde.

Wie erwähnt, ist die Bewegung das Interessante. Sie sehen, wie die Last steigt oder fällt, und welche Prozesse dafür verantwortlich zeichnen. Mit der Größer- ([>]) und der Kleinertaste ([<]) können Sie Hitparadenreihenfolge zwischen CPU- und Speicherbelastung hin- und herschalten.

Sollten Sie einen der Prozesse beenden wollen, können Sie mit der Taste [K] das `kill`-Kommando auslösen. Sie werden daraufhin nach der PID und der Signalnummer gefragt (siehe Abschnitt 8.2.2).

Die Taste [H] zeigt Ihnen noch einige weitere Möglichkeiten, wie Sie `top` an Ihre Bedürfnisse anpassen können.

15.4.3 Belastungs-EKG mit vmstat

Sollten Sie nähere Informationen über die Ursache der Maschinenauslastung benötigen, ist der Befehl `vmstat` ein praktischer Helfer. Er liefert eine ausführlichere Zeile mit Informationen über die Prozesse, die Speicherauslastung, den Datenumsatz und die CPU-Last.

Sie können als Argument eine 3 übergeben, dann wird alle drei Sekunden eine solche Zahl ausgegeben, bis der Strom ausfällt oder Sie den Vorgang mit [Strg]+[C] wieder unterbrechen. Mit einer weiteren Zahl können Sie die Anzahl der Wiederholungen festlegen.

Spicker

`vmstat` [*Sekundenabstand* [*Wiederholungen*]]

```
$ vmstat 10
procs -----------memory---------- ---swap-- -----io---- -system-- ----cpu----
 r  b   swpd   free   buff  cache   si   so    bi    bo   in    cs us sy id wa
 1  0      0  52836  22796 1493332    0    0  1898   153  435   837 37  3 53  8
 1  0      0  52904  22856 1495224    0    0  4741   433 1052  1471 50  2 47  1
 1  0      0  53304  22976 1493924    0    0  4904   393 1003  1751 51  2 44  3
 1  0      0  54136  23056 1492804    0    0  4523   671  988  1483 49  2 47  2
 1  0      0  51972  23116 1495012    0    0  4382   720  956  1457 49  2 48  2
 2  0      0  52688  23180 1494060    0    0  4920   328 1042  1476 48  2 48  2
 1  0      0  54420  23220 1491548    0    0  5086   319 1026  1503 49  2 48  2
 1  0      0  53048  23292 1492656    0    0  4702   385 1005  1507 48  2 48  2
 1  0      0  53352  23340 1492468    0    0  4920   465 1025  1453 49  1 49  2
 1  0      0  53380  23384 1492588    0    0  4228   502 1022  2280 49  2 46  3
 2  0      0  54468  24024 1478864    0    0  4545   279 1039  1924 50  3 30 17
 2  0      0  51440  24164 1481356    0    0  4482   400  875  1346 94  2  0  4
 3  0      0  54916  24252 1476184    0    0  4288   481  875  1330 94  2  0  4
 3  0      0  53380  24328 1477812    0    0  3622   663  857  1302 94  2  0  4
 2  0      0  54336  24396 1472992    0    0  4064   452  891  1393 94  2  0  4
 2  0      0  51620  25024 1473228    0    0  5063   423  876  1356 77  3  1 20
 2  0      0  53388  25232 1476360    0    0  4236   638  799  1175 95  3  0  3
 2  0      0  53056  25404 1475648    0    0  4227   521  821  1247 94  3  0  3
 2  0      0  51408  25628 1474972    0    0  4317   584  929  1627 95  3  0  2
 1  0      0  51360  25756 1491084    0    0  4276   512 1010  1705 68  2 27  2
```

Schauen wir auf die einzelnen Spalten der Messung:

- `procs`: Hier wird die Zahl der Prozesse aufgezählt. Dabei stehen unter `r` (*running*) diejenigen, die laufbereit auf die Zuteilung von Laufzeit warten, also im Schedulingprozess stehen. Unter `b` (*blocking*) stehen diejenigen, die ununterbrechbar schlafen.
- `memory`: Die Speicheranzeige unterscheidet den ausgelagerten Swap-Speicher `swpd`, den frei zur Verfügung stehenden Speicher (`free`) sowie denjenigen, der als Puffer (`buff`) bzw. als Cache (`cache`) verwendet wird.
- `swap`: In diesem Bereich sehen Sie die Bewegung, also wie viele Seiten von der Festplatte eingelagert (`si`) und wie viele Seiten ausgelagert werden (`so`).
- `io`: Der Bereich zeigt an, wie viele Blöcke gelesen (`bi`) bzw. geschrieben (`bo`) wurden.
- `system`: Hier werden die Interrupts pro Sekunde (`in`) und die Kontextwechsel pro Sekunde (`cs`) angezeigt.
- `cpu`: Unter dieser Überschrift wird die Verteilung der CPU-Last aufgeschlüsselt. Die Werte der vier Spalten ergeben zusammen 100. Die erste Spalte `us` für »user« ist die Zeit, während der die Anwendung selbst die CPU belegt. Die Systemzeit (`sy`) bezeichnet den Bereich, den die Verwaltung benötigt. Idle (`id`) bezeichnet die Langeweile der CPU. Und Wait (`wa`) meint die Zeit, die Prozesse für die Ausführung ihrer I/O-Wünsche aufwenden.

Dieser Mitschnitt zeigt eine Maschine, auf der ein bis drei Prozesse aktiv sind. Speicher steht in Hülle und Fülle zur Verfügung. Es ist eine gewisse I/O-Last feststellbar. Vor allem wird die CPU stark belastet. Solange nur ein Prozess läuft, steigt die User-Last auf knapp 50 %. Erst bei Eintritt des zweiten Prozesses steigt die Belastung auf knapp 100 % und Idle ist beinahe 0. Dies ist für einen Server ein sehr ungewöhnliches Verhalten. Des Rätsels Lösung ist, dass es sich um eine Zweikern-CPU handelt. Einer der Prozesse konvertierte eine Videodatei, der andere übersetzte ein LaTeX-Dokument. Da beide Programme kein Multithreading unterstützen, wurde der zweite Kern erst dadurch aktiv, dass der Scheduler die Prozesse auf beide Kerne verteilte.

15.4.4 Prioritäten ändern: Nice

Alle Prozesse werden von Haus aus gleich behandelt. Dieses soziale Verhalten des Betriebssystems hat seine Nachteile, wenn sie von einigen Prozessen schamlos ausgenutzt werden. Dabei muss es gar kein böser Wille sein. Ein CPU-intensives Programm wird ganz normal eine gewisse Dominanz erlangen, wenn die interaktiven Programme die CPU nur von Zeit zu Zeit anfordern. Dann allerdings wird der CPU-hungrige Konkurrent plötzlich lästig. Durch Herabsetzen der Priorität, einer Tüte Gummibärchen und etwas grünem Tee kann das harmonische Miteinander wiederhergestellt werden.

Priorisieren mit Nice

Ein in den Hintergrund gestellter Prozess verbraucht natürlich auch Ressourcen. Schlecht, wenn der Hintergrundprozess dem Rechner alle Leistung abverlangt, wenn diese im Vordergrund gebraucht wird. In der Regel ist es so, dass die CPU-Leistung gerecht geteilt wird. Wenn Sie in mehreren Hintergrundprozessen je ein Video konvertieren, werden Sie den Eindruck bekommen, dass Sie am Bildschirm nichts mehr tun können, weil die Prozesse im Hintergrund keine Luft mehr lassen. Freundliche Menschen sind nett zueinander und lassen die Hintergrundprozesse mit niedriger Priorität laufen. Dazu stellen sie den Befehl `nice` vor ihr Kommando. Nett sein kann so einfach sein.

Spicker

`nice [-n` *Nettigkeitsgrad*`]` *Kommando*

Spötter behaupten, `nice` sei der am seltensten benutzte Befehl. Falls Sie doch nett sein wollen, können Sie den Grad Ihrer Nettigkeit sogar beziffern; sie kann maximal bei 19 liegen. Je höher der Wert, desto netter ist der Anwender, weil er die Priorität seines Prozesses zugunsten anderer Prozesse senkt. Diese Zahl müssen Sie hinter der Option `-n` plazieren. Gibt man seine Freundlichkeit nicht explizit an, ist sie 10. Nur root darf seine Nettigkeit in negativen Zahlen ausdrücken und darf dabei bis –20 gehen. Das ist dann gar nicht nett.

Das folgende Beispiel sortiert eine große Datei und ist dabei so richtig nett:

```
$ nice -n 15 sort grossedatei > sortiert
```

Nachpriorisieren mit Renice

Der Befehl `nice` muss immer beim Kommandostart angegeben werden. Was aber, wenn Sie nach dem Start feststellen müssen, dass ein Kollege sich beschwert, welcher Idiot denn da auf dem Server den ganzen Betrieb blockiert? Wenn der Kollege größer und stärker ist als Sie, werden Sie sofort in den Manpages nachblättern, wie Sie den Prozess im Nachhinein netter gestalten können. Und dann werden Sie feststellen, dass der Befehl `renice` genau das Gewünschte tut.

Spicker

`renice` [{-|+}]*Nettigkeitsgrad PID*

Im Gegensatz zu Nice kennt Renice keinen Vorgabewert für den Nettigkeitsgrad. Wollen Sie denselben Grad erreichen wie beim Befehl `nice`, geben Sie 10 ein.

Auch hier darf nur root boshaft sein und negativ nett werden. Und selbstverständlich darf niemand die Prozesse des Kollegen in ihrer Priorität herabsetzen. Um den Prozess mit der PID 987 um fünf Level freundlicher zu gestalten, gibt man folgendes Kommando:

```
# renice +5 987
```

15.4.5 Aktion »Freundliche Festplatte«: ionice

Die Prozesse konkurrieren um alle Ressourcen, so auch um den Zugriff auf die Festplatte. So kann ein Prozess lästig werden, der laufend die Festplatte in Anspruch nimmt. Für diese Fälle gibt es das Programm `ionice`.

Spicker ×

`ionice` [*Optionen*] {*Kommando*|`-p` *ProzessID*}

Sie können den Befehl `ionice` einfach vor einen Befehl setzen, um dessen I/O-Hunger zu begrenzen, wie Sie das von `nice` gewohnt sind. Sie können auch nachträglich einen Prozess ansprechen, indem Sie statt des Kommandonamens die Option `-p` mit dessen Prozessnummer angeben.

Die Priorität wird durch die Option `-c` eingeleitet. Sie können die Werte 1, 2 und 3 angeben. Der Wert 3 steht für »Idle«. Der Prozess darf nur auf die Festplatte zugreifen, wenn sie derzeit ungenutzt ist. Das führt dazu, dass die Festplattenbelastung für andere Prozesse kaum spürbar ist. Der Wert 1 steht für »Real Time« und wird von der Festplatte rücksichtslos Gebrauch machen. Der Wert 2 steht für »Best Efford« und ist der Standardzustand und kann wiederum in acht Level unterschieden werden. Die Level werden durch die Option `-n` eingeleitet.

```
# ionice -c 3 tar xzf backup.tgz
```

Das Backup wird im Hintergrund ausgeführt und belastet die Festplattenzugriffe anderer Prozesse nicht.

```
# ionice -c 2 -n 0 -p 1299
# ionice -c 2 -n 7 -p 1303
```

Der erste Befehl sorgt dafür, dass der Prozess 1299 höchstmögliche Festplattenpriorität bekommt, während der Prozess 1303 in seiner Priorität zurückgesetzt wird.

15.5 Der Syslog-Dämon und die Protokolldatei

Linux hat einen Standard-Fehlerdienst an Bord, der so einfach vom Programmierer zu bedienen ist, dass dieser gar nicht erst in die Versuchung kommt, eine eigene Lösung zu stricken. Davon profitiert der Administrator. Alle Fehler kommen durch diese hohle

Gasse und tragen die Informationen mit sich, wie schwer sie sind und aus welcher Quelle sie stammen. Und der Administrator kann festlegen, wo sie abgelegt werden sollen. Sogar quer über das Netzwerk kann er sie verteilen.

Der Programmierer gibt bei der Protokollierung der Programmfehler an, wie schwerwiegend das Problem ist. Er kann in mehreren Zwischenstufen zwischen einem dramatischen, unbehebbaren Desaster und einer freundlichen Bemerkung, dass das Programm auch an dieser Stelle des Ablaufs angekommen ist, wählen.

Seit einigen Jahren heißt der Syslog-Dämon `rsyslog`. In der Manpage wird dieser als »reliable and extended syslogd«, also als verlässlicher und erweiterter Syslog-Dämon angepriesen. Das »r« steht also nicht für remote. Die Konfigurationsdatei heißt */etc/rsyslog.conf*.

Verhält sich ein System unbefriedigend, werden Sie als Administrator also als Erstes einen Blick auf die Protokolldateien des Syslog-Dämons werfen. Standardmäßig befinden sich diese im Verzeichnis */var/log*. Insbesondere die Datei *syslog* ist interessant. Daneben gibt es aber auch Unterverzeichnisse für die wichtigsten Server-Dienste wie `apache`, `samba` oder `cups`.

In der Datei */var/log/syslog* finden Sie alle Ereignisse historisch sortiert. Jeder der Einträge belegt eine Zeile.

Spicker ×

Schema der Einträge von /var/log/syslog:
Monat Tag Uhrzeit Hostname Programm: Meldung

15.5.1 Konfiguration von rsyslog.conf

Der `rsyslogd` liest beim Start oder bei jedem `SIGHUP`-Signal die Datei */etc/rsyslog.conf*. Darin findet der Dämon die Informationen, welche Fehlermeldungen wohin zu leiten sind. Die Datei ist rückwärtskompatibel mit *syslog.conf*. Sie können also eine bestehende Konfiguration einfach übernehmen.

Wie in den meisten Konfigurationsdateien gilt auch hier das Doppelkreuz »#« als Kommentarzeichen. Alle restlichen Zeichen der Zeile werden nicht vom Syslog-Dämon, aber dafür vom Administrator gelesen, der für Hinweise immer dankbar ist.

Eine normale Zeile in der *rsyslog.conf* besteht aus einem Selektor, der bestimmt, welche Fehlermeldungen betroffen sind, und einer Aktion, die vorgibt, wie die Fehlermeldung zu behandeln ist.

Der Selektor und die Aktion werden durch ein oder mehrere Leerzeichen voneinander getrennt. Der Selektor setzt sich aus der Herkunft (*facility*) und der Priorität (*level*) der Fehlermeldung zusammen. Beides wird durch einen Punkt getrennt. Es können mehrere Selektoren zu einem kombiniert werden, indem sie durch ein Komma voneinander getrennt werden.

Spicker

Zeile in *rsyslog.conf*: *Selektor Aktion*
Selektor: *facility.level*[,*facility.level*]*

Sowohl `facility` als auch `level` können durch einen Stern ersetzt werden, der besagt, dass dieser Bereich keiner Einschränkung unterliegt.

Unterscheidung der Herkunft

Die Facility beschreibt die Herkunft der Fehlermeldung. Der Programmierer hat dazu einige vorgegebene Quellen zur Auswahl, kann aber auch in einem gewissen Rahmen eigene Quellen definieren. Dazu stehen ihm die benutzerspezifischen `facility` `local0` bis `local7` zur Verfügung.

In der Konfigurationsdatei *rsyslog.conf* können Sie die Fehlermeldungen anhand der Facilities aus Tabelle 15.2 unterscheiden und damit auf unterschiedliche Ziele aufgliedern.

facility	Herkunft
`kern`	Der Kernel
`user`	Anwendungsprogramme
`mail`	Das Mailing-System
`daemon`	Systemhintergrundprozesse
`auth`	Autorisierungsprobleme
`lpr`	Druckerprobleme
`news`	Der News-Server
`uucp`	UUCP (Unix to Unix Copy)
`cron`	Der cron-Dämon
`mark`	Zeitstempelmeldungen
`local0–local7`	Frei verfügbar
`*`	Alle

Tabelle 15.2 Herkunftsbeschreibung in der Konfiguration von rsyslog

Unterscheidung der Priorität

Der Level beschreibt, welche Priorität der Fehler besitzt. Das Programm kann zwischen wilder Panik und einem freundlichen Hinweis mehrere Stufen der Eskalation ansteuern.

Der Administrator kann in der Konfigurationsdatei nun entscheiden, wie schwer der Fehler sein soll, damit er würdig ist, protokolliert zu werden. Durch geschickte Staffelung und die Festlegung der Facility kann er auch dafür sorgen, dass der Programmierer zwar die Debug-Meldungen seiner Anwendung zugesandt bekommt, dass Meldungen des Mail-Systems aber nur bei erheblichen Fehlern in eine eigene Protokolldatei umgelegt werden. Die Tabelle 15.3 zeigt die Prioritäten (`level`) in fallender Gewichtung.

level	Bedeutung
`emerg`	Wilde Panik
`alert`	Alarmzustand
`crit`	Kritischer Fehler
`warning`	Warnung, aber kein Drama
`notice`	Freundlicher Hinweis
`info`	Nur zur Information
`debug`	Programmierernotizen bei der Entwicklung

Tabelle 15.3 Schwere des Fehlers

Damit die Zeile aktiv wird, muss mindestens der angegebene Level erreicht werden. Der Priorität kann in der *rsyslog.conf* ein Gleichheitszeichen vorangestellt werden. Dann wird nur diese Priorität gefiltert.

Aktion

In den meisten Fällen führt eine erfüllte Selektion zur Ausgabe in eine Datei oder auf das Konsolen-Device. Der Administrator hat aber durchaus noch weitere Möglichkeiten. Er kann auch mehrere Ziele angeben, die durch Kommata getrennt werden.

- **Dateiausgabe:** Eine Datei wird immer mit vollem Pfad angegeben. Darum muss das erste Zeichen einer Datei immer ein Schrägstrich sein. Die entsprechenden Dateien müssen nach dem Eintrag angelegt werden. Der Syslog-Dämon kann nämlich keine Dateien erzeugen.
- **Terminals oder Konsolen:** Die Fehlermeldungen können auch auf Konsolen umgeleitet werden. Dazu werden die Gerätedateien der Konsolen angegeben.

- **Netzwerkhosts:** Fehler können auch über das Netzwerk an andere Syslog-Dämonen fremder Maschinen übergeben werden. Dazu wird vor dem Zielrechner ein @ angegeben. Der Zielrechner kann über seine IP-Adresse oder den Hostnamen angegeben werden.
- **Verwerfen:** Als Discard-Zeichen wird die Tilde verwendet. Steht in der Aktion ein solches Zeichen, werden die durch den Selektor angegebenen Fehler verworfen. Damit können nervige Fehlermeldungen direkt entsorgt werden.

15.5.2 Umgang mit großen Protokolldateien

Es ist ja gut, dass so vieles protokolliert wird. Allerdings kann die Größe der dadurch entstehenden Dateien durchaus zum Problem werden.

Protokolldateien beobachten

Häufig ist es erforderlich, Protokolldateien ständig zu beobachten. Der Befehl `tail` zeigt immer die letzten Zeilen einer Datei an. Mit der Option `-f` wird auf dem Terminal jede neue Zeile angezeigt, die an diese Datei angehängt wird. Das Terminal ist blockiert, bis man die Beobachtung mit [Strg]+[C] abbricht.

```
# cd /var/log
# tail -f syslog
Jun 18 20:11:36 debian  pppd[2592]: Exit.
Jun 18 20:26:54 debian  su: (to root) arnold on /dev/pts/6
...
```

Wenn eine Protokolldatei lange Zeit nur gefüllt wurde, kann sie leicht auf einige Megabyte anwachsen. Dann wird es schwierig, nach bestimmten Stichwörtern oder Tagen zu suchen. Typischerweise ist man an den etwas neueren Informationen interessiert. Mit `tail` lassen sich die letzten Zeilen herausholen und in eine andere Datei umleiten, die leichter zu bearbeiten ist. Mit einem Minuszeichen, gefolgt von der Zahl, lässt sich angeben, wie viele Zeilen herausgezogen werden können. Beispiel:

```
# tail -2000 syslog > guckmal
```

Damit sind die letzten 2.000 Zeilen in der Datei *guckmal* gelandet. Mit dieser Dateigröße lässt sich leicht arbeiten.

Dateien stutzen und rotieren

Sie werden sehen, dass der Syslog-Dämon seine Protokolldateien von Zeit zu Zeit wechselt und die alten Dateien mit `gzip` zu Dateien mit der Endung *.gz* zusammenpackt. Diese alten Dateien werden dann irgendwann gelöscht. Sie müssen sich also darum nicht kümmern.

Wollen Sie aber doch selbst Hand anlegen, sollten Sie beachten, dass es gar keine gute Idee ist, eine Protokolldatei einfach zu löschen. Diese wird nämlich meist vom Syslog-Dämon noch offen gehalten. Er wird es nicht schätzen, wenn er eine weitere Zeile hinzufügen will und die Datei weg ist. Selbst wenn Sie sofort eine neue Datei gleichen Namens erstellen, wird der Dämon sie nicht als Ersatz akzeptieren. Sie müssen also den Inhalt der Datei löschen, ohne die Datei selbst zu löschen. Dazu verwendet man das Umleitungszeichen. So leiten Sie keinen Inhalt in die Datei um. Und da eine Umleitung immer dazu führt, dass der Inhalt der Datei gelöscht wird, haben Sie Ihr Ziel erreicht.

```
# > /var/log/syslog
```

Allerdings sollten Sie dies erst dann tun, wenn Sie den Inhalt der Datei vorher beiseitegeschafft haben. Das wiederum sollte mit einem einfachen Kopierbefehl `cp` schnell erledigt sein. Aber da gibt es eine böse Lücke, wenn der Dämon zwischen Kopieren und Nullsetzen der Datei noch etwas zu melden hat.

Diese Lücke können Sie umgehen, indem Sie die Datei umbenennen, eine leere Datei mit dem Originalnamen erzeugen und dann dem Syslog-Dämon mit einem gezielten `kill` zu verstehen geben, dass es Zeit ist, die Datei neu zu eröffnen. Im Folgenden sind die Befehle angezeigt, die ein sauberes Rotieren der Datei bewirkt:

```
# cd /var/log
# fuser syslog
syslog:              378
# mv syslog syslog.$(date +%y%m%d)
# touch syslog
# l syslog*
-rw-r--r--  1 root root       0 Feb 24 12:07 syslog
-rw-r-----  1 root root 2447648 Feb 24 12:06 syslog.140224
# chmod 640 syslog
# kill -SIGHUP 378
# fuser syslog
syslog:              378
# gzip syslog.$(date +%y%m%d)
```

Automatisches Rotieren: logrotate

Es stellt sich natürlich die Frage, wie es der Syslog-Dämon ohne die Hilfe des Administrators so prima hinbekommt, dass die Protokolldateien immer so aufgeräumt wirken. Das Geheimnis liegt im Befehl `logrotate`. Dieser übernimmt die beschriebenen Aktivitäten im Hintergrund.

Sie können seine Aktivitäten in der Datei */etc/logrotate.conf* begutachten. Darüber hinaus gibt es ein Verzeichnis */etc/logrotate.d*, in dem für die verschiedenen Hintergrundprozesse die Konfigurationsbefehle liegen.

Hier sehen Sie einen angepassten Ausschnitt aus dem Beispiel, das in der Manpage des Befehls `logrotate` angeführt wird:

```
compress

/var/log/syslog {
   rotate 5
   weekly
   postrotate
       /sbin/killall -HUP rsyslogd
   endscript
}
```

Die Anweisung `compress` besagt, dass die Dateien komprimiert archiviert werden sollen. Die Datei */var/log/syslog* wird fünfmal rotiert, bevor die älteste gelöscht wird. Eine Rotation erfolgt wöchentlich und nach jedem Rotieren wird der Prozess `rsyslogd` mit einem HUP-Signal bedacht.

15.6 Abstürze und ihre Spuren

Wir müssen der grausamen Wahrheit ins Auge sehen: Tatsächlich soll es schon passiert sein, dass ein Programm einen Fehler hatte und abstürzte. Und selbst unter Linux soll es das schon einmal gegeben haben.

15.6.1 Programmzusammenbrüche (Core-Dump)

Wenn ein Programm Dinge tut, die nicht erlaubt sind, dann wird ihm vom System einfach die Betriebserlaubnis entzogen. Zu diesen unerlaubten Beschäftigungen gehört beispielsweise der Griff in den Speicher anderer Prozesse. Das System teilt den Prozessen klar abgegrenzte Speicherbereiche zu und merkt, wenn ein Prozess in die Systembereiche eindringen möchte. In einem solchen Fall sendet das System dem Prozess beispielsweise das Signal `SIGSEGV`, eine *segment violation*. Man könnte das frei mit »Grenzverletzung« übersetzen.

Wenn das System ein Programm auf diese Weise beendet, wird dies in den Syslog-Dateien protokolliert. Das verunglückte Programm selbst wird den Speicherbereich des Prozesses in eine Datei namens *core* speichern, die im aktuellen Arbeitsverzeichnis angelegt wird. Da zum Speicher auch der Stack gehört, kann ein Debugger feststellen, in welcher Funktion der Zusammenbruch erfolgte. Diese Information kann für den Programmierer eine Hilfe sein.

In neueren Linux-Versionen wird der Core-Dump leider abgeschaltet. Der Vorteil ist, dass nicht in allen Ecken des Dateisystems irgendwelche Core-Dumps herumliegen. Der Nachteil ist, dass so für den Programmierer die wichtige Information verloren geht, woran das Programm denn letztendlich gestorben ist.

Der Programmierer, der diese Informationen sehen will, wird in seiner *.bashrc* das folgende Kommando setzen:

```
$ ulimit -c unlimited
```

Der Programmierer kann die Datei mit dem Debugger einlesen und dann feststellen, an welcher Stelle des Programms der Zusammenbruch erfolgte. Er gewinnt dadurch einen wertvollen Hinweis auf den Fehler.

15.6.2 Systemabsturz (Kernel-Panic)

Ein Komplettabsturz des Betriebssystems ist glücklicherweise selten. Wenn aber einmal das Betriebssystem schwach wird, liefert es einen sogenannten *Kernel-Panic*. Ausgelöst wird ein solcher Fehler durch einen Programmierfehler im Betriebssystem oder in einem Treiber. Auch fehlerhafte Hardware oder unglückliche Umstände wie eine heftige Stromschwankung können Auslöser sein.

Linux versucht in dieser Situation, den Hauptspeicherinhalt in die Swap-Partition zu kopieren. Daher stammt wohl auch die Empfehlung, dass die Größe der Swap-Partition mindestens der Größe des Hauptspeichers entsprechen sollte.

Die Analyse dieses Dumps ist eine Aufgabe für einen Programmierer, der Kernelprogrammierung als Hobby oder Beruf betreibt. Für den Administrator ist die Botschaft des Kernel-Panics einfach: Die Hardware oder ein Treiber ist nicht in Ordnung. Vielleicht ist noch ein sehr kurzer Stromausfall verantwortlich. Insgesamt ist ein Kernel-Panic eher eine Rarität. Ich habe erst einmal einen erlebt, und zwar bei einem SCO-UNIX-System.

15.7 Informationen über den Netzwerkadapter auslesen

Mit dem Befehl `ifconfig` (siehe Abschnitt 9.3.3) können Sie einen Netzwerkadapter konfigurieren. Sie erhalten gleichzeitig eine genaue Information über die Konfiguration des Adapters. Darüber hinaus meldet der Befehl aber auch, wie viele Pakete er empfangen (`RX`) und gesendet (`TX`) hat.

```
$ ifconfig eth2
eth2      Link encap:Ethernet  Hardware Adresse ...
          inet Adresse:192.168.109.166  ...
          inet6-Adresse: fe80::1aa9:5ff:fe94:8fdc/64 ...
          UP BROADCAST RUNNING MULTICAST  MTU:1500  Metrik:1
          RX packets:5108 errors:0 dropped:0 overruns:0 frame:0
          TX packets:4909 errors:0 dropped:0 overruns:0 carrier:0
          Kollisionen:5 Sendewarteschlangenlänge:1000
          RX-Bytes:3232364 (3.2 MB)  TX-Bytes:608384 (608.3 KB)
          Interrupt:22 Speicher:db300000-db320000
```

Auch mit dem Befehl `netstat -i` kann eine Übersicht über die gesendeten und empfangenen Pakete ermittelt werden:

```
$ netstat -i
Kernel-Schnittstellentabelle
Iface MTU Met RX-OK RX-ERR RX-DRP RX-OVR TX-OK TX-ERR TX-DRP TX-OVR Flg
eth2  1500 0   5082      0      0 0       4903      0      0      0 BMRU
lo   16436 0    220      0      0 0        220      0      0      0 LRU
wlan2 1500 0      0      0      0 0          0      0      0      0 BMU
```

Die Angabe `MTU` steht für Maximum Transfer Unit und gibt an, wie viele Bytes in ein Paket des Netzwerkadapters passen.

15.8 Netzwerkrouten anzeigen

Das Routing bestimmt, ob die Verbindungen zu anderen Rechnern überhaupt funktionieren.

15.8.1 Routentabellen analysieren

Die lokal vorhandene Routentabelle können Sie sich mit dem Befehl `route` oder mit dem Befehl `netstat -r` anzeigen lassen. Beide Befehle wurden bereits im Zusammenhang mit dem Erzeugen von Routen (siehe Abschnitt 9.5.2) dargestellt.

```
# netstat -nr
Kernel-IP-Routentabelle
Ziel            Router          Genmask         Flags   MSS Fenster irtt Iface
192.168.109.0   0.0.0.0         255.255.255.0   U         0 0          0 eth0
0.0.0.0         192.168.109.4   0.0.0.0         UG        0 0          0 eth0
```

Wenn Sie die Option -n hinzunehmen, werden die IP-Adressen angezeigt. Sie erhalten die Ergebnisse deutlich schneller, weil der DNS (siehe Kapitel 13) nicht um die Namensauflösung gebeten werden muss.

15.8.2 Routen verfolgen: traceroute

Ob alle Routen korrekt konfiguriert sind, zeigt sich natürlich erst daran, dass ein Paket das Ziel erreicht. Ob das der Fall ist, können Sie mit dem Befehl ping (siehe Abschnitt 9.4) feststellen. Der Befehl traceroute ermöglicht die Kontrolle, ob Sie das Ziel direkt erreichen oder vielleicht auf dem Umweg über Hongkong. Als Parameter übergeben Sie dem Befehl die Hostadresse des Zielrechners.

```
$ traceroute www.russland.ru
traceroute to www.russland.ru (212.227.96.17), 30 hops max, 60 byte packets
 1  192.168.109.4 (192.168.109.4)  0.310 ms  0.343 ms  0.464 ms
 2  217.0.116.95 (217.0.116.95)  63.935 ms  76.262 ms  89.507 ms
 3  217.0.70.166 (217.0.70.166)  106.489 ms  117.794 ms  133.774 ms
 4  ka-ea2-i.KA.DE.NET.DTAG.DE (62.154.74.38)  162.258 ms  175.532 ms  188.558 ms
 5  ka-ea2-i.KA.DE.NET.DTAG.DE (62.154.74.38)  200.840 ms  214.126 ms  227.384 ms
 6  dtag.bb-c.tp.kae.de.oneandone.net (80.156.160.54)  241.661 ms  74.831 ms  87.080 ms
 7  ae-10.gw-distp-a.bad.oneandone.net (212.227.121.165)  196.662 ms  198.465 ms  200.469 ms
 8  ae-1.gw-prtr-r231-a.bad.oneandone.net (195.20.247.50)  297.819 ms  299.529 ms  301.508 ms
 9  russland-ticker.de (212.227.96.17)  395.063 ms  398.988 ms  401.672 ms
```

15.9 Prozessverbindungen beobachten

Ohne weitere Optionen zeigt der Befehl netstat die Verbindung zwischen Prozessen an. Jede Zeile enthält die beiden Verbindungsendpunkte. Ein Verbindungsendpunkt besteht aus einer IP-Adresse und aus dem verwendeten Port. Wenn Sie den Befehl aufrufen, rauscht eine ganze Menge Informationen an Ihnen vorbei. Es ist also durchaus klug, die Ausgabe umzulenken oder sie sich seitenweise anzusehen.

```
Proto Recv-Q Send-Q Local Address          Foreign Address         State
tcp        0      0 debian.willemer.e:36792 195.95.193.85:www       VERBUNDEN
tcp        0      0 debian.willemer.e:43081 srv.intl1.ebayrtm.c:www VERBUNDEN
tcp        0      0 debian.willemer.e:37291 195.95.193.78:www       VERBUNDEN
tcp        0      0 debian.willemer.e:39541 cgi-intl.ebay.com:www   VERBUNDEN
tcp        0      0 debian.willemer.edu:ssh asterix:43218           VERBUNDEN
tcp6       0      0 debian.willemer.edu:www asterix:54344           TIME_WAIT
```

Die beiden Kommunikationspartner sind als »Local Address« und »Foreign Address« zu sehen. Vorn steht die Adresse und durch Doppelpunkt abgetrennt der Port. Der Status bezieht sich auf die Kommunikation. Die Bedeutung der Werte finden Sie in Tabelle 15.4.

Status	Bedeutung
LISTEN	Der Server wartet auf Anfragen
SYN_SENT, SYN_RECV	Verbindungsaufbau
VERBUNDEN	Verbindung steht
FIN_WAIT1, FIN_WAIT2	Verbindungsabbau
TIME_WAIT	Restpakete nach Verbindungsabbau
CLOSE	Unbenutzt

Tabelle 15.4 Verbindungsstatus

Sie können in den letzten beiden Zeilen des Beispiels sehen, dass Debian hier vom Rechner asterix zweimal als Server angesprochen wurde. Einmal ist es ein ssh-Dienst, über den asterix eingeloggt ist, und dann hat asterix wohl auch den Webserver auf debian angesprochen. Der Server hat die *well known ports*, während der Client irgendwelche höheren Nummern als Socket verwendet. In den ersten vier Zeilen ist zu sehen, dass debian seinerseits eine Website geöffnet hat. Offenbar ist dort eine Verbindung zu eBay aufgebaut worden. Der fremde Rechner hat den *well known port* `www`, während debian eine hohe Socket-Nummer verwendet und damit also der Client ist.

Es kann Ihnen auf einem Server passieren, dass Prozesse im Verbindungsabbau verharren, also beispielsweise `TIME_WAIT` oder `FIN_WAIT` über eine längere Zeit anzeigen. Solche Situationen entstehen beispielsweise, wenn der statusbehaftete Serverprozess gestorben ist, während die Clientprozesse noch auf Antwort warten. Diese verbleibenden Clientanfragen können unter unglücklichen Umständen sogar dazu führen, dass der Neustart des Serverprozesses nicht möglich ist. Wenn es nicht möglich ist, die Clients abzuschießen, kann es helfen, die gesamte Schnittstelle einmal abzuschalten und dann neu zu starten.

```
# ifconfig eth0 down
# ifconfig eth0 up
```

Auf diese Weise erhalten die Clients einen Netzwerkfehler und werden mit Fehlermeldung schließen, und so wird der Port wieder frei. Allerdings können Sie diesen Befehl nur von der Konsole abgeben. Wenn Sie per `ssh` eingeloggt sind, sägen Sie beim Herunterfahren der Netzwerkschnittstelle den Ast ab, auf dem Sie sitzen.

Die Option `-p` liefert auch die Prozesse, die hinter den Verbindungen stehen.

Offene Netzwerkverbindungen: lsof -i

Alternativ können Sie auch das Programm `lsof` zur Untersuchung der Netzwerkverbindungen verwenden, wenn die Option `-i` verwendet wird.

15.10 Netzwerkschnüffelei

Ein Netzwerk ist eine offene Angelegenheit. Das Medium ist ohne Passwort zugreifbar. Darum können Eindringlinge ohne Passwort bereits reichhaltige Informationen gewinnen. Der Administrator sollte diese Möglichkeiten zur Pflege seines Netzwerks und zur Einschätzung der Gefahren durch Einbruch kennen.

> **Warnung** ×
>
> Sobald Sie mit diesen Tools den Datenverkehr anderer Personen ausspähen, ist dies eine Straftat, selbst dann, wenn Sie einem Geheimdienst angehören.

15.10.1 Offene Ports erschnüffeln: nmap

Das Programm `nmap` kann als Portscanner und für die Suche nach Computern im Netzwerk verwendet werden. Das Programm gehört nicht zum Standardumfang von Debian und muss nachinstalliert werden:

```
# apt-get install nmap
```

Portscanner

Ein Portscanner untersucht einen Computer von außen nach Ports, über die Serverdienste angeboten werden. Sie finden die Standardserverdienste in der Datei */etc/services* aufgezählt und benannt vor. Durch den Befehl `netstat -a` können Sie innerhalb eines Computers feststellen, an welchem Port ein Dämon auf Nachrichten von außen reagiert.

Jeder bediente Port entspricht einem Tor in einer Mauer, das die Sicherheit der Mauer schwächt. Es hängt von der Sorgfalt des Torwächters und damit des Dämons ab, ob ein Port zum Einfallstor für Angreifer wird. Ein erschreckendes Szenario machte den Computerwurm W32.Blaster[1] bekannt, der über den Port 135 ohne erhebliche Gegenwehr in die damals aktuellen Windows-Rechner einbrach.

Ein Portscanner tastet einen Computer von außen, also aus Sicht des Angreifers, nach offenen Ports ab. Jeder angebotene Dienst entspricht einer potenziellen Sicherheitslücke. Es ist also zu prüfen, ob der dahinter befindliche Dienst gewollt eingerichtet wurde und ob er nach wie vor erforderlich ist.

1 *http://de.wikipedia.org/wiki/W32.Blaster*

Wird das Programm nmap mit einer Hostadresse aufgerufen, sucht es die Ports des angegebenen Computers ab und stellt fest, welche Dienste der Computer dem Netzwerk anbietet.

```
#  nmap obelix

Starting Nmap 5.00 ( http://nmap.org ) at 2010-05-14 13:45
Interesting ports on obelix (192.168.109.142):
Not shown: 992 closed ports
PORT     STATE SERVICE
21/tcp   open  ftp
22/tcp   open  ssh
80/tcp   open  http
111/tcp  open  rpcbind
139/tcp  open  netbios-ssn
445/tcp  open  microsoft-ds
2049/tcp open  nfs
5900/tcp open  vnc
MAC Address: 00:E0:4D:3F:8D:00 (Internet Initiative Japan)

Nmap done: 1 IP address (1 host up) scanned in 0.34 seconds
#
```

Der Rechner obelix bietet also Dienste als FTP-, NFS-, SAMBA- und als HTTP-Server an. Er hat einen SSH- und einen VNC-Zugang.

Hostsuche

Wird dem Programm als Parameter die Adresse eines Netzwerks angegeben, durchsucht es dieses nach Hosts.

```
# nmap 192.168.109.0/24

Starting Nmap 5.00 ( http://nmap.org ) at 2010-05-14 13:54
Host 192.168.109.1 is up (0.00038s latency).
MAC Address: 00:1F:1F:59:81:68 (Edimax Technology Co.)
Host 192.168.109.2 is up (0.0011s latency).
MAC Address: 00:1D:19:6E:A1:74 (Arcadyan Technology)
Host 192.168.109.4 is up (0.00041s latency).
MAC Address: 00:13:F7:D0:97:6D (SMC Networks)
Host 192.168.109.123 is up (0.0066s latency).
MAC Address: 00:50:9C:43:57:4F (Beta Research)
Host obelix (192.168.109.142) is up (0.000090s latency).
MAC Address: 00:E0:4D:3F:8D:00 (Internet Initiative Japan)
```

```
Host 192.168.109.194 is up (0.0017s latency).
MAC Address: 00:0E:7B:FF:95:9F (Toshiba)
Host 192.168.109.199 is up.
Host 192.168.109.249 is up (0.0015s latency).
MAC Address: 00:15:99:05:5C:75 (Samsung Electronics Co.)
Nmap done: 256 IP addresses (8 hosts up) scanned in 22.18 s
#
```

Sie können also sehen, dass mein heimisches Netzwerk 192.168.109.0/24 Hosts auf den folgenden IP-Adressen beherbergt: 1, 2, 4, 123, 142, 194, 199 und 249. Sie können darüber hinaus sogar feststellen, welche MAC-Adresse die einzelnen Geräte haben und von welchem Hersteller sie stammen.

15.10.2 Der kleine Netzwerkschnüffler tcpdump

Der Netzwerkadapter sieht nicht nur die Pakete, die an den eigenen Computer gerichtet sind. Auch Pakete, die zwischen anderen Rechnern des lokalen Netzwerks ausgetauscht werden, werden vom Netzwerkadapter empfangen. Das Programm `tcpdump` ist ein Netzwerkschnüffler (*network sniffer*). Es gehört nicht zum Standardumfang der Debian-Installation. Sie müssen es also nachinstallieren:

```
# apt-get install tcpdump
```

Der Aufruf benötigt root-Rechte, da das Programm direkt auf die Netzwerkschnittstelle losgeht und nicht normale Kommunikation über den Socket betreibt. Dabei werden alle Pakete, die an der Schnittstelle vorbeikommen, angezeigt. Dazu gehören der Netzwerkverkehr des Computers und alle Broadcast-Meldungen. Wenn Sie die Kommunikation des Nachbar-PCs mithören möchten, sollten Sie über einen gemeinsamen Hub verbunden sein. Ein Switch würde dafür sorgen, dass Ihnen einiges an Paketen entgeht.

Mit der Option `-n` werden nur IP-Adressen angezeigt. Dadurch entfällt der Aufwand der Namensauflösung, die die Anzeige verfälschen kann.

Option	Bedeutung
`-i` *Interface*	Das Interface, das `tcpdump` abhört
`-n`	Keine Namensauflösung

Tabelle 15.5 Optionen von tcpdump

Mit Prädikaten können die anzuzeigenden Pakete gefiltert werden. Sie können die Pakete nach IP-Adressen des Senders und des Empfängers und nach dem Port filtern. Um komplexere Beschreibungen zu ermöglichen, können Sie die Bedingungen durch die logische Operatoren `and`, `or` und `not` verknüpfen.

Name	Bedeutung
`host` *Adresse*	Beschreibt einen Host als Quelle oder Ziel.
`src` *Adresse*	Adresse muss Quelle sein.
`dst` *Adresse*	Adresse muss Ziel sein.
`port` *Portnummer*	Der angegebene Port muss benutzt werden.

Tabelle 15.6 Prädikate von tcpdump

Auf diese Weise können Sie Netzwerkpakete ausfiltern, die Sie nicht interessieren. Wenn Sie beispielsweise über eine SSH-Verbindung auf einem fremden Rechner namens asterix den Netzwerkverkehr abhören wollen, möchten Sie vermutlich nicht die Pakete der SSH-Verbindung sehen, mit der Sie gerade zu asterix verbunden sind. Der Befehl dazu lautet:

```
# tcpdump not host asterix and not port 22
```

Die belauschten Pakete bestehen in erster Linie aus den Sende- und Empfangsadressen und den Portnummern. Durch die Optionen `-v` oder `-vv` können Sie sich detailliertere Informationen beschaffen.

```
# tcpdump
tcpdump: verbose output suppressed, use -v or -vv for full protocol decode
listening on eth0, link-type EN10MB (Ethernet), capture size 96 bytes
14:21:21.370499 arp who-has 192.168.109.166 tell 192.168.109.2
14:21:21.371196 IP 192.168.109.112.32792 > 192.168.109.2.domain:  64715+
 PTR? 166.109.168.192.in-addr.arpa. (46)
14:21:22.370485 arp who-has 192.168.109.166 tell 192.168.109.2
14:21:26.368395 IP 192.168.109.112.32793 > 192.168.109.2.domain:  42310+
 PTR? 166.109.168.192.in-addr.arpa. (46)
14:21:26.370220 arp who-has 192.168.109.167 tell 192.168.109.2
14:21:26.371448 IP 192.168.109.112.32792 > 192.168.109.2.domain:  64715+
 PTR? 166.109.168.192.in-addr.arpa. (46)
14:21:27.370188 arp who-has 192.168.109.167 tell 192.168.109.2
14:21:31.367782 IP 192.168.109.112.32793 > 192.168.109.2.domain:  42310+
 PTR? 166.109.168.192.in-addr.arpa. (46)
14:21:31.370208 arp who-has 192.168.109.168 tell 192.168.109.2
14:21:32.204841 IP 192.168.109.2 > 224.0.0.1: igmp query v3
14:21:32.370139 arp who-has 192.168.109.168 tell 192.168.109.2
14:21:36.368364 IP 192.168.109.112.32793 > 192.168.109.2.domain:  37130+
 PTR? 2.109.168.192.in-addr.arpa. (44)
14:21:36.369952 arp who-has 192.168.109.169 tell 192.168.109.2
```

15.10.3 Der große Netzwerkschnüffler Wireshark

Sehr viel netter wirkt schon aufgrund seiner grafischen Oberfläche das Programm Wireshark. Es setzt sich ebenfalls auf die Netzwerkschnittstelle und protokolliert alles, was daran vorbeikommt. Wireshark gehört nicht zum Standardumfang und muss nachinstalliert werden:

```
# apt-get install wireshark
```

Um es aber auf die Netzwerkschnittstellen zugreifen zu lassen, muss es als root gestartet werden. Von einer Terminalsitzung erreichen Sie dies am einfachsten, indem Sie mit dem Befehl `su` zum root werden. Achten Sie darauf, dass Sie keinesfalls `su -` verwenden, weil Sie ansonsten den Zugriff auf die Umgebungsvariable `DISPLAY` und damit auf die grafische Oberfläche verlieren.

```
$ su
Passwort:
# wireshark &
[1] 8979
#
```

Nach dem Start finden Sie die wichtigsten Aktionen im Hauptfenster (siehe Abbildung 15.1).

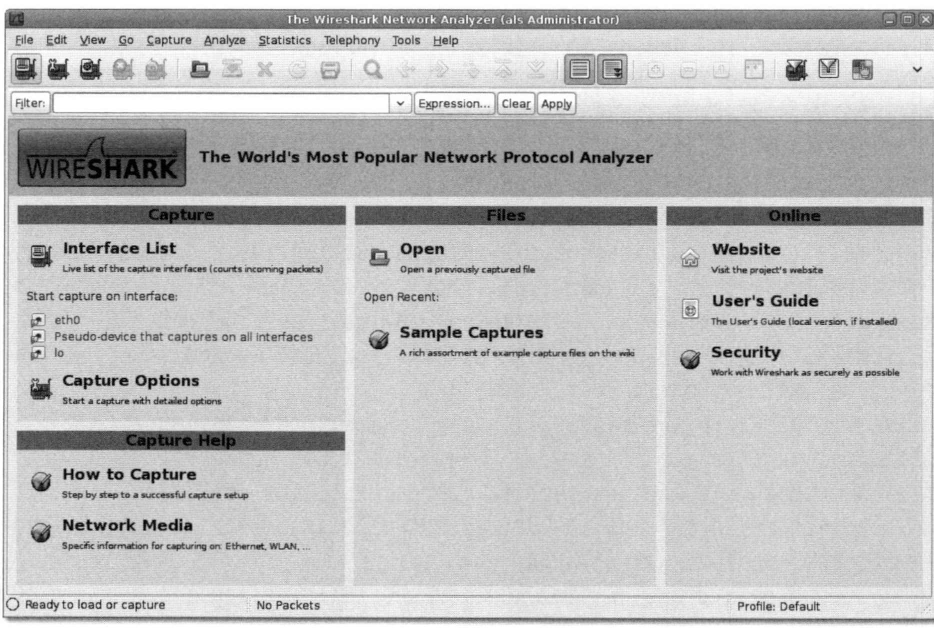

Abbildung 15.1 Wireshark direkt nach dem Start

Typischerweise werden Sie mit CAPTURE ein Netzwerkinterface auswählen, das Sie beobachten wollen. In Abbildung 15.1 werden die vorhandenen Schnittstellen angezeigt. Sie können beispielsweise ETH0 anklicken. Wireshark wird daraufhin alle Netzwerkpakete zeilenweise anzeigen. Die verschiedenen Protokolle werden durch unterschiedliche Farben voneinander separiert.

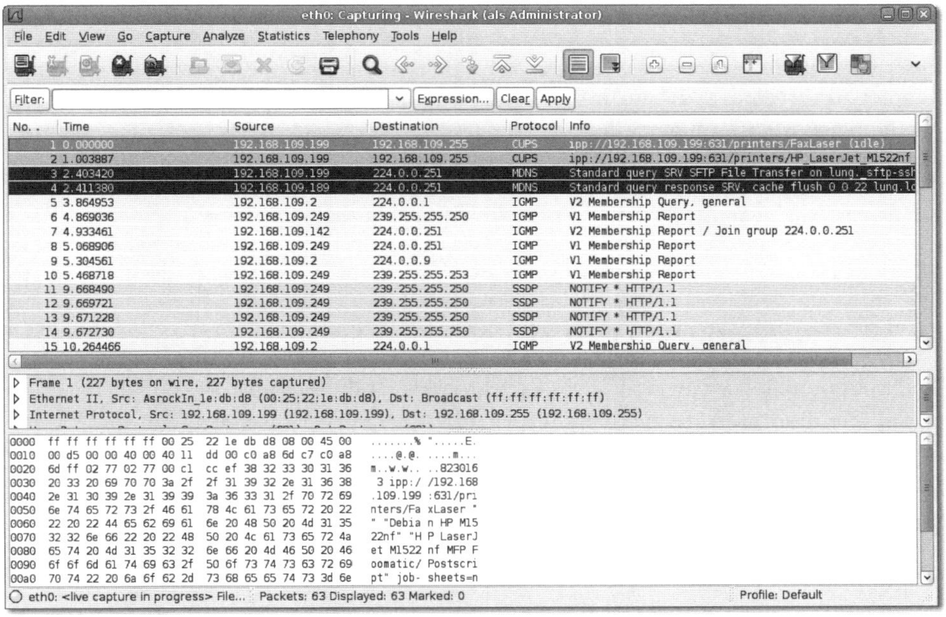

Abbildung 15.2 Wireshark liest Netzwerkpakete.

Im oberen Teil des Fensters in Abbildung 15.2 sehen Sie zeilenweise die gelesenen Pakete. Das ausgewählte Paket wird in dem darunterliegenden Teil ausführlicher gezeigt. Der Inhalt des Pakets wird mit hexadezimalen Zahlen und in Buchstaben dargestellt. Im Beispiel verteilt hier ein CUPS-Server die Informationen über einen Drucker von HP. Ähnlich könnten Sie hier auch unverschlüsselte Passwörter ausspähen, wie sie beispielsweise von telnet oder ftp verwendet werden.

Es ist durchaus aufschlussreich, sich das Netzwerk durch die Brille von Wireshark anzusehen. Sie sehen, welche Computer welche Informationen regelmäßig per Broadcast verteilen. Aber Sie können damit auch verfolgen, ob ein Virus auf einem verseuchten Windows-PC gerade Kontakt mit seinem Herrchen aufnimmt, um sein Opfer in dessen Bot-Netz zu integrieren.

15.11 Netzlasthitparade mit iftop

Das Programm `iftop` zeigt an, welche Datenmengen über welche Verbindungen des Rechners fließen. Von der Art der Darstellung und auch vom Namen erinnert es sehr an das Programm `top` (siehe Abschnitt 15.4.2), das die Prozesslast anzeigt. Das Programm `iftop` gehört nicht zum Standardumfang und muss nachinstalliert werden:

```
# apt-get install iftop
```

Nach dem Start sucht das Programm den Hauptnetzwerkadapter. Um einen anderen Adapter zu verwenden, geben Sie diesen mit der Option `-i` an. Die Option `-n` verzichtet auf die Namensauflösung.

In der Anzeige werden Ihnen in der Reihenfolge der Übertragungsmenge die Rechner aufgelistet, mit denen Ihr Computer eine Netzwerkbeziehung pflegt.

15.12 Netzwerkecho netcat

Das Programm `netcat` wirkt wie ein Reflektor. Es hat die Aufgabe, Pakete, die an einen bestimmten Port gesendet werden, an den Absender zurückzusenden. Auf diese Weise können Sie analysieren, ob die Datenpakete ihren Empfänger erreichen oder vielleicht durch eine Firewall abgefangen werden. Das Programm muss nachinstalliert werden. Der Aufruf dazu lautet:

```
# apt-get install netcat
```

Das Programm wird entweder als Server oder als Client gestartet.

Spicker ×

`netcat -l -p` *Port [Optionen]*
`netcat` *[Optionen] Host Port*

Zur Demonstration seiner Möglichkeiten wird das Programm zunächst als Server gestartet. Dazu dient die Option `-l`, die für *listen*, also »hören«, steht. Des Weiteren braucht das Programm einen Port, an dem es lauschen soll. Für das Beispiel verwenden wir einen beliebigen Port, hier 63222:

```
# netcat -l -p 63222
```

Das Programm bleibt stehen und wird anschließend auf dem Terminal alle Daten anzeigen, die es empfängt. Um dies zu prüfen, starten Sie in einer weiteren Terminalsitzung noch einmal das Programm `netcat`, allerdings soll es diesmal als Client laufen. Dazu benötigt es als Informationen die Adresse und den Port, an den es die Daten senden soll. Für den Test sind dies `localhost` und `63222`:

```
$ netcat localhost 63222
```

Damit ist die Verbindung hergestellt. Sie können nun alles, was Sie sich schon immer von der Seele schreiben wollten, auf einem der beiden Terminals eintippen, und es wird auf dem anderen Terminal wiederholt werden. Wenn Sie den Server beispielsweise mit Strg+C abbrechen, so wird auch der Client beendet.

Sie können `netcat` auch mit einem echten Server kommunizieren lassen. Das folgende Beispiel ruft einen POP3-Server über dessen Port 110 auf. Der Server antwortet, dass er bereit ist. Durch die Eingabe von `QUIT` wird die Verbindung wieder beendet. Sie könnten aber auch das komplette Protokoll durchspielen.

```
$ netcat pop.1und1.de 110
+OK POP server ready H mibap0
QUIT
+OK POP server signing off
```

Statt jedes Mal `netcat` eingeben zu müssen, können Sie auch einfach `nc` angeben. In Skripten dürfte allerdings die Langform für mehr Klarheit sorgen.

15.13 Nagios: Monitoring per Intranet

Nagios ist ein System zur Überwachung eines oder mehrerer Server und des Netzwerks. Es bietet ein Webinterface und kann so von jedem beliebigen Computer aus bedient werden. Um Nagios einzurichten, benötigen Sie das Paket *nagios3*. Es werden bereits der Basissatz an Plugins und das Webinterface mitinstalliert:

```
# apt-get install nagios3
```

Da Nagios seine Informationen per HTTP verbreitet und mit einem Browser abgefragt wird, werden der Apache und ein paar PHP-Module hinzuinstalliert, sofern sie nicht schon vorhanden sind.

Im Zuge der Installation werden Sie nach dem Passwort für den Nagios-Administrator gefragt und müssen dieses bestätigen. Nach der Debian-Installation ist das Webinterface bereits eingerichtet. Sie können es über einen Browser erreichen, indem Sie die URL des Rechners und dann das Verzeichnis *nagios3* in die Adressleiste eintragen. Es ergibt sich also die Adresse *http://debian/nagios3* oder *http://localhost/nagios3*, wenn Sie das Webinterface direkt auf dem Server aufrufen. Es erscheint daraufhin eine Dialogbox für die Anmeldung. Als Benutzer geben Sie `nagiosadmin` an und als Passwort das, was Sie bei der Installation eingetragen haben.

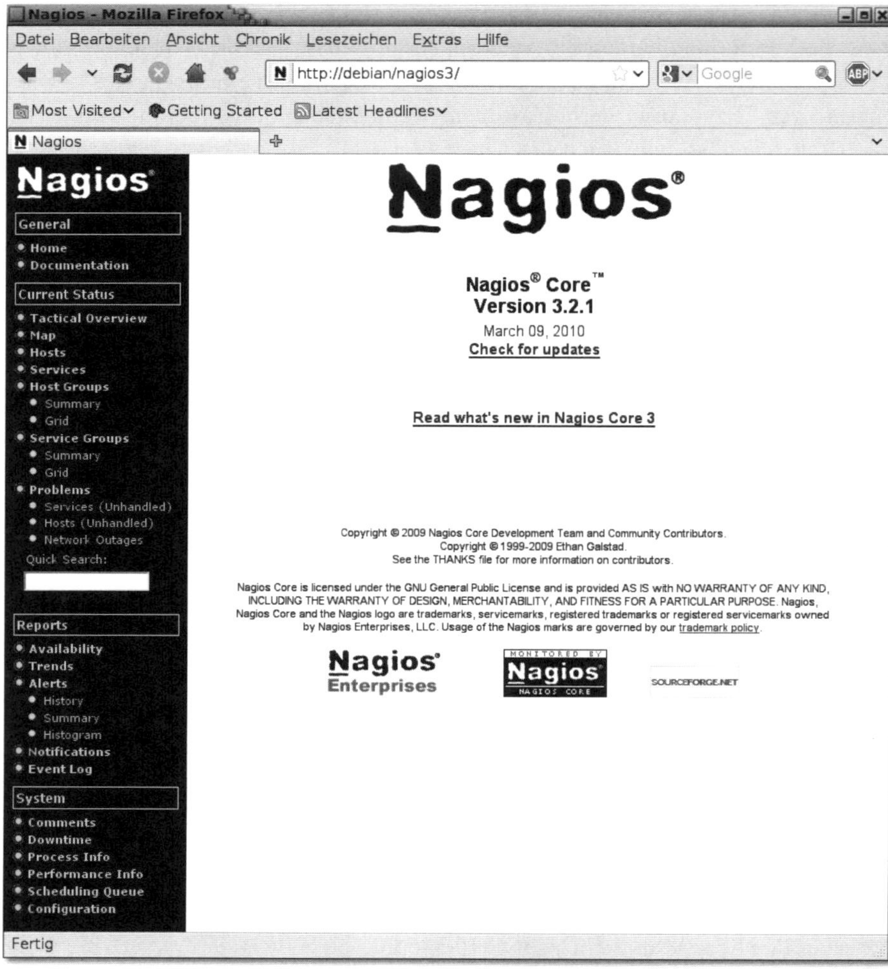

Abbildung 15.3 Das Webinterface von Nagios

In der linken Spalte finden Sie ein Menü, das zu den Übersichten führt. Sie finden dort Berichte, falls Ihnen zwischenzeitlich die Festplatte übergelaufen oder der Speicher ausgegangen ist. Auch die Zustände der Serverdienste wie HTTP oder SSH werden hier überwacht.

Die zentrale Konfigurationsdatei ist */etc/nagios3/nagios.cfg*. Sie wird bei der Installation bereits lauffähig vorbereitet. Sie finden darin vor allem die Pfade für Protokolldateien und weitere Konfigurationsdateien.

Damit über die CGI-Schnittstelle Programme ausgeführt werden können, müssen diese in der Datei *nagios.cfg* freigeschaltet werden. Standardmäßig sind sie abgeschaltet. Zuständig dafür ist die Option `check_external_commands`:

```
# check_external_commands=0
check_external_commands=1
```

Nagios protokolliert in der Datei */var/log/nagios3/nagios.log* und rotiert standardmäßig täglich um Mitternacht die Datei, damit sie nicht zu groß wird.

Bei Änderungen an der Konfiguration muss Nagios neu gestartet werden. Im Zuge des Neustarts werden die Konfigurationsdateien überprüft und ein Start verhindert, wenn Fehler festgestellt werden. Da sowohl die Datei als auch der Zusammenhang des Fehlers angezeigt wird, kann dieser zügig behoben werden.

```
# /etc/init.d/nagios3 restart
```

Sie finden unter der Adresse *http://www.nagios-wiki.de* ein deutschsprachiges Nagios-Wiki, das Ihnen in vielen Fragen weiterhelfen kann.

Kapitel 16
Die Zeit

Inhalt

Heutzutage läuft in jedem Computer eine Uhr. Deswegen sollten Sie aber Ihre Rolex nicht gleich wegwerfen. In den meisten Fällen sind nämlich die in den Computer eingebauten Bausteine nicht besonders genau. Darum sehen Sie in diesem Kapitel, wie Sie die Uhr präzise stellen können und wie Sie Aufgaben per Zeitschaltuhr ausführen.

16.1 Die aktuelle Zeit

Das Programm `date` ermittelt das aktuelle Datum und die Zeit und zeigt dies auf dem Bildschirm an. Das Programm kann aber auch dazu verwendet werden, um Datum und Uhrzeit einzustellen.

Spicker

```
date [ Optionen ] [ DatumUhrzeit ]
```

Wird der Befehl ohne weitere Parameter aufgerufen, werden Datum und Uhrzeit angezeigt:

```
$ date
Do 19. Aug 23:30:59 CEST 2010
```

Zeitänderung

Nur der Administrator darf die Uhrzeit und das Datum ändern. Die Systemzeit ist zu wichtig, als dass jeder Anwender sie schnell mal ändern dürfte. Dazu rufen Sie den Befehl `date` mit einem Parameter auf, in dem Datum und Uhrzeit codiert sind.

```
# date  112823332013
Do 28. Nov 23:33:00 CEST 2013
```

Sie können anhand der Ausgabe erkennen, dass die Ziffern Monat, Tag, Stunde und Minute mit je zwei Stellen bedeuten. Sie können das Jahr zwei- oder vierstellig anhängen. Ansonsten geht `date` davon aus, dass wohl das bisherige Jahr noch stimmt.

In jedem PC befindet sich ein Uhren-Chip, der batteriegespeist auch beim Ausschalten des Computers weiterläuft. Durch den Aufruf von `date` wird diese Uhr allerdings nicht gesetzt. Um die Systemuhrzeit auf diesen Chip zu übernehmen, wird der Befehl `hwclock` mit der Option `--systohc` (*system to hardware clock*) verwendet:

```
# hwclock --systohc
```

Neben der Option `--systohc`, die die Systemuhrzeit zur Hardware-Uhr überträgt, gibt es auch die Option `--hctosys`, die den umgekehrten Weg beschreitet.

Die bei der Installation vorgegebene Zeitzone wird in der Datei */etc/timezone* hinterlegt. Dort befindet sich bei den mitteleuropäischen Computern typischerweise folgender Inhalt:

```
Europe/Berlin
```

Sollte der Inhalt nicht mehr Ihren Wünschen entsprechen, sollten Sie ihn nicht direkt ändern, sondern durch den folgenden Aufruf:

```
# dpkg-reconfigure tzdata
```

Zeitansage

Das Stellen der Uhr ist allerdings tatsächlich nicht die Hauptbeschäftigung der Administratoren. Viel häufiger muss der Befehl `date` die aktuelle Zeit angeben. Ganz besonders praktisch ist es, dass Sie das Ausgabeformat beeinflussen können. So können Sie Dateinamen generieren, die automatisch den Entstehungszeitpunkt widerspiegeln.

Dazu geben Sie hinter dem Befehl `date` ein Pluszeichen, direkt gefolgt von einem Formatmuster an. Wenn das Muster Leerzeichen enthält, müssen Sie es mit Anführungszeichen umschließen. In diesem Formatmuster können Sie Uhrzeit- und Datumsbestandteile über Kürzel aufrufen, die mit einem Prozentzeichen eingeleitet sind.

```
$ date +%d.%m.%Y
24.11.2013
$ date +"%A, den %d.%m.%Y"
Sonntag, den 24.11.2013
```

Tabelle 16.1 enthält die meistverwendeten Formatkürzel von `date`.

Formatzeichen	Bedeutung
%H	Stunden (00–23)
%M	Minuten (00–59)
%S	Sekunden (00–59)
%d	Tag im Monat (01–31)
%m	Monat (01–12)
%y	Zweistelliges Jahr (00–99)
%Y	Die vollständige Jahreszahl
%a	Wochentag abgekürzt
%A	Wochentag ausgeschrieben

Tabelle 16.1 Die Formatmuster des Befehls date

16.2 Zeitabgleich per NTP

Es muss im Netzwerk eine gemeinsame Zeit geben. Da unsere treu sorgende Regierung eine amtlich exakt laufende Uhr betreibt, die sogar kostenlos die Uhrzeit per Funk verteilt, könnten Sie einen Funkuhrenbausatz kaufen, diesen an Adventssonntagen zusammenlöten und mit dem Hauptserver verbinden. Falls Löten nicht zu Ihren Hobbys gehören sollte, können Sie sich auch die aktuelle Uhrzeit aus dem Internet holen. Einen solchen Zeitserver finden Sie unter dem Namen *ptbtime1.ptb.de*. Das Debian-Projekt bietet aber auch einige Server, wie Sie in der Datei */etc/ntp.conf* sehen können.

Das Protokoll NTP (*Network Time Protocol*) dient dem Abgleich von Uhrzeiten im Netzwerk. Der Serverprozess `ntpd` sorgt für deren Umsetzung. Konfiguriert wird er in der Datei */etc/ntp.conf*. Die Kommunikation erfolgt über den Port 123.

Soll Ihr Server das aktuelle Datum aus dem Internet beziehen, installieren Sie das Paket *ntpdate*. Es sorgt dafür, dass die Systemuhr regelmäßig aktualisiert wird.

```
# apt-get install ntpdate
```

Mit dem Befehl `ntpdate` kann die lokale Uhrzeit mit einem anderen Server abgeglichen werden. Dies darf nur *root* und es funktioniert nur dann, wenn nicht bereits auf der Maschine ein NTP-Dämon läuft, da ansonsten der Socket belegt ist und der Abgleich bereits stattfindet.

Um einen NTP-Server zu betreiben, installieren Sie das Paket *ntp*. Es installiert einen NTP-Dämon und die zugehörigen Hilfsprogramme.

```
# apt-get install ntp
```

Der NTP-Dämon wird in der Datei */etc/ntp.conf* konfiguriert. Die Konfigurationsdatei zählt einige Serveradressen auf, die angefragt werden, um eine aktuelle Zeit zu ermitteln. Der Parameter `iburst` sorgt für ein beschleunigtes Synchronisieren:

```
server 0.debian.pool.ntp.org iburst
server 1.debian.pool.ntp.org iburst
server 2.debian.pool.ntp.org iburst
server 3.debian.pool.ntp.org iburst
```

Sie können die Serverliste durch einen Eintrag ergänzen, der die eigene Zeitsynchronisation im Auge behält:

```
interface listen 127.0.0.1
```

Sollten Sie einen eigenen Server in Ihrem lokalen Netzwerk aufbauen wollen, müssen Sie die Anweisung `restrict` freigeben und die Adresse Ihres Netzwerks eintragen. Darüber hinaus können Sie hier festlegen, dass Sie die Uhrzeit per Broadcast vertreiben wollen:

```
restrict 192.168.109.0 mask 255.255.255.0 notrust
broadcast 192.168.109.255
```

Die Clients Ihres Netzwerks müssten die folgenden zwei Zeilen verwenden, die bereits hinter einem Kommentarzeichen in der Datei */etc/ntp.conf* eingetragen sind:

```
disable auth
broadcastclient
```

16.3 Wiederkehrende Jobs mit der crontab

Die *crontab* ist eine Datei, in der wiederkehrende Aufgaben abgestellt werden können. Jeder Anwender kann sich eine eigene *crontab* erstellen. Das Systemprogramm `cron` arbeitet diese Tabellen ab und startet die darin aufgeführten Programme. Die *crontab* wird als Datei im Verzeichnis */var/spool/cron* abgelegt. Dateien in diesem Verzeichnis sind nur von Administratoren direkt veränderbar. Darum wird die Datei *crontab* mit dem Kommando `crontab` gepflegt.

Spicker

```
crontab [ -l ] [ -e ]
```

Wollen Sie einen Blick auf Ihre *crontab* werfen, verwenden Sie den Befehl `crontab`. Vergessen Sie die Option `-l` aber nicht!

Geben Sie `crontab` ohne Parameter ein, wartet das Programm, bis Sie die komplette *crontab* mit der Tastatur direkt eingetippt haben. Sie beenden die Eingabe mit Strg + D. Selbst hartgesottene Kommandozeilenartisten dürften an dieser Vorgehensweise keine rechte Freude haben. Darum ist es wesentlich entspannender, wenn auch längst nicht so imposant, wenn Sie einen Editor verwenden und die Tabelle in einer Datei bearbeiten. Dazu rufen Sie den Befehl `crontab` mit der Option `-e` auf:

```
$ crontab -e
```

Die eigentliche Tabelle enthält in jeder Zeile einen Eintrag über einen Programmstart, bestehend aus dem Zeitpunkt und dem Kommando. Wie so oft, ist auch in der *crontab* das Doppelkreuz ein Kommentarzeichen. Die ersten zwei Zeilen zeigen die Bedeutungen der Spalten.

```
# Minute Stunde Tag(Monat) Monat  Tag(Woche)   Kommando
# (0-59) (0-23) (1-31)     (1-12) (1-7; 1=Mo)
0         4      *          *      *            jedentag4uhr
0         9      1,15       *      *            jeden1.und15.um9
0         2      *          *      1,2,3,4,5    werktagsum2
```

Wenn in einer Spalte ein Stern steht, ist jeder denkbare Zeitpunkt für diese Spalte möglich. Wenn Sie also bei Minute einen Stern statt der Null verwenden, würde zu jeder Minute der angegebenen Stunde das Programm durchstarten. Ansonsten geben Sie einzelne Werte an oder durch Kommata getrennte Zahlen. Die Tabelle oben bewirkt folgende Programmaufrufe:

- Das Programm `jedentag4uhr` läuft um 4:00 Uhr an jedem Tag.
- Das Programm `jeden1.und15.um9` wird um 9:00 Uhr am 1. und 15. jeden Monats aufgerufen.
- Das Programm `werktagsum2` startet um 2:00 Uhr an jedem Montag, Dienstag, Mittwoch, Donnerstag und Freitag.

Der Administrator kann auch eine *crontab* für einen beliebigen Benutzer erstellen. Um den Benutzer zu spezifizieren, verwendet er die Option `-u` gefolgt vom Benutzernamen.

Zusätzlich zur klassischen benutzerbezogenen Verarbeitung gibt es die Cron-Verzeichnisse *cron.d*, *cron.hourly*, *cron.daily*, *cron.weekly* und *cron.monthly* im Verzeichnis */etc*. Darin befinden sich *crontab*-Dateien für Programmpakete, die dort ihre speziellen wiederkehrenden Aufgaben ablegen.

16.4 Zeitversetzter Job mit at

Wenn Sie ein Kommando nicht jetzt, sondern zu einem bestimmten Zeitpunkt starten wollen, ist das Kommando `at` ideal. Sie geben den Befehl `at`, gefolgt von der Zeit, ein. Anschließend wartet das Programm, bis Sie alle Befehle eingegeben haben. Sie schließen die Eingabe mit [Strg]+[D] ab. Alternativ können Sie die Befehle in einer Textdatei aufschreiben, die Sie auf die Eingabe des Befehls umleiten.

Der folgende Befehl sorgt dafür, dass eine große Datei erst um 21:00 Uhr kopiert wird, sodass die Rechnerlast nicht während der Arbeitszeit auftritt.

```
$ at 21:00
warning: commands will be executed using /bin/sh
at> cp /home/paul/fatfile /home/johannes/savefatfile
at> <EOT>
job 1 at Wed Nov 25 21:00:00 2013
$
```

Mit dem Befehl `atq` erhalten Sie eine Liste aller Befehle, die Sie per `at` abgesetzt haben. Die Befehle sind durchnummeriert. Falls Sie es sich noch einmal anders überlegt haben, können Sie diese Nummern als Parameter für den Befehl `atrm` nutzen, der den dazugehörigen Befehl aus der Liste austrägt.

Sollte Ihre Planung langfristiger sein, können Sie auch ein Datum im Format `YYYY-MM-DD` durch ein Leerzeichen getrennt anhängen.

```
$ at 11:00 2013-11-27
warning: commands will be executed using /bin/sh
at> echo "huhu"
at> <EOT>
job 1 at Wed Nov 27 11:00:00 2013
```

Sie können auch eine Zeitdifferenz angeben, wie lange es nach dem angegebenen Zeitpunkt bis zum Start des Prozesses dauern soll. Als Einheit erlaubt `at` `minutes`, `hours`, `days` und `weeks`. Hier ist es praktisch, dass als Startzeitpunkt auch `now` zugelassen ist. So startet man einen Befehl mit einem Zeitversatz von einer Minute mit dem folgenden Befehl:

```
$ at now + 1 minute
```

Da zum Ausführungszeitpunkt die aufrufende Shell nicht vorhanden ist, werden die Ausgaben der zeitversetzt gestarteten Prozesse dem Aufrufer per E-Mail zugestellt.

Kapitel 17
Drucker

Inhalt

Erinnern Sie sich noch an die Vision vom papierlosen Büro? Obwohl viel darüber gespottet wurde, weil zunächst die Papierflut eher immer größer wurde, spart man inzwischen vor allem an Handbüchern. Dennoch wird es wohl noch ein paar Tage dauern, bis Drucker tatsächlich nicht mehr benötigt werden.

Das Drucksystem von Linux heißt inzwischen *CUPS*. Lange Zeit betrieb unter Linux der Lineprinter-Dämon (LPD) von BSD die Druckerei. Obwohl LPD noch aus der Zeit der Zeilendrucker stammte, erwies er sich dank PostScript noch recht lange als zuverlässiger Partner. Aber die immer komplexeren Drucker mit Duplex-Druck und Tonerstandsmeldungen erforderten flexiblere Lösungen. CUPS unterstützt die Übertragung von Druckeroptionen, die Rechtevergabe von einzelnen Druckern auf bestimmte Rechner und die Verschlüsselung der Datenübermittlung.

Drucker sind nur noch in der besonderen Situation von Privatrechnern lokal. In den meisten Fällen ist es sinnvoller, Drucker im Netzwerk zu betreiben. In vielen kommerziellen Umgebungen ist es von äußerster Wichtigkeit, dass ein gedrucktes Dokument auf dem Weg zum Drucker nicht einfach verschwindet. Handelt es sich nur um den Brief aus einer Textverarbeitung, ist das kein Problem: Man startet den Druck einfach neu. Im Geschäftsbereich ist der Ausdruck aber oft ein Unikat, das beispielsweise einen

Bestellvorgang bescheinigt, der vom Buchungsprogramm ausgeworfen wurde. Die einmal gedruckte Bestellung muss so lange in der Druckerwarteschlange erhalten bleiben, bis der Drucker meldet, dass er den Ausdruck einwandfrei abgeschlossen hat.

17.1 Grundlegendes über die Anschaffung von Druckern

Mit Druckern können Sie viel Zeit vertun, vor allem, wenn die Drucker nicht ganz so kompatibel sind, wie beim Kauf noch gedacht. Da Zeit auch Geld ist, kann es sein, dass das Schnäppchen plötzlich sehr teuer wird.

Mittlerweile ist Linux in der Lage, wirklich erstaunlich viele Drucker problemlos zu betreiben. Das war nicht immer so und so wie Sie nicht erwarten können, dass jeder Drucker am Mac läuft, können Sie auch mit einem Drucker an einem Linux-System Pech haben.

Die Treiber für die Drucker werden bei einem Linux-System nicht wie bei Windows von den beigelegten CDs installiert. Stattdessen erkennt ein Linux-System die Drucker automatisch und installiert auch die passenden Treiber automatisch aus dem Internet – wenn alles glattgeht.

Das funktioniert natürlich nur mit Druckern, deren Inhaltsstoffe den Entwicklern bekannt sind. Manche Hersteller geben bereits an, dass ihr Drucker mit Linux kompatibel ist. Es kann Ihnen aber auch passieren, dass ein neu auf dem Markt erscheinendes Gerät noch keine Linux-Unterstützung hat, weil der Hersteller eben kein Interesse daran hat, einen Treiber zur Verfügung zu stellen, und die Linux-Entwickler noch kein Exemplar zur Verfügung haben.

Suchen Sie nach einem Drucker, der Standards spricht. Da ist einmal die Beschreibungssprache PostScript, die auch bei Satzsystemen eingesetzt wird. PostScript wird von den UNIX-Drucksystemen gern verwendet, um Drucker anzusteuern. Da nicht alle Drucker PostScript beherrschen, hilft das freie Programm *Ghostscript*. Es kennt die grafische Ansteuerung diverser Drucker und setzt PostScript in dieses Format um. Wenn Sie so wollen, ist es eine externe PostScript-Erweiterung für den Drucker.

Einige Druckerhersteller haben eigene Beschreibungssprachen definiert. Diese Sprachen sind in der Regel bekannt und können von den Linux-Entwicklern leicht bedient werden. Ein verlässlicher Standard ist in diesem Zusammenhang PCL, die Druckeransteuerung der ersten Hewlett-Packard-Laserdrucker.

Sie können Geld sparen, wenn Sie lokale Drucker an den Server anschließen und ihn dafür sorgen lassen, dass die Drucker im Netzwerk verfügbar sind. Heutzutage kann man aber bereits für einen geringen Preisaufschlag einen netzwerkfähigen Drucker bekommen. Das hat gleich zwei Vorteile. Der eine ist, dass der Standort des Druckers unabhängig vom Server flexibel gewechselt werden kann. Viel wichtiger ist aber, dass diese Netzwerkdrucker unabhängig vom Betriebssystem eines einzelnen Computers sind und damit in der Regel unproblematisch mit allen gängigen Betriebssystemen arbeiten.

Internetunterstützung

Es gibt Drucker, die tatsächlich gar nicht mit Linux arbeiten. Der Hersteller hat gespart, wo er konnte, und erreicht, dass der Drucker durch das Grafiksystem von Windows angesteuert wird. Da das Grafiksystem von Windows GDI heißt, werden solche Drucker auch oft GDI-Drucker genannt. Damit übernimmt der Computer die Rechenleistung, die eigentlich im Drucker stecken sollte, und der Drucker wird nicht arbeiten, wenn kein Windows zur Verfügung steht. Da der Computer die Umrechnung in Bildpunkte durchführt und dann die komplette Grafik in der Auflösung des Druckers über die Leitung schicken muss, führt diese Lösung immer zu einer geringeren Gesamtperformance. In einigen Fällen werden auch solche Drucker von Linux unterstützt. Dann sollten Sie sich still freuen. Es ist eine Ausnahme.

Wenn Sie einen bestimmten Drucker im Auge haben, sollten Sie vor dem Kauf im Internet nachschauen, welche Kritiken er in der Zusammenarbeit mit Linux bekommen hat. Wenn Sie die englische Sprache nicht stört, ist eine gute Adresse dafür *http://www.linuxprinting.org*. Hier finden Sie Informationen über alle möglichen Drucker mit den Erfolgsmeldungen bisheriger Käufer Ihres Druckers. Unter der URL *http://www.openprinting.org/printers* finden Sie eine Suchmaschine, in der Sie einen Drucker oder auch alle Modelle eines Herstellers eingeben können.

17.2 Protokolle im Netzwerkdruck

Die Idee, einen Drucker ins Netzwerk zu stellen, auf dem alle Computer drucken können, ist keineswegs besonders originell und damit auch nicht gerade neu. Die heute noch verwendeten Protokolle basieren auf TCP/IP. Sie sind teils aus Eigenentwicklungen der Hersteller hervorgegangen und teils Verbesserungen älterer Standards.

BSD-Druck: LPD auf Port 515

Die Berkeley Universität hatte einen eigenen Druckdienst geschaffen, den sie um eine Netzwerkkomponente erweiterte. Der zentrale Serverprozess hieß `lpd` (*Line Printer Demon*). Nach ihm wird dieses Protokoll heute *LPD* benannt.

Um einen solchen Dienst anzusprechen, benötigt man die IP-Adresse des Servers und den Namen der Druckerwarteschlange. Der Standardport dieses Dienstes ist 515.

Sie können diesen Dienst zwar auch auf Ihrem Debian-Server einrichten, er fristet inzwischen allerdings eher ein Nischendasein. Seine besondere Rolle spielt dieses Protokoll darin, dass fast jeder Netzwerkdrucker es unterstützt. Wenn Sie einen solchen Drucker einrichten wollen, müssen Sie neben der IP-Adresse auch den Namen der Warteschlange kennen. Netzwerkdrucker verwenden als Namen gern »lp«.

Raw IP

Um aktuelle Drucker besser ansteuern zu können, musste das alte LPD-Protokoll etwas modernisiert werden. Dazu wurde die *Page Description Language* geschaffen, die als Datenstrom auf den Port 9100 geschrieben wird. Auch dieses Protokoll wird von Netzwerkdruckern oft unterstützt. Eine Warteschlange muss nicht explizit benannt werden. Dieses Protokoll wird im Bereich der Netzwerkdrucker auch *Raw IP* genannt.

Internet Printing Protocol: IPP

Von CUPS wird das Internet Printing Protocol implementiert. Es wird über den Port 631 abgewickelt und ermöglicht die Verwaltung des kompletten Druckersystems. Dieses wird standardmäßig unter Mac OS X und Linux eingesetzt.

Windows-Netzwerkdrucker

Ein Windows-Rechner kann auch lokale Drucker freigeben. Als Protokoll wird dazu SMB verwendet, das unter Linux durch SAMBA implementiert wird. Allerdings übernimmt SAMBA wirklich nur das Netzwerkprotokoll. Das eigentliche Druckprotokoll übernimmt der jeweilige Druckserver. Dies wird in der Option `printing` in der Konfigurationsdatei *smb.conf* durch den Wert `cups`, `bsd` oder `lprng` eingestellt.

Da SAMBA nicht den eigentlichen Druckserver darstellt, sondern nur die Infrastruktur für Windows-Clients bietet, wird das Thema in Abschnitt 18.1.10 behandelt.

17.3 CUPS – Common UNIX Printing System

CUPS wird durch das Paket *cups* installiert, ist aber in den meisten Fällen bereits vorhanden.

```
# apt-get install cups
```

CUPS wird durch das Init-Skript gestartet und gestoppt. Auch ein Neustart kann auf diesem Wege durchgeführt werden. Als Parameter werden `start` für den Start, `stop` für das Anhalten und `restart` für den Neustart des Systems verwendet. Der Dämon, der für CUPS zuständig ist, heißt `cupsd`.

```
# /etc/init.d/cups start
```

Da das Neustarten des Dienstes nach der Änderung an der Konfiguration häufiger erforderlich ist, können Sie mit dem Befehl `restart cups` das Gleiche mit weniger Tastendrücken erreichen.

CUPS wird am einfachsten über das Web-Interface verwaltet und ist für den lokalen Rechner direkt nach der Installation bereits aktiv. Sie geben in die Adresszeile des Browsers einfach die Adressse *localhost:631* ein und schon können Sie der Beschreibung in Abschnitt 17.3.3 folgen. Wollen Sie diesen Komfort aber auch von Ihrem Arbeitsplatz aus haben, müssen Sie die Konfigurationsdatei in die Hand nehmen.

17.3.1 Die Konfigurationsdatei

Die zentrale Konfigurationsdatei heißt */etc/cups/cupsd.conf*. Egal, ob Sie sie von Hand bearbeiten oder mit grafischen Tools: Hier wird festgelegt, wie sich der CUPS-Dämon verhält. Bei der Installation von CUPS wird eine funktionierende Konfigurationsdatei angelegt, die mit Kommentaren ausgestattet ist. Nach der Veränderung der Konfigurationsdatei muss der CUPS-Dämon neu gestartet werden, damit die Änderungen aktiv werden.

Freigabe der Verwaltung über das Netzwerk

Sie müssen zunächst den Listen-Eintrag von localhost auf das Netzwerk umsetzen, da sonst nur über einen lokalen Socket kommuniziert wird, der von der Netzwerkkarte nicht erreichbar ist.

Danach müssen zwei Location-Einträge um die Erlaubnis erweitert werden, dass aus dem lokalen Netzwerk zugegriffen werden kann.

```
# /etc/cups/cupsd.conf
#Listen localhost:631
Listen *:631 # Der Netzwerkport wird aufgemacht
...
# Freischalten der Rechte fuer Druckerbenutzer
<Location />
  Order allow,deny
  Allow From 192.168.109.*
</Location>

# Freischalten der Verwaltung (Neueinrichten etc.)
<Location /admin>
  Order allow,deny
  Allow From 192.168.109.*
</Location>
```

Sollte nur die obere Location freigeschaltet werden, können die Benutzer nachsehen, was aus ihren Druckaufträgen geworden ist, welche Drucker es so gibt und ob sie bereit sind. Erst die zweite Location */admin* erlaubt es, die Verwaltungsseite aufzurufen, um Drucker einzurichten oder zu entfernen.

Im Anschluss an die Änderungen in der Konfigurationsdatei muss natürlich das CUPS neu gestartet werden:

```
# restart cups
```

Nun sollte es auch aus dem lokalen Netzwerk möglich sein, CUPS auf dem Rechner aufzurufen, beispielsweise über die URL *192.168.109.199:631*.

In der Konfigurationsdatei lässt sich einstellen, welche Computer zugreifen können, welche Authentifizierungsdienste verwendet werden und welche Standardseitengröße benutzt wird. Wenn Sie ein sehr spezielles Problem haben, kann es sein, dass Sie es mit dieser Konfigurationsdatei lösen können. Eine Hilfestellung bieten die Kommentare und die ausführliche Beschreibung aller Parameter unter der Manpage für *cupsd.conf*:

```
# man cups.conf
```

Die Druckerkonfiguration wird in den Dateien *classes.conf* und *printers.conf* abgelegt. Beide Dateien eignen sich allerdings nicht besonders gut zur manuellen Änderung. Sie werden durch das Kommando `lpadmin` oder durch das Webtool verändert. Tatsächlich ist die Konfiguration von CUPS am einfachsten per Webbrowser vorzunehmen.

17.3.2 CUPS vom Terminal verwalten

Wenn Sie per SSH das Drucksystem CUPS verwalten wollen, stehen Ihnen dafür auch Konsolenbefehle und die Konfigurationsdateien zur Verfügung. Allerdings ist diese Vorgehensweise etwas mühselig und soll darum hier nur im Überblick dargestellt werden. Wenn nichts dagegen spricht, sollten Sie CUPS über das Webinterface verwalten (siehe Abschnitt 17.3.3).

Informationen sammeln

Dem Administrator steht für die Übersicht der Befehl `lpinfo` zur Verfügung. Mit der Option `-v` ermittelt er, welche Schnittstellen eingerichtet sind:

```
# lpinfo -v
direct parallel:/dev/lp0
direct usb://HP/LaserJet%20M1522nf%20MFP
direct hp:/usb/HP_LaserJet_M1522nf_MFP?serial=00VNDT89LGDM
```

```
network dnssd://Samsung%20CLP-550..._ipp._tcp.local/
network dnssd://Samsung%20CLP-550..._pdl-datastream._tcp.local/
network dnssd://Samsung%20CLP-550..._printer._tcp.local/
network socket://192.168.109.249
```

Sie sehen einen Ausschnitt aus der Liste der Anschlüsse. Beispielsweise besitzt der Computer eine parallele Schnittstelle. Hier ist aber derzeit kein Drucker angeschlossen. Am USB befindet sich ein HP Laserjet M1522mf MFP. Die Information über den genauen Typ erhält CUPS aus dem USB-Protokoll, nicht etwa aus dem eingesetzten Treiber. Das bedeutet, dass CUPS eventuell einen Drucker auch dann korrekt benennt, wenn er ihn gar nicht benutzen kann, weil ihm ein Treiber fehlt. Über das Netzwerk ist noch ein weiterer Drucker mit der IP-Adresse 192.168.109.249 zu sehen. Da unter `dnssd` noch ein Samsung CLP-550 erscheint, liegt der Verdacht nahe, dass es sich um denselben Drucker handelt.

Drucker einrichten

Der Befehl `lpadmin -p` richtet einen Drucker ein. Der erste Parameter gibt den zukünftigen Namen des Druckers unter CUPS an. Mit der Option `-v` geben Sie die Druckerschnittstelle an und die Option `-m` bezeichnet die PPD-Datei des Modells. Einen HP Deskjet würden Sie mit dem folgenden Befehl einrichten:

```
# lpadmin -p DeskJet -v parallel:/dev/lp0 -m deskjet.ppd
```

Die Schnittstellenbeschreibung ist vom Schnittstellentyp abhängig. Bei der Parallelschnittstelle wird die Gerätedatei genannt, beim Socket die IP-Adresse.

Das Modell, das der Option `-m` folgt, wird normalerweise durch den Namen der PPD-Datei bestimmt, die Sie zuvor im Verzeichnis */etc/cups/ppd* ablegen. Die PPD-Dateien für die verschiedenen Drucker finden Sie beispielsweise unter der URL *www.openprinting.org/printers*.

Standarddrucker festlegen

Der Befehl `lpadmin -d` setzt einen Drucker als Standarddrucker. Als Parameter müssen Sie den Namen angeben, unter dem der Drucker unter CUPS bekannt ist. Wenn anschließend ein Druckauftrag ohne konkretes Ziel abgesetzt wird, wird dieser an den Standarddrucker geleitet.

Drucker entfernen

Ein Drucker kann durch den Befehl `lpadmin -x` entfernt werden. Als Parameter muss der Druckername angegeben werden.

Spicker ×

Drucker einrichten: `lpadmin -p` *Drucker* `[-v` *Schnittstelle*`]` `[-m` *Modell*`]`
Standarddrucker setzen: `lpadmin -d` *Drucker*
Drucker entfernen: `lpadmin -x` *Drucker*

Druckerschlangen

Das Programm `lpstat` ermöglicht einen Blick auf den Status der Drucker und Druckaufträge. Mit der Option `-p` werden die verfügbaren Drucker und ihr Zustand angezeigt:

```
$ lpstat -p
Drucker "FaxLaser" ist inaktiv; aktiviert seit ...
Drucker "HP_LaserJet_fax" ist inaktiv; aktiviert seit ...
```

Mit dem Befehl `lpstat -d` können Sie sehen, welcher der Drucker als Standarddrucker eingerichtet ist:

```
$ lpstat -d
System-Standardzielort: FaxLaser
```

Wenn Sie den Befehl `lpstat` ohne jegliche Parameter angeben, können Sie Ihre Druckaufträge sehen:

```
$ lpstat
FaxLaser-25     richard    53248  Fr 17 Sep 2010 15:23:14 CEST
```

Hier sehen Sie, dass der Benutzer richard einen Druckauftrag von etwa 50 KByte an den Drucker *FaxLaser* gesendet hat. Soll dieser Auftrag wieder gelöscht werden, verwenden Sie den Befehl `cancel`. Als Parameter wird die Auftragsnummer angegeben:

```
$ cancel 25
$ lpstat
$
```

Jeder Benutzer kann natürlich nur seine eigenen Druckaufträge löschen. Als Administrator werden Sie aber auch fremde Druckaufträge löschen müssen. Mit der Option `-u` können Sie den Benutzer angeben, dessen Druckaufträge Sie mit `lpstat` beaufsichtigen oder mit `cancel` beseitigen wollen.

17.3.3 Drucker per Webbrowser verwalten

CUPS verwendet den Port 631 und dieser ist bei der Verwaltung über den Browser als Port hinter einem Doppelpunkt anzugeben. Wenn Sie die Drucker des lokalen Rechners verwalten wollen, lautet die URL *localhost:631*. Für eine Verwaltung eines fremden Rechners müssen Sie zunächst die Konfiguration des CUPS vorher entsprechend angepasst haben. Sie erhalten daraufhin die Verwaltungsseite von CUPS, wie in Abbildung 17.1 zu sehen. Von hier aus können Sie tatsächlich die meisten Aufgaben der Druckeradministration erledigen.

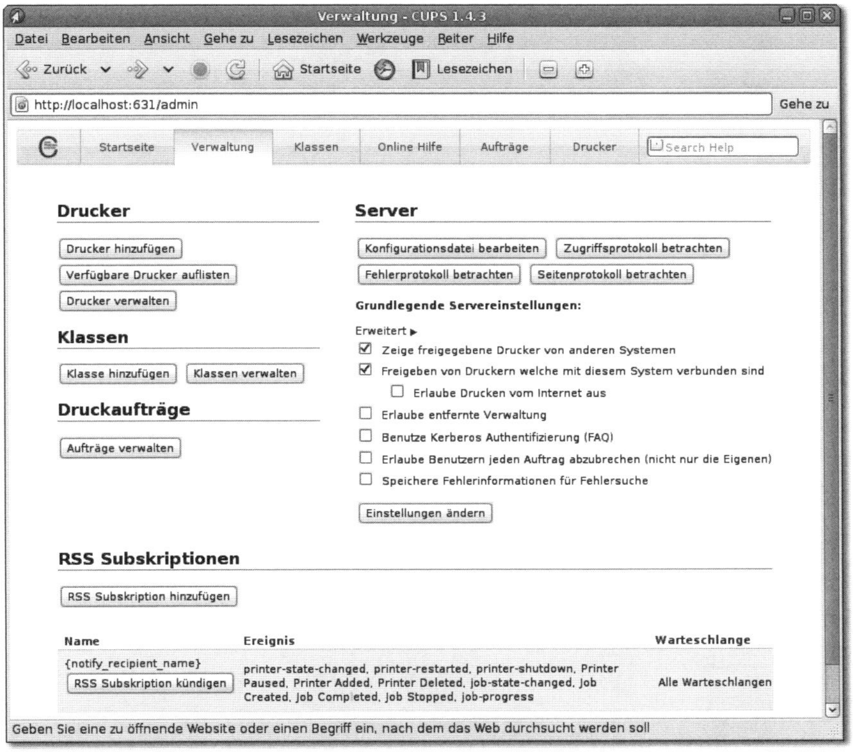

Abbildung 17.1 CUPS per Browser

Der Vorteil einer Administration per Web liegt auf der Hand. Sie können den Druckdienst auch über das Netzwerk konfigurieren. Dabei muss der Computer, von dem aus Sie administrieren, nicht einmal das gleiche Betriebssystem verwenden. In Abbildung 17.1 sehen Sie beispielsweise, dass das Häkchen, das eine »entfernte Verwaltung« erlaubt, noch nicht gesetzt ist.

Sie finden unter dem Reiter Drucker eine Übersicht über die von CUPS verwalteten Drucker, wie Sie in Abbildung 17.2 sehen können. Im Beispiel sehen Sie zwei Drucker. Für jeden Drucker ist der aktuelle Status zu sehen. Durch Anklicken des Druckernamens können Sie jeden einzelnen Drucker administrieren. Sie erhalten dahinter eine neue Seite,

Abbildung 17.2 Druckerübersicht im Web

die die Auftragswarteschlange anzeigt, wie in Abbildung 17.3 zu sehen ist. Sie finden dort weitere Informationen über den Treiber sowie zwei Auswahlboxen.

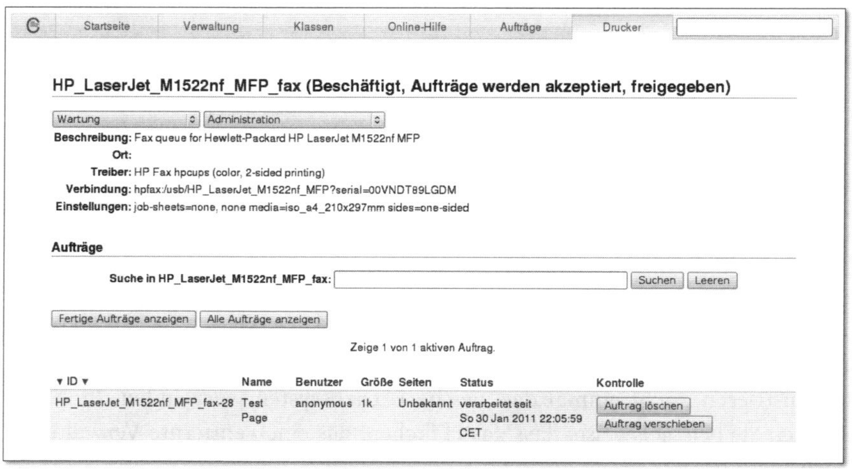

Abbildung 17.3 Drucker mit Warteschlange im Web

Die eine Auswahlbox steht für die Wartung und enthält die Aktionen für den Ausdruck einer Testseite. Sie können den Drucker stoppen, Aufträge ablehnen oder alle Aufträge aus der Warteschlange löschen.

Die andere Auswahlbox führt zur Administration. Hier können Sie die Druckerkonfiguration ändern und die berechtigten Benutzer auswählen.

In Abbildung 17.3 sehen Sie unten auch einen Auftrag in der Warteschlange des Druckers. Rechts neben dem Auftrag sehen Sie zwei Buttons zum Löschen oder Verschieben des Auftrags. Wählen Sie den Button AUFTRAG VERSCHIEBEN, erhalten Sie eine weitere Seite, auf der Sie einen anderen Drucker auswählen können, der den Auftrag übernehmen soll.

Mit diesen wenigen Seiten können Sie bereits die meisten Aufgaben rund um das Drucken lösen. Sollten Sie weitere Informationen suchen, finden Sie diese unter dem Reiter ONLINE-HILFE.

17.4 Netzwerkclients für Druckdienste einrichten

Drucker, die an einem Computer mit CUPS angeschlossen sind, können Sie über das Netzwerk verwenden. In der lokalen CUPS-Verwaltung des Druckerservers müssen Sie natürlich anklicken, dass Sie die Drucker, die lokal angeschlossen sind, freigeben. In diesem Abschnitt wird beschrieben, wie Sie aus der Sicht der Clients an die Drucker gelangen. Die Beispiele gehen davon aus, dass der Druckerserver debian heißt und unter der IP-Adresse 192.168.109.199 erreichbar ist. Der Beispieldrucker heißt *FaxLaser*.

17.4.1 Linux-Desktop druckt

Da Linux durchgängig mit CUPS arbeitet, ist es kein großes Problem, einen CUPS-Drucker vom Desktop aus anzusprechen. Je nach Desktop finden Sie die Konfiguration des Druckers unter den Systemkonfigurationsprogrammen oder -menüs. Das Beispiel zeigt die Konfiguration exemplarisch unter MATE.

Über den Menüpunkt SERVER | VERBINDEN erreichen Sie einen Dialog, der normalerweise auf *localhost* steht. Hier geben Sie die Adresse Ihres Druckerservers ein, also beispielsweise 192.168.109.199. Klicken Sie auf VERBINDEN, und Sie erhalten eine Übersicht über die Drucker des Servers.

Wollen Sie einen dieser Drucker zu der lokalen Druckerliste hinzufügen, melden Sie ihn als lokalen Drucker an. Dazu klicken Sie auf den Button HINZUFÜGEN. Es erscheint ein neues Fenster, in dessen linker Spalte die Geräte aufgezeigt sind, über die Drucker erreichbar sind. Sind USB-Drucker bereits angeschlossen, finden Sie sie dort.

Um nach einem Drucker im Netzwerk zu suchen, klicken Sie das Dreieck vor NETZWERKDRUCKER an. Es klappt eine Unterliste auf. Darin finden Sie alle eigenständigen

Netzwerkdrucker, die das System automatisch gefunden hat. Es kann nach dem Aufklappen einen Moment dauern, bis die Liste komplett ist.

Um an die Drucker des Servers zu gelangen, klicken Sie INTERNET-DRUCKERPROTOKOLL (IPP) an (siehe Abbildung 17.4). Auf der rechten Seite erscheint eine Eingabemaske. Hier geben Sie unter HOST die Adresse entweder als Namen oder IP-Adresse ein. Im Feld QUEUE ist als Warteschlange bereits */printers/* eingetragen. Diese ergänzen Sie durch den Namen der Druckerwarteschlange auf dem Zielrechner. Zusammen ergibt das die URL:

ipp://192.168.109.199/printers/FaxLaser

Durch Druck auf den Button VERIFY... können Sie prüfen, ob Ihre Angaben korrekt sind.

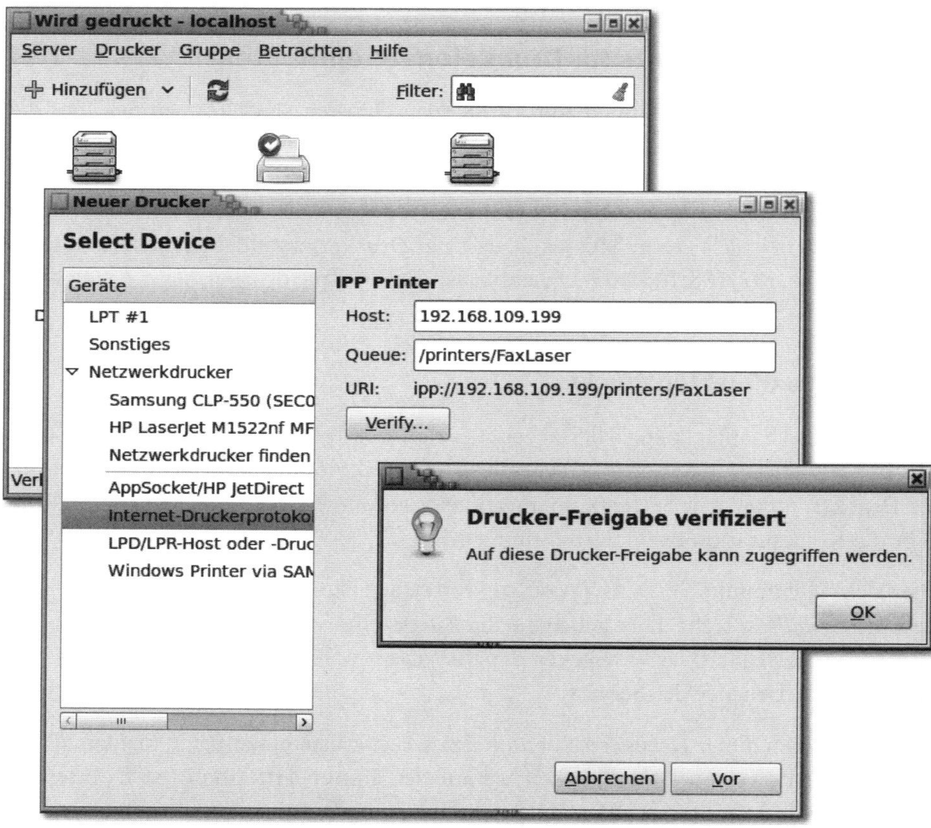

Abbildung 17.4 Druckereinrichtung

Im nächsten Bildschirm wird ein lokaler Name für den Drucker erbeten. Unter diesem Namen wird er später im Druckermenü einer Anwendung auftauchen.

17.4.2 Mac druckt

Es ist keine große Überraschung, dass auch der Mac keine großen Probleme damit hat, per IPP zu drucken, immerhin hat die Firma Apple an der Erstellung des CUPS-Systems erheblichen Anteil.

Über das Apple-Menü oder das Dock erreichen Sie die Systemeinstellungen. Dort finden Sie unter HARDWARE das Symbol DRUCKEN & FAXEN. In der linken Liste finden Sie die bereits eingerichteten Drucker. Unterhalb der Liste gibt es zwei Buttons. Der eine ist mit einem Plus, der andere mit einem Minus versehen. Da Sie einen Drucker hinzufügen wollen, klicken Sie auf das Plus und es erscheint eine Dialogbox.

In der obersten Auswahl legen Sie das Druckprotokoll fest. Das stellen Sie auf INTERNET PRINTING PROTOCOL (IPP) um. Im Feld ADRESSE geben Sie die IP-Adresse oder den Hostnamen des Druckerservers an. Im Feld WARTESCHLANGE verwenden Sie die Warteschlange mit dem Druckernamen, der auf dem Druckerservice für den gewünschten Drucker verwendet wird.

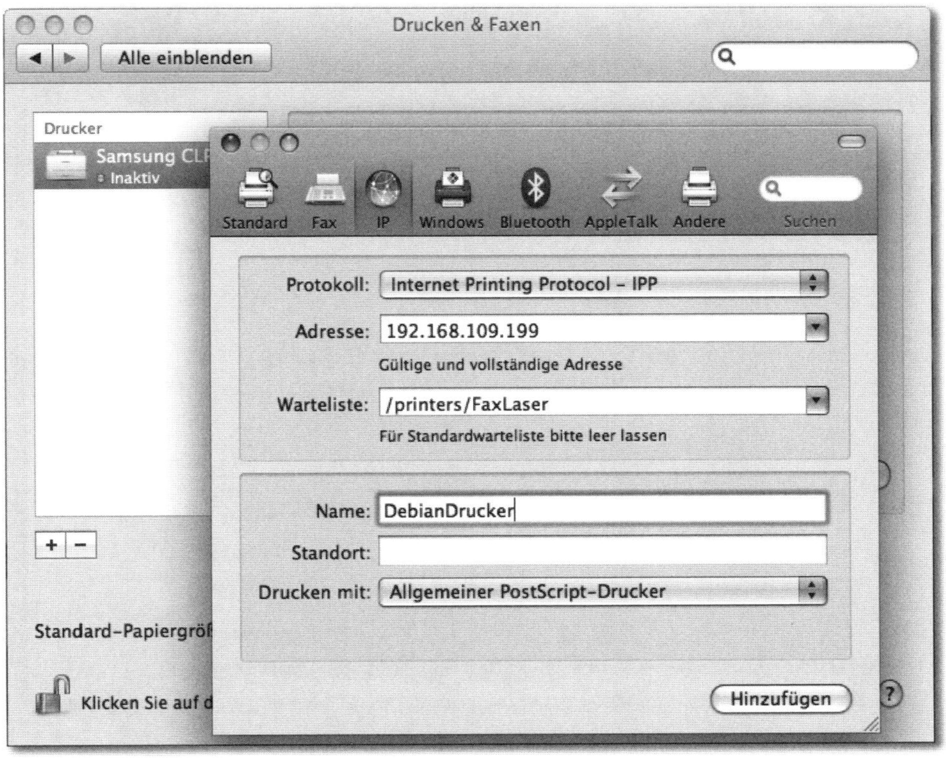

Abbildung 17.5 Druckereinrichtung Mac

Im unteren Bereich des Dialogs geben Sie den Namen an, unter dem der Drucker auf dem lokalen System bekannt sein soll. Sie können einen rein informellen Standort angeben. Und in der unteren Zeile können Sie einen Druckertreiber angeben.

17.4.3 Windows druckt

Unter Windows richten Sie einen Drucker ein, indem Sie über den Button START die Systemsteuerung aufrufen. Sie wählen GERÄTE UND DRUCKER ANZEIGEN und dort DRUCKER HINZUFÜGEN.

In der Auswahl wählen Sie statt eines lokalen Druckers einen Netzwerkdrucker aus. Windows fängt an, das Netzwerk zu durchsuchen. Diesen Vorgang können Sie sofort stoppen, da Windows nur SMB-Freigaben sucht. Es erscheint eine Schaltfläche, auf der steht, dass der gesuchte Drucker nicht aufgeführt sei. Dass es eine Schaltfläche ist, ist nicht sofort erkennbar, sondern erst dann, wenn Sie mit dem Mauszeiger darüberfahren.

Abbildung 17.6 Druckereinrichtung Windows

Diese Schaltfläche wählen Sie an und gelangen in den nächsten Dialog. Hier finden Sie ein Eingabefeld, in dem Sie den Drucker über seinen Namen erreichen können. Hier wird die URL der Warteschlange eingegeben:

http://192.168.109.199:631/printers/FaxLaser

Den Protokolltyp *ipp* kennt Windows nicht. Darum müssen Sie *http* verwenden. Durch die 631 hinter dem Doppelpunkt erreichen Sie dennoch den IPP-Port. Der Pfad der Druckerwarteschlange wird hinten an den Host angehängt.

Nach einiger Zeit meldet Windows, dass es die Warteschlange gefunden hat, und möchte nun den Windows-Druckertreiber installieren. Sie benötigen dazu die mitgelieferte CD des Druckers, sofern Windows nicht zufällig Ihren Drucker kennt. Anschließend wird der Drucker fertiggestellt und kann wie ein normaler Windows-Drucker verwendet werden.

Damit sich Windows etwas leichter in der Suche nach dem Druckerserver tut, können Sie dem CUPS-Server einen SAMBA-Server zur Seite stellen, der die Veröffentlichung des Druckers fördert. In Abschnitt 18.1.10 finden Sie eine Anleitung, wie Sie die Drucker in einen SAMBA-Server einbeziehen. Anschließend wird beschrieben, wie Sie den SAMBA-Drucker von einem Arbeitsplatz einbeziehen.

17.5 Fehlerverfolgung

Wenn ein Administrator nach dessen Einrichtung noch einmal etwas von einem Drucker hört, ist es meist die Klage des Anwenders: »Ich habe gedruckt, und es kommt nichts heraus.« Bevor der Administrator davon erfährt, hat der Anwender vermutlich noch zehn weitere Druckaufträge losgeschickt, die vermutlich noch in irgendwelchen Warteschlangen stehen.

Der erste Schritt ist also, den Anwender davon abzuhalten, weitere Versuche zu starten. Dann suchen Sie am besten, wo sich die Aufträge stauen, und beseitigen die überzähligen, damit sie nicht alle auf einmal herauskommen. Nun können Sie auf die Suche nach der Fehlerursache gehen. Ein gutes Drucksystem darf keinen Druckauftrag verlieren. Landet der Druck nicht auf dem Drucker, so befindet er sich vermutlich noch in irgendeiner Warteschlange.

Prüfen Sie die Druckerwarteschlange des Clients, von dem aus der Anwender den Druck gestartet hat. Befindet er sich noch dort, gibt es ein Problem mit der Verbindung zum Server.

Auf dem Server, an dem der Drucker hängt, dürften sich die Aufträge befinden, die nicht gedruckt werden konnten. Nun muss der Blick auf den Drucker fallen. Zu den typischen Problemen gehören folgende Szenarien:

- Der Drucker ist nicht eingeschaltet oder offline.
- Das Verbindungskabel zwischen Computer und Drucker ist defekt oder herausgefallen.
- Das Papierfach oder der Toner ist leer.
- Es liegt ein Papierstau vor.
- Das Papierformat zwischen Drucker und Druckauftrag stimmt nicht überein. Der Klassiker ist der Browser, der seine Seite als US-Letter druckt, die ein DIN-A4-Drucker oft verweigert.

Kapitel 18
Dateiserver

Inhalt

- Mit SAMBA portabel auf Festplattenplatz im Netzwerk zugreifen
- NFS, der UNIX-kompatible Dateiserver
- Mit FTP Dateien transportieren
- Durch Versionsverwaltungen Rückgriff auf die Geschichte haben

In diesem Kapitel werden wir einen Server dazu nutzen, um allen Rechnern im Netzwerk einen Zugriff auf die Festplatte des Servers anzubieten. So haben alle den gleichen Stand und darüber hinaus muss man nur einmal Datensicherung durchführen, nämlich auf dem Server.

18.1 SAMBA – die Windows-Connection

Das SMB-Protokoll hatte seinen Anfang in dem Peer-To-Peer-Netzwerk, das man schon mit den alten Windows-Versionen durch die Freigabe eines Verzeichnisses ad hoc aufbauen konnte. Ein Benutzer konnte einen Verzeichnisast seines PCs freigeben und jeder im lokalen Netzwerk konnte die Dateien darauf nutzen. Dieses Protokoll wurde aufgepeppt, auf TCP/IP aufgesetzt und dann als Windows-Server verkauft.

Inzwischen kann jeder Samba tanzen. Zumindest gilt das für die Betriebssysteme, die über das Netzwerk auf Dateien zugreifen können. SAMBA ist eine quelloffene Komponente, die über das Protokoll SMB (*Server Message Block*) Netzwerkressourcen wie freigegebene Dateisysteme, Drucker und Domänendienste verwaltet. SAMBA kann nicht nur als Client zugreifen, sondern auch als Server arbeiten. Der Erfolg von SAMBA beruht auf der Möglichkeit, netzwerktechnisch Kontakt mit Windows-Rechnern aufzunehmen. Die haben leider kein anderes Netzwerkprotokoll als das relativ ineffiziente SMB gelernt. Darum radebrecht die Welt nun SAMBA.

Hintergrund

SMB wurde erstmals 1983 von Barry Feigenbaum bei IBM vorgestellt. Es wurde im LAN-Server von IBM und im LAN-Manager von Microsoft eingesetzt und vor allem von Microsoft für die Windows-Umgebung weiterentwickelt und erweitert. Mit dem NT-Domänendienst wurde die zu dieser Zeit vorherrschende Position von Novells NetWare angegriffen und schließlich zurückgedrängt. Viele der Erweiterungen hält Microsoft geheim und ändert sie nach Gutdünken. So gibt es zwar eine offengelegte Spezifikation, aber keinen festgeschriebenen Standard. 1992 veröffentlichte der Australier Andrew Tridgell die Netzwerkkomponente SAMBA, die ursprünglich dem Datenaustausch von SunOS und Ultrix diente, dann aber vor allem in ihrer Portierung auf Linux dafür sorgte, dass Linux Netzwerkfreundschaften mit Windows-Rechnern schließen konnte. Mit SAMBA war es möglich, Daten problemlos über das Netzwerk mit dem bis dahin streng abgeschirmten Markt der Windows-Netze auszutauschen. SAMBA konnte sogar einen NT-Server ablösen und störte damit das von Microsoft bis dahin allein beherrschte Marktsegment. (Vgl. die Wikipedia-Artikel *Samba (Software)*, *Server Message Block* und *NetWare* auf *http://de.wikipedia.org*.)

Leider ist das Protokoll weder besonders sicher noch sonderlich effizient. Wenn Sie große Dateien über ein Netzwerk verteilen wollen, ist eine Übertragung per FTP (siehe Abschnitt 18.4), scp (siehe Abschnitt 11.2.3) oder NFS (siehe Abschnitt 18.3) bequem um ein Viertel schneller. Immerhin ist SAMBA in seiner einfachsten Form sehr leicht zu handhaben.

Peer to Peer oder Domäne

Das SMB-Netzwerk gibt es in zwei Ausprägungen. Die einfachere Variante basiert auf der Arbeitsgruppe, die grundsätzlich ohne eine zentrale Administration der einzelnen Freigaben verschiedener Anbieter im Netzwerk funktioniert.

Daneben gibt es die Domäne, die durch einen zentralen Rechner verwaltet wird. Sie betreut vor allem die Benutzer und die PCs eines Netzwerks, zeichnet verantwortlich für zentrale Passwörter und die Einbindung Windows-spezifischer Dienste wie beispielsweise den Exchange-Server für Outlook. Die Domäne verwaltet zentral die beteiligten Computer, die Benutzer, ihre Passwörter, aber auch die *Eigenen Dateien* der Windows-

Rechner. Letzteres führt dazu, dass Windows-Anwender auf unterschiedlichen Rechnern immer die gleiche Umgebung vorfinden, wenn sie sich über ihr Domänen-Konto anmelden.

Insofern ist die Freigabe und die Domäne kein echter Gegensatz. Die Freigaben sorgen für den zentralen Festplattenplatz, können aber unter die zentrale Passwortverwaltung gestellt werden. Aber selbst innerhalb einer Domäne sind weiterhin Arbeitsgruppen möglich, die unabhängig davon Freigaben anbieten und verwenden.

Um eine Domäne aufzubauen, wird mindestens ein Rechner als PDC (*Primary Domain Controller*) auftreten müssen. Verwendet man dazu einen Windows-Rechner, muss man eine Server-Lizenz von Microsoft erwerben. Aber auch als Client kann sich nicht jeder Windows-PC an einer Domäne anmelden. Die Windows-Versionen müssen mindestens das Attribut »Professional« tragen. Die typischerweise mit dem PC ausgelieferten Windows-Versionen müssen leider draußen bleiben.

18.1.1 Installation

Wenn Sie bei der Einrichtung Ihrer Debian-Installation die Option DATEI-SERVER angewählt haben, wurde SAMBA bereits installiert. Anderenfalls können Sie es aber jederzeit nachinstallieren, indem Sie den folgenden Befehl aufrufen:

```
# apt-get install samba
```

Je nach Version und Umgebung gibt es ein paar Rückfragen bei der Installation. Dabei müssen Sie sich keine großen Gedanken machen, weil Sie diese Einstellungen später leicht wieder ändern können.

Während der Installation werden Sie eventuell nach dem Namen der Arbeitsgruppe gefragt. Das System schlägt den Vorgabewert *WORKGROUP* vor. Auch dieser Name kann später leicht geändert werden, sodass Sie sich nicht lange den Kopf über einen passenden Namen zerbrechen müssen.

Ein weiteres Mal wird die Installation durch eine Rückfrage unterbrochen. Dieses Mal wird gefragt, inwiefern der über DHCP verteilte WINS-Server in die SAMBA-Konfiguration aufgenommen werden soll. Sofern Sie sich nicht in einer ausgeprägten Microsoft-Serverumgebung befinden, wird Ihr DHCP-Server diese Information nicht verteilen. Sie können hier also das vorgewählte NEIN bestätigen.

Ohne weitere Zwischenfragen wird die Installation beendet. Dabei werden bereits die SAMBA-Prozesse gestartet. Den Serverprozess können Sie über das Init-Skript jederzeit neu starten:

```
# /etc/init.d/samba restart
```

Das Init-Skript versteht neben `restart` auch die Kommandos `status`, `stop` und `start`.

18.1.2 Verzeichnisse freigeben

Um ein oder mehrere Verzeichnisse für andere Netzwerkteilnehmer freizugeben, müssen sie auf dem lokalen Computer natürlich erst einmal existieren. Wir erzeugen ein Verzeichnis */home/samba*, davon ausgehend, dass es so am einfachsten in die Datensicherung integriert wird, wenn man den kompletten Verzeichnisbaum unterhalb von */home* sichert. Eine ebenfalls passende Position im Dateipfad wäre beispielsweise */var/samba*.

```
# mkdir /home/samba
# chmod 777 /home/samba/
```

Das Verzeichnis wurde damit angelegt und für alle Benutzer zum Lesen, Schreiben und zum Ausführen freigegeben.

Die zentrale Konfiguration: /etc/samba/smb.conf

Das gerade angelegte Verzeichnis soll SAMBA allen Netzwerkteilnehmern zur Verfügung stellen, wozu die zentrale Konfigurationsdatei *smb.conf* bearbeitet werden muss. Sie finden Sie unter Linux im Verzeichnis */etc/samba*, das auch andere Konfigurationsdateien für SAMBA aufnehmen kann.

Eine sehr ausführliche Beschreibung aller Parameter der Konfigurationsdatei finden Sie auf der Manpage von *smb.conf*:

```
$ man smb.conf
```

Nach der Installation finden Sie bereits eine Beispielkonfiguration vor, die mit umfangreichen Kommentaren versehen ist und in der die verschiedenen Parameter erläutert sind. Es ist ratsam, diese Datei umzubenennen und für die Freigabe eine neue Konfigurationsdatei anzulegen.

Globale Einstellungen

Die Konfiguration wird in mehrere Abschnitte untergliedert. Die Abschnittsbezeichner werden in eckige Klammern eingeschlossen. Der wichtigste Abschnitt heißt `global`. Er beschreibt den Server als solchen. Weitere Abschnitte definieren Ressourcen, die der Server dem Netzwerk zur Verfügung stellt. Ein SAMBA-Server kann mehrere davon anbieten. Die folgende Konfiguration veröffentlicht das Verzeichnis */home/samba* unter dem Namen `freigabe` in der Arbeitsgruppe *MEINSAMBA*:

```
[global]
   workgroup = meinsamba
   security = share
```

```
[freigabe]
   path = /home/samba
   browsable = yes
   read only = no
```

Für diese einfache Konfiguration sind nur ein paar Parameter erforderlich, die in fast jeder Konfiguration auftauchen.

- `workgroup`
  Unter `workgroup` wird der Name der Arbeitsgruppe festgelegt. Sie werden für Ihr Netzwerk ohne Zweifel einen besseren Namen finden. Der Name der Arbeitsgruppe dient in erster Linie als ordnendes Element. Es ist durchaus möglich, auf Server anderer Arbeitsgruppen zuzugreifen.
- `security`
  Mit dem Parameter `security` wird die Art der Zugriffsprüfung festgelegt. Der Wert `share` ermöglicht den Zugriff auf die Inhalte der Freigabe ohne Prüfung der Benutzer. Soll der Zugang zu Ressourcen durch Benutzerkennungen und Passwörter gesichert werden, muss hier `user` stehen. Sie können aber auch bei dieser Einstellung einzelne Ressourcen an alle freigeben, indem Sie für diese einen Gastzugang erlauben.

  In Zukunft soll die Option `share` entfallen. Dann müssen Sie stattdessen die folgenden Zeilen einsetzen:

  ```
  security = user
  map to guest = Bad User
  guest ok = yes
  ```

  Damit werden alle nicht angemeldeten Benutzer als Gäste betrachtet und zugelassen.

Kapitel 18

Freigabenspezifische Einstellungen

Nach dem globalen Bereich wird für jede Freigabe in eckigen Klammern der Name aufgeführt. Es folgen die speziellen Einstellungen dieser Freigabe.

- `path`
  Der Parameter `path` gibt das lokale Verzeichnis des Servers an, das die Daten der Ressource enthält. In diesem Beispiel wird das Verzeichnis */home/samba* zur Verfügung gestellt. Der Purist wird hier sicher etwas mit dem Kopfe wiegen oder diesen gar schütteln. Immerhin gibt es keinen Benutzer namens samba. Sollte es auf der Maschine aber eine Datensicherung oder eine spezielle Datenfestplatte für das Heimatverzeichnis geben, ist dies kein schlechter Ort. Alternativ könnte der Speicher unterhalb des Verzeichnisses */var* abgelegt werden, beispielsweise in */var/samba/freigabe*. Oder man könnte ein Verzeichnis */srv* verwenden.

- `browsable`
  Wenn Sie auf einem Client im Netzwerkfenster den Server anklicken, zeigt er alle Ressourcen, die als `browsable` gekennzeichnet wurden. Wenn Sie eine Ressource nicht öffentlich sichtbar machen wollen, muss der Eintrag auf `false` oder `no` gesetzt werden. Übrigens ist hier sowohl die Schreibweise `browsable` als auch `browseable` zulässig.
- `read only` oder `writeable`
  Der Client darf nur dann eine Ressource ändern, wenn ihm das Schreibrecht erteilt wurde. Dazu wird die Option `read only` auf `no` gesetzt. Als Alternative können Sie auch die Option `writeable` auf `yes` oder `true` setzen.
- `guest ok`
  Es sind Gäste erlaubt. Dadurch kann ohne Passwort auf diese Ressource zugegriffen werden. Gäste erhalten lokal die Identität des Benutzers nobody.
- `create mask`
  Diese Maske legt fest, welche Bits bei der Erzeugung einer Datei oder eines Verzeichnisses gesetzt werden. Dabei wird der gleiche Zahlencode verwendet wie beim Aufruf des Befehls `chmod` (siehe Abschnitt 5.2.1).

Netzwerkbeschränkung: interfaces

SMB ist für das lokale Netzwerk geschaffen und sollte aus Sicherheitsgründen, aber auch wegen der Effizienz, auf möglichst enge Bereiche beschränkt werden. Mit der Option `interfaces` wird eingestellt, über welche Interfaces und von welchen IP-Adressen auf den SAMBA-Server zugegriffen werden darf. Diese Einstellung ist vor allem bei einem Rechner erforderlich, der ein direktes Interface beispielsweise über eine Wählverbindung zum Internet besitzt. So kann verhindert werden, dass SAMBA auf diesem Wege nach Freunden sucht. Die folgende Konfiguration gibt an, dass nur die Ethernet-Schnittstellen einen Zugriff erlauben sollen:

```
interfaces = eth*
```

Sie können auch die IP-Adressen angeben, über die der Server angesprochen werden darf. Die Netzwerkmaske (siehe Abschnitt 9.5.3) wird anhand des zugehörigen Interface bestimmt. Sie können sie allerdings auch optional selbst hinter einem Schrägstrich angeben. Alternativ kann auch die CIDR-Schreibweise (siehe Abschnitt 9.3) verwendet werden.

```
interfaces = 192.168.109.144
interfaces = 192.168.109.144/255.255.255.0
interfaces = 192.168.109.144/24
```

18.1.3 Testwerkzeuge

Wenn die Konfigurationsdatei fertig ist, kann sie zunächst getestet werden. Dann werden die Dämonen gestartet, und schließlich können lokal die ersten Verbindungen aufgenommen werden.

Test der smb.conf

Die Konfiguration der Datei *smb.conf* kann durch das Programm `testparm` geprüft werden. Das Programm gibt Hinweise auf eventuelle Fehler und wartet anschließend auf [↵]. Danach wird eine Kurzfassung der Konfiguration angezeigt:

```
# testparm
Load smb config files from /etc/smb.conf
Processing section "[freigabe]"
Loaded services file OK.
Server role: ROLE_STANDALONE
Press enter to see a dump of your service definitions

[global]
        workgroup = MEINSAMBA
        security = SHARE

[freigabe]
        path = /home/samba
        read only = No
#
```

Starten und Test der Dämonen

Ist die Konfiguration in Ordnung, kann SAMBA neu gestartet werden, um sie zu verwenden. Unter Debian verwenden Sie dazu das Skript `samba`:

```
# /etc/init.d/samba start
Starting Samba daemons: nmbd smbd.
#
```

Sie sehen, dass zwei Dämonen gestartet wurden. Dabei ist `smbd` für die Datei- und Druckdienste zuständig, während sich `nmbd` um die Namensdienste kümmert. Unter Ubuntu werden die beiden Prozesse separat gestartet:

```
# /etc/init.d/smbd start
# /etc/init.d/nmbd start
```


Kapitel 18

Das Stoppen des Servers kann auf analoge Weise erfolgen. Der Parameter lautet dann natürlich `stop`. Nach einer Änderung der Konfiguration in *smb.conf* müssen die Serverprozesse neu gestartet werden. Dazu wird als Parameter `restart` angegeben. Hier am Beispiel von Debian:

```
# /etc/init.d/samba restart
Stopping Samba daemons: nmbd smbd.
Starting Samba daemons: nmbd smbd.
#
```

Nach dem ersten Start sollten Sie sich vergewissern, ob die Dämonen auch gestartet sind. Ein Blick in die Prozesstabelle ist mit dem Befehl `ps` schnell erledigt:

```
# ps -ef | grep mbd
root     4449      1  0 10:16 ?        00:00:00 /usr/sbin/nmbd -D
root     4453      1  0 10:16 ?        00:00:00 /usr/sbin/smbd -D
root     4458   4453  0 10:16 ?        00:00:00 /usr/sbin/smbd -D
#
```

Lokaler Client fragt Server

Nachdem die Prozesse gestartet worden sind, sollten Sie die Freigaben mit einem SMB-Client erkennen und darauf zugreifen können. Sie können zum Testen der Konfiguration auch einen lokalen Client starten, der anzeigt, welche Ressourcen der Server anbietet. Dazu wird das Programm `smbclient` gestartet. Dieses Programm ist allerdings nicht im SAMBA-Paket enthalten, sondern muss separat installiert werden:

```
# apt-get install smbclient
```

Nun können Sie auf der lokalen Maschine den SMB-Client aufrufen:

```
$ smbclient -L localhost
```

Das Programm fragt nach einem Passwort. Hier sollte aber keines eingegeben werden, weil `security` auf `share` steht. Nach der Passwortabfrage werden Informationen über die lokale SAMBA-Umgebung ausgegeben:

```
Domain=[MEINSAMBA] OS=[Unix] Server=[Samba 3.6.6]

        Sharename       Type      Comment
        ---------       ----      -------
        freigabe        Disk
        IPC$            IPC       IPC Service (Samba 3.6.6)
```

```
Domain=[MEINSAMBA] OS=[Unix] Server=[Samba 3.6.6]

        Server               Comment
        ---------            -------
        DEBIAN               Samba 3.6.6
        Workgroup            Master
        ---------            -------
        MEINSAMBA            DEBIAN
```

Wenn dieser Test gelingt, wird mit großer Wahrscheinlichkeit auch der Zugriff von außen funktionieren. Die Konfiguration von SAMBA-Clients wird in Abschnitt 18.2 ausführlich beschrieben.

Freigaben melden sich nur träge

Bei Konfigurationsänderungen eines SAMBA-Netzwerks sollten Sie berücksichtigen, dass SMB alte Zustände durchaus einige Zeit puffert, bevor sie erneuert werden. Es kann also sein, dass die Freigaben erst nach ein paar Minuten erscheinen und Fehler in der Konfiguration zwar bereits beseitigt wurden, der Client dies aber noch nicht registriert hat.

Obwohl in den Netzwerkübersichten der Clients die Freigaben nicht aktuell sind, kann darauf in der Regel bereits direkt nach der Einrichtung zugegriffen werden. Wenn Sie also den Namen der Freigabe kennen, können Sie diese direkt einbinden, auch wenn sie in der Übersicht noch nicht erschienen ist.

18.1.4 Protokolldaten

Wie jedes ordentliche Programm hinterlegt SAMBA seine Protokolle in seinen Log-Dateien. Zwar unterstützt auch SAMBA den Syslog-Dämon, verwendet aber parallel eine eigene Fehlerprotokollierung. Die Protokollierung wird durch verschiedene Optionen im globalen Bereich der Konfigurationsdatei *smb.conf* eingestellt.

Sie können die eigene Protokollierung abschalten, indem Sie die Option `syslog only` auf `true` setzen. Mit der einfachen Option `syslog` wird festgelegt, wie heftig der Fehler zugeschlagen haben muss, damit er protokolliert wird. In der ersten Testphase des Servers kann es hilfreich sein, auch Warnungen zu protokollieren. Im späteren Betrieb wird man das Niveau auf schwere Fehler zurückschrauben. Tabelle 18.1 beschreibt, wie die Werte der Option `syslog` mit den Werten des Syslog-Dämons korrespondieren.

smb.conf	Syslog-Dämon
`syslog = 0`	`LOG_ERR`
`syslog = 1`	`LOG_WARNING`
`syslog = 2`	`LOG_NOTICE`
`syslog = 3`	`LOG_DEBUG`

Tabelle 18.1 Protokolloptionen in smb.conf

Die Protokolldateien von SAMBA liegen im Verzeichnis */var/log/samba*. Je nach Quelle der Unlust werden die Protokolle in verschiedene Dateien abgelegt. Für jeden der beiden Serverprozesse wird eine eigene Protokolldatei angelegt, die in einem Fall *log.smbd* und im anderen Fall *log.nmdb* heißt. Aber auch für jeden Client, der die Ressourcen nutzt, wird eine eigene Protokolldatei verwendet, wenn dies auf die folgende Weise in der Datei *smb.conf* festgelegt ist:

```
log file = /var/log/samba/log.%m
```

Heißt der Client *computer*, werden seine Schandtaten in der Protokolldatei *log.computer* aufgezeichnet. Abschließend zeigt Tabelle 18.2 die wichtigsten Optionen für die Protokollierung.

Option	Wirkung
`syslog only = no`	SAMBA-eigene Protokolle
`syslog = 0`	Minimale Fehlermeldungen
`log file = /var/log/samba/log.%m`	Namen der Protokolldateien

Tabelle 18.2 Protokoll-Optionen in smb.conf

18.1.5 Beispiel: Ein simpler mp3-Server ohne Zugriffskontrolle

Wir beginnen mit einem einfachen Beispiel. Der Server soll für alle Beteiligten frei schreib- und lesbar sein. Die Daten sind öffentlich und sollen ohne Administration jedem zur Verfügung stehen. Stellen Sie sich die Umgebung so vor: Die Kinder sind so groß, dass sie sich ihre Windeln selbst wechseln können. Da wedeln die süßen Kleinen mit den MP3-Playern und wollen jede Woche neue Lieder hören. Schnell ist der Plan gefasst: Die gesammelten CDs der Familie wurden schon vor Jahren in MP3-Dateien konvertiert. Nun sollen sie alle im Familiennetzwerk zur Verfügung stehen, und jedes Mitglied der Familie soll seine Lieblingssongs hinzufügen.

Alle in der Familie haben inzwischen Notebooks. Eines läuft mit Windows, das andere ist ein schickes MacBook und dann ist da noch das Linux-Notebook von Oma, die die einfache Bedienung genauso schätzt wie die alten Lieder von AC/DC. Der Dateiserver mit den MP3s sollte dauernd laufen und ständig im Hause an der Netzwerkleitung hängen. Da fällt der Blick auf den alten, ausrangierten PC.

Für diese Zwecke braucht der PC keine große Leistung, sondern nur eine Festplatte, die genügend Kapazität für die MP3-Dateien aufweist. Und natürlich sollte eine Netzwerkverbindung eingebaut sein. Auf dem Rechner wird Debian installiert. Eine grafische Oberfläche ist nicht erforderlich, nur SAMBA. Sie melden sich dazu als root an und rufen die Installation auf:

```
# apt-get install samba
```

Nach dem Kopieren der notwendigen Dateien werden Sie bei der Konfiguration nach dem Namen Ihrer Domäne gefragt. Standardmäßig heißt die Windows-Domäne *WORKGROUP*. Dabei belassen Sie es einfach. Anschließend werden Sie gefragt, ob Sie die WINS-Einstellungen von DHCP übernehmen wollen. Die Installationsroutine schlägt NEIN vor. Das können Sie getrost übernehmen.

Konfiguration

Damit ist die Installation gelungen, und Sie können mit der Konfiguration des Servers beginnen. Die Konfiguration erfolgt in der Datei */etc/samba/smb.conf*. Am besten ist es, wenn Sie sich zunächst eine Kopie erstellen, damit Sie jederzeit den Originalzustand wiederherstellen können. Außerdem bleibt die Möglichkeit, in der Originaldatei nach den Kommentaren zu schauen.

```
# cd /etc/samba
# mv smb.conf smb.conf.orig
# vi smb.conf
```

Durch den letzten Befehl starten Sie den Editor vi (siehe Abschnitt 4.3.2). Falls Sie diesen Editor weder kennen noch bei dieser Gelegenheit kennenlernen möchten, verwenden Sie einen Editor Ihrer Wahl. Neben vi steht auf jedem Linux-System nano (siehe Abschnitt 4.3.1) zur Verfügung. Sie sollten nun eine leere Datei vor sich haben. Geben Sie folgende Zeilen ein:

```
[global]
    workgroup = FAMILIE
    security = share
[mp3]
    comment = Familien-MP3s
    path = /home/samba/share
    read only = no
    guest ok = yes
    create mask = 777
```

Die Konfigurationsdatei ist in zwei Bereiche untergegliedert. `global` beschreibt allgemeine Einstellungen des SAMBA-Servers. Dort sind der Name der Arbeitsgruppe und das Sicherheitsniveau angegeben. Im zweiten Abschnitt `mp3` wird die Freigabe beschrieben. Hier wird angegeben, welches Verzeichnis im Netzwerk veröffentlicht werden soll. Die Bedeutungen der Einstellungen können Sie in Abschnitt 18.1.2 nachlesen.

- `workgroup`
  Tragen Sie Ihren Lieblingsnamen ein oder lassen Sie den Parameter weg.
- `security`
  Damit alle freien Zugriff haben, ist `share` die richtige Wahl.
- `path`
  Hier muss der Pfad eingetragen werden, wo später die mp3-Dateien liegen sollen.
- `read only`
  Das `no` ermöglicht es, auf dieser Freigabe über das Netzwerk zu schreiben. Damit kann jeder seine Lieblingslieder aufspielen, aber auch diejenigen löschen, die ihm nicht gefallen.
- `guest ok`
  Es sind Gäste erlaubt. Und genau dies ermöglicht es, ohne Passwort auf diese Ressource zugreifen zu können. Gäste erhalten lokal die Identität des Benutzers nobody.
- `create mask`
  Wir haben in unserer aktuellen Konfiguration nur Freigaben an Gäste. Damit wird jeder Zugriff unter dem lokalen Benutzer nobody erfolgen. Insofern könnte man auf das Setzen dieses Wertes auch verzichten.

Der Befehl `testparm` ermöglicht es, vor dem Starten des Servers zu überprüfen, ob die Konfigurationsdatei grobe Fehler enthält:

```
# testparm
Load smb config files from /etc/samba/smb.conf
Processing section "[printers]"
Processing section "[print$]"
Processing section "[mp3]"
Loaded services file OK.
Server role: ROLE_STANDALONE
Press enter to see a dump of your service definitions
```

Danach erscheint eine zusammenfassende Übersicht der gesetzten Optionen der Datei *smb.conf*. Auf den ersten Blick ist die Konfiguration also in Ordnung. Nun müssen die Ressourcen für die Freigabe vorbereitet werden.

Einrichten der Ressourcen

Natürlich müssen die freigegebenen Verzeichnisse auch angelegt werden. Dabei ist zu berücksichtigen, dass sie auch von außen verändert werden dürfen. Zunächst werden die Verzeichnisse mit `mkdir` erzeugt:

```
# mkdir /home/samba
# mkdir /home/samba/share
```

Das freigegebene Verzeichnis gehört nun allerdings dem Administrator root. Nur er darf darin arbeiten. Damit das anders wird, werden alle Schreib- und Leserechte freigegeben:

```
# chmod 777 /home/samba/share
```

SAMBA starten

Nun sollte alles so weit fertig sein, dass der SAMBA-Server gestartet werden kann:

```
# /etc/init.de/samba start
```

Bei jeder Änderung der Konfiguration muss der SAMBA-Server erneut gestartet werden. Dazu wird das Kommando `restart` verwendet:

```
# /etc/init.de/samba restart
```

Damit sind alle Vorbereitungen auf dem Server getroffen. Nun können Sie ausprobieren, ob Sie auf die Freigabe von anderen Rechnern aus zugreifen können. Allerdings läuft alles ohne Zugriffskontrolle und Passwort. Das können Sie ändern!

18.1.6 Benutzerkontrolle für SAMBA einrichten

Ist die Option `security` auf den Wert `share` gesetzt, stehen die Ressourcen ohne Authentifizierung frei zur Verfügung. Wird die Option `security` auf den Wert `user` gestellt, muss sich der Anfrager der Freigabe ausweisen. Damit ergibt sich automatisch die Notwendigkeit einer Benutzerverwaltung, die auch Passwörter einschließt.

Verschlüsselte Passwörter

Die Passwörter werden seit Erscheinen von Windows 98 auch von den Betriebssystemen aus Redmond verschlüsselt über die Netzwerkleitungen geschickt. Dazu müssen die Passwörter auch auf dem SAMBA-Server verschlüsselt gespeichert werden. Microsoft verwendet ein eigenes Verschlüsselungsverfahren, sodass neben der Linux-Benutzerverwaltung eine separate Verwaltung der SAMBA-Passwörter notwendig ist.

Jeder Benutzer muss zuvor als Benutzer in der Linux-Passwortdatei des SAMBA-Servers eingerichtet sein. Alle Aktionen, die der SAMBA-Benutzer durchführt, unterliegen den gleichen Beschränkungen wie die des gleichnamigen Linux-Benutzers. Wenn der Linux-Benutzer paul eine Datei nicht lesen kann, kann sie auch der SAMBA-Benutzer paul nicht lesen.

Ein eigenes Passwort-Programm smbpasswd

Das Programm `smbpasswd` verwaltet die SAMBA-Passwörter. Es wird typischerweise vom Administrator root genutzt, um SAMBA-Benutzer anzulegen, zu sperren, zu löschen oder ihre Passwörter zu ändern. Der Anwender kann zwar ebenfalls `smbpasswd` aufrufen, allerdings nur, um sein eigenes Passwort zu ändern. Er kann seinen eigenen Account weder löschen noch deaktivieren.

Spicker ×

`smbpasswd [-a | -x | -d | -e ] [`*Benutzername*`]`

Um einen neuen Benutzer und sein Passwort anzulegen, gibt es keinen separaten Befehl, sondern es wird die Option -a hinzugefügt. Das folgende Beispiel legt also den Benutzer georg an und weist ihm gleich ein Passwort zu:

```
# smbpasswd -a georg
New SMB password:
Retype new SMB password:
Added user georg.
#
```

Mit der Option `-x` können Benutzereinträge wieder entfernt werden. Die Option `-d` sperrt einen Benutzer, der dann mit der Option `-e` wieder aktiviert werden kann.

Option	Wirkung
-a	Legt ein neues SAMBA-Konto an.
-x	Löscht ein bestehendes SAMBA-Konto.
-d	Sperrt einen Benutzer.
-e	Hebt die Benutzersperre wieder auf.

Tabelle 18.3 Einige Optionen von smbpasswd

18.1.7 Benutzerbasierte Zugriffsrechte

Um Ressourcen auf bestimmte Benutzer beschränken zu können, müssen Sie im globalen Teil der Konfigurationsdatei *smb.conf* die Option `security` auf den Wert `user` umstellen. Auch nach dieser Umstellung können Sie durchaus Ressourcen für Gäste freigeben. Sie müssen dies aber bei der jeweiligen Ressource angeben.

```
[global]
   ...
   security = user
   ...
[frei]
   ...
   guest ok = yes
   ...
[beschraenkt]
   ...
   guest ok = no
   ...
```

Diese Konfiguration bewirkt, dass auf die Ressource *frei* von jedermann ohne Passwort zugegriffen werden kann. Auf die Ressource *beschraenkt* können nur Benutzer zugreifen, die ein SAMBA-Benutzerkonto besitzen und sich mit dem Passwort ausweisen können.

- `valid users`
  Sie können Ressourcen auch auf bestimmte Benutzer beschränken. Dazu zählen Sie die zugelassenen Benutzer nach der Option `valid users` auf. Die Benutzernamen werden kommasepariert aufgeführt. Sie können auch Netzgruppen (siehe Abschnitt 10.2.5) angeben, die wie immer durch ein @ als Präfix gekennzeichnet werden.

  ```
  valid users = johannes, paul, georg, richard, @lehrer
  invalid users = elvira
  ```

- `invalid users`
  Mit der Option `invalid users` werden einzelne Benutzer, die beispielsweise durch die Netzgruppe berechtigt wären, wieder ausgeschlossen.
- `read only` oder `writeable`
  Wenn Sie nicht nur Lesenswertes, sondern auch Veränderliches ins Netzwerk stellen wollen, müssen Sie in der Datei *smb.conf* das Schreiben einer Ressource explizit zulassen. Sie können dazu entweder die Option `read only` auf `no` setzen, oder Sie formulieren es positiv und setzen `writeable` auf `yes`. Damit kann jeder zugelassene Benutzer auf die Ressource zugreifen.
- `write list`
  Auch wenn die Ressource auf `read only` gesetzt wird, können Sie einzelnen Benutzern ein Schreibrecht zubilligen. Dazu verwenden Sie die Option `write list`.

  ```
  write list = paul, georg, @lehrer
  ```

Kapitel 18

- `create mask`
  Wird eine Datei angelegt, gehört sie automatisch demjenigen, über dessen SAMBA-Konto sie erzeugt wurde. Das ist auch der Grund, warum es für jedes SAMBA-Konto ein Linux-Konto geben muss. Auf der Festplatte gehören die Dateien dann dem Anleger, und auch die besitzende Gruppe ist diejenige, die als Standardgruppe für dieses Konto hinterlegt ist.

  Die Zugriffsrechte werden durch die Option `create mask` bestimmt, die den Vorgabewert `0744` hat. Die Aufschlüsselung dieser Zahl nach Rechten funktioniert wie bei dem Befehl `chmod` (siehe Abschnitt 5.2.1). Im Gegensatz zum Befehl `umask` bewirkt hier jede binäre 0 in der Ziffernfolge das Entziehen dieses Rechts. Die Standardmaske sorgt also dafür, dass alle Dateien nur für den Anleger selbst beschreib- und ausführbar sind. Alle anderen Benutzer dürfen bestenfalls lesen.

- `directory mask`
  Vergleichbares gilt für die `directory mask`, deren Vorgabewert `0755` ist. Es erlaubt zwar anderen Benutzern das Lesen und Betreten von Verzeichnissen, verhindert aber das Löschen, Anlegen oder Umbenennen von Dateien innerhalb des Verzeichnisses.

  Da man den per SAMBA angebotenen Dateien und Verzeichnissen nicht ansehen kann, wem sie gehören und welche Rechte sie haben, kommt eine Fehlermeldung, die Zugriffsrechte bemängelt, recht unerwartet und ist schwer nachzuvollziehen.

- `force user`
  In manchen Fällen ist es einfacher, wenn alle Benutzer einer Ressource absolut gleichberechtigt sind. In diesem Fall kann man alle berechtigten Zugriffe auf einen Benutzer oder eine Gruppe umleiten. Die Option `force user` legt den Benutzer und die Option `force group` die Gruppe fest, unter der Dateien und Verzeichnisse angelegt werden.

  ```
  # Egal mit welchen Benutzernamen sich ein Benutzer am Server
  # anmeldet, er soll auf dem Server als Benutzer paul agieren.
  force user = paul
  # Jeder Nutzer der Ressource agiert als Mitglied von users
  force group = users
  ```

- `force create mode` und `force directory mode`
  Sie können durch die Option `force create mode` festlegen, welche Zugriffsrechte jede erzeugte Datei erhält. Die Option `force directory mode` bewirkt dies für Verzeichnisse.

18.1.8 Benutzerverzeichnisse

Der SAMBA-Server kann für jeden Benutzer ein eigenes Heimatverzeichnis zur Verfügung stellen. Für die Konfiguration wird die Freigabe *homes* verwendet. Ist diese definiert, kann jeder Benutzer eine Freigabe mit seinem eigenen Namen öffnen. Für den Anwender johannes hieße das Heimatverzeichnis auf dem Server *debian* also *//debian/johannes*. Geöffnet wird das Verzeichnis, das laut der *passwd*-Datei sein Benutzerverzeichnis auf dem SAMBA-Server debian ist. Im Folgenden sehen Sie einen Ausschnitt aus der Konfigurationsdatei *smb.conf*. Mit diesem Eintrag werden für alle Benutzer die Benutzerverzeichnisse als Freigabe unter dem jeweiligen Benutzernamen angeboten.

```
[homes]
   comment = Benutzerverzeichnis
   browseable = no
   read only = no
   force create mode = 0750
   valid users = %S
```

In diesem Fall wird `browseable` auf `no` gesetzt, damit das Benutzerverzeichnis nicht unter dem Namen *homes* erscheint.

Die Option `valid users` bewirkt hier, dass nur der Besitzer des Benutzerverzeichnisses das Verzeichnis öffnen kann. Standardmäßig könnte auch der Benutzer paul das Verzeichnis von georg verwenden, indem er einfach *smb://debian/georg* oder unter Windows *\\debian\georg* aufruft, sich aber als paul legitimiert. Natürlich würden die normalen Linux-Rechte verhindern, dass paul viel mit dem Verzeichnis von georg anfangen könnte. Da es aber in den meisten Fällen keinen vernünftigen Grund gibt, warum paul auf das Benutzerverzeichnis von georg zugreifen sollte, kann man es auch gleich ausschließen.

Da der Ort des Benutzerverzeichnisses durch die Datei */etc/passwd* vorgegeben wird, braucht die Ressource *homes* keine Option `path`.

18.1.9 Beispiel mit beschränkten Freigaben: Die Angestellten der Firma Klein GmbH

Nicht überall ist die Welt so heil wie in den Familien, die als Beispiele in Computerbüchern herangezogen werden. Und so müssen Freigaben beschränkt werden können. Um das Ansehen der Familien nicht weiter zu beschmutzen, wählen wir aber als Beispielumgebung für eine SAMBA-Freigabe mit Benutzerverwaltung eine kleine Firma.

Jeder Angestellte der Firma Klein hat auf dem Server ein eigenes Verzeichnis, in dem er die Daten ablegen soll, die zentral gesichert werden sollen.

Die Firma Klein GmbH hat ein Sekretariat, das sich unter anderem um die Post kümmert. Wie in vielen Firmen üblich, schreiben die Angestellten ihre Briefe inzwischen selbst. Das Sekretariat kümmert sich um den Ausdruck und den Versand der Post. Dabei wird noch einmal gegengelesen und so das eine oder andere Verbrechen gegen die deutsche Sprache beseitigt.

Für die Dokumentvorlagen wird ein Verzeichnis eingerichtet, das nur gelesen werden kann. Ein weiteres Verzeichnis dient dem öffentlichen freien Austausch von Daten. Jeder darf hier lesen und schreiben.

Zunächst werden die Benutzer und deren Verzeichnisse benötigt. Die Passwörter für SAMBA werden angelegt, und die SAMBA-Konfiguration wird auf Mehrbenutzerbetrieb umgestellt.

Benutzer einrichten

Wenn Anwender gegeneinander gesichert werden sollen, muss eine Passwortverwaltung her. SAMBA greift standardmäßig auf die Benutzerverwaltung von Linux zurück, kann aber die dort abgelegten Passwörter nicht verwenden, da sie bei SMB anders verschlüsselt werden als unter Linux. Um die SAMBA-Passwörter zu verwalten, verwendet SAMBA eine eigene Passwortdatei und den Befehl `smbpasswd`, der ähnlich funktioniert wie der Befehl `passwd` unter Linux. Alle Benutzer, die Sie für SAMBA verwenden, müssen zunächst ein Benutzerkonto unter Linux haben.

Herr Müller führt das Sekretariat und erledigt die Post. Der Benutzername von Herrn Müller soll mueller sein. Für das Sekretariat wird die Gruppe sekretariat eingerichtet. Dies wird mit den Standardwerkzeugen `adduser` und `addgroup` für Linux erreicht. Das SAMBA-Konto wird dann über den Befehl `smbpasswd -a` angelegt.

```
# adduser mueller
# addgroup --gid 1100 sekretariat
# smbpasswd -a mueller
```

Wenn sich Herr Müller selbst auf dem Linux-System anmeldet und dort `smbpasswd` ohne weiteres Argument aufruft, ändert er sein eigenes Passwort.

Auch Herr Schulze arbeitet im Sekretariat. Auch für ihn werden ein Linux- und ein SAMBA-Konto eröffnet. Damit auch er an den Rechten für das Sekretariat beteiligt wird, wird er in der Gruppendatei (siehe Abschnitt 10.2.4) entsprechend erwähnt:

```
sekretariat:x:1100:mueller,schulze
```

Wie in der Passwortdatei sind die Einträge je durch einen Doppelpunkt voneinander getrennt. Der Name der Gruppe lautet `sekretariat`, das `x` steht für das nicht vergebene Passwort der Gruppe. Die Zahl `1100` ist die Gruppen-ID und muss in der Datei */etc/group* eindeutig sein. Es folgen, durch Kommata getrennt, die Mitglieder der Gruppe.

Herr Müller ist hauptsächlich für das Sekretariat zuständig. Darum ist dies seine Hauptgruppe. Dies wird in seinem Eintrag in der Datei */etc/passwd* eingetragen. Die erste Nummer ist die User-ID – in diesem Fall 1034 –, und die zweite die Gruppe, in der er hauptsächlich wirkt. Dies ist die Gruppen-ID, die für das Sekretariat ja 1100 lautet.

```
mueller:x:1034:1100:Anton Mueller,,,,:/home/mueller:/bin/bash
```

Sie können mit dem Befehl `chgrp` jederzeit Verzeichnisse oder Dateien der Sekretariatsgruppe zuordnen. Wenn Herr Müller ein Verzeichnis anlegt, wird dieses automatisch der Gruppe sekretariat angehören, weil dies seine Hauptgruppe ist.

Für die weiteren Angestellten georg, richard und paul werden Linux-Konten und SAMBA-Passwörter eingerichtet. Die Vorgehensweise entspricht der, die bereits für Herrn Müller vorgeführt wurde.

Konfiguration der Benutzerrechte

Damit die Personen von SAMBA identifiziert werden können, müssen sie sich bei einem Zugriff mit Benutzernamen und Passwort anmelden. Das wird erzwungen, indem der Gastzugriff verweigert wird und die Security auf `user` statt auf `share` steht. Die Sicherheit wird im Bereich `global` eingestellt.

```
[global]
    workgroup = KLEINFIRMA
    security = user
    encrypt passwords = true
```

Offene Freigabe

Wir beginnen mit der Freigabe, die zum allgemeinen Datenaustausch eingerichtet wird. Da diese allen Benutzern zur Verfügung stehen soll, müssen Gäste erlaubt sein.

```
[Frei]
    comment = Öffentliches Verzeichnis
    path = /home/samba/share/free
    guest ok = yes
    read only = no
    create mask = 666
    directory mask = 777
```

Da der Gastzugang frei ist, müssen sich die Teilnehmer nicht anmelden. Jeder, der als Gast dort schreibt, tritt als der Benutzer nobody auf.

Solange alle als Gäste auftreten, gibt es keine Probleme. Aber da die Security des SAMBA-Servers auf `user` steht, können Sie sich auch als Benutzer über Ihr Konto anmelden. Sie erreichen dies, indem Sie Ihre Benutzerkennung durch ein @ getrennt vor den Servernamen setzen, beispielsweise *smb://georg@debian/Frei*. In diesem Fall schreiben und lesen Sie als georg. Die auf diese Weise erzeugten Dateien können nur dann von den Gästen frei weiterverarbeitet werden, wenn die Dateimaske auf 666 steht. Gleiches gilt natürlich für die Verzeichnisse. Allerdings werden Sie hier 777 verwenden, damit alle Benutzer in das Verzeichnis wechseln können.

Statt die Masken zu öffnen, könnten Sie auch mit der Option `force user` alle Dateioperationen einem einzigen Benutzer zuordnen, der sich natürlich nicht selbst im Wege steht:

```
force user = nobody
```

Der Vorteil ist, dass die Dateien und Verzeichnisse auf dem Server nicht volle Rechte erhalten. Allerdings verdecken Sie durch dieses Vorgehen auch die Information, wenn Benutzer unter ihrem Namen die Dateien angelegt haben.

Wenn Sie auf unerklärliche Schreib- oder Leseprobleme auf einem SAMBA-Server stoßen, sind oft Dateirechte die Ursache. Wenn georg eine Datei schreibt, entsteht auf dem Linux-Server eine Datei, die dem Benutzer georg gehört, die von anderen gelesen, aber nicht verändert werden darf. Diese Linux-Rechte sind für den SAMBA-Benutzer von außen nicht sichtbar. Er kann nicht erkennen, dass die Datei georg gehört und welche Dateiattribute sie hat, weil SMB nicht für die UNIX-Umgebung geschaffen wurde. Darum kann der SAMBA-Benutzer georg die Rechte auch nicht einfach selbst ändern.

Freigabe Vorlagen

Die Freigabe *Vorlagen* ist nicht für alle beschreibbar, sondern nur für Mitglieder des Sekretariats, die in der Schreibliste festgehalten sind:

```
[Vorlagen]
    comment = Vorlagen
    path = /home/samba/share/vorlagen
    read only = yes
    write list = mueller,schulze
    create mask = 775
    directory mask =  775
    force group = sekretariat
```

Gäste sind nicht erlaubt. Nach der Anmeldung sind die Benutzer identifiziert und werden den gleichnamigen Linux-Benutzern zugeordnet. Darum können die Zugriffsrechte auf Verzeichnisse und Dateien wie im normalen Linux-Betrieb geregelt werden. Da die schreibenden Benutzer Mitglieder der Gruppe sekretariat sind, reicht eine Maske, die die Schreibrechte der Gruppe gewährleistet.

Wieder einmal sollten Sie genau darauf achten, wer welche Rechte auf SAMBA-Ebene und auf Linux-Ebene hat. Beispielsweise gibt es keine Probleme mit Dateien und Verzeichnissen, die Herr Müller anlegt, denn seine Hauptgruppe ist die des Sekretariats. Legt er eine Datei oder ein Verzeichnis an, gehören diese zur Gruppe sekretariat. Herr Schulze gehört zwar auch zur Gruppe sekretariat, seine Hauptgruppe ist aber vielleicht die Gruppe schulze, wie es bei Linux Standard ist. Legt er eine Datei an, kann Herr Müller sie nicht mehr verändern. Mit der Option `force group` sorgen Sie dafür, dass auch die Dateien des Herrn Schulze nun der Gruppe sekretariat gehören. Aber auch alle anderen Benutzer arbeiten nun plötzlich als Gruppenmitglieder dieser Gruppe. Theoretisch könnten auch sie schreiben. Dies wird aber dadurch unterbunden, dass die SAMBA-Freigabe nur schulze und mueller in der Schreibliste führt.

Freigabe Sekretariat

Die Freigabe *Sekretariat* sollte nicht von anderen Benutzern einsehbar sein. Immerhin können hier Geschäftsgeheimnisse lagern. Darum wird bei der Dateimaske das Leserecht für die Welt negiert. Anmelden düfen sich nur Herr Müller und Herr Schulze.

```
[Sekretariat]
    comment = Sekretariat
    path = /home/samba/share/sekretariat
    read only = no
    create mask = 770
    valid users = mueller, schulze
    force group = sekretariat
```

Die Verzeichnisse, die in der Konfigurationsdatei angegeben werden, müssen natürlich angelegt werden. Und vor allem müssen sie für die Netzwerkteilnehmer zugreifbar sein. Dazu werden die Wurzelverzeichnisse der Freigaben mit freien Rechten für alle ausgestattet:

```
# mkdir /home/samba
# mkdir /home/samba/share
# mkdir /home/samba/share/free
# mkdir /home/samba/share/vorlagen
# mkdir /home/samba/share/sekretariat
# cd /home/samba/share/
# chmod 777 *
```

Benutzerverzeichnisse

Jeder der SAMBA-Anwender besitzt auch ein Benutzerkonto unter Linux und dementsprechend auch ein dazugehöriges Benutzerkonto. Dieses wird von SAMBA dem jeweiligen Anwender zugeordnet, aber nur gegen Anmeldung freigegeben. Das Benutzerverzeichnis wird in der Datei *smb.conf* durch den Freigabenamen *homes* konfiguriert.

```
[homes]
    comment = Freigabe des Home-Verzeichnisses
    valid users = %U
    write list = %U
```

Der Parameter `%U` steht für den Namen des angemeldeten Benutzers. In einigen Dokumentationen finden Sie an dieser Stelle auch `%S`. Das steht für den Freigabenamen, der im Falle von *homes* mit dem des Benutzernamens identisch ist. Die Freigabe trägt jeweils den Namen des Benutzers. Der Benutzer georg wird sein Benutzerverzeichnis über den Pfad *smb://debian/georg* aufrufen.

Die Post an das Sekretariat

Der Postausgangskorb der Angestellten ist etwas schwierig. Beispielsweise wird der Personalchef ein Kündigungsschreiben nicht unbedingt öffentlich in ein Postsammelverzeichnis legen wollen. Darum darf der Postausgang nur dem Briefverfasser und dem Sekretariat zugänglich sein. Für andere Benutzer sollen die Briefe zumindest nicht zu öffnen sein. In diesem Abschnitt werden zwei Lösungen mit SAMBA vorgestellt, die einen Einblick in die Problematik der Rechte geben.

Post im Benutzerverzeichnis

Der Bereich, in dem jeder Anwender seine privaten Daten hält, ist das Benutzerverzeichnis. Hier ist er weitgehend sicher vor fremden Ausspähungen. Darum ist es logisch, den Postausgang in das Benutzerverzeichnis zu legen. Allerdings soll auch das Sekretariat keinen Einblick in die Anwenderverzeichnisse bekommen, sondern nur in das Postausgangsfach. Dieses Problem kann unter Linux elegant mit einem symbolischen Link gelöst werden.

Jeder Benutzer legt in seinem Benutzerverzeichnis ein Verzeichnis *post* an, das der Gruppe sekretariat zugeordnet wird und so von ihr bearbeitet werden kann. Das könnte durch Einstellen des Verzeichnisses im Verzeichnis */etc/skel* vorbereitet werden (siehe Abschnitt 10.2.2):

```
$ mkdir post
$ chgrp sekretariat post
$ chmod 770 post
```

Das Sekretariat legt in seinem Verzeichnis das Verzeichnis *posteingang* an und legt einen symbolischen Link auf jedes Postverzeichnis unter dem Namen des jeweiligen Benutzers dort hinein:

```
$ mkdir posteingang
$ cd posteingang
$ ln -s /home/georg/post georg
```

Nun liegt der Postausgang von georg unter dessen Namen im Posteingang des Sekretariats. Abbildung 18.1 veranschaulicht diese Konstruktion.

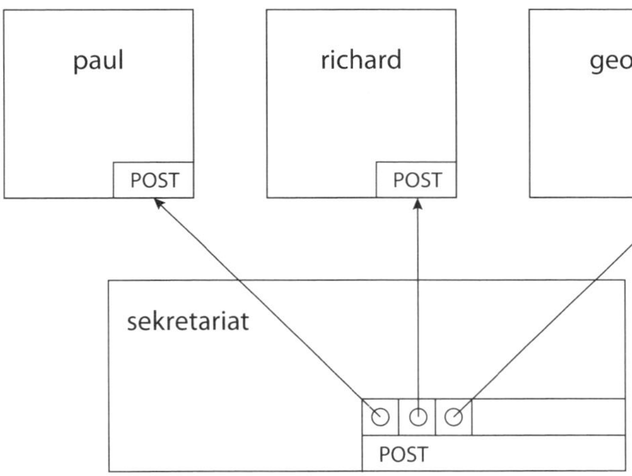

Abbildung 18.1 Postverzeichnisse der Benutzer unterhalb des Sekretariats

Die symbolischen Links müssen mit SAMBA harmonisiert werden. Und dazu gibt es folgende Einstellungen in der Konfigurationsdatei *smb.conf*:

```
    unix extensions = No
    follow symlinks = Yes

[sekretariat]
    ...
    wide links = Yes
```

Werden die UNIX Extensions eingeschaltet, kann ein UNIX-fähiger Client, wie beispielsweise ein Linux-System, einen symbolischen Link als einen solchen sehen und behandeln. Windows-Rechner stehen verschreckt vor dem symbolischen Link und wissen damit nichts anzufangen. Das soll natürlich vermieden werden. Also werden die `unix extensions` auf `No` gesetzt. Die Option `follow symlinks` schreibt vor, dass den symbolischen Links gefolgt wird. Diese Option ist von vornherein gesetzt. Nicht gesetzt ist standardmäßig der Parameter `wide links`. Dieser erlaubt nämlich, symbolischen Links zu folgen, die aus der der Freigabe herausführen. Das ist insofern problematisch, als dass ein solcher Link Systembereiche im Netz veröffentlichen würde, mit denen der Administrator nicht unbedingt rechnet.

Separate Freigaben

Eine andere Lösung ist ein separates Postverzeichnis für jeden Benutzer, das jeweils als eigene Freigabe definiert wird. Lesen und schreiben darf nur der jeweilige Benutzer und das Sekretariat.

```
[Postgeorg]
    path = /home/samba/share/postgeorg
    write list = georg, +sekretariat
    force group = sekretariat
    read only = No
    create mask = 0770
```

Der Nachteil ist natürlich, dass für jeden Benutzer eine weitere Freigabe geschaffen werden muss. Statt eines separaten Verzeichnisses *postgeorg* könnte man als Pfad natürlich auch das Unterverzeichnis *post* im Benutzerverzeichnis verwenden. Das würde allerdings das Risiko bergen, dass der Benutzer seine Post einfach direkt über das Benutzerverzeichnis dort hineinlegt. Dann aber wäre es für das Sekretariat nicht lesbar. Schon dies ist ein guter Grund für ein separates Verzeichnis.

Die pragmatische Lösung

Doch die Aufgabe ist durchaus auf andere Weise zu lösen. Die Lektüre der Manpage der *smb.conf* birgt diverse Möglichkeiten, die Rechte zu granulieren. Wenn Sie intensiv mit SAMBA zu tun haben, sollten Sie auch die exotischeren Optionen studieren. Für dieses spezielle Problem gibt es aber eine sehr einfache Lösung. Sie verwenden dazu kein SAMBA, sondern senden den Brief per Anhang an das Sekretariat. Durch den Einsatz von PGP können Sie die Daten sogar verschlüsseln. Es wird auch nicht lange dauern, bis die Anwender diese Variante selbst entdecken, sodass eine SAMBA-Freigabe für den Postausgang auf lange Sicht vermutlich sowieso ungenutzt bleibt.

18.1.10 Drucken mit SAMBA

Über das Windows-Netz wird nicht nur Festplattenplatz verteilt. Auch Drucker werden anderen Windows-Rechnern zur Verfügung gestellt und werden auf diese Weise zu Netzwerkdruckern. Mit den normalen Druckserverstandards tut sich Windows etwas schwer. Welch ein Glück, dass SAMBA den armen Windows-Clients die Druckdienste eines Linux-Servers mundgerecht anbieten kann.

Um die Drucker des Linux-Servers freizuschalten, muss die Option `printing` im Abschnitt `global` der Konfigurationsdatei *smb.conf* auf das verwendete Drucksystem gesetzt werden. Auf einem Linux-Server wird dies in der Regel CUPS (Abschnitt 17.3) sein.

```
[global]
    ...
    printing = cups
```

Damit die Benutzer die lokalen Drucker aus dem Netzwerk heraus verwenden können, müssen Sie die Ressource *printers* definieren. Sie gibt beispielsweise an, welche Zugriffsrechte auf die Drucker allgemein bestehen.

```
[printers]
   browseable = no
   path = /var/spool/samba
   printable = yes
   create mask = 0600
```

Die Option `printable` sagt aus, dass die Benutzer drucken dürfen. Das Verzeichnis der Druckerwarteschlange legen Sie mit der Option `path` fest. Die Option `browseable` verhindert nur, dass das Verzeichnis sichtbar wird, erlaubt aber durchaus das Durchstöbern der verfügbaren Drucker. Mit der Option `create mask` sorgen Sie dafür, dass die Drucke in der Warteschlange nicht von einem anderen als dem Besitzer eingesehen werden können.

Windows und die SAMBA-Drucker

Nachdem die Drucker unter SAMBA freigegeben wurden, müssen sie nun von den Windows-Clients angesprochen werden. Dazu klicken Sie zunächst auf den START-Button. Von dort wählen Sie bei Windows 7 GERÄTE UND DRUCKER. Es öffnet sich ein Fenster, in dem die bisher installierten Drucker angezeigt werden. Am oberen Rand des Fensters finden Sie eine Schaltleiste DRUCKER HINZUFÜGEN. In einem Zwischenfenster erscheint die Frage, ob nach lokalen oder Netzwerkdruckern gefahndet werden soll. Sie suchen natürlich nach Netzwerkdruckern, und es erscheint eine Liste, in der nach kurzer Zeit die per SAMBA freigegebenen Drucker erscheinen (Abbildung 18.2).

Nun wird Windows bemängeln, dass es keinen Treiber gefunden hat. Mit OK können Sie manuell den Treiber installieren. Es erscheint der für Windows typische Dialog für die vorinstallierten Drucker von Windows. Hier können Sie nun auch den Datenträger einlegen, der dem Drucker beiliegt, um den Druckertreiber zu installieren (Abbildung 18.3).

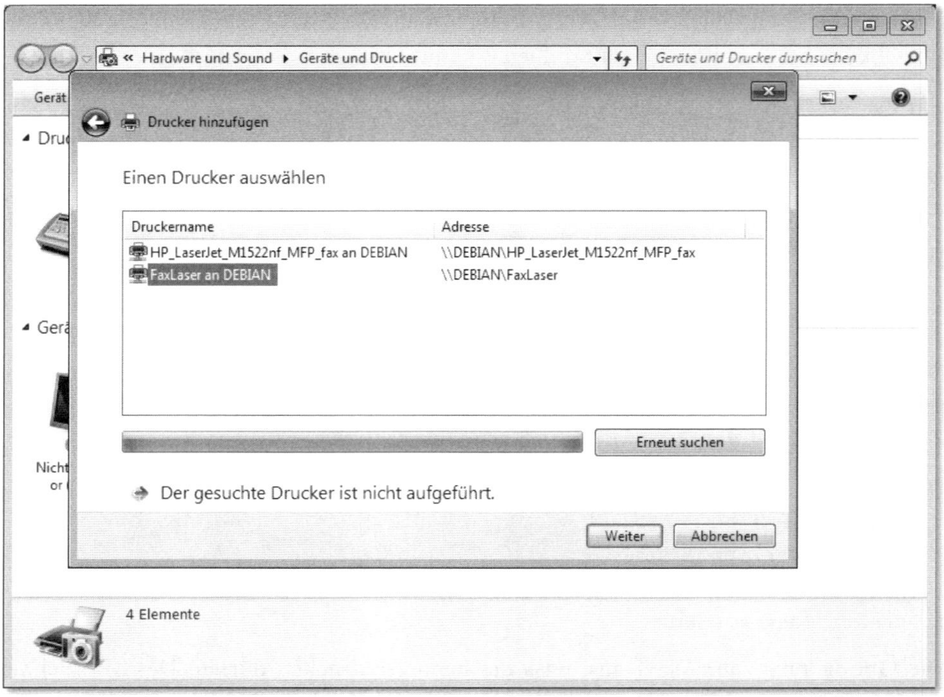

Abbildung 18.2 Druckersuche im Netzwerk

Abbildung 18.3 Frage nach dem Druckertreiber

Der weitere Verlauf der Installation entspricht exakt einer lokalen Druckerinstallation unter Windows. Sobald der Drucker eingerichtet wurde, meldet sich Windows noch einmal mit der Meldung, dass es nun einen Drucker mehr gibt (Abbildung 18.4).

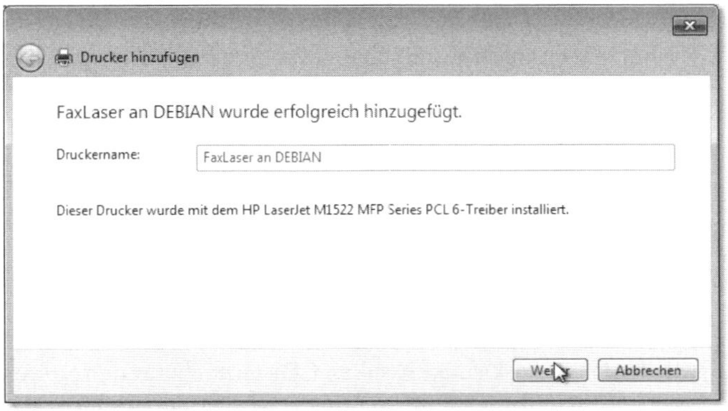

Abbildung 18.4 Erfolgsmeldung

Zum Abschluss können Sie noch eine Testseite ausdrucken. Der neue Drucker erscheint nun auch im Druckerfenster. Wenn Sie später aus einer Applikation heraus drucken, können Sie den Netzwerkdrucker genau wie einen lokalen Drucker auswählen.

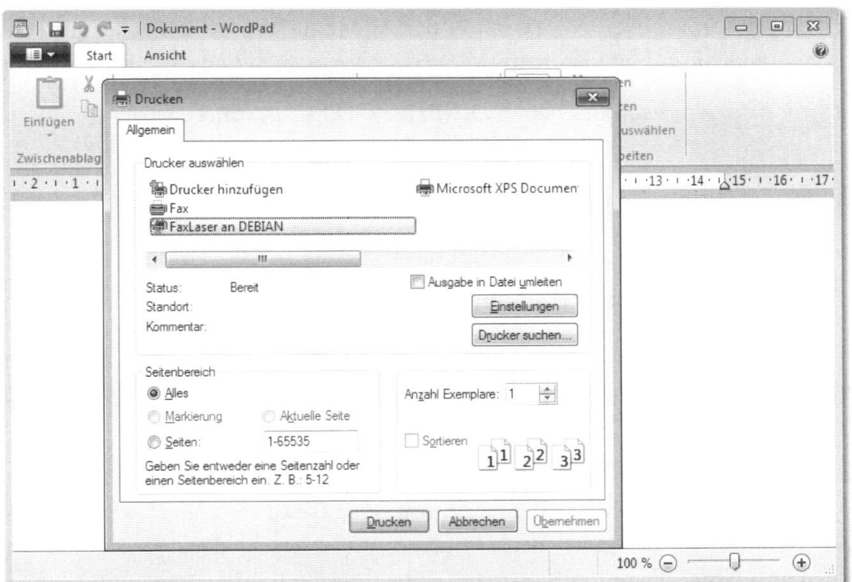

Abbildung 18.5 Druckerauswahl aus der Anwendung

Ein Windows-Client kann seine Druckertreiber auch von einem Windows-Server installieren. Das funktioniert natürlich prinzipiell auch mit einem SAMBA-Server. Allerdings ist hier die Vorgehensweise ein wenig komplizierter. Das Installieren über das Netzwerk lohnt sich nur, wenn sehr viele gleiche Windows-Versionen in einem Netzwerk vorhanden sind. Ansonsten ist die zuvor beschriebene Vorgehensweise vermutlich effizienter, da die verschiedenen Windows-Versionen auch unterschiedliche Treiber benötigen.

Um einen Treiber einzurichten, muss eine Ressource namens `print$` definiert werden. In dem angegebenen Pfad werden die Druckertreiberdateien abgelegt. Jede Windows-Version benötigt dabei einen eigenen Treiber.

```
[print$]
   path = /var/lib/samba/drivers
   ...
```

Es ist leider nicht damit getan, die Dateien der Druckertreiber-CDs einfach auf den Server zu kopieren. Stattdessen müssen mit dem Kommando `rpcclient` die entsprechenden Dateien in der Ressource installiert werden.

Natürlich wirkt es sehr elegant, wenn der Druckerserver seine Clients mit den notwendigen Druckertreibern versorgt. Leider ist die Vorbereitung dazu nicht wirklich trivial und erfordert einige Kenntnisse im Umgang mit Windows-Treibern. In Anbetracht dessen, dass heutzutage die Treiber oftmals leichter aus dem Internet installiert werden können und das Verfahren ausschließlich für Windows-Clients funktioniert, ergibt sich die Frage nach dem praktischen Nährwert. In der Annahme, dass sich hierfür nur eine kleine Gruppe Interessierter finden dürfte, verweise ich darum auf das SAMBA-Howto:

http://www.samba.org/samba/docs/man/Samba-HOWTO-Collection

Hier finden Sie ausgiebige Informationen über SAMBA und natürlich auch eine Beschreibung der Treiberinstallation.

18.1.11 SAMBA als Primary Domain Controller

Der Domain Controller dient der Authentifizierung und Autorisierung von Computern und Benutzern. Auf diese Weise wird die Nutzung der Ressourcen zentral verwaltet und geprüft.

Neben den Benutzern müssen nun auch die beteiligten Computer in die Passwortverwaltung mit einbezogen werden, damit sie von `smbpasswd` akzeptiert werden. Um die Computernamen von den normalen Benutzern zu unterscheiden, wird ihnen ein Dollarzeichen angehängt. Damit sich niemand mit einem Computernamen unter Linux anmelden kann, erhält das Computerkonto eine ungültige Shell namens */bin/false*. Die folgenden Befehle zeigen, wie der PC mit dem Namen tablet eingetragen wird:

```
# useradd -s /bin/false tablet$
# smbpasswd -a -m tablet
Added user tablet$.
# smbpasswd -a root
New SMB password:
Retype new SMB password:
# smbpasswd -a georg
New SMB password:
Retype new SMB password:
#
```

Danach wird der Benutzer root auch in die SAMBA-Verwaltung eingetragen. Er soll auch für SAMBA den Administrator darstellen. Anschließend können Sie noch beliebig viele andere Anwender eintragen. Natürlich sollten Sie auch für jeden Rechner, der später angemeldet werden soll, ein Konto eröffnen.

Das folgende Beispiel zeigt die *smb.conf*-Datei, mit der SAMBA einen PDC realisiert:

```
[global]
   workgroup = DEBIANSERVER
   security = user
   encrypt passwords = Yes
   domain logons = yes
   domain master = yes
   local master = yes
   preferred master = yes

[netlogon]
   path = /home/samba/netlogon
   public = no
   browsable = no
```

Der Pfad für *netlogon* muss angelegt und für die Benutzer lesbar sein.

Nun legen Sie noch die Verzeichnisse an, die in der Konfiguration erwähnt wurden.

```
# mkdir /home/samba
# mkdir /home/samba/netlogon
# chmod 755 /home/samba/netlogon
# mkdir /home/samba/share
# mkdir /home/samba/share/profiles
# chmod 777 /home/samba/share/profiles
```

Die Windows Home Edition, die Sie typischerweise mit den PCs als OEM-Version mitgeliefert bekommen, kann standardmäßig nicht auf Domänenbetrieb umgestellt werden. Dazu benötigen Sie mindestens Windows Professional.

Windows XP Professional

Als Erstes betrachten wir die recht unproblematische Einrichtung von Windows XP Professional. Wenn Sie [Win] und [Pause] unter Windows gleichzeitig drücken, ersparen Sie sich den Weg durch die Systemeinstellungen zum Systemdialog. Dort wählen Sie den Reiter COMPUTERNAME. Mithilfe des Buttons ÄNDERN können Sie von Arbeitsgruppenbetrieb auf Domänenanmeldung umschalten. Sobald Sie umgeschaltet haben, werden Sie nach dem Namen und dem Kennwort des Domänenadministrators gefragt. Dies ist der oben aufgeführte root. Es dauert eine Weile, bis Sie angemeldet sind. Anschließend werden Sie aufgefordert, den Rechner neu zu starten. Wenn dieser Vorgang korrekt abgeschlossen wurde, ist Ihr PC bei der Domäne angemeldet.

Danach empfängt Sie eine bis dato unbekannte Anmeldebox. Diese bietet Ihnen drei Eingabefelder an: Benutzer, Domäne und Kennwort.

Windows 7

Windows 7 macht das Leben interessanter. Microsoft hat nicht nur dafür gesorgt, dass der Bildschirm fröhlicher wirkt, sondern in der neuen Windows-Version ein paar Sicherheitsmechanismen eingebaut, damit sie nicht versehentlich mit der bösen Konkurrenz anbandelt.

Bevor Sie überhaupt darüber nachdenken, Windows 7 an einer SAMBA-Domäne anzumelden, müssen Sie sich sicher sein, dass die SAMBA-Version mindestens in der Version 3.3.7 vorliegt. Bei den derzeitigen Systemen brauchen Sie sich darüber allerdings keine Gedanken zu machen. Aber auch dann werden Sie bei dem Versuch, sich anzumelden, die Nachricht erhalten, dass es die Domäne gar nicht gebe oder ein Kontakt dahin nicht möglich sei. Nun hilft nur ein beherzter Griff in die Registry, um die Redmonder Behinderung wieder abzuschalten.

Spicker

Unter dem Schlüssel

```
HKLM\System\CCS\Services\LanmanWorkstation\Parameters
```

tragen Sie die beiden folgenden Werte neu ein:

```
DWORD DomainCompatibilityMode = 1
DWORD DNSNameResolutionRequired = 0
```

Sie wissen nicht, wie Sie die Registry von Windows verändern? Starten Sie PROGRAMME | ZUBEHÖR | AUSFÜHREN. Daraufhin erhalten Sie eine Eingabezeile, in die Sie einfach `regedit` schreiben. Sie werden noch einmal gewarnt, dass es sich um eine Administrationstätigkeit handelt, und dann erscheint der Registrierungs-Editor.

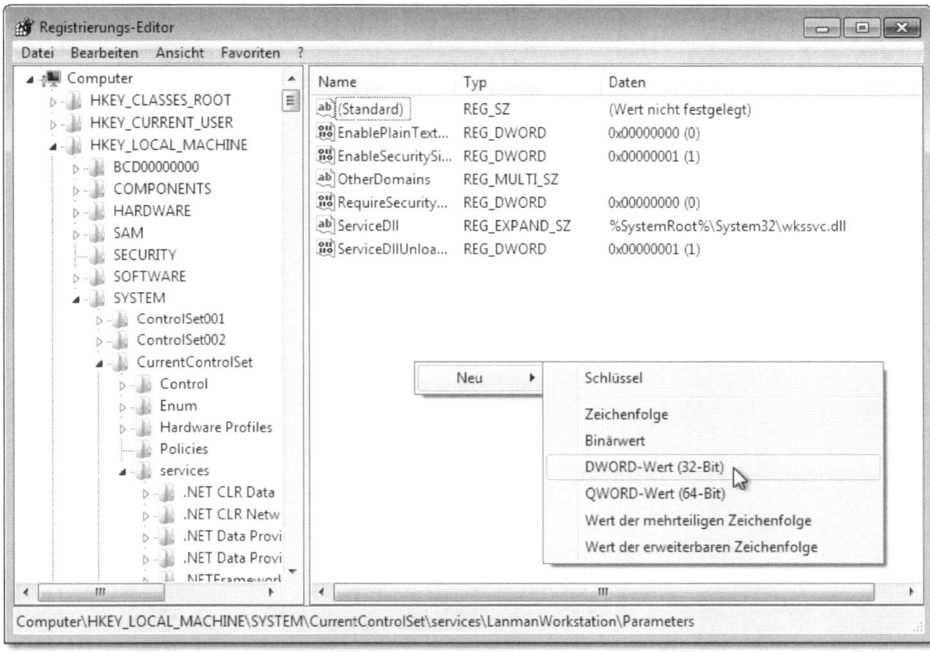

Abbildung 18.6 Der Registrierungs-Editor

In Abbildung 18.6 ist der angegebene Schlüssel bereits ausgewählt worden. Durch einen Rechtsklick wurde das Menü ausgewählt, mit dem ein neuer DWORD-Wert eingegeben werden kann. Das Programm wird beendet, und Sie werden schon ahnen, dass diese Einträge erst wirksam werden, wenn Sie Ihrem Windows-PC einen Neustart gegönnt haben.

Diese Erkenntnisse über die Einträge sind mir nicht im Schlaf eingefallen, sondern können auf der SAMBA-Website in englischer Sprache nachgelesen werden:

http://wiki.samba.org/index.php/Windows7

Nun endlich können Sie Windows 7 bei der Domäne anmelden. Drücken Sie dazu [Win] und [Pause] gleichzeitig und geben Sie an, dass Sie die Arbeitsgruppe ändern wollen. Sie müssen noch einmal einen Rückfragedialog bestätigen, bevor Sie endlich den Namen der Domäne angeben können (Abbildung 18.7).

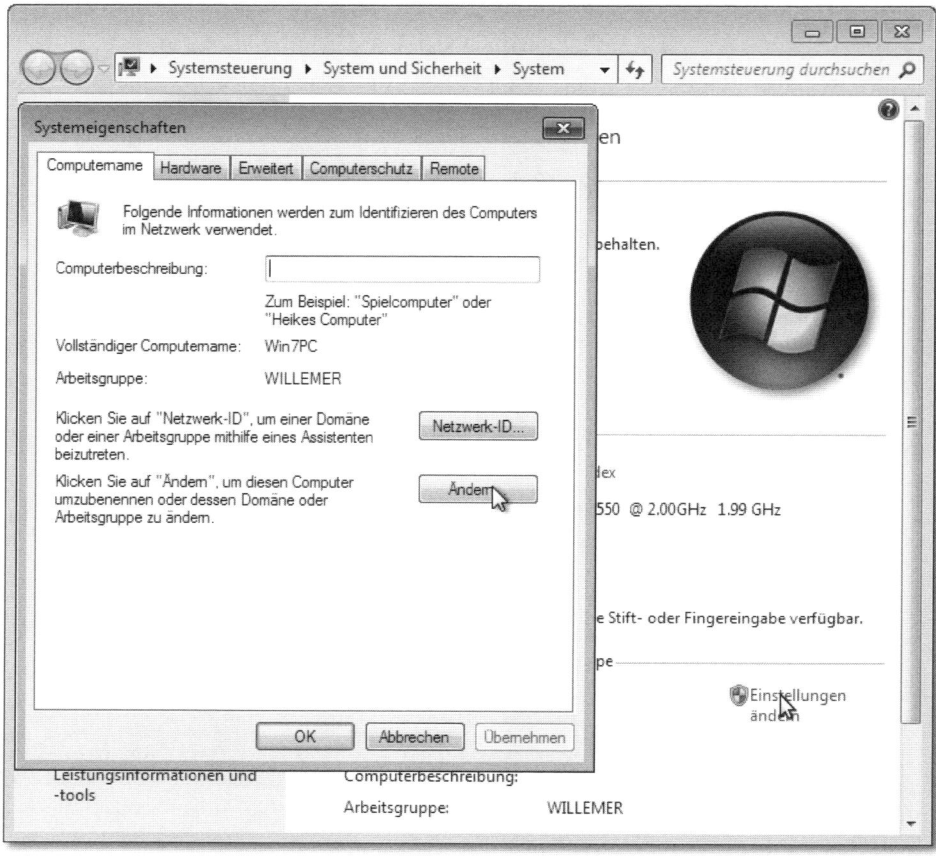

Abbildung 18.7 Domänenangabe

Sie werden nach dem Namen des Administrators der Domäne und seinem Passwort gefragt. Wenn der Rechner korrekt an der Domäne angemeldet ist und Administrator und Passwort stimmen, entsteht eine kurze Pause, nach der dann die erfolgreiche Anmeldung bestätigt wird. Allerdings – Sie ahnen es schon – müssen Sie den Rechner anschließend noch einmal neu starten.

Bevor es dazu kommt, bemerkt der Rechner noch, dass etwas mit dem DNS nicht stimmt. Das ignorieren Sie großherzig. Dann schlägt er einen Neustart vor und meldet sich danach mit dem Hinweis, Sie möchten doch bitte die Tastenkombination `Strg`+`Alt`+`Entf` drücken. Daraufhin erhalten Sie den Anmeldebildschirm, mit dem Sie sich auch sonst anmelden, lediglich ein kleiner Button ist neu. Darauf steht BENUTZER WECHSELN. Folgen Sie diesem, sehen Sie neben dem lokalen Anmeldesymbol noch ein weiteres (siehe Abbildung 18.8).

Abbildung 18.8 Anmeldung für zwei

Nun erscheint ein neuer Anmeldebildschirm, der die Eingabe eines Benutzernamens und eines Kennworts verlangt. Darunter können Sie lesen, dass Sie sich damit bei der Domäne *DEBIANSERVER* anmelden. Nach einer erfolgreichen Anmeldung werden Sie dieses Bild immer wieder sehen.

Abbildung 18.9 Anmeldung an der Domäne

Logon-Skript

Sie können auf dem SAMBA-Server auch Logon-Skripte einrichten. Dazu wird in der Datei *smb.conf* zunächst definiert, welche Dateien beim Anmelden ausgeführt werden sollen:

```
logon script = scripts\\default.bat
```

Diese Skripte müssen als Windows-Texte formatiert sein. Das bedeutet, dass das Zeilenende also mit Carriage Return und Linefeed codiert sein muss. UNIX-ähnliche Systeme wie Linux verwenden standardmäßig nur ein Linefeed. Darum ist es das Beste, diese Skripte auf einem Windows-Rechner zu erstellen. In diesen Skripten können insbesondere Netzwerkbefehle abgestellt werden, die dafür sorgen, dass alle Anwender die gleichen Netzwerklaufwerke zur Verfügung haben. Beispielsweise könnte in einem solchen Skript stehen, dass die Freigabe als Laufwerk W: zur Verfügung stehen soll:

```
net use w: \\server\freigabe
```

Es würde etwas zu weit führen, wenn an dieser Stelle die Syntax dieses Netzwerkbefehls erläutert würde. Ich kann Sie aber trösten: Wenn Sie nicht verstehen, was dieses Logon-Skript tut, dann werden Sie es vermutlich auch nicht benötigen. Wer dagegen ein Logon-Skript benötigt, der kennt vermutlich auch diese Syntax und weiß darüber vermutlich mehr, als hier auf einer halben Seite darstellbar wäre.

18.1.12 SAMBA als Mitglied in einer Domäne

Es wird wohl eher selten einen Grund geben, einen Linux-Rechner an einer SMB-Domäne als reinen Client anzumelden, aber es ist durchaus möglich. Ausführlichere Informationen lesen Sie in dem SAMBA-Howto, das Sie unter dieser URL finden:

http://samba.org/samba/docs

Für die Einrichtung gehen wir davon aus, dass der Primary Domain Controller debian und die Domäne *DEBIANSERVER* heißt. Der Linux-Rechner domainclient soll in die Domäne eingebunden werden. Der Primary Domain Controller debian ist so konfiguriert, wie es in Abschnitt 18.1.11 beschrieben ist.

Da der Rechner domainclient Mitglied der Domäne *DEBIANSERVER* sein wird, übernimmt deren Primary Domain Controller debian die Verwaltung der Passwörter. Es gibt also zwei entscheidend neue Einträge in der Konfigurationsdatei *smb.conf*: `security` wird auf den Wert `DOMAIN` gesetzt und als Passwortserver mit der Option `password server` der Rechner debian angegeben:

```
[global]
   workgroup = DEBIANSERVER
   security = DOMAIN
   encrypt passwords = Yes
   password server = debian
   domain master = No
```

Da der Rechner domainclient nicht selbst die Rolle des Primary Domain Controllers übernehmen will, steht `domain master` auf `no`.

Nun wenden Sie sich dem Primary Domain Controller zu. Dort muss für domainclient ein Benutzerkonto eingerichtet werden, wie dies bereits bei den Windows-Clients der Fall war:

```
# useradd -g 100 -d /dev/null -c domainclient \
     -s /bin/false domainclient$
# smbpasswd -a -m domainclient
Added user domainclient$
#
```

Damit ist alles vorbereitet. Der Rechner domainclient kann sich über `net join` mit der Domäne verbinden. Als Domäne verwendet der Befehl diejenige, die in der Konfigurationsdatei *smb.conf* angegeben ist, sofern sie nicht mit der Option `-S` explizit angegeben wird. Mit der Option `-U` wird der Name des Domänenadministrators angegeben. Der Befehl fordert dann zur Eingabe des Passworts auf. Soll der Befehl in einem Skript verwendet werden, können Sie dem Administratornamen nach einem Prozentzeichen auch das Passwort anhängen. Dann ist keine Interaktion erforderlich.

```
#  net join -UAdmin
Enter Admin's password:
Joined domain DEBIANSERVER.
#
```

Der mit dem SAMBA-Paket ausgelieferte Befehl `net` entspricht in etwa dem Gegenstück im Windows-Bereich. Nach dem Befehl `net` wird das Kommando angegeben, wie in diesem Fall `join`. Es gibt eine Manpage, die Sie mit dem Befehl `man net` aufrufen können. Weitere Unterstützung zu den einzelnen Kommandos erreichen Sie, wenn Sie den Parameter `help` zwischen Befehl und Kommando stellen. Im Falle von `join` wäre dies:

```
$ net help join
Usage:
net rpc join -U <username>[%password] <type>
  Join a domain
    username     Name of the admin user
    password     Password of the admin user,
                 will prompt if not specified
    type         Can be one of the following:
                 MEMBER  Join as member server (default)
                 BDC     Join as BDC
                 PDC     Join as PDC
$
```

18.1.13 SAMBA-Konfiguration mit SWAT

Das SAMBA-Paket kann auch über ein Webinterface konfiguriert werden. Mithilfe dieses Interface kann mit jedem Browser über das Netzwerk hinweg konfiguriert und administriert werden.

Das Programm heißt `swat`. Es ist nicht Bestandteil des SAMBA-Pakets, sondern muss explizit hinzugeladen werden:

```
# apt-get install swat
```

Die Portnummer des SWAT ist 901. Diese finden Sie auch in der Datei */etc/services*:

```
swat            901/tcp             # swat
```

Nun wird der Browser gestartet, und als Adresse wird der SAMBA-Server angegeben. Das Protokoll ist zwar http, aber der Port ist nicht 80, sondern 901. Also starten Sie SWAT auf dem Rechner debian mit der folgenden Adresse im Browser:

```
http://debian:901/
```

Daraufhin erscheint zunächst der Anmeldedialog, in dem Sie sich als berechtigter Administrator des aufgerufenen Computers ausweisen müssen. Dann erscheint die Startseite von SWAT (siehe Abbildung 18.10).

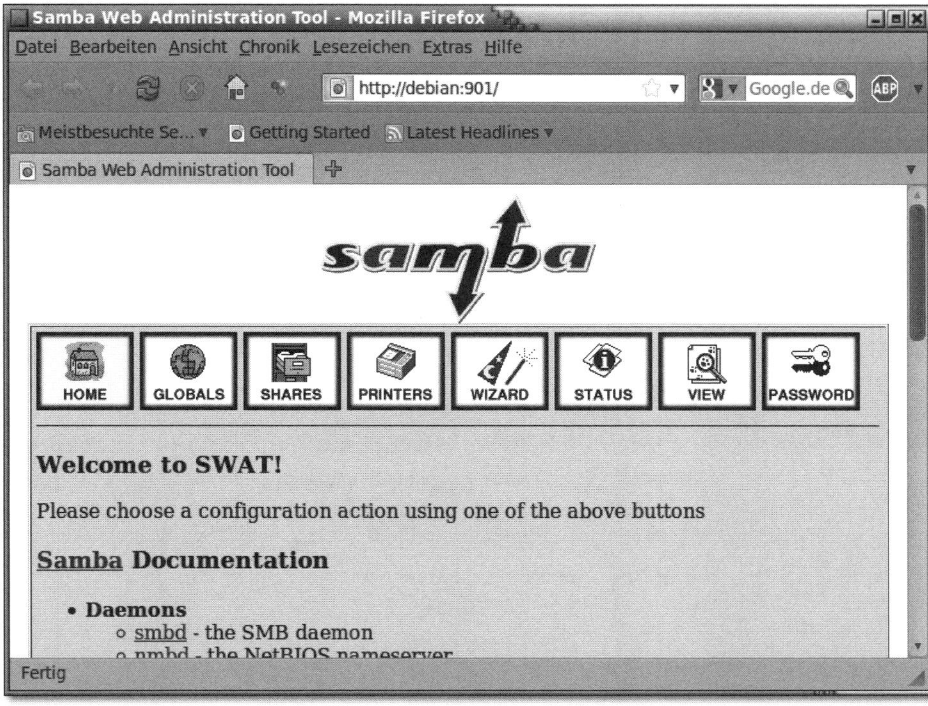

Abbildung 18.10 SAMBA-Konfiguration mit SWAT

In der obersten Reihe unter dem SAMBA-Logo finden Sie Symbole für die folgenden Seiten:

- HOME: Dies ist die Startseite, auf der Sie sich nach Eingabe des Passworts befinden. Auf dieser Seite ist neben den weiterführenden Symbolen auch die Dokumentation von SAMBA zugänglich. Insbesondere finden Sie Links auf alle relevanten Manpages.
- GLOBALS: Hier werden die Parameter der `global`-Sektion der Konfigurationsdatei *smb.conf* eingestellt (siehe Abbildung 18.11). Da die Anzahl der Parameter sehr üppig ist, können Sie zwischen EINFACHE ANSICHT und ERWEITERTE ANSICHT wählen. Gleich oben im Kopf können Sie mit dem Button ÄNDERUNGEN SPEICHERN die Einstellungen in die Datei *smb.conf* übernehmen. Es folgen die einzelnen Optionen, die je nach Art durch ein Texteingabefeld oder durch eine Auswahlbox verändert werden können. Bei jedem Parameter gibt es auch einen Button, um den Standardwert wiederherzustellen.

  Der Link HILFE steht vor jeder Option und leitet Sie direkt zu der Position in der Manpage, an der er beschrieben wird. Allerdings liegt die Beschreibung nur in englischer Sprache vor.

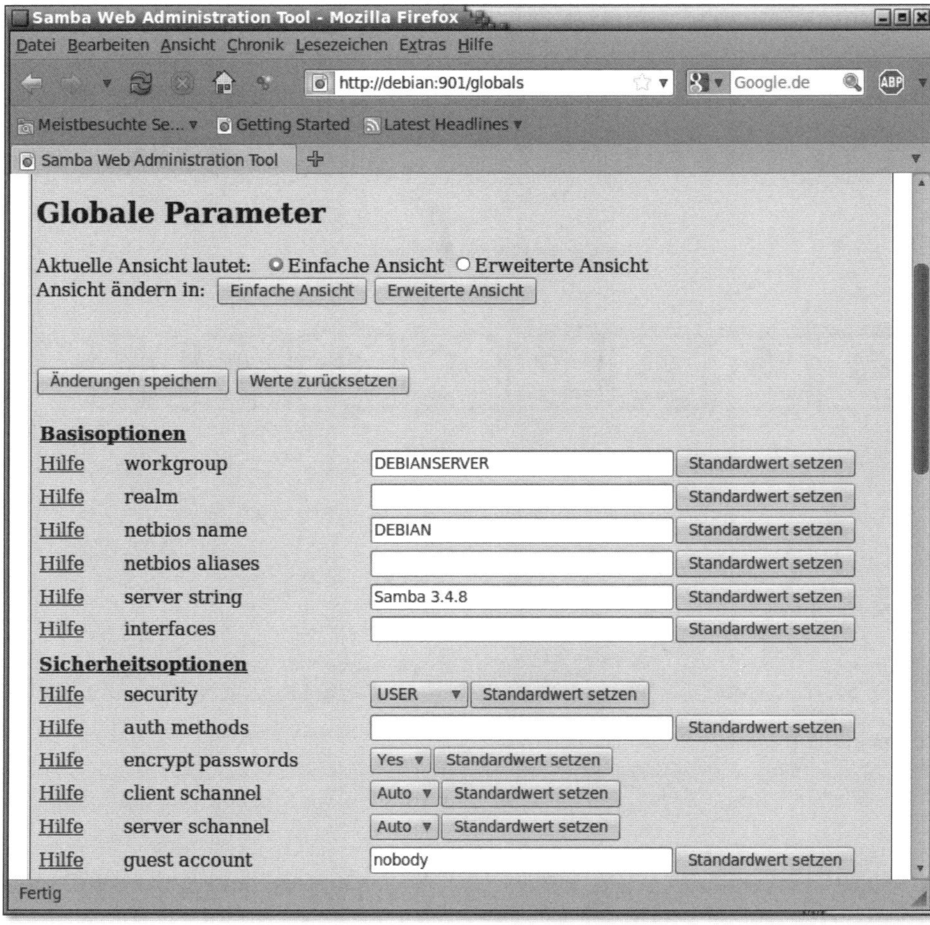

Abbildung 18.11 Konfiguration der globalen Parameter

- **SHARES:** Auf dieser Seite werden die Freigaben verwaltet, also die Verzeichnisse, die dem Netzwerk als Speicherort zur Verfügung gestellt werden sollen (siehe Abbildung 18.12). Beim ersten Öffnen wirkt der Bildschirm etwas karg. Der erste Button WÄHLE FREIGABE erhält erst eine Bedeutung, wenn über die zunächst leere Klappbox eine der eingerichteten Freigaben ausgewählt wurde. Diese kann dann mit dem Button LÖSCHE FREIGABE auch wieder entfernt werden. Ist noch keine Freigabe vorhanden, können Sie einen Namen in das Feld hinter dem Button ERSTELLE FREIGABE eingeben und dann den Button anklicken.

  Sobald Sie eine Freigabe bearbeiten, bietet sich Ihnen ein sehr ähnliches Bild wie bei der Bearbeitung der globalen Parameter. Die Parameternamen werden angezeigt und können mithilfe von Texteingabefeldern oder Klappmenüs bearbeitet werden.

Abbildung 18.12 Konfiguration der Freigaben

- **PRINTERS:** Diese Seite arbeitet analog zu SHARES. Allerdings werden hier die Druckerfreigaben verwaltet. In der Klappbox hinter dem Button WÄHLE DRUCKER finden Sie die allgemeine Ressource `printers` und dann die einzelnen Drucker. Sofern sie automatisch geladen wurden, werden sie durch einen Stern markiert.
- **WIZARD:** Was wir im Deutschen trocken als Assistenten zugeteilt bekommen (siehe Abbildung 18.13), wird im angloamerikanischen Bereich sehr farbig als Wizard bezeichnet, was übersetzt »Zauberer« bedeutet. Vermutlich ist diese Art von Programmen, die jeder Computeranwender so hilfreich empfindet, die eigentliche Ursache für den Erfolg von Harry Potter.

  Dieser Assistent kann eine grundlegende Standardumgebung zusammenstellen. Allzu viel sollten Sie von dem Zauberer allerdings nicht erwarten. Dazu betätigen Sie den Button BEARBEITE PARAMETERWERTE. Dabei wird unter anderem ausgewählt, ob SAMBA auf Freigabebasis, als Domain Controller oder als Mitglied in einer Domain arbeiten soll. Wird die Seite bestätigt, werden noch Einstellungen wie der Domainname vorgenommen.
- **STATUS:** Diese Seite gibt Auskunft über den Status des SAMBA-Servers. Dazu gehören die Softwareversion, die Information, ob die Dämonen `smbd` und `nmbd` gestartet sind, und welche Verbindungen in der letzten Zeit bestanden haben. Sie finden

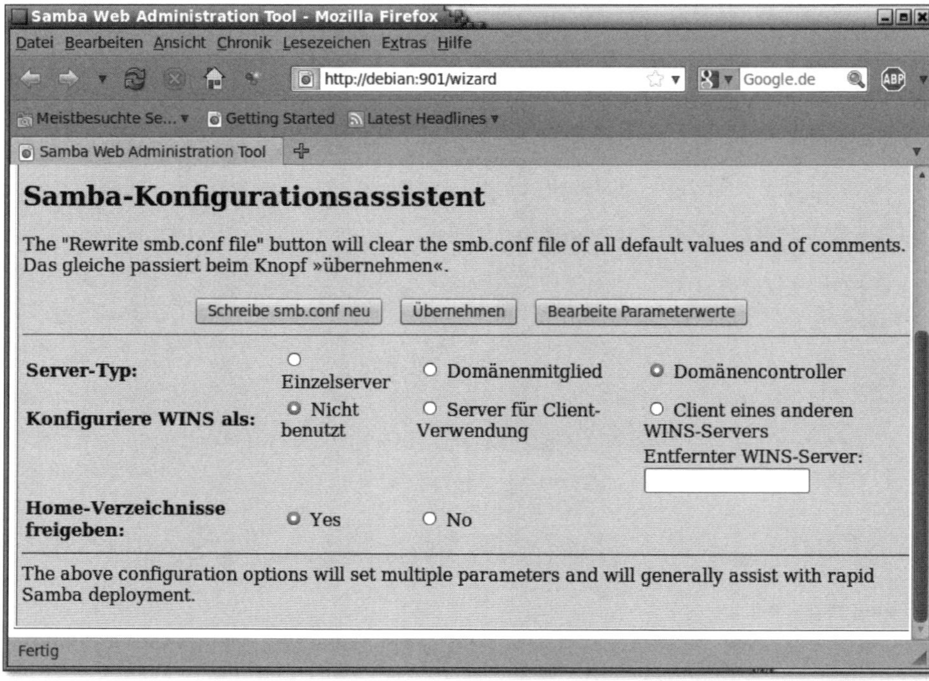

Abbildung 18.13 Assistentenzauber

hier also die Informationen, die Sie auch über das Kommandozeilentool `smbstatus` erhalten. Darüber hinaus können Sie von hier aus die Dämonen stoppen und neu starten.

- **VIEW:** Hier wird die aktuelle Konfigurationsdatei *smb.conf* angezeigt. Wählen Sie den Button KOMPLETTE ANSICHT, werden Ihnen auch die Vorgabewerte angezeigt, die nicht explizit geändert wurden.
- **PASSWORD:** Auf dieser Seite finden Sie eine Passwortverwaltung für SAMBA, die die Verwendung des Befehls `smbpasswd` nachbaut.

Die von SWAT erzeugte Datei *smb.conf* hat nach der Behandlung den Charme einer automatisch erzeugten Konfigurationsdatei. Sie ist sehr übersichtlich, da nur noch die Parameter aufgeführt sind, die anders eingestellt sind als die Vorgaben, und natürlich sind sämtliche Kommentare entfernt worden.

18.2 Clientzugriff auf SMB-Server

Der Zugriff auf SAMBA erfordert eine SMB-Client-Software, die heute auf fast jeder Plattform von Haus aus eingerichtet ist. Die Adresse einer Datei hat die im folgenden Kasten aufgeführte Struktur. Die zweite Zeile gibt die Schreibweise unter Windows an.

Spicker

Schreibweise unter Linux und Mac OS X: `smb://Server/Freigabe/Dateipfad`
Schreibweise unter Windows: `\\Server\Freigabe\Dateipfad`

Um einen SMB-Server anzusprechen, benötigen Sie naheliegenderweise seinen Namen. Dieser wird nicht durch DNS, sondern durch WINS aufgelöst. Das hat zur Folge, dass Sie Rechner auch ohne DNS-Server im Netzwerk über ihren Namen erreichen können. Die Namensauflösungen von WINS erfolgen aber nicht unbedingt sofort, sodass es sein kann, dass Server, die bereits im Netz stehen, längere Zeit nicht unter ihrem Namen ansprechbar sind und dass vor allem Server sichtbar sind, die bereits seit längerer Zeit nicht mehr existieren. Sie können die Server allerdings auch über ihre IP-Adresse ansprechen.

Es muss immer die Freigabe folgen, wie sie in der Konfiguration von *smb.conf* festgelegt wurde. Der Pfad der Datei bezieht sich auf die Wurzel der Freigabe.

In den folgenden Abschnitten wird aufgezeigt, wie Sie einen SMB-Client unter den verschiedenen Plattformen einrichten.

18.2.1 Zugriff per Konsole

Auf SMB-Freigaben kann von der Konsole aus zugegriffen werden. Hier kennt Linux zwei Varianten. Mit dem Programm `smbclient` erfolgt der Zugriff ähnlich wie mit dem FTP-Client. Es werden sogar die gleichen Kommandos eingesetzt, wie sie der FTP-Client auf der Konsole verwendet. Sie finden diese Kommandos in Abschnitt 18.4.1. Aus Platzgründen werden sie hier nicht noch einmal aufgeführt.

Einem Netzwerkdateisystem angemessener ist die Einbindung in den Verzeichnisbaum. Dazu kann der Befehl `smbmount` oder der Befehl `mount` mit der Option `-t smbfs` verwendet werden.

Dateiübertragung per smbclient

Mit dem SAMBA-Client können Linux-Rechner auch auf Netzwerklaufwerke von Windows oder von SAMBA-Servern zugreifen. Das Programm `smbclient` wurde bereits zum Testen des SAMBA-Servers verwendet. Wie dort schon erwähnt, muss es zunächst installiert werden. Es wird nicht automatisch mit dem SAMBA-Paket mitinstalliert.

```
# apt-get install smbclient
```

Mit der Option `-L Servername` zeigt der Befehl `smbclient` alle Ressourcen, die der Server anbietet und die als `browsable` gekennzeichnet sind:

```
$ smbclient -L debian
Enter georg's password:
Domain=[DEBIANSERVER] OS=[Unix] Server=[Samba 3.6.6]

        Sharename       Type      Comment
        ---------       ----      -------
        IPC$            IPC       IPC Service (Samba 3.6.6)
        media           Disk      Wechselplatten
        print$          Disk      Printer Drivers
        Infos           Disk      Infos
        MusiClips       Disk      MusiClips
        Fotos           Disk      Fotos
        Simpsons        Disk      Simpsons
        video           Disk      Videos
        FaxLaser        Printer   Debian HP M1522nf
        georg           Disk      Home Directories
Domain=[DEBIANSERVER] OS=[Unix] Server=[Samba 3.6.6]

        Server               Comment
        ---------            -------
        DEBIAN               Samba 3.6.6

        Workgroup            Master
        ---------            -------
        DEBIANSERVER         DEBIAN
        FAMILIE              HAPE
        LANGROUP             DREAMBOX
```

Der Zugriff auf die von debian angebotenen Benutzerverzeichnisse würde von einem anderen Linux-Rechner per `smbclient` wie folgt ermöglicht:

```
$ smbclient \\\\debian\\homes
```

Etwas irritierend sind die vielen Backslashs. Eigentlich werden vor dem Wort debian nur zwei davon benötigt. Da aber der Backslash von der Shell interpretiert wird, braucht man hier vier. Allerdings können Sie auch normale Schrägstriche verwenden, und dann sieht der Aufruf schon etwas übersichtlicher aus:

```
$ smbclient //debian/homes
Enter georg's password:
Domain=[DEBIANSERVER] OS=[Unix] Server=[Samba 3.6.6]
smb: \> dir
  .                      D        0  Tue Nov 30 12:08:49 2010
  ..                     D        0  Tue Nov 16 17:31:05 2010
  Bilder                 D        0  Fri Apr 30 02:48:04 2010
  testform.htm                  527  Tue Jun  1 12:38:40 2010
  .bashrc                H     3228  Tue May  4 12:17:39 2010
      58682 blocks of size 4194304. 30761 blocks available
smb: \> quit
$
```

Nach dem Aufruf wird ein Passwort angefordert, und Sie befinden sich in einer Umgebung, die stark an den FTP-Client (siehe Abschnitt 18.4) erinnert. Und tatsächlich funktioniert `smbclient` auch mit den gleichen Kommandos, die Sie in Abschnitt 18.4.1 finden.

Kapitel 18

18.2.2 Einhängen einer SMB-Freigabe

SMB-Freigaben stellen ein Netzwerkdateisystem dar. Also können Sie sie wie andere Dateisysteme auch per `mount` in den Verzeichnisbaum einhängen. Auf diese Weise können Sie einen festen Pfad vorgeben, an dem die Freigabe in den lokalen Verzeichnisbaum eingehängt ist.

Wenn Sie beispielsweise Videos über den SAMBA-Server anschauen wollen, kann ein einfaches Öffnen durch den Dateimanager eventuell dazu führen, dass die Dateien vor dem Betrachten zunächst auf den lokalen Rechner kopiert werden. Da Video-Dateien typischerweise groß sind, kann das erstens einen langen Vorlauf bedeuten und auch das lokale Dateisystem zum Überlauf bringen.

Dem Befehl `mount` muss als Option übergeben werden, welches Dateisystem eingehängt werden soll. Die passende Option ist die Option `-t cifs`. Alternativ können Sie auch den Befehl `mount.cifs` verwenden. Der Befehl `mount.cifs` muss explizit installiert werden. Das Programm befindet sich im Paket *cifs-utils*:

```
# apt-get install  cifs-utils
```

CIFS steht für *Common Internet File System*, das einen Nachfolger von SMB darstellt, der nicht nur SAMBA-Server unterstützt, sondern auch diverse NAS-Systeme und die meisten Windows-Server.

Das Einbinden der Ressource *homes* vom Rechner debian kann also mit einem der beiden Befehle erfolgen:

```
# mount.cifs //debian/homes /mnt -o username=georg
# mount -t cifs -o username=georg //debian/homes /mnt
```

Der Befehl `mount` ist dem Administrator root vorbehalten. Letztlich wird aber vermutlich nicht root, sondern ein Benutzer des Systems die Freigabe nutzen. Darum muss ihm die Ressource zugänglich gemacht werden. Durch die Option `-o username` kann der Benutzer angegeben werden, unter dessen Namen die Freigabe angefordert werden soll. Anschließend wird an der Konsole das Passwort dieses Benutzers eingefordert werden.

Die Verbindung kann mit dem normalen `umount` wieder aufgelöst werden:

```
# umount /mnt
```

Freigabe vom Benutzer einhängen

Analog zum Befehl `mount` kann, wie in Abschnitt 6.3.3 beschrieben, ein Dateisystem über die Datei */etc/fstab* automatisch beim Booten in den Verzeichnisbaum eingebunden werden. Aber auch hier besteht das gleiche Problem wie beim Befehl `mount`, dass nicht root, sondern ein Anwender letztlich die Freigabe nutzen will.

Um einem Anwender zu ermöglichen, auf eine SMB-Freigabe zuzugreifen, muss ihm in der Konfigurationsdatei für Dateisysteme */etc/fstab* erlaubt werden, den Befehl `mount` auszuführen.

```
//serverhost/freigabe   /verzeichnis   cifs
       noauto,users,user=Domaene/Benutzer%Geheim  0  2
```

Da eine Papierseite am rechten Rand ein natürliches Ende findet, habe ich die Zeile umbrochen. Das war einfacher, als diese Seite im Querformat drucken zu lassen. Verwenden Sie in der Datei */etc/fstab* bitte nur eine Zeile.

Der Aufbau der Zeile hat die übliche Struktur der *fstab*:

- Dateisystem: Der Eintrag für das Dateisystem beginnt mit zwei Schrägstrichen, gefolgt vom SMB-Server-Host. Durch einen Schrägstrich abgetrennt wird die Freigabe aufgeführt.
- Einhängepunkt: Durch mindestens ein Leerzeichen abgetrennt wird das Verzeichnis genannt, in das die Freigabe eingehängt wird. Häufig wird man hier ein Unterverzeichnis von */media* verwenden oder, wenn es nur von einem Benutzer verwendet wird, auch ein Unterverzeichnis von */home*.
- Dateisystemtyp: Das Schlüsselwort `cifs` kennzeichnet ein CIFS- oder ein SAMBA-Dateisystem. Dieses muss dann später vom Anwender natürlich auch mit dem Befehl `mount.cifs` eingehängt werden.

- Optionen: Die Option `noauto` besagt, dass das Dateisystem nicht beim Booten eingebunden wird. Mit `users` legen Sie fest, dass beliebige Benutzer die Freigabe ein- und aushängen dürfen. Mit der Option `user=` legen Sie die SMB-Domäne, den Benutzer und das Passwort fest. Diese Kombination wird an den SMB-Server übergeben.
- Sicherungskennzahl und Prüfreihenfolgeindex.

Das Passwort werden Sie nicht gern in der *fstab* hinterlegen wollen. Sie können es einfach weglassen. Dann wird der Aufrufer des `mount`-Befehls nach dem Passwort gefragt:

```
$ mount.cifs //serverhost/freigabe /verzeichnis -o uid=georg
```

Wenn Dateisystemname und Einhängepunkt eines `mount`-Befehls mit einem Eintrag der Datei */etc/fstab* übereinstimmen, darf auch ein nicht priviligierter Benutzer das Dateisystem einhängen. Die Option `-o uid=georg` führt dazu, dass die Rechte des SMB-Benutzers auf die des lokalen Benutzers georg übertragen werden.

Zweierlei Benutzer

Im Beispiel haben wir den SMB-Benutzer in der *fstab*-Datei hinterlegt. Der Linux-Benutzer wurde dann mit der Option `uid` beim Befehl `mount` angegeben. Sie können aber auch den SMB-Benutzer erst beim Einhängen durch `mount` angeben, wenn Sie die Option `user=` verwenden:

```
$ mount.cifs //serverhost/freigabe /verzeichnis -o user=Harrison,uid=georg
```

Die Option `user=` spezifiziert den Benutzer auf dem SMB-Server und die Option `uid=` den Benutzer auf dem Linux-Client.

Mit den Optionen `file_mode=` und `dir_mod=` können eingebundenen Dateisystemen die Linux-Berechtigungen aufgezwungen werden. Die Argumente entsprechen denen des Befehls `chmod` (siehe Abschnitt 5.2.1).

Wollen die Zugriffsrechte nicht greifen, kann es helfen, die Option `nounix` zu setzen. Sie schaltet die UNIX-Erweiterungen des SAMBA-Servers von der Client-Seite her ab. Vor allem bei älteren NAS-Systemen kann es aufgrund einer älteren SAMBA-Version hin und wieder zu Problemen kommen.

Freigabe beim Booten einhängen

Soll eine SMB-Freigabe bereits beim Booten des Rechners eingebunden werden, muss ein entsprechender Eintrag in der Datei */etc/fstab* hinterlegt werden. Das ist nicht wirklich neu. Wenn aber bereits zum Bootzeitpunkt eingehängt werden soll, ohne dass später ein Benutzer den Befehl `mount` aufruft, ergibt sich das Problem, das Benutzerpasswort unterzubringen. Es ist zwar möglich, es offen in der Datei *fstab* einzutragen. Da diese

Datei aber für alle Benutzer eines Systems einsehbar ist, ist das wirklich kein guter Ort für Passwörter. Darum wird gern auf eine Credentials-Datei verwiesen, die Benutzerkennung und Passwort enthält und vor den Blicken der anderen Benutzer des Systems verborgen werden kann. Die folgende Zeile bindet eine Freigabe namens *mp3* des Rechners 192.168.109.199 ein:

```
//192.168.109.199/mp3 /media/mp3 cifs
        credentials=/home/georg/.smbcredentials  0 0
```

Die Datei *.smbcredentials* steht im Heimatverzeichnis des Benutzers georg und enthält folgende Zeilen:

```
username=georg
password=gehtdichgarnichtsan
```

Warnung

Beim Einbinden des Dateisystems sollte bedacht werden, dass sich SMB-Dateisysteme nicht UNIX-konform verhalten. So stimmen nicht alle Dateinamenskonventionen überein. Auch UNIX-typische Dateispezialitäten wie Links oder Sockets werden nicht funktionieren. Nicht einmal die Rechte und Besitzverhältnisse eines Linux-Systems können auf einem SMB-Dateisystem nachgebildet werden.

18.2.3 Linux-Dateimanager als SAMBA-Client

Die Dateimanager der verschiedenen Linux-Desktops erreichen eine SMB-Freigabe über einen speziell vorgesehenen Eintrag NETZWERK. Es werden zunächst die verfügbaren Arbeitsgruppen angezeigt. Sie wählen Ihre Arbeitsgruppe aus, und es sollte daraufhin der Server erscheinen. Klicken Sie ihn doppelt an und Sie sehen seine angebotene Freigaben.

Bei allen Dateimanagern wie Nautilus (GNOME), Dolphin (KDE), Thunar (XFCE) oder caja (MATE) können Sie den Ort als URL mit dem Protokolltyp `smb:` angeben, wie beispielsweise *smb://debian/mp3*. Die Eingabezeile erreichen Sie bei den meisten Dateimanagern über die Tastenkombination [Strg]+[L]. Falls nötig, fragen die Dateimanager automatisch Benutzernamen und Passwort ab.

18.2.4 Mac OS X als SAMBA-Client

Die URL *smb://debian/mp3* kann auch unter Mac OS X verwendet werden. Dazu rufen Sie über das Menü GEHE ZU | MIT SERVER VERBINDEN... einen Dialog auf (siehe Abbildung 18.14).

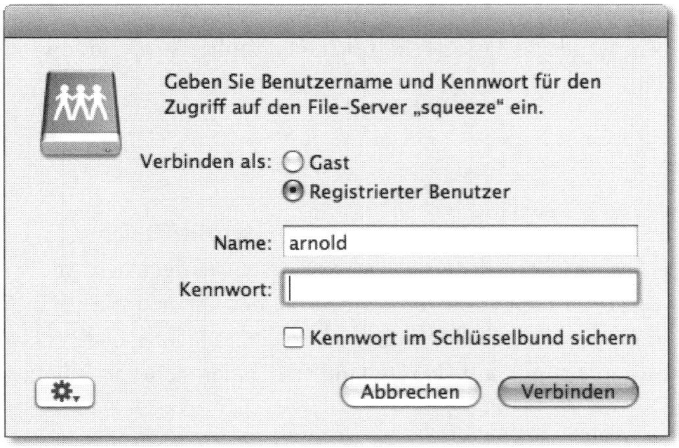

Abbildung 18.14 Mac-OS-X-Dialog zur Serververbindung

Hier können Sie auf GAST umschalten und dann bestätigen. Anschließend wird auf dem Mac eine Netzwerkverbindung aufgebaut, die als Freigabe im Finder erscheint und wie ein normales Laufwerk behandelt werden kann. Die Verbindung wird gelöst, indem das Auswurfsymbol neben der Freigabe angeklickt wird.

18.2.5 Windows als SAMBA-Client

Das SMB-Netzwerk ist eine ureigene Windows-Erfindung. Insofern darf man erwarten, dass Windows-Rechner schnell und gern mit dem Netzwerk in Kontakt treten.

Grundlegende Einstellungen

Natürlich muss der Client im Netzwerk integriert sein. Dazu benötigt er eine passende IP-Adresse. In der Regel wird dies durch den DHCP-Server im Netzwerk gewährleistet. Darüber hinaus ist es hilfreich, aber nicht zwingend, dass sich Client und Server in der gleichen Arbeitsgruppe befinden. Schließlich muss die »Freigabe«, wie SMB unter Windows in der Regel genannt wird, aktiviert sein.

Die Netzwerkumgebung ist leider bei der Anzeige der verfügbaren Rechner nicht besonders verlässlich. Windows-Rechner prüfen in gewissen Abständen, welche anderen Rechner sich im Netz befinden. Danach aktualisieren sie ihre Netzwerkumgebung. So kann es sein, dass die angezeigten Rechner längst abgeschaltet sind oder nicht angezeigte Rechner in Wirklichkeit längst verfügbar sind. Hektisches Heruminstallieren kann da sehr kontraproduktiv sein.

In diesem Abschnitt wird kurz aufgezeigt, wie Sie Windows 7 und Windows XP mit einem SAMBA-Server verloben. Windows Vista verhält sich hier ähnlich wie Windows 7. Groß ist der Unterschied nicht.

Windows 7

Sie erreichen die Netzwerkumgebung unter Windows immer mit dem Dateimanager, der als »Windows-Explorer« bezeichnet wird. Sie starten ihn am einfachsten, indem Sie [Win] und [E] gleichzeitig drücken. In dem Fenster können Sie den Bereich NETZWERK anklicken und erhalten beim ersten Mal die Meldung: »Die Freigabe von Dateien ist ausgeschaltet. Einige Netzwerkcomputer und -geräte sind ggf. nicht sichtbar. Klicken Sie hier, um dies zu ändern.«

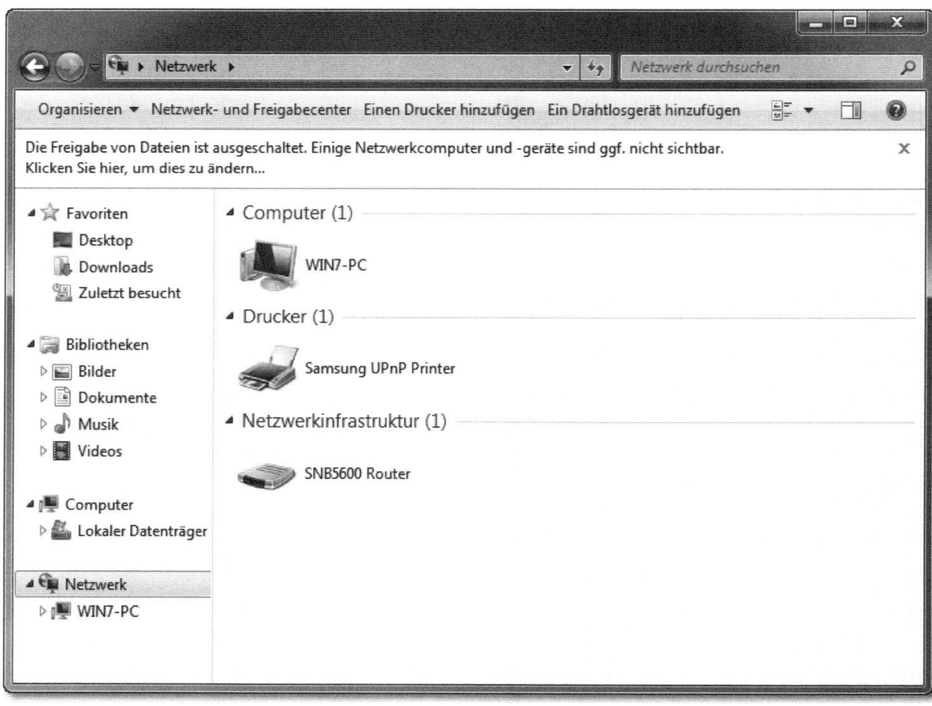

Abbildung 18.15 Windows 7 meldet inaktive Freigabe.

Sobald Sie die Meldung anklicken, erscheint ein Menü, dessen Punkt NETZWERKERKENNUNG UND DATENFREIGABE AKTIVIEREN Erfolg verheißt. Wenn Sie ihn anklicken, erleben Sie ein wundervolles Farbspiel in der Adresszeile. Das war vielleicht nicht das, was Sie sich erhofft haben, schadet aber immerhin auch nicht. Nun sollten Sie einen Kaffee trinken gehen. Vielleicht genießen Sie ein paar Minuten gute Musik. Irgendwann sind plötzlich beim Anklicken des Netzwerks die anderen Computer sichtbar. Wenn Sie den Namen des SAMBA-Servers kennen, können Sie dies beschleunigen, indem Sie in die Adresszeile seinen Namen eingeben, der mit zwei Backslashs eingeleitet werden muss, beispielsweise *\\debian*.

Sollten Sie die Meldung, dass die Freigabe von Dateien ausgeschaltet ist, verpasst haben, können Sie die Einstellungen auch direkt vornehmen. Zunächst muss der Zugriff auf die Freigabe eingerichtet werden. Von START aus wählen Sie SYSTEMSTEUERUNG | NETZWERK. Dort finden Sie unter NETZWERK UND INTERNET den Punkt DATENFREIGABE EINRICHTEN.

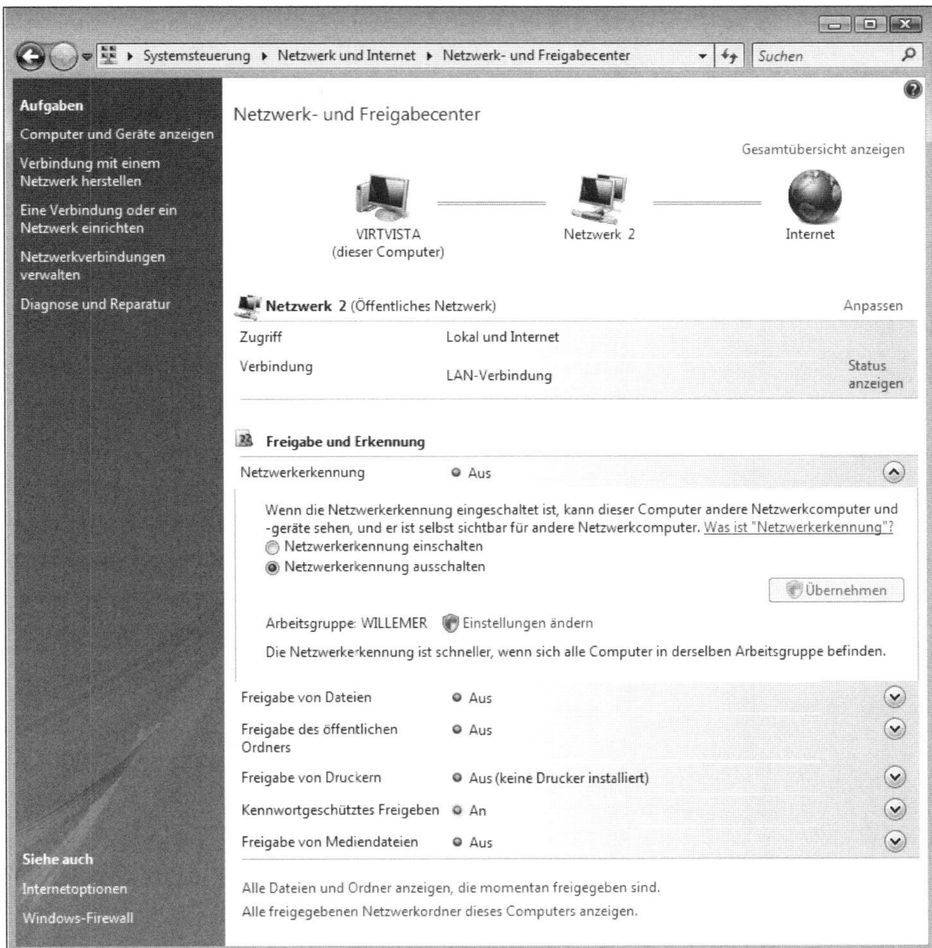

Abbildung 18.16 Freischalten des Zugriffs auf die Freigabe

Schalten Sie FREIGABE UND ERKENNUNG ein (Abbildung 18.16) und Sie finden dort die Möglichkeit, am Netzverkehr teilzuhaben, indem Sie NETZWERKERKENNUNG EINSCHALTEN anwählen. Wenn Sie ÜBERNEHMEN anklicken, fragt Sie Windows noch einmal, ob das Ihr Ernst ist, und bittet um das Administratorkennwort. Durch einen Klick auf FORTSETZEN gelangen Sie zu der Frage, ob die Netzwerkerkennung öffentlich oder lokal sein soll.

Nun können Sie den Windows-Explorer aufrufen und dort NETZWERK anklicken. In der Liste der Netzwerkcomputer taucht nun auch DEBIAN und seine Freigabe `mp3` auf.

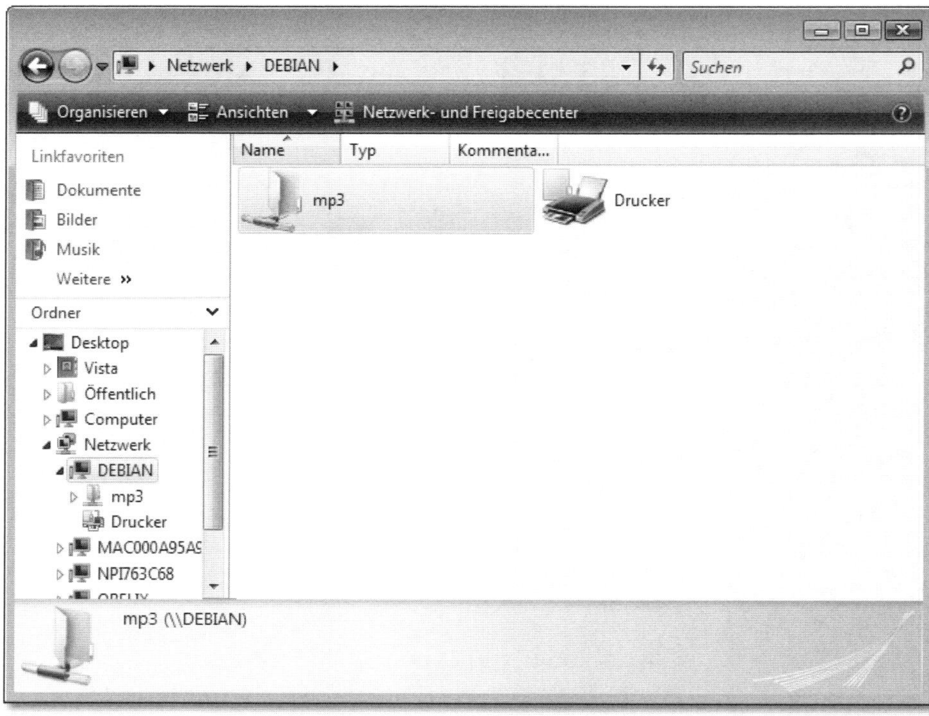

Abbildung 18.17 Linux-Freigabe im Explorer

Sie können die Freigabe *mp3* auch mit der rechten Maustaste anklicken und so mit einem festen Laufwerksbuchstaben verbinden, indem Sie NETZLAUFWERK ZUORDNEN... anwählen.

Probleme mit der Sicherheitsrichtlinie

In einigen Versionen von Windows 7 könnte der Weg für einen Zugriff auf den SAMBA-Server durch Sicherheitsrichtlinien blockiert sein. In solch einem Fall muss vor einem erfolgreichen Zugriff der Security Policy Editor bemüht werden. Diesen können Sie mit dem Befehl `secpol.msc /s` von der Eingabeaufforderung starten, oder Sie gehen den Weg über den Start-Button. Dort finden Sie die SYSTEMSTEUERUNG. Dort klicken Sie erst auf SYSTEM, dann auf VERWALTUNG. In dem sich daraufhin öffnenden Fenster klicken Sie dann auf LOKALE SICHERHEITSRICHTLINIE.

In diesem Programm finden Sie in der linken Spalte einen Eintrag LOKALE RICHTLINIEN, den Sie aufklappen können, um dort die SICHERHEITSOPTIONEN auszuwählen. In der rechten Spalte erfolgen dann die Einstellungen.

Zuerst wird der Punkt NETZWERKSICHERHEIT: LAN-MANAGER-AUTHENTIFIZIERUNGSEBENE doppelt angeklickt und dann die Einstellung LM- UND NTLM-ANTWORTEN SENDEN ausgewählt. Anschließend wird NETZWERKSICHERHEIT: MINIMALE SITZUNGSSICHERHEIT FÜR NTLM-SSP BASIERTE SERVER (EINSCHLIESSLICH SICHERER RPC-SERVER) die Einstellung 28-BIT-VERSCHLÜSSELUNG ERFORDERN deaktiviert.

Alternativ können Sie auch direkt die Registry verändern. Sie navigieren sich im Registrierungs-Editor an die folgende Position:

HKLM\SYSTEM\CurrentControlSet\Control\Lsa

Dort legen Sie einen Schlüssel `LmCompatibilityLevel` vom Typ DWORD an. Als Wert wird entweder 2 oder 1 eingetragen.

Bevor Sie diese Einstellungen ändern, sollten Sie prüfen, ob Sie überhaupt Probleme haben. Es kann nämlich sein, dass ein Windows- oder SAMBA-Update diese Probleme inzwischen beseitigt hat.

Arbeitsgruppe

Die Arbeitsgruppe wird von Microsoft auf *WORKGROUP* gesetzt. Wenn Sie die Arbeitsgruppe ändern wollen, drücken Sie [Windows] in Kombination mit [Pause] und erreichen so den Systembildschirm. Sie können auch über SYSTEMSTEUERUNG | SYSTEM UND SICHERHEIT | SYSTEM dorthin gelangen. Im Fenster sehen Sie rechts unten die Arbeitsgruppe als WORKGROUP eingerichtet. Klicken Sie auf EINSTELLUNGEN ÄNDERN.

In dem sich daraufhin öffnenden Dialog wählen Sie den Button ÄNDERN, über den Sie nun glücklich die Arbeitsgruppe ändern können. Wie es die Natur eines Windows-Rechner ist, wünscht er sich anschließend einen Neustart.

18.3 NFS – Network File System

NFS (*Network File System*) stellt ein Dateisystem über das Netzwerk zur Verfügung, das von mehreren Clients parallel benutzt werden kann. Im Gegensatz zum verbreiteteren SAMBA (siehe Abschnitt 18.1) stellt NFS ein Linux-kompatibles Dateisystem dar. Es kommt also mit den Eigenschaften wie Besitzer, Gruppe sowie den Lese-, Schreib- und Ausführungsrechten problemlos klar. Es beherrscht symbolische Links, passt also wesentlich besser zu Linux als SAMBA und ist überdies auch noch performanter.

Diese Eigenschaften haben ihren Grund in der Geschichte von NFS. Es ist seinerzeit von Sun für UNIX entwickelt worden. Leider konnte MS-DOS zu dieser Zeit mit Netzwerken nicht recht umgehen. So sind NFS-Clients für MS-DOS oder Windows eher rar gesät.

Installation

Einen NFS-Server für Linux können Sie mit dem folgenden Befehl installieren:

```
# apt-get install nfs-kernel-server
```

Wollen Sie nur einen NFS-Client installieren, reicht es aus, das Paket *nfs-common* zu installieren:

```
# apt-get install nfs-common
```

Überblick

Der Server stellt Verzeichnisse seines Dateisystems den Clients zur Verfügung. Die Datei */etc/exports* enthält Zeile für Zeile einen Pfad und die Bedingungen, unter denen dieses Verzeichnis zur Verfügung steht.

Der Client kann nun ein vom NFS-Server angebotenes Dateisystem über den üblichen Befehl `mount` einbinden und auch in der Datei */etc/fstab* dauerhaft hinterlegen. Die Verbindung wird also explizit vom Administrator hergestellt, wie das beim Einbinden einer Festplatte geschieht.

18.3.1 NFS-Server

Die Datei */etc/exports* enthält die Verzeichnisse, die einem NFS-Client zum Einbinden zur Verfügung gestellt werden. Das Doppelkreuz (#) ermöglicht es, Kommentare in der Datei zu hinterlegen. Jede Zeile dieser Datei enthält das Verzeichnis, das angeboten wird, wem diese Verzeichnisse im Einzelnen zugänglich sind und Optionen, welche Rechte die Nutzer haben.

Spicker ×

Pfad Clients[(*Optionen*)]

Zugriffsberechtigung

Zulässige Clients können auf verschiedene Arten beschrieben werden.

- Ein einzelner Rechner kann über seinen Namen oder seine IP-Adresse spezifiziert werden.
- Hosts können über ihren Hostnamen identifiziert werden. Dabei ist der Einsatz der Wildcards Stern und Fragezeichen möglich. Die Bezeichnung `sekr*` könnte also für alle PCs des Sekretariats stehen.
- Netzwerke werden sinnvollerweise über ihre IP-Adresse angegeben. Die Netzwerkmaske wird in der »Dotted«-Darstellung durch einen Schrägstrich abgetrennt angegeben. Beispielsweise:

  ```
  192.168.109.0/255.255.255.0
  ```
- Es können auch Netzgruppen (siehe Abschnitt 10.2.5) angegeben werden. Dem Namen einer Netzgruppe wird immer ein At-Zeichen »@« vorangestellt.

Optionen werden in runde Klammern gestellt.

- `ro`
  Das Verzeichnis kann nur gelesen werden.
- `rw`
  Das Verzeichnis darf gelesen und geschrieben werden. Wenn Sie ein Gleichheitszeichen anhängen, können Sie danach die Rechner aufzählen, die dieses Recht erhalten. Trennen Sie die aufgeführten Clients durch je einen Doppelpunkt.
- `root_squash`
  Die Rechte des Administrators root werden auf eine anonyme User-ID umgesetzt. Die Option `no_root_squash` bewirkt erwartungsgemäß das Gegenteil.

Die folgende Datei *exports* gewährt allen Rechnern der Domäne *willemer.edu* die Möglichkeit, das Verzeichnis */var/nfs/src* einzubinden. Darüber hinaus dürfen alle Mitgleicher der Netzgruppe (siehe Abschnitt 10.2.5) jlfriends auf das Verzeichnis */home/johannes* lesend und schreibend zugreifen. Auf das Verzeichnis */var/nfs/doku* darf dagegen nur lesend zugegriffen werden.

```
# /etc/exports
/var/nfs/src     *.willemer.edu
/home/johannes   @jlfriends(rw)
/var/nfs/doku    (ro)
```

Wenn die Konfiguration des NFS-Servers in der Datei */etc/exports* verändert wurde, muss der NFS-Server sie einlesen. Dazu kann man ihn natürlich über das Init-Skript neu starten.

```
# /etc/init.d/nfs-kernel-server restart
```

Einfacher ist es allerdings, mit dem Befehl `exportfs -a` den Server darauf aufmerksam zu machen, dass sich etwas geändert hat. Wird der Befehl ohne Parameter gegeben, zeigt er eine Liste der aktuellen Exporte an.

18.3.2 NFS-Client

Der Linux-Client benötigt wie schon erwähnt das Paket *nfs-common*, um die NFS-Exporte eines Servers einhängen zu können. Dazu kann er zuvor mit dem Befehl `showmount` sehen, welche Exporte der Server zur Verfügung stellt. Eine NFS-Resource wird immer mit dem Befehl `mount` eingehängt und kann natürlich auch in der Datei */etc/fstab* eingetragen werden.

Informationen über den Server

Von der Clientseite aus zeigt der Befehl `showmount`, welche Exporte der NFS-Server anbietet und mit welchen Rechnern er verbunden ist.

Spicker

`showmount [-e]` *NFS-Server*

Wenn Sie die Adresse des NFS-Servers als Parameter angeben, erhalten Sie die Information, welche anderen Computer eine Ressource des Servers eingebunden haben:

```
$ showmount linuxsrv
Hosts on linuxsrv:
192.168.109.194
192.168.109.197
```

Um zu ermitteln, welche Verzeichnisse ein NFS-Server anbietet, wird der Befehl `showmount` mit der Option `-e` verwendet:

```
$ showmount -e linuxsrv
Export list for linuxsrv:
/home/arnold 192.168.109.0/255.255.255.0
```

In diesem Fall enthält die Datei */etc/exports* offensichtlich nur einen Eintrag. Das Verzeichnis */home/arnold* wird dem Netzwerk 192.168.109.0 angeboten.

Einhängen einer NFS-Ressource

Der Client kann eine NFS-Ressource wie eine gewöhnliche Festplatte mit dem Befehl `mount` (siehe Abschnitt 6.3.2) in seinen Verzeichnispfad integrieren.

Spicker

`mount [-t nfs]` *Host:Pfadname Mountpoint*

- **`-t nfs`**
  Die Option `-t` legt fest, welcher Dateisystemtyp eingebunden wird. In diesem Fall ist es NFS. Allerdings erkennt Linux bereits anhand des Hostnamens, gefolgt vom Doppelpunkt, dass es sich um eine NFS-Ressource handelt, sodass eine explizite Angabe der Option `-t nfs` nicht erforderlich ist.
- **Host**
  Die Bezeichnung des Rechners steht vor dem Doppelpunkt. Da im UNIX-Umfeld keine Laufwerksbuchstaben verwendet werden, ist der Doppelpunkt für die Adressierung eines Computers eindeutig. Der Rechner kann durch den Hostnamen oder die IP-Adresse spezifiziert werden.
- **Pfadname**
  Dem Host folgt der Pfad der Ressource auf dem NFS-Server. Die Pfadangabe muss so lauten, wie sie in der Datei */etc/exports* auf dem Server aufgeführt wird. Host, Doppelpunkt und Pfad dürfen nicht durch ein Leerzeichen voneinander getrennt werden.
- **Mountpoint**
  Durch ein Leerzeichen abgesetzt, wird der lokale Pfad angegeben, an dem das NFS-Dateisystem in den Verzeichnisbaum eingehängt wird.

Das folgende Beispiel hängt das Verzeichnis */srv/nfs* auf dem Computer linuxsrv auf dem lokalen Rechner ins Verzeichnis */home/nfs* ein. Dazu muss das Verzeichnis vor dem Einhängen angelegt worden sein:.

```
# mount -t nfs linuxsrv:/srv/nfs /home/nfs
```

Anschließend werden alle Dateioperationen, die unterhalb des Verzeichnisses */home/nfs* stattfinden, auf der Festplatte des Rechners linuxsrv erfolgen. Alle Datenübertragungen gehen über das Netzwerk vonstatten.

Festlegung in der /etc/fstab

Sollen NFS-Laufwerke automatisch beim Booten eingebunden werden, erreichen Sie dies durch einen Eintrag in der */etc/fstab* (*fstab* siehe Abschnitt 6.3.3). Der Eintrag sieht aus wie jeder andere, nur als Dateisystemtyp wird `nfs` angegeben, und statt der Partition wird die Adresse der Freigabe aus Host, Doppelpunkt und Pfad angegeben. Für das Beispiel würde der Eintrag folgendermaßen lauten:

```
# /etc/fstab
linuxsrv:/srv/nfs   /home/nfs   nfs   user  0 0
```

Der Eintrag `user` ermöglicht es, dass auch ein Anwender und nicht nur root den Befehl `mount` ausführen kann.

Da dieser Eintrag in der *fstab*-Datei steht, braucht der Anwender nur die Quelle oder das Ziel anzugeben. Der jeweils andere Parameter und die Optionen werden automatisch hinzugefügt. Zum Beispiel:

```
$ mount /home/nfs
```

Benutzer

In einem Dateisystem wird der Eigentümer über die User-ID festgehalten. In einem lokalen Dateisystem ist diese immer eindeutig. Es kann aber sein, dass die gleiche User-ID auf verschiedenen Rechnern von unterschiedlichen Benutzern verwendet wird oder ein Benutzer auf unterschiedlichen Systemen verschiedene User-IDs hat. Beispielsweise habe ich mich auf meinem Linux-Laptop bei der Installation als Benutzer *arnold* eingetragen. Dabei wurde *arnold* die User-ID 1000 (siehe Abschnitt 10.2.3) zugewiesen. Meine Frau Andrea hat auf ihrem Laptop den Benutzernamen *andrea*, und da dieser zuerst eingerichtet wurde, hat auch sie die User-ID 1000. Wenn wir beide eine NFS-Resssource einbinden, treten wir aus Sicht des Servers als gleicher Benutzer auf. Noch interessanter wird das Spiel, wenn ich auf meinem Laptop für meine Frau einen Benutzernamen *andrea* einrichte. Der wird die User-ID 1001 erhalten. Mit diesem Konto würden die Dateien, die sie von ihrem eigenen Laptop aus angelegt hat, ihr auf meinem Laptop nicht mehr gehören.

18.3.3 Sicherheitsfragen

Sie können, wie bereits beschrieben, in der Datei */etc/exports* zu jedem Export angeben, welche Computer eine Zugriffsmöglichkeit haben sollen. Auf diesen Rechnern muss letztlich root zulassen, dass ein Export eingebunden wird. Danach greifen die Dateirechte, die auf Benutzer- und Gruppenbasis funktionieren. Dies setzt natürlich voraus, dass alle Benutzer und Gruppen auf den beteiligten Rechnern die gleichen Identitätsnummern verwenden. Dies kann beispielsweise durch einen entsprechenden Netzwerkservice wie NIS (siehe Abschnitt 10.6) oder LDAP gewährleistet werden.

Durch den Einsatz der Dateien */etc/hosts.allow* und */etc/hosts.deny* können Sie Positiv- und Negativlisten erstellen. In jeder Zeile dieser Dateien wird zunächst der Dämon genannt, der einen bestimmten Dienst verwaltet, und nach einem Doppelpunkt werden die Rechner aufgeführt. Die hier genannten Computer beziehen sich dann allerdings auf alle Dienste des Dämons. Als Dämon wird für NFS `portmap` verwendet, auf dem NFS basiert. Um nur einzelnen Rechnern die Rechte zu gestatten, müssten Sie zunächst in der Datei *hosts.deny* alle denkbaren Rechner ausschließen:

```
# /etc/hosts.deny
portmap: ALL
```

Nun können Sie in der Datei *hosts.allow* die Rechner aufführen, die eine Erlaubnis haben:

```
# /etc/hosts.allow
portmap: 192.168.109.0/255.255.255.0
```

Das Network File System stammt noch aus einer Zeit, in der es schon allein rein physisch nicht möglich war, einen UNIX-Computer schnell mal in einen Raum zu schmuggeln. Darum reichte es völlig, die Nutzung der Exporte nur gegen Computer abzusichern.

18.3.4 Versionsänderungen von NFSv3 zu NFSv4

Das NFS-Paket *nfs-kernel-server* enthält einen Server, der sowohl den klassischen Standard NFSv3 als auch den neuen Standard NFSv4 beherrscht. NFSv4 ist eine komplette Neuentwicklung, die eine bestmögliche Kompatibilität gewährleisten soll.

Unter der Haube ist vieles neu. Die Dämonen heißen anders, und ihre Aufgaben sind nicht mehr wie bisher auf mehrere Dienste verteilt. Das Protokoll wurde vom schnellen, statuslosen UDP auf das verbindungsorientierte TCP umgestellt und viele Sicherheitsprobleme der alten Version wurden in Angriff genommen.

Auf den beteiligten Clients und Servern läuft nun ein Prozess `idmapd`, der dafür sorgt, dass die Rechte auf den exportierten Ressourcen nicht mehr von der UID und der GID abhängig sind, sondern auf die Namen umgesetzt werden. So erhalten gleichnamige Benutzer die jeweiligen Rechte auf der anderen Seite, auch wenn sich deren UIDs unterscheiden.

Neu ist auch, dass NFSv4 auf einem Basisverzeichnis aufsetzt. Als Basisverzeichnis wird in der Konfigurationsdatei */srv/nfsv4* vorgeschlagen. Das Verzeichnis */srv* existiert bereits. Das Verzeichnis *nfsv4* müssen Sie selbst anlegen. Nachdem das Basisverzeichnis erklärt worden ist, beziehen sich die Exporte auf dieses Verzeichnis.

```
/srv/nfsv4   *(rw,sync,fsid=0,no_subtree_check)
/home        *(rw,sync,no_subtree_check)
```

Die Option `fsid=0` sagt dem NFS-Dämon, dass das Verzeichnis */srv/nfsv4* das Basisverzeichnis ist und dass NFSv4 verwendet wird. Die zweite Zeile setzt nun auf dem

Verzeichnis auf. Das exportierte Verzeichnis */home* verweist auf dem Server auf dessen Verzeichnis */srv/nfsv4/home*.

Auf Clientseite sind die Unterschiede nicht gerade gewaltig. Statt des Dateisystemtyps `nfs` muss nun der Dateisystemtyp `nfs4` verwendet werden:

```
# mount -t nfs4 linuxsrv:/home /mnt
```

Der gleiche Typ wird in der Datei */etc/fstab* verwendet. Ein dauerhaftes Einbinden würde also wie folgt eingerichtet:

```
linuxsrv:/home   /home    nfs4  rw   0  0
```

18.3.5 Automatisches Mounten

NFS-Verzeichnisse, die Sie regelmäßig verwenden, werden Sie in der Datei */etc/fstab* eintragen. Dadurch werden die NFS-Ressourcen bereits beim Start des Rechners eingebunden und stehen damit allen Benutzern zur Verfügung, ohne dass root eingreifen muss. Das kann zu Problemen führen, wenn mehrere Rechner gleichzeitig booten und das Einbinden der NFS-Ressourcen nicht klappt, weil der entsprechende Server noch nicht hochgefahren ist. Theoretisch ist es sogar denkbar, dass die Rechner im Kreis aufeinander warten, weil sie wechselseitig sowohl Server als auch Client unterschiedlicher Ressourcen sind.

Die Lücke zwischen fester Integration und dem Einbinden bei Bedarf schließt der Automounter, der in der Lage ist, ein NFS-Verzeichnis dann einzubinden, wenn der Pfad angesprochen wird. Sie werden sehen, dass der Automounter neben dem Henne-Ei-Problem beim Booten auch in anderen Situationen sehr praktisch ist. Das entsprechende Paket heißt *autofs* und wird mit dem folgenden Befehl installiert:

```
# apt-get install autofs
```

Das Konzept des Automounters besteht darin, dass vorher festgelegte Verzeichnisse überwacht werden. Sobald in diesen eine Datei oder ein Verzeichnis angefordert wird, wird das in der Konfiguration festgelegte Dateisystem eingebunden. Dabei ist das einzubindende Verzeichnis nicht auf NFS-Ressourcen beschränkt.

Konfigurationsdateien

Das AutoFS verwendet für die zentrale Steuerung die Masterdatei */etc/auto.master*. Aber selbst diese Datei ist konfigurierbar. Ihr Name und Ort werden in der Datei */etc/default/autofs* festgelegt. In der Masterdatei sind die Verzeichnisse aufgelistet, für die später je ein Automount-Dämon zuständig sein wird. Der Aufbau ist relativ einfach. Jede Zeile beginnt mit dem zu überwachenden Verzeichnis. Dann wird die Konfigurationsdatei genannt, in der die einzubindenden Dateisysteme stehen. Das Beispiel wird für das Verzeichnis */myauto* einen Automount-Dämon starten, der seine weitere Konfiguration in der Datei */etc/auto.myauto* findet:

```
# /etc/auto.master
/myauto  /etc/auto.myauto
```

Für jeden Einhängepunkt wird in der Masterdatei eine Konfigurationsdatei genannt. Konventionsgemäß steht sie ebenfalls im Verzeichnis */etc*, und ihr Name beginnt mit *auto*; sie schließt mit dem Einhängepunkt. In ihr ist beschrieben, welche Unterverzeichnisse zur Verfügung stehen, und es sind die Optionen des Befehls `mount` sowie das Device oder die NFS-Quelle aufgeführt, also ähnlich wie in der Datei *fstab*. Die Beispieldatei *auto.myauto* soll das Benutzerverzeichnis von paul einhängen, das sich auf dem Server linuxsrv befindet:

```
# /etc/auto.myauto
paul -rw   linuxsrv:/home/paul
```

Natürlich muss der Server linuxsrv das Verzeichnis */home/paul* anbieten. Dort müsste also in der Datei */etc/exports* eine Zeile wie die folgende stehen:

```
# /etc/exports auf linuxsrv
home/paul 192.168.109.0/255.255.255.0(rw,sync,no_subtree_check)
```

Die Verzeichnisse, die in den Konfigurationsdateien erwähnt werden, erstellt sich der Automounter selbst. Sie müssen sie nicht selbst erzeugen. Ganz im Gegenteil: Wenn Sie eigene Datenpfade gleichen Namens anlegen, werden sie und ihre Inhalte nach dem Start des Automounters überdeckt.

AutoFS

Der Automounter basiert auf einem virtuellen Dateisystem namens AutoFS. Daraus resultiert der Name des Startskripts `autofs` im Verzeichnis */etc/init.d*. Sie können nun den Automounter starten:

```
# /etc/init.d/autofs start
```

Ab diesem Augenblick wird für jeden Eintrag in der Datei */etc/auto.master* ein virtuelles Verzeichnis angelegt und ein Prozess namens `automount` gestartet, der sein virtuelles Verzeichnis überwacht. Sobald Sie in diesem Einhängepunkt auf eines der in der Konfigurationsdatei aufgeführten Verzeichnisse zugreifen, wird automatisch das Verzeichnis eingehängt. Zunächst sollten Sie einmal hineinschauen:

```
# cd /myauto
# ls
#
```

Das Verzeichnis */myauto* haben Sie nie angelegt, und doch existiert es. Aber derzeit ist es leer. Nun geben Sie einen Befehl, der den Automounter dazu zwingt, das NFS-Verzeichnis einzubinden. Dazu reicht der Befehl `ls`, der den Inhalt von *paul* anzeigt:

```
# ls paul
```

Nun wird *linuxsrv:/home/paul* eingebunden, und Sie sehen den Inhalt dieses Verzeichnisses. Sie können auch per `df` oder `mount` prüfen, welche Dateisysteme jetzt eingebunden sind.

Verallgemeinerung

Sie können in der Ressourcenkonfiguration auch Wildcards verwenden. Der folgende Eintrag in der Datei *auto.myauto* sorgt dafür, dass bei jedem Zugriff auf irgendein Verzeichnis im Einhängepunkt automatisch das passende Gegenstück auf dem Server gesucht wird. In der Zeile darunter sehen Sie die bisherige Konfigurationszeile durch ein Doppelkreuzzeichen auskommentiert:

```
*         -rw     linuxsrv:/home/&
# paul    -rw     linuxsrv:/home/paul
```

Nach einem Neustart des Automounters werden Sie feststellen, dass Sie das Verzeichnis von paul wieder genauso einbinden können wie zuvor. Sollte die Exportdatei des Servers auch weitere Benutzerverzeichnisse anbieten, brauchen Sie diese nur unter ihrem Namen anzusprechen, und sie sind automatisch eingebunden.

Domain-Controller à la Linux

Diese Flexibilität lässt sich nutzen, um die Benutzerverzeichnisse zu zentralisieren. Sie legen in der Masterdatei einen Eintrag für das Verzeichnis */home* an. Sobald eines der Verzeichnisse angesprochen wird, wird es vom zentralen Server eingebunden. Auf diese Weise können Sie erreichen, dass Sie auf allen Arbeitsplätzen des Netzwerks immer das gleiche Benutzerverzeichnis haben.

```
# /etc/auto.master
/home   /etc/auto.home
```

Bedenken Sie, dass das bisherige Verzeichnis */home* verschwinden wird, wenn Sie den Automounter jetzt starten.

Die Datei *auto.home* könnte nun die gleiche Zeile verwenden, die wir bereits in der Datei *auto.myauto* benutzt haben. An dieser Stelle wird der Eintrag leicht verändert und als Quelle nicht das Verzeichnis */home* des Servers, sondern das Verzeichnis */export/home* verwendet.

```
# /etc/auto.home
*         -rw     linuxsrv:/export/home/&
```

Das separate Verzeichnis */export/home* erleichtert es, die zentralisierten Benutzerverzeichnisse von den lokalen zu trennen. Durch die Nomenklatur wird auch deutlich, dass diese Verzeichnisse für das Netzwerk angelegt wurden.

Sobald sich ein Anwender auf diesem System anmeldet, wird auf sein Benutzerverzeichnis zugegriffen. Der Automounter wird aktiv und bindet es vom Server linuxsrv ein. Nun können Sie noch dafür sorgen, dass auf linuxsrv ein NIS-Server oder ein LDAP die Authentifizierung der Benutzer übernimmt, und die gesamte Benutzerverwaltung ist zentralisiert. Sie sehen im Workshop in Abschnitt 24.2 eine praktische Umsetzung.

Wenn Sie Änderungen an der Konfiguration durchführen, müssen Sie das Init-Skript mit dem Parameter `restart` erneut aufrufen. Mit `stop` können Sie den Automounter komplett stoppen. Wenn Sie nur die Masterdatei editieren, reicht der Parameter `reload`.

Wechselmedien

Der Automounter kann nicht nur NFS-Ressourcen verwalten. Sie können stattdessen auch beliebige andere Dateisysteme angeben, die durch den Befehl `mount` eingebunden werden können. Wenn Sie einen Server ohne grafische Oberfläche betreiben, werden die Wechseldatenträger nicht automatisch in das System eingebunden. Damit das CD-Laufwerk automatisch eingebunden wird, können Sie den Beispieleintrag */misc* in der Masterdatei entkommentieren:

```
# /etc/auto.master
/misc   /etc/auto.misc
```

In der Konfigurationsdatei *auto.misc* müssen Sie den Eintrag für die CD noch nachkorrigieren, da sich eine CD bei Debian und Ubuntu typischerweise unter der Gerätedatei */dev/sr0* meldet:

```
# /etc/auto.misc
# cd       -fstype=iso9660,ro,nosuid,nodev :/dev/cdrom
cd         -fstype=iso9660,ro,nosuid,nodev :/dev/sr0
```

Sobald Sie nun das Verzeichnis */misc/cd* aufrufen, wird eine eventuell einliegende CD an dieser Stelle eingehängt. Der übliche Pfad */media* ist dafür nicht so geeignet, weil er dann unter die vollständige und rigorose Kontrolle des Automounters geriete und alle anderen Systemteile, die dieses Verzeichnis verwenden, anschließend mit ihren Wechselmedien im Nebel stünden.

18.4 File Transfer Protocol (FTP)

FTP ist eines der wichtigsten Dateitransportprotokolle. Wie der Name schon sagt, dient es zur Übertragung von Dateien, stellt also selbst kein Dateisystem wie SAMBA oder NFS dar und bindet demzufolge ferne Dateien nicht in das lokale Dateisystem ein. FTP wird gern verwendet, um Dateien über das Internet zur Verfügung zu stellen.

FTP ist ein sehr effizientes Protokoll, es nutzt einen hohen Anteil für den Datenverkehr und nur wenig für das Protokoll. Beim Transfer werden die Daten nicht verschlüsselt. Das hat den Nachteil, dass Passwörter abgehört werden können, aber den Vorteil, dass auch leistungsschwache Kleingeräte, wie etwa Satelliten-Receiver, einen FTP-Server anbieten können.

Zwei Ports, aktiv und passiv

Eine Besonderheit des FTP-Protokolls ist die Verwendung zweier Ports. Der Port 21 dient der Verbindungsaufnahme und der Kommandoübermittlung. Die Daten werden über den Port 20 gesendet oder empfangen. Dieses Verfahren ist zwar sehr effizient, kann aber zu Ärger mit einer Firewall führen.

Darüber hinaus kennt FTP einen aktiven und einen passiven Modus. Aktiv bedeutet, dass der Client ebenfalls einen Port eröffnet und diesen an den Server übermittelt, damit dieser darüber Kontakt aufnimmt. Auch dieses Verhalten bringt einige Firewalls durcheinander, sodass man bei Sitzungen, die nicht gelingen wollen, den Client im passiven Modus betreiben sollte.

18.4.1 FTP-Clients und die FTP-Kommandos

Es gibt eine Vielzahl von Clients für FTP. Das Programm Filezilla (Abbildung 18.18) steht für diverse Plattformen zur Verfügung und ist beispielsweise in der Lage, mehrere Server und deren Zugangsdaten zu verwalten und auch unterbrochene Transfers wieder aufzunehmen. Sie installieren es mit dem folgenden Befehl:

```
# apt-get install filezilla
```

Unter Linux beherrschen die meisten Dateimanager ebenfalls das FTP-Protokoll. Dazu gibt man als Pfad eine FTP-URL an, die eben mit *ftp://* beginnt.

Um die Möglichkeiten des FTP-Protokolls besser zu verstehen, ist es aber am sinnvollsten, das Kommandozeilentool `ftp` mit seinen Kommandos zu betrachten. Dieses ist auf beinahe allen Plattformen verfügbar und besitzt in der Regel überall den gleichen Be-

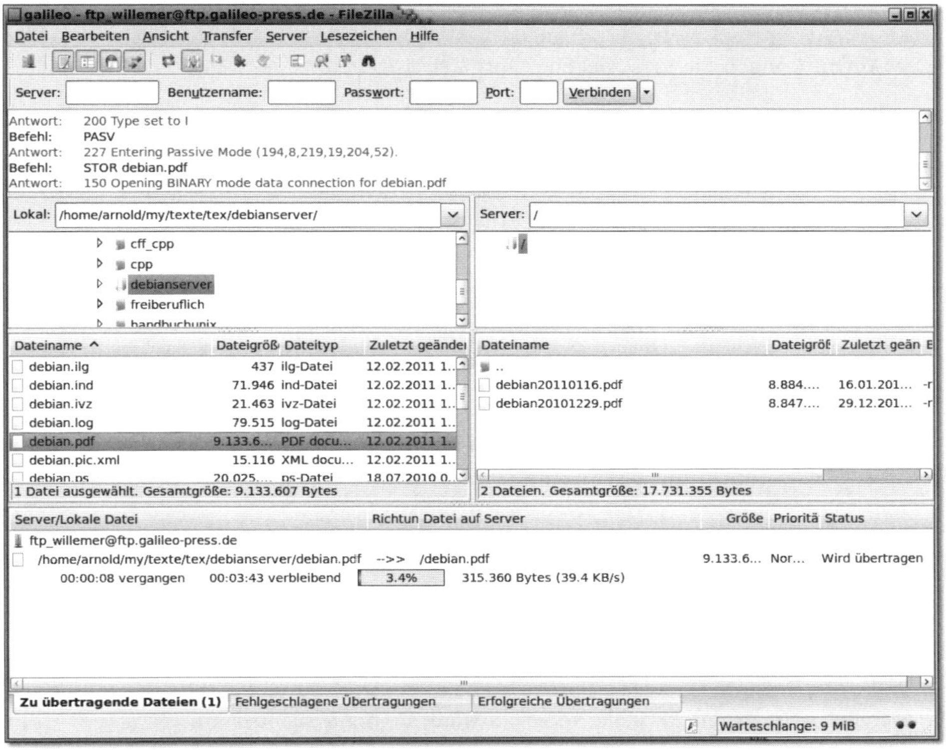

Abbildung 18.18 FTP-Client FileZilla

fehlssatz. Sie starten den FTP-Client durch Aufruf von `ftp`, gefolgt von der IP-Adresse oder dem Hostnamen, mit dem Sie in Verbindung treten wollen:

```
$ ftp obelix
Connected to obelix.willemer.edu.
220 ProFTPD 1.3.4a Server (Debian) [::ffff:192.168.109.142]
Name (obelix:arnold): arnold
331 Password required for arnold
Password:
230 User arnold logged in
Remote system type is UNIX.
Using binary mode to transfer files.
ftp>
```

Aufrufparameter

Beim Aufruf können Sie verschiedene Optionen angeben.

- `-i`
  Diese Option verhindert, dass bei der Übertragung mehrerer Dateien, beispielsweise mit dem Befehl `mput`, jeder neue Dateiname bestätigt werden muss. Die Option entspricht dem Kommando `prompt` auf der FTP-Shell.
- `-p`
  Diese Option sorgt für eine Verbindung im Passivmodus.

Kommandos des FTP-Clients

Nach dem Start von `ftp` befinden Sie sich in einer Kommandozeile ähnlich der Shell. In dieser Shell können nun die folgenden Kommandos abgegeben werden:

- `quit` oder `bye`
  Mit diesem Befehl verlassen Sie `ftp` wieder.
- `ls` oder `dir`
  Die Dateien und Verzeichnisse auf der Zielmaschine werden angezeigt.
- `pwd`
  Der Befehl zeigt das aktuelle Verzeichnis auf dem Zielrechner an.
- `cd` *Verzeichnis*
  Sie wechseln auf dem Zielrechner das Verzeichnis.
- `lcd` *Verzeichnis*
  Das Verzeichnis auf dem lokalen Rechner wird gewechselt. Auf dem Zielrechner ändert sich nichts.
- `!` *Befehl*
  Das Ausrufezeichen erlaubt Ihnen, Befehle auf der lokalen Maschine auszuführen, ohne die FTP-Shell zu verlassen.
- `mkdir` *Verzeichnis*
  Sie erzeugen auf der Zielmaschine ein Verzeichnis.
- `rmdir` *Verzeichnis*
  Sie können mit diesem Befehl ein leeres Verzeichnis auf dem Zielrechner löschen.
- `get` *Datei*
  Mit diesem Befehl holen Sie eine Datei vom Zielrechner auf den lokalen Rechner.
- `put` *Datei*
  Der Befehl `put` schafft eine Datei vom lokalen Rechner auf den Zielrechner.

- `mget` *Dateien*
  Der Befehl `mget` erlaubt es, mehrere Dateien vom Zielrechner zu holen. Dazu wird als Argument eine Dateimaske mit den Wildcards Stern und Fragezeichen gebildet.
- `mput` *Dateien*
  Mit dem Befehl `mput` können Sie mehrere Dateien vom lokalen Rechner auf den Zielrechner übertragen. Als Argument verwenden Sie eine Dateimaske mit den Wildcards Stern und Fragezeichen.
- `image`
  Textdateien werden auf verschiedenen Systemen teilweise unterschiedlich codiert. Insbesondere das Zeilenendezeichen unterscheidet sich. Auch das FTP-Protokoll wollte etwas zur Völkerverständigung beitragen, und so werden die Zeilenendemarken während der Übertragung angepasst. Was bei der Übertragung von Texten vielleicht noch nett ist, wird bei Binärdaten zur Falle. Der Befehl `image` schaltet in den binären Übertragungsmodus ohne Veränderung der Daten.
- `ascii`
  Mit dem Befehl `ascii` können Sie vom binären Modus wieder in den Textmodus zurückschalten.
- `prompt`
  Bei der Übertragung mehrerer Dateien mit den Befehlen `mput` und `mget` erscheint nach jeder Datei eine Nachfrage, ob Sie diese Datei auch wirklich wünschen. Der Befehl `prompt` unterbindet diese Rückfrage.
- `delete` *Dateien*
  Mit diesem Befehl können Sie Dateien auf dem Zielrechner löschen. Sie können als Wildcards den Stern oder das Fragezeichen einsetzen.
- `rename` *Datei Neuname*
  Sie können mit dem Befehl `rename` eine Datei auf dem Zielrechner umbenennen.

Kapitel **18**

Automatisieren des Einloggens

Sie können die Passwörter und Benutzernamen für einen FTP-Zugang in der Datei *.netrc* hinterlegen. Die Datei muss im Wurzelverzeichnis Ihres Heimatverzeichnisses liegen und sollte nur für den Besitzer les- und schreibbar sein. In jeder Zeile dieser Datei wird der Host, der Benutzername und das Passwort genannt.

Spicker

```
machine Host login Benutzerkennung password Passwort
```

Auch wenn niemand außer dem Besitzer und root diese Datei lesen kann, sollte man eine Nennung eines Passworts im Klartext wie hier vermeiden.

18.4.2 Der FTP-Server

Der klassische FTP-Server der UNIX-Systeme nennt sich `ftpd`. Und Sie finden tatsächlich ein solches Paket in der Linux-Distribution. Allerdings gibt es inzwischen aktuellere Alternativen wie *wu-ftpd*, *pure-ftpd* oder ProFTPD. Das Paket *proftpd* ist der gängige FTP-Server unter Linux.

Sofern Sie nicht bereits den ProFTP-Dämon installiert haben, können Sie dies mit dem folgenden Befehl tun:

```
# apt-get install proftpd
```

Während der Installation werden Sie gefragt, ob Sie den FTP-Server vom Inet-Dämon aus oder im Servermodus starten wollen. Der Inet-Dämon ist der sogenannte Superserver, der stellvertretend für andere Prozessoren im Hintergrund läuft und erst bei Anfragen den jeweils erforderlichen Server startet. Dieser Superserver gehört inzwischen nicht mehr zur Standardinstallation von Linux. Sofern Sie nicht eine außergewöhnliche Umgebung haben, dürfte es am sinnvollsten sein, den Servermodus zu wählen.

Im Verzeichnis */etc/proftpd* befinden sich die zentralen Konfigurationsdateien des ProFTPD. Die Einstellungen des Servers selbst finden Sie in der Datei *proftpd.conf*, die bereits arbeitsfähig eingerichtet ist.

Mit den Einstellungen `User` und `Group` wird festgelegt, unter welchem Benutzer der Server läuft. Der Start des Servers erfolgt natürlich unter root-Rechten. Für den eigentlichen Serverbetrieb kann aber auch ein anderer Benutzer ausgewählt werden.

```
User                          proftpd
Group                         nogroup
```

Alle Benutzer, die ein Benutzerkonto auf dem Server besitzen, können sich unter ihrem Namen auch beim FTP-Server einloggen. Das Startverzeichnis befindet sich zunächst in ihrem Benutzerverzeichnis. Sie haben aber prinzipiell den gleichen Zugriff auf den Rechner, als wären sie auf der Maschine eingeloggt. Dieses Verhalten lässt sich ändern, indem der Parameter `DefaultRoot` in der Datei *proftpd.conf* auf die Tilde gesetzt wird. Dann ist jeder Anwender auf sein eigenes Benutzerverzeichnis beschränkt.

```
# /etc/proftpd.conf
DefaultRoot  ~
```

Sie können diese Einstellung aber auch dazu verwenden, um die FTP-Dienste auf einen bestimmten Bereich des Verzeichnisbaums zu begrenzen.

Wenn Sie Benutzer anlegen wollen, die nur eine Berechtigung haben sollen, den FTP-Server zu benutzen, aber kein direktes Login besitzen sollen, setzen Sie beim Anlegen des Benutzers dessen Shell auf `/bin/false`.

Es gibt noch eine Reihe anderer Optionen, die in der Datei *proftpd.conf* geschaltet werden können. Die Datei ist reichlich mit Kommentaren versehen, sodass die Optionen leicht verständlich sind.

Einzelne Benutzer können ausgeschlossen werden, indem Sie sie in der Datei */etc/ftpusers* aufführen. Obwohl der Dateiname andere Assoziationen erweckt, werden hier die Anwender aufgezählt, die *keinen* Zugriff auf den FTP-Server haben sollen. In erster Linie finden Sie dort »technische« Benutzer, wie beispielsweise *mail* oder *lp*, aber Sie können dort natürlich auch Benutzer eintragen, denen Sie den Zugriff auf Ihren FTP-Server nicht gönnen.

18.4.3 Anonymer FTP-Server

Ein normaler FTP-Server verlangt von seinen Benutzern einen Benutzernamen und ein Kennwort. Für Dateien, die öffentlich zur Verfügung gestellt werden, hat es sich eingebürgert, ein anonymes FTP zu verwenden. Wer sich auf einem solchen Server anmelden will, gibt »anonymous« als Benutzernamen an. Als Passwort gab man früher üblicherweise die eigene E-Mail-Adresse an. In Zeiten von Spam wird man dies klugerweise nicht mehr tun. Geblieben ist, dass das Passwort keine Relevanz für die Berechtigung hat.

Beim Login als »anonymous« werden die Clients in das Benutzerverzeichnis von FTP gesetzt. Dort wird intern ein `chroot` aufgerufen. Der Befehl bewirkt, dass für den Benutzer das aktuelle Verzeichnis zum Wurzelverzeichnis wird. Dadurch wird jeglicher Zugriff auf andere Bereiche des Verzeichnisbaums rigoros unterbunden.

Mit ProFTPD ist die Installation eines anonymen FTP-Servers recht einfach. In der standardmäßig vorgegebenen Konfigurationsdatei *proftpd.conf* gibt es einen vorgefertigten Abschnitt, in dem die notwendigen Parameter für einen anonymen FTP schon vorbereitet sind. Sie müssen nur die Kommentare entfernen und den FTP-Dienst neu starten. Der Bereich ist in folgende Zeilen eingeschlossen:

```
# proftpd.conf
<Anonymous ~ftp>
...
</Anonymous>
```

Einen Neustart des ProFTPD erreichen Sie über das Init-Skript:

```
debian # /etc/init.d/proftpd restart
```

Innerhalb dieses Bereichs finden Sie noch einen doppelt kommentierten Bereich, der mit den Worten eingeleitet wird: »Uncomment this if you're brave.« Übersetzt heißt das etwa: »Entferne die Kommentarzeichen, wenn du mutig bist.« Dann wird nämlich ein

Kapitel 18

sogenanntes »incoming«-Verzeichnis eingerichtet. In diesem können anonyme Benutzer Dateien ablegen.

```
#   # Uncomment this if you're brave.
#   # <Directory incoming>
...
#   # </Directory>
```

Im Gegensatz zu älteren FTP-Serverimplementierungen können Sie mit ProFTPD sogar einen anonymen FTP-Server parallel zu den bisherigen Anmeldungen verwenden.

18.5 Versionskontrolle und Datensynchronisation

Reine Dateiserver stellen einfach nur einen zentralen Speicherort für Dateien dar und folgen damit dem Modell einer zentral verfügbaren Festplatte im Netzwerk. Von einer Veränderung der Bestände solcher Dateiserver bemerken die beteiligten Nutzer eher zufällig etwas. In bestimmten Fällen ist dies allerdings nicht ausreichend.

Programmierer benötigen für die Verwaltung ihrer Quelltexte ein Tool, mit dem sie die Arbeit ihrer Kollegen mit ihrer eigenen synchronisieren können. Eine zentrale Versionsverwaltung organisiert hinzugefügte Dateien, aber auch die Änderungen innerhalb der Dateien. So arbeitet das Programmierteam immer auf dem aktuellen Stand. Sollte etwas schiefgehen und eine neue Version gar nicht laufen, kann sich der Programmierer jederzeit den alten Stand zurückholen.

Aber auch für Administratoren eignen sich Versionsverwaltungen wunderbar, um die Konfigurationsdateien zu sichern und im Zweifelsfall auf alte Stände zurückgreifen zu können. Immerhin liegen auch diese im Textformat vor. So kann man schnell feststellen, was sich bei der letzten Korrektur alles geändert hat.

Versionsverwaltungen funktionieren wunderbar, wenn es um reine Textdateien geht. Wenn Sie allerdings beispielsweise Fotos, Musik oder Videos verwalten, sind sie zwar prinzipiell verwendbar, aber in der Regel überqualifiziert. In solchen Fällen geht es nicht darum, eine Versionsgeschichte der Dateibestände zu verwalten, sondern es reicht aus, zu gewährleisten, dass alle Teilnehmer auf dem gleichen Stand sind. Die Dateien selbst ändern sich inhaltlich nicht, sondern es ist wichtig, neu hinzugekommene Dateien an alle Teilnehmer zu verteilen. Hier ist `rsync` das Werkzeug der Wahl.

18.5.1 Versionsverwaltung mit Subversion

Versionsverwaltungen gehören zum Standardwerkzeug von Programmierern. Sie ermöglichen den Zugriff auf ältere Versionen von Textdateien. Darüber hinaus sorgen sie dafür, dass die parallele Bearbeitung von Textdateien synchronisiert wird.

Ein Subversion-System speichert ein Repository, in dem die Ausgangsdateien und darauf folgend alle Änderungen an den Dateien gesichert werden. Bei jeder Änderung einer Datei im Repository erhält das gesamte Repository eine neue Versionsnummer.

Das Softwarepaket *subversion* enthält den Subversion-Client für den Netzwerkbetrieb, aber auch ein komplett lauffähiges System für lokale Repositories.

```
# apt-get install subversion
```

Lokales Repository

Bevor wir einen netzwerkweiten Subversion-Server aufsetzen, betrachten wir den Umgang mit Subversion an einer lokalen Installation. Stellen Sie sich folgende Situation vor: Der Benutzer *johannes* hat bisher ohne Versionsverwaltung gearbeitet. Nachdem er den Zustand einer früheren Version für einen Kunden nicht mehr wiederherstellen konnte, beschließt er, auf seinem Computer ein lokales Repository anzulegen.

In seinem Heimatverzeichnis liegt ein Verzeichnis *my*. Darin legt er alles ab, was in die Datensicherung soll. Unterhalb dieses Verzeichnisses soll das Repository unter dem Namen *svn* entstehen. Der folgende Befehl legt das Verzeichnis und das Repository an:

```
$ svnadmin create /home/johannes/my/svn
```

Im nächsten Schritt wird das bisherige Projekt in das Repository überführt. Dabei erhält diese erste Version die Versionsnummer 1. Dazu wechselt *johannes* mit dem Befehl `cd` in sein bisheriges Projekt. Von dort gibt er den Importbefehl, der das aktuelle Verzeichnis und seine Unterverzeichnisse in das Repository einfügt.

```
$ svn import file:///home/johannes/my/svn/cpp \
 -m "Erster Stand des Projekts"
Hinzufügen     maske.cpp
Hinzuf. (bin)  icon1.ico
Hinzufügen     popup.h
Hinzufügen     diawap.h
Hinzufügen     datum.cpp
Hinzufügen     dialine.h
Hinzufügen     font.h
Hinzufügen     person.h
...
Revision 1 übertragen.
```

Damit sind die Sourcen in das Repository übernommen. Die Option `-m` sorgt dafür, dass die anschließende Zeichenkette als Kommentar ins Repository übernommen wird.

Im nächsten Schritt wird nun ein Arbeitsverzeichnis angelegt, das unter der Versionsverwaltung steht. Erst im Arbeitsverzeichnis findet eine Versionskontrolle statt.

Es können jederzeit beliebige Arbeitsverzeichnisse aus dem Repository erzeugt werden. Dazu wechseln Sie in ein Verzeichnis Ihrer Wahl und rufen den Befehl `svn checkout` auf:

```
$ cd ~/src
$ svn checkout file:///home/johannes/my/svn/cpp
```

Nun liegen im Verzeichnis *src/cpp* die Quelltexte, die zuvor importiert wurden. Darüber hinaus enthält das Arbeitsverzeichnis ein schreibgeschütztes Verzeichnis *.svn*, das den bisherigen Stand des Repositorys enthält. So bemerkt Subversion auch ohne direkte Verbindung zum Repository sofort, welche Dateien verändert wurden. Die Befehle, die im Arbeitsverzeichnis gegeben werden, benötigen auch nicht den Bezug auf die Repository-Datei, da deren Ort ebenfalls im Verzeichnis *.svn* hinterlegt ist. Mit dem Befehl `svn status` können Sie sehen, welche Dateien sich vom Repository-Stand unterscheiden:

```
$ svn status
?       neu.cpp
M       paint.cpp
```

Die Datei *paint.cpp* wurde verändert. Die Datei *neu.cpp* wurde neu angelegt. Sie können Sie mit dem Befehl `svn add` in die Repository-Verwaltung einbeziehen:

```
$ svn add neu.cpp
$ svn status
A       neu.cpp
M       paint.cpp
```

Um den veränderten Stand ins Repository zu übernehmen, rufen Sie den Befehl `svn commit` auf:

```
$ svn commit -m "Zeichenfehler beseitigt"
```

Wenn Sie nicht die Option `-m` verwenden, öffnet Subversion den Standardeditor, damit Sie die Änderungen kommentieren können.

Sie können das Arbeitsverzeichnis jederzeit komplett mit dem Befehl `rm -rf` löschen und beliebig viele neue Arbeitsverzeichnisse anlegen. Mit entsprechenden Befehlen, die Sie in der Manpage von `svn` finden, können Sie die Unterschiede Ihrer Arbeitsversion zu älteren Versionen ermitteln. Sie können ältere Versionen hervorholen und viele Dinge mehr.

Ein Subversion-Server im Netzwerk

Im Folgenden wird nun die administrative Seite der Versionskontrolle näher beleuchtet. Dazu wird jetzt auch ein netzwerkweiter Server eingerichtet.

Spicker ×

Das Repository wird auf einem zentralen Server abgelegt. Es soll die Quelltexte mehrerer Projekte aufnehmen und darum *src* heißen.

Ein Subversion-Server wird in der Regel als Modul des Webservers Apache (siehe Kapitel 20) eingerichtet. Sie werden also vor der Installation zunächst Apache installieren müssen. Zur Installation des Subversion-Moduls verwenden Sie den folgenden Befehl:

```
# apt-get install subversion
# apt-get install libapache2-svn apache2-mpm-prefork
```

Die Konfiguration des Subversion-Moduls finden Sie im Verzeichnis */etc/apache2/mods-enabled*. Die Datei *dav_svn.conf* ist zuständig für das Modul. Der folgende Ausschnitt zeigt eine Beispielkonfiguration. Nach der Installation sind die Einträge noch auskommentiert. Vor der Benutzung müssen die Kommentarzeichen entfernt werden.

```
<Location /svn>
  DAV svn
  # SVNPath /var/lib/svn
  SVNParentPath /var/lib/svn
</Location>
```

Diese Konfiguration reicht bereits, wenn Sie in einem lokalen Netzwerk eine Versionsverwaltung einsetzen wollen, ohne dass Sie eine Benutzerverwaltung mit Passwortabfrage benötigen. Beispielsweise ist dies sinnvoll, wenn Sie allein, aber von verschiedenen Arbeitsplätzen aus arbeiten wollen.

Sollen aber mehrere Benutzer mit dem Modul arbeiten, dann benötigen Sie ein paar Einträge mehr:

```
<Location /svn>
  DAV svn
  # SVNPath /var/lib/svn
  SVNParentPath /var/lib/svn
  AuthType Basic
  AuthName "Subversion Repository"
  AuthUserFile /etc/apache2/dav_svn.passwd
  Require valid-user
</Location>
```

Das Repository wird in Form einer Web-URL benannt. Die Basis bildet also der Rechner, auf dem sich der Subversion-Server befindet. Nehmen wir an, dieser Rechner heißt linuxsrv. Dann lautet die URL *http://linuxsrv*. Dazu wird */svn* als das Unterverzeichnis des Webservers angegeben, in dem sich das Repository befindet. Dies wird durch Location festgelegt. Mit `DAV svn` wird das Repository aktiviert. `SVNParentPath` legt fest, wo sich die Daten des Repositorys befinden. Die Vorgabe lautet */var/lib/svn*. Die restlichen Angaben beziehen sich auf die Authentifizierung.

Das Verzeichnis für die Daten existiert noch nicht und muss daher angelegt werden:

```
# mkdir /var/lib/svn
```

Nun kann das Repository erzeugt werden. Dieser Vorgang unterscheidet sich nicht von dem Anlegen eines lokalen Repositorys:

```
# svnadmin create /var/lib/svn/src
```

Nun ist es nicht besonders sinnvoll, dass das Repository dem Administrator gehört. Besser ist es, Sie verwenden den Benutzer, unter dem auch der Apache läuft, und dieser heißt www-data. Anschließend kann der Apache neu gestartet werden. Es sollten keine Fehler auftreten.

```
# chown -R www-data /var/lib/svn/
# /etc/init.d/apache2 restart
```

Das Repository steht. Nun muss der Benutzer *johannes* angelegt werden, damit er von außen auf das Repository zugreifen kann. Die Benutzer werden nach dem Vorbild der zuvor angelegten Konfigurationsdatei in der Datei */etc/apache2/dav_svn.passwd* abgelegt. Die Datei wird mit dem Befehl `htpasswd` verwaltet. Beim ersten Benutzer muss die Option `-c` angegeben werden, damit die Datei angelegt wird:

```
# htpasswd -c /etc/apache2/dav_svn.passwd johannes
New password:
Re-type new password:
Adding password for user johannes
#
```

Nun ist alles bereit. Der Benutzer johannes kann jetzt auf einem anderen PC im Netzwerk auf den Server per HTTP zugreifen und den Inhalt des Repositorys auschecken. Dazu wechselt er in ein beliebiges Verzeichnis und ruft von dort den Befehl `svn checkout` auf. Im Gegensatz zum lokalen Auschecken verwendet er dieses Mal die HTTP-URL des Rechners linuxsrv.

Beim Auschecken muss er sich mit Passwort ausweisen. Dabei wird ihm auf einem Linux-Client eine recht umfangreiche Warnung entgegenprangen. Denn das lokale Subversion bietet an, das lokale Passwort zu speichern, allerdings unverschlüsselt.

Bei einigen Desktops springt sofort ein sogenanntes »Wallet«-Programm ein. Diese virtuellen Schlüsselbunde speichern Passwörter, die vom Benutzer angefordert werden, in einer verschlüsselten Mappe und rücken sie automatisch heraus, wenn der Benutzer für diesen Schlüsselbund das Masterpasswort eingibt. Ansonsten sollten Sie »nein« angeben. Sie müssen dann eben bei jeder Anforderung das Passwort neu eingeben.

```
$ mkdir progs
$ cd progs
$ svn checkout http://linuxsrv/svn/src
Anmeldebereich: <http://linuxsrv:80> Subversion Repository
Passwort für »johannes«:

-----------------------------------------------------------------------
ACHTUNG! Ihr Password für den Anmeldebereich

   <http://linuxsrv:80> Subversion Repository

kann auf der Festplatte nur unverschlüsselt gespeichert werden!
...
Passwort unverschlüsselt speichern (ja/nein)? nein
...
Ausgecheckt, Revision 0.
$
```

Die Warnung können Sie abschalten, indem Sie in der Konfigurationsdatei *.subversion/servers* die Option `store-plaintext-passwords` unterhalb des Bereichs `global` mit `no` besetzen:

```
# ~/.subversion/servers
...
[global]
...
store-plaintext-passwords = no
```

Da das Repository bisher leer ist, hat der Server nichts übertragen. Lediglich das Verzeichnis *src* findet sich an der aktuellen Stelle. Wenn Sie genau hinsehen, entdecken Sie darin das Unterverzeichnis *.svn*. Es existiert also bereits ein vollwertiges Arbeitsverzeichnis, in dem Dateien angelegt, geändert und im Repository gesichert werden können.

Wenn Sie sich das Repository mit mehreren anderen Programmierern teilen, ist es sinnvoll, in regelmäßigen Abständen die Änderungen der Kollegen in den Stand des Arbeitsverzeichnisses einzupflegen. Dies erreicht der Befehl `svn update`:

```
$ cd progs
$ svn update
Revision 34.
```

Sie erhalten zumindest wie hier die aktuelle Revisionsnummer. Sollten Änderungen vorliegen, werden die aktualisierten Dateien Zeile für Zeile aufgezählt.

Subversion-Administrationstool svnadmin

Zum Subversion-Client wird für die Administration das Programm `svnadmin` geliefert. Es wurde bereits für die Erzeugung eines Repositorys verwendet. Wie den Befehl `svn` rufen Sie auch `svnadmin` mit dem Kommando als ersten Parameter auf. Mit dem Kommando `help` erhalten Sie eine Liste der Befehle. Geben Sie hinter `help` noch den Befehl an, erhalten Sie eine Kurzzusammenfassung der Funktion.

Datensicherung eines Subversion-Systems

Mit dem Befehl `dump` wird eine Textdatei aus dem Repository auf der Standardausgabe erzeugt. Sie kann leicht in eine Datei umgeleitet werden. Die so erzeugte Datei kann für die Datensicherung oder für den Transport des Repositorys auf einen anderen Server verwendet werden.

```
# svnadmin dump /var/lib/svn/src > svnsrc.dump
```

Spielen wir kurz durch, wie Sie die gesicherte Datei im Fall der Fälle wieder in das Repository zurückholen. Vor dem Einspielen der Sicherungsdatei muss das Repository mit dem Befehl `create` neu erzeugt werden. Dann kann die Sicherungsdatei mit dem Befehl `load` in das Repository eingespeist werden.

```
# svnadmin create /var/lib/svn/src
# svnadmin load /var/lib/svn/src < svnsrc.dump
```

Prüfen des Subversion-Systems

Mit dem Befehl `verify` können Sie das Repository auf Fehler untersuchen. Revision für Revision wird durchgesehen:

```
# svnadmin verify  /var/lib/svn/src
* Revision 0 verifiziert.
* Revision 1 verifiziert.
* Revision 2 verifiziert.
```

Sollte ein Fehler mit dem Repository auftreten, können Sie versuchen, ihn mit dem Befehl `recover` zu beheben. Der Befehl benötigt den exklusiven Zugriff auf das Repository.

Das bedeutet nicht, dass Subversion zwingend gestoppt werden muss. Der Befehl muss nur die Möglichkeit bekommen, das Repository gegen andere Zugriffe zu sperren.

```
# svnadmin recover  /var/lib/svn/src
Exklusiven Zugriff auf das Projektarchiv erlangt
Bitte warten, die Wiederherstellung des Projektarchivs kann
einige Zeit dauern ...

Wiederherstellung vollständig abgeschlossen.
Die neueste Revision des Projektarchivs ist 129.
```

18.5.2 Binärdatenabgleich mit rsync

Zentrale Dateiserver werden vor allem eingesetzt, damit alle Benutzer auf dem gleichen aktuellen Stand sind. Sie haben aber den Nachteil, dass der Zugriff nur möglich ist, wenn man tatsächlich über das Netzwerk mit dem Server verbunden ist.

Wenn das aber nicht möglich ist, weil man beispielsweise als Handelsvertreter ständig mit dem Notebook unterwegs ist, muss man eben, wenn man in der Firma ist, den aktuellen Stand des Servers auf das Notebook kopieren.

Es ist nicht besonders effizient, jedes Mal den kompletten Datenbestand zu kopieren. Es müssen ja eigentlich nur die Dateien übernommen werden, die sich zwischenzeitlich geändert haben. Wurden Dateien auf dem Notebook geändert, sollten diese Änderungen vermutlich auf den Server gelangen, bevor sie einfach mit dem Stand des Servers überschrieben werden.

Damit ist der Aufgabenbereich des Befehls `rsync` bereits umschrieben. Das Programm ist nicht standardmäßig eingerichtet, sondern muss mit dem gleichnamigen Softwarepaket explizit installiert werden:

```
# apt-get install rsync
```

Die Syntax des Aufrufs von `rsync` ähnelt der von `scp` (siehe Abschnitt 11.2.3), unterscheidet sich allerdings in den Optionen.

Quelle und Ziel können einen Hostnamen enthalten, der, durch einen Doppelpunkt abgetrennt, vorangestellt wird. Statt des Hostnamens können Sie natürlich auch eine IP-Adresse verwenden. Soll das Konto eines speziellen Benutzers angesprochen werden, setzen Sie vor den Hostnamen auch noch den Benutzernamen, der durch ein @ abgetrennt wird.

Spicker ×

`rsync` *Optionen Quelle Ziel*
Quelle oder Ziel: [[*Benutzername*@]*Computer*:]*Dateiang abe*

Bei Kopien über das Netzwerk wird eine SSH-Verschlüsselung unterlegt. Sie können sich also recht sicher sein, dass die Daten nicht so einfach abgehört werden können.

Bei der Quelle können wie beim Befehl `cp` (siehe Abschnitt 4.1.2) Wildcards wie Stern und Fragezeichen verwendet werden.

Die Optionen für `rsync` finden Sie in Tabelle 18.4.

Option	Bedeutung
-a	Archiv: Rekursives Archivieren bei Erhaltung aller Eigenschaften
-b	Beim Überschreiben eine Version als Backup halten
-l	Symbolische Links als symbolische Links kopieren
-p	*permission*: Behalte die Dateieigenschaften und Rechte bei
-q	*quiet*: Keine unnötigen Ausgaben auf dem Bildschirm
-r	rekursiv: Nimmt alle Unterverzeichnisse mit
-t	Behalte Zeit und Datum bei
-u	*update*: Nur wenn keine neuere Zieldatei vorliegt
-v	*verbose*: Erzähl mal was von dir, rsync!
-z	Während des Kopierens komprimieren

Tabelle 18.4 Optionen von rsync

Die Option `-a` ist eine Kombination von `-rlptgoD`. Wie man es sich bei einem Archiv wünscht, werden alle Rechte, Zeiten und Eigenschaften erhalten. Zusätzlich wird rekursiv kopiert.

Das typische Vorgehen sieht so aus, dass Sie auf dem Server ein Verzeichnis mit gemeinsamen Dateien halten. Nennen wir das Verzeichnis *syncdata*. Auch jedes Notebook besitzt ein solches Verzeichnis. Im ersten Schritt werden die Dateien, die auf dem Server hinzugekommen sind, auf das Notebook heruntergeladen.

```
$ cd
$ rsync -au georg@linuxsrv:syncdata .
georg@linuxsrv's password:
```

Sollte auf dem Notebook eine Datei geändert worden sein, wird sie nicht durch die ältere Version auf dem Server überschrieben. Anschließend wird der Vorgang umgekehrt.

```
$ cd syncdata
$ rsync -au . georg@linuxsrv:syncdata
georg@linuxsrv's password:
```

Nun dürften nur noch die Dateien vom Notebook auf den Server kopiert werden, die auf dem Notebook neuer waren.

Idiotensicher ist es dennoch nicht. Sollte ein solcher Idiot nämlich sowohl auf dem Notebook als auch auf dem Server eine Datei verändert haben, hat derjenige verloren, der seine Änderung zuerst gemacht hat. Hier kann man sich mit der Option `-b` helfen, mit der vor dem Überschreiben die schon existierende Datei so umbenannt wird, dass ihr ein Tildezeichen angehängt wird. Aber auch das würde nicht helfen, wenn auf dem Server bereits Backups lägen und diese mitkopiert würden. Dies kann man wiederum mit der Option `--exclude` ausschließen. Der komplette Befehl lautet dann:

```
$ rsync -aub --exclude '*~' linuxsrv:syncdata .
```

Es soll Leute geben, die bereits nach einmaligem Lesen die kompliziertesten Optionen wieder vergessen. Falls Sie und Ihre Kollegen ebenso unter diesem Phänomen leiden wie der Autor, dann erstellen Sie sich doch einfach ein Shell-Skript, um die Daten zu holen:

```
#!/bin/bash
# Daten holen:
rsync -auzb --exclude '*~' linuxsrv:syncdata/ .
```

Und ein weiteres, um die Daten zu sichern:

```
#!/bin/bash
# Daten schieben:
rsync -auzb . linuxsrv:syncdata/
```

Nun müssen Sie sich nur noch an die Namen Ihrer Skripte erinnern. Während des Ablaufs werden Sie beim Aufruf von `rsync` nach dem Passwort gefragt.

Die Befehle im Skript enthalten die zusätzliche Option `-z`, die für eine Komprimierung bei der Übertragung sorgt. Bei lokalen Netzwerken dürfte der Unterschied nicht gewaltig sein. Wenn Sie allerdings über eine mobile Datenverbindung übertragen, kann sich das durchaus lohnen.

Des Weiteren steht hinter dem Pfadnamen nun ein Schrägstrich. Das ist deshalb erforderlich, weil das Makefile ja im Verzeichnis *syncdata* des Notebooks steht. In diesem Fall wollen Sie ja nicht das Verzeichnis kopieren, sondern seinen Inhalt. Und exakt dies wird durch den Schrägstrich ausgedrückt.

Mit der Option `--delete` können auch Dateien im Ziel entfernt werden, wenn die gleichnamigen Gegenstücke im Quellverzeichnis nicht vorhanden sind. Diese Option ist zwar hilfreich, um veraltete Datenbestände zu verhindern, aber dennoch mit Vorsicht zu genießen. Testen Sie es vor dem Einsatz, und verwenden Sie die Option nur in Skripten. Sie finden noch weitere Varianten und diverse andere Optionen in der sehr umfangreichen Manpage von `rsync`.

Kapitel 19
Datenbanken

Inhalt

- Grundlegende SQL-Befehle
- Die Open-Source-Datenbanken MySQL und PostgreSQL
- Benutzerverwaltung und Datensicherung

Fast jede Firma hat Lieferanten, Kunden, Waren oder Preise, die in Datenbanken verwaltet werden. Und so findet sich fast immer irgendwo ein Server mit einer Datenbank. Aber auch da, wo man Datenbanken gar nicht vermutet, werden sie eingesetzt. So verwendet sogar der KDE-Desktop standardmäßig eine Datenbank. Aus diesem Grund wäre ein Serverbuch ohne eine Abhandlung über Datenbanken nicht vollständig. In diesem Kapitel werden also SQL, MySQL und PostgreSQL behandelt:

- Die Sprache SQL ist die Standardsprache relationaler Datenbanken.
- MySQL war die erste große Datenbank aus dem Open-Source-Bereich, die im Zusammenhang mit dynamischen Websites große Verbreitung hatte.
- PostgreSQL ist eine sehr leistungsfähige, freie Datenbank, die modernste Ausstattung aufweisen kann.

Open-Source-Datenbanken wie MySQL und PostgreSQL müssen sich definitiv nicht verstecken. Sie sind teilweise an Universitäten aus der Datenbankforschung entstanden, teilweise wurden sie von den herstellenden Firmen freigestellt.

Datenbankexperten sind gesuchte Fachleute. Leider ist es nicht möglich, Sie in einem einzigen Kapitel dazu auszubilden. Aber Sie sollten nach dem Durcharbeiten in der Lage sein, eine Datenbank zu installieren, die grundlegenden Befehle anzuwenden, und die wichtigsten Administrationsschritte kennen.

19.1 Datenbanken funktionieren mit Tabellen

Eine Datenbank speichert Daten und bildet damit einen Teil der Wirklichkeit ab. So könnte eine Datenbank die Verwaltung einer Bibliothek darstellen oder auch ein Handelsunternehmen. Bleiben wir bei dem Handelsunternehmen. Das Handelsunternehmen hat verschiedene Arten von Daten. Da sind beispielsweise die Kunden mit Namen, Adressen und Telefonnummern. Auf der anderen Seite sind die Artikel, die das Unternehmen verkauft. Diese Artikel haben eine Bezeichnung, einen Einkaufs- und einen Verkaufspreis. Und natürlich sind da die Mitarbeiter, die den Laden am Laufen halten. Diese haben auch einen Namen, eine Aufgabe und gehören bestimmten Abteilungen an.

All diese Datenarten lassen sich prima in Tabellen erfassen: eine Kundenliste, eine Artikelliste und eine Mitarbeiterliste. Für jeden Kunden gibt es eine Zeile in der Kundenliste. Und damit die Kunden leicht identifizierbar sind, erhalten sie Nummern. Und so gibt es Kundennummern, Artikelnummern und Mitarbeiternummern.

Nun stehen diese Tabellen in Beziehungen zueinander. So kauft ein Kunde beispielsweise einen Artikel. Irgendein findiger Kopf hat erkannt, dass auch diese Beziehungen in Tabellen abgelegt werden können. Solch eine Tabelle besteht dann aus den Kaufvorgängen. Jeder Kauf beinhaltet eine Kundennummer, eine Artikelnummer, die Anzahl der Artikel sowie den Preis und schließlich das Datum. Man könnte vielleicht sogar noch die Nummer des Mitarbeiters hinzufügen, der die Provision für den Verkauf erhält. Eine solche Datenbank, die ihre Beziehungen vollständig in Tabellen ablegt, nennt man *relational*.

Wenn die Daten aber durch Tabellen verknüpft sind, wäre es fatal, wenn eine Artikelnummer, die in der Verkaufstabelle steht, in der Artikeltabelle nicht mehr vorhanden wäre. Niemand könnte mehr feststellen, was da verkauft wurde und zu welchem Preis. Damit solche Dinge nicht passieren, gibt es gewisse Konsistenzregeln, die nicht verletzt werden dürfen. Darüber hinaus muss gewährleistet sein, dass eine Aktion nur dann stattfindet, wenn sie sicherstellt, dass die Konsistenz erhalten bleibt. Gelingt das nicht, muss die Aktion so zurückgenommen werden können, als hätte sie niemals stattgefunden. Solche Aktionen werden *Transaktionen* genannt.

Letztlich geht es also bei den Datenbanken um das Abbilden der Realität in Tabellen und darum, den Zugriff auf die Daten möglichst schnell ablaufen zu lassen. Dabei muss die Konsistenz einer Datenbank immer gewährleistet sein.

19.2 Eine kleine Einführung in SQL

Es hilft nichts: Ich muss Sie ein wenig mit SQL (*Structured Query Language*) behelligen. So heißt die Sprache, die sich zum Standard im Umgang mit Datenbanken entwickelt hat. Ansonsten werden Sie die Beispiele an vielen Stellen des Buches nicht verstehen oder umsetzen können. Zum Glück ist die Anzahl der Befehle übersichtlich. Die große Kunst liegt in ihrer geschickten Kombination.

Die Befehle von SQL werden in *Data Definition Language* (DDL) und *Data Manipulation Language* (DML) zergliedert. Die erste Kategorie dient dazu, die Struktur für die Daten anzulegen. Die DML verändert die Daten innerhalb dieser Strukturen. Diese Begriffe müssen Sie sich nicht merken, aber sie sind ganz praktisch, um die Flut der Befehle ein wenig zu untergliedern, und sie geben zudem imposante Überschriften her.

19.2.1 Tabellen anlegen und entfernen

Zunächst müssen ein paar Strukturen geschaffen werden, in denen die Daten später Platz finden. Wir legen also Datenbanken an und erzeugen Tabellen. Leider sind insbesondere die Befehle der DDL nicht immer bei allen Datenbanken gleich. Die Beispiele funktionieren mit MySQL. Leichte Abweichungen gibt es bei PostgreSQL, die dort aber erklärt werden.

Verwalten einer Datenbank

Bevor Sie Tabellen anlegen, benötigen Sie zunächst eine Datenbank. Sie ist das Sammelbecken, in dem sich die zusammengehörigen Tabellen befinden. Der Befehl `CREATE` dient in SQL zum Erzeugen aller möglichen Dinge. Folgt dem Befehl das Schlüsselwort `DATABASE` wird eben eine Datenbank angelegt. Zur besseren Unterscheidung ist es gut, wenn Sie ihr einen Namen geben:

```
CREATE DATABASE kunden;
```

Um eine bereits existierende Datenbank zu öffnen, wird der Befehl `USE` verwendet. Manche Datenbanksysteme legen Wert darauf, dass hinter dem `USE` das Schlüsselwort `DATABASE` angegeben wird. In jedem Fall muss natürlich der Name der Datenbank genannt werden.

Sie können eine komplette Datenbank mitsamt ihren Tabellen und allem, was dazugehört löschen, indem Sie den Befehl `DROP` verwenden:

```
DROP DATABASE kunden;
```

Anlegen einer Tabelle

Nachdem Sie die Datenbank erzeugt haben und sie benutzen, können Sie die Tabellen anlegen, in denen dann die Daten Platz nehmen können. Wieder verwenden Sie den Befehl `CREATE`. Dieses Mal verwenden Sie das Schlüsselwort `TABLE` für eine Tabelle. Auch sie benötigt einen Namen. Darauf folgt nun eine große Klammer, in der die Spalten deklariert werden. Auch die Spalten haben Namen, aber auch Typen, die beschreiben, welche Art von Inhalt in die Spalte passt. Das folgende Beispiel legt eine Tabelle für einen Mitarbeiter und eine Tabelle für einen Kundenstamm an, der von Mitarbeitern betreut wird. Die Befehle können sowohl direkt eingetippt oder in einem Skript abgelegt werden.

```
CREATE TABLE mitarbeiter (
  mitarbeiternr INTEGER NOT NULL PRIMARY KEY,
  name VARCHAR(80)
);

CREATE TABLE kundenstamm (
  kundennr INTEGER UNIQUE NOT NULL,
  vorname  CHAR(80),
  name     CHAR(80),
  email    VARCHAR(80),
  PRIMARY KEY (kundennr)
  FOREIGN KEY betreuer (betreuer) REFERENCES mitarbeiter (mitarbeiternr)
);
```

Groß- und Kleinschreibung ist bei SQL nicht signifikant. Aus Gründen der Übersicht sind die Namen kleingeschrieben und die SQL-Kommandos groß. Betrachten wir die hier verwendeten Schlüsselworte.

- `INTEGER`
  Die Kundennummer ist eine ganze Zahl, die in den Programmiersprachen oft als Integer bezeichnet wird.
- `UNIQUE`
  Ein Feld ist `UNIQUE`, wenn alle Sätze unterschiedliche Werte in dieser Spalte haben. Die Datenbank würde verhindern, dass zweimal die gleiche Kundennummer eingetragen wird.
- `NULL`
  In Datenbanken hat der Wert `NULL` nichts mit der Zahl zu tun, sondern bedeutet, dass kein eingetragener Wert vorliegt. In diesem Fall wird mit `NOT NULL` verhindert, dass ein Satz angelegt wird, der gar keine Kundennummer besitzt.

- `CHAR` und `VARCHAR`
  Der Name und die E-Mail werden als Zeichenkette angelegt. Der Unterschied zwischen `CHAR` und `VARCHAR` liegt in der Speicherreservierung. `CHAR` legt für den Namen immer 80 Zeichen an, `VARCHAR` belegt so viel Speicher, wie zum Ablegen der E-Mail-Adresse erforderlich ist, erlaubt hier aber maximal 80 Zeichen.
- `PRIMARY KEY`
  Der Primärschlüssel (`PRIMARY KEY`) gibt an, dass jeder Satz in der Tabelle über diesen Schlüssel eindeutig ansprechbar ist. Der Primärschlüssel kann aus mehreren Spalten bestehen. Beispielsweise galt in der Bundesrepublik einmal die Regel, dass alle Personen den Primärschlüssel Name, Vorname, Geburtstag, Geburtsort hatten. Ein Standesamt erlaubte also nicht, dass an einem Tag zwei Geburten mit gleichem Namen angemeldet wurden. Ob das heute noch so ist, weiß ich nicht. Falls es eine »Urban Legend« sein sollte, wäre es mir auch egal. Es zeigt einfach prima, was ein zusammengesetzter Primärschlüssel ist. In einer Datenbank würden Sie dies so formulieren:

  ```
  PRIMARY KEY (name, vorname, geburtstag, geburtsort)
  ```

  Soll die Tabelle nur ein Feld als Primärschlüssel besitzen, wie das hier bei der Kundennummer der Fall ist, können Sie sich die explizite Deklaration sparen und `PRIMARY KEY` als Attribut an die Deklaration des Feldes anhängen:

  ```
  kundennr INTEGER PRIMARY KEY
  ```
- `FOREIGN KEY`
  Wenn ein Satz auf einen bestimmten Satz einer anderen Tabelle verweist, wird einfach der Primärschlüssel der fremden Tabelle als Feld eingetragen. Hier im Beispiel wird die Personalnummer des Mitarbeiters unter dem Namen betreuer abgelegt. Da der Schlüssel auf eine fremde Tabelle zeigt, spricht man von einem Fremdschlüssel oder eben von einem `FOREIGN KEY`.

Löschen einer Tabelle

Der Befehl `DROP` sorgt dafür, dass gelöscht wird. Hängen Sie das Schlüsselwort `TABLE` und den Namen Ihrer Tabelle an, und sie ist auf Nimmerwiedersehen verschwunden:

```
DROP TABLE kundenstamm;
```

Ändern der Tabelle

Mit dem Befehl `ALTER` steht zwar die Möglichkeit zur Verfügung, eine Tabelle zu ändern. Im Normalfall wird dieser Befehl aber eher selten verwendet, da Sie bei wichtigen Datenbanken die Tabellen durch Skripte erzeugen und vor dem Start die bisherigen Tabellen per `DROP` löschen. Der Befehl `ALTER TABLE` kann dazu führen, dass Sie die Daten in der Tabelle verlieren. Bei `DROP` wissen Sie wenigstens, was Ihnen blüht.

Index

Wenn Sie in einer Tabelle nach Einträgen suchen, wird es etwas langwierig, wenn die Datenbank Zeile für Zeile nach dem Begriff sucht. Abhilfe schafft ein Index. Er sorgt dafür, dass über eine Spalte schnell nach dem Ergebnis gesucht werden kann. Sie können mehrere solcher Suchhilfen für jede Tabelle anlegen. Das Datenbanksystem wird selbst erkennen, dass es einen Index gibt, und ihn benutzen, wenn dadurch Geschwindigkeitsvorteile zu erzielen sind.

Auch der Index wird mit dem Befehl `CREATE` erzeugt. Das nachfolgende Schlüsselwort heißt `INDEX` gefolgt von dem Namen, den Sie dem Index geben wollen. Der Index steht nicht allein, sondern gehört immer zu einer Tabelle. Also geben Sie nach dem Schlüsselwort `ON` noch den Tabellennamen an.

Nun fehlt noch die Spalte, über die der Index laufen soll. Es können auch mehrere Spalten für einen Index relevant sein, etwa Name und Vorname. Sie werden in einer Klammer angegeben:

```
CREATE INDEX kundenname ON kundenstamm (name, vorname);
```

Benutzer und ihre Rechte

Neben dem Anlegen von Datenbankstrukturen ist die Zuordnung der Rechte ein wichtiges Element. Dazu bedarf es einer Benutzerverwaltung. Ein Benutzer wird mit dem Befehl `CREATE USER` eingerichtet. Mit dem Befehl `DROP USER` kann er wieder entfernt werden. Als Argument wird jeweils der Benutzername benötigt.

Alle Datenbanksysteme vergeben Passwörter an die Benutzer, aber die Syntax ist leider nicht einheitlich. Die Benutzer allein wären nutzlos, wenn man ihnen nicht gestaffelte Rechte zuordnen könnte. Der Befehl dazu lautet `GRANT`.

```
GRANT SELECT,UPDATE ON kunden.kundenstamm TO meier;
```

Dieser Befehl erlaubt es dem Benutzer meier, in der Tabelle `kundenstamm` der Datenbank `kunden` Abfragen (`SELECT`) zu erstellen und Werte in den bestehenden Sätzen zu korrigieren (`UPDATE`). Er darf keine neuen Sätze anlegen oder Sätze löschen.

Es kann das Recht auf Korrekturen auch wieder entzogen werden. Der Befehl zum Entzug von Rechten heißt `REVOKE`.

```
REVOKE UPDATE ON kunden.kundenstamm FROM meier;
```

Wenn alle Rechte über eine Datenbank oder eine Tabelle vergeben werden sollen, können diese mit `ALL PRIVILEGES` zusammengefasst werden. Die folgende Anweisung erlaubt `schulze` alle Arbeiten an der Datenbank `mydb`:

```
GRANT ALL PRIVILEGES ON mydb.* TO schulze;
```

Sie können sich die Rechte mit dem Befehl `SHOW GRANTS` anzeigen lassen.

```
mysql> SHOW GRANTS FOR meier;
+---------------------------------------------------------+
| Grants for meier@%                                      |
+---------------------------------------------------------+
| GRANT USAGE ON *.* TO 'meier'@'%'                       |
| GRANT SELECT ON 'kunden'.'kundenstamm' TO 'meier'@'%'  |
+---------------------------------------------------------+
2 rows in set (0.00 sec)
```

19.2.2 Daten abfragen und verändern

Die Strukturen sind angelegt. Nun geht es um das, wofür Datenbanken eigentlich geschaffen wurden: um die Daten. Die müssen in die Tabellen eingefügt, verändert und gelesen werden können. Die Befehle zur Veränderung der Daten bezeichnet man als *Data Manipulation Language* (DML).

Einfügen von Daten: INSERT

Mit dem Befehl `INSERT` können neue Datensätze in eine Tabelle eingefügt werden. Dazu gibt der Befehl über das Schlüsselwort `INTO` an, in welche Tabelle und welche Spalten geschrieben werden soll. Hinter dem Schlüsselwort `VALUES` werden die Werte angegeben, die geschrieben werden sollen:

```
INSERT INTO kundenstamm (name, email, betreuer)
       VALUES ('Diana Rigg','schirm@charme.de',29);
```

In der ersten Klammer stehen die Feldnamen und in der zweiten Klammer hinter `VALUES` die Werte, die durch sie besetzt werden. Dabei ist natürlich die Reihenfolge relevant. Werden alle Felder eines Satzes belegt, kann die erste Klammer weggelassen werden. Es gilt dann die Reihenfolge, die bei `CREATE TABLE` festgelegt wurde.

Daten ändern: UPDATE

Um bestehende Sätze in der Tabelle zu verändern, wird der Befehl `UPDATE` verwendet. Zunächst wird die Tabelle angegeben. Hinter dem Schlüsselwort `SET` erfolgt die Zuweisung des Feldes und nach dem Schlüsselwort `WHERE` kann durch Formulierung einer Bedingung festgelegt werden, welche Sätze der Tabelle von der Änderung betroffen sein sollen.

Der folgende Befehl sorgt dafür, dass der Kunde mit der Kundennummer 4711 ab sofort vom Mitarbeiter mit der Personalnummer 42 betreut wird:

```
UPDATE kundenstamm SET betreuer=42 WHERE kundennr=4711;
```

Ein weiteres Beispiel: Sollte der Betreuer mit der Nummer 29 gekündigt haben, könnten dessen Kunden durch den Betreuer 7 übernommen werden. Datenbanktechnisch bedarf es dazu nur eines Befehls. Was aber 7 dazu sagen wird, ist etwas ganz anderes:

```
UPDATE kundenstamm SET betreuer=7 WHERE betreuer=29;
```

Daten löschen: DELETE

Nachdem der Mitarbeiter 29 gekündigt hat und seine Arbeit auf die anderen Mitarbeiter abgewälzt wurde, kann er nun auch aus der Datenbank verschwinden. Für das Entfernen von Sätzen aus einer Tabelle wird der `DELETE`-Befehl verwendet. Nach dem Schlüsselwort `FROM` wird die Tabelle genannt und eine `WHERE`-Klausel legt fest, welche Sätze gelöscht werden sollen:

```
DELETE FROM mitarbeiter WHERE mitarbeiternr=29;
```

Abfragen: SELECT

Das Hauptziel einer Datenbank ist natürlich die Auswertung der vorher eingepflegten Daten. Eine Abfrage wird durch den Befehl `SELECT` realisiert. Nach dem Befehl werden die Spalten aufgezählt, die ausgewählt werden sollen. Mit einem Stern können gleich alle Spalten angesprochen werden.

Wieder führt das Schlüsselwort `FROM` ein, von welcher Tabelle die Informationen geholt werden sollen. Die `WHERE`-Klausel gibt an, welche Sätze selektiert werden sollen. Wenn Sie Namen und E-Mail-Adresse aller Kunden ermitteln wollen, die von dem Mitarbeiter mit der Personalnummer 42 betreut werden, lautet der Befehl:

```
SELECT name, email FROM kundenstamm WHERE betreuer=42;
```

Sie können aber nicht nur eine Tabelle abfragen. Wenn Sie beispielsweise eine Liste aller Verkäufe haben wollen, deren Wert über 1.000 Euro lag, dann wird niemand beglückt sein, wenn als Kunde und Mitarbeiter je eine Zahl erscheint. Da sollten zumindest die

Namen aufgeführt werden. Dazu werden aber auch die Tabellen `kundenstamm` und `mitarbeiter` benötigt. Zunächst einmal die Abfrage als Gesamtkunstwerk:

```
SELECT kundenstamm.name,
       kundenstamm.email,
       mitarbeiter.name,
       betrag
FROM
       verkauf,kundenstamm,mitarbeiter
WHERE
       kdnr=kundennr
   AND persnr=verkauf.betreuer
   AND betrag>1000.0
```

Sie sehen, dass hinter dem `FROM` nun drei Tabellen aufgeführt sind. Hinter dem `SELECT` stehen die Feldnamen der Spalten, die angezeigt werden sollen. Sofern die Namen in den drei Tabellen nicht eindeutig sind, müssen Sie dem Feldnamen den Tabellennamen durch einen Punkt getrennt voranstellen. Im Fall der Spalte betrag können Sie den Tabellennamen weglassen, da betrag nur in der Tabelle `verkauf` vorkommt. Gleiches gilt für die Felder `kdnr`, `persnu` und `kundennu`.

Die `WHERE`-Klausel verknüpft drei Bedingungen. Die letzte besagt, dass der Betrag über 1.000 Euro liegen muss. Das ist die tatsächliche Filterbedingung. Die anderen beiden Bedingungen sorgen dafür, dass der passende Name aus `kundenstamm` und `mitarbeiter` verwendet wird, wobei die Kundennummer aus dem Verkauf mit der aus dem Kundenstamm gleich sein muss. Das Gleiche gilt für die Personalnummer aus der Mitarbeitertabelle und der Verkaufstabelle.

Bedingung

Für Bedingungen wird in SQL-Anweisungen wie schon erwähnt die Klausel `WHERE` benutzt. Ein paar Beispiele haben Sie ja schon gesehen. Um die Bedingungen zu formulieren, sind die auch in anderen Sprachen gängigen Vergleichsoperatoren üblich: <, >, <>, <= und >=. Die Gleichheit wird durch ein Gleichheitszeichen symbolisiert, im Gegensatz zu C, Java und Konsorten, die dafür zwei benötigen.

Darüber hinaus gibt es die Verknüpfungen `AND`, `OR` und `NOT`. Eine `AND`-Verknüpfung ist wahr, wenn alle Teilbedingungen wahr sind. Eine `OR`-Verknüpfung ist wahr, wenn mindestens eine Teilbedingung wahr ist. Der `NOT`-Operator kehrt den Wahrheitswert um.

Eine Besonderheit von SQL ist die Möglichkeit mit `IS NULL` zu prüfen, ob ein Wert überhaupt besetzt ist.

Zeichenkettenvergleiche

Die Sprache SQL besitzt noch einige speziellere Operatoren für Textvergleiche. So werden Textsuchmuster mit dem Schlüsselwort `LIKE` verglichen. Als Wildcard dienen dabei der Unterstrich für ein Zeichen und das Prozentzeichen für eine beliebige Zeichenkette. So findet der folgende Befehl unter anderem alle Kunden mit Vornamen »Diana« oder »Drafi«:

```
select * from kundenstamm where vorname like 'D_a%';
```

Zeichenkettenkonstanten werden in Hochkommata eingeschlossen.

Mit dem Schlüsselwort `BETWEEN` kann geprüft werden, ob sich ein `CHAR`-Feld alphabetisch zwischen zwei Werten befindet. Tatsächlich beherrscht es neben Zeichenketten auch Zahlen und sogar Datumsfelder.

19.3 MySQL

Die Datenbank MySQL war eine der ersten Open-Source-Datenbanken. Sie bestach zu Anfang durch ihre Geschwindigkeit, die sie vor allem dadurch erreichte, dass sie auf die Implementation von Transaktionen verzichtete, die vor allem in ihrem speziellen Einsatzbereich oft verzichtbar waren.

> **Warnung** ×
>
> Auch wenn MySQL aus dem Open-Source-Bereich kommt, ist die Nutzung für den kommerziellen Einsatz keineswegs kostenfrei. Bevor Sie MySQL einsetzen, sollten Sie daher die Lizenzbedingungen prüfen.

19.3.1 Installation und erste Schritte

Für die Installation der MySQL-Datenbank geben Sie den folgenden Befehl ein:

```
# apt-get install mysql-server
```

Während der Installation erscheint ein Dialog, der um das Passwort des Datenbankbenutzers root bittet. Diesen sollten Sie trotz Namensgleichheit nicht mit dem Linux-Administrator verwechseln. Sie sollten für beide auch unterschiedliche Passwörter verwenden.

Mit der Datenbank wurde auch ein Linux-Benutzerkonto namens *mysql* eingerichtet. Das ist das Konto, unter dem der Datenbankserverprozess läuft. Es ist nicht möglich, sich unter diesem Namen anzumelden. Wenn Sie sich an der Datenbank anmelden wollen, verwenden Sie ein normales Linux-Benutzerkonto und rufen die Kommandozeile von MySQL durch den Befehl `mysql` auf.

Als Parameter geben Sie -u (für *user*), gefolgt vom Datenbankbenutzer, an. Nach der Installation ist der einzige Datenbankbenutzer root. Die Option -p bedingt, dass Ihnen die Gelegenheit gegeben wird, das Passwort des Benutzers einzugeben. Mit dem folgenden Befehl erlangen Sie Zutritt zur Kommandozeile der Datenbank:

```
$  mysql -u root -p
Enter password:
Welcome to the MySQL monitor.  Commands end with ; or \g.
...
mysql> quit
Bye
$
```

Wie im Beispiel zu sehen, können Sie die MySQL-Shell mit dem Befehl quit wieder verlassen. In der Shell geben Sie die Kommandos für die Datenbank ab. Mit [↑] können Sie Kommandos zurückholen, bearbeiten und nochmals absenden. Denken Sie daran, die Kommandos mit einem Semikolon abzuschließen.

Bei späteren Aufrufen des MySQL-Clients können Sie den Namen der Datenbank als letzten Parameter angeben.

Struktursicht

Die Datendefinitionssprache von SQL ist zwar überall gleich, aber die Mechanismen und Befehle, die einen Blick auf die Struktur der Tabellen und Datenbanken ermöglichen, ist unter den Datenbanken leider nicht einheitlich.

Sie können sich unter MySQL mit dem Befehl SHOW DATABASES anzeigen lassen, welche Datenbanken eingerichtet sind. Um mit einer Datenbank zu arbeiten, verwenden Sie den Befehl USE, gefolgt vom Namen der Datenbank. Danach können Sie sich anzeigen lassen, welche Tabellen in dieser Datenbank vorhanden sind, indem Sie den Befehl SHOW TABLES aufrufen. Wenn Sie die Struktur einer Tabelle interessiert, verwenden Sie den Aufruf DESCRIBE, gefolgt vom Tabellennamen. Statt DESCRIBE können Sie auch EXPLAIN verwenden.

Befehl	Bedeutung
SHOW DATABASES	Listet die vorhandenen Datenbanken auf.
USE *Datenbankname*	Verwendet eine Datenbank als Arbeitsbereich.
SHOW TABLES	Listet die vorhandenen Tabellen auf.
DESCRIBE *Tabellenname*	Zeigt die Struktur der Tabelle.

Tabelle 19.1 Informationen über Datenbanken und Tabellen

19.3.2 Benutzerverwaltung

Unabhängig vom Betriebssystem verwaltet ein Datenbanksystem seine eigenen Benutzer. Auch ein Datenbankanwender muss sich mit dem Benutzernamen und einem Passwort authentifizieren.

In MySQL werden die Benutzer in der Tabelle *mysql.user* gespeichert. Sie können sich die existierenden Einträge ansehen, indem Sie eine normale `SELECT`-Anweisung auf diese Tabelle ausführen:

```
mysql> SELECT user,host,password from mysql.user;
+------------------+-----------+----------------- ...
| user             | host      | password
+------------------+-----------+----------------- ...
| root             | localhost | *81F5E21ED884A6CD ...
| root             | debian    | *81F5E21ED884A6CD ...
| root             | 127.0.0.1 | *81F5E21ED884A6CD ...
| debian-sys-maint | localhost | *AE3324D7F94D2FDD ...
| paul             | %         |
| kunden           | %         |
+------------------+-----------+----------------- ...
6 rows in set (0.00 sec)
```

Auf diese Weise ist es möglich, Benutzernamen danach zu unterscheiden, von welchem Computer sich die Benutzer angemeldet haben. Neben der Benutzerkennung, dem Host und dem Passwort speichert die Tabelle noch, welche Privilegien der jeweilige Benutzer hat.

MySQL-Benutzernamen dürfen bis zu 16 Zeichen lang sein. Aus der MySQL-Shell können Benutzer mit den Befehlen `CREATE USER` angelegt und mit dem Befehl `DROP USER` wieder gelöscht werden:

```
mysql> CREATE USER erna@localhost IDENTIFIED BY 'geheim';
mysql> DROP USER erna@localhost;
```

Aus der MySQL-Shell heraus können Sie mit dem Befehl `SET PASSWORD` die Passwörter eines beliebigen Benutzers nachträglich ändern:

```
$ mysql -u root
mysql> SET PASSWORD FOR 'erna'@'localhost' = PASSWORD('geheim');
mysql> SET PASSWORD FOR 'erna'@'debian.willemer.edu' =
    -> PASSWORD('ganzgeheim');
mysql>
```

Das root-Passwort können Sie auch mit dem Administrationswerkzeug `mysqladmin` ändern. Dieses wird von der Betriebssystem-Shell aus gestartet:

```
$ mysqladmin -u root password 'geheim'
$ mysqladmin -u root -h debian.willemer.edu password 'geheim'
```

19.3.3 Administrationstools

MySQL liefert eine Reihe von Programmen mit. Darüber hinaus gibt es noch einige Werkzeuge, die mit MySQL zusammenarbeiten.

mysqladmin

Das Programm `mysqladmin` ermöglicht, es Befehle zur Administration einer MySQL-Datenbank von der Shell aus zu geben. Es wird immer mit Parametern aufgerufen. Der erste Parameter ist das Kommando.

- `mysqladmin create` *Datenbank*
  Es wird eine Datenbank angelegt.
- `mysqladmin drop` *Datenbank*
  Die Datenbank wird gelöscht.
- `mysqladmin password` *Passwort*
  Das Passwort wird geändert.
- `mysqladmin shutdown`
  Der MySQL-Server wird heruntergefahren.
- `mysqladmin version`
  Zeigt die Version des Servers an.
- `mysqladmin status`
  Gibt einen Bericht über das Wohlbefinden des Serverprozesses.

mysqlcheck

Das Programm `mysqlcheck` kümmert sich um die Wartung der Datenbank. Das Programm wird mit dem Datenbanknamen als Parameter aufgerufen. Es kann aber auch alle Datenbanken bearbeiten, wenn als Parameter `--all-databases` oder kurz `-A` angegeben wird.

Damit das Programm als entsprechender Datenbankbenutzer auftritt, können Sie wie bei `mysql` mit der Option `-u` den Benutzer angeben. Mit der Option `-p` erreichen Sie, dass das Passwort vor dem Start des Programms erfragt wird.

Wird das Programm mit der Option `--repair` aufgerufen, repariert es die Datenbank. Sie können die Option auch weglassen, wenn Sie `mysqlrepair` aufrufen. Dies ist ein symbolischer Link auf `mysqlcheck`. Das Programm prüft, ob es unter diesem Namen aufgerufen wurde, und setzt sich die Option quasi selbst.

Die Option `--optimize` sorgt dafür, dass nach Optimierungen für die Tabellen gesucht wird. Auch hier gibt es einen symbolischen Link. In diesem Fall heißt das Programm `mysqloptimize`.

Wenn Sie eine Analyse Ihrer Datenbank vornehmen wollen, verwenden Sie die Option `--analyze` oder starten das Programm `mysqlanalyze`.

MySQL-Administrator

Das Tool MySQL Administrator ermöglicht Administrationsarbeiten unter einer grafischen Benutzeroberfläche. Der Vorteil dieser Anwendung liegt vor allem in der guten Übersicht über die gesamte Datenbank. Das Programm wird nicht automatisch mit MySQL installiert. Sie müssen erst das Paket *mysql-admin* installieren, nicht zu verwechseln mit dem Befehl `mysqladmin`, der mit MySQL mitgeliefert wird:

```
debian # apt-get install mysql-admin
```

Unter Ubuntu gibt es das Paket allerdings nicht mehr. Dort sind mehrere Tools in dem Paket *mysql-workbench* zusammengeführt worden.

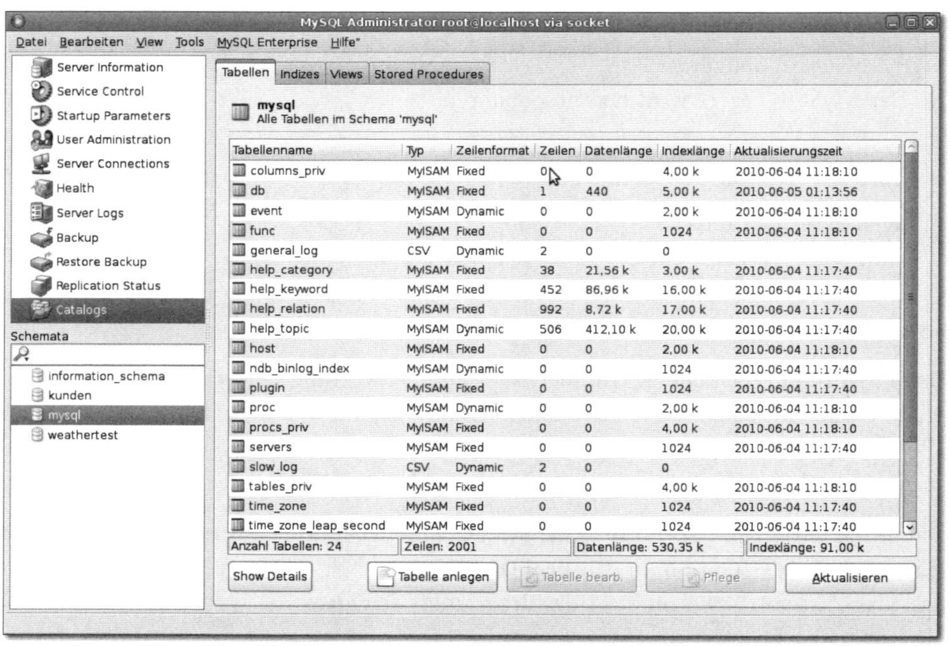

Abbildung 19.1 MySQL Administrator

Der Eintrag für das Programm wird je nach Desktop im passenden Startmenü abgelegt. Von der Shell aus können Sie es mit dem Befehl `mysql-admin` starten. Wenn Sie die Fähigkeit des X Window Systems nutzen, grafische Anwendungen über das Netzwerk zu starten, können Sie von einem Linux-Arbeitsplatz aus die Datenbank auch fernwarten.

```
$ ssh -X linuxsrv
paul@linuxsrv's password:

Last login: Sun Jun  6 11:22:15 2010 from laptop
$ mysql-admin &
[1] 16289
$
```

Anschließend erscheint das Hauptfenster auf dem Arbeitsplatzrechner. Die Anwendung selbst läuft auf dem Server.

Mit dem Programm können Sie die Konfiguration bearbeiten, Benutzer verwalten, Backups durchführen, die Datenbanktabellen durchstöbern und Informationen über den Status des MySQL-Servers gewinnen. Vor allem für weniger geübte Datenbankadministratoren gewährt das Programm einen Einblick in das Gesamtsystem.

phpMyAdmin

Sollten Sie nur einen Windows-Arbeitsplatz zur Verfügung haben, könnte Ihnen das Tool phpMyAdmin helfen. Es verwendet einen Webserver und PHP, wie der Name ja schon vermuten lässt.

```
# apt-get install phpmyadmin
```

Während der Installation werden Sie gefragt, welchen Webserver Sie verwenden wollen. Wenn Sie den Apachen bereits installiert haben, ist es natürlich sinnvoll, ihn auch zu benutzen. Anderenfalls können Sie auch `lighttp` verwenden.

Dann fragt die Installation, ob es für Sie eine Datenbank einrichten soll. Diese verwendet das Programm für interne Zwecke und Sie sollten es ihm zugestehen.

Der Aufruf von phpMyAdmin erfolgt über einen normalen Browser (siehe Abbildung 19.2). In die Adresszeile geben Sie die URL *http://127.0.0.1/phpmyadmin* ein. Wenn Sie von einem anderen Arbeitsplatz aus arbeiten, werden Sie statt 127.0.0.1 natürlich die IP-Adresse des Servers angeben.

Hosting-Provider, die eine MySQL-Datenbank anbieten, liefern gern dieses Administrationswerkzeug, weil es so nicht erforderlich ist, dass der Kunde einen SSH-Zugang erhält.

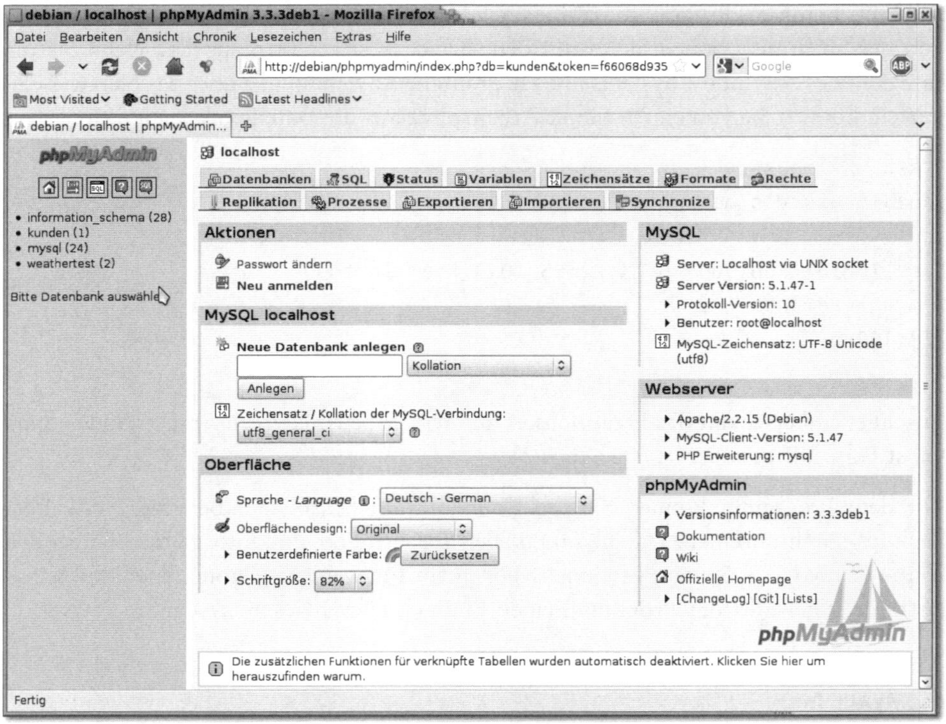

Abbildung 19.2 phpMyAdmin

19.3.4 Datensicherung

Die Daten einer Datenbank können nicht einfach mit `tar` oder anderen Datensicherungswerkzeugen gesichert werden, solange sie in Betrieb sind. Zu groß ist das Risiko, dass die gesicherten Daten inkonsistent sind. Dieser Aspekt ist den Entwicklern einer Datenbank bewusst. Darum liefern sie selbst Programme mit, die es sogar ermöglichen, ohne Betriebsunterbrechung zu sichern.

MySQL stellt für die Datensicherung das Werkzeug `mysqldump` zur Verfügung. Damit können Sie eine Datensicherung durchführen, deren Ergebnisse als SQL-Befehle auf die Standardausgabe umgeleitet werden:

```
$ mysqldump --single-transaction --all-databases -p > sicher.sql
```

Dieser Befehl führt eine Datenbanksicherung im Namen von root aus. Mit der Option `-u` könnten Sie auch andere Datenbankbenutzer einsetzen. Sie benötigen die Option `-p`, um das Passwort eingeben zu können.

Die Option `--single-transaction` sorgt dafür, dass der Inhalt der Datenbank in sich konsistent gesichert ist. Mit der Option `--all-databases` wird eine Sicherung aller Datenbanken durchgeführt. Dies darf natürlich nur der Datenbank-Administrator. Wird diese Option weggelassen, muss eine Datenbank als letzter Parameter angegeben werden. Dann kann auch der Datenbankbenutzer mit der Option `-u` benannt werden, dem die Datenbank gehört.

Das Ergebnis der Datensicherung wird einfach von der Standardausgabe in eine Datei umgelenkt. Sie können es auch durch einen Komprimierer filtern und dann auf ein Bandlaufwerk umleiten.

Restaurierung

Da es sich bei der Datensicherung um ein SQL-Skript handelt, muss dieses nur von der Datenbank ausgeführt werden, um die Datenbank wieder herzustellen.

```
$ mysql -p < sicher.sql
```

Natürlich muss diese Operation im Namen des Datenbankadministrators erfolgen.

Da das SQL-Skript im Klartext aus Kommandos besteht, die die Datenbank komplett wieder erstehen lassen, kann es natürlich auch von jedermann gelesen werden, der die Grundlagen von SQL beherrscht. Entsprechend muss es gegebenenfalls datenschutztechnisch behandelt werden.

19.3.5 Konfigurationsdateien

Im Verzeichnis */etc/mysql* befinden sich die Konfigurationsdateien von MySQL. Die Datei *debian.cnf* wird automatisch bei der Installation erzeugt und sollte nicht geändert werden.

Die Datei *my.cnf* enthält den Port, über den die Datenbank von außen angesprochen wird. Darüber hinaus sind dort die Pfade für die Sockets für die lokale Kommunikation und die Verzeichnisse für die Daten abgelegt.

```
[client]
port            = 3306
socket          = /var/run/mysqld/mysqld.sock

[mysqld_safe]
socket          = /var/run/mysqld/mysqld.sock
nice            = 0
```

```
[mysqld]
user            = mysql
pid-file        = /var/run/mysqld/mysqld.pid
socket          = /var/run/mysqld/mysqld.sock
port            = 3306
basedir         = /usr
datadir         = /var/lib/mysql
tmpdir          = /tmp
```

Sie sehen, wie sich die Konfiguration in den Bereich `client` und `mysqld` für den Server-Dämon unterteilt. Der Pfad hinter `datadir` ist der Bereich, in dem die Datenbank ihre Daten ablegt.

19.4 PostgreSQL

Die Datenbank PostgreSQL entstand im Bereich der Hochschulen zunächst als *Postgres* unter bewusstem Verzicht der Sprache SQL. Inzwischen wurde SQL nachgerüstet und führte zur Änderung des Namens. Die Nähe zur Forschung führt zu einer außergewöhnlichen Funktionsbreite. Außerdem ist PostgreSQL eine lizenztechnisch sehr unkomplizierte Datenbank. Sie können sie völlig frei auch kommerziell einsetzen. So drängt sie immer stärker in die Bereiche, in denen bisher MySQL Platzhirsch war.

19.4.1 Installation und erste Schritte

Sie installieren PostgreSQL, indem Sie das Paket *postgresql* installieren:

```
# apt-get install postgresql
```

Nach der Installation wird der Datenbankserverprozess sofort gestartet. Sie können über das Init-Skript mehr über den Status erfahren, die Datenbank mit `stop` stoppen und mit `start` wieder starten.

```
# /etc/init.d/postgresql status
Running clusters: 9.1/main
```

PostgreSQL-Interpreter psql

Wenn Sie erstmalig den PostgreSQL-Client aufrufen wollen, müssen Sie sich bei der Datenbank als der voreingestellte Datenbankbenutzer postgres anmelden. Der sauberste Weg ist, sich dazu als Linux-Benutzer postgres anzumelden und von dort aus `psql` aufzurufen. Dazu müssen Sie entweder zunächst als root ein Passwort an den Benutzer postgres vergeben oder Sie verwenden den Befehl su auf dem kleinen Umweg über den Benutzer root:

```
$ su -
Passwort:
# su - postgres
$ psql
psql (9.1.10)
Geben Sie »help« für Hilfe ein.

postgres=# \q
$
```

Unter Ubuntu Server verwenden Sie statt der ersten beiden Befehle den folgenden Aufruf:

```
$ sudo  su - postgres
```

Beim Aufruf von `psql` verwendet PostgreSQL den Linux-Benutzernamen als Datenbankbenutzer. In diesem Fall benötigen Sie auch kein Datenbankpasswort, da PostgreSQL davon ausgeht, dass sich der Linux-Benutzer ja auch nicht ohne ein Passwort einloggen konnte.

Mit der Option `-U` können Sie sich unter einem fremden Datenbankbenutzer anmelden. Allerdings werden Sie ohne eine Passworteingabe, die Sie mit der Option `-W` erreichen können, nicht hineinkommen.

Jetzt beim ersten Start von PostgreSQL hat der Datenbankbenutzer postgres aber noch gar kein Passwort, sodass Sie wirklich den oben vorgeschlagenen Weg für das erste Einloggen wählen sollten.

psql verlassen

Der PostreSQL-Interpreter wird durch die Tastenkombination Strg + D oder durch `\q` verlassen. Den Befehl `exit` oder `quit` versteht PostgreSQL nicht.

Lokaler und Fernzugriff

Normalerweise wird `psql` die Verbindung zum Datenbankserver über einen lokalen Socket aufnehmen. Sie können mit der Option `-h` einen Zielrechner angeben und sich auf einem fremden Rechner einloggen. Es wird bei der Option `-h localhost` oder `127.0.0.1` auch der lokale Datenbankserver angesprochen, allerdings nicht über den lokalen Socket, sondern per TCP/IP. Es kann sein, dass sich ein lokal berechtigter Datenbankanwender über TCP/IP nicht einloggen kann und umgekehrt. Die Rechtezuordnung finden Sie in der Konfigurationsdatei *pg_hba.conf* (siehe Abschnitt 19.4.4).

Anlegen und Verwenden von Datenbanken

Sie können von `psql` die Befehle `CREATE DATABASE` und `DROP DATABASE` aufrufen. Dazu müssen Sie natürlich einen Datenbanknamen angeben. Für beide Befehle gibt es aber auch die Programme `createdb` und `dropdb`, die von der Linux-Shell aus aufgerufen werden können. Natürlich müssen Sie auch diesen Befehlen den Datenbanknamen mitgeben.

Allerdings kennt `psql` den Befehl `USE DATABASE` nicht. Wenn Sie mit einer Datenbank arbeiten wollen, geben Sie das beim Start von `psql` optional mit der Option `-d` an.

```
$ createdb meinedb
$ psql meinedb
psql (9.1.10)
Type "help" for help.

meinedb=# \q
$ dropdb meinedb
$
```

Skripte ausführen

Für das Anlegen von Datenbanken verwendet man vorzugsweise Skripte. Diese kann man aus dem Interpreter `psql` mit dem Befehl `\i` aufrufen. Als Argument wird die Kommandodatei angegeben:

```
postgres=# \i neuedb.sql
CREATE DATABASE
postgres=#
```

Die Datei *neuedb.sql* enthält lediglich einen Befehl zur Erzeugung einer Datenbank:

```
create database meinedb;
```

Alternativ können Sie die Skriptdatei auch beim Aufruf von `psql` als Eingabeumleitung übergeben. Dann wird der Interpreter nach Ende der Abarbeitung automatisch verlassen.

```
$ psql < neuedb.sql
CREATE DATABASE
$
```

Auf diese Weise können Sie die Kommandos zum Einrichten einer Datenbank und deren Tabellen und Indizes in einer Skriptdatei erstellen. Diese lässt sich später leichter korrigieren und nachvollziehen.

Informationen über die internen Strukturen

Die Datenbanken unterscheiden sich leider darin, Informationen über die angelegten Datenbanken, Tabellen und Benutzer zu bekommen.

Das Programm `psql` verwendet den Befehl `\l`, um die eingerichteten Datenbanken anzuzeigen. Mit `q` kann diese Ansicht beendet und auf die Befehlseingabe zurückgekehrt werden. Der Befehl `\d` gefolgt von einem weiteren Buchstaben beschafft Informationen über die Tabellen und Benutzer. In Tabelle 19.2 sind einige der Befehle aufgeführt. Sie erhalten eine Übersicht über die Befehle, wenn Sie `\?` in der PostgreSQL-Shell eingeben.

Befehl	Anzeige
`\l`	Datenbanken anzeigen
`\dt`	Übersicht über die Tabellen anzeigen
`\dp`	Zugriffsrechte für Tabellen anzeigen
`\dS` *Tabellenname*	Struktur einer Tabelle
`\du`	Benutzer anzeigen

Tabelle 19.2 Befehle der PostgreSQL-Shell

19.4.2 Benutzer anlegen

Wenn Sie den Befehl `\du` ausführen, sehen Sie folgende Zeilen:

```
postgres=# \du
                                  List of roles
 Role name |                          Attributes                           | Member of
-----------+------------------------------------------------+-----------
 postgres  | Superuser, Create role, Create DB, Replication | {}
```

Es ist als ein Benutzer postgres angelegt, der als Superuser fungiert. Ansonsten gibt es noch keine weiteren Benutzer. Zum Anlegen eines weiteren Benutzers dient der Befehl `CREATE USER`. Als Argument wird noch ein Name benötigt:

```
postgres=# CREATE USER paul;
CREATE ROLE
```

Sie sehen, dass PostgreSQL mit dem Benutzer auch gleich eine Rolle verbindet. Eine Rolle bezeichnet allerdings mehr die Rechte eines Benutzers. Sie können auch eine Rolle mit dem Befehl `CREATE ROLE` anlegen. Diese darf sich dann allerdings nicht einloggen.

Der Benutzer oder besser dessen Rolle kann bestimmte Rechte über den Befehl `GRANT` erhalten. Beispielsweise würden Sie ihm das Recht, die Tabelle `kundenstamm` auszulesen, mit dem folgenden Befehl zuweisen:

```
postgres=# GRANT SELECT ON kundenstamm TO paul;
GRANT
```

Der Benutzer paul kann nun aber nicht mehr einfach entfernt werden, weil zunächst dessen Rechte mit dem Befehl `REVOKE` zurückgezogen werden müssen. Dann erst ist ein Löschen des Benutzers möglich.

```
postgres=# DROP USER paul;
ERROR:  role "paul" cannot be dropped because some objects depend on it
DETAIL:  privileges for table kundenstamm
die
stgres=# REVOKE SELECT ON kundenstamm FROM paul;
REVOKE
postgres=# DROP USER paul;
DROP ROLE
```

Aus diesem Grund ist es sinnvoll, Rolle und Benutzer zu trennen. Man erzeugt eine Rolle betreuer, in die der Benutzer paul schlüpft. Dann ist das Löschen des Benutzers kein Problem, da die Rechte bei der Rolle bleiben.

```
postgres=# CREATE ROLE betreuer;
CREATE ROLE
postgres=# GRANT SELECT ON kundenstamm TO betreuer;
GRANT
postgres=# CREATE USER paul ROLE betreuer;
CREATE ROLE
postgres=# DROP USER PAUL;
DROP ROLE
```

Sie können dem Benutzer ein Passwort zuordnen, indem Sie bei der Erzeugung das Schlüsselwort `PASSWORD` anhängen:

```
postgres=# CREATE USER paul PASSWORD 'geheim'
```

Sollten Sie das Passwort ändern wollen, geben Sie den folgenden Befehl ein:

```
postgres=# ALTER USER paul PASSWORD 'geheim';
```

Nun darf sich paul einloggen, sofern er eine existierende Datenbank als Option verwendet.

Sie können mit `ALTER ROLE` einer Rolle noch weitere Rechte zuordnen, wie Tabelle 19.3 zeigt. Neben diesen PostgreSQL-spezifischen Rechten können Sie mit dem SQL-Standardbefehl `GRANT` Schreib- und Leserechte auf Tabellen oder andere Datenbankrechte vergeben.

Attribut	Berechtigung
LOGIN	Erlaubt das Anmelden.
CREATEDB	Darf eine Datenbank erzeugen.
SUPERUSER	Wird zum Datenbankadministrator.
CREATEROLE	Erlaubt, selbst Rollen zu erstellen.

Tabelle 19.3 Rollenattribute

19.4.3 Datensicherung

Wie bei allen Datenbanken ist es auch bei PostgreSQL sinnvoll, das datenbankeigene Sicherungswerkzeug zu benutzen. Nur dieses kann gewährleisten, dass die Daten so gesichert werden, dass sie bei einer Rücksicherung konsistent sind.

Für eine Komplettsicherung aller Datenbanken von PostgreSQL gibt es den Befehl `pg_dumpall`. Er gibt auf der Standardausgabe eine Reihe von SQL-Befehlen aus, die den kompletten Zustand aller Datenbanken widerspiegeln. Sinnvollerweise leitet man diese Befehle in eine Datei um.

```
$ pg_dumpall > vollsicherung.sql
```

Zur Rücksicherung wird der Interpreter `psql` mit der Option `-f` aufgerufen:

```
$ psql -f vollsicherung.sql
```

Sollen nur einzelne Datenbanken gesichert werden, verwenden Sie besser das Programm `pg_dump`. Es erzeugt aus einer Datenbank die Inhalte in Form der SQL-Befehle, die die Datenbank wieder in den aktuellen Zustand bringen. Das Programm wirft die Befehle auf die Standardausgabe. Von dort können sie einfach in eine Datei oder ein Bandgerät umgeleitet werden.

```
$ pg_dump meinedb > meinedbsicher.sql
```

Die Rücksicherung erfolgt, indem die Sicherungsdatei in die Standardeingabe umgeleitet wird. Sollte es eine Datenbank `meinedb` bereits geben, müsste sie vor dem Einspielen der Rücksicherung natürlich entfernt werden.

```
$ dropdb meinedb
$ createdb meinedb
$ psql meinedb < dbsicher
```

19.4.4 Zugriffskonfiguration

Die Konfigurationsdateien von PostgreSQL befinden sich unterhalb des Verzeichnisses */etc/postgresql*. Darunter finden Sie ein Verzeichnis mit der aktuellen Versionsnummer von PostgreSQL und darunter wiederum ein Verzeichnis *main*.

pg_hba.conf

Die Datei *pg_hba.conf* verwaltet, welche Clients auf die PostgreSQL-Datenbank zugreifen dürfen. Sie können einschränken, dass nur lokale Benutzer auf bestimmten Datenbanken arbeiten dürfen. Das ist beispielsweise wichtig, falls die Datenbank ausschließlich für den PHP-Zugriff gedacht ist. Sie können auch bestimmte Benutzer auf bestimmte Clientrechner beschränken. Die Standardkonfiguration erlaubt allerdings alle Zugriffe.

```
# Database administrative login by UNIX sockets
local   all         postgres                        peer
# TYPE  DATABASE    USER        CIDR-ADDRESS        METHOD
# "local" is for Unix domain socket connections only
local   all         all                             peer
# IPv4 local connections:
host    all         all         127.0.0.1/32        md5
# IPv6 local connections:
host    all         all         ::1/128             md5
```

Die erste Zeile definiert die Administration der Datenbank. Die weiteren Zeilen geben erst die Rechte für den lokalen Zugriff, die nächste für den Zugriff mit IPv4 und die letzte Zeile ist bereits auf das neue Protokoll IPv6 (siehe Abschnitt 9.8) vorbereitet. Die Spalten der Datei bedeuten im Einzelnen:

- TYPE: `local/host`
  Unterscheidet, ob der Zugriff lokal oder über das Netzwerk erfolgt.
- DATABASE
  Hier kann eine einzelne Datenbank angegeben werden oder `all` für alle.
- USER:
  Hier können einzelne Benutzer angegeben werden oder `all` für alle Benutzer.
- CIDR-ADDRESS: (bei `local` fehlt diese Spalte)
  Es können einzelne Hosts oder Netze spezifiziert werden, die Zugriff auf die Datenbank haben. Hier ist derzeit nur der lokale Rechner erlaubt. Soll die Datenbank netzwerkweit zugreifbar sein, müsste hier ihre Netzwerkadresse stehen.
- METHOD
  Hier steht, wie sich Benutzer ausweisen müssen.
  - `peer`: Benutzeranmeldung des Betriebssystems
  - `md5`: MD5-verschlüsseltes Passwort
  - `trust`: Blindes Vertrauen in die Ehrlichkeit der Welt
  - `reject`: Diese Verbindungen werden immer abgelehnt.

Kapitel 20
Der Webserver Apache

Inhalt

- Apache als Webserver installieren und konfigurieren
- Virtuelles Hosting
- Zertifizierte und verschlüsselte Übertragung
- Aktive Webseiten entwickeln mit CGI und PHP

In irgendeinem Footer fand ich einmal den Spruch: »Linux is like a wigwam. No Gates no Windows but always an Apache inside.« Tatsächlich ist der Webserver Apache vielleicht die Ursache für die schnelle Verbreitung von Linux als Serversystem. Sie können für Ihre Webpräsenz im Internet einsetzen oder als zentrales Element Ihres Intranet-Servers. In diesem Kapitel können Sie sehen, wie vielfältig er eingesetzt werden kann.

20.1 Surfen und Server

Ein Webserver liefert einem Browser die Seiten, die der Benutzer anfordert. Wenn Sie einen Blick auf die Adresszeile werfen, können Sie bereits ein paar erste Dinge erkennen. Geben Sie beispielsweise die Adresse *tagesschau.de* ein. Dies ist offensichtlich der Name einer Domäne. Wenn Sie nach dem Erscheinen der Seite noch einmal in die Adresszeile schauen, sehen Sie *www.tagesschau.de* oder sogar *http://www.tagesschau.de*. Aus dem Domänennamen hat der Browser also eine komplette URL erstellt. Dabei ist *www* der Hostname, der den Webserver für die Domäne stellt, und *http* das Protokoll, das der Browser und der Webserver miteinander sprechen.

Die Adresse: URL

Eine URL besteht aus verschiedenen Bestandteilen. Verwenden wir die folgende URL als Beispiel und zerlegen sie in ihre Bestandteile:

http://www.willemer.de:80/informatik/index.htm

- *http://* beschreibt das Protokoll. Daraus leitet der Browser auch die Portnummer ab, wenn sie nicht explizit hinten angeführt wird.
- *www* ist der Host, der in der Domäne den Webserver stellt.
- *willemer.de* ist die Domäne.
- *:80* ist die Portnummer, die an die Domäne angehängt werden kann. Wird sie weggelassen, verwendet der Browser den Port 80.
- */informatik* ist der Verzeichnispfad, in dem die Zieldatei steht.
- *index.htm* ist die eigentliche Datei, die übertragen werden soll.

Die Adresse *www.tagesschau.de* besteht also aus der Domain *tagesschau.de* und dem Bezeichner *www*, der ursprünglich einen Rechner der Domain bezeichnet, der sich um den Dienst als Webserver kümmert. Hinter großen Webseiten wie der Wikipedia stecken natürlich mehrere Rechner, die sich die Arbeit teilen, aber das soll uns jetzt nicht interessieren.

Hinter der Rechneradresse folgt durch einen Schrägstrich abgetrennt der gewünschte Dateiname, der oft durch Pfadnamen näher spezifiziert wird. Die Basis dieses Verzeichnisbaums verweist auf einen Pfad im Dateisystem des Webservers, der als *DocumentRoot* bezeichnet wird.

Das Protokoll HTTP

Um den Webserver eines Computers zu erreichen, spricht der Browser standardmäßig den Port 80 an, der in der Datei */etc/services* für das Protokoll http (*HyperText Transfer Protocol*) definiert wird.

Oft werden Pfad- und Dateinamen an die Computeradresse angehängt. Der Browser sendet für diesen Pfad eine `GET`-Anfrage. Daraufhin sendet der Server die gewünschte Datei und schließt die Verbindung. Befindet sich auf der Webseite ein Bild, so findet der Browser dafür wiederum eine URL, mit deren Hilfe er dieses Bild per `GET`-Anfrage vom Webserver abholt. Hat der Browser alle Bestandteile versammelt, zeigt er dem Anwender die Seite an.

Die Besonderheit des Webs ist die Möglichkeit, über einen Link eine andere Website aufzurufen. Hinter einem Link steckt eine URL, die der Browser wiederum in eine `GET`-

Anfrage umsetzt. Das Protokoll ist also statuslos und recht simpel. Der Browser fordert als Client eine Datei über eine `GET`-Anfrage und erhält vom Webserver die angefragten Daten. Damit ist die Kommunikation beendet. Nur für den Sonderfall von Eingaben gibt es noch den `POST`-Befehl, der Daten vom Browser an den Server schickt.

20.2 Installation und Start des Webservers

Damit Sie aus Ihrem Server einen Webserver machen, müssen Sie das Programm Apache installieren. Das zentrale Paket heißt *apache2*. Unter Debian oder Ubuntu installieren Sie das Paket mit dem folgenden Befehl:

```
# apt-get install apache2
```

Es werden ein paar Megabytes geladen und anschließend wird der Webserver sofort gestartet.

Ein erster Testlauf

Wenn Sie auf einem Arbeitsplatz in Ihrem Netzwerk die IP-Adresse Ihres Servers im Adressfeld des Browsers eintragen, erhalten Sie bereits eine weitgehend leere Seite, die Ihnen lediglich berichtet, dass es funktioniert. »It works!« ist da in großen Buchstaben zu lesen.

Die HTML-Seite, die zu dieser üppigen Darstellung führt, finden Sie im Verzeichnis */var/www*. Der Pfad der HTML-Dokumente ist in der Konfiguration hinterlegt, die sich wiederum in den Verzeichnissen unterhalb des Pfades */etc/apache2* befinden.

Wenn Sie in das Verzeichnis */var/www* wechseln, können Sie sehen, dass dort eine Datei namens *index.html* steht. Sie können sie ändern, neue Seiten hinzufügen und per Links verbinden. Dazu benötigen Sie nur ein paar grundlegende Kenntnisse in HTML.

Start und Stopp des Servers

Gern bedient sich der Administrator des Skripts, der auch beim Systemstart dafür sorgt, dass der Webserver in die Gänge kommt und beim Herunterfahren für eine angemessene Beerdigung sorgt. Dieses Skript befindet sich im Verzeichnis */etc/init.d* und wird folgendermaßen aufgerufen, um den Webserver zu beenden und erneut zu starten:

```
# /etc/init.d/apache2 restart
```

Ein Neustart wird beispielsweise bei der Änderung der Konfiguration erforderlich. Statt des Kommandos `restart` kann das Kommando `stop` für das Stoppen des Servers oder `start` angegeben werden, um den Webserver in Betrieb zu nehmen. Das Kommando `status` liefert die Information, ob der Webserver gerade läuft und welche Prozess-ID er hat.

Alternativ zum Aufruf des Init-Skripts kann auch der Befehl `service` verwendet werden, um die oben angegebenen Kommandos abzusetzen:

```
# service apache2 restart
```

Übrigens verwenden einige Linux-Distributionen statt `service` den Befehl `systemctl` und statt `apache2` den klassischen Servernamen `httpd`.

Benutzer www-data

In früheren UNIX-Zeiten liefen die Serverdienste unter den Rechten von root. Davon ist man aus Sicherheitsgründen abgekommen. Heutzutage laufen die Server je unter einem eigenen Benutzer. Für den Webserver Apache wird der Benutzer www-data eingerichtet. Sie können sich allerdings unter dem Benutzernamen www-data nicht anmelden. Das ist in der Regel auch gar nicht notwendig. Sollten Sie doch einmal das Bedürfnis danach haben, als www-data aufzutreten, melden Sie sich als root an und wechseln Sie dann mit dem Befehl `su` den Benutzer. Ein Passwort ist dazu nicht erforderlich.

```
# su - www-data
```

Wichtig ist, dass Dateien und Verzeichnisse, die der Webserver bearbeiten soll, für den Benutzer www-data les- oder schreibbar sein müssen.

20.3 Eine erste Website

Es ist vielleicht befremdlich, in diesem Buch auf eine Kurzeinführung in die Sprache HTML (*Hypertext Markup Language*) zu stoßen. Aber allein, um die Beispiele nachvollziehen zu können, ist es hilfreich, wenigstens ein paar HTML-Befehle zu kennen.

20.3.1 Ein wenig HTML zur Einstimmung

HTML ist nicht sehr kompliziert. Dieser Abschnitt will Ihnen nicht das Handwerkszeug als Webdesigner an die Hand geben, sondern geht sehr kurz auf die Funktionalitäten ein, die Sie benötigen, um für CGI und PHP Eingabemasken und Ausgabelisten zu bauen. Um Schönheit, Eleganz und Design ins Web zu zaubern, werden Sie wohl noch ein zweites Buch benötigen.

Hinweis

Wenn Ihnen das alles zu kurz ist, finden Sie ausgiebigere Beschreibungen unter *http://de.selfhtml.org*.

20.3.2 Die HTML-Tags

Für die HTML-Dateien können Sie Ihren Lieblingseditor vi oder alternativ nano verwenden. Um zu sehen, wie das Ergebnis aussieht, können Sie den erstellten Text direkt mit dem Firefox oder einem anderen Browser anschauen.

Sie schreiben zunächst den Text, der auf Ihrer HTML-Seite erscheinen soll, einfach in eine Datei. Dieser wird dann ohne Absatz oder Leerzeile am Stück im Browser erscheinen. Um diesen Wust an Text leserlich zu machen, setzen Sie ein paar Darstellungsbefehle hinein, die man als Tags (englisch für Etiketten) bezeichnet.

Ein solches Tag, das sich aufgrund der englischen Herkunft wie *Täg* spricht, ist in spitze Klammern eingeschlossen. In den meisten Fällen gilt ein Tag für einen Bereich. Um das Ende zu markieren, wird direkt hinter die öffnende spitze Klammer, also das Kleinerzeichen, ein Schrägstrich gesetzt. Das folgende Beispiel zeigt eine Überschrift (heading) der zweiten Ebene, die mit H2 markiert wird.

```
<h2>Wichtig</h2>
```

In manchen Fällen, wie zum Beispiel dem Absatzzeichen `<p>`, ist HTML tolerant, wenn das schließende Tag fehlt.

Wenn Sie eine Website im Internet aufrufen, wird normalerweise automatisch die Datei *index.html* oder, wenn diese nicht da ist, die Datei *index.htm* geladen. Darum ist es nicht verkehrt, zuerst eine Datei dieses Namens zu erstellen.

Eine korrekte HTML-Seite wird mit einem Tag `html` eingeschlossen. Darin gibt es einen Kopf, der durch das Tag `head` eingeschlossen wird. Dem folgt der Seitenkörper, in dem der eigentliche Text steht. Dieser wird durch ein `body`-Tag eingeschlossen. Damit ergibt sich folgender Rumpf, in den zur Veranschaulichung schon etwas geschrieben wurde.

```
<html>
  <head>    </head>
  <body>
    <h2>Wichtig</h2>
    Wichtiger Inhalt.
  </body>
</html>
```

Wirklich lebendig wird das Internet durch Links. Damit können Sie auf eine andere Seite verweisen. Einen Link definieren Sie durch das Tag `a`. Damit daraus ein Verweis wird, muss das Tag a noch das Attribut `href` bekommen, das das Ziel des Links enthält.

```
<html>
  <head>    </head>
  <body>
    <h2>Wichtig</h2>
    Wichtiger Inhalt.
    <p>
    Schauen Sie sich diesen <a href="hinweis.html">Hinweis</a> an.
  </body>
</html>
```

Sie sehen, dass dem Attribut `href` eine Zeichenkette in Anführungszeichen zugewiesen wird, im Beispiel ist dies der Dateiname *hinweis.html*. Wenn Sie in das gleiche Verzeichnis eine Datei dieses Namens legen, wird der Browser diese Datei nachladen, sobald der Anwender auf den Link klickt. Wenn Sie dort eine komplette URL wie *http://www.debian.org* hinsetzen, springt der Browser ins Internet an diese Adresse.

Schreiben Sie doch eine neue Datei *hinweis.html*! Hier können Sie wieder zurück verweisen. Dabei spielen wir etwas mit der Größe der Überschriften.

```
<html>
  <head>    </head>
  <body>
    <h1>Riesiger Hinweis</h1>
    <h3>Kleiner Hinweis</h3>
    Wichtiger Hinweis.
    <p>
    Hier geht es zur <a href="index.html">Hauptseite</a>.
  </body>
</html>
```

Tabellen

Ein sehr wichtiges Gestaltungsmittel in HTML ist eine Tabelle. Auch hier werden wieder Tags definiert. Das Tag `table` schließt eine Tabelle ein. Mit `tr` wird eine Zeile definiert und mit `td` die Spalten. Für die ordentliche Ausrichtung sorgt dann der Browser, der versucht, den verfügbaren Platz je nach den Platzbedürfnissen der einzelnen Felder so zu verteilen, dass die Tabelle immer noch gerade ist. Das folgende Beispiel sollte als Anschauungsmaterial reichen.

```
<table border>
  <tr><td> table </td><td> Die ganze Tabelle </td></tr>
  <tr><td> tr    </td><td> Eine Spalte       </td></tr>
  <tr><td> td    </td><td> Ein Feld          </td></tr>
</table>
```

Das Attribut `border` in `table` sorgt dafür, dass die Tabelle Linien bekommt. Tabellen kann man ineinander verschachteln und damit auch kompliziertere Anordnungen hinbekommen. Experimentieren Sie einfach ein wenig.

Ich werde auf HTML noch einmal zurückkommen, wenn Formulare in Abschnitt 20.11.3 erstellt werden.

20.3.3 Aufruf und Darstellung der HTML-Seite

Die erstellte HTML-Seite bekommt erst ihren Glanz, wenn sie in einem Browser zu sehen ist. Wenn Sie eh an der Kommandozeile arbeiten, können Sie direkt den Browser starten und die Datei als Parameter übergeben. Debian nennt den Firefox aufgrund einer markenschutzrechtlichen Auseinandersetzung mit Mozilla *Iceweasel*, darum starten Sie dort:

```
$ iceweasel index.html &
```

Unter Ubuntu heißt der Firefox *Firefox*. Entsprechend gilt dort:

```
$ firefox index.html &
```

Eigentlich soll aber die Website ja vom Webserver im Netzwerk angeboten werden. Kopieren Sie dazu die Datei *index.html* in das Verzeichnis */var/www* auf Ihrem Server, der beispielsweise die IP-Adresse `192.168.109.199` hat. Nun geben Sie in einen Browser auf irgendeinem PC Ihres Netzwerks dessen Adresse an. Am besten stellen Sie noch `http://` davor.

```
http://192.168.109.199
```

Dann sollte auch dort Ihre Seite zu sehen sein.

20.4 Die Konfigurationsdateien

In früheren Versionen gab es für den Apachen nur eine Konfigurationsdatei namens *httpd.conf*, die sich im Verzeichnis */etc* befand. Allerdings hatte diese Datei bei größeren Konfigurationen immer einen ungeheuren Umfang. So entschloss man sich, die Einstellungen auf mehrere kleinere Dateien zu verteilen, die nun alle im Verzeichnis */etc/apache2* liegen.

20.4.1 Verfügbar und aktiviert

In größeren Konfigurationen verwaltet ein Webserver nicht nur eine Domäne. Mit der Neugestaltung der Konfigurationsdateien ist es nun leicht möglich, für jede Domäne eine eigene Datei anzulegen. Um schnell einzelne Konfigurationen ein- und ausschalten zu können, ohne sie gleich vollständig löschen zu müssen, arbeitet Apache mit zwei Verzeichnissen. Eines enthält alle verfügbaren (available) Konfigurationen. In einem anderen Verzeichnis stehen diejenigen Konfigurationen, die aktiviert (enabled) sind.

Eine Konfiguration wird nun einfach dadurch aktiviert, dass im Verzeichnis *enabled* ein symbolischer Link auf die passende Konfiguration im Verzeichnis *available* angelegt wird. Nach Konvention verwendet man dazu den gleichen Namen wie die Zieldatei, stellt ihr aber eine Nummer voran. So heißt die Standarddatei *default*. Der Link aus dem Verzeichnis *sites-enabled* heißt *000-default*.

```
# ls -l sites-enabled/
... 000-default -> ../sites-available/default
```

Das gleiche Konzept wird auch bei der Konfiguration der Module in den Verzeichnissen *mods-available* und *mods-enabled* verwendet.

20.4.2 Anordnung der Konfigurationsdateien

Bei Systemen, die auf Debian beruhen wie beispielsweise Ubuntu, verwendet der Apache das Unterverzeichnis *apache2*, während beispielsweise Red Hat den Unterverzeichnisnamen *httpd* bevorzugt. Der Ausgangspunkt der Konfigurationsdateien liegt in der Datei *apache2.conf*. Ihre Hauptaufgabe ist das Zusammenbinden der anderen Konfigurationsdateien durch Include-Anweisungen:

```
# apache2.conf
Include sites-enabled/
Include mods-enabled/*.load
Include mods-enabled/*.conf
Include ports.conf
Include conf.d/
```

20.4.3 Syntax der Konfigurationsdateien

Die Konfiguration erfolgt durch Direktiven. Dabei wird ein Schlüsselwort genannt. Es folgt direkt anschließend der Wert, den diese Option bekommen soll. Beispiel:

```
Timeout 300
```

Diese Direktive bewirkt, dass der Timeout auf 300 gesetzt wird. Der Timeout ist die Zeit in Sekunden, nach der der Webserver davon ausgeht, dass die Verbindung zum Client verloren gegangen ist.

Bereichsgrenze Directory

Die Direktiven wirken global, können aber auch auf bestimmte Bereiche eingeschränkt werden, indem sie von Bereichsklammern eingegrenzt werden. Die folgende Bereichseingrenzung beschränkt die enthaltenen Direktiven auf das Verzeichnis */media/mp3*:

```
<Directory "/media/mp3/">
    Options Indexes FollowSymLinks
    Order deny,allow
    Deny from all
    Allow from 192.168.109
</Directory>
```

Der Bereich `Directory` beschreibt ein lokales Verzeichnis. Dahinter steht als Spezifikation der Pfad des Verzeichnisses. Der Bereich endet mit dem Ende-Tag, das durch die Kombination aus dem Schrägstrich und der Bereichskennung `Directory` gekennzeichnet ist.

Bereichsgrenze VirtualHost

Neben Directory können auch `VirtualHost` für die Beschreibung virtueller Rechner, `Files` für Dateien oder `Location` für URL-Adressen verwendet werden.

20.4.4 Website-Konfiguration

Gleich die erste Bereichsbegrenzung in einer Website-Konfigurationsdatei beginnt mit dem Bereich `VirtualHost`. Das hängt damit zusammen, dass Apache mehrere Domänen verwalten kann. Für einen virtuellen Host wird mindestens ein Directory definiert, für das wiederum verschiedene Direktiven gesetzt werden können. Damit hat die vorgegebene Website-Konfiguration in etwa folgende Struktur:

```
# /etc/apache2/sites-available/default
<VirtualHost *:80>
        ServerAdmin webmaster@localhost

        DocumentRoot /var/www
        <Directory />
            ...
        </Directory>
```

```
        <Directory /var/www/>
            ...
        </Directory>

        ScriptAlias /cgi-bin/ /usr/lib/cgi-bin/
        <Directory "/usr/lib/cgi-bin">
            ...
        </Directory>
        ...
</VirtualHost>
```

VirtualHost

In der ersten Zeile werden in der Direktive `VirtualHost` der Name des Hosts und der Port festgelegt. In der Datei *default* steht für den Host ein Stern. Der Hostname wird eben durch den Computer selbst bestimmt und nicht hier in der Konfigurationsdatei. Hinter dem Doppelpunkt befindet sich der Port 80, auf dem diese Website bedient wird.

DocumentRoot und ServerAdmin

Mit der Direktive `DocumentRoot` wird festgelegt, dass sich das Wurzelverzeichnis dieser Website in */var/www* befindet. Hier liegen die HTML-Dateien. Und tatsächlich finden Sie dort die Datei *index.html*, in der sich der HTML-Code für die Standardseite befindet.

Die Direktive `ServerAdmin` gibt die E-Mail-Adresse des Administrators an, damit der Apache weiß, wo er sich beklagen kann.

Directory /

Innerhalb des VirtualHost-Blocks gibt es Directory-Blöcke. Die Directory-Tags fassen die Optionen für ein Verzeichnis zusammen. Das erste Verzeichnis ist das Wurzelverzeichnis.

Da alle anderen Verzeichnisse unterhalb des Wurzelverzeichnisses liegen, erben sie erst einmal alle Direktiven, die in diesem Verzeichnis festgelegt werden. Beispielsweise können Sie hier pauschal festlegen, ob der Webserver symbolischen Links folgen soll. Dann gilt dies für alle Verzeichnisse, solange sie nicht mit einer eigenen Direktive widersprechen.

Das HTML-Verzeichnis /var/www

Es folgt das Verzeichnis */var/www*. Hier stehen die HTML-Dateien, die der Webserver anzeigen soll. Hier werden die Rechte für die Optionen für die Browserinhalte gesetzt.

Das CGI-Verzeichnis cgi-bin

Das nächste Verzeichnis ist das CGI-Verzeichnis. Hier können Sie Skripte ablegen, die dann vom Apachen bei Aktionen des Benutzers angestoßen werden können. CGI war eine der ersten Methoden, aktive Webseiten zu gestalten.

Alias-Zuweisungen

Mit der Direktive `Alias` wird angegeben, welche Browser-Adresse auf welchen Linux-Pfad umgesetzt wird. Von dieser Direktive gibt es mehrere Ausprägungen.

- `Alias` *`Pfad Verzeichnis`*: Damit wird eine Verbindung zwischen einem URL-Pfad und einem Verzeichnis auf der Festplatte hergestellt.
- `ScriptAlias` *`Pfad Verzeichnis`*: Auch `ScriptAlias` setzt einen URL-Pfad auf ein lokales Verzeichnis um. Die Direktive besagt aber auch, dass die darin enthaltenen Dateien auszuführen und nicht anzuzeigen sind.

  Typischerweise werden CGI-Skripte über die URL *cgi-bin* angesprochen. Sie liegen aber tatsächlich normalerweise im Verzeichnis */usr/lib/cgi-bin*.
- `Redirect` *`Pfad URL`*: Mit der Direktive `Redirect` wird der Aufrufer eines URL-Pfads auf eine andere URL verwiesen, die dann automatisch aufgerufen wird. Der Client wird also weiterverwiesen, es werden nicht die Daten durchgereicht.

20.4.5 Website-Direktiven

In der folgenden Aufstellung finden Sie die wichtigsten Direktiven, um die Einstellungen für die Websites vorzunehmen. Die Direktiven finden Sie vor allem in Verzeichnissen, also im Directory-Block. Das folgende Beispiel zeigt diese Direktiven für das HTML-Verzeichnis */var/www*.

```
<Directory /var/www/>
        Options Indexes FollowSymLinks MultiViews
        AllowOverride None
        Order deny,allow
        Allow from 192.168.109.0/255.255.255.0
</Directory>
```

DirectoryIndex

Die Dateinamen, die hinter dem Schlüsselwort `DirectoryIndex` stehen, werden automatisch geladen, wenn nur der Verzeichnisname in der URL angegeben wird. Dabei werden sie der Reihe nach durchgegangen, bis Apache eine Datei mit diesem Namen findet.

```
DirectoryIndex index.html index.htm
```

Ist `Indexes` bei den Optionen aktiviert und es existiert beim Aufruf eines Verzeichnisses keine Datei, die hinter `DirectoryIndex` angegeben wurde, wird automatisch eine Auflistung der Dateien dieses Verzeichnisses im Browser dargestellt. Damit lässt sich auf die Schnelle ein kleiner Fileserver erstellen, von dem die dort liegenden Dateien heruntergeladen werden können.

Optionen

Das Schlüsselwort `Options` leitet Einstellungen ein, die durch das Voranstellen eines Plus- oder Minuszeichens gesetzt werden. Fehlt ein solches Zeichen, wird ein Plus angenommen.

- `Indexes`: Ist die Option `Indexes` gesetzt, wird bei Aufruf einer URL, die nur ein Verzeichnis enthält, automatisch die Indexdatei geladen. Wie diese heißt, wird mit `DirectoryIndex` festgelegt. Im Normalfall ist es *index.html* bzw. *index.htm*.
- `FollowSymLinks`: Wenn Sie diese Option einschalten, folgt der Apache auch symbolischen Links auf beliebige Verzeichnisse. Normalerweise ist dies abgeschaltet.
- `MultiViews`: Dieser Option begegnen Sie immer wieder in den Konfigurationsdateien. Damit können beispielsweise verschiedene Sprachversionen umgestaltet werden. Dieses Thema wird hier aber nicht vertieft.
- `ExecCGI`: Diese Option erlaubt das Ausführen von CGI-Programmen und muss natürlich für *cgi-bin*-Verzeichnisse gesetzt sein. In allen anderen Verzeichnissen wird die Option nicht gesetzt.

AllowOverride

Diese Option kann erlauben, dass in jedem Verzeichnis eine eigene Konfigurationsdatei abgelegt wird, die Einstellungen der Konfiguration überschreibt. Diese Verzeichniskonfigurationsdateien heißen standardmäßig *.htaccess*. Das Thema wird in Abschnitt 20.6 ausführlicher behandelt. `AllowOverride` kann folgende Werte annehmen:

- `None`: Dies ist die Vorgabe, wenn die Direktive nicht gesetzt wird. Damit werden die *.htaccess*-Dateien ignoriert.
- `All`: Das Gegenteil von `None`. Es gibt keine Einschränkungen für die Datei *.htaccess*.
- `AuthConfig`: Die Datei *.htaccess* darf die Zugriffe auf das Verzeichnis kontrollieren, also Benutzernamen und Passwort erfragen.
- `FileInfo`: Sie sind berechtigt, eigene Dateitypen zu verwenden. Jedes Verzeichnis kann eigene Fehlermeldungen definieren.

Zugriffsberechtigung Allow

Mit den Befehlen `Allow` und `Deny` kann bestimmt werden, wer auf das Verzeichnis zugreifen darf. Der Mechanismus gibt entweder zuerst alle Verbote oder alle Berechtigungen an und dann werden die Ausnahmen definiert. Dies wird durch den Befehl `Order` erreicht, der entweder `deny,allow` oder `allow,deny` folgt. Die Reihenfolge `deny,allow` heißt, es werden zunächst die Verbotsregeln und dann die Erlaubnisregeln ausgewertet.

Die Direktive `Allow from` legt die Erlaubnisregeln fest. Für die Verbote ist die Direktive `Deny from` zuständig.

Als Argument erhalten beide entweder freie Bahn mit der Option `all`. Oder Sie geben die IP-Adressen der Rechner an. Dabei werden bei Netzwerkadressen die abschließenden Nullen einfach weggelassen, also wird beispielsweise 192.168.109 das Netzwerk 192.168.109.0 ansprechen. Sie können auch mit einem Schrägstrich die Subnetzmaske angeben: 192.168.109.0/255.255.255.0.

Sie können mehrere Netzwerkadressen angeben, indem Sie sie durch ein Leerzeichen trennen. Dabei dürfen Sie auch IPv6-Adressen verwenden.

Konfigurationstest

Um zu prüfen, ob in der Konfiguration ein Syntaxfehler vorhanden ist, können Sie den Befehl `apache2ctl` aufrufen:

```
# apache2ctl configtest
```

20.4.6 Modulkonfiguration

Der Apache ist durch Module erweiterbar. Die vielleicht bekanntesten Erweiterungen sind die Programmiersprache PHP (siehe Abschnitt 20.11) und die Versionsverwaltung Subversion (siehe Abschnitt 18.5.1).

Und auch die Module müssen konfiguriert werden können. Als Administrator haben Sie damit vermutlich seltener zu tun als mit der Konfiguration der Web-Präsenzen.

Analog zu den Websites werden auch die Konfigurationsdateien der Module in zwei Verzeichnissen gesteuert. Sie finden die Konfigurationsdateien für die Module im Verzeichnis *mods-available* unterhalb des Apache-Konfigurationsverzeichnisses */etc/apache2*. Wie bereits beschrieben, werden sie durch einen symbolischen Link im parallelen Verzeichnis *mods-enabled* aktiviert.

Für fast jedes Modul gibt es zwei Konfigurationsdateien. Der eine Dateiname endet auf *.load*. Die Datei enthält die Befehle zum Laden des Moduls als dynamische Bibliothek. Die andere Datei endet auf *.conf* und ist für die Konfiguration des Moduls gedacht.

IfModule

Die Konfiguration besteht wie bei Apache üblich aus Blöcken und Direktiven. Für die Module gibt es den `IfModule`-Block, dessen Direktiven immer dann ausgewertet werden, wenn das genannte Modul aktiv ist.

```
<IfModule mpm_prefork_module>
    # spezielle Einstellungen für Modul mpm_prefork
    ...
</IfModule>
```

Die Konfiguration des Moduls `mpm_prefork_module` bildet übrigens insofern eine Ausnahme, dass sie nicht im Verzeichnis *mods-available* zu finden ist, sondern in der Datei *apache2.conf*. Hier finden Sie auch die grundlegenden Tuning-Direktiven.

```
Timeout 300
KeepAlive On
...
<IfModule mpm_prefork_module>
    StartServers          5
    MaxClients          150
    ...
</IfModule>
<IfModule mpm_worker_module>
    StartServers          2
    MaxClients          150
    ...
</IfModule>
```

Eigentlich kann ein Client nur eine Datei pro Sitzung abfragen. Dann wird die Verbindung wieder geschlossen. Wird aber `KeepAlive` eingeschaltet, wartet der Server noch so viele Sekunden, wie hinter `KeepAliveTimeout` angegeben ist, ob der Client noch eine weitere Datei anfordert. So wird der Aufbau von Websites, die aus mehreren Dateien besteht, erheblich beschleunigt.

- `Timeout` *`Sekunden`*: Mit `TimeOut` wird festgelegt, nach wie vielen Sekunden eine Session beendet werden soll.
- `KeepAlive {On|Off}`: Damit dieser Verbindungsabbruch aber nicht eine noch aktive Verbindung abbaut, wird dem Client erlaubt, `KeepAlive`-Nachrichten zu senden.

- `KeepAliveTimeout` *Sekunden*: Die Zeit, die der Server auf den nächsten Request warten soll, bevor er die Verbindung kappt.
- `StartServers` *Anzahl*: Mit `StartServers` wird die Anzahl der parallel startenden Serverprozesse festgelegt. Je mehr Prozesse parallel laufen, desto schneller können die Anfragen beantwortet werden.
- `MinSpareServers` *Anzahl*: Diese Direktive gibt an, wie viele Kindprozesse mindestens untätig in Reserve laufen müssen.
- `MaxSpareServers` *Anzahl*: Diese Direktive begrenzt die Anzahl der untätig in Reserve laufenden Kindprozesse.
- `MaxClients` *Anzahl*: Die Beschränkung der maximal möglichen Clients hat den Zweck, zu verhindern, dass der Server überlastet wird.

20.5 Beispiel: Eine Website für mp3-Dateien

Um den Umgang mit den Konfigurationsdateien etwas anschaulicher zu machen, wollen wir den Webserver dazu verwenden, um Dateien zum Download zur Verfügung zu stellen. Beispielsweise könnten Sie für das Heimnetzwerk den Apachen so konfigurieren, dass er Ihre mp3-Sammlung anbietet.

Gehen wir davon aus, dass die mp3-Dateien unter dem Pfad */media/mp3* zu erreichen sind, müssen wir diesen Bereich in der Apache-Konfigurationsdatei freigeben.

Dazu bearbeiten Sie die Datei */etc/apache2/sites-enabled/000-default*. Die Datei ähnelt ein wenig der HTML-Syntax. Lassen Sie den Anfang bitte unverändert und gehen Sie an das Ende der Datei. Für den Zugriff erstellen Sie folgende Direktiven unterhalb eines existierenden Directory-Eintrags:

```
Alias /mp3/ "/media/mp3/"
<Directory "/media/mp3/">
    Options Indexes FollowSymLinks
    Order deny,allow
    Deny from all
    Allow from 192.168.109
</Directory>
```

Der Alias bewirkt, dass das Verzeichnis */mp3* in der URL auf das lokale Verzeichnis */media/mp3* verweist, in dem ja die mp3-Dateien abgelegt sind.

Nun beginnen die Directory-Optionen für dieses Verzeichnis. Unter `Options` wird mit `Indexes` eingestellt, dass auch Verzeichnisse als URL angegeben werden dürfen. `FollowSymLinks` erlaubt, dass auch symbolische Links (siehe Abschnitt 5.2.4) verfolgt werden dürfen.

In den folgenden Optionen werden die Rechtevergaben definiert. Die mp3-Dateien sollen ja nur dem lokalen Netzwerk zur Verfügung stehen. Darum wird mit `Allow from` die Netzwerk-Adresse angegeben. Mit `Deny from all` werden alle Rechner ausgeschlossen. Diese widersprüchlichen Rechte werden dann durch die Reihenfolge aufgelöst. Zunächst gelten die Verbote, es sind also alle Rechner ausgeschlossen. Dann erst wird als Ausnahme die Erlaubnis für das lokale Netzwerk erteilt. Wäre `Order` andersherum definiert, würde die Erlaubnis für das lokale Netzwerk durch das Verbot aller Rechner überdeckt und niemand dürfte zugreifen.

Nach der Änderung müssen Sie den Webserver neu starten, damit er die geänderte Konfiguration berücksichtigt:

```
# /etc/init.d/apache2 restart
```

Nun können Sie von einem Browser aus die Adresse gefolgt von */mp3* aufrufen:

```
http://192.168.109.199/mp3
```

Sie erhalten eine Liste der mp3-Dateien und können eine davon anklicken. Kurze Zeit später startet der Browser ein externes Programm, das in der Lage ist, mp3-Dateien abzuspielen. Tatsächlich ist die Datei kopiert worden und wird aus einem temporären Verzeichnis heraus abgespielt. Da mp3-Dateien nicht sonderlich groß sind, fällt die Verzögerung durch das Kopieren kaum auf. Bei Videos wäre das schon anders.

20.6 Private Verzeichnisadministration: .htaccess

Sie können einige der Konfigurationen, die in den zentralen Konfigurationsdateien vorgegeben werden, lokal durch eigene Konfigurationsdateien namens *.htaccess* überschreiben, die Sie zwischen Ihre HTML-Dateien legen. Sie gewinnen damit die Möglichkeit, Verzeichnisse einer Website unterschiedlich zu behandeln. Darüber hinaus können Sie beispielsweise eine Authentifizierung ausführen oder auf fehlende Dateien reagieren.

AllowOverride genehmigt .htaccess-Dateien

Um die Auswertung einer lokalen Datei *.htaccess* zu erlauben, muss die Verzeichnisdirektive `AllowOverride` entsprechend in den zuständigen Dateien im Verzeichnis *sites-available* besetzt sein. Wenn Sie keine virtuellen Hosts betreiben, ist das die Datei *default*. Standardmäßig steht die Direktive auf `None`. Die möglichen Werte von `AllowOverride` sind:

- `AuthConfig`: Sie können die Zugriffe auf das Verzeichnis kontrollieren.
- `FileInfo`: Sie sind berechtigt, eine eigene Datei *.htaccess* zu verwenden.
- `None`: Dies ist der Standardwert, wenn die Direktive nicht gesetzt ist. Er verwehrt alle Möglichkeiten.

Der Name der lokalen Konfigurationsdatei *.htaccess* wird in der zentralen Datei *apache2.conf* durch die Direktive `AccessFileName` festgelegt.

ErrorDocument fängt Fehler

Mit der Direktive `ErrorDocument` können Fehler gefangen werden. Besonders beliebt ist der Fehler 404, der auftritt, wenn eine Datei und damit eine spezielle URL nicht gefunden wurde. Für diesen Fall kann eine eigene Datei aufgerufen werden, die dem Aufrufer beispielsweise erklärt, dass er das Internet kaputtgemacht habe.

```
# .htaccess
ErrorDocument 404 /internetkaputt.html
```

Da eine *.htaccess*-Datei in jedes Verzeichnis gelegt werden kann, kann der Benutzer recht dicht an die Seiten geführt werden, die er nicht gefunden hat.

Zugriffskontrolle

Sie können mit der Datei *.htaccess* einen Zugriffsschutz per Passworteingabe erzwingen, sofern in der Hauptkonfiguration die Direktive `AllowOverride` mindestens den Eintrag `AuthConfig` aufweist.

```
# .htaccess
AuthType Basic
AuthName "Ausweiskontrolle!"
AuthUserFile /var/www/sicher/.htpasswd
require valid-user
```

Diese Konfiguration wird dazu führen, dass bei dem Versuch, Dateien im lokalen Verzeichnis zu öffnen, eine Dialogbox erscheint, die nach Benutzernamen und Passwort fragt. Die Direktiven haben folgende Bedeutungen:

- `AuthType`: Als Autorisierungstyp wird für *.htaccess*-Dateien meist `Basic` verwendet. Es erlaubt die Verwendung von lokalen Passwortdateien.
- `AuthName`: In Anführungszeichen wird die Meldung angegeben, die die Dialogbox für die Passworteingabe zieren soll.
- `AuthUserFile`: Hier wird angegeben, wo die lokale Passwortdatei liegt.
- `require valid-users`: Mit dieser Direktive wird der Zugriff auf diejenigen beschränkt, die sich per Passwort ausweisen konnten.

Nun benötigen Sie noch eine Passwortdatei, in der Sie die Benutzer pflegen, die das Verzeichnis nutzen dürfen. Dazu verwenden Sie das Programm `htpasswd`. Die Option `-c` sorgt dafür, dass die Datei angelegt wird. Sie benötigen sie also nur für den ersten

Aufruf. Als weiteres Argument wird die Datei angegeben und zuletzt der Benutzer, der eingetragen werden soll. Anschließend wird die Passworteingabe doppelt angefordert.

```
$ htpasswd -c /var/www/sicher/.htpasswd paul
New password:
Re-type new password:
Adding password for user paul
$
```

Hinweis

In seiner Standardkonfiguration wird Apache alle Dateien, die mit *.ht* beginnen, niemals weitergeben. Das gewährleistet, dass weder ein Browser noch der Befehl `wget` diese Datei herunterladen kann.

20.7 Fehlermeldungen und Aufrufstatistik

Der Apache gibt Ihnen ein paar Hilfsmittel an die Hand, um Fehler aufzuspüren. Daneben interessiert den Betreiber einer Web-Präsenz aber auch, wie oft die Seite aufgerufen wurde, und auch hier protokolliert der Apache fleißig.

Protokollarisches

Das Verzeichnis, in dem der Webserver seine Fehlerdaten ablegt, wird durch die Umgebungsvariable `APACHE_LOG_DIR` bestimmt. Die Definition befindet sich in der Datei *envvars* im Verzeichnis datei/etc/apache2.

```
export APACHE_LOG_DIR=/var/log/apache2$SUFFIX
```

Der Inhalt der Variablen `SUFFIX` ist leer, solange nur eine Instanz des Webservers auf der Maschine läuft.

Die Datei für die Fehlerprotokolle wird in der Option `ErrorLog` festgelegt. Mit der Option `LogLevel` wird festgelegt, ab welchem Level Fehler protokolliert werden. Die möglichen Level sind `debug`, `info`, `notice`, `warn`, `error`, `crit`, `alert` und `emerg`. Sie entsprechen damit dem Syslog.

```
ErrorLog ${APACHE_LOG_DIR}/error.log
LogLevel warn
```

Die Fehler werden damit in einem eigenen Verzeichnis */var/log/apache2* gesammelt. In der Datei *error.log* werden die Fehler des Servers protokolliert. Dabei werden die Dateien von `logrotate` (siehe Abschnitt 15.5.2) nach den Anweisungen in der Datei */etc/logrotate.d/apache2* behandelt.

Besucherstatistiken

Neben den Fehlern protokolliert der Apache auch jeden Zugriff. Die Dateien finden Sie in dem Verzeichnis, das in den `VirtualHost`-Blöcken mit der Direktive `CustomLog` spezifiziert wird.

In der Datei *apache2.conf* wird in den Direktiven `LogFormat` festgelegt, welches Ausgabeformat das Protokoll haben kann. Es gibt mehrere Vorschläge, die jeweils am Ende einen Namen bekommen. Der vorgegebene Name lautet `combined`. Dieser wird in der Direktive `CustomLog` aufgegriffen.

```
# sites-enabled/000-default
    ...
    CustomLog ${APACHE_LOG_DIR}/access.log combined
    ...
# apache2.conf
...
LogFormat "%h %l %u %t ... \"%{User-Agent}i\"" combined
LogFormat "%h %l %u %t \"%r\" %>s %O" common
LogFormat "%{Referer}i -> %U" referer
LogFormat "%{User-agent}i" agent
```

Die Benutzerprotokolle finden Sie normalerweise im Verzeichnis */var/log/apache2* in der Datei *access.log*. Damit die Datei nicht zu groß wird, wird sie in regelmäßigen Abständen wegrotiert und als gepackte Datei einige Zeit aufbewahrt, bevor sie entsorgt wird.

Statistik durch den WebAlizer

Das Programm WebAlizer analysiert die Besucherstatistiken, die der Apache erzeugt hat, und zeigt das Ergebnis im Browser an. Installieren Sie das Paket *webalizer*.

```
# apt-get install webalizer
```

Anschließend führen Sie das Programm `webalizer` im Verzeichnis */var/log/apache2* aus. Das Ergebnis wird als HTML-Seiten nach */var/www/webalizer* geschafft. Dort können Sie die Statistiken über die URL *http://localhost/webalizer* ansehen. Der WebAlizer sucht nach Dateien des Namens *access.log.nn*, wobei *nn* für eine Zahl steht.

20.8 Virtuelles Hosting

Machen wir uns nichts vor: Viele Websites sind so langweilig, dass sie niemand sehen will. Die Website des Amtes für Untergangsfragen der Deutschen Marine ist vermutlich seit ihrer Entstehung nur dreimal besucht worden. Es wäre recht unsinnig, für solche

Domänen jeweils einen eigenen PC aufzustellen. Damit mehrere solcher Domänen verwaltet werden können, bietet Apache das Konzept des virtuellen Hosts.

Konfiguration für www.willi.edu

Wir erstellen eine neue Datei namens *willi.edu* in *sites-available*. Sie soll sich um die neue Domain *willi.edu* kümmern. Dazu kopieren wir die Datei *default* und passen sie an:

```
<VirtualHost www.willi.edu:80>
        ServerAdmin webmaster@localhost
        ServerName  www.willi.edu
        DocumentRoot /var/www/willi
        <Directory />
                Options FollowSymLinks
                AllowOverride None
        </Directory>
        <Directory /var/www/willi>
        ...
```

Nun befindet sich die Datei in *sites-available*. Um sie scharfzuschalten, benötigen wir einen symbolischen Link im Verzeichnis *sites-enabled*:

```
# cd ../sites-enabled/
# ln -s ../sites-available/willi.edu 001-willi.edu
# ls -l
insgesamt 0
... 000-default -> ../sites-available/default
... 001-willi.edu -> ../sites-available/willi.edu
```

Anstatt den symbolischen Link von Hand zu setzen, können Sie auch den Befehl `a2ensite www.willi.edu` verwenden. Dann können Sie die Site mit dem Befehl `a2dissite www.willi.edu` wieder deaktivieren. Analog gibt es die Befehle `a2enmod`, `a2dismod`, `a2enconf` und `a2disconf`.

Als Verzeichnis haben wir */var/www/willi.edu* angegeben. Dann sollten wir das Verzeichnis auch erzeugen und eine HTML-Datei hineinlegen.

```
# mkdir /var/www/willi
# cp /var/www/index.html /var/www/willi
# vi /var/www/willi/index.html
```

In die Datei sollten Sie irgendetwas hineinschreiben, das sie deutlich von der bisherigen unterscheidet.

Domänenadresse umbiegen

Dann müssen die Domänen, beispielsweise per DNS, auf dieselbe IP-Adresse zeigen. Das ist im wirklichen Leben kein Problem, das ein guter Domain Name Service (DNS) (siehe Kapitel 13) nicht für Sie lösen könnte. Für die Testphase reicht es aber durchaus, wenn Sie gezielt die Datei */etc/hosts* der beteiligten Computer manipulieren.

```
# /etc/hosts
...
192.168.109.199    linuxsrv www.willemer.edu www.willi.edu
```

Auch der Client, von dem Sie testen, muss natürlich eine Namensauflösung bekommen. Auch hier hilft der Trick mit der Namensdatei. Nun können Sie im Browser einmal *www.willemer.edu* und einmal *www.willi.edu* eingeben und sehen daraufhin unterschiedliche Seiten.

20.9 Gesicherte Übertragung

Vor dem Hintergrund seiner Geschichte als Protokoll zur Verbindung von wissenschaftlichen Publikationen gab es keinen Grund, die Übertragung zu verschlüsseln. Wozu auch? Die Publikationen sind ja schließlich öffentlich. Diese Freizügigkeit ist etwas lästig, wenn Passwörter oder Bankaufträge übermittelt werden sollen.

Für diese Zwecke gibt es HTTPS, den verschlüsselten Bruder von HTTP. Dieses Protokoll sorgt einerseits dafür, dass der Browser prüfen kann, dass die Bank auch wirklich ihre Bank und nicht eine gefälschte Seite aus dem Ausland ist. Außerdem verschlüsselt sie die Verbindung, sodass nicht alle Welt Ihre Überweisungen mitbekommt.

Zertifikate

Die Bank wird sich gegenüber Ihrem Browser ausweisen. Das tut sie mit einem Zertifikat, das auf einer asymmetrischen Verschlüsselung basiert, deren Prinzip in Abschnitt 14.7.2 beschrieben wurde.

Der Webserver hat einen privaten Schlüssel und der Browser hat den passenden öffentlichen Schlüssel. Damit verschlüsselt er eine Zufallszahl und sendet sie der Bank. Nur die Bank kann diesen öffnen, weil sie den passenden privaten Schlüssel besitzt. Nun wird diese Zufallszahl zur Basis der Verschlüsselung gemacht und damit ist die Verbindung sicher.

Allerdings gibt es da noch einen Haken. Wenn der Browser für alle Banken dieser Welt den öffentlichen Schlüssel kennen müsste, hätte er ganz schön zu schleppen. Außerdem würde so kaum jemand merken, dass der Schlüssel der Dorfbank Norgaardholz vielleicht doch einfach untergeschummelt wurde.

Darum gibt es anerkannte Autoritäten, die Zertifikate signieren. Der Browser braucht nun nur noch die zertifizierten Autoritäten zu kennen, um ermessen zu können, ob der Webserver auf der anderen Seite des Internets vertrauenswürdig ist oder nicht.

Die Zertifizierung ist aufwendig und die Zertifizierer lassen sich ihren Aufwand natürlich bezahlen. Für Banken und andere kommerzielle Einsätze lohnt sich das. Ein kostenloses Zertifikat können Sie bei der CAcert (*http://www.cacert.org*) erhalten, die eine solche *certified authority* (CA) darstellt. Allerdings ist CAcert in vielen E-Mail-Clients und Webbrowsern nicht als vertrauenswürdige Zertifizierungsstelle eingetragen, in den meisten Linux-Distributionen allerdings schon. Es ist also nicht unwahrscheinlich, dass, wenn ein Benutzer eine Verbindung zu einem Server mit einem CAcert-Zertifikat aufbaut, eine Meldung erscheint, dass die Herkunft des Zertifikats nicht überprüft werden konnte.

20.9.1 Wir basteln ein Zertifikat mit OpenSSL

Für den internen Bedarf oder zu Testzwecken können Sie sich erst einmal helfen, indem Sie sich selbst ein Zertifikat ausstellen. Beim ersten Zugriff wird der Browser eine Beschwerde einreichen, dass er das Zertifikat nicht kennt. Sobald der Benutzer aber zustimmt, das Zertifikat zu akzeptieren, wird der Browser so lange mit dem Webserver arbeiten, wie sich das Zertifikat nicht ändert.

Für die Erstellung des Zertifikats setzen wir OpenSSL ein. Dazu installieren Sie zunächst das Softwarepaket *openssl* mit dem folgenden Befehl:

```
# apt-get install openssl
```

Certificate Signing Request

Zunächst erzeugen Sie einen *Zertifikats-Signing-Request* (CSR). Dazu rufen Sie den Befehl `openssl` mit dem Kommando `req` auf. Das Ergebnis wird in eine Datei umgeleitet, die im Beispiel *mein.cert.csr* heißt.

```
# openssl req -new > mein.cert.csr
Generating a 1024 bit RSA private key
....................++++++
..................++++++
writing new private key to 'privkey.pem'
Enter PEM pass phrase:
Verifying - Enter PEM pass phrase:
...
```

Sie werden um eine Passphrase gebeten, die Sie noch einmal wiederholen sollen. Sie werden sie später noch einmal benötigen. Darüber hinaus werden Sie zu Details der Organisation gefragt, für die das Zertifikat gedacht ist. Ihre Antworten werden dem Benutzer helfen, Ihr Zertifikat zuordnen zu können. Auch hier sollten Sie sich Ihre Antworten merken. Vor allem der »Common Name« sollte der URL der Website entsprechen. Zum Schluss erhalten Sie zwei Dateien: *mein.cert.csr* und den privaten Schlüssel *privkey.pem*.

Phrase integrieren

Im nächsten Schritt wird der Passphraseschutz aus dem Zertifikat entfernt. Das ist natürlich ein Sicherheitsrisiko, aber bei einem Server wäre es schon ärgerlich, wenn der Administrator regelmäßig die Passphrase neu eintippen müsste.

```
# openssl rsa -in privkey.pem -out mein.cert.key
```

Das Programm bittet Sie um die Passphrase, die in der Datei *mein.cert.key* eingearbeitet ist. Sie haben sie sich hoffentlich gemerkt. Sie sollten nun schön auf diese Datei aufpassen. Das fängt schon damit an, dass Sie ein Leseverbot aussprechen. `chmod` ist da ein guter Partner.

Signieren mit der Certified Authority

Jetzt muss das Zertifikat noch signiert werden. Das erledigt eine Zertifizierungsautorität wie das bereits genannte CAcert. Für die Tests können Sie auch einmal selbst Zertifizierungsstelle spielen.

```
# openssl x509 -req -days 365 -in mein.cert.csr \
 -signkey mein.cert.key -out mein.cert.crt
```

Sie werden noch einmal die Fragen beantworten müssen, die Sie schon bei der Erstellung des Requests beantwortet haben. Sie sollten diese Informationen also zur Hand haben.

20.9.2 Apache wird für HTTPS konfiguriert

Die entstandenen Dateien legen wir an einer sicheren Stelle ab. Beispielsweise könnte man ein Verzeichnis *ssl* im Konfigurationsverzeichnis des Apachen anlegen. Wo das Zertifikat letztlich liegt, ist an sich gleich. Hier liegt es aber warm und trocken, und Sie wissen, wem das Zertifikat gehört, wenn Sie beim Aufräumen darüberfallen.

```
# mkdir /etc/apache2/ssl
# mv mein.cert.key mein.cert.cert privkey.pem /etc/apache2/ssl
# vi sites-available/default-ssl
```

Im letzten Schritt haben Sie die SSL-Seitenkonfiguration mit dem Editor geöffnet. Kontrollieren Sie, ob die Einleitung des `VirtualHost` korrekt ist.

```
<VirtualHost *:443>
```

In der Datei werden weiter hinten die folgenden beiden Direktiven auf den Ort und den Namen der beiden SSL-Dateien angepasst:

```
SSLCertificateFile    /etc/apache2/ssl/mein.cert.cert
SSLCertificateKeyFile /etc/apache2/ssl/mein.cert.key
```

Sollte diese Konfigurationsdatei nicht korrekt sein, erhalten Sie die etwas irritierende Meldung: `ssl_error_rx_record_too_long`.

Nun muss noch ein Link von *default-ssl* auf `enabled` gesetzt werden. Dazu erzeugen Sie einen symbolischen Link im Verzeichnis *sites-enabled*:

```
# cd /etc/apache2/sites-available
# ln -s default-ssl ../sites-enabled/001-ssl
```

Prüfen Sie auch, ob der Port 443 in der Datei */etc/apache2/porst.conf* überhaupt freigegeben ist:

```
<IfModule mod_ssl.c>
    Listen 443
</IfModule>
```

Nun sollten Sie den Server neu starten:

```
# /etc/init.d/apache2 restart
```

Aufruf der HTTPS-Site

Nun starten Sie den Browser, also beispielsweise Firefox, und geben in die Adresszeile *https://linuxsrv* ein, wobei linuxsrv der Name des Rechners ist, auf dem sich der Webserver befindet. Nun erscheint erwartungsgemäß im Browser die Meldung, dass er dieser Seite nicht traut.

Da Sie Ihr Zertifikat ja selbst signiert haben, kann Ihr Browser es nicht kennen und warnt vor einem unbekannten und vielleicht gefälschten Zertifikat (Abbildung 20.1). Dieses können Sie dem Browser nun bekannt machen, indem Sie auf den Punkt ICH KENNE DAS RISIKO klicken. Eine weitere Warnung erscheint und hier müssen Sie nun für diesen Fall auf AUSNAHMEN HINZUFÜGEN... klicken. Firefox bleibt misstrauisch, bis Sie auf SICHERHEITSAUSNAHME BESTÄTIGEN klicken.

Nun sollte er die Website anzeigen, die auch nicht anders aussieht als die bisherige. Allerdings können Sie am `https` in der Adresszeile erkennen, dass Sie nun über eine

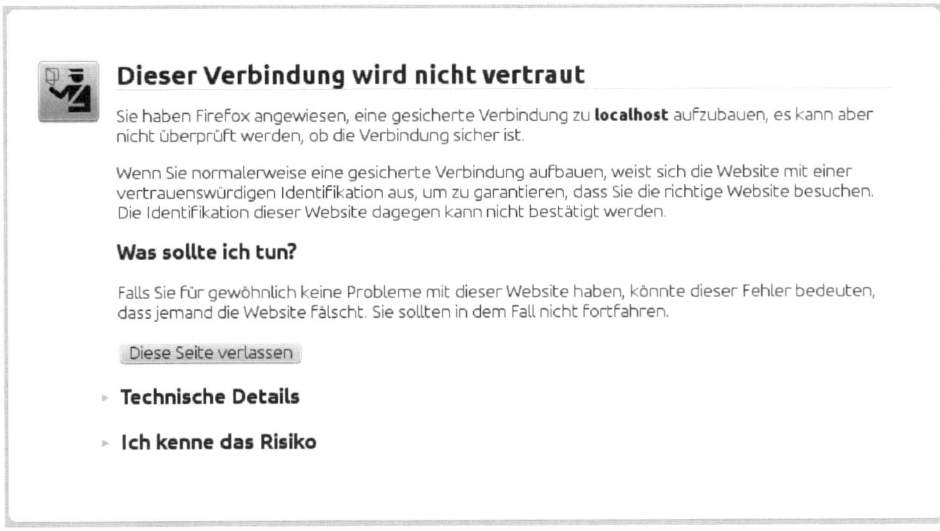

Abbildung 20.1 Der Browser vertraut dem Zertifikat nicht.

verschlüsselte Verbindung kommunizieren. Bereits beim nächsten Aufruf des Browsers hat er das Zertifikat gelernt und es gibt keine weiteren Klagen.

20.10 CGI: Der Server schlägt zurück

Die Idee von HTTP ist ursprünglich simpel. Der Browser erfragt ein Dokument und erhält den statischen Inhalt einer Datei. Klickt der Benutzer auf einen Link, so fragt der Browser den hinter dem Link stehenden Server nach der entsprechenden Datei und erhält sie.

Inzwischen erwartet man aber etwas mehr Aktivitäten von einer Website. Sie soll auf Anfragen antworten können und vielleicht Daten aus einer Datenbank zaubern und diese Daten dynamisch anzeigen können. Wie sonst sollte es möglich werden, Web-Shops zu bauen?

Als erster Schritt für die Erzeugung dynamischer Seiten wurde CGI (Common Gateway Interface) als Schnittstelle zwischen dem Webserver und einer Anwendung geschaffen. Hier werden die übermittelten Inhalte nicht statischen Dateien entnommen. Stattdessen wird die Bildschirmausgabe von Programmen umgeleitet und an den Anfrager weitergeleitet. Ein Programm erzeugt per Standardausgabe alle HTML-Befehle, die der Browser für die Darstellung benötigt, und pflegt dynamisch Daten hinein, die von der Eingabe abhängig sind.

Datenübergabe vom Browser an das CGI-Programm

Die Eingaben für die dynamischen Daten kann ein CGI-Skript auf zwei Wegen erfahren. Entweder sie werden dem Server als Teil der URL übermittelt. In diesem Fall werden die Daten vom aufgerufenen Programm aus einer Umgebungsvariablen namens `QUERY_STRING` gelesen. Diese Methode wird als `GET` bezeichnet.

Bei der Übertragung der Daten per `POST` wird der Inhalt des Formulars per Pipe an den Standardeingang des CGI-Programms gesendet. Dieses liest die Daten genau wie Benutzereingaben von der Tastatur, wertet sie aus und gibt die Ergebnisse wie gehabt als HTML-Seite per Standardausgabe an den Aufrufer zurück.

Das Verzeichnis cgi-bin

In der Standardkonfiguration des Apachen ist ein CGI-Verzeichnis angelegt. Die Programme müssen sich danach im Verzeichnis */usr/lib/cgi-bin* befinden. Auch bei mehreren virtuellen Hosts ist es durchaus sinnvoll, immer dasselbe CGI-Verzeichnis zu wählen. Die Direktive `ScriptAlias` sorgt dafür, dass dieses Verzeichnis auf die URL *cgi-bin* umgelenkt wird. Hier ein Ausschnitt aus der Konfiguration:

```
# /etc/apache2/sites-available/default
...
ScriptAlias /cgi-bin/ /usr/lib/cgi-bin/
<Directory "/usr/lib/cgi-bin">
        AllowOverride None
        Options +ExecCGI -MultiViews +SymLinksIfOwnerMatch
        Order allow,deny
        Allow from all
</Directory>
```

20.10.1 Exkurs HTML-Formulare

Um Eingaben auf einer Website zu erlauben, benötigen Sie ein HTML-Formular mit Eingabeelementen, wie Sie sie von einer Dialogbox von Programmen her kennen.

Ein Formular wird mit dem HTML-Tag `form` eingerahmt. Das Tag hat die beiden Attribute `action` und `method`. Dem Attribut `action` wird die Adresse dessen zugewiesen, der die Kontrolle übernehmen soll, wenn die Eingabe vom Anwender abgeschlossen wurde. Dies können Skriptdateien sein oder auch eine Mail-Anweisung, wie ich sie im ersten Beispiel zeige. Die Methode kann entweder `GET` oder `POST` lauten. Darüber erfahren Sie mehr in Abschnitt 20.10. Für das Mailing ist die Methode `POST` recht passend. Das folgende Formular enthält nur einen mit OK beschrifteten Button:

```
<form action="mailto:antwort@debianserver.edu" method="post">
  <input type=submit value="OK">
</form>
```

Ein richtiges Formular benötigt natürlich weitere Eingabemöglichkeiten. Diese Kontrollelemente verwenden das Tag `input`. Durch den Wert des Tags `type` wird festgelegt, welches Kontrollelement eingesetzt werden soll. So gibt es beispielsweise `text` für einzeilige Texteingaben oder `radio` für Auswahlbuttons.

Um die Eingabefelder bei der Auswertung ansprechen zu können, benötigen sie einen Bezeichner, der dem Tag `name` zugeordnet wird. Bei der Auswertung des Formulars können damit die einzelnen Kontrollelemente erkannt werden. Also müssen die Namen jedes Kontrollelements für das jeweilige Formular eindeutig sein.

Mit dem Attribut `value` kann der Wert bei Texteingaben vorbelegt werden. Bei Radiobuttons hat das Tag eine etwas andere Bedeutung. Hier wird durch dessen Wert festgestellt werden, welcher der Radiobuttons gewählt wurde.

Spicker

<input type=*Kontrollelement* name=*ID* value=*Inhalt* >

Das folgende Beispiel zeigt ein Formular, in dem eine Eingabezeile, ein mehrzeiliges Textfeld und ein Radiobutton mit drei Wahlmöglichkeiten dargestellt sind. Wie jedes Formular hat es auch einen `submit`-Button, der die Eingaben übernimmt.

```
<form action="mailto:antwort@debianserver.edu" method="post">
  Welches Auto fahren Sie?
  <input type=text name="auto" value="Alt, aber bezahlt"
     size=20 maxlength=60><p>
  <textarea name="Adresse" rows=5 cols=60>
    Ihre Adresse
  </textarea>
  <p>Sind Sie:<br>
  <input type="radio" name="eigenschaft" value="intelligent">
    intelligent<br>
  <input type="radio" name="eigenschaft" value="sportlich">
    sportlich<br>
  <input type="radio" name="eigenschaft" value="gewaschen">
    bezaubernd<br>
  <p>
  <input type=submit value="OK">
</form>
```

Sie sehen bei den Textfeldern, dass es auch weitere Attribute gibt, die für die jeweiligen Kontrollelemente spezifisch sind, wie `SIZE` oder `COLS`.

Der Radiobutton ist ein zusammengesetztes Element. Es werden mehrere »Knöpfe« unter dem gleichen Namen definiert. Nur einer von ihnen kann ausgewählt werden. Welcher Button angewählt war, wird durch den Inhalt des Attributs `value` bestimmt. Sie sehen am Beispiel auch, dass die Beschriftung zusätzlich notwendig ist. Der Inhalt von `value` wird im Gegensatz zu Textfeldern nicht automatisch als Buttontext verwendet.

Abbildung 20.2 zeigt das Formular im Browser. Nach dem Ausfüllen wurde der Button OK angeklickt. Daraufhin startet das Mailprogramm mit dem codierten Inhalt des Formulars.

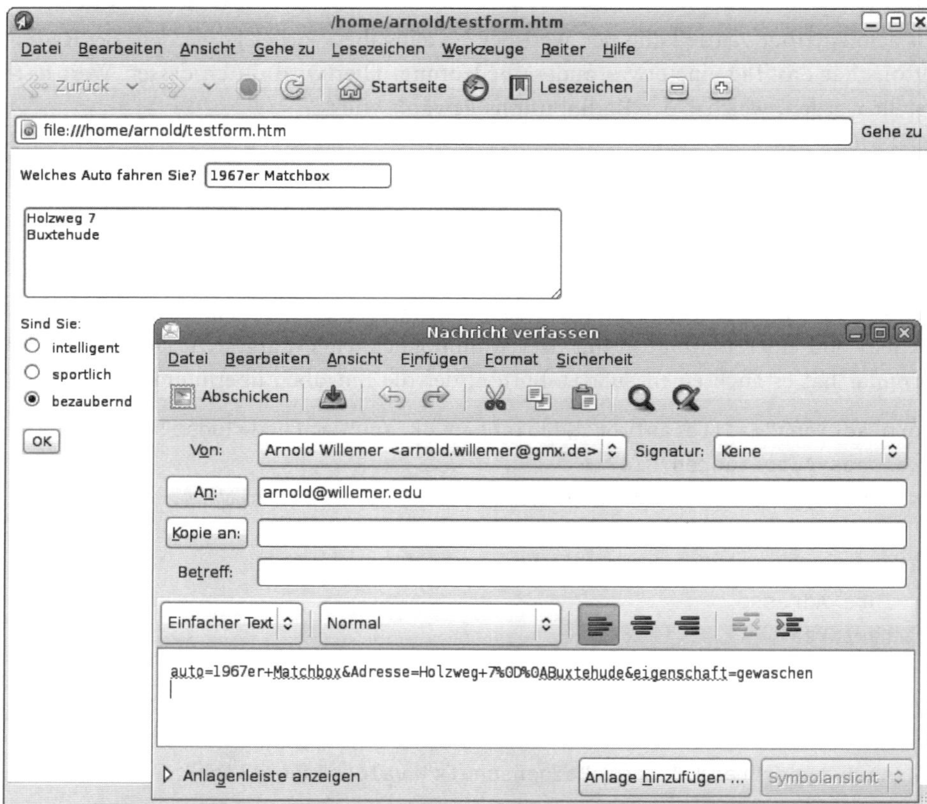

Abbildung 20.2 Formular mit der Mailantwort

20.10.2 Interaktive Website mit CGI und POST

In diesem Beispiel soll eine Adresse in ein Formular eingegeben werden. Zur Auswertung wird Perl verwendet. Perl ist die Idealbesetzung für CGI-Skripte, da Perl auf besondere Art Textmanipulationen beherrscht. Wenn Sie häufiger mit CGI-Skripten zu tun haben, lohnt es sich, Perl zu lernen.

HTML-Formular

Zunächst benötigen Sie ein HTML-Dokument mit einem Formular, wie Sie es in Abbildung 20.2 sehen. Die Definition des Formularrahmens gibt an, wie die vom Benutzer eingegebenen Daten verarbeitet werden sollen.

```
<form action="/cgi-bin/formularauswertung" method="post">
  ...
</form>
```

Die Option `action` gibt an, welches Programm für die Auswertung der Formulareingaben aufgerufen wird. In diesem Fall ist es das Programm `formularauswertung`. Die Methode `POST` gibt an, dass die Datenübertragung nicht wie bei `GET` per Umgebungsvariable erfolgt, sondern dass die Formularinhalte dem Programm als Eingabestrom geliefert werden.

> **Spicker**
>
> Die Methode `POST` übermittelt die Formulardaten als Datenstrom an das CGI-Programm, das es dann wie eine Standardeingabe behandeln muss.

Das Programm `formularauswertung` befindet sich im URL-Verzeichnis *cgi-bin*, das mit der Direktive `ScriptAlias` in der Konfigurationsdatei */etc/apache2/sites-available/default* des Webservers auf das Verzeichnis */usr/lib/cgi-bin* umgeleitet wird.

```
# /etc/apache2/sites-available/default
...
ScriptAlias /cgi-bin/ /usr/lib/cgi-bin/
```

Das gesamte Formular besteht aus `input`-Tags für Eingabefelder und einem Radiobutton. Diese sind in ihrer Funktion den Sendertasten von Radiogeräten nachempfunden. Hier wie dort kann immer nur einer der Knöpfe gedrückt sein.

```
<html><body>
  <form action="/cgi-bin/adressformular" method="post">
    Name: <input name="Name" value="" size=30><br>
    Adresse: <textarea name="Adresse" rows=5 cols=60>
             </textarea><p>
    Anrede:<br>
    Herr <input type="radio" name="Anrede" value="Herr"><br>
    Frau <input type="radio" name="Anrede" value="Frau"><br>
    <input type="submit" value="Start">
  </form>
</body></html>
```

Das Kontrollfeld `input` ohne weiteren Typ erstellt eine Eingabezeile. Sie wird über den Namen `Name` angesprochen. Ihr Vorgabewert ist leer und das Feld ist 30 Zeichen groß.

Die `textarea` ist ein mehrzeiliges Eingabefeld. Sie wird über den Namen `Adresse` angesprochen. Sie ist fünf Zeilen hoch und 60 Zeichen breit.

Die Radiobuttons werden als `input` definiert und erhalten als besonderen Typ `radio`. Alle Radiobuttons, die den gleichen `name` haben, gehören zusammen. Nur einer davon kann angewählt werden. Durch den Inhalt von `value` kann das Programm später ermitteln, welcher der Radiobuttons gedrückt war.

Das Input-Element vom Typ `submit` ist ein Button, der die Formulareingabe abschließt und die aktuellen Eingaben an das zuständige Programm übermittelt. Typischerweise wird `submit` auch durch Druck auf [↵] ausgelöst.

Das Tag `br` führt zu einem Zeilenumbruch, damit die Eingabeelemente nicht alle in einer Zeile erscheinen.

Die übermittelten Daten

Ein kleines Shell-Skript soll zeigen, wie die Daten genauer aussehen, die zwischen dem Formular und dem CGI-Skript ausgetauscht werden. Das Skript wirft die übergebenen Daten einfach an den Browser zurück. Wichtig sind die erste Zeile, die den `Content-type` angibt, und die darauf folgende Leerzeile, sonst zeigt der Browser gar nichts an. Danach wird die Standardeingabe in die Variable `MASKE` gelesen, die anschließend direkt wieder ausgeworfen wird.

```
#!/bin/sh
echo "Content-type: text/html"
echo
# Initialisierung beendet: es folgt der gesendete Text
read MASKE
echo $MASKE
```

Dieses Skript legen Sie im Verzeichnis */usr/lib/cgi-bin* ab und setzen per `chmod` (siehe Abschnitt 5.2.1) das Ausführungsrecht. Wenn Sie die HTML-Seite im Verzeichnis */var/www* abgelegt haben, können Sie die Website aufrufen, das Formular ausfüllen und abschicken.

Wenn nun Erna Meier aus Buxtehude im Holzweg 5 unser Formular ausfüllt und abschickt, entsteht folgende Übergabe:

```
Name=Erna+Meier&Adresse=Holzweg+5%0D%0ABuxtehude&Anrede=Frau
```

Sie sehen also, dass die Eingabefelder durch ein Ampersand (kaufmännisches Und) voneinander getrennt werden. Leerzeichen werden durch ein Pluszeichen ersetzt. Die Zeichen `%0D` und `%0A` innerhalb des Inhalts der Textarea stehen für einen Zeilenumbruch.

Perl als CGI-Sprache

Die erforderlichen Textumformungen, die benötigt werden, um aus einem Formular die einzelnen Eingaben zu erhalten, sind das Spezialgebiet der Skriptsprache Perl. Darum entwickelte sich Perl zur ersten Wahl bei CGI-Skripten. Anhand eines solchen Perl-Skripts soll hier die Weiterverarbeitung der Formularinhalte gezeigt werden. Damit das Beispiel übersichtlich bleibt, wird die eingegebene Datenstruktur einfach als Tabelle ausgegeben.

```
#!/usr/bin/perl -w
use strict;
my %inhash;
my $zeile; my $key; my $wert;
my @zuweisungen; my @rest;

# Die Standardeingabe lesen
my $input = <STDIN>;
@zuweisungen = split("&", $input);
```

Zunächst deklariert das Skript in den Zeilen, die mit `my` beginnen, einige Variablen. Perl-Variablen wird immer ein Dollarzeichen vorangestellt. Dann wird die Standardeingabe in die Variable `$input` gelesen.

Die Funktion `split` zerlegt den Inhalt von `$input` an den Stellen, an denen ein kaufmännisches Und vorliegt. Sie legt die Teile in dem Array `@zuweisung` ab. Arrays sind Variablen, die mehrere Werte nacheinander aufnehmen können, und werden in Perl durch ein @ gekennzeichnet.

while-Schleife zerlegt das Array in Variable und Wert

```
while (@zuweisungen) {
    ($zeile, @rest) = @zuweisungen;
    ($key, $wert) = split({-}", $zeile);
    $wert =~ s/\+/ /g;        # + durch leer ersetzen!
    $wert =~ s/%0D%0A/<br>/g; # Zeilenvorschub ersetzen!
    $wert =~ s/%2C/,/g;       # Komma ersetzen!
    $inhash{$key} = $wert;
    @zuweisungen = @rest;
}
```

Die `while`-Schleife durchläuft nun das Array. In der ersten Zeile wird quasi immer der erste Wert des Arrays abgebrochen und in der Variablen `$zeile` gespeichert. Der Rest des Arrays wird in dem Array `@rest` festgehalten.

Nun enthält die Variable `$zeile` eine Zuweisung wie etwa »Name=Erna+Meier«. Diese wird nun am Gleichheitszeichen aufgebrochen. Den Variablennamen der Zuweisung speichert das Skript in `$key` und den Inhalt in der Variablen `$wert`.

In den nächsten drei Zeilen werden die Variableninhalte nachbearbeitet und die Sonderzeichen ersetzt, die CGI in den String einfügt, um den Transport nicht zu gefährden. Das Plus wird wieder zum Gleichheitszeichen. Die Kombination `%0D%0A` ist ein Zeilenvorschub, der in HTML als `<br>` eine Entsprechung findet, und `%2C` ist die Codierung eines Kommas. Dazu wird das Kommando `s` verwendet, das Sie vom Editor vi (siehe Abschnitt 4.3.2) und vom Befehl `sed` (siehe Abschnitt 4.5.8) kennen. Zwischen dem ersten und dem zweiten Schrägstrich steht die Suchbegriff und zwischen dem zweiten und dritten Schrägstrich stehen die Zeichen, die stattdessen verwendet werden sollen.

Die Variable `%inhash` wird als *Hash* bezeichnet. Damit kann Perl über einen Schlüsselbegriff nach Inhalten zugreifen. Der Schlüssel steht in geschweiften Klammern direkt hinter dem Hashnamen. Hier wird über den Variablennamen in `$key` der Variableninhalt in `$wert` in dem Hash `%inhash` gespeichert.

Zum Schluss der Schleife wird der abgebrochene Rest zur Gesamtzuweisung, damit die Schleife mit der nächsten Zuweisung fortsetzen kann.

Ausgabe der Variablentabelle

Nun erfolgt die Ausgabe der Erkenntnisse in einer HTML-Tabelle. Dazu wird zunächst die Content-Kennung inklusive Leerzeile mit dem Perl-Befehl `print` ausgegeben, der dem `echo` unter der Shell entspricht.

```
# Ausgabe des CGI-Content-Strings
print "Content-type: text/html\n\n";
# Ausgabe der Ergebnisse
print "<html><body><table border>";
print "<tr><th>Key</th><th>Value</th></tr>";
foreach $key(sort keys(%inhash)) {
   print "<tr><td> $key </td><td> $inhash{$key} </td></tr>";
}
print "</table></body></html>";
```

Dann beginnt der HTML-Code der Seite inklusive Tabellenanfang und Tabellenüberschrift. In jeder Zeile der Tabelle wird erst der Schlüssel und dann der Wert ausgegeben. Schließlich wird die HTML-Tabelle wieder geschlossen und die letzten HTML-Tags für das Ende des Dokuments gesetzt. Abbildung 20.3 zeigt eine mögliche Ausgabe.

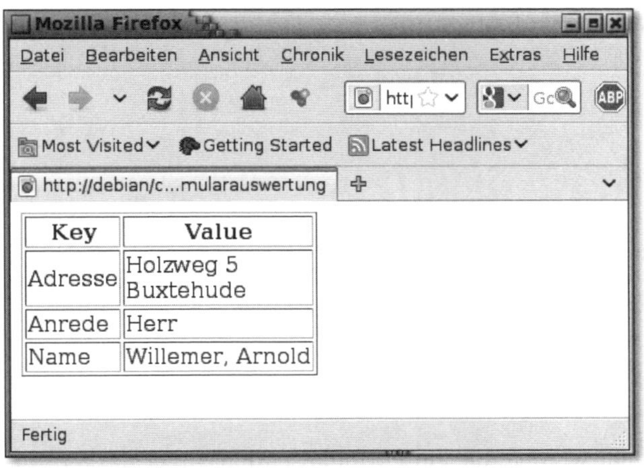

Abbildung 20.3 Anzeige der CGI-Ausgabe

Auf diesem Rumpf könnte nun eine Anwendung aufbauen, die die Adresse auswertet und beispielsweise in einer Datenbank ablegt. Auch der Zugriff auf eine Datenbank ist über Perl zu erreichen. Statt Perl können prinzipiell beliebige Programmiersprachen verwendet werden. Da die Programme bei jedem Aufruf der CGI-Schnittstelle neu gestartet werden müssen, eignet sich CGI vor allem für native Programme wie beispielsweise C oder C++ und schnell startende Interpreter wie die Shell oder Perl. Aufwendigere Interpreter wie bei PHP oder Java würden bei CGI einen erheblichen Overhead beim Start verursachen, sodass man diese Interpreter dann sinnvoller als Module des Webservers realisiert.

20.10.3 Ein CGI-mp3-Sucher

Sie hatten schon in Abschnitt 20.5 einmal das Vergnügen, mit dem Apache auf mp3-Dateien loszugehen. Nun steigern wir unseren mp3-Player durch die Möglichkeit, nach bestimmten Titeln zu suchen. Zur Umsetzung verwenden wir die Bordmittel von Linux: Ein Shell-Skript, in dessen Zentrum der Befehl `sed` (siehe Abschnitt 4.5.8) die Eingabe analysiert und der Befehl `find` (siehe Abschnitt 4.4.1), der dann nach den mp3-Dateien sucht.

Zunächst übernehmen wir einfach die bereits in Abschnitt 20.5 erstellte Konfiguration. Die mp3-Dateien sind wie zuvor auf */media/mp3* abgelegt. Um den Zugriff darauf über den Apachen zu ermöglichen, wird in der Datei */etc/apache2/sites-enabled/000-default* folgender Eintrag hinzugefügt:

```
Alias /mp3/ "/media/mp3/"
<Directory "/media/mp3/">
    Options Indexes MultiViews FollowSymLinks
    AllowOverride None
    Order deny,allow
    Deny from all
    Allow from all
</Directory>
```

Sie müssen den Apachen neu starten:

```
# /etc/init.d/apache2 restart
```

Ein Formular in HTML

Nun soll eine HTML-Datei erstellt werden, die ein Formular enthält, über das Sie eingeben können, welchen Titel Sie hören wollen. Das Formular legen Sie in */var/www/index.html* ab.

```
<html>
  <body>
    <form action="/cgi-bin/suchmp3" method="get">
      Suchbegriff: <input name="Begriff" value="" size=80><br>
      <input type="submit" value="Start">
    </form>
  </body>
</html>
```

Das Tag `form` umschließt das Formular. Im Einstiegs-Tag gibt es das Attribut `action`. Es besagt, welches Programm für die Auswertung der Formulareingaben zuständig ist, nämlich `suchmp3` im Verzeichnis *cgi-bin*. Das Attribut `method` besagt, wie die Daten an das CGI geliefert werden. Hier ist es `GET`.

Spicker

Die Methode `GET` übermittelt die Formulardaten über die Umgebungsvariable `QUERY_STRING` an das CGI-Programm.

Jedes Tag `input` beschreibt ein Kontrollelement des Formulars. In diesem Fall sind es nur zwei. Das erste ist eine einfache Eingabezeile, die den Namen BEGRIFF erhält. Der Vorgabewert in `value` ist leer. Die Größe beträgt 80 Zeichen.

Das zweite Element ist vom Typ `submit`. Es ist ein einfacher Button, der mit START beschriftet wird und der die gleiche Funktion hat wie der OK-Button eines normalen Programmdialogs. Er bestätigt die Eingabe und übergibt die Daten an das Programm.

Konfigurationsdatei

Es muss gar nichts konfiguriert werden, weil die Standardkonfiguration bereits auf CGI-Skripte eingestellt ist. Vielleicht ist Ihnen schon aufgefallen, dass der Pfad *cgi-bin* so schon einmal in der Datei *default* im Verzeichnis *sites-available* aufgetaucht ist.

```
ScriptAlias /cgi-bin/ /usr/lib/cgi-bin/
```

Also wird beim Auslösen des Submit-Buttons das Programm `suchmp3` im Verzeichnis */usr/lib/cgi-bin* aufgerufen.

Shell-Skript als CGI-Programm

Wir schreiben ein einfaches Shell-Skript, um nach den eingegebenen Kriterien zu suchen. Die Methode `GET` hinterlegt die Eingaben in der Umgebungsvariablen `QUERY_STRING`. Dies muss ausgelesen werden.

Der erste Befehl `sed` verwendet einen regulären Ausdruck (siehe Abschnitt 4.6), um den Wert auszufiltern, der der Variablen `Begriff` zugewiesen wurde. Lästigerweise werden bei der Übergabe alle Leerzeichen durch ein Pluszeichen ersetzt. Diese Umsetzung wird von dem zweiten `sed`-Befehl wieder rückgängig gemacht. Das Ergebnis befindet sich anschließend in der Variablen `SUCH`.

Die Variable `SUCH` wird dem Befehl `find` als Argument übergeben, der dann alle Dateien findet, die den Suchbegriff im Namen haben, und diese als Liste ausgibt. Diese Ausgabe fangen wir in der Variablen `ERG`. Wenn Sie Abschnitt 3.5.3 noch präsent haben, wissen

Sie, dass ERG aufgrund der Zuweisung einer mit dem Dollarzeichen eingeleiteten runden Klammer zur Array-Variablen wird, die alle Ausgaben der enthaltenen Befehle auffängt.

Die Umgebungsvariable IFS, die normalerweise auch das Leerzeichen und das Tabulatorzeichen als Trenner aufführt, wird durch das Zeilenendezeichen ersetzt. So werden die Leerzeichen in den Dateinamen nicht als Umbruchzeichen interpretiert.

```
#!/bin/bash
echo "Content-type: text/html"
echo

SUCH=$(echo "$QUERY_STRING" \
    | sed -n 's/^.*Begriff=\([^&]*\).*$/\1/p' \
    | sed "s/\+/ /g")

# Die Trennzeichen auf \n begrenzen
sIFS="$IFS"; IFS=$'\n'
# find findet alle passenden mp3-Titel
ERG=$(cd /media/mp3;find -iname "*$SUCH*")
```

Nun müssen wir die Ausgabeliste in eine HTML-Seite umformen. Zuallererst müssen die zwei Zeilen mit der HTML-Kennung gesendet werden, damit der Inhalt als HTML wahrgenommen wird. Die Variable ERG enthält eine Liste aller Dateien, die wir mit einer for-Schleife ausgeben können. Und den Befehl echo ergänzen wir noch um die passenden HTML-Tags, sodass ein Link entsteht.

```
# In einer Schleife alle Titelpfade als Link darstellen
for ((i=0; i<${#ERG[@]}; i+=1))
do
    echo "<a href=\"/mp3/${ERG[i]}\">${ERG[i]}<a><br>"
done
# Original-Trennzeichen wieder herstellen
IFS="$sIFS"
```

20.11 Dynamische Websites mit PHP

Mehr und mehr werden Programme als SaaS (*Software as a Service*) angeboten. Das bedeutet, dass die Programme nicht mehr auf dem Computer des Anwenders ablaufen, sondern auf Servern im Internet, die dann über den Browser gesteuert werden. Dort übernimmt der Webserver einen zentralen Teil der Verwaltungsarbeit. Als Client wird ein einfacher Browser eingesetzt, der auf jedem Betriebssystem verfügbar ist. Auf der Serverseite wurde die Sprache PHP entwickelt, die direkt in HTML eingebettet werden kann, um interaktive Websites zu erzeugen.

Während HTML sich weitgehend auf die statische Darstellung der Inhalte bezieht, kann mit PHP programmiert und eine Brücke zwischen HTML und einer Datenbank geschlagen werden.

20.11.1 Installation des PHP-Moduls

Damit der Interpreter von PHP nicht bei jedem Aufruf neu gestartet werden muss, ist er als Apache-Modul implementiert und kann ohne Zeitversatz vom Webserver aufgerufen werden. Das PHP-Modul von Apache heißt *libapache2-mod-php5* und muss explizit installiert werden:

```
# apt-get install libapache2-mod-php5
```

Bevor das PHP-Modul aktiv wird, müssen Sie den Apache-Server neu starten:

```
# /etc/init.d/apache2 restart
```

Alle Seiten, deren Dateiname auf *.php* enden, werden nun vom Apachen vor dem Senden an den Client dem PHP-Interpreter zugeführt. Dieser führt die im HTML-Code enthaltenen Programmschnipsel aus und generiert auf diese Weise reine HTML-Seiten, die dann an den Browser gesendet werden. Der Client kann also das PHP-Listing niemals sehen, sondern nur dessen Ergebnisse.

20.11.2 Die grundlegenden Sprachelemente

Es würde zu weit führen, an dieser Stelle eine vollständige Sprachbeschreibung von PHP auszubreiten. Aber der Platz dürfte reichen, um Ihnen die wichtigsten Elemente zu zeigen, damit Sie die Beispiele verstehen und vielleicht auch kleinere PHP-Skripte selbst erstellen können. Wenn Sie weitere Informationen zu PHP benötigen, finden Sie Unterstützung auf der Website *http://www.php.net* oder auf *http://www.selfphp.info*.

Hinweis

PHP hält sich sprachlich an die Vorgaben, die derzeit die meisten Programmiersprachen von ihrem Großvater C geerbt haben. Insofern ist es eine schöne Mischung aus C, Java, JavaScript, und das alles mit einem Hauch von Perl. Wenn Sie eine dieser Programmiersprachen bereits kennengelernt haben sollten, werden Sie sich hier zu Hause fühlen.

Eingebettet in <?php ... ?>

PHP-Anweisungen werden als besonderes Tag in HTML-Seiten eingefügt. Sobald im HTML-Code die Zeichenfolge `<?php` auftaucht, macht sich der PHP-Interpreter darüber her, und er hört erst auf, wenn er die Zeichenfolge `?>` findet. Die Ergebnisse seiner Auswertungen werden an dieser Stelle in den HTML-Code eingebaut. HTML-Seiten, die PHP-Code enthalten, müssen mit der Endung *.php* statt *.htm* enden, damit sie dem PHP-Interpreter zugeführt werden.

Zwei Schrägstriche (//) oder ein Doppelkreuz (#) sorgen dafür, dass alles bis zum Rest der Zeile nur von Menschen und nicht vom Interpreter gelesen wird. Sie können Ihre /* Kommentare */ auch nach der Art von C einklammern. Dann reichen sie auch über mehrere Zeilen hinweg.

Alles, was der PHP-Interpreter ausgibt, wird direkt an den Browser geschickt. Der Befehl dazu lautet `echo`. Es folgt einfach das, was ausgegeben werden soll.

```
<?php
  echo "Hallo World-Wide-Web!";
?>
```

Variablen mit Dollarzeichen

Wie andere Programmiersprachen, kennt auch PHP Variablen. Sie dienen dazu, Ergebnisse zwischenzuspeichern. Variablen beginnen mit einem Dollarzeichen $. Es folgt ein Buchstabe, und daran schließen sich beliebig viele Buchstaben oder Ziffern an. PHP nimmt es sehr genau damit, ob Groß- oder Kleinbuchstaben verwendet werden. Darum sollten Sie es auch tun. Übrigens hat PHP an deutschen Umlauten in Variablennamen keine Freude und wird sie ablehnen.

Um einer Variablen einen Wert zuzuweisen, setzt man ein Gleichheitszeichen dahinter und lässt diesem einen Wert folgen. Beachten Sie bei Zahlen, dass PHP unser Dezimalkomma nicht kennt und stattdessen einen Punkt erwartet:

```
$zahlpi = 3.14159;
```

Sie können in Variablen auch Texte abspeichern. Dazu rahmen Sie diese durch gewöhnliche Anführungszeichen ein. PHP sind auch Hochkommata recht. Es gibt dabei einen kleinen Unterschied. Wenn in dem Text ein Variablennamen auftaucht, wird er bei Anführungszeichen ausgewertet, und der Inhalt wird verwendet, während bei Hochkommata der Variablenname im Text bleibt.

```
$name = "Karl";
$ausgewertetertext = "Hallo, lieber $name!";
$nichtausgewertet  = 'Hallo, lieber $name!';
```

Die Variable `ausgewertetertext` wird den Text `"Hallo, lieber Karl!"` enthalten, während in der Variablen `nichtausgewertet` der Text `"Hallo, lieber $name!"` stehen wird. Wenn Ihnen das zu konfus ist, könnten Sie Zeichenkette und Variable einfach aneinanderhängen. Der Punkt hilft Ihnen dabei:

```
$name = "Karl";
$anrede = "Hallo, lieber " . $name . "!";
```

Abfragen, Bedingungen und Schleifen

Die Programme müssen auf bestimmte Bedingungen reagieren können. Dazu eignet sich eine Abfrage. Hinter dem `if` im folgenden Listing befindet sich eine Bedingung, die eintritt, wenn der Inhalt der Variablen `i` größer als 10 ist. In diesem Fall wird alles ausgeführt, was von den geschweiften Klammern eingeschlossen ist:

```
if ( $i > 10 ) {
    echo "i ist viel zu groß!";
}
```

Die Abfrage kann auch einen `else`-Zweig besitzen, der genau dann ausgeführt wird, wenn die Bedingung nicht eintritt:

```
if ( $i > 10 ) {
    echo "i ist viel zu groß!";
} else {
    echo "i ist im zulässigen Bereich.";
}
```

Wenn etwas wiederholt abläuft, verwendet der PHP-Programmierer eine Schleife. Hinter dem Schlüsselwort `while` steht wieder eine Bedingung. Nur solange sie zutrifft, wird der Schleifenkörper ausgeführt. Dieser ist wiederum durch geschweifte Klammern eingeschlossen. Die folgende Schleife erhöht in jedem Durchlauf zuerst den Wert von `i` um 1 und gibt so die Zahlen von 1 bis 10 aus:

```
$i = 0;
while ($i < 10) {
   $i = $i + 1;
   echo $i . " <br> ";
}
```

Da Schleifen, in denen gezählt wird, immer wieder auftreten, und Programmierer sich beim Denken nicht so sehr anstrengen sollten, hat man die Zählschleife erfunden. Hinter dem `for` steht eine große Klammer, in der drei durch Semikolon getrennte Elemente stehen. Das erste ist die Startanweisung, die vor dem Start der Schleife ausgeführt wird.

Sie setzt hier die Zählvariable auf 1. Das zweite Element ist die Bedingung, unter der die Schleife ausgeführt wird. Das dritte Element ist die Anweisung, die immer am Schluss des Schleifenkörpers ausgeführt wird. In diesem Fall wird die Zählvariable um 1 erhöht. `i++` ist die Kurzschreibweise von `i=i+1`.

```
for ($i = 1; $i <= 10; $i++)
{
    echo "$i <br>";
}
```

Diese `for`-Schleife liefert exakt das gleiche Ergebnis wie die `while`-Schleife. Wenn Sie auf Anhieb wissen, warum das so ist, obwohl so viele Anweisungen doch ganz anders aussehen, haben Sie Talent zum Programmieren.

20.11.3 Auswertung von Formularen

Ein typischer Einsatzbereich von PHP ist die Verarbeitung von Eingaben. Das Formular für die Eingabe benötigt noch kein PHP, sondern kann in HTML erstellt werden. Erst bei der Auswertung muss PHP aktiv werden. Darum verweist die `action` des Formulars auf eine PHP-Datei. Jedes der Eingabeelemente bekommt einen Namen, über den der eingegebene Inhalt von PHP aus angesprochen werden kann. Das Formular enthält ein Eingabefeld, eine Checkbox und natürlich den `submit`-Button.

```
<form action=verarbeite.php method="post">
  Name: <input type="text" name="name" size=30> <br>
  Per Mail versenden <input type="checkbox" name="versenden">
  <p>
  <input type="submit" value="Abschicken">
</form>
```

Bei Betätigung des Submit-Buttons wird die Seite *verarbeite.php* aufgerufen. Die Formularinhalte stehen in einem Array namens `$_POST` zur Verfügung, da die Methode `POST` verwendet wurde. Hätten Sie `GET` verwendet, wäre das Array `$_GET` zuständig. Array? Das hatten wir noch nicht. Ein Array nimmt mehrere Inhalte auf einmal auf. Über eckige Klammern können Sie auf die verschiedenen Inhalte zugreifen. In den eckigen Klammern stehen oft Zahlen, die als Index dienen. In diesem Fall werden allerdings die Namen der Kontrollelemente verwendet. Die Variable `$_POST['name']` enthält das, was über das Textkontrollfeld eingegeben wurde. Hier stehen die Variablen `name` und `versenden` zur Verfügung.

```
<?php
  echo ("Name: $_POST['name'] <br>");
  echo ("Versenden: $_POST['versenden'] <br>");
  if ($_POST['versenden']=="on") {
    echo ("Die Daten werden versandt.");
    mail("arnold@localhost", "Subject: PHP-Test",
         $_POST['name']);
  }
?>
```

Mit dem Befehl `echo` werden nur zur eigenen Kontrolle die Inhalte der Formularfelder ausgegeben. In der Abfrage wird festgestellt, ob der Anwender eine Versendung wünschte. Dann wird der Inhalt des Namensfelds als E-Mail versandt. Die PHP-Funktion `mail` sendet Nachrichten per E-Mail. Der erste Parameter dieser Funktion ist die E-Mail-Adresse, der zweite der Betreff (*Subject*), und der dritte Parameter enthält den Inhalt der Mail. Hier wurde der Inhalt des Namensfelds aus dem Formular abgelegt.

Sie könnten die Daten auch in einer Datei abspeichern oder in einer Datenbank eintragen. Letzteres ist sicherlich die häufigste Einsatzform von PHP.

20.11.4 Dateizugriffe mit PHP

Das Web ist flüchtig. Damit die Ergebnisse auch morgen noch zur Verfügung stehen, muss PHP seine Ergebnisse in Dateien oder Datenbanken schreiben. Für kleinere Anliegen reicht eine Datei, wie Sie am Beispiel eines kleinen Besuchszählers in Abschnitt 20.11.8 sehen können.

Vor dem Schreiben müssen Sie eine Datei mit der Funktion `fopen` öffnen:

```
$handle  = fopen($dateiname, $rechte);
```

In der Variablen `dateiname` steht der Dateiname als Zeichenkette. Die Variable `rechte` kann `r` für Lesen und `w` für Schreiben enthalten. Bei `a` wird schreibend an die Datei angehängt. Mit `r+` kann gelesen und geschrieben werden. Sollten Sie binäre Daten speichern oder lesen wollen, so müssen Sie der Zeichenkette noch ein `b` hinzufügen. Der Rückgabewert der Funktion ist ein Handle. In dieser Variablen stehen interne Informationen über die geöffnete Datei, die für weitere Dateioperationen benötigt werden. Scheitert das Öffnen, gibt die Funktion 0 zurück, was von PHP in Abfragen als unwahr interpretiert wird.

Mit `fclose` wird die Datei geschlossen. Der Parameter ist das Handle:

```
fclose ($handle);
```

Mit `fread` wird ein Block Daten gelesen. Wie in einem Buch mit Lesezeichen merkt sich das System, was zuletzt gelesen wurde, und setzt beim nächsten Lesen dort fort. Es werden in die Variable `data` so viele Bytes aus der durch `handle` bezeichneten Datei gelesen, wie die Variable `size` besagt, sofern nicht vorher das Ende der Datei eintrifft.

```
$data = fread($handle, $size);
```

Die Funktion `fwrite` schreibt den Inhalt von `data` in die mit `handle` bezeichnete Datei. Falls es sich bei `data` um eine Zeichenkette handelt, ist der Parameter `size` nicht erforderlich. Ansonsten wird durch `size` angegeben, wie viele Bytes geschrieben werden sollen:

```
fwrite ($handle, $data, $size);
```

Die Funktion `rewind` setzt den Dateizeiger an den Anfang der Datei:

```
rewind($handle);
```

Die Funktion `filesize` ermittelt die Größe einer Datei. Als Parameter erwartet sie den Dateinamen:

```
$size = filesize($dateiname);
```

20.11.5 Kommunikation mit Datenbanken

Shops und ähnliche Webanwendungen werden ihre Daten in der Regel in Datenbanken ablegen. Um von PHP aus auf eine Datenbank zuzugreifen, müssen Sie folgende Schritte ausführen:

- Kontaktaufnahme zur Datenbank. Dazu wünscht sich die Schnittstelle die Informationen, auf welchem Computer die Datenbank läuft, wie die Datenbank heißt, welcher Benutzer zugreift und welches Passwort er hat.
- Die SQL-Anweisung wird zusammengesetzt und an die Datenbank übermittelt. Die Datenbank liefert eine Ergebnisvariable, in der bei Einfüge- und Änderungsoperationen nur der Erfolg steht.
- Bei Anfragen (`SELECT`) enthält die Ergebnisvariable entweder die komplette Antwort der Datenbank in einem Array verpackt oder eine Indexinformation, mit der die einzelnen Elemente der Antwort bei der Datenbank erfragt werden können.
- Die Anfrage wird geschlossen, die Ressourcen werden zurückgegeben.

Damit nicht heimlich einer der Programmierer zur Konkurrenz wechselt, verwenden die Datenbankhersteller leicht unterschiedliche Schnittstellen. In diesem Abschnitt werden Sie die Schnittstellen von MySQL und PostgreSQL kennenlernen. Andere Datenbanken werden aber ähnlich programmiert.

20.11.6 MySQL

Die Bibliothek für die Zugriffe von PHP auf die MySQL-Datenbank (siehe Abschnitt 19.3) ist weder im Paket von MySQL noch in dem von PHP enthalten, sondern muss explizit hinzuinstalliert werden:

```
# apt-get install php5-mysql
```

Verbindungsaufnahme

Die Verbindungsaufnahme übernimmt die Funktion `mysql_connect`. Als Parameter erwartet sie drei Zeichenketten. Die erste bezeichnet den Host, auf dem die Datenbank liegt. Falls die Datenbank auf dem gleichen Computer installiert ist, auf der auch PHP läuft, kann hier `"localhost"` eingetragen werden. Die zweite Zeichenkette bezeichnet den Datenbankbenutzer und die dritte sein Passwort:

```
$link = mysql_connect("localhost","user","passwort");
```

Befehlsübergabe

Die SQL-Anweisung wird mit der Funktion `mysql_db_query` übermittelt. Der erste Parameter enthält den Datenbanknamen, der zweite die SQL-Anweisung. `UPDATE`- und `INSERT`-Anweisungen enthalten ja bereits die Daten, sodass hier keine weiteren Datenübertragungen notwendig sind. Hier enthält der Rückgabewert nur die Information, ob die Operation geklappt hat. Sollte das der Fall sein, gibt es nichts mehr zu tun.

```
$ergebnis = mysql_db_query("datenbankname", "sql-befehl");
```

Bei `SELECT`-Anfragen wird der Rückgabewert verwendet, um die weiteren Daten zu erhalten. Zunächst wird ermittelt, wie viele Informationen durch die Anfrage ausgewählt wurden. Dies übernehmen die Funktionen `mysql_num_fields` und `mysql_num_rows`. Als Parameter erhalten Sie die Ergebnisvariable von `mysql_db_query`. Als Ergebnis liefert die erste Funktion die Anzahl der Spalten und die zweite die Anzahl der Zeilen.

```
$spalten=mysql_num_fields($ergebnis);
$zeilen=mysql_num_rows($ergebnis);
```

Abholen der Ergebnisse

Nun werden die eigentlichen Daten von der Datenbank abgeholt, und zwar Satz für Satz. Dies übernimmt die Funktion `mysql_fetch_array`. Der übergebene Parameter ist wieder die Ergebnisvariable von `mysql_db_query`. Die Rückgabevariable enthält den gelesenen Satz in einem Array oder ist 0, wenn der letzte Satz bereits gelesen wurde.

```
$satz = mysql_fetch_array($ergebnis);
```

Nun müssen die einzelnen Felder aus dem Array gelesen werden. Diese werden über den Feldnamen ausgelesen. Falls Sie über die Spaltennummer auf die Felder zugreifen wollen, können Sie über die Funktion mysql_field_name den Feldnamen ermitteln. Parameter sind die Ergebnisvariable und die Spaltennummer. Der folgende Ausschnitt liest alle Spalten des Satzes und gibt sie aus:

```
for ($j=0; $j<$spalten; $j++) {
    $feldname=mysql_field_name($ergebnis,$j);
    echo "<td>$satz[$feldname]</td>";
}
```

Aufräumen

Wer reinlich ist, räumt hinter sich auf. Sie können den Speicher, den die Ergebnisvariable belegte, wieder freigeben, indem Sie mysql_free_result mit der Ergebnisvariablen als Parameter aufrufen. Falls Sie diesen Aufruf in einem Listing nicht vorfinden, sollten Sie nicht unbedingt auf die mangelnde Hygiene des Kollegen schließen. Die Ressourcen werden bei Ende des Skripts automatisch wieder freigegeben.

```
mysql_free_result($ergebnis);
```

Ähnliches gilt für das Schließen der Verbindung zur Datenbank. Sie können sie mit dem Aufruf von mysql_close beenden. Sie wird aber am Ende Ihres Skripts sowieso geschlossen:

```
mysql_close($link);
```

20.11.7 PostgreSQL

Die Bibliothek für die PHP-Zugriffe auf die PostgreSQL-Datenbank ist weder im Paket von PostgreSQL noch in dem von PHP enthalten, sondern muss explizit hinzuinstalliert werden:

```
# apt-get install php5-pgsql
```

Die Verbindungsaufnahme zur Datenbank übernimmt die Funktion pg_connect. Sie benötigt als Parameter einen Login-String, in dem als Zuweisungen die Parameter eingetragen werden. Das folgende Beispiel zeigt das Anmelden an einer Datenbank namens *kunden* auf dem lokalen Computer mit dem Benutzer *user* und dem Passwort, das geheim ist:

```
$link = pg_connect("host=debian dbname=kunden " .
                   " user=kunden password=geheim");
```

Aus satztechnischen Gründen ist die Zeichenkette geteilt, aber durch den Verkettungsoperator Punkt wieder verbunden. Der Rückgabewert ist die Kennung der Verbindung. Sollte der Ablauf an dieser Stelle hängen, wurde vielleicht das Paket *php5-pgsql* nicht installiert.

Die Funktion `pg_query` übermittelt die SQL-Anweisung an die Datenbank. Sie erhält die SQL-Anweisung als Parameter. `UPDATE`- und `INSERT`-Anweisungen enthalten bereits die Daten, sodass in diesen Fällen keine weiteren Datenübertragungen notwendig sind.

```
$ergebnis = pg_query("SELECT name,preis FROM artikel");
echo "<p><table border=1>";
while ($satz = pg_fetch_array($ergebnis)) {
    echo "<tr><td>";
    echo $satz["name"];
    echo "</td><td>";
    echo $satz["preis"];
    echo "</td></tr>";
}
echo ("</table>");
```

Sollte der übergebene SQL-Befehl eine `SELECT`-Anweisung sein, so wird das Ergebnis Zeile für Zeile aus der Datenbank abgeholt. Die Funktion `pg_fetch_array` liefert jeweils einen Satz der Tabelle als Rückgabewert. Die Rückgabevariable wird 0, wenn kein weiterer Satz mehr vorhanden ist. Ansonsten enthält sie ein Array mit den einzelnen Feldern des Satzes.

Der folgende Programmausschnitt zeigt, wie PHP mit der `foreach`-Schleife das Array in `$satz` Element für Element in die Variable `$wert` füttert, sodass diese ausgegeben werden kann:

```
foreach ($satz as $wert) {
    echo "<td>$wert</td>";
}
```

Die Ressourcen, die durch die Ergebnisvariable gebunden sind, können Sie durch die Funktion `pg_free_result` freigeben:

```
pg_free_result($ergebnis);
```

Wenn Sie die Datenbankverbindung nicht mehr benötigen, können Sie sie durch Aufruf der Funktion `pg_close` wieder schließen:

```
pg_close($link);
```

20.11.8 Beispiel: Ein Besucherzähler in PHP

Als Beispiel soll ein kleiner Zähler erstellt werden, der angibt, wie oft die Website aufgerufen wurde. Natürlich müssen der Apache und das PHP-Modul installiert sein.

Die Datei, in der das Programm seine Besucher zählt, wird vom Administrator angelegt. Ich nenne sie in diesem Beispiel sinnigerweise *besucher*. Achten Sie darauf, dass der Webserver diese Datei lesen und schreiben können muss. Das Beste ist, Sie ernennen www-data zu seinem Besitzer und richten das Schreib- und Leserecht für den Besitzer ein. Ob Sie dem Rest der Welt noch Leserechte einrichten möchten, ist Geschmackssache. So geheim ist ein Besuchszähler ja nun auch wieder nicht.

```
# cd /var/www
# touch besucher
# chmod 644 besucher
# chown www-data besucher
```

Nun wird ein kleines PHP-Skript erstellt, das den bisherigen Wert aus der Datei liest, um 1 erhöht und die Zahl dann wieder in die Datei schreibt. Detaillierte Informationen über die PHP-Programmierung mit Dateien finden Sie in Abschnitt 20.11.4.

```
<html>
<body>
  <?php
    // Zaehler aus Datei lesen
    $zaehldatei = "besucher";
    $handle  = fopen($zaehldatei, "r");
    $size    = filesize($zaehldatei);
    $zaehler = fread($handle, $size);
    fclose ($handle);
    $zaehler = $zaehler + 1;
    echo "<h2>Besucher Nr $zaehler!</h2>";
    // Neuen Wert wieder in die Datei schreiben
    $handle = fopen ($zaehldatei, "w");
    fwrite ($handle, $zaehler);
    fclose ($handle);
  ?>
</body>
</html>
```

Der Ablauf ist relativ unspektakulär. Zunächst wird der Dateiname *besucher* in einer Variablen abgelegt. Die Datei wird mit `fopen` zum Lesen geöffnet. Für das anschließende Lesen wird die Größe der Datei mit der Funktion `filesize` bestimmt. Diese Größe und das Dateihandle werden verwendet, um den Inhalt mit der Funktion `fread` zu lesen.

In der Variablen `zaehler` steht jetzt der bisherige Besucherstand. Die Datei wird nun erst einmal wieder geschlossen. Dann wird der Zähler um 1 erhöht und der Zählerwert im Browser ausgegeben.

Zuletzt wird die Datei wieder zum Schreiben geöffnet, der neue Zählerstand hineingeschrieben und die Datei wieder geschlossen. Da beim Öffnen der Positionszeiger auf die erste Stelle zeigt, wird beim Schreiben die bisherige Zahl überschrieben.

Wenn Sie die PHP-Datei im Browser öffnen, werden Sie zunächst eine 1 sehen. Da die Datei zu Anfang leer war, wird der leere Inhalt als 0 interpretiert. Durch Anklicken der Wiederholungstaste sollte eine 2 erscheinen, und bei jeder weiteren Wiederholung wird sich der Wert erhöhen.

20.12 Web-Applikationen per LAMP

Für die Installation von Web-Applikationen verbreitete sich schnell der Name *LAMP* aus den Anfangsbuchstaben der beteiligten Komponenten: Linux, Apache, MySQL und PHP oder anfangs Perl. Diesen Klassiker wollen wir einmal installieren und darauf eine einfache Kundenstammpflege implementieren.

Hinweis

Da das Wort »Linux« für Microsoft-Fans kaum erträglich schien, kamen sie auf den Gedanken, die Windows-Portierungen der freien Software zu benutzen. Das Ergebnis heißt dann WAMP, was zumindest unter den Bier trinkenden Deutschen eher negative Assoziationen über die Trägheit eines solchen Systems aufkommen lässt.

Für die Errichtung eines solchen Systems müssen Sie den Webserver Apache, das PHP-Modul von Apache, die PHP-Schnittstelle zu MySQL und MySQL selbst installieren, sofern dies nicht bereits geschehen ist. Nach der Installation ist es kein schlechter Gedanke, den Apachen neu zu starten. Ansonsten kann es sein, dass er glaubt, noch kein PHP zu können.

```
# apt-get install apache2
# apt-get install libapache2-mod-php5
# apt-get install mysql-server
# apt-get install php5-mysql
# /etc/init.d/apache2 restart
```

Damit ist die Installation abgeschlossen. Nun geht es darum, die Datenbank einzurichten und die Datenstruktur für die Kunden festzulegen.

20.12.1 Datenbank MySQL einsetzen

Die Kunden lassen sich leicht in einer einzigen Tabelle ablegen. Für das Beispiel wird der Kunde auf drei Felder reduziert: den Namen, die E-Mail-Adresse und den Namen des Betreuers. In der Realität würden Sie einem Kunden noch eine Anschrift zuordnen wollen, eine Telefonnummer und vielleicht noch weitere Details. Jedes Eingabedetail mehr macht die Darstellung unübersichtlicher. Und solange es einfach nur zusätzliche Attribute des Kunden sind, können Sie eine Ergänzung dieser Elemente leicht vornehmen.

Sie melden sich bei MySQL an, um die Datenbank anzulegen. Beim Aufruf geben Sie mit der Option `-u` den Datenbankbenutzer root an. Die Option `-p` ist notwendig, damit Sie ein Passwort eingeben können.

```
$ mysql -u root -p
Enter password:
Welcome to the MySQL monitor.  Commands end with ; or \g.
...
mysql>
```

Hintergrundinformationen zum Umgang mit der Datenbank MySQL finden Sie in Abschnitt 19.3.

Anlegen der Datenstruktur

Um die Kundentabelle herum muss zunächst eine Datenbank angelegt werden. Die Datenbank ist der Topf, in dem alle Tabellen und Skripte für eine Aufgabenstellung gesammelt werden. Auch wenn wir nur eine Tabelle benötigen, muss dafür eine Datenbank angelegt werden. Dazu verwenden wir den Namen `kunden`.

```
CREATE DATABASE kunden;
USE kunden;
```

Mit dem Befehl `USE` wechseln Sie in den Bereich der neuen Datenbank. Alles, was Sie nun erstellen, gehört zur Datenbank *kunden*.

Alle Datenbankbefehle können Sie direkt in die Kommandozeile der Datenbank eingeben. Bei größeren Aktionen kann es dabei leicht sein, dass Sie sich hinterher nicht mehr sicher sind, welche Schritte Sie bereits absolviert haben und welche noch fehlen. Darum ist es eine gute Idee, die Datenbank per Skript einzurichten. So wird nichts vergessen, und Sie haben nebenher eine Dokumentation darüber, was durchgeführt wurde und was nicht. Die beiden Schritte für das Erzeugen und Betreten der Datenbank werden der Vollständigkeit halber mit in das Skript übernommen. Anschließend wird die Kundentabelle erstellt. Alle Kommandos erstellen Sie mit Ihrem Lieblingseditor vi (siehe Abschnitt 4.3.2) oder nano (siehe Abschnitt 4.3.1) vom Betriebssystem aus und geben der Datei den Namen *createkunden.sql*.

```
# Datenbank kunden in MySQL erstellen
CREATE DATABASE kunden;
USE kunden;
CREATE TABLE kundenstamm (
   name CHAR (80),
   email CHAR (80),
   betreuer CHAR (80)
);
```

Die Tabelle `kundenstamm` enthält nun die drei Felder für den Namen, die E-Mail und den Betreuer. Es sind alles Textfelder, die jeweils 80 Zeichen aufnehmen. Das dürfte in der Regel ausreichend sein.

Wenn Sie die Befehle in einem Skript abgelegt haben, müssen Sie vor dessen Ausführung in die Datenbank wechseln und die bisherige Datenbank *kunden* durch den Befehl `DROP kunden;` löschen. Damit wird auch automatisch die Tabelle entfernt. Wenn Sie die Kommandozeilen in der Textdatei *createkunden.sql* abgelegt haben, wird das Skript von MySQL über den folgenden Befehl eingelesen und ausgeführt:

```
mysql> DROP kunden;
mysql> SOURCE createkunden.sql
```

Das Ergebnis können Sie sich anzeigen lassen. Mit dem Befehl `show tables` werden alle Tabellen der Datenbank angezeigt:

```
mysql> show tables;
+------------------+
| Tables_in_kunden |
+------------------+
| kundenstamm      |
+------------------+
1 row in set (0.00 sec)

mysql>
```

Der Befehl `describe`, gefolgt von dem Tabellennamen, zeigt die Struktur der Tabelle an:

```
mysql> describe kundenstamm;
+----------+----------+------+-----+---------+-------+
| Field    | Type     | Null | Key | Default | Extra |
+----------+----------+------+-----+---------+-------+
| name     | char(80) | YES  |     | NULL    |       |
| betreuer | char(80) | YES  |     | NULL    |       |
| email    | char(80) | YES  |     | NULL    |       |
+----------+----------+------+-----+---------+-------+
3 rows in set (0.00 sec)

mysql>
```

Ein neuer Benutzer

Die LAMP-Anwendung wird sich bei der Datenbank anmelden, um Kunden zu lesen und zu bearbeiten. Dieser Anwendung sollte nicht unbedingt die Verfügungsgewalt über die gesamte MySQL-Datenbank in die Hände gelegt werden. Darum wird ein eigener Benutzer angelegt, der ausschließlich mit der Datenbank `kunden` zu tun hat. Wir nennen ihn *kunduser* und sein Kennwort ist geheim:

```
CREATE USER kunduser IDENTIFIED BY 'geheim';
```

Diesem Benutzer werden alle Rechte über die Datenbank `kunden` zugesprochen:

```
GRANT ALL PRIVILEGES ON kunden.* TO kunduser;
```

Wenn Sie die Datenbank entfernen, um sie beispielsweise per Skript neu anlegen zu können, müssen Sie natürlich auch die Zugriffsrechte des Benutzers neu anlegen. Darum wäre es ein kluger Gedanke, den `GRANT`-Befehl in das Skript mit aufzunehmen.

20.12.2 PHP-Programmierung

Nachdem die Datenbankstrukturen feststehen, können nun die PHP-Programme erstellt werden. Hintergrundinformationen zum Umgang mit PHP finden Sie in Abschnitt 20.11.

Damit überhaupt erst einmal Daten in die Datenbanktabelle kommen, erstellen wir eine Eingabemaske in HTML. Sie erhält den Dateinamen *kundeneingabe.htm*:

```
<html> <body>
  <form action=kundeninsert.php method="post">
    Name des Kunden: <input type="text" name="name" size=30><br>
    E-Mail: <input type="text" name="email" size=30><br>
    Betreuer: <input type="text" name="betreuer" size=30><br>
    <input type="submit" value="Abschicken">
  </form>
</body> </html>
```

Das Formular bietet gegenüber normalen HTML-Formularen, wie sie in Abschnitt 20.10.1 beschrieben sind, keine Überraschungen. Lediglich die `action` verweist auf eine Datei mit der Endung *php*. Nach dem Auslösen des `submit`-Buttons wird diese Datei aufgerufen. Da die Datei die Endung *php* hat, wird sich der PHP-Interpreter ihrer annehmen.

Damit schreiten wir zu der Seite *kundeninsert.php*. Auf dieser PHP-Seite werden zunächst die Kontrollelemente ausgelesen, die in dem Formular eingegeben wurden. In älteren Versionen von PHP konnte auf die Variablen der Eingabemaske direkt über den Namen zugegriffen werden, den sie im Formular erhalten haben. In den neuen PHP-Versionen werden die Variablen beim Auslösen des Formulars in das Array `$_POST` eingetragen, sofern die `action` mit `post` spezifiziert wurde. Das folgende PHP-Skript kann dann die Inhalte auslesen, indem es auf die Elemente zugreift. Die Elemente werden über den Namen der Eingabeelemente indiziert. Das Einfachste ist, Sie definieren eine lokale PHP-Variable, der Sie den übergebenen Inhalt zuweisen.

```
<?php
  $name = $_POST['name'];
  $email = $_POST['email'];
  $betreuer = $_POST['betreuer'];
  // echo "Kunde: $name <br>";
  // echo "Betreuer: $betreuer <br>";
  // echo "E-Mail an $email";
  // ... Hier kommt die Datenbankanbindung hin
?>
```

In den auskommentierten Zeilen stehen ein paar Befehle, die die Aufgabe haben, die übergebenen Werte auszugeben. Wenn etwas nicht so funktioniert, wie es sollte, können Sie durch Entfernen der Kommentarzeichen prüfen, ob die Werte korrekt angekommen sind.

Aber unser Ziel ist ja nicht der Bildschirm, sondern die Datenbank. Darum ergänzen wir die Zeilen, die dafür sorgen, dass die Inhalte der lokalen Variablen in die Datenbank übertragen werden:

```
$link = mysql_connect("localhost","kunduser","geheim");
$befehl = "insert into kundenstamm (name, email, betreuer)
           values ('$name','$email','$betreuer')";
$fehler = mysql_db_query("kunden", $befehl);
if (! $fehler ) {
  echo mysql_error();
}
// echo "Dieser Befehl wurde abgesetzt: <br>";
// echo $befehl;
```

Mit der Funktion `mysql_connect` wird eine Verbindung zur Datenbank aufgebaut. Als Parameter werden der Hostname des Datenbankrechners verwendet, der Name des Datenbankbenutzers und dessen Passwort. Der Hostname ist localhost, da die Datenbank auf dem gleichen Computer installiert ist wie der Apache. Dass das Passwort von *kunduser* geheim ist, haben Sie sicher noch in Erinnerung.

Der SQL-Befehl, der später an die Datenbank gesendet werden soll, wird in einer Variablen erstellt. Das ist nicht zwingend erforderlich, aber etwas übersichtlicher. Der `INSERT`-Befehl von SQL (siehe Abschnitt 19.2.2) erwartet in der ersten Klammer die Feldnamen und in der zweiten Klammer hinter `VALUES` die Werte, die den PHP-Variablen entnommen werden. Anschließend wird der Befehl mit dem Aufruf `mysql_db_query` an die Datenbank `kunden` gesendet. Der Rückgabewert gibt an, ob es Probleme gab. Falls welche auftreten, werden sie ausgegeben.

Wieder verbergen sich hinter den Kommentarzeichen Befehle, die zu Debugging-Zwecken den SQL-Befehl ausgeben.

Warnung ×

Sollten die Werte aus Eingaben stammen, besteht das Risiko einer SQL-Injection. Dabei wird der Anwender an das Ende des Eingabewertes gültige SQL-Befehle eingeben, die dann die Datenbank manipulieren.

Um so etwas zu verhindern, wird eine prüfende PHP-Funktion auf die verdächtigen String-Variablen angewendet. Hier die Anwendung in dem oberen Beispiel:

```
mysql_real_escape_string($user),
$befehl = "insert into kundenstamm (name, email, betreuer)
          values (
              mysql_real_escape_string($name),
              mysql_real_escape_string($email),
              mysql_real_escape_string($betreuer))";
```

Wenn Sie im Browser die URL *http://localhost/kundeneingabe.htm* eingeben, erscheint ein Dialog, mit dem Sie die Daten eines Kunden erfassen können. Nach Abschluss durch den `submit`-Button sollte eine leere Seite zu sehen sein, und die Daten in der Datenbank erscheinen. Sie können sich in der MySQL-Datenbank anmelden und sich mit dem `SELECT`-Befehl das Ergebnis anschauen:

```
$ mysql -u kunduser -A kunden
...
mysql> SELECT * FROM kundenstamm;
+------------+----------+-----------------+
| name       | betreuer | email           |
+------------+----------+-----------------+
| Diana Rigg | Patrick  | schirm@charme.uk |
+------------+----------+-----------------+
1 row in set (0.00 sec)

mysql>
```

Der Datensatz ist also angekommen. Falls nicht, können Sie zunächst die Kommentare entfernen und prüfen, ob die Daten wie erwartet an den richtigen Stellen auftauchen. Prüfen Sie, ob Sie im PHP-Skript nicht ein Anführungszeichen oder Semikolon vergessen haben. Wenn Sie sich bei der Datenbank nicht mit dem Benutzer *kunduser* anmelden konnten, kann es das PHP-Skript auch nicht. Dann stimmt etwas mit der Benutzereinstellung nicht. Im Zweifelsfall kann es auch helfen, den Webserver neu zu starten. Vielleicht hatten Sie das vergessen, nachdem Sie PHP installiert haben.

Wenn alles läuft, geben Sie bitte noch ein paar Kunden mehr ein. Diese sollen im nächsten Schritt als Tabelle auf dem Browser dargestellt werden.

Eine Kundenliste

Anstatt die Liste in der Datenbank anzuschauen, wäre es natürlich wünschenswert, sie im Browser zu betrachten. Das bringt in zweierlei Hinsicht neue Komplikationen. Der SQL-Befehl zum Anlegen eines Datensatzes ist relativ übersichtlich. Etwas komplizierter wird es, wenn Daten aus einer Datenbank ausgelesen werden sollen, da nach dem Absenden des Befehls die Ergebnisse Schritt für Schritt aus der Datenbank ausgelesen werden müssen. Auf der anderen Seite ist es nun erforderlich, dass das PHP-Skript HTML-Befehle generiert, um Ausgaben auf dem Browser zu erzeugen. Dazu werden mit den echo-Befehlen HTML-Befehle erzeugt, die zur Anzeige der HTML-Tabelle benötigt werden. Hier sehen Sie das Listing im Überblick. Im weiteren Abschnitt wird erläutert, wie das Skript arbeitet.

```
<?php
  echo "<h2>Kundenliste</h2>";
  $link = mysql_connect("localhost","kunduser","geheim");
  $db = "kunden";
  $befehl = "select * from kundenstamm";
  $ergebnis = mysql_db_query($db, $befehl);
```

```
  if (! $ergebnis ) {
    echo mysql_error();
  }
  echo "<table border>";
  $zeilen=mysql_num_rows($ergebnis);
  $spalten=mysql_num_fields($ergebnis);
  for ($i=0; $i<$zeilen; $i++) {
     $satz = mysql_fetch_array($ergebnis);
     echo "<tr>";
     for ($j=0; $j<$spalten; $j++) {
         $feldname=mysql_field_name($ergebnis,$j);
         echo "<td>$satz[$feldname]</td>";
     }
     echo "</tr>";
  }
  echo "</table>";
?>
```

Der Kontakt zur Datenbank erfolgt wie gehabt über die Funktion `mysql_connect` mit den Parametern `localhost`, dem Benutzernamen und seinem Passwort. Auch die Funktion `mysql_db_query` ist bereits zum Absetzen von SQL-Befehlen eingesetzt worden. Dieses Mal ist allerdings der Rückgabewert nicht nur für die Behandlung von Fehlern interessant. Die Rückgabevariable enthält im Erfolgsfall Informationen über die Ergebnismenge.

Aus dieser Ergebnisvariablen bestimmt die Funktionen `mysql_num_rows`, wie viele Datensätze von dem Datenbankbefehl ermittelt wurden. Sie wissen nun, wie viele Zeilen die HTML-Tabelle benötigt, um alle Kunden aufzunehmen. Die Funktion `mysql_num_fields` ermittelt die Anzahl der Spalten. Damit ist die Dimension der Ausgabetabelle vollständig bestimmt.

Nun geht es darum, die Daten aus der Datenbank herauszuholen. Das erfolgt Zeile für Zeile durch Aufruf der Funktion `mysql_fetch_array`. Sie bekommt als Parameter die Ergebnisvariable und liefert ein Array, in dem sich ein Satz befindet. Die Elemente des Arrays werden über die Feldnamen indiziert.

Da wir bei der Ausgabe der Tabelle alle Spalten ausgeben und nicht von Hand alle Tabellenspalten eincodieren wollen, lassen wir eine Zählvariable bis zur maximalen Spaltenzahl laufen. Mit dieser Spaltennummer und der Ergebnisvariablen füttern wir die Funktion `mysql_field_name` und sie liefert uns freundlicherweise den jeweiligen Feldnamen. Damit kann dann der Inhalt aus dem Array gelesen werden.

Wenn Sie die URL *http://localhost/liste.php* mit dem Browser aufrufen, sollten Sie nun ein Bild erhalten, dass in etwa wie Abbildung 20.4 aussieht.

Abbildung 20.4 Kundenliste im Browser

Kapitel 21
Der Mailserver

Inhalt

- Mails in einem lokalen System und im Internet per SMTP verteilen
- Authentifizierung und Zertifikate
- Post abholen mit POP3 und IMAP
- Datenbank, Spam- und Virenfilter einbinden

E-Mail ist eine der ältesten Anwendungen des Internets. Die Anwendung ist dem Laien leicht verständlich. Er schreibt eine Nachricht mit einer Betreffzeile, gibt die Adresse des Empfängers an und schickt sie ab.

Der Transport ist Sache des Computers und des Netzwerks. Leider ist dieser Teil nicht ganz so trivial. Da gibt es schon allein die unterschiedlichen Anwendungsszenarien, angefangen bei einem lokalen Mailsystem bis hin zum Root-Server, der als Internet-Mailsystem arbeitet. Um die Verwirrung zu erhöhen, gibt es noch zwei Mailserver, die in diesem Zusammenhang wichtig sind.

Nach einer groben Übersicht werden zunächst die Mailserver Postfix und Exim vorgestellt. Postfix ist wohl der meistverwendete Mailserver. Da der Mailserver Exim unter Debian als Standardserver vorgeschlagen wird, wird auch er hier behandelt. Natürlich ist es möglich, dass Sie auf einem Debian-Server einen Postfix-Server installieren. Wenn Sie einen sogenannten Root-Server bei einem Internet-Provider anmieten, ist es sogar recht wahrscheinlich, auf einen Postfix-Server zu treffen.

Nach der Kurzvorstellung der Protagonisten werden praktische Szenarien aufgebaut, die Schritt für Schritt immer kompliziertere Einsatzfelder eines Mailservers aufzeigen.

21.1 Übersicht

Bevor wir uns in den Details verlieren und die Mailserver-Konfigurationen im Einzelnen gezeigt werden, sehen Sie in Abbildung 21.1 das Zusammenspiel und die Funktionalität eines Mailservers.

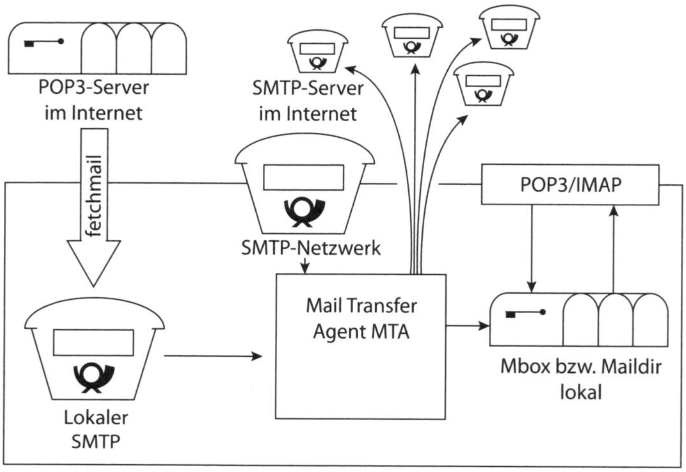

Abbildung 21.1 Übersicht über das Mailingsystem

Im Zentrum steht der eigentliche MTA (*Mail Transfer Agent*). Er sorgt für die Verteilung der Mail. Die Postkästen stehen für SMTP-Zugänge. *Simple Mail Transfer Protocol* (SMTP) ist das Protokoll für das Entgegennehmen von E-Mails. Ein MTA beherrscht von Haus aus genau dieses Protokoll.

Die Mails werden also verschoben, bis sie auf den Server gelangen, der die Mail an seine Benutzer in die Briefkästen verteilt, die entweder klassisch als Mbox oder heutzutage üblicher als Maildir vorliegen. Der Benutzer kann sie von dort über das Protokoll POP3 abholen oder über das IMAP-Protokoll auf dem Server bearbeiten. Jedes dieser Protokolle benötigt einen eigenen Server. Dies wird nicht vom MTA ausgeführt.

Soll auch Mail von fremden Mailservern zur lokalen Verteilung abgeholt werden, wird dazu das Programm `fetchmail` (siehe Abschnitt 21.8) verwendet, das per POP3 beispielsweise ein Postfach bei T-Online oder GMX ausliest.

21.2 Der Mailserver Postfix

Ubuntu und viele andere Distributionen setzen Postfix als Mailserver ein. Er ist natürlich auch unter Debian verfügbar. Einige Programmpakete wie beispielsweise die Groupware Kolab setzen standardmäßig Postfix ein. Schon aus diesem Grund kann es notwendig sein, Postfix auch unter Debian zu verwenden, obwohl unter Debian Exim4 der Standard-MTA ist.

Postfix ist sehr gut dokumentiert und bringt sehr hilfreiche Manpages mit. Darüber hinaus können Sie das Paket *postfix-doc* installieren, das eine komplette Dokumentation als HTML-Dateien liefert.

21.2.1 Installation und Grundkonfiguration

Der Mailserver Postfix wird durch das gleichnamige Paket *postfix* installiert:

```
# apt-get install postfix
```

Nach dem Herunterladen der Pakete werden Sie aufgefordert, die Konfiguration von Postfix im Dialog zu betreiben. Damit schaffen Sie schon einmal eine Grundinstallation, die Sie später durch direktes Bearbeiten der Konfigurationsdateien verfeinern können. Den Konfigurationsassistenten können Sie später über den Befehl `dpkg-reconfigure` jederzeit noch einmal aufrufen:

```
# dpkg-reconfigure postfix
```

Er schlägt Ihnen eines der folgenden Einsatzszenarien für Ihren Mailserver vor:

- Keine Konfiguration: Dies wählen Sie, wenn Sie bereits eine Konfiguration haben, die nicht verändert werden soll.
- Internet-Site: Ihr Server befindet sich beispielsweise als sogenannter Root-Server bei einem Provider und übernimmt Versand und Empfang per SMTP als Domänen-Mailserver.
- Internet mit Smarthost: Der Server steht beispielsweise in Ihrer Firma und wendet sich an einen Internet-Provider, um seine Mails zu versenden.
- Satellitensystem: Sowohl Ein- und Ausgang der Mails an das Internet werden über einen Internet-Provider geleitet.
- Nur lokale Mailverteilung: Der Server kümmert sich nur um die Nachrichtenverteilung zwischen den lokalen Benutzern. Mail-Betrieb mit dem Internet ist nicht vorgesehen.

Wenn Sie »Keine Konfiguration« wählen, ist natürlich sofort Schluss. Ansonsten wird Sie der Assistent je nach gewählter Variante um weitere Informationen bitten. Anhand dieser Angaben wird die Konfigurationsdatei *main.cf* erstellt. Sie werden Ihre Angaben dort also wiederfinden und gegebenenfalls auch korrigieren oder anpassen können.

Internet-Site

Diese Einstellung verwenden Sie typischerweise, wenn Ihr Mailserver im Internet steht und dort beispielsweise als Root-Server für die Verwaltung Ihrer Mail-Domäne verantwortlich ist. Für die Grundkonfiguration erfragt der Assistent folgende Angaben.

- System-E-Mail-Name (mydestination): Hier geben Sie die eigene E-Mail-Domain an, also das, was bei einer E-Mail-Adresse des lokalen Systems rechts vom @ erscheint. Hier tragen Sie beispielsweise *zossenklau.de* ein, wenn der Mailserver alle Adressen dieser Domäne wie etwa *alfred@zossenklau.de* verteilen soll.
- Empfänger von E-Mails an Root und Postmaster: Wenn es Probleme gibt, muss jemand verständigt werden und dazu wird eine gültige E-Mail-Adresse eingetragen.
- Zielrechner (destination): Die Adresse, für die dieser Mailserver die eingehenden E-Mails auf die lokalen Benutzer verteilt.
- Synchrone Aktualisierung: Dies führt zu einer langsameren Verarbeitung, garantiert aber, dass selbst bei einem Systemabsturz keine E-Mail verloren geht.
- Teilnetzwerke, für die Mails weitergeleitet werden sollen: Sie geben die IP-Adresse der Netzwerke an, für die dieser Rechner ein Smarthost sein soll. Achten Sie darauf, dass Sie keinem Spammer die Tür öffnen! Standardmäßig steht hier nur `localhost`.
- Verschiedene Einstellungen: Es folgen noch ein paar Angaben wie die maximale Postfachgröße, das Zeichen für die lokale Adresserweiterung und die IP-Variante (IPv4, IPv6 oder alle), deren Vorgaben Sie einfach bestätigen können.

Internet mit Smarthost

Eine solche Konfiguration steht beispielsweise als lokaler Server in einer Firma, um dort die lokalen Mails zu verteilen. Alle Mails, die im Internet verteilt werden sollen, werden an den SMTP-Server eines Internet-Site-Rechners gesendet.

- System-E-Mail-Name (mydestination): Hier wird die eigene E-Mail-Domain angegeben, also das, was bei einer E-Mail-Adresse des lokalen Systems rechts vom @ erscheint. Beispiel: *willemer.edu*
- SMTP-Relay-Server (relayhost): Wird hier ein Server angegeben, werden alle SMTP-Aufträge zunächst an diesen Server versandt, anstatt sie direkt zum Ziel der Mail durchzustellen. Hier würde also beispielsweise der SMTP-Server Ihres Providers stehen.

Satellitensystem

Ein Satellitensystem steht zwischen einem lokalen Mailserver und einer Internet-Site. Es stellt lokal einen SMTP-Server bereit und sendet die nicht lokalen Mails über einen Smarthost ins Internet.

- System-E-Mail-Name (mydestination): Hier wird die eigene E-Mail-Domain angegeben, also das, was bei einer E-Mail-Adresse des lokalen Systems rechts vom @ erscheint. Beispiel: *willemer.edu*
- Der zuständige Relay-Host: Hier tragen Sie den Rechner Ihres Providers ein, der Ihre Mails versenden soll, beispielsweise *mail.gmx.net*. Geben Sie hier keinen SMTP-Server an, wird die Mail direkt an den SMTP-Server des Adressaten gesendet.
- Die Adresse für postmaster und root: Die Mails an postmaster und root werden über diese Mail-Adresse weitergeleitet. Ist der Eintrag leer, landen sie in der Datei */var/mail/nobody*.
- Zielrechner (destination): Die Adresse, für die dieser Mailserver das Zielsystem ist.
- Synchrone Aktualisierung: Dies führt zu einer langsameren Verarbeitung, garantiert aber, dass selbst bei einem Systemabsturz keine E-Mail verloren geht.
- Teilnetzwerke, für die Mails weitergeleitet werden sollen: Für welche Netzwerke soll dieser Rechner ein Smarthost sein? Achten Sie darauf, dass Sie keinem Spammer die Tür öffnen! Standardmäßig steht hier nur `localhost`.
- Verschiedene Einstellungen: Es folgen noch ein paar Angaben wie die maximale Postfachgröße, das Zeichen für die lokale Adresserweiterung und die IP-Variante (IPv4, IPv6 oder alle), deren Vorgaben Sie einfach bestätigen können.

21.2.2 Konfigurationsdateien

Die zentrale Konfigurationsdatei von Postfix heißt */etc/postfix/main.cf*. Die Datei *master.cf* im gleichen Verzeichnis steuert die Filter und Warteschlangen sowie die zuständigen Programme.

main.cf

In der Datei *main.cf* werden die Konfigurationen als Zuweisungen gesetzt. Zunächst erscheint der Name des Konfigurationsparameters, dann ein Gleichheitszeichen und schließlich der Inhalt. Der Inhalt kann in der nächsten Zeile fortgesetzt werden, wenn diese mindestens mit einem Leerzeichen beginnt. Daraus folgt natürlich auch, dass eine neue Konfiguration immer ganz links beginnen muss.

> **Hinweis**
>
> Im Verzeichnis */usr/share/postfix* finden Sie ein paar Beispiele für die Konfigurationsdateien. Insbesondere die Datei *main.cf.dist* ist hier sehr hilfreich, da sie die Konfigurationsparameter mit recht ausführlichen Kommentaren enthält.

Die Variablen haben folgende Bedeutungen:

- `myhostname`: Dies ist der Name des Hosts, auf dem Postfix gerade läuft.
- `mydestination`: Dieser Eintrag beschreibt die Domäne, deren Mails der Mailserver lokal verteilen wird. Typischerweise wird er aus dem eigenen Domänennamen gebildet, aber auch aus der Kombination aus Host- und Domänenname.
- `relayhost`: Mit `relayhost` wird der Rechner bezeichnet, über den alle Post verteilt werden soll, die an fremde Adressen gerichtet ist. Dieser Wert zeigt auf den SMTP-Server Ihres Domain-Providers. Der Eintrag ist leer, sofern dieser Rechner als Rootserver im Internet steht.
- `mynetworks`: Hier wird angegeben, wer ohne Authentifizierung SMTP benutzen darf. Dies betrifft die Systemdienste des lokalen Rechners. Wenn Sie in diesem Eintrag alle Netzwerke zulassen, sollte Ihr Rechner sicher hinter einer Firewall im lokalen Netzwerk stehen, sonst benutzen alle Spammer dieser Welt Ihren Rechner und dann taucht er sofort in einer Blacklist auf.
- `alias_maps`: Postfix berücksichtigt die Datei */etc/aliases* (siehe Abschnitt 21.5.1), wenn sie hier aufgeführt wird. Allerdings kann auch eine NIS-Bindung oder, heutzutage bei großen Mailservern üblicher, eine Datenbank eingetragen werden.
- `alias_database`: Hier wird angegeben, auf welche Aliaszuordnung der Befehl `newaliases` (siehe Abschnitt 21.5.1) wirkt. Meist ist der Wert analog zu `alias_maps`.
- `inet_interfaces`: Sie wollen nicht, dass Postfix alle Netzwerkschnittstellen bedient? Dann sollten Sie den Wert der Variablen `inet_interfaces` vom Wert `all` auf die IP-Adressen der Schnittstellen beschränken, die in Zukunft bedient werden sollen. Bei mehreren Adressen trennen Sie diese durch ein Leerzeichen. Die folgende Definition erlaubt den localhost und die Netzwerkschnittstelle, die die IP-Adresse 192.168.109.199 besitzt.

  ```
  inet_interfaces = 127.0.0.1 192.168.109.199
  ```

- `home_mailbox`: Diese Variable bestimmt, ob Postfix die Mails in je einer Mailbox-Datei im Verzeichnis */var/mail* für jeden Benutzer abspeichert oder eine Maildir-Struktur im Heimatverzeichnis jedes Benutzers anlegt. Diese Struktur wird auch von den meisten POP3- und IMAP-Servern bevorzugt. Im ersten Fall tragen Sie `Mailbox`, im zweiten `Maildir/` als Wert ein.

Die Konfigurationsdatei *main.cf* kann auch durch den Befehl `postconf` geändert werden. Um den Wert einer Variablen zu ändern, wird der Befehl in der folgenden Art aufgerufen:

```
# postconf -e "variable=wert"
```

Hinweis

Nach Änderungen an der Datei *main.cf* müssen Sie den Befehl `postfix reload` aufrufen, um die Konfigurationsänderungen zu aktivieren.

21.2.3 Lookup-Tabellen

In der Datei *main.cf* finden Sie diverse Variablen, deren Namen auf »maps« enden. Diese bezeichnen sogenannte Lookup-Tabellen. Sie werden als ASCII-Textdateien editiert, müssen aber, bevor Postfix sie lesen kann, mit dem Programm `postmap` in je eine Datenbankdatei gewandelt werden. Ein typisches Beispiel dafür ist die Datei *canonical*. Sie enthält eine Tabelle, die Benutzernamen des Systems in die Namen umsetzt, die vor dem @-Zeichen stehen. Beispielsweise könnte der Benutzer till eine E-Mail-Adresse *till.eulenspiegel@debian.willemer.edu* verwenden wollen.

```
# /etc/postfix/canonical
till till.eulenspiegel@debian.willemer.edu
```

Wenn Sie darin Änderungen vornehmen, müssen Sie die Datei mit dem Befehl `postmap` in eine *db*-Datei wandeln:

```
# cd /etc/postfix
# postmap canonical
```

Es entsteht eine Datei namens *canonical.db*. Der passende Eintrag in der Datei *main.cf* lautet:

```
# /etc/postfix/main.cf
canonical_maps = hash:/etc/postfix/canonical
```

21.2.4 Konfigurationsdatei master.cf

Die zweite Konfigurationsdatei heißt *master.cf* und steuert das Zusammenspiel der Postfix-Module. Postfix ist kein monolithisches Programm, sondern besteht aus mehreren Modulen, die jeweils Warteschlangen (Queues) verwalten. In der Grundkonfiguration wird die Datei *master.cf* bereits korrekt eingerichtet. Nur wenn beispielsweise

Filter wie bei der Spam- oder Viren-Abwehr eingerichtet werden sollen, müssen Sie die Datei bearbeiten.

Jede Zeile beschreibt eine Komponente. In der Kommentarzeile zu Anfang der Datei wird der Aufbau der Zeilen beschrieben. Jede Zeile beginnt mit dem Dienstnamen (`service`). Es folgt der Typ, der meist auf `inet` (Internet) oder `unix` (lokaler Socket) steht. Am Ende der Zeile steht der Befehl mit Parametern, der gestartet wird, um den Dienst zu realisieren. Als Beispiel die Zeile für den Dienst `smtp`:

```
# /etc/postfix/master.cf
smtp      inet  n       -       -       -       -       smtpd
```

Sie können Zeilen, die zu lang werden, umbrechen, müssen dann aber die Folgezeile mit mindestens einem Leerzeichen beginnen. Und wie so oft ist auch hier das Doppelkreuz (#) das Kennzeichen für eine Kommentarzeile.

21.2.5 Warteschlangen

Postfix arbeitet mit mehreren Warteschlangen, die sich unterhalb des Verzeichnisses */var/spool/postfix* befinden. Die wichtigsten dieser Warteschlangen sind:

- *incoming*: Hier befindet sich die eintreffende Mail.
- *maildrop*: Dies ist der Ort, an dem der Anwender seine E-Mail einwirft.
- *active*: Hier liegt die Mail, die zur Weiterleitung freigegeben ist.
- *deferred*: In diesem Verzeichnis wird Mail zurückgehalten, die noch auf ihre Weiterleitung warten muss.

Welche Nachrichten sich in welcher Warteschlange befinden, erfahren Sie über den Befehl `postqueue -p`.

Sollen alle Mails, die beispielsweise durch eine temporäre Störung verzögert werden, wieder weitergeleitet werden, verwenden Sie den Befehl `postsuper -r ALL`.

21.2.6 Virtuelle Domänen mit Datenbanken

Postfix bietet die Möglichkeiten, virtuelle Domains und die nötigen Daten in einer Datenbank zu verwalten. Abschnitt 21.9 zeigt an Exim und PostgreSQL, wie das funktioniert. Installieren Sie zunächst noch die PostgreSQL-Schnittstelle für Postfix:

```
# apt-get install postfix-pgsql
```

In der Postfix-Konfigurationsdatei *main.cf* verweisen einige Parameter auf weiterführende Konfigurationsdateien, über die die Datenbankanbindung realisiert wird. Die folgenden Zeilen zeigen Beispiele für eine Konfiguration, die auf eine PostgreSQL-Datenbank zugreift. Eine MySQL-Anbindung funktioniert weitgehend gleich. Sie müssen statt `pgsql` nur `mysql` einsetzen.

```
# /etc/postfix/main.cf
virtual_alias_maps = pgsql:/etc/postfix/virtual_alias
virtual_mailbox_domains = pgsql:/etc/postfix/virtual_domains
virtual_mailbox_maps = pgsql:/etc/postfix/virtual_mailboxes
virtual_mailbox_base = /var/mail/vmail
```

Die Konfigurationsdatei enthält den Benutzer, das Passwort, den Datenbanknamen und den Host, um auf die Datenbank zugreifen zu können.

```
# /etc/postfix/virtual_domains
user = maildbuser
password = ganzgeheim
dbname = mail
hosts = 127.0.0.1
query = SELECT domain FROM domains WHERE domain='%s'
```

Die `SELECT`-Befehle, mit denen die gewünschten Daten aus der Datenbank geholt werden, unterscheiden sich natürlich je nach auszulesender Tabelle. In der Datei *virtual_domains* handelt es sich um einen Zugriff auf die Domaintabelle. Auf analoge Weise erfolgt der Zugriff auf die Datenbanktabelle für die Alias-Map:

```
# /etc/postfix/virtual_alias
...
query = SELECT forw_addr FROM mxaliases WHERE alias='%s'
```

Letztlich ist sowohl der Name der Datenbanktabelle und auch derjenige der Spalten frei. Es muss durch den `SELECT`-Befehl nur ein eindeutiges Ergebnis ermittelt werden, wenn `%s` als Abfrage übergeben wird.

Etwas ausführlicher wird das Vorgehen in Abschnitt 21.9 gezeigt. Hier sehen Sie dann auch, wie die Datenbank darüber hinaus auch vom POP3- und dem IMAP-Server genutzt wird, um dessen Zugriffe zu authentifizieren.

21.3 Debian-Standard-MTA Exim4

Debian installiert Exim4 in der Light-Version als Standardmailsystem. Der Mailserver ist in der Standardkonfiguration bereits in der Lage, eintreffende Nachrichten an die Benutzer des Systems weiterzuleiten.

Sollten Sie Exim4-Light aus irgendeinem Grund neu installieren müssen, verwenden Sie dafür den folgenden Befehl:

```
# apt-get install exim4
```

Wenn Sie keine Gewichtsprobleme mit Ihrem Rechner haben, können Sie die »Heavy-Version« einsetzen. Das Paket heißt *exim4-daemon-heavy* und wird vor allem dann benötigt, wenn eine der folgenden Eigenschaften eingesetzt werden soll:

- LDAP-Unterstützung
- Datenzugriffe auf PostgreSQL- oder MySQL-Datenbanken
- SASL- und SPA-SMTP-Authentifizierung
- Eingebetteter Perl-Interpreter
- `exiscan-acl` für die Integration des SpamAssassin oder Virenscanners

Installiert wird das Paket mit dem Aufruf:

```
# apt-get install exim4-daemon-heavy
```

21.3.1 Mitgelieferte Dokumentation

Im Verzeichnis */usr/share/doc/exim4-base* finden Sie eine Datei namens *README.Debian.gz*, die eine ausführliche Konfigurationsbeschreibung enthält. Sie können sie mit dem Programm `zless` lesen:

```
$ cd /usr/share/doc/exim4-base
$ zless  README.Debian.gz
```

Dieser Text liegt unter dem Namen *README.Debian.html* auch im HTML-Format vor. Sie finden ihn im gleichen Verzeichnis. Sie können also alternativ auch einen Browser zum Lesen verwenden.

In diesem Verzeichnis finden Sie auch eine Datei namens *spec.txt.gz*, die Sie ebenfalls mit `zless` auslesen können. Sie enthält die Spezifikation von Exim4 und ist zwar entsprechend umfangreicher, aber formaler und damit nicht so flüssig zu lesen.

Für die Konfigurationsdateien finden Sie ausführliche Manpages in Abschnitt 5. Sie rufen sie mit folgendem Befehl auf:

```
$ man 5 exim4-config_files
```

Hier finden Sie eine Übersicht über alle Konfigurationsdateien, die Exim betreffen, mit einer kurzen Beschreibung, welche Aufgaben sie haben.

21.3.2 Grundkonfiguration per Einrichtungsassistent

Sie können unter Debian das Tool `dpkg-reconfigure` für die Konfiguration verwenden. Dieses erstellt im Dialog mit dem Administrator die wichtigsten Einstellungen:

```
# dpkg-reconfigure exim4-config
```

Die Eingaben in den nun folgenden Dialogen führen in den meisten Fällen zu einer Veränderung der Datei */etc/exim4/update-exim4.conf.conf*.

Gleich zu Anfang fragt das Programm nach dem grundsätzlichen Einsatzbereich des Mailservers. Es werden folgende Möglichkeiten angeboten:

- `internet`: Die Grundkonfiguration eines Servers, der im Internet steht. E-Mails werden direkt an den SMTP-Server der Zieldomäne verschickt. Mails an die eigene Domäne werden empfangen und direkt in die Mailboxen der User verteilt. Diese Option ist für große Firmen oder Provider interessant, die ihren Mailserver mit direkter Verbindung zum Internet positionieren.
- `smarthost`: Der Server versendet auf dem Wege über einen anderen Rechner (Smarthost), typischerweise dem SMTP-Server des Providers. Der Empfang erfolgt per SMTP oder durch Aufruf von Fetchmail (siehe Abschnitt 21.8). Exim4 verteilt die lokalen Nachrichten selbst und leitet die Mails an fremde Domänen an den Smarthost weiter.
- `satellite`: Mails werden über den Smarthost versendet. Es erfolgt keine lokale E-Mail-Zustellung. Diese Einstellung eignet sich für Rechner, die als Arbeitsplatzrechner in einem Netzwerk stehen.
- `local`: Nur lokale E-Mail-Zustellung; keine Netzwerkverbindung
- `none`: Keine Festlegung zum jetzigen Zeitpunkt. Etwaige vorige Konfigurationen bleiben erhalten.

Im Folgenden wird davon ausgegangen, dass die Konfiguration auf `smarthost` eingestellt wird. Auf diese Weise werden lokale Mails verteilt und Mails für das Internet an einen Dienstleister übergeben. Die Variable `dc_eximconfig_configtype` in der Datei *update-exim4.conf.conf* ist nun mit dem Wert `smarthost` besetzt:

```
dc_eximconfig_configtype='smarthost'
```

E-Mail-Name des Systems

Das Programm bittet Sie um die Eingabe eines E-Mail-Domänennamens des lokalen Computers. Dieser Name ergänzt die lokalen Benutzernamen zu einer vollständigen Mail-Adresse. So wird eine lokale Mail an den Benutzer georg zur gültigen E-Mail-

Adresse *georg@debian.willemer.edu*. Andererseits wird der Server eine Mail an *georg@debian.willemer.edu* automatisch dem lokalen Benutzer georg zuordnen.

```
dc_other_hostnames='debian.willemer.edu'
```

Betreute Netzwerkschnittstellen

Der Server kann prinzipiell von allen Netzwerkschnittstellen aus angesprochen werden. In der nachfolgenden Eingabe können Sie die IP-Adressen der Schnittstellen angeben, die der Server bedient. Wenn Sie diesen Eintrag leer lassen, werden von allen Netzwerkadressen SMTP-Anfragen akzeptiert. Soll das Einstellen von Mails nur auf dem lokalen Rechner für die lokale Post erlaubt sein, tragen Sie die *localhost*-Adresse 127.0.0.1 für IPv4 oder ::1 für IPv6 ein. Sie können auch beides eintragen. Dazu setzen Sie einfach ein Semikolon zwischen die Einträge. Soll auch die Ethernet-Schnittstelle des lokalen Rechners bedient werden, geben Sie die IP-Adresse der lokalen Ethernet-Karte ein. Der Eintrag, den Sie im Dialog eingeben, wird in der Variablen `dc_local_interfaces` hinterlegt:

```
dc_local_interfaces='127.0.0.1 ; ::1 ; 192.168.109.199 '
```

Empfängerdomänen

Im nächsten Schritt wird bestimmt, welche E-Mail-Adressen lokal verteilt werden und nicht an das Internet weitergeleitet werden sollen. Man kann diese Domänen auch als diejenigen bezeichnen, für die der Rechner das endgültige Ziel sein soll. Der Hostname und *localhost* werden automatisch vorgegeben. Hier können Sie noch weitere Domänennamen hinzufügen:

```
willemer.edu
```

In der Konfigurationsdatei wird der Inhalt in die Variable `dc_readhost` geschrieben.

```
dc_readhost='willemer.edu'
```

Relay

Nun werden die Domänen erfragt, für die dieser Server einen Relay bilden soll. Das heißt, dass die Mails für diese Domänen nicht an den Smarthost weitergeleitet werden sollen, sondern lokal verteilt werden.

```
dc_relay_domains='willemer.edu'
```

Im nächsten Schritt wird bestimmt, welche IP-Adressen in diesem Server ihre an den Smarthost ausgehenden E-Mails ablegen dürfen. Soll der Server zur Weiterleitung der

Mails des lokalen Netzwerks dienen, geben Sie hier die IP-Adresse des Netzwerks ein, beispielsweise 192.168.109.0/24:

```
dc_relay_nets='192.168.109.0/24'
```

Bitte denken Sie daran, dass alle Netze, die Sie hier eintragen, freie Übertragungsrechte besitzen. Wenn Sie später eine Anmeldung per Passwort für diesen Mailserver vorschreiben, wird das nicht für die hier eingetragenen Netzwerke gelten.

Des Weiteren sollte der Zugang so eng begrenzt sein wie nur irgend möglich. Ein Spammer sollte keinen Weg in Ihr Relay finden.

Smarthost

Sie können nun den Smarthost-Rechner angeben, der als Versender der Mails für alle Netzwerke dienen soll, die außerhalb Ihrer Domäne liegen. Hier steht typischerweise der SMTP-Server Ihres Providers. Den brauchen Sie, wenn Ihr Mailserver nicht selbst mit einer festen IP-Adresse im Internet steht. Typische Eingaben sind *smtp.1und1.de* oder *mail.gmx.net*. Sie können den Smarthost direkt in der Konfigurationsdatei eintragen:

```
dc_smarthost='smtp.1und1.de'
```

Sofern der Smarthost nicht ein Rechner ist, der zum lokalen Netzwerk gehört und seinen Kollegen vertraut, wird jeder Anbieter eine Authentifizierung des Benutzers fordern. Dazu wird die URL des Smarthosts, die Benutzerkennung und das Passwort in einer eigenen Datei *passwd.client* im Verzeichnis */etc/exim4* hinterlegt. Dort geben Sie, jeweils durch einen Doppelpunkt voneinander getrennt, den Smarthost, den Benutzernamen und das Passwort an.

```
# /etc/exim4/passwd.client
smtp.1und1.de:georg:supergeheim
```

Verbergen der lokalen Domäne

Wenn Sie lokal eine nicht im Internet angemeldete Domäne verwenden, ist es notwendig, dass diese in den versendeten E-Mails verborgen wird und durch die Maildomäne ersetzt wird, über die Sie auch die Antworten erwarten. Dann geben Sie hier »Ja« an. Geben Sie »Nein« ein, wenn die lokal verwendete Mail-Adresse auch Ihrer Internetadresse entspricht. Wenn Sie im Dialog mit »Ja« antworten, steht in der Konfiguration `true`:

```
dc_hide_mailname='true'
```

Wenn Sie die Adresse verbergen, werden Sie gefragt, wie die Domäne heißen soll, unter der die E-Mail versandt werden soll.

DNS-Anfragen minimieren

Wenn Sie eine ISDN- oder Modemverbindung verwenden, müssen Sie jede Anfrage an einen DNS bezahlen. Insofern können Sie hier die Anfragen minimieren. Verwenden Sie eine Flatrate, brauchen Sie keine Minimierung.

```
dc_minimaldns='false'
```

Der klassische Standard für das Ablegen der Mails in UNIX-Systemen wird *Mbox* genannt. Dabei wird für jeden Benutzer eine Datei mit dessen Nutzernamen im Verzeichnis */var/mail* abgelegt. Insbesondere für das Zusammenspiel mit dem Courier POP3- und IMAP-Server ist die Maildir-Struktur sinnvoller.

```
dc_localdelivery='maildir_home'
dc_localdelivery='mail_spool'
```

Einstellungen auf kleine Dateien

Exim kann seine Konfigurationen auf zwei Arten verwalten: Sie können eine große Datei */etc/exim4/exim4.conf* verwenden. Oder Sie können die Konfiguration auf viele kleine Dateien verteilen lassen. Diese befinden sich in Unterverzeichnissen des Verzeichnisses */etc/exim4/conf.d/*. Für die folgende Konfiguration ist hier »Nein« angewählt worden.

Wenn Sie die Konfiguration durchgeführt haben, wird der Exim-Server automatisch neu gestartet. Sie können den Exim-Server jederzeit mit dem folgenden Befehl über das Init-Skript neu starten:

```
# /etc/init.d/exim4 start
```

Mit der Einstellung dieser Grundkonfigurationen können Sie Exim bereits für den Mailbetrieb innerhalb des Rechners, des lokalen Netzwerks oder des Internets einrichten.

Konfiguration anzeigen

Mit dem Befehl `debconf-show` können Sie sich die Konfiguration von Exim4 betrachten. Insbesondere wird markiert, welche Einstellungen Sie geändert haben:

```
# debconf-show exim4-config
* exim4/dc_other_hostnames: debian.willemer.edu
* exim4/dc_eximconfig_configtype: mail sent by smarthost;
                                  received via SMTP or fetchmail
  exim4/no_config: true
* exim4/hide_mailname: false
  exim4/dc_postmaster: arnold
* exim4/dc_smarthost: mail.gmx.net
```

```
  exim4/dc_relay_domains:
* exim4/dc_relay_nets:
* exim4/mailname: debian.willemer.edu
  exim4/dc_readhost:
* exim4/use_split_config: false
  exim4/exim4-config-title:
* exim4/dc_localdelivery: Maildir format in home directory
* exim4/dc_local_interfaces: 127.0.0.1 ; ::1 ; 192.168.109.199
* exim4/dc_minimaldns: false
#
```

21.3.3 Verschlüsselt zur Post

Der Transport von Passwörtern wird heutzutage verschlüsselt durchgeführt. Und auch der Inhalt der Mails, die zur Post gebracht werden, müssen ja nicht jedem im Internetcafé auf die Nase gebunden werden. Das Zauberwort heißt TLS (*Transport Layer Security*) und sichert die Partner vor Mithörern. Eine TSL-Verschlüsselung für Mailserver basiert auf einem Zertifikat, das von einer autorisierten Stelle signiert ist. Ein unsigniertes Zertifikat ist in lokalen Umgebungen immerhin besser als gar keins.

TLS durch Makro aktivieren

Um die Verschlüsselung in Exim einzuschalten, wird in der Datei */etc/exim4/exim4.conf.template* die Variable `MAIN_TLS_ENABLE` gesetzt. Es handelt sich dabei um ein Makro, das an verschiedenen Stellen für die Konfiguration von anderen Variablen herangezogen wird. So muss nur an einer Stelle TLS aktiviert werden.

Makros müssen vor ihrer ersten Auswertung definiert werden. Sie können sie entweder in der Datei *exim4.conf.template* gleich zu Anfang setzen oder Sie legen eine Datei *exim4.conf.localmacros* an, in der diese Definitionen erfolgen.

Nach der Aktivierung dieses Makros ist es möglich, über Port 25 eine TSL-Anmeldung durchzuführen. Allerdings erwarten viele Clients für den TSL-gesicherten Server den Port 465, wie er auch in der Datei */etc/services* als *ssmtp* aufgeführt ist. Dazu wird die Variable `tls_on_connect_ports` entsprechend gesetzt. Beides passiert in der Datei *exim4.conf.templates*:

```
# /etc/exim4/exim4.conf.template
MAIN_TLS_ENABLE = true
tls_on_connect_ports=465
```

Listener-Optionen

In der Datei */etc/default/exim4* muss noch die Variable `SMTPLISTENEROPTIONS` umgestellt werden. Sie werden sie leer vorfinden. Ändern Sie sie bitte auf folgenden Wert:

```
# /etc/default/exim4
SMTPLISTENEROPTIONS='-oX 465:25 -oP /var/run/exim4/exim.pid'
```

Diese Optionen steuert die Art, wie Exim den Port abhört (englisch *listen*). Das Einschalten des TLS bewirkt nämlich nicht zwangsläufig, dass ein anderer Port als der Standardport 25 für SMTP verwendet wird. Viele Mailclients erwarten aber den SMTP-Server mit TLS auf Port 465. Die Option weist Exim nun an, auf beiden Ports zu lauschen.

Damit sind die Konfigurationen für die Aktivierung des TLS abgeschlossen. Es muss nun das Zertifikat erstellt werden, das als Basis der Verschlüsselung verwendet wird.

Zertifikat

Ein Zertifikat sichert dem Client zu, dass der Mailserver derjenige ist, der er vorgibt zu sein. Dazu wird es von einer allgemein anerkannten Zertifizierungsstelle signiert. Diese wiederum sind den gängigen Clients bekannt, sodass sie dem Server vertrauen. Über dieses Zertifikat wird eine erste Kontaktaufnahme verschlüsselt, in der Client und Server sich auf eine neue Verschlüsselung einigen, die auf einer Zufallszahl basiert. Damit ist der Rest der Kommunikation auch für andere Clients nicht mehr lesbar.

Sofern Sie nicht bereits ein Zertifikat besitzen, können Sie sich eines mit dem Skript *exim-gencert* erzeugen, das Sie in der Dokumentation von Exim finden. Sie könnten sich alternativ auch über das Programm `openssl` ein Zertifikat erzeugen, wie es in Abschnitt 20.9.1 beschrieben wird. Sie rufen das Skript folgendermaßen auf:

```
# cd /etc/exim4
# /usr/share/doc/exim4-base/examples/exim-gencert
[*] Creating a self signed SSL certificate for Exim!
...
Generating a 1024 bit RSA private key
...
writing new private key to '/etc/exim4/exim.key'
...
Country Code (2 letters) [US]:DE
State or Province Name (full name) []:
Locality Name (eg, city) []:
Organization Name (eg, company; recommended) []:
```

```
Organizational Unit Name (eg, section) []:
Server name (eg. ssl.dom.tld; required!):debian.willemer.edu
Email Address []:
[*] Done generating self signed certificates for exim!
...
#
```

Es wurden die Dateien *exim.key* und *exim.crt* angelegt. Diese stellen Ihr persönliches Zertifikat dar. Damit das Zertifikat zur Kenntnis genommen wird, muss der Server neu gestartet werden:

```
# /etc/init.d/exim4 restart
```

Da das Zertifikat nicht von autorisierter Stelle signiert ist, wird ein E-Mail-Client bei der ersten Verbindung husten und melden, dass hier ein großes Sicherheitsrisiko vorliegt. Setzen Sie Ihr James-Bond-Lächeln auf und klicken Sie an, dass Sie sich des Risikos bewusst sind und dass Sie hiermit eine Ausnahme definieren. Danach wird er so lange Ruhe geben, wie sich das Zertifikat nicht ändert. Ein Man-In-The-Middle-Angriff ist damit abgewehrt, solange man beim ersten Kontakt sicher sein kann, dass der Mailserver der ist, den man erwartet.

21.3.4 Wer ist denn da?

In den Anfängen des Internets war die Anzahl der Benutzer noch überschaubar und E-Mails wurden von Universitäten verwendet, um Forschungsergebnisse auszutauschen. Damit der Datenfluss funktionierte, schob jeder Mailserver gern für jeden anderen die Nachrichten weiter. Eine Hand wäscht die andere. Inzwischen besteht ein Großteil der Forschungen im Internet darin, den besten Preis für Konsumartikel zu finden oder nach einfältigen Menschen zu suchen, die ernsthaft glauben, dass in Nigeria mehrere Millionen Dollar verzweifelt auf einen neuen Besitzer warten.

Um die Viagraverkäufer und Nigeria-Connections davon abzuhalten, den Mailserver mit Mails zu überfluten, mussten die Relays gegen den freien Zugang mit einem Passwort gesichert werden. Falls Ihr Server im Internet steht, gehört die Authentifizierung der Benutzer sogar zum Pflichtprogramm. Ein Server mit einem offenen Relay wird über kurz oder lang in den schwarzen Listen der Spambekämpfer landen. Und dann werden die Mails, die dieser Server verteilt, automatisch bei den meisten Empfängern in den Spamfilter wandern und ihr Ziel nie erreichen.

Im Folgenden werden drei Methoden vorgestellt, die Benutzerkontrolle durchzuführen. Zunächst gibt es die Möglichkeit, dass Exim eine eigene kleine Passwortdatei pflegt. So braucht nicht jeder Mail-User auch automatisch ein Konto auf dem Server selbst. Wenn sowieso nur die angemeldeten Nutzer des Servers den Mailserver nutzen sollen, liegt es nahe, die systemeigene Benutzerverwaltung zu verwenden. So bleiben die Passwörter immer gleich. Der dritte Weg, der hier aufgezeigt wird, ist die Verwendung einer Datenbank. Damit sollten auch ein größerer Benutzeransturm zu bewältigen sein.

Exims eigene Passwortdatei

Die einfachste Art, unter Exim Benutzer zu verwalten, ist die Einrichtung einer eigenen Passwortdatei. Um diese zu aktivieren, finden Sie in der Datei */etc/exim4/exim4.conf.template* folgende Zeilen hinter dem Label `plain_server`, die allerdings bei Ihnen noch mit einem Kommentarzeichen ausgeblendet sein dürften:

```
plain_server:
  driver = plaintext
  public_name = PLAIN
  server_condition = "${ifcrypteq{$3}{${extract{1}{:} \
      {${lookup{$2}lsearch{CONFDIR/passwd}{$value}{*:*}}}}} \
      {1}{0}}"
  server_set_id = $2
  server_prompts = :
  .ifndef AUTH_SERVER_ALLOW_NOTLS_PASSWORDS
  server_advertise_condition = ${if eq{$tls_cipher}{}{}{*}}
  .endif
```

Die Zeile `server_condition` wurde aus satztechnischen Gründen zweimal umbrochen. Obwohl sie sehr kryptisch aussieht, können Sie durchaus erkennen, dass damit in der Datei *passwd* gesucht wird, die im Exim-Konfigurationsverzeichnis liegt. Diese Datei wird die eigene Passwortdatei für Exim sein. Nach einem Neustart von Exim werden bereits die Benutzer aus der Datei verwendet.

Zur Pflege der Passwortdatei bietet sich der Befehl `htpasswd` an, den Sie vielleicht vom Webserver Apache her kennen (siehe Abschnitt 20.6). Sie müssen für jeden Benutzer einen Eintrag anlegen. Als Parameter geben Sie vor dem Benutzernamen die verwendete Passwortdatei an:

```
# htpasswd /etc/exim4/passwd johannes
```

Um die Datei anzulegen, müssen Sie beim ersten Benutzer die Option `-c` hinzufügen. Mit der Option `-D` können Sie einen Benutzer aus der Passwortdatei wieder entfernen.

Lokale Benutzerverwaltung

Sie können die Benutzerverwaltung auch an die lokale Benutzerverwaltung anschließen. Der Vorteil dieser Lösung ist, dass die Benutzer nicht unterschiedliche Passwörter für Mail- und Serverbetrieb benötigen.

Für den Zugriff auf die lokale Authentifizierung benötigen Sie den Dämon `saslauthd`, der mit dem Paket *sasl2-bin* installiert wird:

```
# apt-get install sasl2-bin
```

Um den Dämon automatisch zu starten, müssen Sie in der Datei */etc/default/saslauthd* die Variable `START` auf `yes` stellen:

```
START=yes
```

Damit Exim mit dem Authentifizierungsdämon kommunizieren kann, muss er zur Benutzergruppe *sasl* gehören. Der folgende Befehl sorgt dafür:

```
# adduser Debian-exim sasl
```

Nun wenden wir uns der Konfiguration von Exim zu. In der Datei *exim4.conf.template* finden Sie, hinter Kommentarzeichen verborgen, bereits alles, was Sie brauchen. Suchen Sie nach der Einstellung `plain_saslauthd_server`. Befreien Sie die zugehörigen Zeilen von den Kommentarzeichen!

```
plain_saslauthd_server:
  driver = plaintext
  public_name = PLAIN
  server_condition = ${if saslauthd{{$auth2}{$auth3}}{1}{0}}
  server_set_id = $auth2
  server_prompts = :
  .ifndef AUTH_SERVER_ALLOW_NOTLS_PASSWORDS
  server_advertise_condition = ${if eq{$tls_cipher}{}{}{*}}
  .endif
```

Nun können Sie den Authentifizierungsserver starten und anschließend Exim neu starten, und die Anmeldung sollte funktionieren:

```
# /etc/init.d/saslauthd start
# /etc/init.d/exim4 restart
```

Benutzer in der Datenbank

Wenn die Anzahl der Mailbenutzer deutlich größer wird, bietet Exim die Unterstützung einer Datenbank an. In diesem Fall wird es sicher auch einen POP3- oder IMAP-Server geben, der ebenfalls seine Benutzer verwaltet sehen möchte. Falls Sie die Courier-Pakete verwenden, finden Sie bereits eine Konfiguration in der Datei *exim4.conf.template* hinter dem Label `plain_courier_authdaemon` vor. Das Courier-Paket verfügt über einen eigenen Authentifizierungsdämon, der ähnlich ansprechbar ist wie der SASL-Dämon.

Da die Authentifizierung über diesen Dämon läuft, müssen Sie nur das Courier-Paket konfigurieren und können Exim einfach daran anhängen. Sie finden dies in Abschnitt 21.9 beschrieben.

21.3.5 Befehle an Exim

Sie können mit dem Befehl `exim4` den MTA von außen befragen und ansteuern. Über Optionen können Sie verschiedene Aktivitäten auslösen. Für einige dieser Optionen gibt es Aliasnamen, die sich nicht selten von den Befehlen älterer Systeme herleiten und inzwischen ein Quasi-Standard bei den verschiedenen Mailservern geworden sind.

So bewirkt der Befehl `mailq` dasselbe wie der Aufruf `exim4 -bp`: Er zeigt an, welche Nachrichten noch in der Warteschlange stehen.

Mit der Option `-bt` können Sie die Auslieferbarkeit einer E-Mail-Adresse prüfen. Die Ausgaben können Sie mit der Option `-d` für *Debug* noch erweitern. Als Parameter geben Sie die gesuchte Adresse an:

```
# exim -bt -d 9 peter@debian.willemer.edu
```

Option	Bedeutung
`-bp`	Zeigt die Mails in der Warteschlange.
`-bpc`	Liefert die Anzahl der Mails in der Warteschlange.
`-bt`	Testet eine Mail-Adresse.
`-q`	Mails abarbeiten und versenden
`-Mrm` *Mail-ID*	Löscht die Mail *Mail-ID*.

Tabelle 21.1 Optionen von exim4

21.3.6 Fehlerprotokolle

Für die Fehlerprotokolle hat sich Exim ein eigenes Verzeichnis *exim4* unterhalb des normalen Protokollverzeichnisses */var/log* gegönnt. Die meisten Fehler und Informationen werden in die Datei *mainlog* protokolliert. Zurückgewiesene Mails werden in der Datei *rejectlog* vermerkt. Täglich werden die Dateien wegrotiert und komprimiert, sofern neue Meldungen eingetroffen sind.

Wenn Sie eine Konfiguration von Exim erstellen, die heftige Fehler aufweist, dann kann es passieren, dass in die Fehlerdatei *paniclog* eine Meldung geschrieben wird. Diese Datei findet sich im Verzeichnis */var/log/exim4*. Solange diese Meldung nicht von Hand entfernt wird, erhalten Sie beim Neustart immer wieder folgende Meldung:

```
Restarting MTA: exim4.
ALERT: exim paniclog /var/log/exim4/paniclog has
non-zero size, mail system possibly broken ... failed!
```

Es kann etwas irritierend sein, weil Sie eventuell den zugehörigen Fehler längst entfernt haben. Da die Fehlermeldung aber immer noch in dieser Datei steht, wird die Meldung bleiben und Exim nicht starten. Die Abhilfe ist ganz einfach: Editieren Sie die Datei und löschen Sie die Meldung oder verwenden Sie den folgenden Befehl:

```
# > /var/log/exim4/paniclog
```

21.4 Szenario: E-Mails lokal verteilen

Viele Komponenten eines Linux-Systems setzen Meldungen per E-Mail ab oder sind zumindest darauf vorbereitet, dies tun zu können. Das hängt damit zusammen, dass die alten UNIX-Systeme immer mit einem Mail-System ausgestattet waren. Natürlich konnten auf diesem Wege auch die Benutzer eines UNIX-Systems untereinander Mails versenden. Sobald auf einem Linux-System also ein Mailserver installiert ist, können die lokalen Komponenten bereits Nachrichten austauschen.

21.4.1 SMTP-Client mail

Wir wollen diese Basis-Mailverteilung auf einem UNIX-System nachspielen. Dazu müssen wir das damals gängige Programm `mail` nachinstallieren, das auch das Basisprotokoll SMTP beherrscht. Es befindet sich in dem Paket *mailutils*:

```
# apt-get install mailutils
```

Sofern nicht bereits ein Mailserver installiert ist, wird das Paket auch einen Mailserver automatisch mitinstallieren. In diesem Zusammenhang werden Sie dann gefragt, in welcher Umgebung Ihr Mailserver laufen soll. Dabei wird Ihnen unter anderen auch eine Einstellung »Nur lokal« angeboten, die Sie bitte verwenden.

Benutzer einrichten

Nun werden die Benutzer eingerichtet, die untereinander E-Mails austauschen sollen. Dazu eignet sich der Befehl `adduser` (siehe Abschnitt 10.2.2):

```
# adduser paul
# adduser georg
```

Spicker ×

> Mit dem Programm `mail` können zwischen allen in der Datei */etc/passwd* eingetragenen Benutzern Mails versendet werden.

Sie melden sich zunächst in einer Shell als *paul* an. Dort geben Sie den Befehl `mail georg` ein und erhalten sofort die Frage nach dem Betreff, den das Programm `mail` allerdings als »Subject« bezeichnet. Hier geben Sie eine Zeile ein und können nun Ihre E-Mail Zeile um Zeile schreiben, bis Sie sie mit Strg+D beenden. `mail` gibt daraufhin »EOT« auf dem Bildschirm aus.

```
paul@linuxsrv $ mail georg
Subject: Kantine
War Dir nach dem Essen auch so schlecht?
paul@linuxsrv $
```

Wenn Sie `mail` ohne Parameter aufrufen, geht das Programm davon aus, dass Sie niemanden kontaktieren wollen, sondern Ihre eigenen E-Mails betrachten wollen. Um die Mail von Paul zu sehen, melden Sie sich als georg an und rufen Sie `mail` auf. Sie sehen eine Liste der eingegangenen E-Mails mit einem Größerzeichen, das auf die erste ungelesene E-Mail zeigt.

```
georg@linuxsrv $ mail
Heirloom mailx version 12.4 7/29/08.  Type ? for help.
"/var/mail/georg": 3 messages 1 new 2 unread
 O  1 Paul            Thu Sep 30 13:26   22/730   Dummfug
 U  2 Georg           Thu Sep 30 13:30   28/964   Re: Dummfug
>N  3 Paul            Thu Sep 30 13:40   20/709   Kantine
?
```

Georg drückt ↵. Die ungelesene E-Mail wird ihm vorgelegt.

```
Message  3:
From paul@linuxsrv.willemer.edu Thu Sep 30 13:40:44 2010
Return-path: <paul@linuxsrv.willemer.edu>
Envelope-to: georg@linuxsrv.willemer.edu
Delivery-date: Thu, 30 Sep 2010 13:40:44 +0200
Date: Thu, 30 Sep 2010 13:40:44 +0200
To: georg@linuxsrv.willemer.edu
Subject: Kantine
User-Agent: Heirloom mailx 12.4 7/29/08
Content-Type: text/plain; charset=us-ascii
From: Paul <paul@linuxsrv.willemer.edu>
Status: R

War Dir nach dem Essen auch so schlecht?

? r
```

Mit dem Befehl r will er antworten. Das Programm legt ihm die E-Mail-Adresse von Paul als Empfänger vor. Nun kann Georg schreiben und die E-Mail wieder mit Strg+D abschließen.

```
To: georg@linuxsrv.willemer.edu paul@linuxsrv.willemer.edu
Subject: Re: Kantine
Paul <paul@linuxsrv.willemer.edu> wrote:

Mens sana in corpore sano:
Wer in die Mensa geht, braucht einen gesunden Körper.
? q
New mail has arrived.
Held 3 messages in /var/mail/georg
Sie haben Post in /var/mail/georg.
georg@linuxsrv $
```

Wenn Sie sich nun als Paul anmelden und `mail` aufrufen, finden Sie die Antwort. Sie können also feststellen, dass Sie ohne weiteres Zutun des Administrators bereits E-Mails senden und empfangen können.

21.4.2 Post landet in der Mbox oder im Maildir

Die E-Mails werden in dem Verzeichnis */var/mail* abgelegt. Dort gibt es für jeden Benutzer eine Datei, die seinen Namen trägt. Sie wird allerdings erst angelegt, wenn der Benutzer seine erste E-Mail empfängt. In dieser Datei befinden sich alle E-Mails des Benutzers. Neue Mails werden einfach an diese Datei angehängt. Sie liegen im Klartext vor. Mit jedem Editor kann diese Datei gelesen werden. Lediglich die Zugriffsrechte verhindern, dass ein fremder Nutzer hineinsehen kann.

Diese Form der Mailablage im Verzeichnis */var/mail* ist schon sehr alt und wird als *Mbox-Standard* bezeichnet.

Mailablage Maildir

Das Verfahren, die Mails im Mbox-Verfahren abzulegen, hat ein paar Schönheitsfehler. Schon die Größe stellt ein Problem dar, da heute Grafiken, Bilder und Filme im Umfang mehrerer MBytes als Anhang versandt werden. Entsprechend groß kann die Mbox-Datei werden und das Suchen nach einzelnen Mails oder gar das Löschen wird umständlich.

Die Alternative heißt *Maildir*. Die Mails werden in einem speziellen Verzeichnis abgelegt, das im Benutzerverzeichnis liegt. Unterhalb dieses Verzeichnisses, das meist *Maildir* heißt, liegen weitere Verzeichnisse, die zur Strukturierung der Mails dienen. Für jede Mail wird eine eigene Datei angelegt.

Umstellung auf Maildir

Eine Umwandlung der vorliegenden Mails kann durch das Programm `mb2md` erreicht werden. Dieses muss allerdings explizit installiert werden:

```
# apt-get install mb2md
```

Mit dem folgenden Aufruf sortieren Sie für den Benutzer georg die Mbox-Datei in das Maildir-Verzeichnis um:

```
# mb2md -s /var/mail/georg -d /home/georg/Maildir
```

Warnung

Als ganz verlässlich hat sich das Skript allerdings nicht erwiesen. Prüfen Sie also zunächst die Ergebnisse, bevor Sie sich von den Original-Mbox-Dateien trennen.

21.5 Lokale Mail an fremden Server senden

Die Verteilung der lokalen Mail soll für den Fall erweitert werden, dass einer der lokalen Mail-Benutzer seine Mail auf ein anderes Postfach umgeleitet haben möchte.

21.5.1 Benutzerzuordnung mit aliases

Die Datei */etc/aliases* ist der Verschiebebahnhof für die Mails zwischen den Benutzern. Beispielsweise nutzen Mails an root nichts, wenn root diese niemals liest. Es wäre besser, die Nachrichten an den Zivilbenutzer zu senden, den root für die Normalarbeiten verwendet. Das könnte beispielsweise der Benutzer *johannes* sein:

```
root : johannes
```

Nun werden alle Nachrichten an den Benutzer *johannes* weitergeleitet. Allerdings wird das erst passieren, wenn Sie einmal nach der Änderung der *aliases*-Datei den Befehl `newaliases` aufrufen, der dann die Inhalte der Datei *aliases* in die Datei *aliases.db* übernimmt.

Mailversand an fremde Rechner

Es ist natürlich noch interessanter, wenn Mails an root an andere Rechner oder gar an die private E-Mail-Adresse des Administrators geleitet werden, da er diese immer im Blick hat. Dazu muss die Alias-Datei eine vollständige Mail-Adresse als Ziel haben.

```
# /etc/aliases
root: arnold.willemer@gmx.de
```

Nun muss der lokale Mailserver wissen, wie er den Rechner erreicht, der die fremde Mail verteilt. In den nächsten Abschnitten ist beschrieben, wie das jeweils unter Postfix und Exim4 eingerichtet wird. Dabei kann allerdings einiges schiefgehen. Und bevor wir weiter konfigurieren, sollten Sie sich damit vertraut machen, wie Sie die Fehlermeldungen des Mailservers mitbekommen.

Fehlerbetrachtungen

Wenn Sie am Mailsystem konfigurieren, wird es vermutlich zunächst häufiger zu Fehlschlägen kommen. Die dazu passenden Fehlermeldungen können Sie in der Datei */var/log/mail.log* verfolgen. Darum ist es sinnvoll, in einem Terminal die Meldungen dieser Dateien mit dem Befehl `tail -f` zu verfolgen:

```
# tail -f /var/log/mail.log
```

Um die Warteschlangen der Mailserver zu betrachten, können Sie sowohl bei Postfix wie auch bei Exim4 den Befehl `mailq` verwenden. Dadurch erkennen Sie, wenn Mails »hängen bleiben«.

21.5.2 Postfix und der Relayhost

Gehen wir davon aus, dass der Rechner keinen direkten Zugang zum Internet hat, muss er die Mail an einen Rechner senden, der in der Lage ist, Mail an fremde Internet-Mailserver zu verteilen. Ein solcher Rechner wird auch *Smarthost* genannt. Dazu können Sie beispielsweise den SMTP-Server Ihres Providers verwenden.

Bei Postfix wird der Smarthost als `relayhost` in der Konfigurationsdatei *main.cf* im Verzeichnis */etc/postfix* eingetragen:

```
# /etc/postfix/main.cf
...
relayhost = mail.gmx.net
```

> **Hinweis**
>
> Ein Mailserver im Internet verteidigt sich gegen Spamversender, die anonym bleiben wollen. Darum müssen Sie Ihrem Provider schon sehr deutlich machen, dass Sie berechtigt sind, seinen SMTP-Server zu benutzen.

Ihr Internet-Provider wird es nicht gern sehen, wenn Sie ohne Authentifizierung Mails versenden. Sie müssen also Benutzernamen und Passwort hinterlegen und dem Mailserver klarmachen, dass Sie berechtigt sind, dieses Postfach zu verwenden.

Postfix-SMTP-Authentifizierung

In der Konfigurationsdatei */etc/postfix/main.cf* wird zunächst die Authentifizierung aktiviert. Die Authentifizierung besteht aus dem Benutzernamen und dem Passwort für den SMTP-Server Ihres Providers. Beides wird in einer Datei hinterlegt, deren Name dem Postfix in der Variablen `smtp_sasl_password_maps` bekannt gegeben wird:

```
smtp_sasl_auth_enable = yes
smtp_sasl_password_maps = hash:/etc/postfix/password
smtp_sasl_security_options = noanonymous
```

Nun muss diese Datei angelegt werden. Auf der linken Seite jeder Zeile steht der Server des Providers, dem gegenüber sich Postfix authentifizieren soll. Durch mindestens ein Leerzeichen getrennt folgen dann Benutzername und Passwort, die wiederum durch einen Doppelpunkt getrennt werden:

```
smtp.provider.de      user:passwort
mail.gmx.net          arnold.willemer@gmx.de:geheimespasswort
```

Bei einigen Providern wie bei GMX muss die komplette E-Mail-Adresse als Benutzername angegeben werden. Bei anderen ist es der Teil der Adresse, der vor dem @-Zeichen steht. Das Passwort steht im Klartext, was nicht gut ist. Sie müssen es darum mindestens vor den Blicken anderer Benutzer entziehen. Dazu hilft der Befehl `chmod` (siehe Abschnitt 5.2.1):

```
# chmod 600 /etc/postfix/password
# chown root /etc/postfix/password
```

Nun muss die Datei durch den Befehl `postmap` noch in eine Postfix-Datenbank umgewandelt werden. Danach kann Postfix neu gestartet werden:

```
# postmap /etc/postfix/password
# /etc/init.d/postfix restart
```

Absender korrekt setzen

Einige Provider prüfen die Absenderadresse sehr genau. Wenn Sie beispielsweise eine Adresse von GMX verwenden wollen, muss die Original-GMX-Adresse als Absender der Mail verwendet werden. Das fällt natürlich schwer, wenn Ihr Server eine andere Domäne besitzt.

Bei Postfix verwenden Sie eine Absenderliste, die in der Konfigurationsdatei *main.cf* unter der Variablen `sender_canonical_maps` eingetragen wird. Hier kann für jeden lokalen Benutzer eine E-Mail-Adresse eingetragen werden. Beispielsweise würde die folgende

Zeile dafür sorgen, dass der lokale Benutzer root die Adresse *arnold.willemer@gmx.de* bekommt:

```
root arnold.willemer@gmx.de
```

Die Liste muss anschließend mit dem Befehl `postmap` in eine Postfix-Datenbank umgewandelt werden:

```
# postmap /etc/postfix/sender_canonical
```

Nun muss in der Konfigurationsdatei hinterlegt werden, dass es eine Absenderliste gibt und wie sie heißt:

```
# /etc/postfix/main.cf
...
sender_canonical_maps = hash:/etc/postfix/sender_canonical
```

Nun muss natürlich Postfix neu gestartet werden:

```
# /etc/init.d/postfix restart
```

21.5.3 Exim4 und der Smarthost

Exim4 verwendet die Konfigurationsdatei */etc/exim4/update-exim4.conf.conf*. Hier wird der Smarthost unter der Variablen `dc_smarthost` festgelegt:

```
dc_smarthost='mail.gmx.net'
```

Wenn Sie den SMTP-Server Ihres Providers als Smarthost verwenden, müssen Sie sich natürlich authentifizieren. Die notwendigen Informationen werden in der Datei */etc/exim4/passwd.client* hinterlegt.

Eine E-Mail-Adresse für Anwender des Systems wird in der Datei */etc/email-addresses* hinterlegt. Zunächst wird der Name des Benutzers eingetragen, und dann folgt nach einem Doppelpunkt dessen E-Mail-Adresse.

```
# /etc/email-addresses
georg:GeorgH@gmx.de
```

Nun muss noch eingetragen werden, an wen die E-Mail versendet werden soll. Hier muss auch das Passwort stehen, das Georg bei seinem Provider verwendet. Natürlich darf eine solche Datei, die Passwörter enthält, für niemanden außer dem Administrator lesbar sein.

```
# /etc/exim4/passwd.client
# Mail-Server:Mail-Adresse:Passwort
mail.gmx.net:GeorgH@gmx.de:wasglaubstdudenn
```

Nun kann für jeden Benutzer ein eigenes Postfach angegeben werden, das er irgendwo im Internet verwendet.

Wenn Sie die wirklichen E-Mail-Namen in ausgehenden E-Mails verbergen möchten, setzen Sie die Variable `dc_mailname_in_oh` auf `true`:

```
dc_mailname_in_oh='true'
```

Anschließend muss der MTA neu gestartet werden:

```
# /etc/init.d/exim4 restart
```

Anschließend kann georg als Adressaten für sein Mailprogramm eine beliebige E-Mail-Adresse verwenden.

```
$ mail arnold@willemer.de
Subject: Von mir an Dich
```

Exim wird alle E-Mails, die nicht lokal verteilt werden können, an den Server *mail.gmx.net* senden. Statt der E-Mail-Adresse *georg@debian.willemer.edu* wird die Adresse *GeorgH@gmx.de* verwendet. So kann ihm die Welt auch antworten.

21.6 SMTP-Sendungen entgegennehmen: Relay

Die Fähigkeit des Mailservers, SMTP-Einsendungen entgegenzunehmen, bezeichnet man als Relay. Für die bisherigen Experimente wurde der Relay auf localhost beschränkt. Nun wollen wir diesen Dienst auf ein Netzwerk erweitern.

Warnung

Ein Mailserver, der mit einem zu offenen Relay im Internet steht, wird von Spammern genutzt. Neben den Spammern gibt es die noch gefährlicheren Blacklister, die prüfen, ob Ihr System für Spam offen ist. Verletzen Sie ihre Regeln, landen Sie plötzlich auf ihren Listen, die wiederum von vielen Mailservern als Basis für die Erkennung von Spam verwendet werden. So landen Ihre Mails reihenweise im Spamfilter oder kommen gar nicht mehr an. Manche dieser Blacklister sind wahre Blackmailer und lassen sich das Austragen aus den Listen gut bezahlen.

21.6.1 Exim4 als Dienstleister für das lokale Netzwerk

Auf dem Server funktioniert nun das Senden und Empfangen von E-Mails unter den lokalen Benutzern. Die Nachrichten können per Smarthost in die Welt gesandt und per `fetchmail` auch wieder auf den Server geholt werden. Es wird allerdings nicht jedermanns Sache sein, per Terminalsitzung auf dem Server seine E-Mails mit dem guten alten Programm `mail` zu bearbeiten. Wir müssen also die Computer des Netzwerks beteiligen. Dazu wird ein SMTP-Zugang für das Senden von E-Mails und ein POP3-Server für das Abholen der E-Mails gebraucht.

Nun besitzt Georg neben dem Zugang zum Mailserver auch ein Notebook. Er möchte auch von dort E-Mails an die Kollegen vor Ort senden. Dazu richtet er in seinem Lieblings-E-Mail-Programm ein neues Konto für den lokalen Mailserver ein.

Dem Server muss mitgeteilt werden, dass er auch für Mails, die über das Netzwerk den Port 25 erreichen, offen sein soll. Dazu gibt man die lokalen Interfaces an. Hier muss die IP-Adresse des Adapters stehen:

```
# update-exim4.conf.conf
dc_local_interfaces='127.0.0.1 ; ::1 ; 192.168.109.199'
```

Das Relay muss für das lokale Netzwerk freigeschaltet werden, damit Georgs Notebook überhaupt zugreifen darf:

```
dc_relay_nets='192.168.109.0/24'
```

Anschließend muss Exim neu gestartet werden, damit die Änderungen übernommen werden:

```
# /etc/init.d/exim4 restart
```

Der lokale SMTP-Server kann verwendet werden, um Nachrichten an beliebige Adressen des Internets zu senden. Allerdings ist es auf diesem Weg auch möglich, firmeninterne E-Mails zu versenden. Mancher Mailclient besteht darauf, dass ein @-Zeichen in der Adresse vorkommt. Dann müssen Sie die Adresse des Mailservers angeben, damit der Server weiß, dass er die E-Mail nur lokal verteilt, also beispielsweise *georg@debian.willemer.edu*.

21.6.2 Postfix als Dienstleister für das lokale Netzwerk

Bei Postfix bestimmt die Variable `mynetworks` in der Datei *main.cf* im Verzeichnis */etc/postfix*, welche Rechner ohne Authentifizierung SMTP benutzen dürfen. Neben dem lokalen Netzwerk 192.168.109.0 ist es nicht verkehrt, auch die Loopback-IP-Adressen anzugeben.

```
# /etc/postfix/main.cf
mynetworks = 127.0.0.0/8 [::ffff:127.0.0.0]/104 [::1]/128 192.168.109.0/24
```

Natürlich muss Postfix anschließend dazu gebracht werden, seine Konfiguration neu zu lesen.

21.7 Mail-Clients per POP3 und IMAP bedienen

Das Senden und Empfangen per SMTP funktioniert mit allen Systemen, die einen eigenständigen Mailserver besitzen und die direkt mit dem Internet verbunden sind. In den Zeiten, als eine Internet-Flatrate noch eher die Ausnahme war, musste eine Lösung gefunden werden, mit der auch einfache Windows-Rechner oder gar MS-DOS-Computer mit einem Modem über die Telefonleitung ihre Mail abholen können.

Das entwickelte Protokoll nennt sich *Post Office Protocol* (POP3). Ein POP3-Server greift einfach auf die vom Mailserver gefütterte Maildir-Struktur zu, holt die neuen Nachrichten ab und löscht sie typischerweise anschließend auf dem Server. Dieser Zugriff kann binnen einer Minute erledigt sein, je nach Mail-Aufkommen.

Als auch in den Privathaushalten eine Flatrate üblich wurde, verbreitete sich als Protokoll IMAP. Hier bleiben die Mails auf dem Server und werden dort verwaltet. Der Vorteil ist, dass die Mails auch von verschiedenen Arbeitsplätzen den gleichen Zustand haben.

Zum Senden der Mails verwenden aber auch die in Privathaushalten stehenden Rechner immer noch das Protokoll SMTP.

> **Spicker**
>
> POP3 und IMAP werden nicht vom Mailserver bedient, sondern von einem eigenen Server, der lediglich auf die vom Mailserver gefüllten Briefkästen zugreift.

21.7.1 Die Server installieren

Courier ist ein Paket aus mehreren Mailmodulen, die einzeln installiert werden können. Vor allem der POP3- und der IMAP-Dämon haben sich weitgehend als Standard durchgesetzt. Courier stellt auch einen MTA zur Verfügung, also ein Gegenstück zu Postfix und zu Exim. Dieser ist allerdings nicht so verbreitet und soll hier auch nicht weiter behandelt werden.

Den POP3-Server installieren

Ein POP3-Server liefert den Zugriff auf die lokalen Mails eines Benutzers, der sich dazu mit Benutzernamen und Kennwort ausweisen muss. Der Courier-Server setzt wie die meisten POP3-Server nach der Installation auf der normalen UNIX-Mailumgebung auf. Er verwendet zur Authentifizierung die Passwortdatei des Systems und greift auf die Maildir-Struktur des MTA zu, um dem Client seine Mails zu liefern. Sie installieren die Courier-POP3-Server mit dem folgenden Befehl:

```
# apt-get install courier-pop
```

Die Installation fragt nach, ob eine Webadministration vorbereitet werden soll. Das ist zum Betrieb aber nicht erforderlich. Nach der Installation werden Anfragen von außen sofort beantwortet. Die Authentifizierung gelingt durch das lokale System.

Maildir

Courier arbeitet grundsätzlich auf der Maildir-Struktur. Um eine korrekte Maildir-Umgebung zu schaffen, enthält das Courier-Paket das Programm `maildirmake`, mit dessen Hilfe ein Maildir-Verzeichnis und dessen Unterverzeichnisse angelegt werden. Ein Benutzer kann sein eigenes Maildir-Verzeichnis mit dem folgenden Befehl anlegen:

```
$ maildirmake $HOME/Maildir
```

TLS und Zertifikate

Der Zugriff auf POP3 sollte in allen öffentlichen Umgebungen verschlüsselt erfolgen. Dazu wird TLS (*Transport Layer Security*) verwendet. Um den TLS-fähigen POP3-Server zu installieren, verwenden Sie das Paket *courier-pop-ssl*:

```
# apt-get install courier-pop-ssl
```

Während der Installation wird automatisch ein selbst signiertes Zertifikat erzeugt, das in der Datei */etc/courier/pop3d.pem* abgelegt wird. Sie werden darauf hingewiesen, dass Sie, wenn Sie ein autorisiertes Zertifikat besitzen, dieses dort ablegen können.

Die Konfiguration der Zertifikate und der TSL-Umgebung erfolgt in den Dateien *pop3d.cnf* und *pop3d-ssl*. Beide finden Sie im Verzeichnis */etc/courier*. Die Erstellung von Zertifikaten mit dem Programm OpenSSL finden Sie in Abschnitt 20.9.1 beschrieben.

Den IMAP-Server installieren

Im Gegensatz zu POP3, mit dessen Hilfe Sie Ihre Mails vom Mailserver auf Ihren Arbeitsplatzrechner kopieren, arbeiten Sie mit IMAP direkt auf dem Datenbestand Ihres Mailservers. Das IMAP-Paket des Courier-Pakets heißt *courier-imap* und wird mit dem folgenden Aufruf installiert:

```
# apt-get install courier-imap
```

IMAP-Server erwarten die Mails im Maildir-Format. Der Courier-IMAP-Server ergänzt allerdings die Maildir-Struktur um einige Dateien, die aber rückwärtskompatibel sind. Fremde Programme können zwar in der Regel mit den Erweiterungen nichts anfangen, stören sich aber auch nicht daran. Die Benutzerauthentifizierung erfolgt durch das Linux-System. So kann der IMAP-Server direkt nach der Installation eingesetzt werden.

SSL und die Zertifikate

Um die Kommunikation mit dem IMAP-Server zu verschlüsseln, benötigen Sie die SSL-Variante des IMAP-Servers. Diese finden Sie im Paket *courier-imap-ssl*:

```
# apt-get install courier-imap-ssl
```

Bei der Installation wird automatisch ein Zertifikat erstellt, das natürlich nicht von einer autorisierten Zertifizierungsstelle abgezeichnet ist. Dies wird ein E-Mail-Programm beim ersten Zugriff sogleich bemängeln. Sollten Sie die Warnung aber übergehen und das unsichere Zertifikat damit bestätigen, wird der E-Mail-Client erst dann wieder rebellieren, wenn sich das Zertifikat ändern sollte. Ist also der erste Kontakt gesichert, kann ein späterer Man-In-The-Middle-Angriff ausgeschlossen werden. Eine mit einem nicht-autorisierten Zertifikat erstellte Verschlüsselung ist immer noch besser als gar keine. Der Server kann sofort über den Port 993 erreicht werden, wenn bereits die Maildir-Struktur eingerichtet ist.

21.7.2 Benutzerverwaltung

Standardmäßig setzen die Courier-Pakete auf der Benutzerverwaltung des Betriebssystems auf. Damit hat jeder Mail-Anwender automatisch ein Konto beim Betriebssystem. Sie können verhindern, dass sich Mail-Benutzer am System einloggen, indem Sie die Login-Shell in der Datei */etc/passwd* durch `/bin/false` ersetzen (siehe Abschnitt 10.2.3).

Welche Benutzerverwaltung die Courier-Pakete verwenden, wird in der Datei *authdaemonrc* im Verzeichnis */etc/courier* definiert. Dort wird in der Variablen `authmodulelist` hinterlegt, auf welchem Weg die Pakete die Authentizität der Benutzer prüfen. Nach der Installation finden Sie hier zunächst den Wert `authpam`:

```
# /etc/courier/authdaemonrc
authmodulelist="authpam"
```

Virtuelle Benutzer

Die Courier-Module können aber auch selbst die Benutzerverwaltung übernehmen. Die so angelegten Anwenderkonten werden als virtuelle Benutzer bezeichnet, da sie nicht als User im lokalen Betriebssystem existieren. Courier kann dazu Datenbanken oder LDAP verwenden. Beispielsweise legt der folgende Eintrag fest, dass die Benutzerdaten in einer Berkley-DB abgelegt werden. Die Berkley-DB ist eine kleine Datenbank, die auf den meisten Linux-Systemen bereits installiert ist.

```
# /etc/courier/authdaemonrc
authmodulelist="authuserdb"
```

Mit dem Eintrag dort ist es allerdings nicht immer getan. Sie benötigen ein Modul, das die Verbindung zwischen dem Mailserver und der Ablage schafft. Das Paket *courier-authlib-userdb* wird bereits bei jedem Courier-Paket mitgeliefert und ist in der Lage, Daten in einer Berkley-DB abzulegen. Wollen Sie auf LDAP oder größere Datenbanken zugreifen, werden Sie noch weitere Pakete installieren müssen.

Je nach Verfahren der Datenablage müssen Sie festlegen, welche Datenfelder des Speichermoduls welchem Feld des Mailservers entsprechen. Bei Verwendung der Passwortdatei ist der Zusammenhang eindeutig, bei einer MySQL-Datenbank müssen die Feldnamen beschrieben werden. Diese Aufgabe übernimmt jeweils eine *rc*-Datei, die je nach verwendetem Authentifizierungsmechanismus unterschiedlich heißt.

In Tabelle 21.2 werden der Wert der Variablen `authmodulelist`, das benötigte Paket und die Konfigurationsdatei gegenübergestellt.

authmodulelist	Softwarepaket	Konfigurationsdatei
authpam	–	–
authuserdb	courier-authlib-userdb	–
authpgsql	courier-authlib-postgresql	authpgsqlrc
authldap	courier-authlib-ldap	authldaprc
authmysql	courier-authlib-mysql	authmysqlrc
authpipe	courier-authlib-pipe	–

Tabelle 21.2 Verwaltung der Benutzer

Benutzer vmail

Soll die Benutzerverwaltung von der Passwortdatei des Systems abgekoppelt werden, müssen die Arbeiten durch einen eigenen Benutzer des Mailsystems durchgeführt werden. Der Name ist frei wählbar. Wir verwenden hier *vmail*. Er muss im System als Benutzer angemeldet werden. Für diesen Benutzer *vmail* muss noch ein Benutzerverzeichnis angelegt werden und darin das Verzeichnis für die Mail.

```
# useradd vmail
# mkdir /home/vmail
# chown vmail /home/vmail
# su vmail
$ mkdir /home/vmail/domain
$ mkdir /home/vmail/domain/user
$ maildirmake /home/vmail/domain/user/Maildir
```

Der Befehl `maildirmake` aus dem Courier-Werkzeugkasten erzeugt eine Maildir-Struktur. Er legt nicht nur den Ordner an, sondern baut alle benötigten Unterstrukturen auf.

Sie finden ein Beispiel für eine IMAP-Installation auf der Basis einer PostgreSQL-Datenbank im Zusammenspiel mit einem SMTP-Server in Abschnitt 21.9.

21.8 Post sammeln: Fetchmail

Wenn Ihr Mailserver nicht mit einem MX-Eintrag in dem für Ihre Domain zuständigen DNS-Server (siehe Kapitel 13) hinterlegt ist, kann Ihnen Ihre Post auch nicht direkt per SMTP zugestellt werden. Das ist beispielsweise bei lokalen Mailservern der Fall.

Fetchmail schließt diese Lücke. Das Programm meldet sich wie ein normaler Mailclient beim Provider an, holt die Post ab und fügt sie per SMTP in den Briefschlitz des lokalen Mailservers. Durch diese Arbeitsweise wird Fetchmail auch zur wertvollen Hilfe bei Postfächern, die eine Weiterleitung nicht zulassen. Fetchmail holt die Post wie ein normales E-Mail-Programm per POP3.

Installation und Start

Fetchmail kommt in einem eigenen Paket namens *fetchmail* und wird mit dem folgenden Befehl installiert:

```
# apt-get install fetchmail
```

Das Programm kann direkt gestartet oder als Dämon betrieben werden. In der Konfigurationsphase ist die Möglichkeit des direkten Aufrufs hilfreich. Für den praktischen Einsatz wird der Hintergrundbetrieb interessanter sein. Wollen Sie Fetchmail als Dämon laufen lassen, editieren Sie die Datei */etc/default/fetchmail*. Dort finden Sie die folgende Zeile:

```
# /etc/default/fetchmail
START_DAEMON=no
```

Wenn Sie den Wert auf `yes` ändern, wird Fetchmail im Hintergrund laufen. Alternativ können Sie beim Direktaufruf auch die Option `-d` verwenden. Dahinter geben Sie die Anzahl der Sekunden an, die zwischen zwei Aufrufen vergehen sollen.

Optionen

Fetchmail liest nur bisher ungelesene Mails. Sollen alle gelesen werden, verwenden Sie beim Aufruf die Option `-a`. Die Option `-L` schreibt die Protokolle in die Datei, deren Name als Parameter folgt.

Postfächerliste fetchmailrc

In der Datei */etc/fetchmailrc* geben Sie an, welche E-Mails von welchem Server für welchen lokalen Benutzer abgeholt werden sollen. In jedem Benutzerverzeichnis kann darüber hinaus eine Datei *.fetchmailrc* angelegt werden. Damit kann jeder Benutzer selbst seine E-Mail-Konten verwalten.

Legen Sie zunächst eine leere Datei */etc/fetchmailrc* an, damit sich der Dämon beim Start nicht beklagt. Der Benutzer georg legt nun für sein E-Mail-Konto eine Datei *.fetchmailrc* an. Sie muss direkt in seinem Benutzerverzeichnis liegen und darf keine Schreib- oder Leserechte für jemand anderen haben als ihn selbst:

```
$ vi ~/.fetchmailrc
$ chmod 600 ~/.fetchmailrc
```

Die Datei enthält nur eine Zeile, die hier allerdings aus drucktechnischen Gründen auf zwei verteilt ist:

```
poll pop.gmx.net protocol POP3 user GeorgH@gmx.de
password gehtdichgarnichtsan is georg keep
```

Die Zeile besagt, dass vom POP3-Server *pop.gmx.net* für den Benutzer *GeorgH@gmx.de* mit dem Passwort `gehtdichgarnichtsan` die Nachrichten geladen werden sollen. Die Option `keep` am Ende der Zeile sorgt dafür, dass die E-Mail auf dem Server nicht gelöscht wird.

Spicker

`poll` *server* `protocol POP3 user` *user* `password` *passwd* `is` *localuser*

Zum ersten Test wird das Programm `fetchmail` direkt aufgerufen. Das Programm wird Ihnen stolz berichten, was es alles leistet.

```
$ fetchmail
47 Nachrichten für GeorgH@gmx.de bei pop.gmx.net (209959...
Nachricht GeorgH@gmx.de@pop.gmx.net:1 von ...nicht gelöscht
Nachricht GeorgH@gmx.de@pop.gmx.net:2 von ...nicht gelöscht
```

Wenn Sie alle Benutzer konfiguriert haben, können Sie den Dämonbetrieb über das Init-Skript starten:

```
# /etc/init.d/fetchmail start
```

21.9 Mailsystem auf PostgreSQL-Basis

Der Nachteil der bisherigen Lösungen ist, dass alle Benutzer des Mailservers auch gleichzeitig auf dem Server als Benutzer eingetragen sein müssen. Die Authentifizierung erfolgt über die Passwortmechanismen des Systems. Für eine kleine Firma, die den Server nicht nur für E-Mails verwendet, ist das kein Nachteil. Soll aber der Server eine große Menge von Benutzern verwalten, dann wird es in der Passwortdatei schnell unübersichtlich.

Als Beispiel richten wir einen Mailserver mit Exim und Courier IMAP ein, der die Benutzerdaten in einer PostgreSQL-Datenbank speichert. Prinzipiell gibt es keinen großen Unterschied, statt Exim Postfix und statt PostgreSQL MySQL zu verwenden. Falls nicht bereits installiert, werden dazu die folgenden Pakete eingerichtet:

```
# apt-get install exim4-daemon-heavy
# apt-get install courier-imap-ssl
# apt-get install postgresql
# apt-get install courier-authlib-postgresql
```

Beim Paket *courier-imap-ssl* werden Sie darauf hingewiesen, dass Sie noch ein offizielles Zertifikat einrichten müssen. Darüber hinaus werden Sie bei der Installation nicht mit weiteren Fragen belästigt.

21.9.1 PostgreSQL

Die Benutzerdaten werden in einer PostgreSQL-Datenbank (siehe Abschnitt 19.4) abgelegt. Wir legen dazu eine Datenbank *maildb* an. Sofern Sie nicht ein leidenschaftlicher Liebhaber normalisierter Datenbanken sind, ist dazu lediglich eine Tabelle erforderlich, die *mailtable* heißen soll. Der Datenbankbenutzer wird im Beispiel *mailuser* heißen und erhält das Passwort *mail*. Ich bin sicher, Ihnen fällt ein originelleres Passwort ein. Benutzer und Datenbank werden mit zwei Befehlen von der Konsole aus angelegt:

```
# su - postgres
$ createuser -S -D -R -P -E mailuser
Geben Sie das Passwort der neuen Rolle ein:
Geben Sie es noch einmal ein:
$ createdb -O mailuser -E UTF8 maildb
$
```

Tabellenstruktur

Die Struktur der Datenbanktabelle `mailtable` richtet sich nach den vorgegebenen Namen der Konfigurationsdatei *authpgsqlrc* des Courier-IMAP-Servers (Abschnitt 21.9.2). Der folgende SQL-Befehl definiert eine Tabelle, die diese Struktur nachbildet:

```
CREATE TABLE mailtable (
  id                varchar(128) NOT NULL,
  crypt             varchar(128) DEFAULT '',
  clear             varchar(128) DEFAULT '',
  name              varchar(128) DEFAULT '',
  domain            varchar(128) DEFAULT '',
  uid               int DEFAULT 101,
  gid               int DEFAULT 65534,
  home              varchar(255) DEFAULT '',
  maildir           varchar(255) DEFAULT '',
  defaultdelivery   varchar(255) DEFAULT '',
  quota             varchar(255) DEFAULT '',
  CONSTRAINT id PRIMARY KEY (id)
);
```

Sie können den Befehl direkt eintippen, nachdem Sie mit dem Befehl `psql` den PostgreSQL-Interpreter aufgerufen haben. Sie können die Zeilen auch in einer Datei ablegen und diese per Umleitung an den Interpreter weitergeben. Das letztere Verfahren ist nervenschonender, wenn Sie dazu neigen, sich in der vorletzten Zeile zu vertippen. Sollten Sie zufällig wie ich den Dateinamen *mailcreate.sql* gewählt haben, würde der folgende Befehl die Tabelle erzeugen:

```
$ psql -h localhost -W maildb mailuser <mailcreate.sql
Passwort für Benutzer mailuser:
HINWEIS:  CREATE TABLE / PRIMARY KEY erstellt implizit einen
Index »id« für Tabelle »mailtable«
CREATE TABLE
$
```

Benutzernummer Exim

Sie werden sich vielleicht über die Zahl 101 gewundert haben, mit der das Feld `uid` vorbesetzt wird. Hierbei handelt es sich um die Benutzernummer des Benutzers, der für Exim eingerichtet wurde. Diese Benutzernummer wird verwendet, um die Dateien und Verzeichnisse anzulegen. Ansonsten kann es passieren, dass der IMAP-Server Dateien nicht lesen kann, die der MTA geschrieben hat. Die Nummer des Exim-Benutzers könnte bei Ihnen anders lauten. Sie ermitteln sie, indem Sie mit dem folgenden Befehl die Passwortdatei durchsuchen. Hier lautet die Benutzer-ID also 101 und die Gruppen-ID 103.

```
$ grep exim /etc/passwd
Debian-exim:x:101:103::/var/spool/exim4:/bin/false
```

Passwörter

Ein weiteres Feld benötigt eine gute Vorbereitung. Das Feld `crypt` enthält das verschlüsselte Passwort des Mailbenutzers. Die UNIX-API, die auch unter Linux verwendet wird, bietet den Programmierern den Aufruf `crypt` an, der dafür sorgt, dass die Passwortverschlüsselungen auf einem System kompatibel bleiben. Mit einem kleinen Perl-Skript kommen Sie leicht an diese API heran.

Gestatten Sie mir einen kurzen Ausflug in die Welt der Passwörter. Ein Systempasswort wird unter Linux nie unverschlüsselt übertragen oder gespeichert. Der Benutzer legt ein Passwort an und es wird verschlüsselt gespeichert. Wenn sich ein Benutzer versucht zu authentifizieren, wird das eingegebene Passwort verschlüsselt und mit dem gespeicherten verglichen. Es gibt keine Möglichkeit, ein verschlüsseltes Passwort wieder in die unverschlüsselte Form zurückzubringen.

Damit nicht auffällt, dass manche Benutzer immer wieder das gleiche Passwort verwenden, gibt es den Kniff mit dem »Salz«. Das sind zwei Buchstaben, die beim Anlegen des Passworts zufällig ausgewählt werden und mit dem Passwort gemeinsam verschlüsselt werden. Diese beiden Zeichen werden dann dem Passwort im Klartext vorangestellt. Mit diesen Kenntnissen müssten Sie das Perl-Skript lesen können, ohne dass Sie die Sprache Perl genauer kennen.

```
#!/usr/bin/perl
if( $#ARGV != 0 )
{
    print "Bitte Parameter angeben!\n";
    exit 1;
}
my $salt = join '', ('.', '/', 0..9,'A'..'Z', 'a'..'z')
         [rand 64, rand 64];
print crypt($ARGV[0], $salt) ."\n";
```

Das Skript wird unter dem Namen *crypt* gespeichert, mit `chmod 755` ausführbar gemacht und dann aufgerufen. Als Parameter soll das Passwort `peter` getestet werden:

```
$ crypt peter
3YTFeSt5NSxSY
```

Das Skript hat also offensichtlich 3Y als Salz ausgewürfelt. Sie können alternativ die Funktion `crypt` auch von PostgreSQL aus aufrufen. Siehe dazu auch: *http://www.postgresql.org/docs/8.3/static/pgcrypto.html.*

Der folgende SQL-Befehl trägt einen Benutzer peter in der Datenbank ein, damit Sie eine Ausgangsbasis zum Testen der Umgebung haben. Sie können den Befehl wieder in einer Datei ablegen. Im Beispiel heißt sie *inspeter.sql*.

```
INSERT INTO mailtable
  (id, domain, crypt, clear, name, home, maildir )
  VALUES (
    'peter@debian.willemer.edu','debian.willemer.edu',
    '3YTFeSt5NSxSY','Peter B.','peter',
    '/home/mail/willemer.edu/peter',
    '/home/mail/willemer.edu/peter/Maildir'
  );
```

Nun wird die Datei wie schon bei der Tabellenerzeugung an den PostgreSQL-Interpreter weitergegeben:

```
$ psql -h localhost -W maildb mailuser <inspeter.sql
```

Verzeichnisse anlegen

Im Datensatz werden die Verzeichnisse von peter erwähnt, die auch existieren sollten. Das Basisverzeichnis von peter wird mit einem `mkdir`-Befehl erzeugt. Die Option `-p` sorgt dafür, dass die Elternverzeichnisse miterzeugt werden, falls sie nicht existieren. Der Befehl `maildirmake` entstammt dem Courier-Paket und legt ein Maildir-Verzeichnis an. Mit dem rekursiven `chown`-Befehl werden die Unterverzeichnisse des Maildir-Verzeichnisses dem Exim-Benutzer zugewiesen.

```
# mkdir -p /home/mail/willemer.edu/peter
# maildirmake /home/mail/willemer.edu/peter/Maildir
# chown -R Debian-exim /home/mail
```

21.9.2 Courier-IMAP-Server

Nach der Installation ist der IMAP-Server darauf eingestellt, die Benutzer des lokalen Systems zu bedienen. Die Prüfung der Berechtigung erfolgt standardmäßig über die Benutzerverwaltung des Betriebssystems. Damit stattdessen nun auf die Datenbank zugegriffen wird, muss das PostgreSQL-Modul als Authentifizierungsinstanz in der Datei */etc/courier/authdaemonrc* eingetragen werden.

```
authmodulelist="authpgsql"
```

Die Datei */etc/courier/authpgsqlrc* wird vom PostgreSQL-Authentifizierungsmodul beim Start gelesen. Dort werden die Feldnamen für die Benutzerdaten festgelegt. Da immer wieder die gleichen Felder benötigt werden, gibt es bereits Vorgaben, nach denen wir ja auch die Datenbanktabelle strukturiert haben. So sind an dieser Stelle nur wenige Änderungen erforderlich. Folgende Felder müssen definiert sein:

```
PGSQL_HOST          localhost
PGSQL_PORT          5432
PGSQL_USERNAME      mailuser
PGSQL_PASSWORD      mail
PGSQL_DATABASE      maildb
PGSQL_USER_TABLE    mailtable
PGSQL_CRYPT_PWFIELD crypt
PGSQL_UID_FIELD     uid
PGSQL_GID_FIELD     gid
PGSQL_LOGIN_FIELD   id
PGSQL_HOME_FIELD    home
PGSQL_NAME_FIELD    name
PGSQL_MAILDIR_FIELD maildir
PGSQL_QUOTA_FIELD   quota
```

Nach der Änderung der Konfiguration muss der Authentifizierungsdämon neu gestartet werden:

```
# /etc/init.d/courier-authdaemon restart
```

21.9.3 Konfiguration des MTA

Nun muss Exim umgestellt werden, damit es seine Benutzerdaten aus der Datenbank liest. Auch in diesem Beispiel wird davon ausgegangen, dass Sie bei der Konfiguration die große Konfigurationsdatei anstatt vieler kleiner Dateien gewählt haben. Sollten Sie doch vor den kleinen Dateien stehen, ist das kein Drama. Sie befinden sich unterhalb des Verzeichnisses */etc/exim4/conf.d*. Mit ein paar `grep`-Befehlen werden Sie die benötigten Einträge schon finden.

Die Grundkonfiguration wurde bei der Installation ja bereits erledigt. Darauf aufbauend werden nur noch die Besonderheiten für die Authentifizierung per Datenbank gebraucht. In der Datei */etc/exim4/exim4.conf.template* finden Sie die Einstellungen für die Authentifizierung.

Benutzerverwaltung: plain und login

Die Einträge müssen Sie nicht komplett neu erfinden. In den Konfigurationsdateien sind mehrere Szenarien durchgespielt, aber durch Kommentarzeichen ausgeblendet. Es ist also nur notwendig, die aktuelle Authentifizierung auszuschalten und die Datenbankkonfiguration freizulegen. Zunächst suchen Sie die bisherigen Einstellungen, die Sie hinter dem Eintrag `cram_md5` finden. Dort sind `plain` und `login` aktiv. Beide Stichwörter sind mit einem Doppelpunkt versehen. Die eingerückten Zeilen dahinter gehören dazu und müssen hinter einem Kommentarzeichen (#) verschwinden. Nun suchen Sie den Eintrag plain_courier_authdaemon. Er befindet sich innerhalb der Sektion authenticators. Er steckt mit den folgenden eingerückten Zeilen hinter den Kommentaren. Diese müssen durch Entfernen der Kommentarzeilen aktiviert werden.

```
plain_courier_authdaemon:
  driver = plaintext
  public_name = PLAIN
  server_condition = \
    ${extract {ADDRESS} \
         {${readsocket{/var/run/courier/authdaemon/socket} \
         {AUTH ${strlen:exim\nlogin\n$auth2\n$auth3\n} \
         \nexim\nlogin\n$auth2\n$auth3\n} }} \
               {yes} \
               fail}
   server_set_id = $auth2
   .ifndef AUTH_SERVER_ALLOW_NOTLS_PASSWORDS
   server_advertise_condition = ${if eq{$tls_cipher}{}{}{*}}
   .endif
```

Für den PostgreSQL-Zugriff werden die Datenbankparameter aus Host, Datenbank und Datenbankbenutzer festgelegt. Mit dem Befehl hide wird verhindert, dass das Datenbankpasswort bei allen möglichen Gelegenheiten auf dem Bildschirm oder in den Log-Dateien erscheint:

```
hide pgsql_servers = localhost/maildb/mailuser/mail
```

Domänen lesen

Die zu bearbeitenden Domänen werden nun in der Datenbank gehalten, und Sie müssen Exim dazu bringen, die dort hinterlegten Domänen einzubinden. Dazu werden die lokalen Domänen per SQL-Anweisung aus der Tabelle gelesen:

```
domainlist local_domains = @:localhost: \
    pgsql;SELECT DISTINCT domain FROM mailtable \
    where domain = '$domain'
```

Alias-Zugriff

Nun werden die Daten der Benutzer aus der Datenbank gelesen. Dies geschieht unter `aliases`. Es befindet sich in der Sektion `routers`.

```
pgsql_aliases:
    debug_print = "R: pgsql_aliases for $local_part@$domain"
    driver = redirect
    allow_fail
    allow_defer
    domains = pgsql;SELECT DISTINCT domain FROM mailtable
    data = ${lookup pgsql{ \
        SELECT maildir FROM mailtable \
        WHERE id = '$local_part@$domain' OR \
              id = '*@$domain' ORDER BY maildir DESC \
        LIMIT 1 }}
    directory_transport = address_directory
    file_transport = pgsql_maildir_home
    cannot_route_message = Unknown user
    no_more
```

Maildir und Benutzerverzeichnis werden mit dem folgenden Befehl ausgelesen, den Sie in der Sektion `transports` finden:

```
pgsql_maildir_home:
    driver = appendfile
    group = mail
    mode = 660
    mode_fail_narrower = false
    envelope_to_add = true
    return_path_add = true
    directory = ${lookup pgsql{
      SELECT maildir FROM mailtable WHERE \
      id = '$local_part@$domain' OR \
      id = '*@$domain' ORDER BY maildir DESC \
      LIMIT 1 }}
    maildir_format
```

Nach der Änderung der Konfigurationsdateien ist ein Neustart von Exim erforderlich.

Postdaten

Die eigentliche Post finden Sie nun in den Verzeichnissen unter */home/mail*. Die erste Verzeichnisebene ist die Domäne. Derzeit gibt es nur *willemer.edu*. Darunter befinden sich die Benutzernamen als Verzeichnisnamen, und darunter wiederum steht das Maildir-Verzeichnis. Prinzipiell eignet sich dieser Ansatz auch dazu, verschiedene Domänen zu verwalten.

Die Authentifizierungsdaten wie Benutzer, Passwort und die für die Verwaltung notwendigen Daten befinden sich in der PostgreSQL-Datenbank. Der kritische Punkt ist die Passwortverschlüsselung, die aber mit dem Aufruf von `crypt` erreicht werden kann.

Prinzipiell könnten Sie nun die Erkenntnisse dieses Abschnitts mit denen des Abschnitts 20.12 über LAMP verknüpfen und die Verwaltung über ein Webinterface regeln.

21.10 Der Kampf gegen das Böse

E-Mail wäre so ein schönes Medium, wenn da nicht diese bösen Menschen wären, die fragen, ob Sie Viagra brauchen, auf zweifelhaftes Glücksspiel stehen, mit unechten Rolex-Uhren angeben wollen oder sich für rechtsradikales Gedankengut erwärmen möchten.

Diesen Mist möchte man gar nicht erst sehen. Und dagegen gibt es Spamfilter. Bevor Sie diese allerdings einsetzen, bedenken Sie, dass der Filter vielleicht auch versehentlich wichtige Mails abfischt.

21.10.1 Spamassassin gegen Werbung

Linux verfügt über einen Spamfilter namens Spamassassin, der über das Paket gleichen Namens installiert wird:

```
# apt-get install spamassassin
```

Spamassassin läuft als eigenständiger Dämon im Hintergrund. Der Austausch mit dem MTA läuft über eine Socketverbindung. Um Spamassassin im Hintergrundbetrieb zu betreiben, müssen Sie in der Datei */etc/default/spamassassin* die Variable `ENABLED` auf 1 stellen. Das führt dazu, dass beim Systemstart Spamassassin automatisch gestartet wird.

```
# /etc/default/spamassassin
ENABLED=1
```

Die Konfiguration findet in der Datei */etc/spamassassin/local.cf* statt. Dort stehen folgende Werte:

```
required_score 5  # Spam-Pegelwert
report_safe 1     # Bericht direkt in der Mail
bayes_auto_learn 1 # Spamassasin lernt selbst
```

Danach muss Spamassassin noch einmal neu gestartet werden. Das Init-Skript tut dies:

```
# /etc/init.d/spamassassin restart
```

Exim vorbereiten

Damit Exim eine freundliche Verbindung zu Spamassassin aufbaut, sollte es das Schwergewicht aus dem Paket *exim4-daemon-heavy* sein. Hier gibt es bereits eine Schnittstelle zu Spamassassin, die Sie in der Datei */etc/exim4/exim4.conf.template* aktivieren. Dort kann die Adresse des Spamfilterservers angegeben werden. In unserem Beispiel ist diese lokal. Spamassassin verwendet den Port 783.

```
spamd_address = 127.0.0.1 783
```

Im ACL-Bereich muss dann noch der Zugriff auf die lokalen Bereiche freigegeben werden. Dankenswerterweise sind die passenden Einträge bereits vorhanden und müssen nur noch von ihren Kommentarzeichen befreit werden.

```
acl_check_data:
   ...
  warn
     spam = Debian-exim:true
     message = X-Spam_score: $spam_score\n\
               X-Spam_score_int: $spam_score_int\n\
               X-Spam_bar: $spam_bar\n\
               X-Spam_report: $spam_report
```

Wenn Sie diese Zeilen entkommentiert haben, ist es an der Zeit, auch Exim neu zu starten:

```
# /etc/init.d/exim4 restart
```

Postfix konfigurieren

Für die Integration in Postfix müssen Sie die Datei *master.cf* anpassen. Sie tragen einen Filter ein. Dazu ergänzen Sie die Zeile `smtp` intern um die Option `content_filter`:

```
# /etc/postfix/master.cf
smtp    inet  n   -  n   -   -   smtpd -o content_filter=spamfilter
```

Am Ende der Datei wird der Filter eingetragen:

```
spamfilter  unix  -     n    n    -    -     pipe
  user=spamd argv=/usr/bin/spamc -e -e
  /usr/sbin/sendmail -oi -f ${sender} ${recipient}
```

Nun kann Postfix neu gestartet werden:

```
# /etc/init.d/postfix restart
```

Test

Nun sollte alles bereit sein. Zum Testen benötigen Sie Spam. Und Sie können darauf wetten, dass nun, wo Sie sie benötigen, keine einzige Viagra-Mail auftaucht. Aber zum Glück finden Sie in der Datei */usr/share/doc/spamassassin/examples/sample-spam.txt* eine entsprechende Beispielmail. Sie enthält die folgende Zeichenkette:

```
XJS*C4JDBQADN1.NSBN3*2IDNEN*GTUBE-STANDARD-ANTI-UBE-TEST-EMAIL*C.34X
```

Diese Zeile muss ohne Zeilenumbruch und ohne Leerzeichen gesendet werden. Spamassassin sollte sie erkennen und sofort als Spam identifizieren.

21.10.2 Virenschutz für Windows-Clients

Insbesondere, wenn Sie Windows-Rechner im Netzwerk haben, kann es sinnvoll sein, die Mails nach Viren zu durchsuchen, bevor sie auf den Arbeitsplatzrechner gelangen. Auf jeden Fall kann davon ausgegangen werden, dass Mails, die einen Virus enthalten, wohl nur geringen Informationswert haben. Zur Ausfilterung von Viren benötigen Sie das Paket *clamav-daemon*:

```
# apt-get install clamav-daemon
```

In der Konfigurationsdatei *clamd.conf* muss die Variable `AllowSupplementaryGroups` gesetzt sein:

```
# /etc/clamav/clamd.conf
AllowSupplementaryGroups true
```

Das ist sie in der Regel auch, sodass hier nichts zu tun ist. Nach dieser Meisterleistung muss der Dämon neu gestartet werden:

```
# /etc/init.d/clamav-daemon restart
```

Aktualisierung

Die Virenkennungen werden durch den Dämon `freshclam` aktualisiert. Sie können die relevanten Einstellungen durch den Befehl `dpkg-reconfigure` wiederholen:

```
# dpkg-reconfigure clamav-freshclam
```

Sie werden gefragt, ob Sie eine ständige Verbindung zum Internet haben und in welchem Takt Sie die Kennungen aktualisieren möchten.

Exim-Konfiguration

Wir wenden uns Exim zu. In der Datei */etc/exim4/exim4.conf.template* suchen Sie nach der Variablen `av_scanner`. Sie ist das Interface zu ClamAV. Dort befindet sich der Socket, über den Exim mit ClamAV kommuniziert.

```
# /etc/exim4/exim4.conf.template
# av_scanner = clamd:/tmp/clamd
av_scanner = clamd:/var/run/clamav/clamd.ctl
```

Sie suchen weiter nach dem Stichwort *malware*. Sie werden eine auskommentierte Zeilenfolge finden, die mit dem Wort `deny` beginnt. Dies ändern Sie.

```
# /etc/exim4/exim4.conf.template
  # deny
  #   malware = *
  #   message = This message was detected as possible malware ($malware_name).
  deny
    message = This message was detected as possible malware ($malware_name).
    demime = *
    malware = *
```

Nun müssen Sie noch dafür sorgen, dass der Benutzer clamav Mitglied der Gruppe Debian-exim wird:

```
# addgroup clamav Debian-exim
```

Sie ahnen schon, dass es nun an der Zeit ist, Exim neu zu starten. Und wieder wird dazu das Init-Skript bemüht:

```
# /etc/init.d/exim4 restart
```

Nun wäre es nett, wenn man ein paar Testviren hätte. Aber genau dann, wenn man sie mal brauchen könnte, sind keine da. Auf der Website *www.eicar.org* sollten Sie fündig werden.

Postfix

Die Konfigurationsdatei */etc/clamsmtpd.conf* wird verändert, damit sie die Mails zum Filtern bekommt.

```
OutAddress: 10025
Listen: 127.0.0.1:10026
```

Diese Ursprungskonfiguration wird in die folgende umgestellt:

```
OutAddress: 10026
Listen: 127.0.0.1:10025
```

Nun muss in der Datei */etc/postfix/main.cf* der entsprechende Port aufgeführt sein. Es werden die folgenden Einträge benötigt:

```
content_filter = scan:[127.0.0.1]:10025
receive_override_options = no_address_mappings
```

Anschließend muss die Antiviren-Software als Filter in die dafür zuständige Konfigurationsdatei *master.cf* eingetragen werden:

```
# AV scan filter (used by content_filter)
scan unix - - n - 16 smtp
    -o smtp_send_xforward_command=yes
# For injecting mail back into postfix from the filter
127.0.0.1:10026 inet n - n - 16 smtpd
    -o content_filter=
    -o receive_override_options=no_unknown_recipient_checks,
       no_header_body_checks
    -o smtpd_helo_restrictions=
    -o smtpd_client_restrictions=
    -o smtpd_sender_restrictions=
    -o smtpd_recipient_restrictions=permit_mynetworks,reject
    -o mynetworks_style=host
    -o smtpd_authorized_xforward_hosts=127.0.0.0/8
```

Kapitel 22
Virtuelle Domänen und Maschinen

Inhalt

- Effiziente Auslastung realer Computer
- Emulation fremder Betriebssysteme
- Ausfallsicherheit und schnelle Wiederherstellbarkeit

Bereits ein gängiger PC aus dem Supermarkt ist so leistungsstark, dass er durch die normalen Anwendungen kaum unter Last zu setzen ist. Und viele der Root-Server, die ein Webhoster seinen Kunden anbietet, wissen nicht einmal, was CPU-Last eigentlich ist. Es ist darum eine naheliegende Idee, auf einem PC parallel mehrere virtuelle PCs laufen zu lassen.

Wir betrachten ein paar Lösungen für virtuelle Maschinen, die verschiedene Ansätze und unterschiedliche Ziele verfolgen. Jeweils wird ein vollständiger PC emuliert.

Die VirtualBox eignet sich auch dazu, in einem Fenster einen vollwertigen PC mit Grafik zu emulieren. Programmierer verwenden diese gern, um ihre Programme in verschiedenen Umgebungen laufen zu lassen oder auch um ihre Entwicklungsumgebung einzufrieren, falls ein Kunde später Erweiterungen anfordert.

OpenVZ nutzt für alle virtuellen Maschinen denselben Kernel. Damit eignet er sich nicht für Windows-Umgebungen. Wenn aber viele gleiche virtuelle Maschinen benötigt werden, spart dieses Konzept Ressourcen.

KVM nutzt die Hardware-Unterstützung der Prozessoren für die Virtualisierung. Auf diese Weise gelingt es, die Performance des Systems optimal zu nutzen.

Der Umgang mit virtuellen Maschinen kann im Rahmen dieses Buchs nur angerissen werden. Aber die verschiedenen Ansätze dürften ein Appetithappen dafür sein, was möglich ist und wie eine Virtualisierung eingesetzt werden kann.

22.1 VirtualBox und der PC im Fenster

Mit dem Programm *VirtualBox* können Sie einen PC in einem Fenster Ihres Desktops simulieren. Dieser virtuelle PC erhält eine virtuelle Festplatte, die in einer Datei abgelegt wird und erst dann wächst, wenn die Platte sich langsam füllt.

Als DVD- oder CD-Laufwerk kann eine Image-Datei verwendet werden. Auf diese Weise können die Linux-Versionen direkt installiert werden, ohne erst eine DVD oder eine CD zu brennen. Sie können allerdings auch das echte Laufwerk aktivieren.

Bei der Netzwerkkarte kann entweder der Gastrechner als NAT-Router (siehe Abschnitt 14.2) verwendet werden oder eine Netzwerkbrücke gebildet werden. Dann wird der virtuelle PC ein eigenständiger Teilnehmer im gemeinsamen Netzwerk.

Sie installieren die VirtualBox mit dem folgenden Befehl:

```
# apt-get install virtualbox-ose
```

OSE steht für *Open Source Edition*. Sie können auch Versionen für Windows und Intel-basierte Macs von der Adresse *http://www.virtualbox.org* herunterladen.

Auch als Gast können Sie neben allen möglichen Varianten von Linux auch Solaris oder diverse Windows-Versionen installieren.

Beispielinstallation

In den folgenden Absätzen wird kurz gezeigt, wie ein Debian-Server als virtuelle Maschine für VirtualBox installiert wird. Diese Anleitung können Sie auch verwenden, wenn Sie verschiedene Installationsszenarien durchspielen wollen.

Sie benötigen dazu einen PC mit einigen Reserven im Bereich Hauptspeicher und genügend freien Festplattenplatz. Immerhin haben Sie vor, diese Ressourcen mit einem kompletten Betriebssystem zu teilen. Auch eine hohe Bildschirmauflösung ist von Vorteil, weil das Gastsystem ja idealerweise in einem Fenster läuft, das naturgegeben etwas kleiner als der Komplettbildschirm ist.

Nach dem Start des Programms VirtualBox erscheint zunächst sein Hauptfenster. Darin befindet sich in der linken Spalte die Liste der bisher erstellten virtuellen Maschinen. Sie erstellen eine neue Maschine für Debian durch Klicken auf den Button NEU. Nach einer kurzen Ansprache des Programms an den Benutzer und die Nation erreichen Sie den Dialog, in dem Sie den Namen der Maschine, das Betriebssystem und die Version angeben können. In Abbildung 22.1 sehen Sie, wie eine virtuelle Maschine für einen Debian-Server erstellt wird.

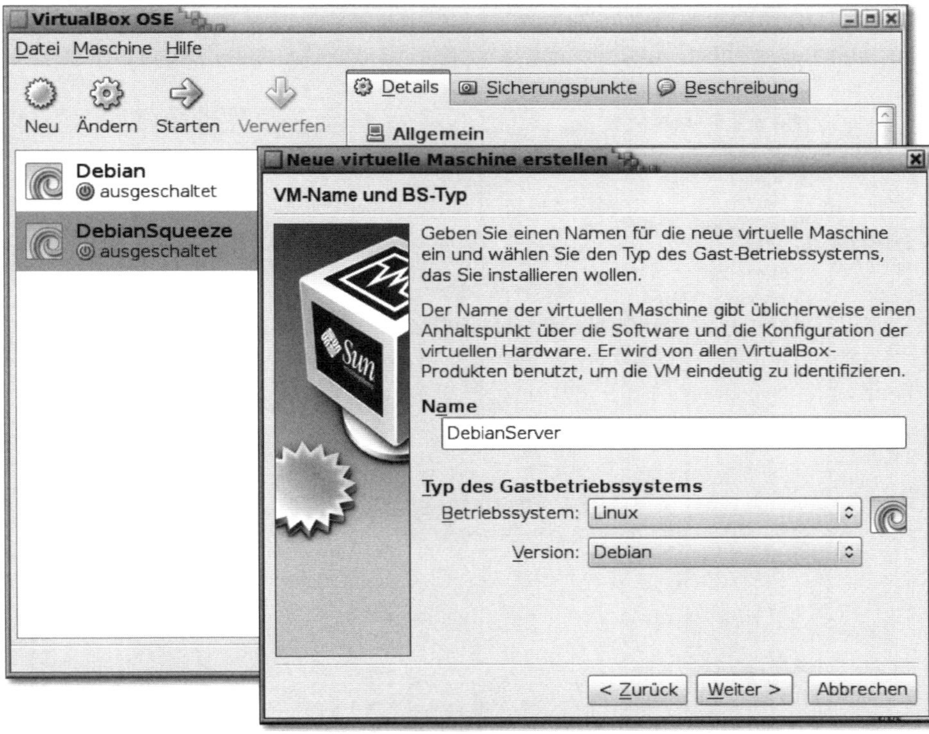

Abbildung 22.1 Neue virtuelle Maschine

Im nächsten Dialog bestimmen Sie die Größe des Hauptspeichers. Hier kommen Sie mit 512 MByte zunächst gut zurecht. Mit dem Button WEITER gelangen Sie zu mehreren Dialogen, in denen Sie die Einstellungen für die Festplatte angeben. Für eine neue Installation erzeugen Sie eine virtuelle Festplatte, die dynamisch wächst und etwa 10 GByte groß sein kann. Sie können den Ort und den Namen der Datei festlegen, die Ihre virtuelle Festplatte aufnehmen wird. Schließlich klicken Sie auf den Button FERTIG, um die Grundeinstellungen abzuschließen.

Nun können Sie die virtuellen Hardwaredetails anpassen, indem Sie die virtuelle Maschine anwählen und unter dem Menüpunkt MASCHINE den Punkt ÄNDERN auswählen.

Das Installationsmedium wird von der Debian-Website heruntergeladen. Sie können es natürlich mit einem Brennprogramm auf einen Rohling brennen. Die VirtualBox ermöglicht es aber auch, direkt von der Image-Datei zu booten. Dazu wird die Image-

Datei als CD-Laufwerk eingebunden. Klicken Sie in der linken Spalte MASSENSPEICHER an und wählen Sie das CD-Symbol, das zunächst auf »leer« steht. Auf der rechten Seite erscheinen die Attribute. Dort wählen Sie das Ordnersymbol und erhalten eine Liste bisher verwendeter Image-Dateien, die bei Ihnen vermutlich leer ist. Durch den Button HINZUFÜGEN erhalten Sie einen Dateiauswahldialog, mit dem Sie Ihre heruntergeladene Image-Datei auswählen. Anschließend schließen Sie den Dialog mit AUSWÄHLEN.

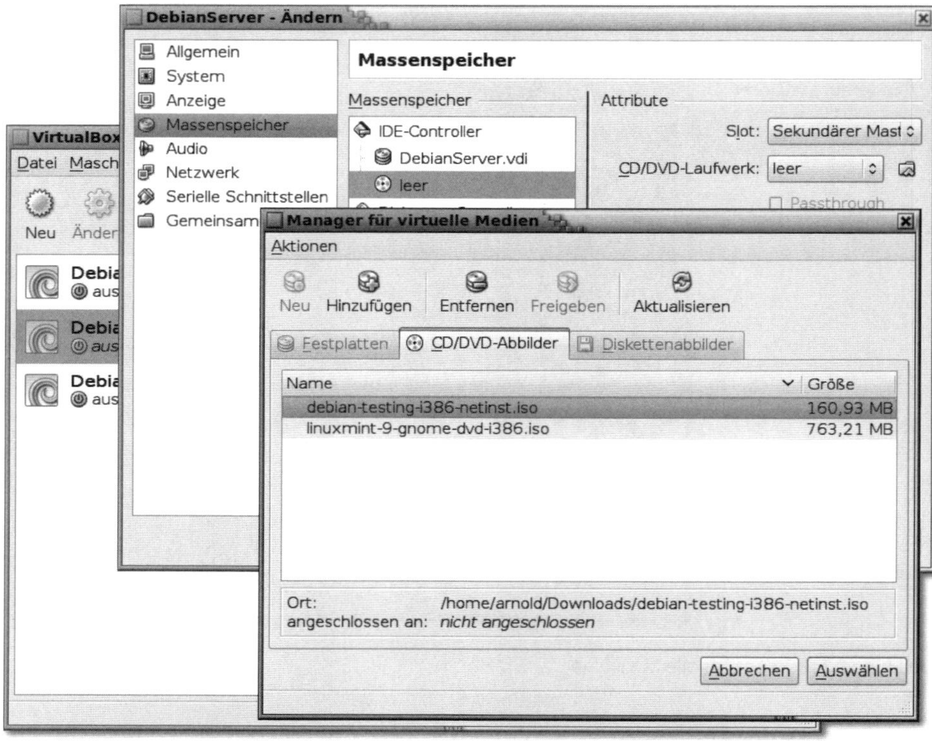

Abbildung 22.2 Virtuelle CD auswählen

Unter dem Punkt SYSTEM sollten Sie die Bootreihenfolge prüfen. Insbesondere sollte das System nicht versuchen, die Diskette zu booten, wenn Sie keine solche besitzen.

Die restlichen Einstellungen sind für eine Installation ausreichend. Sie können nun die virtuelle Maschine durch Klick auf STARTEN in Betrieb nehmen. Diese wird automatisch von der Image-Datei booten und wird dann wie ein realer PC installiert.

Eine kleine Besonderheit betrifft die Handhabung der Maus. In der virtuellen Maschine bewegt sich die Maus nicht mit, bis Sie in das Fenster hineinklicken. Dann können Sie die Maus der virtuellen Maschine bedienen. Allerdings fehlt Ihnen jetzt die Maus auf Ihrem Gast-Desktop. Um diese wiederzuerlangen, müssen Sie die rechte [Strg]-Taste drücken.

22.2 OpenVZ und der geteilte Kernel

Es ist keineswegs zwingend notwendig, einen kompletten PC zu virtualisieren, wenn mehrere virtuelle Debian-Rechner den gleichen Kernel wie das Gastsystem verwenden sollen. In diesem Fall können Sie OpenVZ einsetzen. Es verwendet eine gepatchte Version des Kernels. Dieser ist darauf vorbereitet, von mehreren Hosts genutzt zu werden. Für die Steuerung der virtuellen Maschinen wird das Programmpaket *vzctl* verwendet:

```
# apt-get install vzctl
```

Kernelvorbereitungen

Bevor Sie OpenVZ einsetzen, müssen Sie einen Kernel installieren, der darauf vorbereitet ist. Je nachdem, ob Sie ein 64- oder 32-Bit-System verwenden, lautet der Befehl:

```
# apt-get install linux-image-openvz-amd64
# apt-get install linux-image-openvz-686
```

Wie immer nach der Installation eines neuen Kernels empfiehlt es sich, den Rechner neu zu starten. Nach dem Neustart testen Sie mit `ps`, ob OpenVZ läuft, und mit `ifconfig`, ob die virtuelle Netzwerkschnittstelle *venet0* exisitiert:

```
# ps -ef | grep vz
root      2592     2  0 17:10 ?        00:00:00 [vzmond]
# ifconfig venet0
venet0    Link encap:UNSPEC  Hardware Adresse 00-00-00-0...
```

Templates und debootstrap

Für den Start benötigt die virtuelle Maschine ein Template. Sie finden vorbereitete Templates auf der OpenVZ-Website unter der folgenden URL zum Download:

http://wiki.openvz.org/Download/template/precreated

Alternativ können Sie sich ein eigenes Template erstellen, wie in der dem Paket beiliegenden Dokumentation in */usr/share/doc/vzctl/README.Debian.gz* beschrieben wird. Dazu benötigen Sie das Programm `debootstrap`, das wie folgt installiert wird:

```
# apt-get install debootstrap
```

Das Programm baut über das Internet eine startbare Linux-Installation zusammen. Der folgende Befehl erstellt für die 64-Bit-Architektur eine Debian-Version im Verzeichnis */var/lib/vz/private/100* aus den Ressourcen, die das Programm auf der Website *http://ftp.uk.debian.org/debian* findet. Je nach Geschwindigkeit Ihres Internetanschlusses dauert dieser Vorgang ein Weilchen. Der folgende Befehl wird normalerweise in einer Zeile gesetzt, wird hier allerdings aus drucktechnischen Gründen durch den Einsatz eines Backslashs umbrochen.

```
# debootstrap --arch amd64 linuxsrv /var/lib/vz/private/100 \
        http://ftp.de.debian.org/debian
```

Die Zahl 100 im Pfad ist die Nummer der virtuellen Gastmaschine. Sie wird im Folgenden immer wieder benutzt, um die virtuelle Maschine zu konfigurieren, zu starten, zu betreten und zu stoppen. Wenn Sie mehrere Maschinen einrichten, muss jede eine eindeutige Nummer über 100 haben.

Basiskonfiguration

Der folgende Befehl richtet eine Basiskonfiguration für den Container ein. Der Befehl `echo` sorgt dafür, dass als Template ein Debian in die Konfigurationsdatei geschrieben wird. Sie könnten dies natürlich auch mit einem Editor tun.

```
# vzctl set 100 --applyconfig basic --save
# echo "OSTEMPLATE=debian" >> /etc/vz/conf/100.conf
```

Der Container soll den Hostnamen *vzlinuxsrv* erhalten. Die Domäne ist wie hier im Buch üblich *willemer.edu*. Ich bin sicher, Sie finden passendere Namen für Ihre Umgebung.

```
# vzctl set 100 --hostname vzlinuxsrv --save
# echo vzlinuxsrv.willemer.edu > /var/lib/vz/private/100/etc/mailname
```

Auf die gleiche Weise können dem Container eine IP-Adresse und der zuständige DNS-Server mitgeteilt werden:

```
# vzctl set 100 --ipadd 192.168.109.191 --save
# vzctl set 100 --nameserver 192.168.109.199 --save
```

Durchstarten

Nun sollte alles bereit sein, um die Maschine zu starten.

```
# vzctl start 100
Starting container ...
Initializing quota ...
Container is mounted
Adding IP address(es): 192.168.109.191
Setting CPU units: 1000
Set hostname: vzlinuxsrv
File resolv.conf was modified
Container start in progress...
#
```

Mit dem Befehl `vzctl enter` können Sie einen Container betreten. Die folgende Abfolge von Befehlen zeigt dies. Mit den Befehlen `df` und `free` wird gezeigt, wie der Container von innen aussieht. Sie können ihn durch einen normalen Logout verlassen. Mit dem Befehl `vzctl stop` wird der Container 100 wieder heruntergefahren.

```
# vzctl enter 100
entered into CT 100
root@vzlinuxsrv:/# df
Filesystem    1K-blocks    Used Available Use% Mounted on
/dev/simfs      1048576  219952    828624  21% /
tmpfs            131072       0    131072   0% /lib/init/rw
tmpfs            131072       0    131072   0% /dev/shm
root@vzlinuxsrv:/# free
             total    used   free shared  buffers cached
Mem:        262144   29668 232476      0        0      0
-/+ buffers/cache:   29668 232476
Swap:            0       0      0
root@vzlinuxsrv:/# logout
exited from CT 100
# vzctl stop 100
Stopping container ...
Container was stopped
Container is unmounted
```

Wie Sie bereits zuvor gesehen haben, verwendet die Maschine 100 die Konfigurationsdatei */etc/vz/conf/100.conf*. Jede Maschine besitzt also ihre eigene Konfiguration.

22.3 KVM und die Prozessoren

Das Paket KVM (*Kernel-based Virtual Machine*) wurde von der Firma Qumranet angestoßen, die im Jahre 2008 vom Linux-Distributor Red Hat übernommen wurde. Seit der Version RHEL 6.0 wird es als Ersatz für Xen ausgeliefert. Auch Ubuntu setzt KVM anstelle von Xen ein. Die Unterstützung der Prozessorhersteller ist dem Paket sicher. Sie liefern den Code, damit KVM die Fähigkeiten der Prozessoren beim Betrieb virtueller Maschinen optimal ausreizen kann.

Auf der anderen Seite benötigt KVM auch Prozessoren, die eben diese Unterstützung bieten. Auf anderen Prozessoren läuft es nicht. Wenn Ihr Computer einen passenden Prozessor besitzt, sollten Sie noch prüfen, ob das BIOS die virtuellen Fähigkeiten Ihres Prozessors unterstützt oder abschaltet. Ob KVM die virtuellen Möglichkeiten verwenden kann, können Sie durch einen Blick auf die CPU-Eigenschaften feststellen.

```
# cat /proc/cpuinfo | grep vmx
# cat /proc/cpuinfo | grep svm
```

Sie finden unter *Flags* einige dreibuchstabige Kombinationen. Befindet sich die Kennung »vmx« oder »svm« darunter, kann es losgehen. Wenn dagegen keiner dieser Befehle

Flags anzeigt, ist Ihr Prozessor entweder ungeeignet oder Sie müssten sich das BIOS noch einmal genauer anschauen. Vielleicht hilft es, den PC nach der Umschaltung auf die virtuellen Flags im BIOS ein paar Sekunden stromlos zu stellen.

Installation

Wenn Sie sicher sind, dass die Hardwarevoraussetzungen stimmen, können Sie das Paket *kvm* in gewohnter Weise mit dem Befehl `apt-get` installieren:

```
# apt-get install kvm
```

Daraufhin wird Debian automatisch das Treibermodul für den verwendeten Prozessor starten. Sie können es durch den Befehl `lsmod` prüfen:

```
# lsmod | grep kvm
kvm_amd                31862  0
kvm                   214056  1 kvm_amd
#
```

Bei einem Intel-Prozessor würden Sie das Modul `kvm-intel` sehen. Sollte das nicht funktionieren, fehlt KVM vermutlich die Prozessorunterstützung. Diese ist oft im BIOS abgeschaltet. Nach dem Aktivieren im BIOS können Sie mit dem Befehl `modprobe` versuchen, ob der Treiber nun gestartet werden kann:

```
# modprobe kvm-amd
# modprobe kvm-intel
```

Mit dem Programm `kvm-img` werden die Festplatten-Images verwaltet, die von den virtuellen Maschinen genutzt werden können. Der erste Parameter des Programms ist die Aktion, die ausgeführt werden soll. Der Befehl `create` legt eine Image-Datei an.

```
$ kvm-img create kvmhd.img 10G
Formatting 'kvmhd.img', fmt=raw size=10737418240
$
```

In der Manpage von `kvm-img` finden Sie weitere Befehle und Parameter.

Einrichten der virtuellen Maschine

Wenn das Festplatten-Image fertiggestellt ist, kann die virtuelle Maschine installiert werden. Der folgende Befehl verwendet die eingelegte CD oder DVD als Bootmedium für die Installation des Betriebssystems für die virtuelle Maschine. Mit der Option `-m 512M` wird der Hauptspeicher auf 512 MByte festgelegt:

```
$ kvm kvmhd.img -cdrom /dev/sr0 -m 512M
```

Für den Start der Installation wird ein Fenster geöffnet, das die virtuelle Maschine als Bildschirm benutzt (siehe Abbildung 22.3). der virtuellen Maschine. Sie können die Installation vornehmen, als würden Sie einen fabrikneuen PC einrichten.

Abbildung 22.3 Virtuelle Maschine mit KVM

Sollten Sie statt einer Installations-CD ein Image verwenden, geben Sie statt der Gerätedatei */dev/sr0*, die Debian für das erste CD-Laufwerk verwendet, den Namen der Image-Datei an:

```
$ kvm kvmhd.img \textbackslash
    -cdrom debian-6.0.1a-amd64-netinst.iso -m 512M
```

Virtuelle Maschine starten

Der Start der virtuellen Maschine ist noch einfacher. Hier wird lediglich die virtuelle Festplatte als Parameter benötigt. Mit `-m` können Sie noch den Speicher einstellen. Ansonsten versucht es KVM mit 128 MByte, was aber sehr knapp bemessen ist.

```
# kvm kvmhd.img -m 512M
```

Sollten Sie eine grafische Oberfläche in der virtuellen Maschine einrichten und darin die Maus benötigen, klicken Sie mit der Maustaste in das Fenster der virtuellen Maschine. Um die Maus wieder außerhalb des Fensters benutzen zu können, drücken Sie die Tasten [Strg]+[Alt].

22.3.1 Konfiguration

Die virtuellen Maschinen des KVM werden nicht über eine Konfigurationsdatei, sondern durch Parameter beim Aufruf eingestellt. Das ist insofern sinnvoll, weil Sie in der Regel ja nicht immer nur die gleiche virtuelle Maschine starten, sondern bei jeder virtuellen Maschine unterschiedliche Parameter haben.

Das fängt bereits mit der MAC-Adresse (siehe Abschnitt 9.2) an. Jeder Netzwerkadapter hat ja seine eigene Hardware-Adresse, über die die dem TCP/IP zugrunde liegenden Ethernet-Pakete adressiert werden. Nun ist eine virtuelle Maschine eben virtuell und besitzt damit eine virtuelle MAC-Adresse. KVM verwendet dafür standardmäßig die MAC-Adresse 52:54:00:12:34:56. Wenn Sie eine zweite virtuelle Maschine anlegen, erhält sie die gleiche MAC-Adresse, was nicht gutgehen kann. Also geben Sie mit dem Parameter `-net` eine neue MAC-Adresse an.

```
$ kvm kvmhd.img -net nic,macaddr=52:54:03:04:05:06
```

Die ersten beiden Nummern beschreiben den Hersteller des Netzwerkadapters. Damit Sie nicht zufälligerweise eine bereits verwendete MAC-Adresse erwischen, ist es klug, die ersten beiden Zahlen der KVM-MAC-Adresse zu übernehmen und daran dann neue Zahlen zu hängen. Sie können die MAC-Adresse im QEMU-Monitor mit dem Befehl `info network` überprüfen.

```
(qemu) info network
VLAN 0 devices:
   rtl8139.0: model=rtl8139,macaddr=52:54:03:04:05:06
```

Wenn Sie mehrere virtuelle Maschinen starten, erhalten Sie auch mehrere QEMU-Fenster. Diese werden Sie in einem Rechenzentrum gar nicht mehr benötigen, wenn sie einmal installiert sind. Im Gegenteil, sie sind sogar störend, wenn die virtuellen Maschinen durch ein Skript beim Hochfahren der Maschine gestartet werden sollen, weil dann vermutlich gar keine grafische Oberfläche zur Verfügung steht. Wenn Sie die Option `-nographic` verwenden, wird kein Fenster erscheinen. Falls Ihre virtuelle Maschine ein Server ist, werden Sie ihn vermutlich sowieso über SSH warten.

In anderen Fällen wollen Sie vielleicht die virtuelle Maschine nur als Unterbau haben, um Ihren Arbeitsplatz schnell wechseln zu können. In diesem Fall soll die virtuelle Maschine den kompletten Bildschirm verwenden können. Der passende Parameter lautet `-full-screen`.

Wenn Sie den Parameter `-ctrl-grab` einsetzen, verwendet KVM wie die VirtualBox die rechte [Strg]-Taste, um den Maus-Cursor wieder zu befreien.

Weitere Hinweise

Das Paket *virt-manager* stellt eine GUI für die Einrichtung von virtuellen Maschinen zur Verfügung, die den Umgang mit ihnen so erleichtern, dass sie auch anfängergeeignet sind.

Auf der Kommandozeile finden Sie im Programm `virsh` aus dem Paket *libvirt-bin* eine Möglichkeit, die Konfiguration anzusehen und zu editieren.

Über die Manpage von KVM finden Sie eine große Menge weiterer Aufrufoptionen:

```
$ man kvm
```


22.3.2 Virtuelle Maschine auf Wanderschaft

Einer der Vorteile der virtuellen Maschinen ist, dass sie unabhängig von der Hardware sind. So kann die Image-Datei eines solchen Hosts problemlos auf einen anderen Rechner übertragen und dort gestartet werden. Das System muss also nicht mühselig neu installiert werden.

Mit KVM ist es sogar möglich, eine virtuelle Maschine im laufenden Betrieb von einem Gastrechner auf einen anderen zu übertragen. Dadurch können Sie die Hardware austauschen, ohne dass der Betrieb unterbrochen werden muss. Sie können auf diesem Weg aber auch Rechner entlasten, indem Sie die virtuellen Maschinen neu verteilen.

Sie benötigen natürlich mindestens zwei Computer, auf denen KVM läuft. Diese Rechner müssen nicht identisch sein. Der Austausch zwischen AMD- und Intel-Prozessoren ist kein Problem. Unterschiede in der Software-Umgebung des Gastrechners können schon eher eine Rolle spielen. Die Wanderschaft zwischen zwei Debian-Maschinen mit 64-Bit-Architektur klappte einwandfrei.

Gemeinsames Image

Die Image-Datei muss von beiden Rechnern aus zugreifbar sein. Hier könnten Sie ein SAN-Laufwerk einsetzen oder das Image im Netzwerk zur Verfügung stellen. Dazu verwenden Sie NFS (siehe Abschnitt 18.3). Mit SAMBA wird es nicht funktionieren. Im Beispiel gehen wir davon aus, dass Sie eine Export-Datei haben, wie sie bei NFSv4 (siehe Abschnitt 18.3.4) aufgezeigt wurde.

```
/srv/nfsv4   *(rw,sync,fsid=0,no_subtree_check)
/home        *(rw,sync,no_subtree_check)
```

Der erste Rechner heißt *debian*. Der Zielrechner, auf den migriert werden soll, heißt *linuxsrv*. Der Server *debian* stellt für dieses Beispiel auch den NFS-Dienst für die Image-Datei *kvmhd.img* zur Verfügung. Lokal liegt sie im Verzeichnis */srv/nfsv4/home/kvm*.

Zunächst wird das exportierte Verzeichnis in den lokalen Verzeichnisbaum des Zielrechners eingebunden:

```
linuxsrv # mkdir /home/kvm
linuxsrv # mount.nfs4  debian:/home/kvm /home/kvm/
```

Auf dem Server *debian* wird die virtuelle Maschine wie gewohnt gestartet:

```
debian $ cd /srv/nfsv4/home/kvm
debian $ kvm kvmhd.img -m 512M
```

Nun wechseln Sie auf dem Zielrechner ebenfalls in das Verzeichnis, in dem sich das Image befindet, und starten dort eine Sitzung, die aber noch nicht startet, sondern erst auf eine Übertragung wartet. Dazu wird der Parameter `-incoming` verwendet.

```
linuxsrv $ cd /home/kvm
linuxsrv $ kvm kvmhd.img -m 512M -incoming tcp:0:1234
```

Es wird wie bei der Sitzung auf dem Hauptrechner ein QEMU-Fenster geöffnet. Allerdings startet dort nicht die virtuelle Maschine, sondern im Verschiebebalken des Fensters erscheint der Hinweis »STOPPED«. Wichtig ist, dass die Parameter beim Start der Maschinen übereinstimmen. Es muss ja beispielsweise der RAM-Inhalt von einer Maschine auf die andere übertragen werden. Dumm, wenn sich dann die Speichergrößen unterscheiden.

Nun wird auf dem ersten Computer *debian* im QEMU-Fenster die Tastenkombination [Strg]+[Alt]+[2] verwendet, um in den QEMU-Monitor zu gelangen. Dort finden Sie einen Prompt und leiten die Migration mit dem folgenden Kommando ein:

```
(qemu) migrate -d tcp:linuxsrv:1234
```

Es dauert ein paar Sekunden, in denen der aktuelle Status der beiden virtuellen Maschinen abgeglichen wird. Sobald der Differenzbestand gering genug ist, um ihn innerhalb von wenigen Millisekunden zu übertragen, zieht die virtuelle Maschine auf den Ziel-Computer um und das ursprüngliche QEMU-Fenster zeigt »STOPPED« an.

Sollte sich der Wechsel hinziehen, erfahren Sie den Zustand der Migration durch das folgende Kommando:

```
(qemu) info migrate
```

Sollte dort das Wort »failed« auftauchen, werden Sie schon ahnen, dass es nicht geklappt hat. Sie finden dann in der Konsole der Zielmaschine weitere Hinweise auf die Fehlerursache.

Kapitel 23
Der Server als Multitalent

Inhalt

Neben den klassischen Anwendungen eines Servers als Datei-, Web- und Mailserver sind hier noch ein paar Beispiele aufgeführt, die aufzeigen, was man mit dem Server noch machen kann.

23.1 Der Server als Video-Rekorder

Es ist immer schön, wenn man Aufgaben an den Computer vergeben kann. So können Sie beispielsweise Ihren Computer für sich fernsehen lassen, wenn Sie gerade nicht da sind oder schlafen wollen, während interessante Sendungen im Fernsehen kommen.

Sie können Ihren Server einsetzen wie Ihren alten Video-Rekorder. Den nannten die Amerikaner VCR (*Video Cassette Recorder*). Ihr neuer Rekorder heißt VDR (*Video Disk Recorder*). Und er kann mehr: Nicht nur, dass die Qualität der Aufnahmen besser ist, auch die Steuerung ist einfacher. Über ein Web-Interface können Sie sich im EPG (*Electronic Program Guide*) wie in einer Fernsehzeitschrift die Sendungen ansehen, eine davon anklicken und sie wird aufgenommen. Die aufgenommene Video-Datei können Sie sich dann per FTP oder SAMBA abholen und auf Ihrem Computer ansehen oder schneiden und archivieren.

TV-Karten und Firmware-Dateien

Allerdings benötigen Sie noch etwas Hardware. Schließlich soll Ihr Server ja auch in der Lage sein, fernzusehen. Dazu beschaffen Sie sich eine TV-Karte. Dabei benötigen Sie eine DVB-S-Karte für Satellitenempfang, eine DVB-T-Karte, wenn Sie per Antenne empfangen wollen, oder eine DVB-C-Karte, wenn Sie einen Kabelfernsehanschluss haben. Versuchen Sie, eine Karte zu bekommen, die zu Linux kompatibel ist.

Für den Betrieb der Karten benötigen Sie eventuell Firmware-Dateien, sofern es nicht eine ältere TV-Karte ist, die Linux sowieso erkennt. Ob es ein Problem gibt, können Sie mit dem Befehl `dmesg` ermitteln:

```
# dmesg | less
```

Suchen Sie mit dem Schrägstrich nach dem Begriff »video«. Sie sehen im unteren Beispiel zwei TV-Karten. Für die untere wird angezeigt, dass die Firmware-Datei *dvb-usb-dib0700-1.20.fw* gesucht und gefunden wurde.

```
... cx88[1]/0: registered device video0 [v4l2]
... cx88[1]/0: registered device vbi0
... cx88[0]/0: found at 0000:01:0a.0, rev: 5, irq: 18, ...
... wm8775 0-001b: chip found @ 0x36 (cx88[0])
... cx88[0]/0: registered device video1 [v4l2]
... cx88[0]/0: registered device vbi1
... cx88[1]/2: cx2388x 8802 Driver Manager
... cx88[1]/2: found at 0000:01:08.2, rev: 5, irq: 17, ...
... cx88[0]/2: cx2388x 8802 Driver Manager
... cx88[0]/2: found at 0000:01:0a.2, rev: 5, irq: 18, ...
... usb 3-2: firmware: agent loaded dvb-usb-dib0700-1.20.fw into memory
... usbcore: registered new interface driver dvb_usb_dib0700
... cx88/2: cx2388x dvb driver version 0.0.9 loaded
```

Sollte dagegen gemeldet werden, dass es keine Firmware-Datei gibt, dann müssen Sie diese beschaffen und in das Verzeichnis */lib/firmware* kopieren. Freundlicherweise wird Ihnen dabei angezeigt, wie die gesuchte Firmware-Datei heißt. Falls Sie diese nicht zufällig auf der beigelegten CD oder auf der Website des Herstellers finden, können Sie sich mit der genauen Typbezeichnung Ihrer TV-Karte und dem Stichwort »Linux« an eine Suchmaschine wenden. Dann werden Sie sicher Informationen dazu finden, ob Ihr TV-Adapter unter Linux läuft und welche Firmware-Datei passt. Es ist nicht dumm, diese Suche vor dem Kauf der Hardware durchzuführen.

Installation der VDR-Software

Nach dem Einbau der TV-Karte installieren Sie das VDR-Paket mit dem Befehl:

```
# apt-get install vdr
```

Bei der Installation meldet VDR, dass es gedenkt, Videoaufnamen im Verzeichnis */var/lib/video.00* abzulegen. Diese Einstellung können Sie in der Datei */etc/default/vdr* unter der Direktive `VIDEO_DIR` jederzeit ändern. Die Frage, ob das Verzeichnis erstellt werden soll, quittieren Sie mit `Ja`. Nun möchte das Programm wissen, ob Ihre DVB-Karte sein Programm über Satellit, per terrestrischer Antenne oder Kabel empfängt. Ein gemischter Betrieb mit mehreren TV-Adaptern ist übrigens durchaus möglich.

Nun ist VDR installiert, muss aber in der jetzigen Konfiguration immer von Hand gestartet werden. Falls der Server dauernd laufen soll, müssen Sie in der Datei */etc/default/vdr* die Direktive `ENABLED=0` auf 1 setzen.

Besonders interessant ist es natürlich, den Video-Rekorder über das Web-Interface zu programmieren. Dazu können Sie das Paket *vdr-plugin-live* einsetzen.

```
# apt-get install vdr-plugin-live
```

Wenn Sie in Synaptic oder einer anderen Software-Paketverwaltung nach »vdr« suchen, werden Sie noch weitere Plugins finden. Sie starten VDR über das Init-Skript `vdr`:

```
# /etc/init.d/vdr start
```

Shutdown verhindern

In Einzelfällen kann es passieren, dass VDR unbedingt Strom sparen will und den Rechner herunterfährt. Das ist keine gute Idee, wenn es sich um einen Server handelt. Stellen Sie daher sicher, dass in der Datei */etc/default/vdr* die Direktive `ENABLE_SHUTDOWN=0` steht. Darüber hinaus sollten in */etc/vdr/setup.conf* die Variablen `MinEventTimeout` und `MinUserInactivity` auf 0 gesetzt werden.

Per Browser stöbern

Starten Sie nun den Browser, also beispielsweise Firefox, und rufen Sie die Seite *http://linuxsrv:8008* auf, sofern Ihr VDR-Server linuxsrv heißt. Sie können natürlich auch die IP-Adresse verwenden.

Es erscheint eine Anmeldemaske, in der Sie den Benutzernamen admin und das Passwort live eingeben. Nach dem Einloggen sollten Sie beides unter EINSTELLUNGEN zeitnah ändern. Sie werden nach dem Einloggen vermutlich schon die ersten Fernsehsender mit den aktuellen Sendungen angezeigt bekommen. VDR wird sich nach und nach die restlichen Sender zusammensuchen.

Über die Menüleiste können Sie unter PROGRAMM einen Sender auswählen. Dort finden Sie dann das Fernsehprogramm der nächsten Tage. Vor jeder Sendung finden Sie einen roten Punkt. Klicken Sie diesen an, wird die Sendung für die Aufnahme ausgewählt. Sie landen dann in einem Formular, in dem Sie die Aufnahmezeiten noch erweitern, den Titel ändern oder Wiederholungen einstellen können.

Unter TIMER können Sie sehen, welche Sendungen für die Aufnahme vorbereitet sind, und unter AUFNAHMEN, welche Sendungen VDR bereits erfolgreich aufgenommen hat. Diese Steuerung per Web-Interface hat den Vorzug, dass Sie sogar von unterwegs Ihren VDR programmieren können, wenn Sie den Port 8008 per dynamischem DNS und Portweiterleitung nach außen gereicht haben (siehe Abschnitt 9.10).

Aufnahmen herunterladen

Nachdem VDR freundlicherweise für Sie ferngesehen hat und die gesehenen Sendungen auf der Festplatte lagern, können Sie sie über das Netzwerk auf einen anderen PC übernehmen und dort beispielsweise von der Werbung befreien oder anschauen.

Dazu können Sie einen SAMBA-Server einrichten (siehe Abschnitt 18.1). Jetzt können Sie den Pfad freigeben, auf dem VDR seine Sendungen ablegt. Wenn Sie bei der Installation nichts anderes angegeben haben, ist das das Verzeichnis */var/lib/video.00*.

Wenn Sie stattdessen FTP verwenden wollen, wie es in Abschnitt 18.4 beschrieben wird, muss dieses Verzeichnis zum Heimatverzeichnis eines Benutzers werden. Um Rechteprobleme zu vermeiden, drängt sich der VDR-Benutzer vdr förmlich auf. Diesen Ansatz können sowohl FTP als auch SAMBA problemlos nutzen. Dazu müssen wir nur die Datei */etc/passwd* ein wenig aufbohren. Erstens benötigt vdr nun eine *bash* als Login-Shell anstelle von `false`. Und der Pfad des Heimatverzeichnisses muss ebenfalls geändert werden. Der Eintrag sieht nach der Bearbeitung etwa so aus:

```
# /etc/passwd
vdr:x:112:120:VDR user,,,:/var/lib/video.00:/bin/bash
```

Natürlich benötigt der Benutzer vdr noch ein ordentliches Passwort. Das erledigen Sie durch Aufruf des Programms `passwd`:

```
# passwd vdr
```

Anschließend muss nur noch FTP installiert werden:

```
# apt-get install proftpd
```

Und schon können Sie per FTP auf Ihre Aufnahmen zugreifen. Falls Sie SAMBA installiert haben, können Sie nun auch über die Freigabe *home*, die hier *vdr* heißt, zugreifen.

Weitere Verarbeitung

Sie werden feststellen, dass die Sendungen nicht auf die Sekunde genau anfangen und aufhören. Auch soll es Sender geben, die Werbung in ihre Sendungen einstreuen. Solche Dinge können Sie unter Linux mit dem Programm Avidemux bearbeiten. Sie erhalten es wie alle Programme aus den Repositories. Da das Programm grafisch bedient wird, funktioniert es natürlich nur, wenn Sie eine grafische Oberfläche verwenden.

Neben den reinen Schneidemöglichkeiten können Sie mit Avidemux die Videos auch zu verschiedensten Formaten konvertieren und dabei komprimieren. Es würde allerdings ein wenig weit vom Thema Server wegführen, wollte ich das Programm hier erläutern.

Weitere Möglichkeiten

Zu VDR gibt es diverse Plugins, die vom Zugriff auf das Internet über die Suche und automatische Suche nach Fernsehsendungen bis hin zum Editieren und Brennen der Aufnahmen gehen. Falls Ihre TV-Karte einen HDMI- oder SVideo-Ausgang besitzt, können Sie auch einen Fernseher an Ihren Server anschließen. Sogar eine Fernbedienung kann eingebunden werden. Dann verhält sich VDR wie ein normaler Satelliten-Receiver mit Aufnahmefunktion.

Wenn Sie nach solchen und weiteren Möglichkeiten von VDR suchen, sollten Sie sich unter der URL *http://www.vdr-wiki.de* das VDR-Wiki ansehen. Apropos Wiki ...

23.2 Gemeinsam Texte im Wiki schreiben

Sie kennen vermutlich das Online-Lexikon *Wikipedia*. Und vermutlich wissen Sie auch, dass jedermann dort Artikel schreiben oder korrigieren kann. Dies funktioniert auf der Basis eines Wikis. Sie müssen nicht gleich eine Enzyklopädie schreiben wollen. Aber immer dann, wenn mehrere Menschen schnell an einer Dokumentation auf der Basis eines Webservers arbeiten wollen, bietet sich ein Wiki an. Als Eingabeprogramm benötigen Sie nur einen Browser. Und den finden Sie inzwischen sogar auf jedem Smartphone.

Für Linux gibt es mehrere Wiki-Programme. So können Sie Media-Wiki installieren, auf dessen Basis Wikipedia läuft. Die Inhalte werden in einer Datenbank abgelegt und Wikipedia beweist täglich, dass das System gut funktioniert.

Für kleinere Anwendungsfälle ist DokuWiki vermutlich die bessere Wahl. Das Programm ist recht schlank und legt seine Dokumente einfach als Textdateien ab. DokuWiki arbeitet auf der Basis des Webservers Apache (siehe Abschnitt 20) und verwendet als Programmiersprache PHP (siehe Kapitel 20.11).

Installation und Konfiguration

Sie installieren DokuWiki mit dem folgenden Aufruf:

```
# apt-get install dokuwiki
```

Nach der Installation fragt DokuWiki, auf der Basis welchen Servers das Programm laufen soll: apache2 oder lighttpd. Hier wählen Sie Apache2.

Das Programm meldet, dass der Standardpfad */var/lib/dokuwiki* ist, und fragt, ob die Seiten bei vollständigem Löschen des Pakets mitgelöscht werden sollen. Entscheiden Sie dies nach Ihrem Geschmack. Dann fragt das Programm nach dem Passwort des Wiki-Administrators. Wie so oft müssen Sie es zweimal eingeben. Damit ist die Grundkonfiguration bereits erledigt.

Im nächsten Schritt muss geprüft werden, ob die Verzeichnisse, in denen die Texte und Daten abgelegt werden sollen, auch vom Browser aus beschrieben werden können. Dieser Test wird sinnigerweise auch gleich aus einem Browser heraus gestartet.

Dazu müssen Sie einen Browser, also beispielsweise Firefox starten und die folgende URL eingeben, sofern der Rechner, auf dem DokuWiki läuft, linuxsrv heißt:

http://linuxsrv/dokuwiki/install.php

Auf der Website wird nun bemängelt, welche Dateien und Verzeichnisse keine Schreibrechte aufweisen. Mit einem Button können Sie die Prüfung beliebig oft neu starten.

Parallel können Sie in einem Terminalfenster über den Befehl `chmod` (siehe Abschnitt 5.2.1) die gerügten Verzeichnisse für alle Benutzer beschreibbar machen. Alternativ ändern Sie den Besitzer der Dateien und Verzeichnisse mit dem Befehl `chown` (siehe Abschnitt 5.2.3) auf www-data, dem Standardbenutzer des Apachen.

Wenn das Wiki auf alle Verzeichnisse, die es braucht, Zugriff hat und sie beschreiben kann, meldet es den Erfolg.

Start des Wikis

Das eigentliche Wiki rufen Sie über die URL *http://linuxsrv/dokuwiki* auf. Beim ersten Mal loggen Sie sich als Benutzer admin mit dem Passwort ein, das Sie bei der Installation vergeben haben. Im folgenden Hauptfenster klicken Sie auf den Button ADMIN und können nun über den Link USER MANAGER die Benutzer des Wikis einrichten.

Diese können sich nun einloggen und damit beginnen, die Texte zu erfassen. Dazu bietet Ihnen Wiki einen kleinen Editor, mit dem grundlegende Formatierungen möglich sind. Die eigentliche Bedienung des Wikis erschließt sich von selbst. Die Lernkurve darf schließlich nicht so hoch sein, wenn alle mitschreiben wollen.

Weitere Hinweise finden sich auf der Heimat-Website des Projekts:

https://www.dokuwiki.org

23.3 Die eigene Cloud mit ownCloud

Die Cloud ist derzeit das Thema jeder Party. Alle Welt will plötzlich seine Daten dem Internet anvertrauen. Lenin soll gesagt haben: Vertrauen ist gut, Kontrolle ist besser. Und die NSA hat diese Kontrolle so weit getrieben, dass nichts mehr vertraulich ist, was im Internet ist. Kein Wunder, dass die Wachstumskurven der Cloud-Anbieter mit einem Mal in ungewohnte Richtungen zeigen.

Andererseits ist es ja eigentlich nett, wenn man auf seine Daten auch von unterwegs zugreifen kann. Allerdings sollte man sie nicht unbedingt Google in den Rachen, Pardon Server werfen. Also könnten Sie Ihren eigenen Server benutzen. Damit Ihr Rechner zum Cloud-Server wird, gibt es das Programm *ownCloud*.

Das Programm ownCloud stellt eine private Cloud dar und steht in dieser Position ein wenig zwischen einem Dateiserver und einer Groupware. ownCloud bietet Ihnen ein Web-Interface zu Ihren Dateien, sodass Sie darüber Ihre Fotos und Ihre Musikdateien nutzen können. Darüber hinaus bietet es einen Kalender und ein Adressbuch, die in einer Datenbank verwaltet werden.

Installation

Wenn Sie Ubuntu als Server-System verwenden, installieren Sie ownCloud über den folgenden Befehl:

```
# apt-get install owncloud
```

Bei Debian ist das nicht ganz so einfach, da Debian ownCloud nicht in sein Repository aufgenommen hat. Sie können allerdings das Repository von ownCloud zu den Quellen hinzufügen. Dazu legen Sie eine neue Liste im Verzeichnis */etc/apt/sources.list.d* an, die Sie sinnvollerweise *owncloud.list* nennen. Darin tragen Sie die folgende Zeile ein:

```
deb http://download.opensuse.org/repositories/isv:
/ownCloud:/community/Debian_7.0/ /
```

Zugegeben: Hier im Buch sind es zwei Zeilen. Bücher haben nun einmal rechts eine natürliche Grenze. Aber in der Datei darf es nur eine Zeile sein und zwischen : und / darf nicht einmal ein Leerzeichen stehen.

Wenn Sie anschließend versuchen, die Quellen zu aktualisieren, werden Sie zum Schluss eine Fehlermeldung bezüglich eines fehlenden öffentlichen Schlüssels erhalten. Diesen können Sie von der gleichen Adresse beziehen. Mit dem Befehl `wget` laden Sie direkt die Datei *Release.key* von der gleichen URL herunter. Der anschließende Befehl `apt-key add` fügt den Schlüssel zum Inventar Ihres Rechners hinzu.

```
# wget http://download.opensuse.org/repositories/isv:\
ownCloud:community/Debian_7.0/Release.key
# apt-key add - < Release.key
```

Nun sollte auch der Update-Befehl funktionieren und schließlich auch der Installationsbefehl:

```
# apt-get update
# apt-get install owncloud
```

Bevor Sie ownCloud konfigurieren, machen Sie sich ein paar Gedanken über Datenbanken. Zur Verwaltung von Kontakten und Terminen verwendet ownCloud standardmäßig Sqlite. Die Website von ownCloud empfiehlt zur Steigerung der Performance die Verwendung von MySQL (siehe Abschnitt 19.3) oder PostgreSQL (siehe Abschnitt 19.4).

Sollten Sie eine der beiden Datenbanken einsetzen wollen, dann installieren Sie sie bitte jetzt, bevor Sie die Erstkonfiguration einleiten, und merken Sie sich Benutzernamen und Passwort der Datenbank gut. Sie werden beides gleich benötigen.

Erstkonfiguration

Nach der Installation starten Sie die grundlegende Konfiguration über den Webbrowser: Geben Sie dazu die URL *http://localhost/owncloud/* ein, wenn Sie die Konfiguration direkt auf dem Server ausführen, oder verwenden Sie den Namen oder die IP-Adresse des Servers, wenn Sie dies über das Netzwerk ausführen möchten. Diese Konfiguration erfolgt nur beim ersten Aufruf der Website. Bereits beim zweiten Aufruf erscheint unter dieser Adresse die Anmeldemaske (siehe Abbildung 23.1).

Hinweis

Wollen Sie die Erstkonfiguration noch einmal erzwingen, müssen Sie im Verzeichnis */var/www/owncloud/config* die Datei *config.php* löschen oder umbenennen. Die Korrekturen in den Datenbanken müssen Sie allerdings von Hand vornehmen.

Zunächst wird der Administrator festgelegt. Hier müssen Sie ein wenig aufpassen, weil einiges schiefgehen kann. Zunächst wird ein Administrator-Konto für ownCloud und dessen Passwort eingegeben. Beides wird damit festgelegt. Es irritiert ein wenig, dass im Unterschied zu anderen Fällen, wo ein neues Passwort angelegt wird, hier nicht auf eine Wiederholung des Passworts bestanden wird.

Warnung

Wenn Sie hier einfach [↵] drücken, wird ownCloud Sqlite verwenden. Um eine Konfiguration für MySQL oder PostgreSQL zu erreichen, müssen Sie den Button für Fortgeschrittene anklicken und dort die Datenbank auswählen.

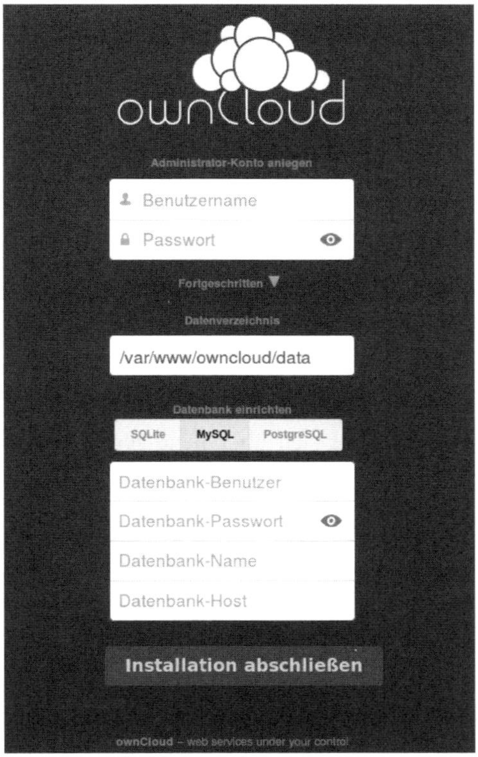

Abbildung 23.1 Erstkonfiguration von ownCloud

Nach dem Klicken auf den Fortgeschrittenen-Button zeigt sich der Pfad, wo die Daten landen (*/var/www/owncloud/data*). Sie können nun die Datenbank wählen.

Soll ownCloud auf eine MySQL-Datenbank zugreifen, wird für ihre Einrichtung ein Benutzer und dessen Passwort gefordert. Beides muss existieren. Wenn Ihre Datenbank-Erfahrungen eher gering sind, verwenden Sie den root-Zugang, an den Sie sich hoffentlich noch von der MySQL-Einrichtung (siehe Abschnitt 19.3) her erinnern. Gleiches gilt natürlich für die Verwendung von PostgreSQL (siehe Abschnitt 19.4).

Dieser Datenbankbenutzer muss auf jeden Fall die Berechtigung besitzen, eine Datenbank anzulegen. Den Datenbanknamen legen Sie hier ebenfalls fest. Der Name ist frei wählbar. In Tabelle 23.1 stehen die verschiedenen Angaben zur Erstkonfiguration in der Übersicht.

Je nach Leistung der Maschine kann es einen Moment dauern, bis ownCloud eingerichtet wurde. Sollten Sie darüber nachdenken, ob Sie sich einen Kaffee holen sollten, ist aber vermutlich etwas schiefgelaufen.

Eingabe	Beispielwert	Status
Administrator-Konto-Benutzername	*admin*	wird angelegt
Administrator-Konto-Passwort	*geheim*	wird damit festgelegt
Datenbank-Benutzer	*root*	muss existieren
Datenbank-Passwort	*geheim*	muss existieren
Datenbank-Name	*owncloud*	wird angelegt
Datenbank-Host	*localhost*	muss existieren

Tabelle 23.1 Die Einrichtung des Administrator-Kontos

Anmelden

Nach der erfolgreichen Grundkonfiguration können Sie sich über Benutzername und Passwort anmelden.

Abbildung 23.2 Startbildschirm von ownCloud

In der Ecke rechts oben sehen Sie den Namen dessen, der sich angemeldet hat. Derzeit ist das noch der Administrator, mit dem Sie die Einrichtung von ownCloud durchgeführt haben.

Benutzerverwaltung

Von dem Menü neben dem Anmeldenamen des Administrators rechts oben können Sie BENUTZER wählen, um weitere Nutzer von ownCloud einzurichten. In der ersten Zeile des erscheinenden Bildschirms können Sie LOGINNAME und PASSWORT eingeben und über den Button ANLEGEN einen neuen Benutzer erzeugen. Die Gruppenverwaltung erreichen Sie über ein beliebiges Klappmenü mit der Aufschrift GRUPPEN. Dort steht jeweils auch ein Feld zum Anlegen einer Gruppe zur Verfügung.

23.3.1 Anwendungen

Über die Symbole auf der linken Seite können Sie den aktiven Teilbereich wie Dateien, Musik, Kontakte, Kalender und Bilder auswählen.

Dateien

Zentrales Element sind die Dateien. Hier können Sie per Drag and Drop einfach Dateien aus Ihrem Dateimanager hinüberziehen. Sie werden dann automatisch zu Ihrer Cloud hinaufgeladen.

Von dort werden Bilder- und Musikdateien automatisch in ihre Rubriken weiterverteilt. Dateien mit der Endung *.ics* können Sie in den Kalender und Dateien mit der Endung *.vcf* in die Kontakte importieren.

Für Linux-Rechner gibt es darüber hinaus einen ownCloud-Client. Mit einem Ubuntu- oder Linux-Mint-Rechner können Sie ihn mit dem folgenden Befehl installieren:

```
# apt-get install owncloud-client
```

Natürlich funktioniert das mit einem Debian-Arbeitsplatzrechner auch, sofern Sie wie zuvor vorgeführt, das openCloud-Repository eingebunden haben.

Wenn Sie noch einen Windows- oder Mac-Arbeitsplatz benutzen, finden Sie unter *http://owncloud.org/sync-clients* entsprechende Clients zum Download.

Kontakte

Wenn Sie den Bereich KONTAKTE das erste Mal öffnen, wird Ihnen angeboten, eine Datei mit Kontakten hochzuladen. Später erreichen Sie dies über das Einstellungsmenü, das links unten durch ein Zahnrad markiert ist.

Es startet eine Dateiauswahlbox und Sie können eine VCF-Datei auswählen, in der sich Ihre Kontakte befinden. Es dauert eine Weile, bis diese importiert sind. Ein Verlaufsbalken unterhält Sie währenddessen ein wenig. Diese VCF-Dateien können von den meisten Adressbuchprogrammen erzeugt werden.

Auf der linken Seite finden Sie neben den Symbolen nun eine Gruppenspalte, die Sie erweitern können. Sie können Ihre Kontakte zu einer oder mehreren Grupppen hinzufügen und so später schneller aus Ihren Kontakten wählen.

Auf der rechten Seite stehen in einer Liste die Kontakte, die Sie mit einem Klick auf den Namen bearbeiten können. Unter dem Klappmenü HINZUFÜGEN können Sie Elemente wie Adressfelder, Telefonnummern oder Geburtstage zu dem Kontakt hinzufügen, die derzeit noch nicht angezeigt werden. Die Elemente können bearbeitet werden, indem sie direkt angeklickt werden. Bei einigen erscheint rechts oben ein Bleistift. Beim Namen erscheint ein etwas größeres Feld, in dem Nachname und Vorname separat eingegeben werden. Eingetragene Geburtstage erscheinen automatisch im Kalender.

Kalender

Der Kalender präsentiert sich in einer Wochen-, Monats- und Listendarstellung. Durch den Klick auf einen Tag wird ein neuer Termin angelegt. Ein Klick auf einen existierenden Termin führt in einen Bearbeitungsdialog des Termins.

Die Kalendereinträge tragen die üblichen Attribute wie Titel, Kategorie, Datum, Uhrzeit, Ort und eine Beschreibung. Die Termine können flexibel wiederholt werden und an andere Benutzer und Gruppen der ownCloud freigegeben werden. Leider fehlt noch die Verknüpfung eines Termins mit einem Kontakt.

23.3.2 Synchronisation mit CalDav und CardDav

ownCloud synchronisiert seine Kontakte und Kalender über die Standards *CalDav* und *CardDav*. Entsprechend müssen die Clients lediglich diese Standards beherrschen, um gegen ownCloud synchronisieren zu können. Exemplarisch seien hier ein paar Anbindungen aufgezeigt.

Das Adressbuch von Thunderbird synchronisieren

Um das Adressbuch des Thunderbirds per CardDav zu synchronisieren, wird der SoGo-Connector benötigt. Er findet sich im Internet unter der URL *http://www.sogo.nu/english/downloads/frontends.html*.

Datei heruntergeladen wird. Nun muss im Thunderbird EXTRAS | ADDONS angewählt werden. Im Aufklappmenü an der Zange kann ADDON AUS DATEI INSTALLIEREN angewählt werden. Dazu wird die eben heruntergeladene Datei installiert. Thunderbird muss neu gestartet werden.

Nun wird das Adressbuch gestartet. Es hat ein eigenes Menü, in dem durch den SoGo-Connector der Eintrag DATEI | NEU | REMOTE ADRESSBUCH hinzugekommen ist. Es öffnet sich ein Dialog, in dem ein Adressbuchname und eine URL eingetragen werden kann. Die URL finden Sie im ownCloud Kalender, wenn Sie das Zahnrad öffnen. Das dritte Symbol hinter CONTACTS steht für den CalDav-Verbinder. Klicken Sie ihn an, öffnet sich ein Eingabefeld mit dem Pfad, den Sie kopieren und in die Adress-URL des Thunderbirds übernehmen können. Gegebenenfalls ist es nötig, das Adressbuch noch einmal neu zu starten, um es mit der rechten Maustaste anklicken und eine Synchronisation herbeiführen zu können. Dabei wird noch einmal Benutzer und Passwort angefordert. Anschließend füllt sich langsam das Adressbuch.

Synchronisation mit Thunderbird-Kalender

Thunderbird muss das Modul *Lightning* als AddOn installiert haben. Dort wird ein neuer Kalender im Netzwerk angelegt. Als Protokoll wird *CalDavs* angegeben.

Zur Synchronisation benötigt auch Thunderbird die URL des CalDav-Verbinders. Dessen Pfad wird wieder über das Zahnrad und den CalDav-Verbinder im ownCloud-Bereich KALENDER ermittelt.

Unter Thunderbird wird über die Lasche auf den CALENDER gewechselt. In der linken Spalte gibt es einen Aufklapp-Button, der ebenfalls mit CALENDER beschriftet ist. Klappen Sie ihn auf und klicken Sie mit der rechten Maus in den leeren Bereich darunter und wählen Sie aus dem Menü den Punkt NEW CALENDAR.

Sie müssen angeben, dass der Kalender nicht lokal, sondern im Netzwerk verwaltet wird. Im nächsten Dialog fragt Thunderbird nach dem Format. Hier wählen Sie CALDAV und geben die URL des CalDav-Verbinders von ownCloud an. Sie müssen sie aber noch um *calendars/user/defaultcalendar* ergänzen, wenn die Benutzerkennung user lautet. Unten sehen Sie das Beispiel für den ownCloud-Server namens srv und den Benutzer namens paul, in der ersten Zeile den Verbinder laut ownCloud und in der zweiten Zeile, wie es Thunderbird gern hätte.

```
http://srv/owncloud/remote.php/caldav/
http://srv/owncloud/remote.php/caldav/calendars/paul/defaultcalendar
```

Danach will Thunderbird wissen, unter welchem Namen der Kalender lokal geführt werden soll und welche Farbe er bekommen soll. Abschließend geben Sie Benutzerkennung und Passwort an.

CardDAV- und CalDav-Sync mit Android

Bei Android muss man für CalDav und CardDav allerdings eine App kaufen. Android selbst kann mit diesem Standard leider nicht umgehen, da Google wohl gern alle Daten über seine eigenen Server laufen lassen möchte und keinen Wert darauf legt, eine andere Art der Synchronisation von Haus aus zur Verfügung zu stellen.

Eine der Apps, die immer wieder genannt wird, ist CardDAV-Sync. Sie muss allerdings erst im PlayStore erworben werden. Nach der Installation starten Sie die App und wählen CardDAV als Protokoll. Nun geben Sie die URL ein, die Ihnen der CalDav-Verbinder im ownCloud-Menü liefert. Dazu klicken Sie in den Kontakten im ownCloud-Browserfenster auf das Zahnrad. Dort sehen Sie fünf Symbole. Das mittlere soll eine Weltkugel darstellen. Wenn Sie darauf klicken, erhalten Sie die URL.

Das Programm benötigt nun noch Benutzernamen und Passwort und kann anschließend die Kontakte synchronisieren. Achten Sie darauf, dass das Programm standardmäßig auch per Handy-Datenverbindung eine Synchronisation durchführt. Das kann ohne Flatrate teuer werden. Sie können dies aber in den Einstellungen von CardDAV-Sync umstellen.

Vom gleichen Hersteller gibt es auch eine CalDav-App. Um deren URL zu erfahren, klicken Sie im Kalender auf das Zahnrad und dann finden Sie unter URLs die als primäre Adresse gekennzeichnete URL.

Kapitel 24
Workshop: Schulcomputer und Arbeitsplatzrechner

Inhalt

- Einzelplatzrechner für alle
- Terminalserver mit grafischer Oberfläche
- Netzwerkarbeitsplätze
- Klonen von Festplatten

Hinweis

Dieses Kapitel greift verschiedene Themen in den bisherigen Kapiteln auf und führt sie bei verschiedenen Aufgabenstellungen zusammen. Auch wenn Sie nicht zufällig selbst eine Schule leiten, kann es sein, dass Sie allein die Art der Herangehensweise zu eigenen Problemlösungen inspiriert.

Wir betrachten Schulprobleme der besonderen Art: Ausbildungseinrichtungen haben besondere Anforderungen an ihre EDV. Sie müssen eine Vielzahl von Anwendern bedienen, die jedes Jahr wechseln, weil sie die Schule verlassen und weil neue Klassen hinzukommen. Die Benutzer verwenden nicht immer den gleichen PC und wechseln mehrfach am Tag. Darüber hinaus gibt es in den meisten Schulen keinen Administrator, der als solcher ausgebildet ist. Oft sind es sogar mehrere Lehrer, die sich die Aufgaben teilen und mit unterschiedlichem Hintergrundwissen ausgestattet sind.

Es gibt verschiedene Konzepte, um Schulcomputer zur Verfügung zu stellen:

- **Anonyme Einzelplatzrechner:** Die Schulrechner können als anonyme Einzelplatzrechner eingesetzt werden. Sie lassen eine Anmeldung zu und bieten dem Schüler eine Standardumgebung, in der er seine Arbeitswerkzeuge wie einen Browser, ein Office-

Paket und einen Compiler findet, dort aber keine Daten speichern kann. Die erstellten Dateien muss der Schüler auf seinem eigenen USB-Stick sichern. Nach Verlassen des Rechners ist dieser wieder im ursprünglichen Zustand.

Der Vorteil dieser Lösung ist der geringe Verwaltungsaufwand. Der Nachteil liegt darin, dass der Schüler keine Möglichkeit hat, eine eigene Arbeitsumgebung zu erhalten. Bei größeren Programmierprojekten, Datenbanken oder auch einem E-Mail-Konto muss der Schüler wissen, wie er dies alles auf einen USB-Stick sichert und schnell wiederherstellen kann.

- **Zentralisiertes Netzwerk:** Der andere Lösungsansatz ist eine Benutzerverwaltung, in der jeder Schüler ein eigenes Benutzerkonto führt. Da nicht gewährleistet ist, dass der Schüler beim nächsten Einloggen wieder denselben Arbeitsplatzrechner bekommt, ist es erforderlich, die Benutzerverzeichnisse auf einem zentralen Server einzurichten und per Automount vom Arbeitsplatzrechner aus einzuhängen.
- **Applikationsserver:** Ein weiterer Lösungsansatz baut auf der Basis eines leistungsstarken Applikationsservers auf und verwendet als Arbeitsplätze sogenannte Thin Clients, die als Grafikterminals eingesetzt werden. Dies trägt der Tatsache Rechnung, dass in Schulen oft auch ältere, nicht so leistungsfähige Computer zur Verfügung stehen.

24.1 Der anonyme Arbeitsplatzrechner

Im einfachsten Fall wird dem Schüler ein Computer zur Verfügung gestellt, den er aber nicht verändern kann. Damit der Schüler arbeiten kann, muss er allerdings die Möglichkeit besitzen, seine Texte, Programme oder Präsentationen zu sichern. Im einfachsten Fall kann dazu ein USB-Speicherstick verwendet werden. Bevor sich der Schüler abmeldet, sorgt er dafür, dass sich das Ergebnis seiner Arbeit auf dem Stick befindet.

Für alle Schüler wird nur ein einziger Benutzer benötigt. Solange die Computer nicht jeweils als Mehrbenutzersystem, sondern als Einzelarbeitsplatz verwendet werden, ist das kein Problem.

24.1.1 /home auf dem USB-Stick

Die einfachste Lösung besteht darin, das Benutzerverzeichnis komplett auf einen USB-Stick zu legen. Beim Einloggen wird der USB-Stick unter dem Benutzerverzeichnis eingehängt, beim Ausloggen wird der USB-Stick wieder ausgehängt. Alle Daten des Benutzers befinden sich auf dem Stick und sind beim nächsten Einloggen wieder verfügbar. Der Benutzer verändert den Rechner nicht.

Vorbereiten des USB-Sticks

Die meisten USB-Sticks werden mit dem FAT-Dateisystem geliefert, das als Dateisystem für die Benutzerverzeichnisse völlig unbrauchbar ist. Hinzu kommt, dass einige Sticks nicht partitioniert sind, sondern die gesamte Oberfläche als Partition verwenden.

Also wird im ersten Schritt jeder USB-Stick mit einer neuen Partitionstabelle versehen und es wird eine Linux-Partition eingerichtet.

Wir gehen davon aus, dass die Computer nur mit einer Festplatte ausgestattet sind und die USB-Sticks beim Einstecken als */dev/sdb* auftreten. Sollten Sie zwei oder mehr Festplatten in jedem Gerät besitzen, dann müssen Sie den Eintrag entsprechend ändern. Sie rufen das Programm zur Partitionierung des USB-Sticks so auf:

```
# fdisk /dev/sdb
```

Nun geben Sie nacheinander die folgenden Kommandos ein:

- `o`
  Mit diesem Befehl legen Sie eine neue, leere Partitionstabelle an. Denken Sie daran, dass Sie in diesem Moment alle Daten löschen, die Sie vorher auf dem Gerät */dev/sdb* hatten.
- `n`
  Damit legen Sie eine Partition an. Sie werden gefragt, ob die Partition eher primär oder doch logisch sein soll. Sie wählen die primäre Partition. Das Programm befragt Sie nach der Nummer, und Sie wollen natürlich die Nummer 1 sein. Für die Anfangs- und Endsektoren übernehmen Sie die Vorgaben.
- `w`
  Damit schreiben Sie die Partitionstabelle auf den Stick.

Im nächsten Schritt wird ein ext4-Dateisystem auf dem USB-Stick erzeugt. Dazu verwenden Sie den folgenden Befehl:

```
# mkfs.ext4 /dev/sdb1
```

Der Stick ist nun zum Betrieb einsetzbar.

Benutzer und Verzeichnis

Der anonyme Benutzer erhält nun den vielsagenden Namen *anwender*. Dieser wird das Benutzerverzeichnis */home/anwender* bekommen, wohin der USB-Stick beim Anmelden eingehängt werden soll. Dieses Verzeichnis wird zunächst angelegt:

```
# mkdir /home/anwender
```

Der Besitzer von */home/anwender* ist *root* und bleibt es auch! Dadurch kann der Benutzer *anwender* sein eigenes Verzeichnis nur nutzen, wenn sein Stick eingesteckt ist. Damit der Stick immer an dieser Stelle eingehängt wird, muss noch ein Eintrag in der Datei */etc/fstab* stehen:

```
/dev/sdb1          /home/anwender    ext4  users,noauto   0   0
```

Das Dateisystem ist *ext4*. Die Option `users` ermöglicht es, dass das Dateisystem nicht nur von *root* eingehängt und ausgehängt wird, sondern auch von Benutzern. Wird `user`, also der Singular, verwendet, dann kann nur der Benutzer das Verzeichnis aushängen, der es auch eingehängt hat. Wer das Gerät eingehängt hat, wird dann in der Datei */etc/mtab* hinterlegt.

Zunächst hängen wir den Stick von Hand ein. Anschließend wird der Benutzer *anwender* angelegt:

```
# mount /dev/sdb1
# adduser anwender
```

Sobald der Anwender erzeugt ist, kann er sich schon einmal anmelden. Die Benutzerverzeichnisdaten werden auf dem USB-Stick angelegt. Im Benutzerverzeichnis müsste ein Verzeichnis namens *lost+found* vorliegen. Das zeigt an, dass ein Dateisystem an dieser Stelle eingehängt ist.

Nun können Sie sich als *anwender* abmelden. Hängen Sie den USB-Stick wieder aus:

```
# umount /dev/sdb1
```

Ein Versuch, sich nun erneut als *anwender* anzumelden, schlägt fehl, weil *anwender* das leere Verzeichnis nicht betreten darf. Genau so soll es sein. Schließlich sollen die Schüler nicht versehentlich auf die Festplatte schreiben können, wenn sie vergessen haben, ihren Stick einzustecken.

Passwortänderung verboten

Der Benutzer *anwender* bekommt entweder kein Passwort oder eines, das allgemein bekannt ist. Schließlich soll jeder Schüler freien Zugang zu jedem Arbeitsplatz haben. Allerdings entsteht nun das Problem, dass jeder Benutzer sein Passwort ja auch ändern kann. Das muss verhindert werden.

In der Datei */etc/shadow* steht im vierten Feld die Anzahl der Tage, die ein Passwort mindestens unverändert bleiben muss. Hier steht normalerweise eine 0. Wenn Sie hier die Anzahl der Tage bis zu Ihrer Pensionierung eintragen, haben Sie mit dieser Thematik kein Problem mehr.

Damit Sie keine Felder zählen müssen, können Sie auch den Befehl `passwd` zu Hilfe nehmen. Mit der Option `-n` können Sie dieses Feld direkt füllen. Mit 10.000 Tagen kommen Sie die nächsten 30 Jahre hin. Wenn Sie ein netter Kollege sind, hängen Sie noch eine 0 hinten an.

```
# passwd -n 10000
```

Automatisch per udev einhängen

Idealerweise sollte der USB-Stick durch bloßes Einstecken automatisch eingehängt werden. Hier bietet sich `udev` (siehe Abschnitt 8.4.4) an. Auf dieser Basis könnten Sie eine Regel erstellen, die den Stick beim Einstecken in den Verzeichnisbaum einhängt.

Die Regeln für `udev` werden im Verzeichnis */etc/udev/rules.d* in Dateien abgelegt. Unsere Datei kann beispielsweise den Namen *90-anwenderusb.rules* erhalten. Ihr Inhalt besteht aus der folgenden Zeile:

```
BUS=="usb", KERNEL=="sdb1" RUN+="/usr/bin/mountusbstick"
```

Das bedeutet, dass, wenn am USB-Bus ein Gerät namens *sdb1* erscheint, das Skript `mountusbstick` ausgeführt werden soll. Dieses Skript muss natürlich von Ihnen geschrieben werden und enthält nur eine Zeile:

```
mount /dev/sdb1 /home/anwender
```

Nun müssen Sie dem Skript noch Ausführungsrechte geben und `udev` neu starten.

```
# chmod 755 /usr/bin/mountusbstick
# /etc/init.d/udev restart
```

Nun wird beim Einstecken der USB-Stick automatisch in */home/anwender* eingehängt.

Es gibt noch eine andere Möglichkeit: Der USB-Stick könnte direkt beim Anmelden des Benutzers eingehängt werden.

USB-Stick bei Anmeldung einhängen

Falls Sie eine grafische Anmeldung durch einen Display Manager durchführen, können Sie diesen veranlassen, den Stick beim Anmelden einzuhängen.

Die Konfigurationsdateien des GNOME Display Manager (GDM) befinden sich im Verzeichnis */etc/gdm*. Darin befinden sich wiederum Verzeichnisse, in denen Skripte stehen, die beim Start des GDM, vor einer Sitzung, nach dem Einloggen oder nach dem Ausloggen ausgeführt werden. Für das Einhängen des USB-Sticks editieren Sie die Datei *PostLogin/Default*. Am Ende tragen Sie dort ein:

```
test $USER = "anwender" && /bin/mount /dev/sdb1
exit 0
```

Zuerst wird geprüft, ob der Benutzer *anwender* heißt. In diesem Fall wird der USB-Stick eingehängt. Nach dem Eintrag in der */etc/fstab* darf dies der Benutzer. Wichtig ist, dass das Skript eine 0 zurückgibt. Die Null steht dafür, dass das Skript fehlerfrei abgelaufen ist. Wenn nämlich ein Fehler aufgetreten sein sollte, wird das Einloggen verhindert.

Automatisch aushängen

Spontan würde man vermuten, dass das Skript *PostSession/Default* den Befehl zum Aushängen des USB-Sticks enthalten müsste. Das funktioniert aber nicht, da das Verzeichnis zu diesem Augenblick noch in Benutzung ist.

Stattdessen wird ausgenutzt, dass der Display Manager nach dem Ausloggen beendet und vollständig neu gestartet wird. Das bedeutet, dass das Skript *Init/Default* ausgeführt wird, bevor sich ein neuer Benutzer anmelden kann. Hier wird nun einfach der Stick ausgehängt. Kurz vor dem Ende des Skripts wird direkt vor dem Befehl `exit` folgender Befehl eingetragen:

```
# /etc/gdm/Init/Default
...
umount /dev/sdb1
exit 0
```

Die Variable `USER` können Sie nicht abfragen, da sie nun nicht mehr gesetzt ist. Wenn Sie unbedingt sichergehen wollen, dass Sie nicht das falsche Device erwischen, können Sie abfragen, ob */home/anwender* dem Benutzer *anwender* gehört oder ob ein Verzeichnis *lost+found* im Benutzerverzeichnis vorliegt. Dann ist der Stick noch eingehängt.

Sollten Sie statt GDM den Display Manager KDM von KDE oder den klassischen XDM verwenden, heißt das Anmeldeskript *Xsession* und das Abmeldeskript *Xreset*. Beide Dateien befinden sich im Verzeichnis */etc/kde4/kdm* beziehungsweise in */etc/X11/xdm*.

Kompatibel mit dem Rechner zu Hause?

Da das Benutzerverzeichnis mit Linux-Rechten ausgestattet ist, muss es mit einem Linux-kompatiblen Dateisystem ausgestattet sein, beispielsweise mit *ext4*. Allerdings hat doch eine nicht unerhebliche Zahl von Eltern nur einen Windows-PC zu Hause. Und Windows wird die Daten auf dem USB-Stick spontan nicht lesen können.

Tatsächlich gibt es diverse Treiber für Windows wie beispielsweise *http://www.ext2fsd.com*, die die Linux-Dateisysteme lesen und schreiben können.

Selbst wenn die Familie so fortschrittlich ist, einen Linux-Rechner zu besitzen, kann es mit dem freien Zugriff ein Problem geben. Sollte der Schulbenutzer zufällig oder absichtlich nicht die gleiche UID besitzen, wird es nichts mit dem fröhlichen Datentausch. Die einfachste Lösung wäre, auf dem Heimrechner einen Benutzer mit der gleichen UID anzulegen wie den Anwender in der Schule.

24.1.2 Benutzerverzeichnis-Template

Ein anderer Ansatz besteht darin, das Benutzerverzeichnis des anonymen Benutzers durchaus auf der Festplatte einzurichten, aber alle Änderungen nach dem Abmelden wieder zu löschen. Der Schüler muss zusehen, wie er vor dem Abmelden seine Daten auf seinem USB-Stick sichert.

Zunächst brauchen Sie eine Sicherungsdatei, in der das Benutzerverzeichnis von *anwender* gesichert ist. Mit dem Befehl `tar` (siehe Abschnitt 7.5) ist das kein Problem:

```
# tar cf anwender.tar anwender
```

Damit der Arbeitsplatz immer gleich aussieht, wenn ein Schüler ihn öffnet, zaubern Sie den Inhalt des Benutzerverzeichnisses aus den Tiefen eines Tar-Archivs hervor. Die Befehle dazu schreiben Sie in ein Skript namens *anwenderbau*. Sie werden es noch brauchen.

```
cd /home
tar xf anwender.tar
```

Nun kann der Schüler arbeiten. Er kann alles frei verändern, seine Arbeiten erledigen und muss nur zum Schluss daran denken, die bleibenden Erinnerungen an den Besuch des Arbeitsplatzes auf seinem USB-Stick zu sichern. Sobald der Benutzer sich abmeldet, wird das Benutzerverzeichnis einfach komplett gelöscht. Auch hierfür gibt es ein Skript namens *anwenderloesch*.

```
rm -r /home/anwender
```

Beide Skripte werden in das Verzeichnis */usr/bin* verschoben und ausführbar gemacht:

```
# mv anwenderbau anwenderloesch /usr/bin
# cd /usr/bin
# chmod 755 anwenderbau anwenderloesch
```

Auch hier können die An- und Abmeldeskripte des Display Managers genutzt werden, um die Umgebung für den Benutzer einzurichten und die Änderungen wieder zu vernichten. Am Ende des Skripts, das beim Ausloggen aufgerufen wird, tragen Sie ein:

```
/usr/bin/anwenderbau
exit 0
```

Wieder werden die Aufräumarbeiten beim Wiederaufbau des Display Managers erledigt. Kurz vor dem Ende des Skripts, das beim Einloggen aufgerufen wird, tragen Sie den folgenden Befehl ein:

```
...
/usr/bin/anwenderloesch
exit 0
```

Besonders elegant ist es, das Dateisystem *Aufs* zu verwenden, das es ermöglicht, zwei Verzeichnisse übereinanderzulegen. Das eine ist für den Benutzer zwar lesbar, er kann es aber nicht ändern. Das andere Verzeichnis ist sein Arbeitsbereich, den er beliebig verändern kann. Beim Abmelden wird dieser Bereich einfach wieder gelöscht. Eine solche Lösung beschreibt der Artikel von Tobias Remberg in der c't 3/2011.[1]

In beiden Fällen muss der Anwender dafür sorgen, dass seine Dateien vor dem Abmelden auf seinem USB-Stick angekommen sind.

24.2 Benutzerverzeichnis im Netzwerk

Die anonyme Lösung hat den Charme, dass überhaupt keine Benutzerverwaltung existieren muss. Kein Administrator ist für die Datensicherung verantwortlich, da die Daten von den Schülern selbst auf ihren USB-Sticks verwaltet werden.

Werden die Anforderungen an den Schulcomputer höher, sollen die Schüler beispielsweise über E-Mail oder Chats Arbeiten miteinander koordinieren oder wollen sie ihre Lesezeichen auch morgen noch vorfinden, dann müssen die Benutzerverzeichnisse doch in der Schule bleiben.

Die Anforderung bleibt, dass alle Schüler die Möglichkeit haben, sich an jedem beliebigen Computer anmelden zu können. Nach dem Anmelden sollen sie ihren Arbeitsplatz so vorfinden, wie sie ihn zuvor an einem beliebigen anderen Arbeitsplatz verlassen haben. Es wird also eine zentrale Benutzerverwaltung benötigt. Darüber hinaus müssen die Benutzerverzeichnisse auf einem Server gespeichert werden. Diese müssen beim Einloggen automatisch mit dem Arbeitsplatz verbunden werden.

Unter Windows wird solch eine Konfiguration Domäne genannt, die einen Windows-Server und auf jedem Arbeitsplatz eine Version von Windows Professional erfordert. Unter Linux benötigen Sie NIS, NFS und Automount. Alles erhalten Sie kostenlos verfügbar aus dem Repository Ihres Vertrauens. Und es ist gar nicht so kompliziert einzurichten, wie es auf den ersten Blick erscheint.

1 Remberg, Tobias: Mit einem Wisch. c't 3/2011. S. 122 ff.

Benutzerverzeichnisse zentralisieren

Wie bereits bei den anonymen Arbeitsplätzen festgestellt wurde, eignet sich als Benutzerverzeichnis nur eines, das auch die UNIX-Dateieigenschaften beherrscht. Und damit scheidet SAMBA als Kandidat für die zentrale Speicherung der Benutzerverzeichnisse aus. Sie benötigen also NFS (siehe Abschnitt 18.3). Dieses installieren Sie über den folgenden Befehl:

```
# apt-get install nfs-kernel-server
```

Die zentrale Konfigurationsdatei ist */etc/exports*. Die Benutzerverzeichnisse werden auf dem Server wie gewohnt im Verzeichnis */home* abgelegt. Entsprechend muss dieses zur Verfügung gestellt werden, also wird das Verzeichnis */home* in der Exportdatei eingetragen:

```
/home    192.168.109.0/255.255.255.0(rw,sync,no_subtree_check)
```

Damit der NFS-Server die Exportdatei zur Kenntnis nimmt, müssen Sie ihn neu starten:

```
# /etc/init.d/nfs-kernel-server restart
```

Nun dürfte der Zugriff auf die Benutzerverzeichnisse frei sein. Wir testen das an einem zuvor auf *linuxsrv* vorbereiteten Benutzerverzeichnis. Auf dem Clientrechner wird das Verzeichnis eingehängt.

```
# mkdir /home/richard
# mount linuxsrv:/home/richard /home/richard
```

Dies sollte funktionieren. Mit dem Befehl `df` sollte die NFS-Ressource sichtbar sein. Im Verzeichnis sollten die Dateien zu sehen sein, die auf *linuxsrv* vorliegen. Wenn Sie zufrieden sind, löschen Sie das Verzeichnis */home/richard* auf dem Clientrechner wieder. Sie brauchen es für den Automount nicht mehr.

24.2.1 Benutzerverzeichnisse automatisch einbinden

Der Automounter (siehe Abschnitt 18.3.5) ermöglicht es, ein Dateisystem in dem Augenblick in den Verzeichnisbaum einzuhängen, in dem es angesprochen wird. Darum wird auf den Arbeitsplätzen der Automounter so installiert, dass er das Verzeichnis */home* überwacht und bei Zugriffen automatisch den passenden NFS-Export von *linuxsrv* einhängt. Dazu muss in der Datei */etc/auto.master* eine Zeile angelegt werden, die das Verzeichnis */home* unter Überwachung stellt.

```
# /etc/auto.master
/home     /etc/auto.home
```

Die weitere Konfiguration erfolgt in der Datei *auto.home*. Dort wird eine Zeile angelegt, die für alle Verzeichnisse gilt. Dazu wird als Wildcard der Stern benutzt. Jedes Verzeichnis, das angefordert wird, wird über den Dateisystemtyp NFS mit Schreibleserechten aus dem Verzeichnis */home* vom Rechner *linuxsrv* geholt. Das Ampersand (kaufmännisches Und) deutet an, dass genau der Name verwendet wird, der vorn mit dem Stern erfasst wird.

```
# /etc/auto.home
*     -fstype=nfs,rw,nosuid      linuxsrv:/home/&
```

Nun müssen Sie natürlich den Automounter neu starten, damit er Ihre Konfiguration auch wirklich zur Kenntnis nimmt:

```
# /etc/init.d/autofs restart
```

Wenn Sie nun auf dem Arbeitsplatzrechner in das Verzeichnis */home/richard* wechseln, sollten Sie automatisch das NFS-Verzeichnis eingehängt vorfinden.

24.2.2 Anpassungen für NFSv4

Der NFS-Server beherrscht neben dem klassischen NFS auch die aktuellere Version NFSv4. Sie basiert nicht mehr auf UDP, sondern auf TCP. NFSv4 ist stabiler, aber geringfügig langsamer. Immer noch ist die Performance deutlich höher als beim SMB-Protokoll. Wenn Sie nicht besondere Gründe haben, können Sie aufgrund der weitgehenden Kompatibilität mit wenigen Handgriffen umsteigen.

NFSv4 legt ein Basisverzeichnis an, unter dem sich die Exporte befinden sollen. Dadurch ist gesichert, dass ein NFS-Client auch nicht versehentlich eine Rundreise durch das Dateisystem des Servers antreten kann. Wenn Sie bei der gleichen Konfiguration wie bisher blieben, könnten Sie die Basis auf */home* legen und alle Unterverzeichnisse exportieren.

Alternativ können Sie aber die Benutzerverzeichnisse des NFS-Servers ganz von dem der lokalen Benutzer des Rechners trennen. Sie verlieren damit lediglich die Möglichkeit, auch den Server als Arbeitsplatz anbieten zu können. Aus Sicht des Clients ist es völlig gleichgültig, wo die Benutzerverzeichnisse auf dem Server abgelegt sind.

```
/srv/nfsv4  192.168.109.0/255...0(rw,fsid=0,no_subtree_check)
/home  192.168.109.0/255.255.255.0(rw,sync,no_subtree_check)
```

Nun finden Sie auf dem Server die exportierten Verzeichnisse unter dem Pfad */srv/nfsv4/home*. Das Baisverzeichnis ist für den Client unsichtbar, sodass er weiterhin das Verzeichnis */home* vom Server importiert, ohne zu wissen, dass das an einer ganz anderen Stelle liegt. Nun muss nur noch der NFS-Server neu gestartet werden:

```
# /etc/init.d/nfs-kernel-server restart
```

Aus diesem Grund sind die Änderungen an der Automounter-Konfiguration nur gering. Die Pfade bleiben gleich. Nur der Dateityp muss in der Datei */etc/auto.home* von `nfs` auf `nfs4` angepasst werden.

```
# /etc/auto.home
*    -fstype=nfs4,rw,nosuid     linuxsrv:/home/&
```

Auf dem Client muss nun der Automounter neu gestartet werden. Anschließend sollte alles laufen wie unter NFSv3, nur stabiler.

```
# /etc/init.d/autofs restart
```

24.2.3 Benutzerverwaltung

Nun müssen Sie nur noch erreichen, dass Ihre Benutzerverwaltung auf dem Server stattfindet und nicht auf den Arbeitsplätzen. Dazu setzen Sie NIS ein. Die Installation muss sowohl auf dem Server als auch auf dem Client erfolgen.

```
# apt-get install nis
```

Sie werden nach dem Domänennamen gefragt. Hier verwenden Sie am besten einen Namen, der im Internet nicht vorhanden ist. Beispielsweise könnten Sie den Namen Ihrer Schule mit der Top-Level-Domain *.edu* verwenden. Diese ist nämlich für amerikanische Bildungseinrichtungen reserviert. Die Installation versucht, den unkonfigurierten NIS-Server zu starten. Es dauert einen Augenblick, bis sie merkt, dass das nicht gelingt.

Die Datei */etc/default/nis* enthält die Option NISSERVER. Hier müssen Sie auf dem Server das Wort `master` eintragen. Bei den Clients bleibt das Wort `false`.

```
# /etc/default/nis
NISSERVER=master
```

In der Konfigurationsdatei */etc/yp.conf* wird bei Server und Clients gleichermaßen die IP-Adresse des NIS-Servers eingetragen:

```
# /etc/yp.conf
ypserver   192.168.109.199
```

Im nächsten Schritt wird der Server initialisiert. Die Clients bleiben zunächst so, wie sie sind. Das Programm `ypinit` wird aufgerufen:

```
# /usr/lib/yp/ypinit -m
... linuxsrv.willemer.edu is in the list of NIS server hosts.
Please continue to add the names for the other hosts,
one per line.  When you are done with the list,
type a <control D>.
        next host to add:  linuxsrv.willemer.edu
        next host to add:
```

Der Server ist bereits eingetragen. Sie könnten nun weitere Server eintragen, wenn Sie dies wünschen. In unserem Fall ist das aber nicht erforderlich. Mit der Tastenkombination [Strg]+[D] geht es weiter.

```
The current list of NIS servers looks like this:

linuxsrv.willemer.edu

Is this correct?  [y/n: y]
```

Die Initialisierung zählt noch einmal die NIS-Server auf. Mit [↵] kommen Sie weiter. Nun muss der NIS-Server gestartet werden. Dazu ist *Portmap* erforderlich. Dies ist die Verwaltung der RPC-Funktionen.

```
# /etc/init.d/portmap start
# /etc/init.d/nis start
```

Clientvorbereitung

Nun geht es an den Client. Hier müssen die relevanten Dateien noch mit einem Leereintrag versehen werden. Das geschieht am schnellsten mit einem `echo`-Befehl von der Konsole:

```
# echo '+::::::' >> /etc/passwd
# echo '+::::::::' >> /etc/shadow
# echo '+:::' >> /etc/group
```

Danach wird auch der Client gestartet:

```
# /etc/init.d/portmap start
# /etc/init.d/nis start
```

Mit dem Befehl `yptest` sollten Sie nun eine Liste all der Informationen sehen, die Ihnen der NIS-Server anzeigt. Wenn Sie sich jetzt mit einem Benutzer anmelden, der auf dem Server eingerichtet ist, sollte automatisch das Passwort greifen, das auf dem Server hinterlegt wird. Das Benutzerverzeichnis wird per Automounter automatisch per NFS vom Server eingehängt, und der Benutzer kann auf dem Clientrechner arbeiten, als wäre er auf dem Server.

Zu- und Abgang

Es kommt ein neuer Schüler an die Schule? Herzlich willkommen! Der Administrator meldet sich am Server an und gibt den Befehl `adduser`. Anschließend muss er allerdings im Verzeichnis */var/yp* noch einmal den Befehl `make` aufrufen.

```
# adduser johannes
Lege Benutzer ...
...
Geben Sie ein neues UNIX-Passwort ein:
Geben Sie das neue UNIX-Passwort erneut ein:
passwd: Passwort erfolgreich geändert
...
Is the information correct? [Y/n] y
# cd /var/yp
# make
```

Das Gleiche gilt für das Entfernen von Schülern. Der Befehl `deluser` sorgt für die Entfernung. Der anschließende `make` sorgt für die Verbreitung an die NIS-Clients.

24.3 Grafischer Terminalserver und Thin Client

Dieser Teil des Workshops beschreibt eine Umgebung, in der die gesamte Last auf dem zentralen Server ruht. Die Arbeitsplätze werden als grafische Terminals per Netzwerk verbunden. Auf ihnen laufen lediglich der Grafiktreiber und das Verbindungsprotokoll. Aus diesem Grund müssen diese Geräte auch nicht besonders leistungsfähig sein.

Szenario: Eine Schule hat wieder einmal die Restbestände an Computern als Spende erhalten, die das Unternehmen ansonsten als Elektroschrott hätte entsorgen müssen. Die Schule kennt das bereits und hat sich einen ganz großen Rechner gekauft, der als Server dient, und setzt die PCs als X-Terminals ein.

Das X Window System ermöglicht es, mit grafischen Terminals an zentrale Linux- oder UNIX-Server anzudocken. Damit ist eine Konstellation wie beim Microsoft-Terminalserver möglich, weil UNIX schon vor Jahrzehnten die erforderlichen Möglichkeiten im X-Protokoll mitbrachte. Allerdings soll nicht verschwiegen werden, dass eine solche Architektur zwei Hauptschwächen hat: Einerseits gehen alle Benutzeraktivitäten bis hin zur Mausbewegung über das Netzwerk und zweitens bietet das X-Protokoll von Haus aus keine Verschlüsselung.

24.3.1 Den Zentralrechner einrichten

Der Server, der den Zentralrechner gibt, muss natürlich mit einer grafischen Oberfläche ausgestattet sein, auf der dann alle Anwender arbeiten werden, die sich über ein grafisches Terminal anmelden werden.

Damit sich aber jemand auf dem Server anmelden kann, muss ein Display Manager installiert sein, der dies unterstützt. Dazu eignet sich beispielsweise LightDM, den Sie mit dem folgenden Befehl installieren können:

```
# apt-get install lightdm
```

Die Freischaltung für den Serverbetrieb ist durch Freischaltung in der Konfigurationsdatei */etc/lightdm/lightdm.conf* möglich.

```
[XDMCPServer]
enabled=true
```

Der Server wird einmal neu gestartet, damit er seine Konfiguration neu einlesen kann:

```
# /etc/init.d/lightdm restart
```

Eventuell müssen Sie den LightDM als den Standard-Display-Manager konfigurieren. Dazu rufen Sie den folgenden Befehl auf, der Ihnen die installierten Display Manager zur Wahl anbietet:

```
# dpkg-reconfigure lightdm
```

Wenn Sie lieber einen der anderen Display Manager verwenden möchten, finden Sie Unterstützung in Abschnitt 12.2. Als Desktop sollten Sie einen verwenden, der nicht allzu viel Wert auf grafische Effekte legt. So setzen Unity und GNOME eine beschleunigte Grafikkarte voraus, die bei der Übertragung der Grafik über das Netzwerk vermutlich etwas ausgebremst wird. Aber es gibt glücklicherweise reichlich Angebote. Beispielsweise bietet sich XFCE an.

24.3.2 X-Terminal starten

Einige Display Manager sind auch in der Lage, sich als X-Terminal auf einem fremden XDMCP-Server anzumelden. Sie finden dann in dessen Menüs einen Eintrag, der auf einen Remote-Login verweist. Beispielsweise beherrscht dies der KDM. Eine solche Konstellation kann interessant sein, wenn Sie Arbeitsplätze benötigen, die Sie sowohl als eigenständige Arbeitsplätze als auch als Grafikterminals einsetzen wollen. Der Schüler muss dann nur eine Anleitung bekommen, wie er das Gerät als Terminal verwendet.

24.3.3 Ein reines X-Terminal

Für das Anmelden an einem fremden Rechner ist ein Display Manager eigentlich gar nicht notwendig. Wenn Sie also Arbeitsplätze einrichten wollen, die als reine X-Terminals arbeiten, benötigen Sie dazu lediglich das reine X. Um das Programm X zu erhalten, installieren Sie die Pakete *xinit* und *xorg*. Damit haben Sie ein minimales lokales X Window System, mit dem Sie bereits zu XDMCP-Servern Kontakt aufnehmen können. Es ist natürlich auch kein Fehler, wenn Sie bereits eine grafische Oberfläche wie GNOME oder KDE installiert haben.

```
# apt-get install xinit
# apt-get install xorg
```

Falls bereits ein aktiver Display Manager läuft, schalten Sie mit der Tastenkombination Strg + Alt + F2 auf eine freie Konsole. Dort melden Sie sich als *root* an und stoppen zunächst den Display Manager. Falls auf dem Rechner ein GDM installiert ist, lautet der Befehl wie folgt:

```
# /etc/init.d/gdm stop
```

Nun können Sie zunächst probieren, ob Sie eine Terminalverbindung zu dem Zentralrechner herstellen können. Sie rufen dazu das Programm `X` direkt auf und geben als Parameter an, dass es nach dem Server 192.168.109.199 fragen soll:

```
$ X -query 192.168.109.199
```

Sofort startet der Grafikbildschirm, und Sie erhalten eine Anmeldung für den XDMCP-Server. Wenn das alles klappt, können Sie nun daran gehen, die Anmeldung zu automatisieren.

Erstellen eines Init-Skripts

Wünschenswert ist natürlich, dass das X-Terminal automatisch startet. Dazu benötigen Sie ein Init-Skript. Originellerweise nennen wir dieses Skript *xterminal* und legen es in das Verzeichnis */etc/init.d*. Der Grundaufbau eines Init-Skripts wird in Abschnitt 8.4.3 beschrieben.

```
#! /bin/sh
export XTARGET=192.168.109.199
set -e
case "$1" in
  start)
    start-stop-daemon --start --verbose \
        --make-pidfile --pidfile /var/run/xterminal.pid \
        --exec /usr/bin/X11/X -- -query $XTARGET &
    ;;
  stop)
    start-stop-daemon --stop --verbose \
        --pidfile /var/run/xterminal.pid
    ;;
  *)
    echo "Usage: /etc/init.d/xterminal {start|stop}"
    exit 1
    ;;
esac
exit 0
```

Listing 24.1 Init-Skript für ein X-Terminal

Hinter dem Label `start` wird mit dem Hilfsprogramm `start-stop-daemon` der X-Server gestartet. Es erledigt den Kleinkram, der beim Starten und Stoppen von Hintergrundprozessen erforderlich ist. Das Programm verwendet folgende Optionen:

- `--start`
  Diese Option startet den Befehl, der unter der Option `--exec` genannt wird. Dabei wird darauf geachtet, dass der Prozess nur einmal gestartet wird.
- `--exec`
  Hier wird der eigentliche Befehl abgesetzt. Ein doppeltes Minus `--` signalisiert, dass die folgenden Optionen an das aufgerufene Programm als Parameter weiterzugeben sind.
- `--stop`
  Der Prozess wird gestartet. Ist die Option `--pidfile` gesetzt, wird die PID aus dieser Datei verwendet.
- `--pidfile`
  Mit dieser Option wird angegeben, in welcher Datei die PID beim Starten geschrieben und beim Stoppen gelesen werden soll.
- `--make-pidfile`
  Dieser Befehl bewirkt, dass die PID in die PID-Datei geschrieben wird. Die Option `--pidfile` muss zusätzlich angegeben werden, damit das Programm Ort und Namen der PID-Datei kennt.

Nun sollte der Computer beim Booten automatisch als X-Terminal starten. Dazu muss zunächst verhindert werden, dass der Display Manager startet, und dann sollte das Skript `xterminal` starten. Erreicht wird dies durch symbolische Links im Verzeichnis */etc/rc2.d*. Sie können entweder wie in Abschnitt 8.4.3 beschrieben diese Links selbst setzen oder dazu das Programm `update-rc.d` zu Hilfe nehmen.

```
# update-rc.d -f gdm remove
# update-rc.d xterminal start 12 2 . stop 12 2 .
```

Der erste Befehl verhindert den automatischen Start des Display Managers GDM. Der zweite Befehl bewirkt, dass das Skript `xterminal` beim Systemstart automatisch gestartet wird. Auf diese Weise fährt der Computer als grafisches Terminal hoch und verbindet sich sofort mit dem Rechner, dessen IP-Adresse in der Variablen `XTARGET` im Init-Skript genannt wird.

24.4 Festplatte kopieren: eine für alle

An einer Schule sollte es viele, viele Arbeitsplatzrechner geben, und die sollten natürlich alle etwa gleich eingerichtet sein. Das schreit danach, einen Prototyp einzurichten und diesen mehrfach zu kopieren.

Zunächst erstellen Sie einen Prototyp und testen ausgiebig. Wenn er funktioniert, kann eine Sicherung der Partitionen gezogen und auf die Festplatte eines neuen PC kopiert werden. Es gibt keine Lizenzprobleme und damit auch keine Mechanismen, die versuchen, das Kopieren zu verhindern. Darüber hinaus zeigt sich der Linux-Kernel sehr flexibel, was die Hardware angeht. Selbst wenn sich die Computer unterscheiden, ist die Chance groß, dass Linux sofort jegliche Peripherie erkennt und korrekt in Betrieb nimmt.

24.4.1 Vorbereitungen und Problemzonen

Auch wenn eine Kopie einer Linux-Installation in der Regel erstaunlich problemlos funktioniert, gibt es ein paar Dinge, die vor dem Kopieren berücksichtigt werden sollten.

Grafikkarten

Sehr lästig ist es, wenn Sie stark unterschiedliche Grafikkarten in den verschiedenen Rechnern verwenden, die nicht durch den gleichen Treiber behandelt werden können. Wenn Sie beispielsweise Nvidia-, Intel- und Matrox-Karten eingebaut haben, wird es vermutlich dazu kommen, dass Sie einzelne Rechner haben, die die Grafik nicht starten. Hier hilft eine Rekonfiguration mit dem folgenden Befehl:

```
# dpkg-reconfigure xserver-xorg
```

UUID der Festplatten

Bei der Installation verteilt Linux UUIDs für jede Festplattenpartition. Diese werden bei einer anderen Festplatte natürlich anders sein. Die UUIDs spielen einerseits bei GRUB und in der Datei */etc/fstab* eine Rolle. Da Sie GRUB sowieso einzeln nachinstallieren müssen, können Sie die entsprechenden Einträge lassen. In der Datei */etc/fstab* sollten Sie allerdings die UUIDs wieder auf die Gerätedateien umstellen. Die Hinweise, welche UUID zu welcher Gerätedatei gehörte, finden Sie dankenswerterweise direkt im Kommentar der *fstab*-Datei. Hier sehen Sie eine wieder auf Gerätedatei umgestellte Version:

```
# / was on /dev/sda1 during installation
# UUID=b4559ec9-411c-...  /    ext4  errors=remount-ro 0  1
/dev/sda1                 /    ext4  errors=remount-ro 0  1
# swap was on /dev/sda2 during installation
# UUID=d677ae7f-3cd2-...  none swap  sw                0  0
/dev/sda2                 none swap  sw                0  0
```

Netzwerkschnittstellen

Die Datei */etc/udev/rules.d/70-persistent-net.rules* enthält die Regeln, nach denen die Ethernet-Karten benannt werden. Dabei wird *eth0* an die MAC-Adresse des Originalrechners gebunden. Da der neue Rechner aber eine andere MAC-Adresse haben wird, erhält dessen Netzwerkkarte die Schnittstelle *eth1*. Das ist an sich nicht weiter tragisch, sondern nur ein Schönheitsfehler. Sie können das verhindern, indem Sie alle Zeilen der Datei löschen. Beim nächsten Booten werden sie erneut erstellt, und dann arbeiten alle kopierten Rechner mit der Schnittstelle *eth0*.

24.4.2 Kopierumgebung

Wenn Sie eine Festplatte kopieren wollen, darf weder die Quellplatte noch die Zielplatte aktiv sein. Beim Ziel ist das offensichtlich. Sie können natürlich nicht das Betriebssystem überschreiben, auf dem Sie gerade arbeiten. Sie würden damit den Ast absägen, auf dem Sie sitzen. Bei der Quelle ist das Problem, dass sich laufend Daten verändern, und seien es nur die Protokolldateien.

Sie müssen also ein Betriebssystem haben, auf dem Sie arbeiten und mit dem Sie auf Quell- und Zielplatte zugreifen können. Es gibt die Möglichkeit, auf dem Rechner, in dem sich die Originalfestplatte befindet, das Betriebssystem vom USB-Stick oder von einer Live-CD zu starten. Die Zielfestplatte wird dann über ein externes USB- oder Firewire-Gehäuse angeschlossen. Sie können sie auch als zweite Festplatte einbauen. Die eingebaute Festplatte ist deutlich schneller. Wenn Sie allerdings mehrere Festplatten kopieren wollen, müssen Sie für jede Kopie den Rechner herunterfahren, die Festplatte wechseln und neu booten. Das dauert vor allem bei Live-CDs durchaus seine Zeit.

Wenn Sie einen normalen Arbeitsplatzrechner als Kopierstation verwenden wollen, liegt das Betriebssystem wieder auf der eingebauten Festplatte und der Reboot ist natürlich schneller. Sie benötigen dann allerdings die Möglichkeit, zwei Festplatten anzuschließen. Da der Wechsel der Festplatten Zeit kostet, lohnt es sich durchaus, gleich alle verfügbaren Anschlüsse mit Festplatten zu bestücken und diese parallel zu kopieren.

24.4.3 Sonderfall Oberflächenkopie mit dd

Der erste Gedanke ist spontan `dd`. Damit könnte man eine komplette Festplatte 1:1 kopieren. Vom Bootsektor über die Partitionstabelle ist alles dabei. Allerdings funktioniert dies nur, wenn Sie wirklich absolut identische Festplatten desselben Herstellers und selben Typs verwenden. Für den Fall, dass Sie tatsächlich einen Stapel völlig identischer Festplatten kopieren wollen, klemmen Sie das Original auf */dev/sdb* und die Kopie an */dev/sdc* und geben den Befehl:

```
# dd if=/dev/sdb of=/dev/sdc bs=4M
```

Das Programm `dd` kopiert dann die gesamte Oberfläche, den Master Boot Record, die Partitionstabelle, die einzelnen Partitionen und auch die unbenutzten Freiräume. Das bedeutet aber, dass im Schnitt eine Kopie mit `dd` eben doch nicht schneller ist als beispielsweise eine Kopie mit `tar`. Der Vorteil von `dd` liegt also ausschließlich darin, dass mit einem Befehl die gesamte Festplatte kopiert wird.

24.4.4 Partitionieren und Einhängen

Mit dem Befehl `tar` können Sie ein Linux-Dateisystem problemlos kopieren. Lediglich die Partitionierung und das Einrichten des Master Boot Records muss von Hand erfolgen. Aber diese Schritte sind nicht besonders aufwendig. Bei einem Schularbeitsplatzrechner benötigen Sie nur zwei Partitionen. Eine Partition benutzen Sie als Swap-Partition und die andere für das System. Eine separate Partition für die Benutzerverzeichnisse erübrigt sich, weil Sie in der Regel die Benutzerdaten sowieso nicht auf dem Arbeitsplatzrechner speichern.

Partitionierung mit fdisk

Also starten Sie das Programm `fdisk` mit der Gerätedatei der Zielfestplatte als Parameter. Verwechseln Sie diese bitte nicht. Das könnte zu nicht jugendfreien Flüchen führen. Nehmen wir einmal an, Ihre eingebaute Festplatte ist */dev/sda*, die Originalfestplatte ist */dev/sdb* und die Zielfestplatte liegt auf */dev/sdc*. Dann rufen Sie `fdisk` so auf:

```
# fdisk /dev/sdc
```

Nun geben Sie nacheinander die folgenden Kommandos:

- `o`
  Mit diesem Befehl legen Sie eine neue, leere Partitionstabelle an. Sie löschen damit alle Daten auf dem Gerät */dev/sdc*.
- `n`
  Damit legen Sie eine Partition an. Sie werden gefragt, ob die Partition eher primär oder doch logisch sein soll. Sie wählen die primäre Partition. Das Programm befragt Sie nach der Nummer und Sie wählen die Nummer 1.

  Für den Anfangssektor übernehmen Sie die Vorgaben. Beim Endsektor ziehen Sie ein paar GBytes ab. Wenn Sie beispielsweise eine 80 GByte große Festplatte haben, geben Sie hier vielleicht `+74G` an.
- `n`
  Damit legen Sie nun die zweite Partition an. Sie werden wieder gefragt, ob die Partition primär oder doch logisch sein soll. Sie wählen wieder eine primäre Partition. Das Programm befragt Sie nach der Nummer, und diesmal reicht Ihnen die Nummer 2. In diesem Fall können Sie Anfangs- und Endsektor einfach übernehmen.

- `t`
  Für die Swap-Partition stellen Sie nun den Typ ein. Die Frage nach der Partitionsnummer wird mit 2 beantwortet. Nun werden Sie nach dem Hex-Code gefragt. Sie können sich mit dem Befehl `L` die Liste anzeigen lassen. Aber ich werde Ihnen hier einfach verraten, dass es der Hex-Code 82 ist.
- `w`
  Nun schreiben Sie die Partitionstabelle auf die Festplatte.

Dateisystem erzeugen und einhängen

Im nächsten Schritt wird ein *ext4*-Dateisystem auf der Datenpartition eingerichtet und die Swap-Partition vorbereitet:

```
# mkfs.ext4 /dev/sdc1
...
# mkswap /dev/sdc2
```

Sie müssen nun die beiden Dateisysteme einhängen. Dazu legen Sie im Verzeichnis */tmp* zwei Verzeichnisse an:

```
# mkdir /tmp/sdb1
# mkdir /tmp/sdc1
# mount /dev/sdb1 /tmp/sdb1
# mount /dev/sdc1 /tmp/sdc1
```

Ordnungsfanatiker mögen vielleicht das Einhängen unter */mnt* präferieren. Da */mnt* keine Unterverzeichnisse haben sollte, gefällt mir die Lösung in */tmp* besser.

24.4.5 Kopieren mit tar

Nun endlich können Sie das Originaldateisystem von */dev/sdb1* nach */dev/sdc1* kopieren. Eine Kopie mit `tar` garantiert Ihnen die Beibehaltung der Rechte und die Kopie der Gerätedateien. Nähere Informationen finden Sie in Abschnitt 4.7.3. Der Befehl lautet:

```
# cd /tmp/sdb1
# tar cf - . | ( cd /tmp/sdc1 ; tar xf - )
```

Sie erhalten ein paar Meldungen, dass Socket-Dateien ignoriert werden. Das wiederum können Sie ignorieren, weil diese nur für die lokale Kommunikation benötigt werden und bei Bedarf wieder angelegt werden. Damit ist die Festplatte fast fertig geklont. Sie wird aber noch nicht booten.

24.4.6 GRUB installieren

Zu guter Letzt muss die Festplatte noch booten. Dazu müssen zwei Dinge präpariert werden. Das eine ist die Datei */etc/fstab*. In dieser stehen nun noch die UUID-Werte der Originalplatte. Das Einfachste ist, Sie ersetzen diese durch */dev/sda1* für das Root-Dateisystem und */dev/sda2* für die Swap-Partition. Wenn Sie es einmal auf dem Original ausführen, brauchen Sie dies bei den Kopien nicht mehr zu berücksichtigen.

Um einen neuen Master Boot Record einzurichten, wird die eingehängte Zielfestplatte mit dem Befehl `chroot` zur Arbeitsumgebung gemacht. Der Befehl bewirkt, dass eine neue Shell gestartet wird, die den als Parameter angegebenen Pfad */tmp/sdc1* als Basis aller, auch absoluter Pfade ansieht. In dieser Umgebung wird eine GRUB-Installation mit den Befehlen `grub-mkconfig` und `grub-install` ausgeführt. Bevor Sie das tun, müssen Sie allerdings mit dem Befehl `mount --bind` die Gerätedateien in das lokale */dev*-Verzeichnis der Festplatte bringen, da sie dort ansonsten nicht verfügbar sind. Die Befehle lauten also:

```
# mount --bind /dev /tmp/sdc1/dev
# chroot /tmp/sdc1
# grub-mkconfig -o /boot/grub/grub.cfg
# grub-install /dev/sdc
```

Stichwortverzeichnis

Symbole

A

B

C

D

E

F

G

H

I

J

K

L

M

O

P

S

W

X

Z